Das immissionsschutzrechtliche Genehmigungsverfahren im Lichte der Genehmigungswirkungen

Europäische Hochschulschriften

European University Studies

Publications Universitaires Européennes

Reihe II **Rechtswissenschaft**

Series II Law

Série II Droit

Band/Volume **5857**

Stefanie Judex

Das immissionsschutzrechtliche Genehmigungsverfahren im Lichte der Genehmigungswirkungen

Zugleich ein Beitrag zu den vermeintlichen Gegensätzen zwischen Beschleunigung und Öffentlichkeitsbeteiligung

PL ACADEMIC RESEARCH

Bibliografische Information der Deutschen Nationalbibliothek
Die Deutsche Nationalbibliothek verzeichnet diese Publikation in der Deutschen Nationalbibliografie; detaillierte bibliografische Daten sind im Internet über http://dnb.d-nb.de abrufbar.

Zugl.: Mannheim, Univ., Diss., 2015

D 180
ISSN 0531-7312
ISBN 978-3-631-67235-8 (Print)
E-ISBN 978-3-653-06778-1 (E-Book)
DOI 10.3726/978-3-653-06778-1

PL Academic Research ist ein Imprint der Peter Lang GmbH.
Peter Lang – Frankfurt am Main · Bern · Bruxelles · New York · Oxford · Warszawa · Wien

Diese Publikation wurde begutachtet.

www.peterlang.com

Vorwort

Die vorliegende Arbeit wurde im September 2015 von der Fakultät für Rechtswissenschaft und Volkswirtschaftslehre der Universität Mannheim als Dissertation angenommen.

An dieser Stelle möchte ich allen danken, die zum Gelingen dieser Arbeit beigetragen haben:

Zu allererst meinem verehrten Doktorvater Prof. Dr. Thomas Puhl. Er räumte mir bei der Auswahl des Themas, seiner Bearbeitung und meiner Tätigkeit am Lehrstuhl größten Freiraum ein und brachte mir so großes Vertrauen entgegen. Für seine Begutachtung trotz seiner Stellung als Prorektor für Studium und Lehre der Universität Mannheim danke ich ihm sehr. Herrn Prof. Dr. Kirsten Fischer danke ich für die Erstellung des Zweitgutachtens.

Zu besonderem Dank bin ich Herrn Prof. Dr. Rolf Sack verpflichtet. An seinem Lehrstuhl für Bürgerliches Recht, Handels- und Wirtschaftsrecht, Rechtsvergleichung und Internationales Privatrecht war ich bis zu dessen Auflösung tätig. Er weckte in mir das besondere Interesse an der wissenschaftlichen Tätigkeit und legte damit den Grundstein zu dieser Arbeit.

Nicht unerwähnt bleiben dürfen meine Freunde und Kollegen am Lehrstuhl und der Universität Mannheim für die fruchtbaren Diskussionen rund um das Thema der Arbeit und die notwendige Ablenkung von selbiger.

Größter Dank gebührt meiner Familie: Meinem Mann Alexander Judex, meinem Bruder Jürgen Bernhard sowie meinen Eltern Rosemarie und Uwe Bernhard, deren Unterstützung ich mir in jeglicher Hinsicht und jederzeit sicher sein konnte. Sie standen unermüdlich hinter mir und bestärkten mich stets. Ihnen und unseren Töchtern Katharina und Lena, die kurz vor Abschluss der Arbeit und kurz vor dem Rigorosum geboren wurden, ist diese Dissertation gewidmet.

Mörlenbach, im März 2016 *Stefanie Judex*

Inhaltsverzeichnis

Einleitung

A. Problemstellung und Zielsetzung

Immissionsschutzrechtliche Genehmigungsverfahren rücken immer wieder durch umstrittene Projekte – wie das Kohlekraftwerk Staudinger oder Windkraftanlagen – in den Fokus öffentlicher Wahrnehmung. Sie offenbaren einen Konflikt zwischen der Umweltnutzung Einzelner und dem damit verbundenen Schädigungspotential für die Allgemeinheit. Einen Ausgleich vermittelt das Bundesimmissionsschutzgesetz (BImSchG). Danach besteht eine Genehmigungspflicht für Anlagen, die als grundsätzlich schädlich eingestuft sind. Industrielle Anlagen bedürfen so häufig für ihre Errichtung und Inbetriebnahme sowie für ihre Änderung einer Genehmigung. Handelt es sich dabei um einen Anlagentyp, dem abstrakt betrachtet ein besonders hohes Gefährdungs- und Beeinträchtigungspotential zugeschrieben wird, so ist die Genehmigungserteilung vom Durchlaufen eines Verfahrens mit Öffentlichkeitsbeteiligung abhängig.

Für die Wirtschaft bedeutet diese Genehmigungspflicht verbunden mit dem entsprechenden Verfahren einen (oft erheblichen) Aufwand an Zeit und Kosten. Innovative Ideen bedürfen längerer Vorlaufzeiten, um auf dem Markt angeboten werden zu können. Gleiches gilt für Veränderungen und Expansionen bereits bestehender Werke. Aus Sicht der Wirtschaft hemmt daher das Genehmigungserfordernis wirtschaftliche Aktivitäten.

Andererseits drückt sich ein Wachstum im industriellen Bereich nicht nur in der Zunahme des Bruttoinlandproduktes sondern auch im zunehmenden Flächenverbrauch und der Zahl jährlich beantragter immissionsschutzrechtlicher Genehmigungen aus.[1] In Verbindung mit einer Verdichtung des Siedlungsraumes bedeutet eine Ausdehnung industrieller Tätigkeit zumeist eine Kollision mit nachbarlichen und ökologischen Interessen. Einschränkungen der Lebensqualität – etwa durch Schweinemastbetriebe – bis hin zur Gefährdung von Leben, Gesundheit und Eigentum – etwa durch explodierende Fabriken[2] – werden befürchtet.

Eine Grundentscheidung zum Ausgleich der kollidierenden Interessen enthalten die Genehmigungsvoraussetzungen. Zudem sind die durch die Anlage

---

1 Lediglich im Jahr der Wirtschaftskrise 2009 wies das Bruttoinlandsprodukt nach den Daten des Statistischen Bundesamtes keinen Anstieg auf. Diese Daten sowie der Flächenverbrauch sind unter www.destatis.de abrufbar.

2 Wie etwa im April 2013 die Düngemittelfabrik in Waco, Texas.

betroffenen Personen am Genehmigungsverfahren zu beteiligen.[3] Das Verfahren stellt daher die Arena dar, in der der Ausgleich widerstreitender Interessen errungen wird, der zwar vom Gesetzgeber grob vorgegeben, aber im Einzelfall mit Leben zu füllen ist. Idealerweise werden dabei die verschiedenen Interessen nicht nur erfasst, sondern angemessen berücksichtigt und einer einvernehmlichen Lösung zugeführt.

Da dies nicht immer gelingt, entfachen insbesondere umstrittene Großprojekte häufig Grundsatzdiskussionen und die Forderung nach Gesetzesänderungen. Das Immissionsschutzrecht kann daher als Paradigma für das gesamte Umweltrecht gesehen werden, in dem sich Fragen der modernen Verwaltung widerspiegeln und das sich zur Erprobung neuer Instrumente zur Verfahrensbeschleunigung anbietet – wie etwa materielle Präklusionen, öffentliche Bekanntmachungen, Entscheidungsfristen, Internetbekanntmachungen oder fakultative Erörterungstermine.

Trotz der teilweise weitgehenden Verfahrensänderungen sowie der Reduktion der Genehmigungspflicht verstummen die Forderungen nach Beschleunigung und Bürokratieabbau nicht.[4] Die Gefährdung des Wirtschaftsstandortes

---

3 Ein Rechtsanspruch auf ein geordnetes Verfahren wird aus den Grundrechten Art. 2 II und 14 GG abgeleitet (BVerfGE 53, 62 ff., ausführlicher etwa *Beyerlin*, NJW 1987, 2713 (2715 f.); *Song*, Kooperatives Verwaltungshandeln, S. 76). Genehmigung und Verfahren kommt Ausgleichsfunktion zu (*Steinberg*, DÖV 1982, 619 (621)).

4 Zum „Beschleunigungswettlauf" der 90er Jahre *Baer*, Bürger, S. 166; BMWi, Investitionsförderung durch flexible Genehmigungsverfahren – Bericht der unabhängigen Expertenkommission, 1994; *Cancik*, DÖV 2007, 107 ff.; *Dose/Holznagel/Weber*, Beschleunigung von Genehmigungsverfahren, 1994; *Erbguth*, DÖV 2009, 921 (921 ff.); *Fisahn*, ZUR 2004, 136 (138 m.w.N.); *ders.*, Demokratie und Öffentlichkeitsbeteiligung, S. 278 ff.; *Hansmann*, NVwZ 1997, 105 (105 f.) m.w.N.; *Jacoby*, Beschleunigung, S. 3 m.w.N.; *Lauer*, 3. AtRS, 47 (49); *Pünder*, NuR 2005, 71 ff.; *Ronellenfitsch*, Beschleunigung und Vereinfachung der Anlagenzulassungsverfahren, 1993; *Schmidt-Aßmann*, NVwZ 2007, 40 (42 ff.); *Sparwasser*, AnwBl 2000, 658 (658) zum Kampfbegriff „schlanker Staat"; *Steinbeiß-Winkelmann*, DVBl. 1998, 809 (809) mit geschichtlichem Überblick; *Teßmer*, ZUR 2006, 469 ff.; *Voßkuhle*, DV 34 (2001), 347 ff.; *Wahl*, DVBl. 1993, 517 (517) zur Welle überbeschleunigter Gesetzgebungstätigkeit; *Weinreich*, NVwZ 1997, 949 (949); *Wittreck*, VerwArch 100 (2009) 71 (71); *Wulfhorst*, LKV 1995, 316 (316). Beschleunigungsgesetze mit entsprechend hektischer Gesetzesverabschiedung sowie vermeintlichem – nicht eruierten – Beschleunigungsbedürfnis führen auch in anderen Bereichen zu begrenzter Rechtswahrnehmung zugunsten vermeintlich schnellerer Verfahren. Zum Asylrecht etwa eindrücklich *Schenk*, DÖV 1981, 212 ff. Zu ähnlich hektischem Gesetzerlass *Wulfhorst*, LKV 1995, 316 (316); *Ziekow*, Beschleunigung von Planungs- und Genehmigungsverfahren, 1998.

Deutschland durch überlange Verfahrensdauer wird beschworen.[5] Auflagen und Genehmigungsverfahren hätten in Deutschland ein höheres Maß erreicht als in vielen anderen Ländern, so dass im internationalen Vergleich deutschen Unternehmen Kosten- und Zeitnachteile erwüchsen.[6] Nicht selten implizierten allerdings solche Änderungen, die den Faktor Zeit betonten, die Zurückdrängung von Beteiligungsrechten.[7]

Eine Wende in der auf Beschleunigung ausgerichteten Entwicklung schien mit den erheblichen Bürgerprotesten um ‚Stuttgart 21'[8] erreicht. Der baden-württembergische Ministerpräsident Mappus plante in Reaktion auf die Proteste, einen Maßnahmenkatalog nicht nur zur Beschleunigung von Planungsverfahren, sondern auch zur Verbesserung der Bürgerbeteiligung vorzulegen. Ein „unabhängiger Moderator" sollte von Beginn an in die Verfahren einbezogen werden.[9] Keine zwei Monate später gab die Bundesregierung bekannt, dass sie die Planfeststellungsverfahren beschleunigen wollte. Eine Verbesserung der Bürgerbeteiligung war damit nicht angestrebt, vielmehr sollten die Beteiligungsrechte der Bürger bei Großprojekten (noch weiter) eingeschränkt werden.[10] Gegen diesen Trend vermochte auch die Wahl des „Wutbürgers" zum Wort des Jahres 2010[11] nichts zu bewirken.

---

5 *Song*, Kooperatives Verwaltungshandeln, S. 89; ähnlich *Geschka*, Wettbewerbsfaktor Zeit, S. 20; dazu *Hansmann*, NVwZ 1997, 105 (105 f.); *Harder*, Genehmigungsverfahren, S. 62; *Held*, Grundrechtsbezug, S. 170 f.; *Kaupe*, Beschleunigung, S. 8 ff.; *Lecheler*, DVBl. 2005, 1533 (1533 f.). Kritisch *Jacoby*, Beschleunigung, S. 3: die Grundaussage einer (überlangen) Verfahrensdauer sei zu hinterfragen; ebenso *Durner*, ZUR 2011, 354 (356); *Steinbeiß-Winkelmann*, DVBl. 1998, 809 (809 f.). Die Verfahrensdauer wird als nicht signifikant negativer Standortfaktor beurteilt von SRU Sondergutachten Februar 2007 Rz. 244 ff.; *Schütz*, VBlBW 2007, 441 (441). Die Klage um den „Standort Deutschland" und dessen Leiden unter staatlicher Regulierung beurteilt *Wittreck*, VerwArch 100 (2009) 71 (71) als zum Standardreperatoire bundesdeutscher Wahlkämpfer gehörend.

6 *Geschka*, Wettbewerbsfaktor Zeit, S. 20.

7 Eine Übersicht über die insbesondere in den 1990er Jahren erfolgten Beschleunigungen im BImSchG bei *Püttner/Guckelberger*, JuS 2001, 218 (220 f.).

8 Hierbei handelt es sich um ein Bahnprojekt, das im 21. Jahrhundert verwirklicht werden soll. Sein Kernstück stellt der Umbau des Stuttgarter Hauptbahnhofs von einem Kopf- in einen Durchgangsbahnhof dar. Teilweise wird das Projekt auch ‚S21' genannt.

9 FAZ Artikel v. 08.11.2010.

10 Z.B. FAZ-Online-Artikel v. 06.01.2010 titelt „Großprojekte sollen schneller genehmigt werden" (http://faz.net/-01msne).

11 Der Begriff steht für die Empörung in der Bevölkerung darüber, „dass politische Entscheidungen über ihren Kopf hinweg getroffen werden" (näher dazu http://www.gfds.de/).

Im europaweiten Vergleich steht damit der deutsche Trend zum „Beschleunigungsmaximum“[12] im deutlichen Gegensatz zum europäischen Bemühen um mehr Bürgerbeteiligung.[13] Die Kommunikation mit dem Bürger erscheint verbesserungswürdig: „Versteckt in irgendwelchen Behördenlabyrinthen liegen Bebauungspläne aus, zu unattraktiven Zeiten in muffigen Schulhallen finden Anhörungen statt, und Einladungen zu solchen Veranstaltungen werden nicht etwa an die Bürger verschickt, sondern hinter drei schiefen Eichen in einer Sackgasse an einem alten Aufsteller plakatiert.“[14]

Mit einem Blick auf die bereits veranlassten Beschleunigungen mag sich die Frage aufdrängen, wie viel Beschleunigung im Genehmigungsverfahren überhaupt noch möglich ist und welche Bedeutung dem Verfahrensrecht noch zukommt.[15]

Zur Beantwortung der Frage kann das Genehmigungsverfahren nach möglichen Beschleunigungspotentialen untersucht werden. Dies ist vielfach geschehen,[16] doch hat dieser Ansatz – eine isolierte Überprüfung der Verfahrensausgestaltung auf Beschleunigungspotentiale – ein Manko: Er verliert das Endprodukt des Verfahrens, die Genehmigung mit ihren Wirkungen, aus dem Blick. Es scheint, als

---

12 *Baer*, Bürger, S. 166; *Schmidt-Aßmann*, in: Hoffmann-Riem/Schmidt-Aßmann, Effizienz, S. 245 (262). *Burgi*, JZ 2010, 105 (109) weist daraufhin, dass das Europarecht Effektivität verlange, die Beschleunigung als das Zeitmoment aber nur *ein* Moment der Effektivität sei, so dass eine Beschleunigung, die allein auf den Faktor Zeit abstelle, nicht vom europarechtlichen Gebot der Effektivität erfordert werde.

13 *Ekardt/Schenderlein*, NVwZ 2008, 1059 (1059); *Fisahn*, ZUR 2004, 136 (138); *Knäpple*, Immissionsschutz, 2008, 28 (28); *Riese/Diekmann*, DVBl. 2010, 1343 (1346).

14 *Berghäuser/Berghäuser*, NVwZ 2009, 766 (766). Zitat von *Till Brigleb*, im Feulleton der Süddeutschen Zeitung v. 27.11.2007.

15 Immissionsschutzrechtliche Genehmigungsverfahren werden nach der Einschätzung von *Koch/Braun*, NVwZ 2010, 1271 (1271) bereits sehr zügig, routiniert und transparent durchgeführt; die Straffung des Verfahrens bis hart an die Grenze des verfassungsrechtlich Hinnehmbaren ausgeschöpft (*Durner*, ZUR 2011, 354 (356)).

16 Literatur, die sich mit den verzögernden Faktoren eines Genehmigungsverfahrens aus Sicht des Antragstellers auseinandersetzt: *Brohm*, NVwZ 1991, 1025 ff.; *Büllesbach*, DÖV 1995, 710 ff.; *Bullinger*, DVBl. 1992, 1463 ff.; *Bullinger*, JZ 1993, 492 ff.; *Eckert*, Beschleunigung von Planungs- und Genehmigungsverfahren, 1997; *Eversberg*, Der Zeitfaktor im bundesimmissionsschutzrechtlichen Genehmigungsverfahren, 1999, *Jachmann*, Die Fiktion im öffentlichen Recht, 1998, 712 ff.; *Kaupe*, Beschleunigung von Genehmigungsprozessen bei Industrieanlagen, 1998; *Ronellenfitsch*, Beschleunigung, 1994; *Ziekow*, Beschleunigung von Planungs- und Genehmigungsverfahren, 1998.

stünden Verfahren und Genehmigung isoliert nebeneinander, ein mögliches Zusammenspiel wird nur selten betrachtet.[17]

Dabei ist von einer Wechselwirkung zwischen Verfahren und Genehmigung auszugehen: Das Genehmigungsverfahren dient dem staatlichen Interesse an gerechter Entscheidung und dem Interesse der Betroffenen an Beachtung ihrer Belange. Die immissionsschutzrechtliche Genehmigung ist hingegen im Interesse des Antragstellers mit weitreichenden Wirkungen insbesondere hinsichtlich ihrer Bestandskraft ausgestattet. In der Ausgestaltung von Verfahren und Genehmigung spiegelt sich somit erneut ein Ausgleich der verschiedenen Interessen wieder.[18]

Hier setzt die vorliegende Arbeit an: Das immissionsschutzrechtliche Genehmigungsverfahren ist im Lichte der Genehmigungswirkungen zu sehen. Verfahren und Genehmigung stehen in einer Wechselwirkung zueinander. Sie bilden ein Gesamtgefüge, das auf den Ausgleich widerstreitender Interessen zielt.

Werden Teile dieses Gefüges verändert, ist daher sicherzustellen, dass hierdurch die Gesamtstruktur und der damit bezweckte Interessenausgleich nicht verschoben werden. Ziel der vorliegenden Untersuchung ist es daher, die Verfahrensschritte herauszufiltern, die unentbehrlich sind, um der Genehmigung die Wirkungen zukommen zu lassen, die sie aufgrund der derzeitigen Gesetzeslage entfaltet. Veränderliche Verfahrensschritte werden hierdurch ebenso deutlich wie die Grenzen möglicher Verfahrensbeschleunigung. So ist es denkbar, dass eine Veränderung im Verfahren, etwa die (erhebliche) Verkürzung von Beteiligungsrechten, nur mit einer gleichzeitigen Änderung der Genehmigungswirkungen einhergehen kann. Dies besagt nicht, dass diese Verfahrensschritte unveränderlich sind. Sie sind nur nicht ohne gleichzeitige Änderung der Genehmigungswirkungen unbedenklich möglich.

---

17 *Huber*, AöR 114 (1989), 252 ff.; *Jacoby*, Beschleunigung, S. 16 f.; ähnlich *Steinberg*, Konfliktbewältigung I, S. 295 (310), der das Verfahren als Gesamtgefüge ansieht. Andere leiten aus den Grundrechten potentieller Betroffener bestimmte Verfahrensanforderungen (*Burmeister*, UTR 1988, 121 (143)) oder Grenzen einer Beschleunigung her (*Püttner/Guckelberger*, JuS 2001, 218 (222 ff.); ähnlich *Steinbeiß-Winkelmann*, DVBl. 1998, 809 (810 ff.)).

18 *Dieckmann*, AbfallR 2007, 278 (278).

B. Gang der Untersuchung

Für die Untersuchung wird zunächst ein Überblick über Genehmigung, Verfahren und Genehmigungswirkungen nach dem BImSchG gegeben (1. Kapitel). Hieran schließt sich im 2. Kapitel eine tiefer gehende Betrachtung der Genehmigungswirkungen sowie der für ihre Verfassungskonformität erforderlichen Anforderungen an das Verfahren an. Dabei beschränkt sich die Untersuchung vorrangig auf nationales Recht.

Die durchaus sehr spannenden Europarechtsfragen – gerade im Hinblick auf die Entwicklung zu einer möglichen Europarechtswidrigkeit materieller Präklusionen[19] oder die Verbandsbeteiligung – bleiben ausgeklammert. Ihre eingehende Betrachtung würde den Rahmen der Arbeit sprengen und von ihrem eigentlichen Ziel, dem Aufzeigen der Wechselbeziehung zwischen immissionsschutzrechtlicher Genehmigung und ihren Wirkungen einerseits und dem immissionsschutzrechtlichen Genehmigungsverfahren andererseits ablenken.

Abschließend werden die jeweiligen Verfahrenschritte eingehend untersucht, sowohl hinsichtlich ihrer momentanen Ausgestaltung, ihrem Zusammenhang zu den Genehmigungswirkungen sowie zu möglichen Modifikationen (3. Kapitel).

19 Insbesondere das Urteil des Urteil des EuGH v. 15.10.2015 C-137/14.

1. Kapitel Grundlagen

Für Errichtung, Betrieb und wesentliche Änderung immissionsschutzrechtlicher Anlagen ist eine Genehmigung erforderlich, die eine Behörde nach Durchlaufen eines Verfahrens erteilt und dem Genehmigungsinhaber besondere Rechte vermittelt. Im folgenden Kapitel werden die Bedeutung dieser Genehmigung, ein kurzer Überblick über das erforderliche Verfahren sowie die einer solchen Genehmigung zukommenden Wirkungen dargestellt.

A. Die Genehmigung nach BImSchG

I. Genehmigungspflicht

Eine immissionsschutzrechtliche Genehmigung ist gemäß §§ 4, 16 BImSchG für die Errichtung, den Betrieb oder eine wesentliche Änderung solcher Anlagen – etwa Betriebsstätten oder Maschinen[20] – erforderlich, die in besonderem Maße geeignet sind, schädliche Umwelteinwirkungen[21] hervorzurufen. Relevant ist dabei nicht die schädigende Eignung im konkreten Einzelfall, sondern die abstrakt beurteilte Schädlichkeit des Anlagentyps. Genehmigungspflichtigen Anlagen kommt daher regelmäßig ein hohes Schädigungspotential zu. Unglücke wie

20 Der Begriff der Anlage ist legaldefiniert in § 3 V BImSchG.

21 Schädliche Umwelteinwirkungen sind nach der Legaldefinition des § 3 I BImSchG Immissionen, die nach Art, Ausmaß und Dauer geeignet sind, Gefahren, erhebliche Nachteile oder erhebliche Belästigungen für die Allgemeinheit oder die Nachbarschaft herbeizuführen.

die Chemieunfälle Seveso[22], Bhopal[23], Sandoz[24] oder zuletzt die Überschwemmung ungarischer Dörfer durch Giftschlamm[25] sowie explodierende Düngemittelfabriken[26] verdeutlichen die Gefahren, die mit solchen Industrieanlagen für die Allgemeinheit verbunden sind.[27] Wegen der möglicherweise erheblichen Auswirkungen solcher Anlagen auf Leben, Gesundheit und Eigentum dritter Personen obliegt dem Staat eine Schutzpflicht,[28] der er mit dem Genehmigungserfordernis zu genügen sucht. Dieses Erfordernis stellt eine Grundentscheidung im Ausgleich der Kollision überwiegend industrieller mit nachbarlichen und

---

22 Aus der chemischen Fabrik Icmesa im italienischen Meda wurde am 10. Juli 1976 das hochgiftige Dioxin TCDD freigesetzt. 200 Personen erlitten schwere Hautschäden, 736 Personen mussten aus einem 95 ha großen Gebiet evakuiert, 20–40 cm des betroffenen Bodens entfernt werden, Tiere verendeten und Pflanzen verdorrten. 37.000 Menschen waren betroffen, Langzeitschäden wie erhöhtes Tumorrisiko und Missbildungen unberücksichtigt (Wissenschaft und Umwelt 2006, S. 175). „Prominente" Schädigungen durch TCDD waren etwa die Entlaubungen durch „Agent Orange" im Vietnamkrieg und 2004 im Fall des ukrainischen Präsidenten Wiktor Juschtschenko.

23 Am 3. Dezember 1984 traten im Werk des US-Chemiekonzerns Union Carbide Corporation im indischen Bhopal über 40 Tonnen des hochgiftigen Methyl Isocyanat in einer weißen Wolke aus. Am stärksten war ein Armenviertel in unmittelbarer Nähe zur Fabrik betroffen: 3.800 bis 20.000 Menschen starben, ca. 500.000 Menschen wurden durch die ätzende Wirkung verletzt (Wissenschaft und Umwelt 2006, S. 175).

24 Im Industriegebiet Schweizerhalle bei Basel lässt ein Großbrand im Chemiekonzern Sandoz am 01. November 1986 etwa 500 Tonnen Chemikalien verbrennen und rund 40 Tonnen, darunter auch Pestizide, mit dem Löschwasser in den Rhein fließen. Das Fischsterben im Rhein zog sich bis in die Niederlande (http://www.bmu.de/pressearchiv/13_legislaturperiode/pm/959.php).

25 1 Mio m^3 roten Giftschlamm aus einer Aluminiumfabrik überschwemmte am 04. Oktober 2010 mehrere ungarische Dörfer. Die Schwermetallmischung führte zu chemischen Verbrennungen am tiefsitzenden Hautgewebe. 3 Menschen wurden getötet, 6 vermisst, 120 verletzt. 390 Einwohner mussten ihre Häuser verlassen, 40 qkm Boden wurden verseucht, das Grundwasser und die Donau drohten belastet zu werden.

26 Etwa am 21.09.2001 in Toulouse, wobei 29 Menschen getötet, 782 verletzt und mehr als 10.000 Wohnungen, Schulen, Geschäfte und ein Krankenhaus zerstört und beschädigt wurden. Bei der Explosion am 18.04.2013 in Waco, Texas starben 14 Personen, über 160 wurden verletzt, 50 Häuser zerstört.

27 Zu Ursachen und Umgang mit Katastrophen *Perrow*, Normale Katastrophen, 1992.

28 BVerfGE 39, 1 (42 f.); 46, 160 (164); 49, 89 (142); 53, 30 (57 f.); 75, 40 (66); BVerfG, DÖV 1980, 299 (300); *Becker*, VerwArch 87 (1996), 581 (603 f.); ausführlich *Berger*, Umweltrechtliche Nachbarklagen, S. 134 f.; *Dörr*, Ule/Laubinger, § 4 Rdnr. B1; *Hett*, Öffentlichkeitsbeteiligung, S. 206 ff., 218 ff.; ausführlich *Huber*, AöR 114 (1989), 252 (270 ff.); *Jarass*, AöR 110 (1985), 363 (381 f.); *Stern*, DÖV 2010, 241 ff.

ökologischen Interessen dar. Mit der Ausgestaltung der Genehmigung als präventives Verbot mit Erlaubnisvorbehalt[29] ist der Verwaltung eine Eröffnungskontrolle eingeräumt: Ein grundsätzlich sozial erwünschtes Verhalten wird zunächst verboten, damit es überprüft werden kann, *bevor* es ausgeübt wird.[30] Zum Schutz der Allgemeinheit begrenzt folglich das Genehmigungserfordernis die Freiheit des Anlagenbetreibers, seine Anlage nach seinem Dafürhalten zu errichten und zu nutzen.[31] Eine solche Beschränkung der Gewerbefreiheit zum Schutz der Nachbarschaft kannte bereits die PrGewO von 1845.[32] Ursprünglich wurden allerdings wegen des geringen Grades an Industrialisierung[33] nur für einzelne Tätigkeiten bestimmter Anlagenarten besondere Vorschriften erlassen.[34] Die dadurch entstandene zersplitterte und unübersichtliche Rechtslage verhinderte eine rasche Genehmigungserteilung. Sie wurde mit der Dampf-Kesselordnung von 1831 bereinigt, die den Grundstock des anlagenbezogenen

---

29 *Dörr*, Ule/Laubinger, § 4 Rdnr. B3; *Erbguth/Schlacke*, Umweltrecht, § 5 Rdnr. 20, 32, § 9 Rdnr. 61; *Feldhaus*, Feldhaus, § 4 Rdnr. 35; *Gaentzsch*, NJW 1986, 2787 (2787); *Graffe*, Bürgerbeteiligung, S. 30a; *Hellmann*, Öffentlichkeitsbeteiligung, S. 53; *Hoppe/Beckmann/Kauch*, Umweltrecht, § 8 Rdnr. 41, § 21 Rdnr. 114; *Huber*, AöR 114 (1989), 252 (268); *Kotulla*, Kotulla, §4 Rdnr. 7, 79; *Maurer*, Allg. VwR, § 9 Rdnr. 51, *v. Mutius*, DVBl. 1978, 665 (666); *Sach*, Genehmigung als Schutzschild?, S. 34 ff., 37 ff. zu möglichen anderen Regelungsmodelle zur Kontrolle gefährlicher Vorhaben; *Sparwasser/Engel/Voßkuhle*, Umweltrecht, § 10 Rdnr. 56.

30 Im Gegensatz dazu betrifft das repressive Verbot mit Befreiungsvorbehalt (Ausnahmebewilligung), Handlungen, die als grundsätzlich sozial schädlich angesehen und daher verboten werden. Eine Befreiung vom Verbot erfolgt nur in Ausnahmefällen. Bei einem präventiven Verbot mit Erlaubnisvorbehalt wird die Handlung als grundsätzlich sozial unschädlich eingestuft, daher erlaubt und nur in Ausnahmen verboten (*Kloepfer*, Umweltrecht, § 5 Rdnr. 45 ff., 55; *Erbguth/Schlacke*, Umweltrecht, § 5 Rdnr. 32 ff.). In manchen Fällen wäre ohne Genehmigungspflicht der Schutz der Allgemeinheit und Nachbarschaft weitaus schwieriger oder nicht ausreichend (BT-Drs. 16/1337 S. 17 (18)).

31 Zweck der Genehmigungspflicht ist die Abwehr der aus dem jeweiligen Immissionspotenzial resultierenden Negativszenarien (*Kotulla*, Kotulla, § 4 Rdnr. 6). *Guckelberger*, DÖV 2010, 109 (110); *Hett*, Öffentlichkeitsbeteiligung, S. 233.

32 *Boldt*, Gewerberecht, S. 41. Die PrGewO von 1845 fasste die bestehenden Beschränkungen der per Edikt v. 02.11.1819 (GS 1810, 79 ff.) eingeführten Gewerbefreiheit zusammen (näher: *Boldt*, Gewerberecht, S. 1 ff.; *Malkmus*, Industrie-Immissionen, 16; *Mieck*, Technikgeschichte, 34 (1967), 36 (44 ff.); *Sparwasser/Engel/Voßkuhle*, Umweltrecht, § 10 Rdnr. 52 ff.; *Zuck*, NJW 1972, 279 (280 f.)).

33 1812 arbeiteten nur zwei Dampfmaschinen in Industriebetrieben (*Zuck*, NJW 1972, 279 (280)).

34 *Dietlein*, L/R, vor § 4 Rdnr. 1; *Zuck*, NJW 1972, 279 (280).

Immissionsschutzes darstellt.[35] Mit ihr wurde eine prinzipielle Erlaubnispflicht für die Aufstellung und den Betrieb sämtlicher Dampfmaschinen eingeführt.[36] Diese Grundzüge wurden ins BImSchG übernommen und die Genehmigung als klassisches Instrument administrativer Kontrolle über die Einhaltung materiellrechtlicher Ge- und Verbote ausgestaltet.[37] Sie dient der direkten Verhaltenssteuerung und ergeht als Verwaltungsakt mit Drittwirkung[38]. So kann vorab – bevor eine Gefährdung eintritt – überprüft werden, ob von einer Anlage Gefahren oder Risiken für Menschen und Umwelt ausgehen können und es können Maßnahmen zu ihrem Schutz und zur Vorsorge durchgesetzt werden. Kommt der Betreiber seinen Betreiberpflichten nach und stehen der Anlage keine anderen öffentlichrechtlichen Vorschriften oder Belange des Arbeitsschutzes entgegen, so sind die Voraussetzungen für eine Genehmigungserteilung nach § 6 BImSchG erfüllt. Dem Antragsteller steht ein Rechtsanspruch auf Erteilung der Genehmigung zu.[39]

---

35 Ausführlich zum gewerbe- und polizeirechtlichen Ursprung: *Breuer*, NJW 1977, 1025 ff.; *Dietlein*, L/R, vor § 4 Rdnr. 1 ff.; *Feldhaus*, Feldhaus, § 4 Rdnr. 2 ff.; *Huber*, AöR 114 (1989), 252 (252 ff.); *Kloepfer*, Umweltrecht, § 14 Rdnr. 5 ff. sowie allgemein zum Immissonsschutzrecht § 2 Rdnr. 25 ff.; *Schäfer*, DÖV 1977, 85 (85 ff); zum römisches Recht: *Kutscheidt*, Öffentliches Immissionsschutzrecht, S. 241 ff.; *Mieck*, Technikgeschichte 34 (1967), 36 ff.; *Niedzwicki*, Präklusion, S. 59 ff.; *Sach*, Genehmigung als Schutzschild?, S. 79 ff.; *Sparwasser/Engel/Voßkuhle*, Umweltrecht, § 10 Rdnr. 51 ff.; *Zuck*, NJW 1972, 279 insbes. 280 f. Der Begriff der Genehmigung wird bereits in mittelhochdeutscher Zeit (1050–1350) verwendet (Duden, Das Herkunftswörterbuch, S. 265). Aufgrund der Industrialisierung existierten neben zivilrechtlichen Abwehransprüchen relativ früh die ersten öffentlich-rechtlichen Immissionsschutzregeln auf polizeilicher Grundlage. Napoleon führte 1810 in Frankreich erstmals eine Genehmigungspflicht für bestimmte gewerbliche Tätigkeiten ein (*Sparwasser/Engel/Voßkuhle*, Umweltrecht, § 10 Rdnr. 52).

36 *Kloepfer*, Umweltrecht, § 2, Rdnr. 18.

37 *Erbguth/Schlacke*, Umweltrecht, § 5 Rdnr. 20; *Hoppe/Beckmann/Kauch*, Umweltrecht, § 8 Rdnr. 23; *Rebentisch*, in: FS für Feldhaus, S. 83 (85).

38 *Kloepfer*, Umweltrecht, § 5 Rdnr. 65; *Kiefer*, Investitionssicherheit, S. 46; *Maurer*, Allg. VwR, § 9 Rdnr. 50; *Niedzwicki*, Präklusion, S. 136; *Sellner/Reidt/Ohms*, Immissionschutzrecht, S. 190 Rdnr. 175.

39 VGH Mannheim, NVwZ-RR 1999, 298 (299); *Beckmann*, NuR 2003, 715 (717 f.); *Dörr*, Ule/Laubinger, § 4 Rdnr. B4; *Hett*, Öffentlichkeitsbeteiligung, S. 101; *Kloepfer*, Umweltrecht, § 5 Rdnr. 55; *Kotulla*, Kotulla, § 4 Rdnr. 79, § 6 Rdnr. 40; *Metz*, Präklusion, S. 101; *Niedzwicki*, Präklusion, S. 87; *Schönenbroicher/Gregor*, NWVBl. 2009, 329 (330); *Song*, Kooperatives Verwaltungshandeln, S. 69; *Stober*, AöR 106 (1981) 41 (61). Einen

II. Genehmigungsarten

Das BImSchG kennt obligatorische und fakultative Genehmigungen.

1. Obligatorische Genehmigung

Eine Genehmigungspflicht besteht für die Neuerrichtung und den Betrieb immissionsschutzrechtlicher Anlagen, denen ein abstrakt hohes Gefährdungs- und Beeinträchtigungspotential innewohnt (vgl. § 4 BImSchG). Im Anhang der 4. BImSchV sind solche Anlagen abschließend aufgelistet, die aufgrund der bisherigen Erfahrungen als schädlich eingestuft werden.[40] Nicht aufgeführte Anlagen sind nicht genehmigungsbedürftig, auch wenn sie ähnlich gefährlich sind; aufgelistete hingegen genehmigungspflichtig, unabhängig von ihrer Gefährlichkeit im konkreten Einzelfall.[41] Die Bandbreite der nach Branchen gegliederten Verordnung mit annähernd 100 Nummern umfasst praktisch alle größeren Industrieanlagen von Anlagen der Stromerzeugung (z.B. Kraftwerke und Windfarmen), der Stahlverarbeitung über Chemie- und Zementfabriken bis hin zur industriellen Landwirtschaft (etwa Hühnerzuchtfarmen und Schweinemastbetriebe).

Ebenfalls genehmigungsbedürftig ist die wesentliche Änderung[42] einer solchen Anlage in Lage, Beschaffenheit oder Betrieb – etwa durch eine Kapazitäts- und einer damit verbundenen Massenstromerhöhung eines Heizkraftwerkes (§ 16 I BImSchG). Überschreitet eine zunächst nicht genehmigungsbedürftige

---

Rechtsanspruch auf eine atomrechtliche Genehmigung verneint *Wagner*, DVBl. 1978, 839 (841) ohne weitere Begründung.

40 BT-Drs. 7/179 S. 30; ausführlich *Huber*, AöR 114 (1989), 252 (269); *Rohmer* in: Landmanns Kommentar, 1928, S. 205; *Sellner/Reidt/Ohms*, Immissionsschutzrecht, S. 15 f. Zum Begriff der Anlage sehr ausführlich *Jarass*, UPR 2011, 201 ff.

41 Für die Genehmigungspflicht ist die *abstrakte*, für die Genehmigungsfähigkeit die *konkrete* Gefährlichkeit relevant (hierzu bereits vor dem BImSchG *Malkmus*, Industrie-Immissionen, S. 29 ff. m.w.N.; *Rohmer*, in: Landmanns Kommentar, S. 202; v. *Schicker*, Dt. GewO 1879, S. 16). Allerdings bestehen in besonderen Einzelfällen Ausnahmen von der Genehmigungspflicht, etwa wenn eine Anlage § 1 I 3, VI der 4. BImSchV unterfällt (näher *Jarass*, BImSchG, § 4 Rdnr. 15).

42 Eine Änderung ist wesentlich, wenn sie solche nachteilige Auswirkungen hervorrufen kann, die für die Prüfung nach § 6 I Nr. 1 BImSchG erheblich sein könnten (§ 16 I 1 BImSchG). Eine Ausnahme von der Genehmigungspflicht besteht nach der Bagatellklausel des § 16 I 2 BImSchG bei einer Freistellung nach § 15 II 2 BImSchG oder einer nachträglichen Anordnung gemäß § 17 IV BImSchG (vertiefend etwa *Sellner/Reidt/Ohms*, Immissionsschutzrecht, S. 141 f.).

Anlage aufgrund einer Änderung die Leistungsgrenzwerte des Anhangs der 4. BImSchV, besteht ebenso eine Genehmigungspflicht nach § 4 BImSchG.[43]

2. *Fakultative Genehmigung*

Das Grundmodell einer obligatorischen Genehmigung, die dem Schutz möglicher Betroffener dient, wurde 1996 modifiziert. Neu hinzugekommen ist die Möglichkeit für den Antragsteller, in bestimmten Fällen die Form der sog. fakultativen Genehmigung zu wählen, um eine erhöhte Bestandskraft für seine Anlage zu erreichen.[44]

Eigentlich bedarf eine Veränderung an einer Anlage, durch die Dritte nicht erheblich benachteiligt werden, keiner Genehmigung.[45] Der Betreiber kann aber solche sog. „einfachen" Änderungen[46] einer genehmigungsbedürftigen Anlage nach § 15 I BImSchG der Behörde entweder (wie zuvor) – ohne größeren verwaltungstechnischen Aufwand – anzeigen oder (dies war neu) eine Änderungsgenehmigung nach § 16 IV BImSchG beantragen. Hierfür ist das übliche immissionsschutzrechtliche Verfahren zu durchlaufen. Die Genehmigung dient damit nicht allein dem Schutz potentiell Betroffener, sondern auch dem Betreiber zur Stärkung seines Bestandsschutzes. Es steht damit in seiner Wahl, mittels Anzeigeverfahrens schnell zu investieren und so etwa eine zügige Präsenz seiner Produkte auf dem Markt zu erreichen oder das Investitionsrisiko durch einen erhöhten Bestandsschutz auszugleichen, der durch das Genehmigungsverfahren vermittelt wird.[47]

---

43 Vergrößert sich beispielsweise eine Hühnerzuchtfarm um weitere Hennenplätze und erreicht dadurch die Marke von 15.000 Plätzen, ist diese Anlage nach Nr. 7.1.1.2 der 4. BImSchV genehmigungspflichtig.

44 Die Novellierung (BGBl. I, 1498) beruhte auf dem Gutachten der „Schlichter Kommission" (dazu *Eckert*, Beschleunigung, S. 10 ff.; *Hafner*, Behördliche Diagnosefehler, S. 22 ff. m.w.N., *Rebentisch*, in: FS für Feldhaus, S. 83 ff.).

45 Die Vereinbarkeit der Anlage mit Rechten Dritter wurde bereits in der Errichtungsgenehmigung festgestellt und wird regelmäßig kontrolliert.

46 Einfache Änderungen der Lage, Beschaffenheit oder des Betriebs der Anlage sind solche, die nicht wesentlich i.S.d. § 16 I BImSchG sind, etwa eine Veränderung im Verarbeitungsprozess, die zu einer veränderten Emissionszusammensetzung führt, wodurch sich jedoch keine erheblichen Nachteile ergeben (zu den Einzelheiten *Jarass*, BImSchG, § 15 Rdnr. 5 ff.).

47 *Dietlein*, L/R, § 10 Rdnr. 4; *Eversberg*, Zeitfaktor, S. 91; *Kiefer*, Investitionssicherheit, S. 31 ff., 53, 152; *Pudenz*, UPR 1990, 331 (331).

Ein vergleichbares Wahlrecht für an sich nicht genehmigungsbedürftige Anlagen könnte eine auf § 23 Ia BImSchG gestützte Rechtsverordnung eröffnen. Von der Verordnungsermächtigung wurde jedoch bisher noch kein Gebrauch gemacht.

3. *Modifikationen*

Für eine beschleunigte Inbetriebnahme immissionsschutzrechtlicher Anlagen könnte bei Vorhaben mit geringerem Gefährdungspotential, eine Genehmigungsfiktion bei Überschreiten gesetzlicher Fristen oder die Herabsetzung von Umfang und Detaillierungsgrad behördlicher Prüfung (Vorbehaltsgenehmigung) mit dem Risiko späterer Auflagen oder Rücknahmen[48] sowie insgesamt eine Abkehr vom Verbot mit Erlaubnisvorbehalt[49] erwogen werden.

Eingehende Prüfung und Beschleunigung könnte eine Genehmigungsfiktion vereinen. Eine Genehmigung gälte als erteilt, wenn die Genehmigungsbehörde den Antrag nicht innerhalb einer bestimmten Frist bescheidet.[50] Beeinträchtigungen könnten durch einen alternativen Schutz ausgeglichen werden.[51] Andererseits widerspricht das typischerweise hohe Gefährdungspotential der Anlage sowie die erhebliche Komplexität von Verfahren und Rechtswirkung einer Ausgestaltung als Fiktion.[52]

Eine behördliche Vorabkontrolle erscheint jedenfalls dann unverzichtbar, wenn die Realisierung des Vorhabens wesentliche Gefahren für Leben, Leib oder Eigentum mit sich trüge.[53] Damit unvereinbar sind Forderungen nach

---

48 *Bucher*, FS für Odersky, S. 283 (193 f.).

49 *Lübbe-Wolff*, NuR 1989, 295 (295, 299).

50 *Ziekow*, Möglichkeiten zur Verbesserung der Standortbedingungen, S. 15 ff., 73, zu vergleichbaren Fiktionen S. 74 ff. und möglichen Problemen S. 97 ff. Zu den engen Voraussetzungen, unter denen eine Genehmigungsfiktion als möglich erachtet wird BMWi, Investitionsförderung, S. 62 f. Zu einer solcher Fiktion aus Europarecht Art. 13 III der Dienstleistungs-RL (RL 2006/123/EG v. 12.12.2006, Abl. 376, S. 36) zu vergleichbaren Fiktionen etwa §§ 6 IV 2, 10 II 2, 22 V 4 BauGB; ausführlich *Guckelberger*, DÖV 2010, 109 (109 ff.); *Hullmann/Zorn*, NVwZ 2009, 756 ff.; *Jäde*, UPR 2009, 169 ff.; *Uechtritz*, DVBl. 2010, 684 (684) m.w.N. zu Begrifflichkeiten sowie zur Abgrenzung zu ähnlichen Rechtsinstituten.

51 Z.B. intensivere Prüfungen, Umwelt-Audits, Nachkontrollen, der Einsatz eines Versicherungsmodells, Umweltzertifikate (BMWi, Investitionsförderung, S. 61 f.).

52 *Guckelberger*, DÖV 2010, 109 (110); *Jachmann*, Fiktion, S. 888; *Jarass*, DVBl. 2009, 205 (211). Kritisch zur fakultativen Genehmigung *Rebentisch*, FS Feldhaus, S. 83 ff.

53 *Püttner/Guckelberger*, JuS 2001, 218 (223); m.w.N. ähnlich *Rebentisch*, FS für Feldhaus, S. 83 (84).

einer Genehmigung als Dienstleistung und der Aufgabe ihres hoheitlichen Charakters.[54] Ein Abbau präventiver Kontrolle ginge mit einer Verlagerung auf einen repressiven Schutz auf Reaktion des Nachbarn einher. Hierdurch blieben aber nicht nur Beteiligungsrechte auf der Strecke, sondern auch der Schutzschild der Genehmigung und damit die durch sie vermittelte Rechtssicherheit.[55]

Eine immissionsschutzrechtliche Genehmigung ist derzeit folglich für bestimmte Anlagentypen, die abstrakt als gefährlich für ihre Umgebung eingestuft wurden, obligatorisch, für andere fakultativ.

B. Immissionsschutzrechtliches Genehmigungsverfahren

Vor der Genehmigungserteilung ist ein Genehmigungsverfahren durchzuführen. Da die Zulassung des beantragten Vorhabens die Gefahr einer Verletzung ihrer Rechte erhöht, sind mögliche Betroffene am Verfahren zu beteiligen. Das Genehmigungsverfahren dient somit neben der Durchsetzung und Verwirklichung des materiellen Rechts[56] dem Schutz potentieller Drittbetroffener[57] sowie der Selbstkontrolle der Verwaltung[58]. Durch eine Beteiligung weiterer Personen und Behörden neben dem Antragsteller wird die Verwaltung bei ihrer teilweise umfangreichen und schwierigen Sachverhaltsermittlung unterstützt.[59] Das Verfahren ist daher gerade bei komplexen Sachverhalten für die Sachverhaltsermittlung und Entscheidungsfindung von zentraler Bedeutung. Es bildet den geordneten Rahmen, in dem die Behörde die verschiedenen betroffenen Belange ermittelt,

---

54 Gegen solche Forderungen der „Schlichterkommission“ *Rebentisch*, FS für Feldhaus, S. 83 (84).

55 *Baer*, Bürger, S. 174 f.

56 *Röckinghausen*, EurUP 2008, 210 (210).

57 Die Grundrechte Art. 2 II und 14 GG gewähren einen Rechtsanspruch auf ein geordnetes Verfahren (BVerfGE 53, 62 ff.; *Beyerlin*, NJW 1987, 2713 (2715 f.); *Song*, Kooperatives Verwaltungshandeln, S. 76).

58 *Busse*, VR 1998, 263 (265); *Fröhler*, WiVerw 1991, 2 (14); *Häberle*, in: FS 50 Jahre Boorberg-Verlag, S. 47 (92); *Held*, Grundrechtsbezug, S. 41 ff.; *Lorenz*, AöR 105 (1980), 623 (625); *Schmidt-Preuß*, NVwZ 2005, 489 (490); *Song*, Kooperatives Verwaltungshandeln, S. 76. *Schmitt-Glaeser*, VVDStRL 31 (1973), 179 (244) betont die Bedeutung des Verfahrens für die Selbstkontrolle der Verwaltung. Andere betonen seine Funktion zur Information und Artikulation, so *Ahlers*, Beteiligungsrechte, S. 71; *Denninger*, in: Isensee/Kirchhof, HdBStR, 1992, Bd. V, S. § 113 Rdnr. 26; *Häberle*, in: FS 50 Jahre Boorberg-Verlag, S. 47 (92); *Schmidt-Preuß*, NVwZ 2005, 489 (489).

59 Nach BVerfGE 61, 82 (115) ist die Verwaltung hierauf in besonderem Maße angewiesen. Ebenso *Held*, Grundrechtsbezug, S. 19; *Hoffmann-Riem*, DVBl. 1994, 1381 (1382); *Jacoby*, Beschleunigung, S. 15.

würdigt und zu einer Entscheidung gelangt.[60] Je schwächer der Gesetzgeber diese Entscheidung programmiert, desto wichtiger ist die Durchführung eines solchen Verfahrens.[61] Andererseits bedeutet die Durchführung des Genehmigungsverfahrens für den Vorhabensträger einen weiteren Zeitraum, der neben die Entwicklungs-, Planungs- und Bauphase tritt und die wirtschaftlichen Aktivitäten hemmt. Genehmigungsverfahren sind insbesondere dann zeitintensiv, wenn sie Projekte mit erheblichen Beeinträchtigungen für die Umgebung betreffen oder Dimension und Notwendigkeit des Vorhabens kontrovers diskutiert werden.[62] Längere Verfahren oder strengere Auflagen würden aber, so wird moniert, deutschen Unternehmen im internationalen Vergleich Kosten- und Zeitnachteile bescheren sowie den Wirtschaftsstandort Deutschland gefährden.[63] Betroffene fordern dagegen Gründlichkeit vor Schnelligkeit, denn die Nutznießer der Projekte hätten die dadurch hervorgerufenen Belastungen nicht oder nur teilweise selbst zu tragen.[64]

Um auch dem Interesse des Antragstellers gerecht zu werden, hält das BImSchG neben dem gesetzlichen Regelfall – dem formalisierten sog. förmlichen

---

60 Nach *Jung*, Demokratisierung, S. 67 m.w.N. ist zentrale Aufgabe des Zulassungsverfahrens, durch anspruchsvolle Prüfverfahren zu problemadäquaten Entscheidungen über die Zulässigkeit von Vorhaben zu gelangen. Ähnlich *Ahlers*, Beteiligungsrechte, S. 7; *Baer*, Bürger, S. 107; *Burmeister*, UTR 1988, 121 (124 f.); ausführlich *Held*, Grundrechtsbezug, S. 19 ff.; *Jochum*, Verwaltungsverfahrensrecht, S. 7; *Ossenbühl*, NVwZ 1982, 465 (471); *Röckinghausen*, EurUP 2008, 210 (210); *Schmitt-Glaeser*, Der Landkreis, 1976, 442 (443); *Schmidt-Preuß*, NVwZ 2005, 489 (489 f.); *Steinberg*, DÖV 1982, 619 (620).

61 Ebenso *Bora*, Differenzierung und Inklusion, S. 27; *Fröhler*, WiVerw 1991, 2 (13); *Kloepfer*, Umweltrecht, § 5 Rdnr. 74 m.w.N.; *Ossenbühl*, NVwZ 1982, 465 (466); *Weinreich*, NVwZ 1997, 949 (953, 956) prozedurale Kompensation für abnehmende inhaltliche Programmierung. *Schwarze*, DVBl. 2010, 1325 (1325): Rudolf Ihering: „Die Form ist die geschworene Feindin der Willkür – die Zwillingsschwester der Freiheit".

62 Solche Vorhaben sind etwa die stark in der Diskussion stehenden Windkraftanlagen (umstrittene Projekte sind z.B. auf www.windkraftgegner.de verzeichnet) oder Erweiterungen von Kraftwerken oder aus anderen Fachgebieten die bundesweit für Aufsehen sorgenden Projekte wie der Ausbau des Frankfurter Flughafens oder Stuttgarter Bahnhofs (Stuttgart 21).

63 *Song*, Kooperatives Verwaltungshandeln, S. 89; ähnlich *Geschka*, Wettbewerbsfaktor Zeit, S. 20; *Harder*, Genehmigungsverfahren, S. 62; *Held*, Grundrechtsbezug, S. 170 f. Kritisch *Jacoby*, Beschleunigung, S. 3: die Grundaussage einer (überlangen) Verfahrensdauer sei zu hinterfragen.

64 Ihre Vorteile werden also mit besonderen Lasten für die Allgemeinheit oder für andere erkauft. *Steinberg*, ZUR 2011, 340 (340 f.).

Verfahren nach § 10 BImSchG – als beschleunigtes Verfahren das sog. vereinfachte Verfahren (§ 19 BImSchG) bereit. Dies findet deutlich häufiger als das vielfach kritisierte förmliche Verfahren statt.[65]

I. Förmliches und vereinfachtes Verfahren

Die Art des Genehmigungsverfahrens bestimmt sich ebenfalls anhand der Umweltrelevanz des Vorhabens.[66] Diese ist – wie bei der Genehmigungspflicht – abstrakt in der 4. BImSchV bewertet. Der dortige Anhang 1 weist verschiedene Anlagen den Buchstaben G oder V zu. Anlagen, die mit dem Buchstaben G gekennzeichnet sind, müssen immer ein förmliches Verfahren durchlaufen,[67] Anlagen mit Buchstabe V nur bei Vorliegen weiterer Voraussetzungen.[68] In den übrigen Fällen kann der Antragsteller gemäß § 19 III BImSchG zwischen förmlichen und vereinfachten Verfahren wählen.[69]

Relevant ist der Unterschied zwischen beiden Verfahrensarten für die Verfahrensausgestaltung und Wirkung der Genehmigung. Das vereinfachte Verfahren erfolgt ohne Öffentlichkeitsbeteiligung, mit verkürzter behördlicher Entscheidungsfrist. Eine danach erteilte Genehmigung hat weder Präklusions- noch privatrechtsgestaltende Wirkung (§§ 19 II, 10 VIa 1 BImSchG). Ein solches

---

65 *Kloepfer*, Umweltrecht, § 5 Rdnr. 86; *Martens*, Wesentliche Änderung, S. 274: In etwa 10–25% der Fälle findet nur ein förmliches Verfahren statt.

66 *Harder*, Genehmigungsverfahren, S. 13; *Huber*, AöR 114 (1989), 252 (268); *Kloepfer*, Umweltrecht, § 14 Rdnr. 153; *Kutscheidt*, Immissionsschutzrecht, S. 279. Ausführlich zu den Hintergründen eines förmlichen Verfahrens *Kloepfer*, Umweltrecht, § 5 Rdnr. 72 ff. m.w.N.

67 Wird das förmliche Verfahren vom Gesetz vorgesehen, kann hiervon nicht abgewichen werden. Findet eine Abweichung dennoch statt, können Drittbetroffene mangels drittschützender Wirkung dies nicht geltend machen (OVG Koblenz, BauR 2010, 581 (581); DVBl. 2009, 390 m.w.N. a.A. *Jarass*, BImSchG, § 4 Rdnr. 22).

68 § 2 I Nr. 1 lit. b und lit. c. der 4. BImSchV ordnen für bestimmte Anlagen – solche, die sich aus Anlagen zusammensetzen, die im Anhang 1 mit G und V bezeichnet sind oder solche, für die eine UVP vorgesehen ist (siehe dazu Anlage 1 des UVPG, § 3 I UVPG) – die Durchführung eines förmlichen Verfahrens an.

69 Diese Wahlmöglichkeit besteht seit dem Dritten Gesetz zur Änderung des BImSchG v. 14.05.1990 (BGBl. I S. 880). Für die Wahl sind ähnliche Gesichtspunkte entscheidend, wie bei der faktischen Genehmigung, insbesondere die Kürze des Verfahrens gegenüber der Investitionssicherheit und dem Bestandsschutz (dazu auch *Knäppel*, Immissionsschutzrecht, 2008, 28 (33); *Martens*, Wesentliche Änderung, S. 275; *Sellner*, NVwZ 1991, 305 (309 f.)). Kritisch *Baer*, Bürger, S. 141, die in der Wahlmöglichkeit die Konstituierung Bürger zweier Klassen sieht.

Verfahren erspart dem Antragsteller Zeit und Geld, gewährt hingegen geringere Rechtssicherheit.[70] Drittbetroffene hingegen erfahren im vereinfachten Verfahren häufig erst sehr spät vom Vorhaben. Dies mindert zwar nicht das Schutzniveau, doch erschwert es die praktische Durchsetzung ihrer Interessen.[71]

II. Verfahrensablauf

Das immissionsschutzrechtliche Genehmigungsverfahren wird durch den Antragsteller in Gang gesetzt. Üblicherweise unterrichtet er die Genehmigungsbehörde[72] von seinem Vorhaben (§ 2 I der 9. BImSchV) und stellt nach einer Vorberatung seitens der Behörde (§ 2 II der 9. BImSchV) seinen Antrag mit den nach § 10 I 2 BImSchG und §§ 3 ff. der 9. BImSchV erforderlichen Unterlagen.[73] Die Behörde prüft seine eingereichten Unterlagen auf Vollständigkeit und verlangt gegebenenfalls Ergänzung (§ 10 I 3 BImSchG, § 7 der 9. BImSchV).

Im *förmlichen Genehmigungsverfahren* schließt sich hieran die Öffentlichkeitsbeteiligung an. In ihr können sich nicht nur Personen beteiligen, die voraussichtlich durch das Vorhaben in eigenen Rechten betroffen werden (sog. Betroffenenbeteiligung), sondern jedermann (sog. Jedermannbeteiligung).[74] Sie beginnt mit einer Unterrichtung über das geplante Vorhaben mittels öffentlicher Bekanntmachung (§ 10 III 1, IV BImSchG, §§ 8, 9 der 9. BImSchV). Anschließend werden Antrag und Unterlagen für einen Monat zur allgemeinen Einsichtnahme ausgelegt (§ 10 III 2 BImSchG, § 10 der 9. BImSchV). Die Öffentlichkeit kann in dieser Zeit sowie zwei Wochen danach schriftlich Einwendungen gegen das Vorhaben erheben (§ 10 III 4 BImSchG, § 12 der 9. BImSchV). In einem separaten Termin kann die Genehmigungsbehörde mit dem Antragsteller und denjenigen, die rechtzeitig Einwendungen erhoben haben, diese erörtern (§ 10 VI BImSchG, §§ 12 I 2, 14 ff. der 9. BImSchV).

Die Genehmigungsbehörde fordert zudem spätestens mit der öffentlichen Bekanntmachung andere Behörden, deren Aufgabenbereich durch das Vorhaben tangiert wird, zur Stellungnahme innerhalb eines Monats auf. Darü-

---

70 *Knäppel*, Immissionsschutzrecht, 2008, 28 (33).

71 *Knäppel*, Immissionsschutzrecht, 2008, 28 (33).

72 Die Verordnungen der einzelnen Länder regelt die Zuständigkeit. Für Baden-Württemberg ist nach der BImSchZuVO vom 03.03.2003 (GBl. S. 180), zuletzt geändert am 27.05.2007 (GBl. S. 268) [Dürig Nr. 126 a] zumeist die untere Verwaltungsbehörde Immissionsschutzbehörde.

73 Unterrichtung, Beratung und Antragstellung können auch abhängig von der Komplexität und dem Umfang des Genehmigungsgegenstands zeitlich zusammentreffen.

74 Zu den Begrifflichkeiten näher *Ziekow*, NuR 2002, 701 (701).

berhinaus stellt sie eine vollständige Koordinierung anderer Zulassungen in verfahrensrechtlicher und inhaltlicher Hinsicht sicher (§ 10 V BImSchG, § 11 der 9. BImSchV).

Über den Genehmigungsantrag ist spätestens sieben Monate nach Antragstellung und Vollständigkeit der Unterlagen zu entscheiden (§ 10 VIa BImSchG, § 20 I 1 der 9. BImSchV). Die Entscheidung ist Antragsteller und Einwendern zuzustellen oder öffentlich bekannt zu machen (§ 10 VII, VIII BImSchG, § 21a der 9. BImSchV).

Im *vereinfachten Verfahren* ist eine Öffentlichkeitsbeteiligung (mit öffentlicher Bekanntmachung und Auslegung, Erhebung von Einwendungen und möglicher anschließender Erörterung) nicht durchzuführen (§ 19 II BImSchG). Zudem ist die der Behörde eingeräumte Entscheidungsfrist verkürzt – anstelle sieben nur drei Monate (§ 10 VIa BImSchG) –, so dass die Genehmigung innerhalb kürzerer Zeit mit weniger Aufwand erteilt werden kann und soll.

Da einer im förmlichen Genehmigungsverfahren erteilten Genehmigung die weitreichendsten Wirkungen zukommen, wird im Folgenden das förmliche Verfahren untersucht. Für das vereinfachte Verfahren gelten die gewonnenen Erkenntnisse vergleichbar soweit sie nicht Öffentlichkeitsbeteiligung, Präklusions- und privatrechtsgestaltende Wirkung der Genehmigung betreffen.

C. Genehmigungswirkungen

Eine immissionsschutzrechtliche Genehmigung – gleich aus welchem Grund sie beantragt wird (obligatorisch nach §§ 4, 16 I, fakultativ nach §§ 15, 16 IV BImSchG oder aufgrund einer Rechtsverordnung nach § 23 Ia BImSchG) und unabhängig von der Verfahrensart (förmlich oder vereinfacht) – gestattet ihrem Inhaber ein Verhalten, das andere in ihren Rechten beeinträchtigen kann. Aufgrund ihrer legalisierenden Wirkung ist ein strafrechtlicher Schutz gegen genehmigte und innerhalb dieser Genehmigung betriebene Anlagen nicht gegeben.[75] Sie gestattet daher ein bestimmtes Verhalten, das an sich verboten ist, und wirkt so rechtsgestaltend. Diese Wirkung ist von Inhalt und Wirksamkeit der erteilten Genehmigung abhängig. Erst diese hebt als behördlicher Akt das gesetzliche Verbot auf. Die Gestaltungswirkung ist folglich eine Wirkung der Genehmigung.

Zudem sind andere Behörden – in gewissem Umfang – an die Genehmigung gebunden (sog. Bindungswirkung). Die Bindungswirkung knüpft folglich

75 Die Verwaltungsakzessorietät verhindert eine Bestrafung wegen einer Ordnungswidrigkeit (z.B. nach § 62 I Nr. 1, Nr. 4 BImSchG) oder Straftat (z.B. §§ 324 ff. StGB).

unmittelbar an die Genehmigung und ihre Reichweite an und ist daher ebenso eine Wirkung der Genehmigung.[76]

Darüber hinaus spricht das BImSchG der Genehmigung besondere Wirkungen zu:

Gemäß § 13 BImSchG konzentriert sie weitere Gestattungen nach anderen Gesetzen. Der Projektträger bedarf so statt verschiedener Genehmigungen, die von unterschiedlichen Behörden in verschiedenen Verfahren erteilt werden müssten, lediglich eine Genehmigung, für die nur ein Verfahren bei einer Behörde zu durchlaufen ist (sog. Konzentrationswirkung). Diese Konzentration ist Folge der Genehmigung und nicht nur eine Konkurrenzregelung.[77] Der Genehmigungsinhaber erhält mit der immissionsschutzrechtlichen Genehmigung zugleich die nach den konzentrierten Vorschriften erforderlichen Erlaubnisse und Rechte. Ein weiterer behördlicher Akt ist hierfür nicht (mehr) erforderlich, da sich diese Befugnis unmittelbar aus der Genehmigung ergibt.

Ergeht die Genehmigung im förmlichen Verfahren,[78] so wirkt sie zudem auf bestehende privatrechtliche Rechtsverhältnisse ein und kann privatrechtliche Ansprüche gegen den Anlagenbetreiber ausschließen oder modifizieren (§ 14 BImSchG, sog. privatrechtsgestaltende Wirkung). Dieser Ausschluss bzw. die Modifizierung zivilrechtlicher Ansprüche hängt von der Genehmigungserteilung ab und ist also eine Wirkung der Genehmigung.[79]

Außerdem werden potentielle Betroffene mit ihrem Gegenvorbringen für den Klageweg ausgeschlossen, wenn sie dieses nicht bereits im Genehmigungsverfahren ordnungsgemäß, substantiiert und fristgerecht vorgebracht haben (§ 10 III BImSchG, sog. Präklusionswirkung). Dieser Ausschluss ist nicht allein die Folge

---

76 Die Bindungswirkung wird also nicht durch Gesetz vermittelt, wie etwa nach § 327 II StGB (näher dazu *Kollmann*, DÖV 1990, 189 (190 f.)).

77 So aber das Verständnis von *Fluck*, NVwZ 1992, 114 (116); *Seibert*, L/R, § 13 Rdnr. 25 und *Storost*, Ule/Laubinger, § 13 Rdnr. D32. Die Konzentrationswirkung sehen als Genehmigungswirkung an *Erbguth/Schlacke*, Umweltrecht, § 9 Rdnr. 72; *Guckelberger*, Kotulla, § 13 Rdnr. 1; *Jarass*, BImSchG, § 13 Rdnr. 1; *Laubinger*, VerwArch 77 (1986), 77 (78); *Sellner/Reidt/Ohms*, Immissionsschutz, S. 191.

78 Relevant ist lediglich die Durchführung dieses Verfahrens mit Öffentlichkeitsbeteiligung. Unerheblich ist, ob die Genehmigung im förmlichen erteilt werden musste, so bereits die amtliche Begründung BT-Drs. VI/2868, S. 36. *Jarass*, BImSchG, § 14 Rdnr. 3; *Rehbinder*, L/R, § 14 Rdnr. 12; *Spindler*, Feldhaus, § 14 Rdnr. 19.

79 *Erbguth/Schlacke*, Umweltrecht, § 6 Rdnr. 7, § 9 Rndr. 73 f.; *Jarass*, BImSchG, § 14 Rdnr. 1; *Rehbinder*, L/R, § 14 Rdnr. 51. VG Köln, v. 21.11.2007 – 21 K 235/07 – (juris Rdnr. 26) für den vergleichbaren § 37 II TKG.

einer verfahrensrechtlichen Anordnung.[80] Für seinen Eintritt sind nämlich Wirksamkeit und Umfang der Genehmigung maßgebend.[81] Nur wenn die Genehmigung wirksam ist, kann ein Einwendungsausschluss eintreten. Ist sie nichtig oder wurde sie gar nicht erteilt, etwa weil der Antrag zurückgezogen oder abgelehnt wurde, so werden die materiellrechtlichen Ausschlussfolgen nicht wirksam.[82] Dies hat zur Folge, dass der an sich für ein gerichtliches Verfahren auszuschließende Sachvortrag wieder zulässig wird.[83] Beginnt daher ein neues Genehmigungsverfahren, steht dem Einwender für ein mögliches sich daran anschließendes gerichtliches Verfahren erneut jeder Sachvortrag offen. Die Präklusion hängt folglich unmittelbar mit der Genehmigung zusammen.

Von einer immissionsschutzrechtlichen Genehmigung gehen folglich weitreichende Wirkungen aus. Dem Projektträger wird durch sie ein Recht zum Einwirken in fremde Rechtskreise gewährt, Betroffenen werden bestehende zivilrechtliche Abwehransprüche gegenüber dem Betreiber einer Anlage genommen bzw. modifiziert und der Erhalt öffentlich-rechtlicher Abwehransprüche an eine vorherige Mitwirkung geknüpft. Andererseits kommt den Betroffenen durch ihre Beteiligung am Genehmigungsverfahren eine erhebliche Einwirkungsmöglichkeit zu. Inwieweit Verfahrensschritte verändert werden können, ohne dass die aus verfassungsrechtlichen und rechtspolitischen Erwägungen bestehende Austarierung der Interessen eine Veränderung der Genehmigungswirkungen erfordern, soll in den folgenden Kapiteln untersucht werden.

80 So wohl aber *Stober*, AöR 106 (1981), 41 (70 ff.).

81 *Philipp*, Präklusionsvorschriften, S. 51; BVerwGE 60, 297 (308). Zur Abhängigkeit des Einwendungsausschlusses von der Genehmigung im 2. Kapitel B. II. 2. Grenzen der Präklusionswirkung S. 33 ff.

82 *Milger*, Präklusion, S. 255; *Rehbinder*, L/R, § 14 Rdnr. 55.

83 *Graffe*, Beteiligung, S. 30; *Storost*, Ule/Laubinger, § 10 Rdnr. D61.

2. Kapitel Immissionsschutzrechtliche Genehmigungswirkungen

Eine immissionsschutzrechtliche Genehmigung gewährt ihrem Inhaber bestimmte Rechte und begründet für Dritte bestimmte Pflichten.

A. Allgemeine Wirkungen

Von einer immissionsschutzrechtlichen Genehmigung gehen die einem gestattenden Verwaltungsakt üblicherweise innewohnenden Wirkungen aus.

I. Gestattung und Gestaltungswirkung

Primärer Effekt einer Genehmigung ist die Beseitigung des mit dem Genehmigungsvorbehalt grundsätzlich verbundenen Errichtungs- und Betriebsverbotes.[84] Im Rahmen der Genehmigung – beschränkt durch die Grundpflichten nach § 5 BImSchG und den §§ 17, 21 BImSchG – wird dem Begünstigten eine ihm bis dahin nicht zustehende Berechtigung eingeräumt.[85] Ihm ist gestattet, die genehmigte Anlage zu errichten und zu betreiben; vor ordnungs- und strafrechtlicher Verfolgung ist er geschützt.[86] Die Genehmigung wirkt folglich

84 *Dörr*, Ule/Laubinger, § 6 Rdnr. D1; *Jarass*, BImSchG, § 6 Rdnr. 49; *Kiefer*, Investitionssicherheit, S. 53 fasst dies unter dem Begriff *Legalisierungswirkung*, kennt die Gestattung i.S. einer „Freigabefunktion" (S. 46); *Kloepfer*, Umweltrecht, § 5 Rdnr. 63; *Kotulla*, Kotulla, § 4 Rdnr. 79; *Scheidler*, Feldhaus, § 6 Rdnr. 16.

85 *Dörr*, Ule/Laubinger, § 4 Rdnr. B3; *Feldhaus*, Feldhaus, § 4 Rdnr. 36; *Kloepfer*, Umweltrecht, § 5 Rndr. 63; *Pudenz*, UPR 1990, 331 (331); *Scheidler*, Feldhaus, § 6 Rdnr. 16 f.; *Sellner/Reidt/Ohms*, Immissionsschutzrecht, S. 190. Genehmigung begründet ein subjektives Recht: *Dörr*, Ule/Laubinger, § 4 Rdnr. B4, § 6 Rdnr. D1; *Fluck*, VerwArch 79 (1988), 406 (410); *Jarass*, BImSchG (9. Aufl), § 6 Rdnr. 49; *Kotulla*, Kotulla, § 4 Rdnr. 80; *Scheidler*, Feldhaus, § 6 Rdnr. 16; *Sellner/Reidt/Ohms*, Immissionsschutzrecht, S. 23. A.A. *Schwerdtfeger*, NJW 1974, 777 (778) (ohne Gründe).

86 *Dörr*, Ule/Laubinger, § 4 Rdnr. B6; *Scheidler*, Feldhaus, § 6 Rdnr. 17. Eine Anlagen*errichtung* ohne Genehmigung würde eine Ordnungswidrigkeit nach § 62 I Nr. 1 OWiG darstellen, der Anlagen*betrieb* ohne Genehmigung sogar eine Straftat nach §§ 324 ff. (insbes. § 327) StGB. Dazu ausführlich *Sach*, Genehmigung als Schutzschild?, S. 244 ff.

rechtsgestaltend und erzeugt für den Genehmigungsinhaber ein subjektives Recht (Gestaltungswirkung).[87]

II. Feststellung und Bindungswirkung

Die Genehmigung stellt zudem die Vereinbarkeit der Anlage mit immissionsschutzrechlichen Vorschriften zum Zeitpunkt ihrer Erteilung fest. Diese Feststellung ist denknotwendiges Minus der Gestattung.[88] Wegen der dynamischen Betreiberpflichten (§ 5 BImSchG) kann allerdings nur eine Übereinstimmung der Anlage mit den rechtlichen Anforderungen zum Zeitpunkt der Erteilung festgestellt werden. Die Reichweite der Betreiberpflichten hängt nämlich von den jeweils geltenden gesetzlichen Anforderungen ab, die sich im Laufe der Zeit verändern können. Spätere Änderungen der gesetzlichen Anforderungen können daher nachträgliche Maßnahmen erfordern, für die es auf die ursprüngliche Feststellungen nicht mehr ankommt.

Die Genehmigung entfaltet zudem eine sog. *Bindungswirkung*.[89] Andere Behörden haben nur zu beachten, *dass* eine immissionsschutzrechtliche Genehmigung ergangen ist. Die dieser zugrunde liegenden Erwägungen sind hingegen für sie nicht bindend.[90]

---

87 Ähnlich *Badura*, in: Erichsen, Allg. VwR, § 39 Rdnr. 40; *Dietlein*, L/R, § 4 Rdnr. 53 f.; *Jarass*, BImSchG, § 6 Rdnr. 49; *Kloepfer*, Umweltrecht, § 5 Rdnr. 64.

88 *Fluck*, DVBl. 1999, 1551 (1553).

89 *Dörr*, Ule/Laubinger, § 6 Rdnr. D2; *Jarass*, BImSchG, § 6 Rdnr. 31; teilweise auch als Legalisierungswirkung bezeichnet, Hinweise bei: *Fluck*, VerwArch 79 (1988), 406 (408 ff.); *Seibert*, Bindungswirkung, S. 55. Die Bindungswirkung wird nicht durch Gesetz vermittelt, wie etwa § 327 II StGB (näher dazu *Kollmann*, DÖV 1990, 189 (190 f.)).

90 *Feldhaus*, Feldhaus, § 4 Rdnr. 35; *Jarass*, BImSchG, § 6 Rdnr. 31; *Knack*, VwVfG, vor § 35 Rdnr. 26; *Scheidler*, Feldhaus, § 6 Rdnr. 16. Innerhalb der Bindungswirkung können Feststellungs- und Tatbestandswirkung unterschieden werden. Die Tatbestandswirkung bringt zum Ausdruck, dass die Genehmigung von den Behörden zu beachten und als gegebener „Tatbestand" ihren Entscheidungen zugrunde zu legen ist, während nach der Feststellungswirkung auch die eine Regelung tragendenden rechtlichen oder tatsächlichen Feststellungen binden (*Achterberg*, Allg. VwR, § 23 Rdnr. 41 ff.; *Maurer*, Allg. VwR, § 11 Rndr. 8 f.). Üblicherweise kommt einem Verwaltungsakt Tatbestands-, nur bei gesetzlicher Anordnung Feststellungswirkung zu (z.B. in § 23 I BDG) (*Maurer*, Allg. VwR, § 11 Rndr. 9; zum Streit, wann eine Feststellungswirkung vorliegt siehe *Kollmann*, DÖV 1990, 189 (190 ff.); *Sach*, Genehmigung als Schutzschild?, S. 64 ff.). Dabei ist die Feststellungswirkung nicht mit der feststellenden Wirkung zu verwechseln, die jedem feststellenden Verwaltungsakt innewohnt, die über den Grad der Bindung jedoch nichts aussagt. Eine Feststellungswirkung bezweifelt auch BVerwG, NVwZ

III. Folgen aus den allgemeinen Genehmigungswirkungen

Befreit die Genehmigung von einem gesetzlichen Verbot und erlaubt ihrem Inhaber ein Verhalten, das grundsätzlich verboten ist, so kann diese Befreiung nur durch staatlichen Akt erfolgen. Da das gesetzliche Verbot, von dem die Genehmigung befreit, u.a. bußgeldbewehrt ist, muss der staatliche Akt, mit dem dieses Verbot aufgehoben wird, für andere Behörden erkennbar sein. Die Schriftlichkeit der Genehmigung scheint hierfür geeignet. Zudem ist für den Erlass dieses staatlichen Aktes ein Verwaltungsverfahren im weiteren Sinne erforderlich, also jede auf den Erlass einer Entscheidung gerichtete Tätigkeit der Verwaltungsbehörde.[91]

Solange die Genehmigung als präventives Verbot mit Erlaubnisvorbehalt ausgestaltet ist, wird ein Verwaltungsverfahren i.w.S. an dessen Ende ein – nach außen erkennbarer – staatlicher Akt steht, erforderlich sein.

2009, 1441 (1442). Zur Unterscheidung zwischen Festellungs- und Tatbestandswirkung sowie der Bindungswirkung siehe *Knack*, VwVfG, vor § 35 Rdnr. 30; *Fluck*, VerwArch 79 (1988), 406 (411); *Kollmann*, DÖV 1990, 189 (189 ff.); *Seibert*, Bindungswirkung, passim; *Kiefer*, Investitionssicherheit, S. 47 ff. m.w.N.; *Randak*, JuS 1992, 33 ff.; *Sach*, Genehmigung als Schutzschild?, S. 63 ff. Die Bindungswirkung gilt auch für Einwirkungen aufgrund ausländischer Genehmigungen (EUGH v. 27.10.2009, C 115/08). Ausführlich zur Wirkung der Immissionsschutzgenehmigung gegenüber der Anordnung anderer Verwaltungsbehörden *Sach*, Genehmigung als Schutzschild?, S. 150 ff.

91 *Maurer*, Allg. VwR, § 19 Rdnr. 1.

B. Präklusionswirkung

Werden Bedenken gegen die zu genehmigende Anlage nicht substantiiert und fristgemäß im Genehmigungsverfahren vorgetragen, werden diese Einwendungen[92] durch die Präklusionswirkung nach § 10 III 5 BImSchG mit Wirkung für das gerichtliche Verfahren ausgeschlossen. Ein solcher Ausschluss möglicherweise Erfolg versprechenden Vorbringens wird als Präklusion bezeichnet.

Die Präklusion beruht auf dem Grundgedanken, dass zur Herstellung des Rechtsfriedens untätiges Verstreichenlassen von Zeit mit materiellen Folgen zu belegen ist.[93] Bereits dem römischen Recht war sie für Fälle zeitlicher Begrenzung von Rechten bekannt.[94] Für das Immissionsschutzrecht wurde dieser Gedanke in § 29 II, III der PrGewO von 1845[95] sowie in den nachfolgenden Gesetzen[96] übernommen und schließlich in § 10 III 3 BImSchG a.F., den heutigen § 10 III 5 BImSchG,[97] überführt.[98]

---

92 Zum Einwendungsbegriff 3. Kapitel E. II. 3. a) Vorliegen einer Einwendung S. 222 ff.

93 *Milger*, Präklusion, S. 4. Unter einer Präklusion – lateinisch praecludere (versperren, verschließen, verhindern) – wird allgemein ein Ausschluss, in der Rechtssprache der Verlust einer Rechtsstellung unter bestimmten Voraussetzungen – insbesondere nach Ablauf einer Frist – verstanden (*Creifelds*, Rechtswörterbuch, S. 867; *Köbler/Pohl*, Rechtswörterbuch, S. 385). Zur Verwendung des Begriffs in anderen Bereichen *Philipp*, Präklusionsvorschriften, S. 18 ff.; *Streinz*, VerwArch 79 (1988), 272 (280 f.); Abgrenzung zu verwandten Instituten bei *Kment*, Nationale Unbeachtlichkeitsvorschriften, S. 25 ff.; ausführlich *Milger*, Präklusion, S. 178 ff.; *Niedzwicki*, Präklusion, S. 29 ff.; *Röhl/Ladenburger*, Präklusion, S. 12 ff.

94 Dazu *Köppl*, Ausschlussfristen, S. 2 f.; *Milger*, Präklusion, S. 6; *Niedzwicki*, Präklusion, S. 27 f. und insgesamt zur geschichtlichen Entwicklung S. 23 ff., 59 ff.

95 GS 1845, S. 41 (47). Ähnliche Regelungen waren bereits 1843 im Gesetz über die Benutzung von Privatflüssen (§ 21) enthalten. Ausführlichee Darstellung bei *Niedzwicki*, Präklusion, S. 59 ff.

96 § 3 S. 2 GewO v. 1861 (GS 1861 S. 749 (750)) und § 17 II 2 GewO v. 1869 (BGBl. Norddt. Bund 1869, S. 245 (249)).

97 BGBl. I 2006, S. 2819.

98 BGBl. I 1974, S. 721 (724). Auch wenn die Frist des § 10 III 3 BImSchG nicht mehr explizit als „präklusivisch" bezeichnet wurde – obwohl dies seit 1845 der Fall war –, ergibt sich aus den Materialien zum Gesetzgebungsverfahren, dass der Gesetzgeber das bisher in den §§ 16 ff. der GewO geregelte Verfahren in das BImSchG übernehmen wollte (BT-Drs. 7/1513 S. 3), da sich „dieses Verfahren [...] in der Praxis außerordentlich gut bewährt" hat (BT-Drs. 7/179 S. 34 zu § 9).

I. Formen der Präklusion

Voraussetzungen und materielle Folgen des Ausschlusses können verschieden ausgestaltet sein. Ein Ausschluss von Rechten kann für das Verwaltungsverfahren oder zusätzlich für das verwaltungsgerichtliche Verfahren angeordnet werden (formelle oder materielle Präklusion), kann den Anspruch als solchen betreffen oder den für dessen Begründung erforderlichen Tatsachenvortrag (Anspruchs- oder Einwendungspräklusion) und kann sowohl im einheitlichen als auch im sog. gestuften Verfahren[99] erfolgen (horizontale oder vertikale Präklusion).

1. Formelle Präklusion

Ausschlusswirkung allein für das Verwaltungsverfahren kommt der sog. *formellen* bzw. unechten Präklusion[100] zu. Sie schließt Personen insoweit von einer weiteren Beteiligung am Genehmigungsverfahren aus, wie sie ihre Bedenken gegen die Genehmigung nicht innerhalb einer bestimmten Frist erhoben haben.[101]

---

99 Mehrstufige Verwaltungsverfahren gründen auf Zwischenentscheidungen wie z.B. Teilgenehmigung und Vorbescheid (§§ 8, 9 BImSchG) (ausführlich *Burmeister*, UTR 1988, 121 (129 f.); *Jarass*, BImSchG, § 11 Rdnr. 2; *Kloepfer*, Umweltrecht, § 5 Rdnr. 113).

100 Überwiegend werden die Begriffspaare formelle/materielle Präklusion verwendet: VGH München, DVBl. 1979, 673 (674); VGH München, DVBl. 1979, 673 (681); BVerwGE 66, 99 (101); VGH Mannheim NVwZ-RR 1999, 298 (300); VGH München, NVwZ 2003, 1138 (1138); *Beckmann*, Verwaltungsgerichtlicher Rechtsschutz, S. 216; *Brandt*, NVwZ 1997, 233 (233 f.) m.w.N.; *Degenhart*, FS für Menger, S. 621 (621); *Dietlein*, L/R, § 10 Rdnr. 158 f.; *Graffe*, Bürgerbeteiligung, S. 85; *Jacoby*, Beschleunigung, S. 65; *Jarass*, BImSchG, § 10 Rdnr. 90 f.; *Kurz*, Juristische Aspekte, S. 27; *Metz*, Präklusion, S. 4; *Niedzwicki*, Präklusion, S. 37 f.; *Nierhaus*, Beweismaß, S. 321; *Philipp*, Präklusionsvorschriften, S. 19; *Röhl/Ladenburger*, Präklusion, S. 9 f. Die formelle als „verwaltungsverfahrensrechtliche Präklusion" bezeichnen *Hill*, Fehlerhaftes Verfahren, S. 446; *Papier*, NJW 1980, 313 (314); *Sellner/Reidt/Ohms*, Immissionsschutzrecht, S. 218; *Solveen*, Präklusion, S. 14; *Streinz*, VerwArch 79 (1988), 272 (282 ff.); *Wilting*, Gestuftes Genehmigungsverfahren, S. 52; *de Witt*, 6. AtRS S. 297 (299). Als (un)echte bezeichnet sie *Ipsen*, DVBl. 1980, 146 (150); *Milger*, Präklusion, S. 9, 241; beide Bezeichnungen verwenden *Kluth*, in: Wolff/Bachof/Stober, Verwaltungsrecht, § 63 Rdnr. 85, 87; *Thiel*, DÖV 2001, 814 (815). Ausführlich zur Abgrenzung formeller zur materiellen Präklusion *Niedzwicki*, Präklusion, S. 101 ff.

101 Präkludierten Einwendern steht weder ein Anspruch auf Erörterung ihrer Einwendungen noch auf Teilnahme am Erörterungstermin zu, falls die Öffentlichkeit ausgeschlossen wird (*Dietlein*, L/R, § 10 Rdnr. 158; *Graffe*, Bürgerbeteiligung, S. 84; *Jacoby*, Beschleunigung, S. 65).

Eine Verlängerung der Frist seitens der Behörde ist ebenso wenig zulässig wie ein Verzicht derselben auf den Ausschluss.[102] Folge dieser Präklusion ist, dass nicht rechtzeitig vorgebrachte Einwendungen im Erörterungstermin nicht erörtert, im Rahmen der umfassenden Untersuchungspflicht der Behörde aber für die Entscheidung berücksichtigt werden müssen.[103] Der Ausschluss erfasst nicht die verspätet erhobenen Einwendungen als solche. Sie sind wie jede andere bekannte Tatsache von der Behörde in ihre Prüfung einzubeziehen. Materielle Rechte bleiben so unberührt; betroffen ist lediglich die verfahrensrechtliche Stellung des Einwenders.[104] Rein formelle Präklusionen, wie sie früher im Regelfall angeordnet wurden, existieren heute nahezu nicht mehr.[105] Der durch sie angeordnete Ausschluss vom Verwaltungsverfahren wird heute durch die materielle

---

102 *Czajka*, Feldhaus, § 10 Rdnr. 42; *Mutschler*, ET, 1980, 164 (168); *Nöthlichs*, BImSchG, § 10 Anm. 10.5; *Oexle*, Präklusion, S. 17 m.w.N.; *Storost*, Ule/Laubinger, § 10 Rdnr. D50; *Thiel*, DÖV 2001, 814 (816). A.A. *Metz*, Präklusion, S. 20 ff., der differenziert und bei einer rein formellen Präklusion verspätete entscheidungserhebliche Einwendungen zulässt. Allein die Befassung mit verspäteten Einwendungen beseitigt jedoch nicht die materielle Präklusion (*Röhl/Ladenburg*, Präklusion, S. 27; *Stober*, AöR 106 (1981), 41 (63 f.)).

103 BVerwGE 9, 9 (12 ff.); BVerwGE 60, 297 (309 f.); OVG Lüneburg, GewArch 1976, 206 (206); *Degenhart*, FS für Menger, S. 621 (621 f.); *Dietlein*, L/R, § 10 Rdnr. 189 f.; *Frenz*, Kotulla, § 10 Rdnr. 110; *Graffe*, Bürgerbeteiligung, S. 87; *Jarass*, BImSchG, § 10 Rdnr. 90; *Kloepfer*, Umweltrecht, § 5 Rdnr. 100; *Kment*, Nationale Unbeachtlichkeitsvorschriften, S. 23 f.; *Metz*, Präklusion, S. 20 f.; *Mutschler*, ET 1980, 164 (168); *Niedzwicki*, Präklusion, S. 38; *Oexle*, Präklusion, S. 17 m.w.N.; *Papier*, NJW 1980, 313 (314) m.w.N.; *Philipp*, Präklusionsvorschriften, S. 43; *Röhl/Ladenburger*, Präklusion, S. 41; *Schmidt-Aßmann*, in: Maunz/Dürig, GG, Bd. III, Art. 19 Abs. 4 Rdnr. 259; *Sellner/Reidt/Ohms*, Immissionsschutzrecht, S. 170; *Solveen*, Präklusion, S. 14; ausführlich *Stober*, AöR 106 (1981), 41 (51); *Storost*, Ule/Laubinger, § 10 Rdnr. D57; *Thiel*, DÖV 2001, 814 (815) und dort Fn 20; *Wilting*, Gestuftes Genehmigungsverfahren, S. 69; RegBgr. zur AtVfV BR-Drs. 524/76, S. 7. Frühere Gesetzesfassungen sahen noch ausdrücklich eine Behandlung verspäteter Einwendungen im Erörterungstermin vor, z.B.: „… die Anhörungsbehörde kann auch verspätet erhobene Einwendungen erörtern." § 18 VI a.F. FStrG (bis 1990); § 22 I 1 a.E. AbfG von 1977; § 73 VI 1 a.E. VwVfG (bis 1996); und heute noch in § 134 II 1, 2 FlurBG „kann nach Lage des einzelnen Falles spätere Erklärungen trotz Versäumung zulassen."

104 *Hett*, Öffentlichkeitsbeteiligung, S. 54.

105 Rein formelle Präklusionen ordneten z.B. an: bis 1996 § 73 IV S. 1 2. Hlbs. VwVfG: „Jeder, dessen Belange … berührt werden, kann bis zwei Wochen nach Ablauf der Auslegungsfrist … Einwendungen … erheben." Ähnlich § 10 IV LuftVG (bis 1993); § 18 IV FStrG (bis 1990); § 30 PBefG (bis 1990); § 21 IV AbflG (bis 1986).

Präklusion ergänzt, die einen Ausschluss für das gerichtliche Verfahren vorsieht. Formelle und materielle Präklusion stehen sich folglich nicht als Gegensätze gegenüber sondern ergänzen sich.

2. Materielle Präklusion

Eine sog. *materielle* bzw. echte Präklusion[106] schließt mit Ablauf der Einwendungsfrist auch die Möglichkeit aus, Abwehrrechte, die nicht fristgemäß im Genehmigungsverfahren vorgebracht wurden, im Rechtsbehelfsverfahren der Genehmigung entgegenzusetzen.[107] Über einen Ausschluss der Beteiligung am Verwaltungsverfahren hinaus wird daher der Störungsabwehranspruch materiellrechtlich beschränkt.[108] Dies hat zur Folge, dass ausgeschlossene Einwendungen oder Ansprüche in einem gerichtlichen Verfahren der Genehmigung nicht entgegengehalten werden können, selbst wenn sie in der Sache begründet wären. Von diesem Ausschluss werden nicht alle Personen betroffen, die Einwendungen erheben, sondern nur diejenigen, die gegen die Anlage gerichtlich vorgehen könnten, also die durch die geplante Anlage potentiell Betroffenen.

106 Eine materielle Präklusion ordnet expressis verbis nur § 34 I 2 LBG (Gesetz über die Landbeschaffung für Aufgaben der Verteidigung) an: „Einwendungen, die nicht während der Frist des … vorgebracht worden sind, sind … spätestens im Termin zu erheben; … . Nach diesem Zeitpunkt vorgebrachte Einwendungen und Anträge werden nicht mehr berücksichtigt; *dies gilt auch für das Verfahren vor den Verwaltungsgerichten.*“ Anerkannt ist eine solche Präklusion etwa für: § 10 III 5, 6 BImSchG; § 7 I 2 AtVfV: „… sind alle Einwendungen ausgeschlossen“; § 17a Nr. 7 FStrG; § 10 IV 1 LuftVG „Einwendungen … sind … ausgeschlossen.“, § 55 III 2 LBO Ba-Wü (ausführlich dazu *Milger*, Präklusion, S. 25 ff.; *Philipp*, Präklusionsvorschriften, S. 20 f.; *Streinz*, VerwArch 79 (1988), 272 (287 ff.)).

107 Jeweils mit ausführlicher Begründung VGH Mannheim, DÖV 1976, 679 (679 f.); VGH Mannheim, v. 17.10.1978 – X 580/77; VGH Mannheim, DVBl. 1977, 345 (346); OVG Rheinl-Pfalz, DÖV 1979, 525 (526); VGH München, DVBl. 1979, 673 (681 f.); BVerwGE 60, 297 (297, 301 ff.); BVerwG, NJW 1981, 363 (363); BVerwG, NVwZ 1982, 433 (433); BVerfG, NVwZ 1983, 27 (27); OVG Lüneburg, NVwZ 1986, 671 (671); OVG Lüneburg, NVwZ 1987, 341 (341); BVerwG, NVwZ 1996, 489 (489); BVerwGE 105, 178 (183); BVerwG, NVwZ 1997, 171 (171); VGH Mannheim, NVwZ-RR 1999, 298 (299); BVerwG, NVwZ 2008, 678 (679).

108 BVerfGE 61, 82 (109); *Czajka*, Feldhaus, § 10 Rdnr. 62 f.; *Jacoby*, Beschleunigung, S. 65.

a) Anspruchs- und Einwendungspräklusion

Besteht über die Folge der materiellen Präklusion Einigkeit, so ist ihre dogmatische Begründung umstritten. Einerseits könnte der Abwehranspruch des Drittbetroffenen als solcher erfasst sein; die Präklusion wäre danach anspruchsvernichtend.[109] Andererseits könnte sie anspruchslähmend wirken, indem lediglich der Tatsachenvortrag beschränkt wird.[110] Eine weitere Differenzierung innerhalb der materiellen Präklusion vermag hier Klarheit zu schaffen:[111]

Wird nach dem Wortlaut des jeweiligen Gesetzes ein Anspruch oder eine Einwendung ausgeschlossen, kann zwischen Anspruchs- und Einwendungspräklusion[112] und damit zwischen anspruchsvernichtender und -lähmender Präklusion unterschieden werden. Eine *Anspruchspräklusion* liegt danach vor, wenn privatrechtliche und z.T. auch öffentlichrechtliche Ansprüche ausgeschlossen[113] oder

---

109 Sog. „Rechtspräklusion" (zum Begriff *Streinz*, VerwArch 79 (1988), 272 (286)). BVerwG, NVwZ 1996, 489 (490) („rechtsvernichtend"); VGH Mannheim, NVwZ-RR 1999, 298 (299); *Berger*, Umweltrechtliche Nachbarklagen, S. 22; *v. Danwitz*, UPR 1996, 323 (327); wohl auch *Niedzwicki*, Präklusion, S. 159 ff., konkret 166; *Nierhaus*, Beweismaß, S. 321; *Jacoby*, Beschleunigung, S. 65; *Kloepfer*, Umweltrecht, § 5 Rdnr. 101; *Papier*, NJW 1980, 313 (317); *Redeker*, NJW 1980, 1593 (1597); *Stober*, AöR 106 (1981), 41 (62 f.); *Thiel*, DÖV 2001, 814 (815).

110 Sog. „Tatsachenpräklusion" *Brandt*, NVwZ 1997, 233 (235) m.w.N.; *Graffe*, Bürgerbeteiligung, S. 87; *Mutschler*, ET 1980, 164 (168); *Haupt*, Ausschlussfristen, S. 165; *Ipsen*, DVBl. 1980, 146 (151); *Oexle*, Präklusion, S. 71 mit umfassender Begründung S. 18 ff.; *Philipp*, Präklusionsvorschriften, S. 23 ff., 42 (differenzierend); *Röhl/Ladenburger*, Präklusion, S. 16 ff. (differenzierend); *Schmidt-Aßmann*, in: Maunz/Dürig, GG, Bd. III, Art. 19 Abs. 4, Rdnr. 260; *Solveen*, Präklusion, S. 27 f., 55 ff.; *ders.*, DVBl. 1997, 803 (804); *Streinz*, VerwArch 79 (1988), 272 (284 f.).

111 Offengelassen von BVerwG, NJW 1981, 363 (363); BVerwG, NVwZ 1982, 433 (433); *Degenhart*, FS für Menger, S. 621 (622): eher anspruchslähmend (S. 625); *Metz*, Präklusion, S. 24 ff., Tatsachenvortrag und Rechtsverletzung ließen sich nicht trennen; *Solveen*, Präklusion, S. 27 f.

112 So unterscheiden: *Brandt*, NVwZ 1997, 233 (234); *Degenhart*, FS für Menger, S. 621 (622); *Kment*, Nationale Unbeachtlichkeitsvorschriften S. 24; *Nierhaus*, Beweismaß, S. 317, bezeichnet § 10 III BImSchG als Einwendungsausschluss; *Niedzwicki*, Präklusion, S. 39 ff.; *Streinz*, VerwArch 79 (1988), 272 (284) unterscheidet in der Sache ebenso zwischen Einwendungs- und Anspruchsausschluss; *Thiel*, DÖV 2001, 814 (815 f.); *Wagner*, Öffentlich-rechtliche Genehmigung, S. 171.

113 Sog. Ausschlussmodell. Nur privatrechtliche Ansprüche schließen z.B. aus: § 14 S. 1, 1. Hlbs. BImSchG: „Auf Grund privatrechtlicher … Ansprüche … kann nicht die Einstellung des Betriebes verlangt werden."; auf den § 7 VI AtVfG (§ 7 I AtG) und § 11 I LuftVG Bezug nehmen sowie der wortgleiche § 23 S. 1, 1. Hlbs. GenTG. Einen

privatrechtliche Ansprüche modifiziert werden.[114] Sie bezieht sich direkt auf den Anspruch und wirkt daher (ganz oder teilweise) anspruchsvernichtend.

Anspruchslähmend wirkt hingegen eine Präklusion, die Einwendungen ausschließt. Nicht der Abwehranspruch als solcher, sondern der zu seiner Geltendmachung erforderliche Tatsachenvortrag wird bei einer solchen *Einwendungspräklusion*[115] präkludiert. Dies zeigt, dass bestimmte gesetzliche Vorschriften eine anspruchslähmende, andere eine anspruchsvernichtende Wirkung bezwecken.

b) Horizontale und vertikale Einwendungspräklusion

Innerhalb der Einwendungspräklusion kann weiter danach unterschieden werden, ob der Ausschluss Einwendungen innerhalb eines Gestattungsverfahrens betrifft (sog. horizontale Präklusion) oder im gestuften Verfahren solche Einwendungen, die auf einer vorherigen Stufe hätten geltend gemacht werden können (sog. vertikale Präklusion).[116] Dabei knüpft die Ausschlusswirkung im gestuften Verfahren

---

Ausschluss auch öffentlichrechtlicher Ansprüche enthalten z.B.: § 75 II 1 VwVfG:"... sind Ansprüche auf ... ausgeschlossen"; § 11 I 1 WHG: „... keine Ansprüche geltend machen ..." auf den § 21 WaStrG Bezug nimmt.

114 Sog. Modifizierungsmodell, es treten Surrogatansprüche an die Stelle des ursprünglichen Anspruchs z.B. in: § 75 II 2–4 VwVfG; § 14 S. 1, 2. Hlbs. BImSchG: „... es können nur Vorkehrungen verlangt werden, ... lediglich Schadensersatz verlangt werden."

115 Z.B.: „Mit Ablauf der Einwendungsfrist sind alle Einwendungen ausgeschlossen, die nicht auf besonderen privatrechtlichen Titeln beruhen." (§ 10 III 5 BImSchG, § 7 I 2 AtVfO); „Einwendungen gegen den Plan müssen zur Vermeidung des Ausschlusses in dem Anhörungstermin vorgebracht werden." (§ 41 II 2 1. Hlbs. FlurbG); „Einwendungen gegen den Plan ... sind nach Ablauf der Einwendungsfrist ausgeschlossen." (§ 17 IV 1 FStrG a.F., § 17 a Nr. 7 FStrG n.F., § 17 Nr. 5 S. 1 1. Hlbs. WaStrG a.F., § 14 Nr. 7 S. 1 WaStrG n.F., § 10 IV 2 LuftVG a.F, § 10 IV 1 LuftVG n.F.); „Ist eine Teilgenehmigung ... erteilt worden, können nach Eintritt ihrer Unanfechtbarkeit im weiteren Verfahren zur Genehmigung ... Einwendungen nicht mehr auf Grund von Tatsachen erhoben werden, die im vorhergehenden Verfahren fristgerecht vorgebracht worden sind oder ... hätten vorgebracht werden können." (§ 11 BImSchG); „Soweit in einer Teilgenehmigung ... über einen Antrag ... entschieden worden und diese Entscheidung unanfechtbar geworden ist, können in einem weiteren Verfahren zur Genehmigung der Anlage Einwendungen Dritter nicht mehr auf Grund von Tatsachen erhoben werden, die schon vorgebracht waren oder... hätten vorgebracht werden können." (§ 7b AtG).

116 Die Bezeichnung horizontal und vertikal verwenden: *Brandt*, NVwZ 1997, 233 (234); *Ipsen*, DVBl. 1980, 146 (148); *Metz*, Präklusion, S. 4 f.; *Phillip*, Präklusionsvorschriften, S. 19; *Solveen*, Präklusion, S. 16; *Streinz*, VerwArch 79 (1988), 272 (284 passim),

an zwei unterschiedliche Sachverhalte an: Bedenken bezüglich einer Teilgenehmigung oder eines Vorbescheides, die nicht ordnungsgemäß innerhalb der Einwendungsfrist des jeweiligen Genehmigungsverfahrens vorgetragen wurden, sind nach § 10 III 5 BImSchG ausgeschlossen. Ausgeschlossen sind – nach § 11 BImSchG – zudem solche Einwendungen, die in einem vorangegangenen Teilverfahren hätten vorgebracht werden können, aber nicht vorgetragen wurden.[117]

Nach anderer Terminologie wird die vertikale als Bestands-, die horizontale als Verwirkungspräklusion bezeichnet.[118] Diese Begriffe sind jedoch weniger präzise und vorprägend zumal die dogmatische Einordnung der Präklusion als Verwirkung nicht unzweifelhaft ist.[119] Wertungsneutraler erscheint daher das Begriffspaar vertikal und horizontal, das in dieser Arbeit verwandt wird.

---

zugleich S. 303 ff. die Bezeichnung Verwirkungs- und Einwendungspräklusion. *Niedzwicki*, Präklusion, S. 40 f. und *Thiel*, DÖV 2001, 814 (816, 819) verwenden synonym die Begriffe Verwirkungs- und Bestandspräklusion. Horizontale Präklusionen finden sich z.B. in § 10 III 5 BImSchG; § 7 I 2 AtVfO; § 41 II 2 1. Hlbs. FlurbG; § 17a Nr. 7 FStrG; § 14 Nr. 7 S. 1 WaStrG, vertikale enthalten etwa § 11 BImSchG und § 7b AtG.

117 *Degenhart*, FS für Menger, S. 621 (636); *Dietlein*, L/R, § 11 Rdnr. 2 m.w.N.; *Jarass*, BImSchG, § 11 Rdnr. 1; *Mutschler*, ET 1980,164 (166).

118 Diese Terminologie geht wohl auf *Sellner*, BauR 1980, 391 (397) und *Redeker*, NJW 1980, 1593 (1598) zurück und wird verwandt in der Rechtsprechung: BVerfG, NVwZ 1983, 28 (28) (AtomR); BVerwGE 60, 297 (306) (AtomR); BVerwG, NVwZ-RR 2006, 759 (760) (AEG); BVerwG, NVwZ 1997, 171 (172) (FStrG); OVG Münster, vom 18.01.2013 - 11 D 74/09.AK – (beck) (FStrG); OVG Lüneburg, NVwZ 1985, 506 (506) (BImSchG); OVG Lüneburg, NVwZ 1986, 671 (671) (BImSchG) und überwiegend in der Literatur (Nachweise in Fn 120) *Ipsen*, DVBl. 1980, 146 (148) bezeichnet die horizontale als „Präklusionsmodell I", die vertikale als „Präklusionsmodell II".

119 Das Begriffspaar ist weniger präzise, da es nicht erkennen lässt, ob die Präklusion im gleichen oder gestuften Verfahren erfolgt. Vorprägend ist ihre Bezeichnung, da sie den Vorwurf der Verwirkung in sich trägt, wobei es nicht unzweifelhaft ist, ob die materielle Präklusion tatsächlich Ausdruck des Verwirkungsgedankens ist. In der horizontalen Präklusion sehen zwar die h.M. gestützt auf *Sellner*, BauR 1980, 391 (397) und *Redeker*, NJW 1980, 1593 (1598) einen gesetzlichen Fall der Verwirkung so etwa *Berger*, Umweltrechtliche Nachbarklagen, S. 221; *Brandt*, NVwZ 1997, 233 (234); *v. Danwitz*, UPR 1996, 323 (327); *Degenhart*, FS Menger, S. 621 (629 f.); *Dietlein*, L/R, § 10 Rdnr. 155; *Ipsen*, DVBl. 1980, 146 (152); *Niedzwicki*, Präklusion, S. 41; *Nierhaus*, Beweismaß, S. 319, 321; *Kloepfer*, Umweltrecht, § 5 Rdnr. 102; *Schmidt-Aßmann*, in: Maunz/Dürig, GG, Bd. III, Art. 19 Abs. 4 Rdnr. 234, 258; *Schulze-Fielitz*, in: Dreier, GG I, 1996, Art. 19 IV Rdnr. 76; *Solveen*, Präklusion, S. 12; *Storost*, Ule/Laubinger, § 10 D57; *Thiel*, DÖV 2001, 814 (815)). Überzeugend hiergegen ausführlich *Milger*, Präklusion, S. 8, 180 ff. (nennt sie daher Versäumnis- und Folgepräklusion); *Metz*, Päklusion, S. 107 ff.; kritisch auch *Philipp*, Präklusionsvorschriften, S. 52 f.; *Röhl/*

Unter Zugrundelegung dieser Differenzierung können im BImSchG verschiedene Präklusionen ausgemacht werden: Aufgrund der Nennung einer Ausschlussfrist beinhaltet § 10 III 4 BImSchG eine formelle Präklusion. Neben dem Ausschluss im Genehmigungsverfahren ordnet nach heute wohl nicht mehr bestrittener Ansicht § 10 III 5 BImSchG einen Einwendungsausschluss auch für das gerichtliche Verfahren und damit eine materielle horizontale Einwendungspräklusion an.[120] Daneben enthält § 11 BImSchG mit seiner Regelung für das gestufte Verfahren eine materielle vertikale Einwendungspräklusion. § 14 BImSchG erstreckt die materielle Präklusion auf privatrechtliche Ansprüche und regelt somit eine materielle Anspruchspräklusion.

Im Rahmen dieser Arbeit wird der Begriff der Präklusion zur deutlicheren Unterscheidung allein für die Ausschlusswirkung des § 10 III BImSchG verwendet, während die Ausschlusswirkung des § 14 BImSchG unter den Begriff der privatrechtsgestaltenden Wirkung gefasst wird. § 11 BImSchG betrifft den Sonderfall eines gestuften Verfahrens. Bei diesem stellen sich besondere Probleme, die hier ebenso wie § 11 BImSchG nicht näher behandelt werden können.[121]

Ladenburger, Präklusion, S. 20 ff., die insbesondere das Fehlen eines Umstandsmomentes, das die verspätete Geltendmachung als einen Verstoß gegen Treu und Glauben erscheinen ließe, monieren. *Stich*, DVBl. 1959, 234 ff., zur Verwirkung im Verwaltungsrecht und seinen Voraussetzungen (insbesondere zu der über die bloße Untätigkeit hinausgehenden Schaffung eines Vertrauenstatbestandes). Dagegen wohl auch *Beckmann*, Verwaltungsgerichtlicher Rechtsschutz, S. 216, der sie als Verfahrenspräklusion bezeichnet.

120 Eine Auswirkung der Präklusion im verwaltungsgerichtlichen Verfahren bestritten OVG Lüneburg, DVBl. 1966, 411 (411, 413) (Einwendungsfrist nur als Ordnungsfrist; zu dieser Abgrenzung aber ausführlich *Stober*, AöR 106 (1981), 41 (43 ff.)); *Erbguth*, Raumbedeutsames Umweltrecht, S. 272 ff.; *Ule*, BB 1979, 1009 (1011). Die h.M. – wonach die Präklusion in das Gerichtsverfahren hineinwirkt –, begründet ausführlich BVerwGE 60, 297 (301), bestätigt BVerfGE 61, 82 (109). Sowie *Degenhart*, FS für Menger, S. 621(622 ff.); *Graffe*, Bürgerbeteiligung, S. 85 ff.; *Metz*, Präklusion, S. 32 ff. m.w.N.; *Milger*, Präklusion, S. 131 ff.; *Niedzwicki*, Präklusion, S. 103 f., 120 f.; *Stober*, AöR 106 (1981), 41 (44 ff.). Zur Vorgängerregelung in der GewO: BVerwGE 9, (12).

121 Zur Unterscheidung zwischen § 10 („Präklusionsmodell I“) und § 11 („Präklusionsmodell II) statt vieler *Ipsen*, DVBl. 1980, 146 (148 ff.). Eingehend zu § 11 BImSchG etwa *Büdenbender/Mutschler*, Bindungs- und Präklusionswirkung von Teilentscheidungen nach BImSchG und AtG; *Metz*, Präklusion, S. 129 ff.; *Streinz*, VerwArch 79 (1988), 272 (303).

II. Umfang immissionsschutzrechtlicher Präklusion

1. *Erfasste Ansprüche*

Nach § 10 III 5 BImSchG werden nicht rechtzeitig vorgetragene Einwendungen präkludiert. Unter den Begriff der Einwendungen lässt sich sowohl öffentlich- als auch privatrechtliches Vorbringen fassen. Private Rechte können ebenfalls gemäß § 14 BImSchG ausgeschlossen werden.[122] Ausdrücklich ausgenommen sind hiervon nur solche, die auf besonderen Titel beruhen.[123]

Der Wortlaut der §§ 10 III, 14 BImSchG steht folglich einer Anwendung auf zivilrechtliche Einwendungen nicht entgegen. Im Umkehrschluss könnte die Präklusion auch auf privatrechtliche Einwendungen anwendbar sein.[124] Abhängig davon, ob der Präklusion rechtsvernichtende oder anspruchslähmende Wirkung zugesprochen wird, könnte sie zu einer weitreichenden Entrechtung Betroffener führen.[125] Nimmt man eine Rechtsvernichtung durch Präklusion an, müssten im öffentlich-rechtlichen Genehmigungsverfahren auch die zivilrechtlichen Ansprüche vorgetragen werden, die nicht auf besonderem Titel beruhen, um diese Rechte zu wahren – die dann schließlich der Modifikation des § 14 BImSchG unterfallen. Ein solch erheblicher – grundrechtsrelevanter[126] – Eingriff in zivilrechtliche Ansprüche bedürfte jedoch einer gesetzlichen Anordnung. Andererseits sind die (sonstigen) privatrechtlichen Einwendungen ihrem Gegenstand nach weitgehend mit den allgemeinen Einwendungen identisch.[127] Eine Bevorzugung

---

122 „Ausschluss privater Rechte". Danach können aufgrund privatrechtlicher, nicht auf besonderen Titeln beruhender, Ansprüche nur Vorkehrungen verlangt werden, die die benachteiligenden Wirkungen ausschließen. Unter bestimmten Voraussetzungen ist dieser Anspruch zudem auf einen auf Schadensersatz begrenzt. Näher im Abschnitt C. Privatrechtsgestaltende Wirkung S. 84 ff.

123 Gemäß § 10 III 5 a.E. BImSchG sowie § 14 S. 1 a.A. BImSchG. Ausführlicher Abschnitt C. I. Rechtsfolgen und betroffene Ansprüche S. 84 f.

124 *Dietlein*, L/R, § 10 Rdnr. 129, 132, 162; *Engelhardt/Schlicht*, BImSchG, § 10 Rdnr. 16 (ohne Begründung); *Guckelberger*, Kotulla, § 14 Rdnr. 2; *Haupt*, Ausschlussfristen, S. 12 zur früheren GewO; *Horn*, UPR 1984, 113 (117); *Kleinlein*, Das System des Nachbarrechts, S. 260 ff.; *Papier*, NJW 1980, 313 (317); *Sellner/Reidt/Ohms*, Immissionsschutzrecht, S. 221.

125 *Peine*, NJW 1990, 2442 (2444); *Rehbinder*, L/R § 14 Rdnr. 40.

126 Art. 14 GG ist betroffen: *Czajka*, Feldhaus, § 14 Rdnr. 84; *Peine*, NJW 1990, 2442 (2444); *Wagner*, Öffentlich-rechtliche Genehmigung, S. 179; in ähnlicher Richtung: *Guckelberger*, Kotulla, § 14 Rdnr. 36; *Jarass*, BImSchG, § 14 Rdnr. 9a, § 10 Rdnr. 99; *Rehbinder*, L/R, § 14 Rdnr. 40; *Storost*, Ule/Laubinger, § 14 Rdnr. B 2, C 6.

127 *Czajka*, Feldhaus, § 10 Rdnr. 74; *Dietlein*, L/R, § 10 Rdnr. 132.

dieser Einwendungen, nur weil sie in das Gewand nachbarrechtlicher Einwendungen gekleidet werden, wäre sachlich nicht gerechtfertigt.[128]

Zivilrechtliche Einwände sind folglich ebenfalls im Genehmigungsverfahren vorzutragen. Die materielle Präklusion hat jedoch keinen Einfluss auf den Ausschluss zivilrechtlicher Ansprüche.[129] Privatrechtliche *Klagen* werden daher von der Präklusion nicht erfasst.[130]

2. Grenzen der Präklusionswirkung

Nach den grundlegenden Entscheidungen Whyl und Sasbachwalden[131] sind heute anerkanntermaßen in bestimmten Konstellationen Einwendungen nicht ausgeschlossen, obwohl die Einwendungsfrist abgelaufen ist.[132] Gemeinsamer Gedanke ist, dass Gegenvorbringen nur ausgeschlossen werden können, wenn potentielle Einwender zur Einwendung veranlasst wurden und es ihnen möglich war, eine Beeinträchtigung ihrer Rechte vorzutragen.

a) Fehlende Kenntnis vom Vorhaben

Zur Einwendungserhebung ist die Kenntnis vom Vorhaben Grundvoraussetzung. Einwendungen sind daher nicht ausgeschlossen, wenn Bekanntmachung oder Auslegung fehlerhaft waren und dies kausal für das Nichterheben war.[133]

---

128 *Czajka*, Feldhaus, § 10 Rdnr. 74.

129 *Czajka*, Feldhaus, § 14 Rdnr. 84; *Kohler*, Staudinger, A. Einleitung zum Umwelthaftungsrecht, Rdnr. 279.

130 So die Begründung in *Jarass*, BImSchG, § 10 Rdnr. 99; *Niedzwicki*, Präklusion, S. 161 f.; *Sach*, Genehmigung als Schutzschild?, S. 213; ausführlich *Wagner*, Öffentlich-rechtliche Genehmigung, S. 177 ff. m.w.N.

131 Ausführlich zu den Urteilen BVerwGE 60, 297 (308 ff.) und BVerfGE 61, 82 (117) unter III. 1. Wyhl und Sasbachwalden – zwei höchstrichterliche Vorgaben S. 39 ff.

132 Ausführlich BVerwGE 60, 297 (308 ff.). Zuvor ähnlich *Papier*, NJW 1980, 313 (317 f.) sowie BVerwGE 9, 9 (10, 12 f.); OVG Lüneburg, DVBl. 1966, 185 (185, 187); OVG Lüneburg, GewArch 1967, 79 (80); sowie später *Beckmann*, Verwaltungsgerichtlicher Rechtsschutz, S. 223 f.; *v. Danwitz*, UPR 1996, 323 (324 f.); *Dietlein*, L/R, § 10 Rdnr. 146 f., 164 ff.; *Engelhardt/Schlicht*, BImSchG, § 10 Rdnr. 12; *Jarass*, BImSchG, § 10 Rdnr. 75, 93 ff.; *Kment*, Nationale Unbeachtlichkeitsvorschriften, S. 33 f.; *Nöthlichs*, BImSchG, § 10 Anm. 10.6; *Sellner/Reidt/Ohms*, Immissionsschutzrecht, S. 219 f.; *Storost*, Ule/Laubinger, § 10 Rdnr. D46, 50, 60 ff.

133 Hierzu etwa auch BVerwG, NVwZ 1984, 234 (235); NVwZ, 2005, 813 (817); *Busse*, VR 1998, 263 (265); *Dietlein*, L/R, § 10 Rdnr. 165 ff.; *Metz*, Präklusion, S. 137; *Röhl/Ladenburger*, Präklusion, S. 30; *Schmidt-Aßmann*, in: Maunz/Dürig, GG, Bd. III, Art. 19 Abs. 4, Rdnr. 261 m.w.N.; *Stober*, AöR 106 (1981), 41 (63). Zu § 17 II GewO

Gleiches gilt, wenn die Informationsgrundlage – die Unterlagen – unvollständig oder unverständlich oder die Genehmigung nicht kongruent mit den ausgelegten Unterlagen war.[134] Ebenso darf das weitere Genehmigungsverfahren keine Fehler aufweisen, die dem Einzelnen die Möglichkeit nehmen, sich adäquat zu äußern.[135]

b) Nachträglich bekannt gewordene Tatsachen

Weiterhin sind Einwendungen nicht präkludiert, die sich auf Tatsachen stützen, die erst nach Fristende bekannt werden.[136] Vom Betroffenen kann nicht erwartet werden, er werde dort reden, wo er vernünftigerweise nicht zu reden braucht.[137] Vor Genehmigungserteilung kann daher Wiedereinsetzung in den vorigen Stand beantragt werden. Werden die Tatsachen hingegen erst nach Abschluss des Verwaltungsverfahrens bekannt, können in einem rechtzeitig eingelegten Klageverfahren die unverschuldet nicht erhobenen Einwendungen nachgereicht werden.[138] Die Erheblichkeit des Nachtrags hängt allerdings davon ab, ob er im Zeitpunkt der letzten Verwaltungsentscheidung vorlag. Ansonsten kann durch nachträgliche Anordnung diesen Tatsachen Rechnung getragen werden.[139]

---

a.F. OVG Lüneburg, BB 1965, 1336 (1336). Zu den Anforderungen an Bekanntmachung und Auslegung im 3. Kapitel C. Öffentliche Bekanntmachung S. 160 ff. und D. Auslegung S. 187 ff.

134 Fehlende Kongruenz kann etwa durch nachträgliche Änderungen des Antragstellers oder durch Nebenbestimmungen der Behörde entstehen. *Degenhart*, FS für Menger, S. 621 (634); *Frenz*, Kotulla, § 10 Rdnr. 117; *Hansmann*, 6. AtRS, S. 274 m.w.N; *Hawkes*, Faktor Mensch, S. 152; *Huber*, AöR 114 (1989), 252 (282); *Jarass*, BImSchG, § 10 Rdnr. 94; *Kutscheidt*, Öffentliches Immissionschutzrecht, S. 275 f.; *Metz*, Präklusion, S. 140; *Philipp*, Präklusionsvorschriften, S. 28.

135 *Czajka*, Feldhaus, § 10 Rdnr. 69; *Frenz*, Kotulla, § 10 Rdnr. 114; OVG Lüneburg, NVwZ 1985, 506 (508); VGH München, NVwZ 2003, 1138 (1139).

136 Metz, Präklusion, S. 145 f.

137 *Czajka*, Feldhaus, § 10 Rdnr. 67 f.: Wenn während der Auslegung kein Grund bestand, eine Gefährdung der Gesundheit anzunehmen, weil nach den Unterlagen die Grenzwerte unterschritten wurden, kann ein Vorbringen nicht ausgeschlossen werden, wenn jetzt erkennbar die Grenzwerte überschritten werden. *Stober*, AöR 106 (1981), 41 (64): Andernfalls würde die Rechtsordnung vom Einwender ein tatsächlich und rechtlich unmögliches Handeln oder eine das Genehmigungsverfahren wenig fördernde Generaleinwendung verlangen.

138 Gleichfalls *Mutschler*, ET 1980, 164 (170); *Stober*, AöR 106 (1981), 41 (64).

139 *Stober*, AöR 106 (1981), 41 (64).

Für neue Erkenntnisse im Sinne eines fortgeschrittenen Standes von Wissenschaft und Technik gilt Entsprechendes.[140]

c) Nachträglich entstandene Betroffenheit

Die Präklusion ist ebenso für die Personen ausgeschlossen, die erst nach Ende der Einwendungsfrist in den Einwirkungsbereich der Anlage ziehen oder geboren werden. Es gilt die gleiche Differenzierung wie beim Bekanntwerden von Tatsachen nach Fristende.[141] Hiergegen wird eingewandt, die Präklusion verlöre so ihren Sinn zu beschleunigen.[142] Ohne Grund würden solche Personen besser gestellt als andere, die ebenfalls die Frist – nur aus anderem Grund – versäumt hätten.[143] Zudem werde ein ausreichender Schutz neuer Nachbarn durch nachträgliche Anordnungen sichergestellt.[144] Dagegen spricht jedoch, dass diese Personen zumeist weder objektiv die Möglichkeit hatten noch subjektiv in der Lage waren, Einwendungen zu erheben. Zudem besteht die Ausnahme von der Präklusion nur für die Zeitspanne zwischen dem Ende der Einwendungsfrist und der Unanfechtbarkeit der Genehmigung. Nach Ablauf der Rechtsmittelfrist müssen Nachgeborene und Zugezogene die Genehmigung gegen sich gelten lassen.[145] Das Ziel einer Verfahrensbeschleunigung und die Belange des Antragstellers

---

140 Ebenso *Busse*, VR 1998, 263 (266); *Degenhart*, FS für Menger, S. 621 (634 f.); *Dietlein*, L/R, § 10 Rdnr. 176 ff.; *Jacoby*, Beschleuigung, S. 85. *Czajka*, Feldhaus, § 10 Rdnr. 67 und *Frenz*, Kotulla, § 10 Rdnr. 116 betonen, dass dies nur gelte, wenn sich etwa emittierte Stoffe im Nachhinein aufgrund neuerer Forschungsergebnisse als potentiell gesundheitsschädlich erwiesen und wenn diese Erkenntnisse eine Betroffenheit erst begründen, die vorher nicht schon erkennbar war. Nach anderer Ansicht werde hierdurch die durch die Präklusion vermittelte Risikoverteilung, verzerrt. Einer Änderung des Standes der Technik sei daher über nachträgliche Anordnungen gerecht zu werden (*Philipp*, Präklusionsvorschriften, S. 40 f.).

141 *Czajka*, Feldhaus, § 10 Rdnr. 70; *Dietlein*, L/R, §10 Rndr. 182 ff.; *Frenz*, Kotulla, § 10 Rdnr. 116; *Papier*, NJW 1980, 313 (317); *Solveen*, Präklusion, S. 65 ff.; a.A. *Metz*, Präklusion, S. 147 f., ausführlich hiergegen *Solveen*, Präklusion, S. 66 f. Zur besonderen Lage Nachgeborener *Milger*, Präklusion, S. 239 f.

142 *Nöthlichs*, BImSchG, § 10 Anm. 10.1 und *Papier*, NJW 1980, 313 (319).

143 *Hett*, Öffentlichkeitsbeteiligung, S. 58. Für Neugeborene würden regelmäßig die Eltern als gesetzliche Vertreter tätig werden. Diesen stehe ein eigenes Einwendungsrecht zu, so dass Nachgeborenen unter dem Gesichtspunkt des Rechtsmissbrauchs kein Einwendungsrecht zukomme (*Milger*, Präklusion, S. 239 f.; *Philipp*, Präklusionsvorschriften, S. 40).

144 *Philipp*, Präklusionsvorschriften, S. 39.

145 Ausführlich auch zu anderen Ansichten *Solveen*, Präklusion, S. 65 ff., 69 f.

erfordern daher nicht den weitergehenden Ausschluss vom Rechtsschutz durch eine Präklusion.

Inhaltlich ist diese Ausnahme auf personenbezogene Einwendungen, z.B. wegen Gesundheitsbeeinträchtigungen begrenzt. Für Einwendungen, die dingliche Rechte betreffen, hat sich der Betroffene das Verhalten seines Vorgängers zurechnen zu lassen, da Einwendungen rechtsgutbezogen sind.[146]

d) Schuldloses Versäumen der Einwendungsfrist

Bei unverschuldetem Versäumen der Einwendungsfrist – auch aus anderen als den bisher genannten Gründen –, ist Wiedereinsetzung in den vorigen Stand nach § 32 VwVfG möglich.[147] Selbst wenn eine Genehmigung erteilt und eine Wiedereinsetzung daher an sich nicht mehr möglich ist, greift die Präklusion. Bestand für den Drittbetroffenen keine Möglichkeit, seine Rechte wahrzunehmen, ist er mit seinen Einwendungen nicht ausgeschlossen. Die unverschuldet nicht erhobenen Einwendungen können folglich in einer rechtzeitig gegen die Genehmigung erhobenen Klage vorgebracht werden.[148]

---

146 So auch *Degenhart*, FS für Menger, S. 621 (635); *Philipp*, Präklusionsvorschriften, S. 39; *Röhl/Ladenburger*, Präklusion, S. 42 f.; *Solveen*, Präklusion, S. 66. Aus der Rechtsprechung zuletzt etwa VG München, v. 29.01.2010 – M 2 S 09.4812 – (juris Rdnr. 40); OVG Greifswald, v. 28.10.2009 – 5 M 146/09 – (juris Rdnr. 44 ff.). Diese Rechte werden als „präklusionsbelastet" bezeichnet (OVG Lüneburg, NdsVBl. 2010, 16 (17); *Röhl/Ladenburger*, Präklusion, S. 42).

147 *Czajka*, Feldhaus, § 10 Rdnr. 60: Relevant ist generelle *Möglichkeit* der Kenntnisnahme. Die unterbliebene Kenntnis z.B. mangels Zeitungsabbonement oder Urlaubsreise ist irrelevant. *Degenhart*, FS für Menger, S. 621 (635); *Frenz*, Kotulla, § 10 Rdnr. 109; *Jacoby*, Beschleunigung, S. 85; *Metz*, Präklusion, S. 148 ff.; *Milger*, Präklusion, S. 150 ff. und 241 ff. verweist darauf, dass eine Wiedereinsetzung für Autoren, die ein präklusionsbedingtes Erlöschen des Rechts annehmen, nicht oder nur unter kaum überwindbaren Schwierigkeiten möglich ist (zu dieser Ansicht Fn 110. Die Anwendbarkeit des § 32 VwVfG verneinen daher *Papier*, NJW 1980, 313 (321)); *Mutschler*, ET 1980, 164 (169); *Philipp*, Präklusionsvorschriften, S. 41 f.; *Schmidt-Aßmann*, in: Maunz/Dürig, GG, Bd. III, Art. 19 Abs. 4 Rdnr. 261; *Wilting*, Gestuftes Genehmigungsverfahren, S. 68 f. Aus Gründen der Rechtssicherheit ist eine stillschweigende Wiedereinsetzung nicht möglich (*Sellner/Reidt/Ohms*, Immissionsschutzrecht, S. 170).

148 Ebenfalls *Philipp*, Präklusionsvorschriften, S. 42; *Röhl/Ladenburger*, Präklusion, S. 28. Es gelten die gleichen Grundsätze wie unter b) Nachträglich bekannt gewordene Tatsachen S. 34 dargelegt.

e) Reichweite gesetzlicher Bestandskraft

Eine weitere Grenze findet die Präklusion in der gesetzlichen Bestandskraft der Genehmigung. Nicht erfasst werden Ansprüche auf Widerruf (§ 21 BImSchG)[149] oder Rücknahme der erteilten Genehmigung sowie auf Erlass nachträglicher Anordnungen (§ 17 BImSchG), einer Klage auf Feststellung der Nichtigkeit der Genehmigung[150] oder Einwendungen in einem neuen Genehmigungsverfahren.[151]

f) Keine Verzögerung des Verfahrens

Eine verspätet erhobene Einwendung, auf die keine der aufgeführten Ausnahmen zutrifft, bleibt selbst dann ausgeschlossen, wenn ihre Beachtung offensichtlich nicht zu einer Verfahrensverzögerung führt.[152]

III. Immissionsschutzrechtliche Präklusion im Lichte der Verfassung

Ein Vergleich möglicher Präklusionsformen zeigt, dass sich der Gesetzgeber mit § 10 III 5 BImSchG für die weitest reichende entschied. Sie erscheint als eine erhebliche Einschränkung der Abwehrmöglichkeiten Betroffener zugunsten eines umfangreichen Schutzes des Antragstellers. Werden Bedenken gegen die geplante Anlage nicht vollumfänglich bereits vor Erlass der Genehmigung vorgetragen, sind Klagen gegen eine später erteilte Genehmigung insoweit ausgeschlossen. So ist ein Betroffener, der etwa gegen die Errichtung oder Erweiterung eines Steinbruchs nur die Beeinträchtigung seines Eigentums durch Erschütterungen und Lärm geltend macht, im anschließenden gerichtlichen Verfahren mit seinem Vortrag

---

149 Nach h.M. ist der Widerruf der Genehmigung nicht ausgeschlossen. Dazu ausführlich *Jacoby*, Beschleunigung, S. 85; *Milger*, Präklusion, S. 247; *Niedzwicki*, Präklusion, S. 47 ff.; *Sellner*, BauR 80, 391 (398)). Anders *Philipp*, Präklusionsvorschriften, S. 51 f.

150 *Degenhart*, FS für Menger, S. 621 (635); *Jacoby*, Beschleunigung, S. 85; *Milger*, Präklusion, S. 230 ff., 247; *Niedzwicki*, Präklusion, S. 47 ff.; *Philipp*, Präklusionsvorschriften, S. 51; *Röhl/Ladenburger*, Präklusion, S. 45 f.; *Sellner*, BauR 80, 391 (398); ausführlich zur Nichtigkeitsklage *Degenhart*, FS für Menger, S. 621 (635); *Milger*, Präklusion, S. 230 ff.

151 Umfassend begründet etwa durch *Degenhart*, FS für Menger, S. 621 (635); *Milger*, Präklusion, S. 247 f.; *Röhl/Ladenburger*, Präklusion, S. 45 f.; *Sellner/Reidt/Ohms*, Immissionsschutzrecht, S. 221; *Solveen*, Präklusion S. 63 ff.; *Wilting*, Gestuftes Genehmigungsverfahren, S. 67 f.

152 Dazu nur ausführlich *Philipp*, Präklusionsvorschriften, S. 41.

ausgeschlossen, er werde durch eine Verschlechterung der Luftqualität[153] in seiner Gesundheit beeinträchtigt. Unter dem Blickwinkel der Grundrechte erscheint dies nicht unproblematisch, eine Betrachtung der Präklusion unter verfassungsrechtlichen Gesichtspunkten daher angebracht.

Die folgende Untersuchung beabsichtigt nicht, die Verfassungsmäßigkeit der materiellen Präklusion en detail nachzuzeichnen – hierzu existieren bereits umfangreiche Arbeiten.[154] Sie soll vielmehr die Grundlage für spätere Folgerungen zu notwendigen und wünschenswerten Verfahrensausgestaltungen bilden.

Die Verfassungsmäßigkeit einer materiellen Präklusion wurde in der Vergangenheit wegen ihrer weit reichenden Wirkung in das gerichtliche Verfahren hinein immer wieder in Frage gestellt.[155] Die herrschende Meinung in Literatur und Rechtsprechung bejaht ihre Verfassungskonformität,[156] knüpft dies jedoch an

---

153 Die Luftqualität kann sich z.B. durch die Freisetzung von kanzerogenen PM10- und PM5-Stäuben (Partikelgrößer kleiner 10 µm bzw. 5µm) aufgrund der Abbautätigkeit verschlechtern.

154 *Metz*, Präklusion, S. 83 ff.; *Milger*, Präklusion, 116 ff.; *Niedzwicki*, Präklusion, S. 132 ff.; *Oexle*, Präklusion, S. 70 ff.; *Röhl/Ladenburger*, Präklusion, S. 47 ff.; *Solveen*, Präklusion, S. 19 ff.; *Stober*, AöR 106 (1981), 41 (43 ff.)

155 Einige Fachgerichte standen der Präklusion anfangs skeptisch gegenüber z.B. OVG Lüneburg, DVBl. 1966, 411 (413); DVBl. 1975, 190 ff.; GewArch 1980, 203 ff. sowie OVG Koblenz, ET 1978, 778. Bereits zur GewO § 17 II GewO *Zuck*, BB 1963, 671 (672); *ders.*, DVBl. 1973, 646, der wohl erstmalig die verfassungsrechtliche Zulässigkeit der materiellen Präklusion in Frage stellte. Zum BImSchG in den 1970er Jahren *Ule*, BB 1979, 1009 (1011 ff.); *Wolfrum*, DÖV 1979, 497 (497, 502); *Papier*, NJW 1980, 313 (318 ff.); *de Witt*, DVBl. 1980, 1006, 1008; und *ders.*, 6. AtRS (1980), S. 297 (300 ff.); *Winters*, DÖV 1980, 305 (306); *Hoffmann-Riem*, VVDStRL 40 (1982), 187 (221 ff.). Nach den Entscheidungen BVerwGE 60, 297 und BVerfGE 61, 82: *Pietzcker*, VVDStRL 41 (1983), 193 (204 ff., 206); Wilting, Gestuftes atomrechtliches Genehmigungsverfahren (1985), S. 117 ff.; *Beckmann*, Verwaltungsgerichtlicher Rechtsschutz (1987), S. 218 ff., 223; *Erbguth*, Rechtssystematische Fragen (1987), S. 254 ff. (280 ff.); sowie in den 1990er Jahren: *Class*, VR 1990, 1 (4); *Jacoby*, Beschleunigung (1995), S. 86 ff., insbes. 89, 90; *Solveen*, Präklusion (1998), S. 138 ff.; *Ziekow*, DVBl. 1998, 1001 (1006) und zuletzt *Niedzwicki*, Präklusion (2006), S. 132 ff.

156 Als verfassungskonform sehen sie an: *Berger*, Umweltrechtliche Nachbarklagen, S. 226; *Brandt*, NVwZ 1997, 233 (237); *Breuer*, 6. AtRS, S. 234 (259 f.); *Degenhart*, FS für Menger, S. 621 (626 ff.); *Graffe*, Bürgerbeteiligung, S. 86; *Hansmann*, 6. AtRS, S. 263 (274); *Ibler*, in: Friauf/Höfling, Berliner Kommentar, Bd. 2, Art. 19 IV Rdnr. 340; *Ipsen*, DVBl. 1980, 146 (150 f.); *Leibholz/Rinck*, GG, Bd. 2, Art. 19 Rdnr. 398 f.; *Metz*, Präklusion, S. 106; *Milger*, Präklusion, S. 117 ff.; *Mutschler*, ET 1980, 164 (170 ff.); *Nierhaus*, Beweismaß und Beweislast, S. 321 (ohne nähere Begründung); *Redeker*, NJW 1980, 1593 (1597 f.); *Röhl/Ladenburger*, Präklusion, S. 48 ff., 50; *Schmidt-Aßmann*,

eine Reihe von Kautelen, die als Grenzen der Präklusion weitgehend anerkannt sind.[157] Grundlegend hierfür waren der Sasbach-Beschluss des BVerfG[158] im Anschluss an das Wyhl-Urteil des BVerwG[159] bezüglich der atomrechtlichen materiellen Präklusion des § 3 I AtAnlVO. Aufgrund der identischen Regelung kann diese Rechtsprechung auf das Immissionsschutzrecht übertragen werden.[160]

1. Wyhl und Sasbachwalden – zwei höchstrichterliche Vorgaben

Lange Zeit galt die Frage, ob eine materielle Präklusion mit der Verfassung im Einklang steht, aufgrund der Entscheidungen von BVerwG und BVerfG als geklärt. Beide Gerichte hatten im Rahmen der Klage der Gemeinde Sasbachwalden gegen die Errichtung eines Kernkraftwerkblocks auf der Gemarkung Wyhl am Kaiserstuhl eine für das Atomrecht in § 3 I AtAnlVO[161] angeordnete materiellrechtliche

---

in: Maunz/Dürig, GG, Bd. III, Art. 19 Abs. 4 Rdnr. 260 m.w.N.; *Schenke*, BK, Art. 19 Abs. 4 Rdnr. 759; mit ausführlicher Darlegung *Schmitt/Ehlers*, LKV 2008, 497 (497 ff.); *Schulze-Fielitz*, in: Dreier, GG I, Art. 19 IV Rdnr. 76; *Sellner*, BauR 1980, 391 (397 ff.); *Solveen*, Präklusion, S. 71 (passim); *Stober*, AöR 106 (1981), 41 (43); *Thiel*, DÖV 2001, 814 (817 ff.). Aus der Rechtsprechung exemplarisch zum AtomR: VGH München, DVBl. 1979, 673 (674); BVerwGE 60, 297 (305 ff.); BVerfGE 61, 82 (109 ff.); zum FStrG: BVerwG, NVwZ 1996, 489 (489 f.) mit ausführlicher Begründung, NVwZ 2008, 678 (679); zum WHG: BVerwG, NVwZ 2006, 85 (85 ff.).

157 *Class*, VR 1990, 1 (3) verweist auf die selbst in BVerfGE 61, 82 (110) leise mitschwingenden Zweifel an der Verfassungsmäßigkeit. Kautelen fordern BVerwGE 60, 297 (307 ff.) bestätigt durch BVerfGE 61, 82 (117), in der Literatur etwa: *Czajka*, Feldhaus, § 10 Rdnr. 72; *Degenhart*, FS für Menger, S. 621 (628); *Frenz*, Kotulla, § 10 Rdnr. 118; *Hawkes*, Faktor Mensch, S. 152; *Haupt*, Ausschlussfristen, S. 56 f.; *Huber*, AöR 114 (1989), 252 (279); *Ibler*, in: Friauf/Höfling, Berliner Kommentar, Bd. 2, Art. 19 IV Rdnr. 341; *Ipsen*, DVBl. 1980, 146 (153); *Metz*, Präklusion, S. 135 ff.; *Niedzwicki*, Präklusion, S. 57 f.; *Röhl/Ladenburger*, Präklusion, S. 40 ff.; *Schenke*, BK, Art. 19 IV GG Rdnr. 762; *Schmidt-Aßmann*, in: Maunz/Dürig, GG, Bd. III, Art. 19 Abs. 4 Rdnr. 261; *Schmitt/Ehlers*, LKV 2008, 497 (499); *Schulze-Fielitz*, in: Dreier, GG I, Art. 19 IV Rdnr. 76; *Storost*, Ule/Laubinger, § 10 Rdnr. D66. Kritisiert von *Zuck*, DVBl. 1973, 646. Zu den einzelnen Kautelen bereits oben II. 2. Grenzen der Präklusionswirkung S. 33 ff.

158 BVerfGE 61, 82. Von *Ronellenfitsch*, JuS 1983, 594 (598) als „Markstein in der Auseinandersetzung um die Durchsetzung umweltrelevanter Großvorhaben" bezeichnet.

159 BVerwGE 60, 297.

160 BVerwG v. 30.01.1995 – 7 B 20/95 –; OVG Münster, v. 06.03.2006 – 8 B 870/05 - m.w.N.; *Czajka*, Feldhaus, § 10 Rdnr. 55.

161 § 3 I AtAnlVO: „Durch Ablauf der in § 2 II Nr. 2 bezeichneten Frist [1 Monat] werden alle Einwendungen ausgeschlossen, die nicht auf besonderen privatrechtlichen Titeln beruhen." (BGBl. 1960 I S. 310 (311)). Seit 1977 findet sich diese Regelung in § 7

Präklusion unter den gegebenen Voraussetzungen für verfassungskonform erklärt. Sie beendeten damit eine kurzzeitig in der Literatur[162] aufkommende Diskussion, die nun mit Übernahme materiellrechtlicher Präklusionsregelungen in anderen Bereichen, insbesondere im Planungsrecht, erneut entflammt ist.[163] Wegen der grundlegenden Aussagen zur Vereinbarkeit einer solchen Ausschlussregel mit dem Verfassungsrecht kommt beiden Entscheidungen noch immer große Bedeutung zu.

a) Die Beurteilung durch das BVerwG

Das BVerwG sah in seinem Wyhl-Urteil in der materiellen Präklusion eine Beschränkung des durch § 7 II Nr. 2 AtG a.F. eingeräumten Abwehrrechtes,[164] die, am Maßstab der staatlichen Schutzpflicht aus Art. 2 II, 14 GG gemessen, verfassungsrechtlich unbedenklich sei.[165]

Eine Schutzpflicht des Staates sei für die in Art. 2 II und 14 GG garantierten Rechtsgüter anzunehmen. Im Hinblick auf die Gefahren, die mit der wirtschaftlichen Nutzung der Kernenergie verbunden seien, bedürften diese Rechtsgüter eines besonderen staatlichen Schutzes. Neben Genehmigungsverfahren und -voraussetzungen bedürfe es der Einräumung gesetzlicher Abwehrrechte, „mit denen rechtswidrige, die erforderliche Schadensvorsorge nicht beachtende atomrechtliche Genehmigungen zumindest dann zu Fall gebracht werden können, wenn sie

---

I 2 AtVfV: „Mit Ablauf der Auslegungsfrist [2 Monate] werden alle Einwendungen ausgeschlossen, die nicht auf besonderen privatrechtlichen Titeln beruhen." (BGBl. 1977 I, S. 280 (282)).

162 *Hoffmann-Riem*, VVDStRL 40 (1982), 187 (221 ff.); *Papier*, NJW 1980, 313 (318 ff.); *Ule*, BB 1979, 1009 (1011 ff.); *Winters*, DÖV 1980, 306; *de Witt*, DVBl. 1980, 1006, 1008; *ders.*, 6. AtRS 1980, S. 297 (300 ff.); *Wolfrum*, DÖV 1979, 497 (497, 502); erstmals wohl durch *Zuck*, BB 1963, 671 (672); *ders.*, DVBl. 1973, 646.

163 Die materielle Präklusion wurde ins Planungsrecht eingeführt in § 17 IV 1 FStrG; § 36 d II 1 BBahnG (jetzt §20 II 1 AEG) (BGBl. I, S. 1221 (1228, 1238) v. 28.6.1990); § 10 IV 1 LuftVG, § 29 IV 1 PBefG (BGBl. I, S. 2123 (2131, 2133) v. 17.12.1993); § 5 II 1 MBPlG (BGBl. I, S. 3486 (3487) v. 23.11.1994) und § 73 IV 3 VwVfG (BGBl. I, S. 1354 (1355) v. 12.9.1996). Kritisch dazu *Class*, VR 1990, 1 (4); *Jacoby*, Beschleunigung (1995), S. 86 ff., insbes. 89, 90; *Niedzwicki*, Präklusion (2006), S. 132 ff.; *Solveen*, Präklusion (1998), S. 138 ff.

164 BVerwGE 60, 297 (301). § 7 II Nr. 2 AtG a.F. (BGBl. I 1959, S. 814 (816)): „Die Genehmigung darf nur erteilt werden, wenn ... die nach dem Stand von Wissenschaft und Technik erforderliche Vorsoge gegen Schäden durch die Errichtung und den Betrieb der Anlage getroffen ist." Heute wortgleich in § 7 II Nr. 3 AtG.

165 BVerwGE 60, 297 (305 ff.).

zu einer Gefährdung von Leben, Gesundheit oder Eigentum führen".[166] Diesen Anforderungen genüge § 3 I AtAnlV. Er räumt dem Betroffenen eine besondere verfahrensrechtliche Rechtsstellung, verbunden mit einer Mitwirkungslast, ein. Diese Last sei gerechtfertigt.[167] Eine Beteiligung potentiell betroffener Dritter diene nicht nur der umfassenden Information der Genehmigungsbehörde, sondern auch der frühzeitigen Einflussmöglichkeit auf das Verfahren. Nehme jemand eine ihm verfahrensrechtlich eingeräumte Rechtsposition zum vorbeugenden Schutz seiner Rechtsgüter nicht wahr, solle er nicht nachträglich ein Ergebnis in Frage stellen können, auf das er hätte Einfluss nehmen können. Diese Mitwirkungslast – Ausdruck des Verwirkungsgedankens – finde ihre Rechtfertigung in der Rechtsposition des Herstellers/Betreibers, die ebenfalls angemessen geregelt werden müsse. Die materielle Präklusion balanciere Einflussmöglichkeiten potentiell Betroffener und das gesteigerte Bedürfnis des Herstellers/Betreibers nach Schutz und Beständigkeit aus.[168] Sie mildere die Auswirkungen, die sich aus dem drittschützenden Charakter des § 7 II Nr. 2 AtG a.F. für den Betreiber ergäben. Zudem stärke sie die Bestandskraft der erteilten Genehmigung und mache das Risiko, bereits vor Unanfechtbarkeit von der erteilten Genehmigung Gebrauch zu machen, für den Hersteller/Betreiber überschaubarer. Darüber hinaus zwinge sie potentiell Betroffene zur Mitwirkung, verschaffe der Behörde einen bestmöglichen Überblick über die zu berücksichtigenden Belange und biete größere Gewähr für die Richtigkeit der getroffenen Entscheidung. Potentiell betroffene Dritte müssten sich daher schon zu Beginn des Verfahrens darüber klar werden, ob und in Bezug auf welche Rechtspositionen sie sich zur Wehr setzen wollen und könnten sich im Erörterungstermin über die Stichhaltigkeit ihrer Bedenken ein besseres Bild verschaffen. Gegebenenfalls könnten sie die spätere Genehmigung als rechtmäßig akzeptieren, so dass die Präklusion als eine Art Filter gegenüber potentiellen Klagen wirke.[169] Zudem sei die Präklusion im Hinblick auf ihren Umfang angemessen begrenzt.[170] Sie verlange weder unzumutbare Anstrengungen noch komme sie für den Betroffenen überraschend. Der gerichtlichen Durchsetzbarkeit des Abwehranspruchs lege sie daher keine unangemessen hohen verfahrensrechtlichen Hindernisse in

166 BVerwGE 60, 297 (305).

167 BVerwGE 60, 297 (306 ff.).

168 Die folgenden Überlegungen zur Ausgleichsfunktion der materiellen Präklusion hatte das BVerwG bereits zuvor bei der teleologischen Auslegung zur Ausstrahlung der Präklusionswirkung auf das gerichtliche Verfahren dargestellt (BVerwGE 60, 297 (304)).

169 BVerwGE 60, 297 (304).

170 BVerwGE 60, 297 (307 ff.) unter ausführlicherer Darlegung der Grenzen materieller Präklusion.

den Weg.[171] Die ausgelegten Unterlagen informierten potentiell Betroffene hinreichend genau. Ihre Beteiligung werde nicht von schwierig zu erfüllenden Voraussetzungen abhängig gemacht, denn ihre Einwendungen seien bereits dann hinreichend substantiiert, wenn sie Rechtsgut und befürchtete Beeinträchtigung desselben darlege; nicht erforderlich sei hingegen der Vortrag, weshalb sie die Gefährdung befürchten. Allerdings müsse das Rechtsgut konkret bezeichnet werden. So könne derjenige, der darlegt, er sei um seine Arzneimittelkulturen besorgt, nicht nachträglich vorbringen, die geplante Anlage beeinträchtige die Verkehrsfähigkeit seines Grundstückes und treffe ihn als Grundstückseigentümer schwer und unerträglich.[172] Die Anforderungen an die Einwendungen seien daher nicht unzumutbar. Sie seien viel eher so gering, dass fraglich sei, ob die Ziele Beschleunigung, Konzentration, Ökonomie des Genehmigungsverfahrens und Schutz der Bestandskraft so überhaupt erreicht werden könnten oder ob nicht eher höhere Anforderungen zu fordern seien. Dies sei jedoch Sache des Normgebers. Dieser habe wohl wegen der kurzen Auslegungsfrist und der angesichts sonstiger verfahrensrechtlicher Regelungen fehlenden Waffengleichheit die Anforderungen bewusst niedrig angesetzt.[173] Nach alledem sei die Präklusion auch nicht deswegen unzumutbar, weil auf die Konsequenzen nicht hinreichend deutlich hingewiesen werde. Es bestehe kein Anlass, über Inhalt und Form der zulässigen Einwendungen näher zu belehren, da die gesetzlichen Anforderungen nicht von dem abwichen, was vernünftigerweise in Rechnung zu stellen sei.[174]

Aus Sicht des BVerwG stellte daher die materielle Präklusion keine verfassungswidrige Beschränkung der Abwehrrechte eines potentiell Betroffenen dar.

b) Bestätigung durch das BVerfG

Das BVerfG beanstandete Auslegung und Anwendung des § 3 I AtAnlV durch das BVerwG nicht.[175] Der Rechtsweg des Art. 19 IV GG sei nicht verwehrt; weder seien unzumutbare Schranken für den Zugang zu Gericht gegeben, noch die Wirksamkeit gerichtlichen Rechtsschutzes verkürzt. Aus Art. 19 IV GG ergäben sich Vorwirkungen auf die Ausgestaltung des vorgelagerten Verwaltungsverfahrens. Dieses dürfe nicht so ausgestaltet werden, dass der gerichtliche Rechtsschutz vereitelt oder unzumutbar erschwert würde. Es sei jedoch dem Bürger

171 BVerwGE 60, 297 (310).
172 BVerwGE 60, 297 (311).
173 BVerwGE 60, 297 (311 f.).
174 BVerwGE 60, 297 (312).
175 BVerfGE 61, 82 (109).

im konkreten Fall möglich, gerichtlich feststellen zu lassen, dass seine Rechte nach Maßgabe der Ausschlussnorm nicht eingeschränkt wurden oder erloschen seien. § 3 I AtAnlV schränke den Zugang zu den Gerichten für ein derartiges Rechtsschutzbegehren nicht ein.[176] Ferner verletze er in der Auslegung des Bundesverwaltungsgerichts nicht die Gewährleistung wirkungsvollen Rechtsschutzes. Den Verwaltungsgerichten sei es weder verwehrt, umfassend tatsächlich und rechtlich zu überprüfen, ob ein Sachverhalt unter den Tatbestand des § 3 I AtAnlV falle und welche Rechtsfolgen sich daran anknüpfen, noch seien sie gehindert, einer festgestellten Verletzung von Rechten des Betroffenen wirksam abzuhelfen.[177] Die Ausschlusswirkung des § 3 I AtAnlV müsse jedoch auch mit den materiellen Grundrechten vereinbar sein.[178] Sowohl das Zitiergebot (Art. 19 I 2 GG) als auch der Wesensgehalt i.S.d. Art. 19 II GG seien nicht verletzt.[179] Der Wesensgehalt der Art. 2 II, 12 oder 14 I 1 GG könnte dann betroffen sein, wenn jeglicher Störungsabwehranspruch materiellrechtlich beseitigt oder verfahrensrechtlich verwehrt werde, ihn wirkungsvoll geltend zu machen. Bei einer Beurteilung des gesamten Wirkungsgefüges seien jedoch bei fristgemäßem Vorbringen von Einwendungen die verfahrensrechtliche und materiellrechtliche Rechtsstellung ungeschmälert gewahrt und die an die Einwendungen gestellten Anforderungen weder unverhältnismäßig noch unzumutbar.[180] An der Ausschlusswirkung bestehe zudem ein triftiges öffentliches Interesse. Sie sei daher zugunsten des Antragstellers aus Gründen der Rechts- und Verkehrssicherheit gerechtfertigt, da der Kreis derjenigen, die möglicherweise Einwendungen erheben oder betroffen seien, unüberschaubar sei. Daneben diene sie der bei Massenverfahren unerlässlichen Verfahrenskonzentration und -zügigkeit und führe zu umfassenden Ermittlungen und Erörterungen. Daher erscheine die Ausschlusswirkung in der Auslegung durch das BVerwG als unbedenklich. Insbesondere führe der drohende Ausschluss zu einer verstärkten Beteiligung der Betroffenen, so dass der Sachverhalt durch die Behörde zureichend ermittelt werden könne. Dies bedeute zugleich, dass die Gerichte sich auf die Prüfung der Rechtmäßigkeit der behördlichen Entscheidung beschränken könnten und eigene Feststellungen nicht erforderlich seien. Würden Einwendungen hingegen erst im gerichtlichen Verfahren eingebracht, könnte dies den Grundsatz

176 BVerfGE 61, 82 (110).

177 BVerfGE 61, 82 (110 f.).

178 BVerfGE 61, 82 (112 ff.) zur Vereinbarkeit mit der Verordnungsermächtigung (S. 111 f.).

179 BVerfGE 61, 82 (113 ff.) mit weiteren Ausführungen zum Zitiergebot (S. 113).

180 BVerfGE 61, 82 (114).

der Gewaltenteilung durchbrechen. Der Grundsatz der Amtsermittlung sei in einem Massenverfahren nicht in gleichem Maße geeignet, den Sachverhalt zu ermitteln.[181] Zudem verbessere eine frühzeitige Beteiligung den Rechtsschutz der Betroffenen. Allein über den Amtsermittlungsgrundsatz sei ein frühzeitiger Ausgleich nicht gleich wirksam gewährleistet. Durch die Mitwirkungslast sei die Behörde veranlasst, die Bedenken der Einwender zu prüfen und zu erörtern, so dass der vorgelagerte Rechtsschutz bereits in einem Zeitraum wirksam werden könne, in dem vollendete Tatsachen noch nicht auf den Entscheidungsprozess zu wirken vermögen.[182] Schließlich wahre die Ausschlussregelung die Funktionsfähigkeit von Verwaltung und Gerichten. Sie bewirke eine Konzentration und Zügigkeit der Entscheidung, die bei Massenverfahren erforderlich seien, um neben der Rechtssicherheit die Funktionsfähigkeit der Verwaltung und Gerichte zu erhalten.[183]

Die danach verhältnismäßige Ausschlussregelung stelle auch keine unzumutbaren Anforderungen.[184] In Anbetracht der Kürze der Frist, innerhalb der Einwendungen zu erheben seien, könnten nur typischerweise erkennbare Anforderungen an den Bürger gestellt werden und die Ausschlussfolgen müssten für ihn überschaubar und begrenzt sein. Bezüglich der Begrenzung der Präklusionswirkung bestätigte das BVerfG die Ausführungen des BVerwG und hob für die Anforderungen an die Darlegungslast hervor, dass es genüge, wenn Einwendungen „in groben Zügen erkennen lassen, welche Rechtsgüter als gefährdet angesehen und welche Beeinträchtigungen befürchtet werden."[185] Es sei nicht mehr zu fordern, als ein durchschnittlicher sachverständiger Bürger in Bezug auf mögliche Beeinträchtigungen von Leben, Gesundheit und sonstigen geschützten Rechtspositionen wisse. Nicht erforderlich sei eine Belehrung, welche Anforderungen an eine formgerechte Einwendung gestellt werden oder darüber, dass sich die Ausschlusswirkung auch auf das gerichtliche Verfahren erstrecke.[186]

Die Erstreckung der Präklusionswirkung auf das gerichtliche Verfahren ist folglich auch nach Ansicht des BVerfG verfassungskonform.

---

181 BVerfGE 61, 82 (114 f.).
182 BVerfGE 61, 82 (115 f.).
183 BVerfGE 61, 82 (116).
184 BVerfGE 61, 82 (116).
185 BVerfGE 61, 82 (117 f.).
186 BVerfGE 61, 82 (117 f.).

c) *Prüfungsmaßstäbe*

Auffällig ist, dass beide Gerichte – einig im Ergebnis – für die Prüfung einen unterschiedlichen Ansatz wählen.[187] Ebenso divergiert in der Literatur der Prüfungsmaßstab. Er reicht von den Grundrechten Art. 2 II, 12 und 14 GG, ihrer verfahrensrechtlichen Dimension bis hin zu Art. 19 IV GG und Art. 103 I GG.[188]

Der unterschiedliche Prüfungsansatz kann darauf zurückzuführen sein, dass die Beurteilung der Verfassungsmäßigkeit aus verschiedenen Blickwinkeln möglich ist: Die materielle Präklusion beschränkt den gerichtlichen Rechtsschutz auf solchen Vortrag, der bereits im Verwaltungsverfahren erhoben wurde. Wurde es unterlassen, Einwendungen frist- und formgemäß in substantiierter Weise vorzutragen, kann hierdurch der Gang zu Gericht ausgeschlossen und die Rechtsweggarantie nach Art. 19 IV GG betroffen sein.[189] Zugleich bedeutet die materielle Präklusion, dass ein Betroffener im Genehmigungsverfahren nur mit solchem

---

187 Das BVerwG prüft, ob die Einschränkung des Abwehrrechts der Betroffenen durch eine Mitwirkungslast, die zum Einwendungsausschluss führen kann, verfassungskonform ist. Das BVerfG prüft dagegen, ob Rechtsweg und Rechtsschutz in ausreichendem Maße gewährleistet werden.

188 Zu den verschiedenen Prüfungsmaßstäben *Oexle*, Präklusion, S. 71. Eine Prüfung allein anhand Art. 19 IV GG führen z.B. durch: *Degenhart*, FS für Menger, S. 621 (626 ff.); *Ipsen*, DVBl. 1980, 146 (152 f.); *Kiefer*, Investitionssicherheit, S. 55; *Mutschler*, ET 1980, 164 (170 ff.); *Röhl/Ladenburger*, Präklusion, S. 48 ff.; *Zuck*, BB 1963, 671 (671 f.). Die übrigen Grundrechte werden einbezogen von: BVerwGE 60, 297 (301, 305); *Jarass*, BImSchG, § 10 Rdnr. 92; *Oexle*, Präklusion, S. 71 ff.; *Papier*, NJW 1980, 313 (319 ff.); *Streinz*, VerwArch 79 (1988), 272 (292 ff.); *Solveen*, Präklusion, S. 49 (passim); ausdrücklich dagegen *Röhl/Ladenburger*, S. 48. Detaillierte Prüfung bei *Niedzwicki*, Präklusion, der einen Eingriff in die Rechte Betroffener aus Art. 12 I GG (S. 133 ff.), Art. 14 GG (S. 143 ff.) und den subsidiären Art. 2 I GG (S. 151) annimmt, eine Verletzung eines sog. Umweltgrundrechtes aus Art. 2 II 1 GG i.V.m. Art. 1 I GG (hierzu näher *Mayer*, BayVBl. 1975, 664 (665); Rupp, JZ 1971, 401 ff.) mangels verfassungsrechtlicher Verankerung ablehnt und den Schutzbereich des Art. 101 S. 2 GG als nicht eröffnet ansieht (S. 151 f., 166 f.). Art. 103 GG prüfen BVerwG, NVwZ 1984, 234; *Knemeyer*, in: Isensee/Kirchhof (Hrsg.), HStR, BD. VI, 1989, § 155 Rdnr. 60; umfassend *Niedzwicki*, Präklusion S. 167 ff. und *Oexle*, Präklusion, S. 73 ff. Dagegen *Schmidt-Aßmann*, in: Maunz/Dürig, GG, Art. 103 I Rdnr. 132.

189 In diesem Zusammenhang ist auch die verfahrensrechtliche Dimension der Grundrechte von Relevanz, wobei sich aus ihnen keine weitergehenden Verfahrensanforderungen ableiten lassen, als bereits Art. 19 IV GG i.V.m. den betroffenen Grundrechten begründet. Die Grundrechte Drittbetroffener, die bereits als materielle Bezugspunkte des Art. 19 IV GG heranzuziehen sind, können nicht zu einer anderen Beurteilung führen (*Degenhart*, FS für Menger, S. 621 (630)).

Vortrag gehört wird, der den gesetzlichen Anforderungen entspricht. Hierdurch kann der Grundsatz rechtlichen Gehörs (aus Art. 103 I GG oder dem Rechtsstaatsprinzip abgeleitet) als beeinträchtigt angesehen werden. Schließlich kann sich aus den Grundrechten potentiell betroffener Bürger ergeben, dass zu ihrem Schutz ein vollumfänglicher Abwehranspruch erforderlich ist, so dass ein Anspruch, der mit einer Einwendungs"last" „beschwert" ist, keinen ausreichenden Grundrechtsschutz gewährt.[190]

Im Folgenden wird die materielle Präklusion – entsprechend ihres vorrangigen Ziels der Beschränkung gerichtlichen Rechtsschutzes – am Maßstab von Art 19 IV GG auf ihre Verfassungsmäßigkeit und sich daraus ergebenden möglichen Anforderungen an das Verfahren überprüft.[191]

2. Immissionsschutzrechtliche materielle Präklusion und Art. 19 IV GG

Wird jemand durch die öffentliche Gewalt in seinen Rechten verletzt, so steht ihm nach Art. 19 IV GG der Rechtsweg offen. Neben einem formalen Zugang zu Gericht gewährt Art. 19 IV GG grundsätzlich eine vollständige, wirksame gerichtliche Überprüfung eines Aktes öffentlicher Gewalt und gebietet effektiven Rechtsschutz.[192] Ein Ausschluss dieses Rechtsweges könnte durch die materielle Einwendungspräklusion des § 10 III 5 BImSchG erfolgen. Dabei ist zu beachten, dass aus Sicht des Einwenders und potentiellen Betroffenen mehrere Konstellationen denkbar sind, die sein Begehren nach Rechtsschutz auslösen. Um

---

190 Dienen die Verfahrensvorschriften auch der staatlichen Schutzpflicht, schränkt es diese ein, wenn die Verfahrensregeln eingeschränkt werden (*Sellner*, BauR 1980, 391 (393 f.).

191 Eine Überprüfung erfolgt nicht anhand der verfahrensrechtlichen Dimension der Grundrechte. Art. 19 IV GG erscheint als „hinter die Klammer gezogene" Spezialregelung (*Huber*, in: v. Mangoldt/Klein/Stark, GG Bd. I, Art. 19 Abs. 4 Rdnr. 364), weshalb im Gewährleistungsbereich der Rechtsschutzgarantie für einen Rückgriff auf materielle Grundrechte weder Raum noch Bedarf ist (*Huber*, in: v. Mangoldt/Klein/Stark, GG Bd. I, Art. 19 Abs. 4 Rdnr. 364; *Papier*, in: Isensee/Kirchhof, HStR VI, § 154 Rdnr. 15). Art. 19 IV GG ist folglich spezieller. Die Grundrechte können inhaltlich nicht mehr für ein rechtsstaatliches Verfahren verlangen, als das, was Art. 19 IV GG als konkrete Richtschnur zu entnehmen ist. Da Art. 19 IV GG strengere Anforderungen stellt, ist eine materielle Präklusion, die mit ihm vereinbar ist, auch mit der verfahrensrechtlichen Dimension und dem rechtlichen Gehör vereinbar (ähnlich *Metz*, Präklusion, S. 124 ff.).

192 BVerfGE 65, 1 (70); NJW 2001, 3770 (3770); zuletzt DVBl 2010, 250 (250).

Missverständnisse zu vermeiden, sind daher diese verschiedenen Situationen insbesondere bei der Frage des Eingriffs auseinander zuhalten.[193]

Damit die materielle Präklusion mit Art. 19 IV GG – dem „Schlussstein“ im „Gewölbe des Rechtsstaates“[194] – vereinbar ist, darf sie den Rechtsweg nicht in ungerechtfertigter Weise beschränken oder ausschließen, wenn die Möglichkeit einer Verletzung eigener subjektiver Rechte des Grundrechtsträgers durch die öffentliche Gewalt besteht.

a) Prozessuales Jedermann-Grundrecht

Auf Art. 19 IV GG als Prozess-[195] und Jedermann-Recht können sich Deutsche und Ausländer, natürliche wie juristische Personen berufen.[196] Jeder, der Einwendungen erheben kann, kann sich daher grundsätzlich auf Art. 19 IV GG berufen.

b) Eigenes subjektives Recht

Damit der Rechtsweg nach Art. 19 IV GG eröffnet ist, müsste ein eigenes subjektives Recht Dritter vorliegen, für das eine Rechtsverletzung möglich ist.

Da Art. 19 IV GG subjektive Rechte voraussetzt und sie nicht selbst erschafft,[197] wird zum Teil seine Einschlägigkeit verneint. Aufgrund der materiellen Präklusion fehle es gerade an subjektiven Rechten.[198] Diese Ansicht beruht auf der (nicht zu

---

193 Zu den verschiedenen Konstellationen siehe: c) Mögliche Rechtsverletzung durch einen Akt öffentlicher Gewalt, S. 50, und d) Eingriff in Art. 19 IV GG, S. 51. Dies moniert auch *Wolfrum,* DÖV 1979, 497 (498). Ausführlich dazu, ob ein Ausschluss durch die Verwaltung oder durch Gesetz erfolgt *Stober*, AöR 106 (1981), 41 (70 ff.). Missverständnisse entstehen etwa, wenn sich Autoren nur mit der Verfassungsmäßigkeit einer formellen, andere auch mit der einer materiellen Präklusion auseinandersetzen, ohne dies ausdrücklich aufzuzeigen.

194 *Thoma*, Recht-Staat-Wirtschaft III, S. 9.

195 *Krüger/Sachs*, in: Sachs, Art. 19 Rdnr. 114.

196 *Jarass/Pieroth*, GG, Art. 19 Rdnr. 48; *Krüger/Sachs*, Sachs, Art. 19 Rdnr. 113 f.; *Schenke*, JZ 1988, 317 (318); *Schulze-Fielitz*, in: Dreier, GG I, Art. 19 IV Rdnr. 63 f. m.w.N.

197 Einhellige Ansicht: BVerfGE 15, 275 (281); 51, 176 (185); 61, 82 (110); 83, 182 (194 f.); BVerwGE 60, 154 (161); *Schenke*, in: BK, Art. 19 IV GG Rdnr. 760.

198 *Berger*, Umweltrechtliche Nachbarklagen, S. 223, deutlich 226 ff. *Redeker*, NJW 1980, 1593 (1598); *Schenke*, BK, Art. 19 IV GG Rdnr. 760; *ders.*, VBlBW 1982, 313 (323). Dagegen *Degenhart*, FS für Menger, S. 621 (626 f.); *Oexle*, Präklusion, S. 72; *Röhl/Ladenburger*, Präklusion, S. 48; *Streinz*, VerwArch 79 (1988), 272 (292); *Steinbeiß-Winkelmann*, DVBl. 1998, 809 (815).

befürwortenden)[199] Annahme, die materielle Präklusion wirke rechtsvernichtend und führe daher zum Rechtsverlust. Ein Abwehrrecht bestehe daher zum Zeitpunkt der Genehmigungserteilung nicht mehr. Mangels subjektiven Rechts – das durch § 10 III 5 BImSchG vernichtet sei – sei bereits der Schutzbereich des Art. 19 IV GG nicht eröffnet, die Präklusion an ihm daher nicht zu messen. Selbst wenn man dieser Ansicht folgte, führte dies nicht zur Unanwendbarkeit des Art. 19 IV GG. Steht auch dem Gesetzgeber bei der Ausgestaltung subjektiver Rechte ein gewisser Gestaltungsspielraum zu, findet dieser jedenfalls in den Grundrechten, deren Klagbarkeit Art. 19 IV GG generell sicherstellt, seine Grenzen.[200] Andernfalls stünde die Klagbarkeit von Rechten zur vollständigen Disposition des Gesetzgebers. Je nach Formulierung(sgeschick) könnte er statt einer verfahrensrechtlichen Beschränkung des Rechtsschutzes den Untergang subjektiver öffentlicher Rechte und damit die Nichtanwendbarkeit des Art. 19 IV GG bestimmen.[201] Die materielle Präklusion ist daher selbst dann an Art. 19 IV GG zu messen, wenn sie als Rechtsuntergang verstanden wird.

Als von der Präklusion möglicherweise betroffenes subjektives öffentliches Recht kommt der Störungsabwehranspruch aus § 5 I Nr. 1 und III BImSchG in Betracht. Danach hat der Betreiber u.a. sicherzustellen, dass durch seine Anlage keine schädlichen Umwelteinwirkungen, sonstige Gefahren, erhebliche Nachteile und erhebliche Belästigungen für Allgemeinheit und Nachbarschaft hervorgerufen werden können. Anerkannt ist, dass diese Regelung drittschützend ist und somit nicht nur den Belangen der Allgemeinheit sondern zugleich dem

---

199 Zum Streitstand 1. Kapitel B. I. Formen der Präklusion S. 25 Fn 110 und 111. Schief wohl *Niedzwicki*, Präklusion, S. 160, 162, der die Vertreter der Tatsachenpräklusion so versteht, dass der Schutzbereich des Art. 19 IV GG mangels verletzten Rechts nicht eröffnet sei, da nur der Tatsachenvortrag ausgeschlossen sei. Nur wer mit den Vertretern der Rechtspräklusion auch den Abwehranspruch als vernichtet ansehe, habe den Schutzbereich des Art. 19 IV GG eröffnet (S. 163). M.E. verkennt er, dass zum Abwehranspruch wesensnotwendig die Möglichkeit des Vortrages der Rechtsverletzung gehört. Kann die mögliche Verletzung eines Rechts nicht vorgetragen werden, wird hierdurch der gerichtliche Schutz ebenso beschränkt, als wenn das Recht selbst verloren ginge.

200 *Degenhart*, FS für Menger, S. 621 (626): „Dann aber können nicht gerade diejenigen verfahrensrechtlichen Bestimmungen, die die subjektive Rechtsstellung des Betroffenen beschränken, mit der Begründung als nicht rechtsschutzrelevant aus dem Wirkungsbereich des Art. 19 IV GG ausgeschieden werden, eine subjektive Rechtsstellung sei nicht gegeben." Ebenso *Oexle*, Präklusion, S. 72; *de Witt*, 6. AtRS, S. 297 (301).

201 *Oexle*, Präklusion, S. 72; ähnlich *Degenhart*, FS für Menger, S. 621 (626 f.).

individuellen Schutz der Nachbarn dient.[202] Nachbarn sind jedoch nicht – wie etwa im Baurecht – nur die unmittelbaren Angrenzer. Wegen des besonders relevanten Gesundheitsschutzes werden hierunter all die Personen gefasst, die nach ihren Lebensumständen den Einwirkungen der Anlage nicht nur für kurze Zeit ausgesetzt sind.[203] Neben Grundstückseigentümern steht daher auch Personen ein eigenes subjektives Recht zu, die sich im Einwirkungsbereich der Anlage regelmäßig aufhalten. Diese Nachbarn können folglich als subjektives Recht den Störungsabwehranspruch sowie ihre Grundrechte etwa aus Art. 2 II 1, 12 und 14 GG geltend machen.

Personen, die keine Nachbarn sind, können im Genehmigungsverfahren ebenfalls Einwendungen erheben, sich jedoch nicht – mangels Selbstbetroffenheit – gerichtlich gegen die Anlage wenden. Werden diese Personen mit ihren sog. Jedermann-Einwendungen[204] für das Gerichtsverfahren ausgeschlossen, unterfällt dies bereits mangels eigener subjektiver Rechte nicht dem Schutzbereich des Art. 19 IV GG. Der Ausschluss von Populareinwendern und solchen, die zwar in Belangen betroffen, nicht aber klagebefugt sind, betrifft daher mangels Schutzbereichseröffnung nicht Art. 19 IV GG.[205]

---

202 Die drittschützende Funktion wird aus ihrem Charakter als Abwehrpflicht und die Erwähnung der Nachbarn abgeleitet. BVerwGE 65, 313 (320); 68, 58 (59); 80, 184 (189); BVerwG, NVwZ 2004, 610, (611); OVG Lüneburg, NVwZ 1985, 507 (508); *Berger*, Umweltrechtliche Nachbarklagen, S. 154 ff. ausführlich zur geschichtlichen Entwicklung; *Dietlein*, L/R, § 5 Rdnr. 114; *Eiermann/Göck*, JuS 1995, 671 (672); *Jarass*, BImSchG, § 6 Rdnr. 67 f., § 5 Rdnr. 120 m.w.N.; *Schenke*, JZ 1996, 1055, (1057).

203 OVG Lüneburg, GewArch 1967, 79 (79) zur GewO zumindest für Grundstückseigentümer; OVG Lüneburg, DVBl. 1977, 347 (348) für alle im Einwirkungsbreich Lebenden; BVerwG, NJW 1980, 1507 (1507 f.); mit ausführlicher Begründung OVG Lüneburg, NVwZ 1985, 506 (506). Unter Nachbarschaft ist in räumlicher Ausdehnung der gesamte Einwirkungsbereich der Anlage zu verstehen (amtl. Begr. BT-Drs. 7/179, S. 29; *Jarass*, BImSchG (9. AUfl), § 3 Rdnr. 33), ohne Personen, die sich zufällig bzw. gelegentlich im Einwirkungsbereich aufhalten (*Jarass*, BImSchG, § 3 Rdnr. 38), da eine persönliche oder sachliche Bindung zu einem Ort im Einwirkungsbereich erforderlich ist (*Eiermann/Göck*, JuS 1995, 671 (673); *Jarass*, BImSchG, § 3 Rdnr. 34; *Schlotterbeck*, NJW 1991, 2669 (insbes. 2671 f.)).

204 Jedermann-Einwender machen öffentliche Interessen geltend. Im Gegensatz dazu tragen Betroffenen-Einwender einen sich aus drittschützenden Normen ergebenden Abwehranspruch gegen das Vorhaben vor (OVG Münster, NVwZ-RR 1989, 638 (639); *Dieckmann*, AbfallR 2009, 133 (136); *Jarass*, BImSchG, § 10 Rdnr. 72; *Solveen*, Präklusion, S. 23).

205 *Solveen*, Präklusion, S. 42; *Stober*, AöR 106 (1981), 41 (69 f., 70); *Wolfrum*, DÖV 1979, 497 (499).

Nachbarn können durch eine materielle Präklusion in eigenen Rechten betroffen werden, Jedermann-Einwender hingegen nicht.

c) Mögliche Rechtsverletzung durch einen Akt öffentlicher Gewalt

Weiterhin müsste der Störungsabwehranspruch durch einen Akt öffentlicher Gewalt verletzt sein, wobei die Möglichkeit hierzu ausreicht.[206] Für einen Akt öffentlicher Gewalt, d.h. für eine nach außen rechtlich wirksame Maßnahme[207], kommen verschiedene Maßnahmen in Betracht:

Dies kann zum einen der behördliche Ausschluss von der Verfahrensbeteiligung aufgrund der formellen Präklusion sein. Dieser Ausschluss führt dazu, dass der Einwender mit seinen zurückgewiesenen Einwendungen nicht mehr aktiv am Genehmigungsverfahren, insbesondere am Erörterungstermin, teilnehmen kann.

Neben dieser Einschränkung seiner Beteiligungsrechte kann einem potentiell Betroffenen seine Klagebefugnis dadurch beschränkt werden, dass das Gericht seine Klage wegen verfristeter oder unsubstantiierter Einwendungen ablehnt.

Zudem könnte eine Beschränkung des Störungsabwehranspruchs durch einen Akt des Gesetzgebers angenommen werden.[208] Das BImSchG regle die Modalitäten, unter denen der Sachvortrag zur Durchsetzung des Anspruchs beachtlich bleibe und enthalte so Vorgaben für ein mögliches späteres gerichtliches Verfahren.[209] Es ist jedoch zweifelhaft, ob Art. 19 IV GG gegen einen solchen Akt der Legislativen den Rechtsweg eröffnet.[210]

Schließlich können Drittbetroffene durch den hoheitlichen Akt der Genehmigungserteilung in ihren Grundrechten betroffen werden. Mit der Genehmigungserteilung gestattet nämlich die Behörde dem Antragsteller ein bestimmtes

---

206 BVerfGE 31, 364 (368); *Ibler*, in: Friauf/Höfling, Berliner Kommentar, Bd. 2 – Stand 2008 - Art. 19 IV GG Rdnr. 107, 151; *Krüger/Sachs*, in: Sachs, Art. 19 Rdnr. 133; *Schulze-Fielitz*, Dreier, GG Bd. I, Art. 19 IV Rdnr. 56; *Jarass/Schlink*, GG, Art. 19 Rdnr. 35. Ausführlich zum Begriff der öffentlichen Gewalt *Huber*, in: v. Mangoldt/Klein/Stark, GG I, Art. 19 Rdnr. 419 ff.; *Krüger/Sachs,* in: Sachs, Art. 19 Rdnr. 115 ff.; *Schenke*, JZ 1988, 317 (318 ff.); *Schulze-Fielitz*, Dreier, GG Bd. I, Art. 19 IV Rdnr. 34 ff.

207 *Sturm*, in: Sachs, GG, Art. 93 Rdnr. 75.

208 *Stober*, AöR 106 (1981), 41 (70 ff.) und *Thiel*, DÖV 2001, 814 (818) nehmen eine Beschränkung unmittelbar durch Gesetz an. Zur schwierigen Abgrenzung *Niedzwicki*, Präklusion, S. 153 ff.

209 *Stober*, AöR 106 (1981), 41 (70 ff.) und wohl auch *Thiel*, DÖV 2001, 814 (818).

210 Eine Rechtswegeröffnung lehnen ab: *Jarass/Pieroth*, GG, Art. 19 Rdnr. 44; *Krüger/Sachs*, in Sachs, GG, Art. 19 IV Rdnr. 122 ff.; BVerfGE 24, 367 (401); 45, 297 (334); 112, 185 (207).

Verhalten und verfügt zugleich, dass Drittbetroffene mögliche hieraus resultierende Beeinträchtigungen zu dulden haben. Entspricht diese Genehmigung nicht den Anforderungen des § 6 BImSchG,[211] könnte dieser Akt der Exekutiven die Grundrechte Drittbetroffener verletzen.

Diese verschiedenen Maßnahmen können den Störungsabwehranspruch Betroffener verletzen und das Begehren nach gerichtlichem Rechtsschutz auslösen.

d) Eingriff in Art. 19 IV GG

Der gegen diese denkbaren staatlichen Maßnahmen offen stehende gerichtliche Rechtsschutz müsste für einen Eingriff in Art. 19 IV GG durch die materielle Präklusion ganz oder teilweise ausgeschlossen sein.

aa) Behördlicher Ausschluss von der Verfahrensbeteiligung

Gegen den Ausschluss von einer Verfahrensbeteiligung im Genehmigungsverfahren steht der Rechtsweg offen. Die gerichtliche Überprüfung ist nach § 44a VwGO – allerdings nur gleichzeitig mit einem Rechtsbehelf gegen die Sachentscheidung – möglich.[212] Betroffenen ist daher der Zugang zu Gericht eröffnet.

Etwas anderes gilt für Einwender, die nicht zugleich in eigenen Rechten betroffen sind (sog. Jedermann-Einwender). Diese sind – mangels Klagebefugnis – von einer gerichtlichen Überprüfung gänzlich ausgeschlossen.[213] Die Beschränkung durch § 44a VwGO bzw. der Ausschluss mangels Klagebefugnis sind allerdings Folge gesetzlicher Regelungen. Die formelle Präklusion bedeutet damit zwar den Ausschluss von bestimmten Verfahrensrechten im Verwaltungsverfahren, nicht jedoch eine Beschränkung des Rechtsweges.[214] Die formelle Präklusion greift folglich nicht in Art. 19 IV GG ein.

---

211 Voraussetzung für eine Genehmigung ist zum einen (Nr. 1), dass die Betreiberpflichten (nach § 5 BImSchG und denen der BImSchVen) erfüllt werden, und zum anderen (Nr. 2) andere öffentlich-rechtliche Vorschriften und Belange des Arbeitsschutzes nicht entgegenstehen.

212 *Niedzwicki*, Präklusion, S. 154.

213 Der Ausschluss möglicher Popularklagen ergibt sich aus dem Erfordernis der Klagebefugnis gemäß § 42 II VwGO für die Hauptsache. Zur Vereinbarkeit des § 44a VwGO mit Art. 19 IV GG: *Ibler*, in: Friauf/Höfling, Berliner Kommentar, Bd. 2, Art. 19 IV Rdnr. 348 f.; *Krüger/Sachs*, in: Sachs, Art. 19 Rdnr. 141.

214 Statt vieler BVerfGE 61, 82 (110); *Brandt*, NVwZ 1997, 233 (237) m.w.N.; *Ibler*, in: Friauf/Höfling, Berliner Kommentar, Bd. 2 Stand 2008, Art. 19 IV GG Rdnr. 340, 342; *Jacoby*, Beschleunigung, S. 81 f.; *Kluth*, in: Wolf/Bachof/Stober, Verwaltungsrecht, § 62 Rdnr. 96; *Leibholz/Rinck*, GG, Bd. 2, Art. 19 Rdnr. 398 f.; ausführlich *Metz*,

bb) Gerichtliche Ablehnung einer Klage

Wird eine Klage als unbegründet zurückgewiesen oder als unzulässig verworfen,[215] weil der Klagevortrag auf präkludierten Einwendungen beruht, so steht dem Betroffenen gegen diese gerichtliche Entscheidung grundsätzlich der Rechtsweg mittels Berufung oder Revision offen. Die materielle Präklusion beschränkt demnach nicht die Möglichkeit, wegen einer gerichtlichen Ablehnung einer Klage den Rechtsweg zu bestreiten.

cc) Gesetzliche Anordnung

Durch die gesetzliche Anordnung einer materiellen Präklusion könnte bereits per Gesetz der Störungsabwehranspruch beschränkt sein. Gegen diese Beschränkung kann der Rechtsinhaber grundsätzlich gerichtlich vorgehen.[216] Der Gang zu Gericht wird durch die materielle Präklusion daher nicht beeinträchtigt.

dd) Genehmigungserteilung

Schließlich könnte die Genehmigungserteilung zu einer Rechtsbeeinträchtigung führen, deren gerichtliche Überprüfung durch die Präklusion ausgeschlossen ist. Dritte können durch die Errichtung und Inbetriebnahme einer Anlage ins-

---

Präklusion, S. 53 ff., 77 ff.; *Milger*, Präklusion, S. 176; *Niedzwicki*, Präklusion, S. 99, 132; *Schmidt-Aßmann*, in: Maunz-Dürig, Art. 19 IV Rdnr. 259, 261; *Stober*, AöR 106 (1981) 41 (71); *Thiel*, DÖV 2001, 814 (817).

215 Eine Klage, gestützt auf präkludierte Einwendungen, sei *immer unzulässig*: *Berger*, Umweltrechtliche Nachbarklagen, S. 228; *Hett*, Öffentlichkeitsbeteiligung, S. 55; *Ipsen*, DVBl. 1980, 146 (151); *Sellner/Reidt/Ohms*, Immissionsschutzrecht, S. 221; VGH München, NJW 1980, 723; BVerwGE 61, 256 (271 f.); sei *immer unbegründet*: *Degenhart*, FS für Menger, S. 621 (637 f.); *Graffe*, Bürgerbeteiligung, S. 86 f.; *Metz*, Präklusion, S. 25 ff.; *Papier*, NJW 1980, 313 (318); *Stober*, AöR 106 (1981), 41 (65 ff.); *Ule*, BB 1979, 1009 (1012). M.E. ist zu *differenzieren*. Bei offenkundig nicht durchsetzbaren Ansprüchen oder eindeutig präkludierten Einwendungen fehlt es an der Klagebefugnis. Dies führt zur Unzulässigkeit der Klage. Ansonsten ist sie unbegründet. So: *Brandt*, NVwZ 1997, 233 (235); *Engelhardt/Schlicht*, BImSchG, § 10 Rdnr. 15; *Jarass*, BImSchG, § 10 Rdnr. 98; *Oexle*, Präklusion, S. 30; *Solveen*, Präklusion, S. 28 ff., konkret 58 ff.

216 Entweder konnte der Betroffene allgemein gegen die gesetzliche Anordnung vorgehen (etwa weil der Staat seiner Schutzpflicht nicht ausreichend nachkäme bzw. den Abwehranspruch mit einer Mitwirkungslast verbinde und daher beschränke) oder konkret gegen die behördliche Entscheidung, ein bestimmter Vortrag sei ausgeschlossen (so auch BVerfGE 61, 82 (110)).

besondere in Art. 2 II, 12 und 14 GG beeinträchtigt werden.[217] Üblicherweise könnten sie daher mittels Anfechtungsklage überprüfen lassen, ob die Genehmigung tatsächlich den Genehmigungsvoraussetzungen entspricht, insbesondere ob sie zu ihrem Schutz mit Auflagen oder Nebenbestimmungen zu versehen ist.[218] Tatsächlich schränkt die materielle Präklusion aber diesen an sich gegebenen Rechtsweg ein.[219] Der Klageweg ist nämlich einem Betroffenen nur insoweit eröffnet, als er bereits Einwendungen im Genehmigungsverfahren erhoben hatte und diese gewissen Anforderungen genügte.

Sind alle seine Einwendungen präkludiert (sog. „Vollpräklusion"[220]), ist die behördliche Entscheidung einer richterlichen Kontrolle vollständig entzogen. Bei teilweisem Ausschluss (sog. „Teilpräklusion"[221]) wird die Kontrollbefugnis auf nicht präkludierte Tatsachen und Umstände beschränkt und damit der Grundsatz vollständiger gerichtlicher Kontrolle *eingeschränkt*.[222] Nur in besonderen Fällen können Tatsachen, die im Genehmigungsverfahren nicht bis zum Ablauf der Einwendungsfrist vorgetragen wurden, im Klageverfahren noch berücksichtigt werden.[223] Eine materielle Präklusion kann folglich den Rechtsweg vollständig ausschließen oder ihn teilweise beschränken.[224] Ob es sich hierbei um einen

217 Ein Eingriff ist jedes zurechenbare staatliche Handeln, das dem Einzelnen ein Verhalten, das in den Schutzbereich eines Grundrechts fällt, ganz oder teilweise unmöglich macht (*Pieroth/Schlink*, Staatsrecht II, § 6 Rdnr. 240; BVerfGE 66, 39 (60)). Über die Genehmigung ist daher dem Staat eine mögliche Grundrechtsbeeinträchtigung Dritter durch eine private Anlage zuzurechnen.

218 Jedermann-Einwender können mangels Klagebefugnis die Genehmigung nicht anfechten.

219 Es geht hier nicht um die gerichtliche Überprüfung, ob der Ausschluss des Einwenders mit seinen Einwendungen im Genehmigungsverfahren rechtmäßig erfolgte. Dieser Ausschluss beruht auf der formellen Präklusion und ist überprüfbar.

220 Im Genehmigungsverfahren wurden keinerlei Einwendungen erhoben bzw. die erhobenen Einwendungen genügten nicht den gesetzlichen Anforderungen. Die Bezeichnung beruht auf *Oexle*, Präklusion, S. 71.

221 Konnten Einwände vorgebracht werden, ist die gerichtliche Kontrolle auf diesen frist- und ordnungsgemäßen, substantiierten Vortrag beschränkt.

222 *Nierhaus*, Beweismaß, S. 322 f.; *Oexle*, Präklusion, S. 71 f.

223 Zu diesen Fällen II. 2. Grenzen der Präklusionswirkung S. 33 ff.

224 Nach *Stober*, AöR 106 (1981), 41 (71 f.) könne ein potentieller Drittbetroffener durch die Genehmigung selbst gar nicht betroffen sein, weil er zuvor bereits unmittelbar kraft Gesetzes seine geschützte Rechtsstellung verloren habe.

Eingriff handelt[225] oder um eine normative Ausprägung des Schutzbereiches[226] kann an dieser Stelle dahingestellt bleiben.

Die materielle Präklusion wirkt sich folglich unter den vier in Betracht kommenden Fällen eines möglichen Rechtsschutzbegehrens lediglich auf die gerichtliche Überprüfung der erteilten Genehmigung aus. Sie beschränkt insoweit den effektiven Rechtsschutz, als sich ein Dritter gegen Beeinträchtigungen durch eine genehmigte Anlage wenden möchte und sich dafür auf Tatsachen stützt, die er im Genehmigungsverfahren nicht oder zumindest nicht präklusionshindernd vorgetragen hat.

e) *Rechtfertigung*

Eine solche Beschränkung des Rechtsschutzes Drittbetroffener könnte durch kollidierende Verfassungsgüter gerechtfertigt sein. Dies ist anzunehmen, wenn die materielle Präklusion den Zugang zu Gericht nicht völlig ausschließt oder ihn nicht in unzumutbarer, aus Sachgründen nicht gerechtfertigter Weise erschwert bzw. wenn eine tatsächlich wirksame gerichtliche Kontrolle garantiert ist.[227]

aa) Grundrechtsschutz Dritter

Als möglicherweise rechtfertigende verfassungsimmanente Schranke kommt der Grundrechtsschutz Dritter – des Antragstellers – in Betracht.[228] Bei Genehmigungserteilung stehen sich Grundrechte des Antragstellers und potentieller Betroffener gegenüber. Für den Antragsteller ist die Genehmigung und damit das Zulassungsverfahren notwendige Voraussetzung, um über Errichtung und

---

225 *Ibler*, in: Friauf/Höfling, Berliner Kommentar, Bd. 2, Art. 19 IV GG Rdnr. 307, 340.

226 *Huber*, in: v. Mangoldt/Klein/Stark, GG I, Art. 19 Rdnr. 374; *Krüger/Sachs*, in: Sachs, Art. 19 IV Rdnr. 138. Gegen die Annahme, die Präklusion sei eine Ausgestaltung des Verfahrens: *Papier*, NJW 1980, 313 (316); *de Witt*, 6. AtRS, S. 297 (301); *Zuck*, BB 1963, 671 (672).

227 *Jarass*, in: Jarass/Pieroth, GG, Art. 19 Rdnr. 50. Eine materielle Präklusion ist danach zulässig, wenn sie sich durch kollidierende Verfassungsgüter legitimieren lässt und dem Übermaßverbot gerecht wird (*Huber*, in: v. Mangoldt/Klein/Stark, GG I, Art. 19 Rdnr. 372, 374; ähnlich *Ibler*, in: Friauf/Höfling, Berliner Kommentar, Bd. 2, Art. 19 IV GG Rdnr. 316). Ausführlich zu den Rechtfertigungskriterien („zumutbar“ und „aus sachlichen Gründen gerechtfertigt“), die nach *Metz*, Präklusion, S. 87 ff. auf eine Prüfung der Verhältnismäßigkeit hinauslaufen.

228 Gegen eine Rechtfertigung aus den Grundrechten des Antragstellers ausdrücklich *Niedzwicki*, Präklusion, S. 210 f. Für einen Interessenausgleich im trigonalen Verwaltungsverhältnis *Degenhart*, FS für Menger, S. 621 (629 f.); *Ipsen*, DVBl. 1980, 146 (153); *Nierhaus*, Beweismaß, S. 322.

Betrieb der Anlage seine verfassungsrechtlich verbürgten Positionen aus Art. 12 I und 14 I GG ausüben zu können.[229] Für die Betroffenen bedeuten Zulassung und Betrieb der Anlage eine mögliche Einschränkung ihrer Grundrechte aus Art. 2 II, 12 I und 14 I GG.[230] In der Präklusion sehen daher BVerwG und BVerfG eine Ausbalancierung der Einflussmöglichkeiten potentieller Betroffener mit dem gesteigerten Bedürfnis des Antragstellers nach Schutz und Beständigkeit.[231] Ob eine Abwägung beider Belange die materielle Präklusion rechtfertigt, ist nachstehend zu prüfen. Hierfür sind die Folgen einer fehlenden Präklusion für den Antragsteller und die Beeinträchtigungen aus dem Einwendungsausschluss für potentielle Betroffene zu erfassen. Erst danach kann festgestellt werden, ob die materielle Präklusion zum Schutz des Antragstellers geboten ist oder zumindest Belange Betroffener nicht entgegenstehen.

(1) Folgen einer Öffentlichkeitsbeteiligung ohne materielle Präklusion

Zunächst sind die Auswirkungen auf die Position eines Antragstellers durch ein immissionsschutzrechtliches Genehmigungsverfahren ohne materielle Präklusion zu bestimmen.

Einem Antragsteller steht ein Anspruch auf immissionsschutzrechtliche Genehmigung zu, wenn sichergestellt ist, dass von seiner geplanten Anlage keine schädlichen Umwelteinwirkungen ausgehen.[232] Diese Prüfung erfolgt in einem Genehmigungsverfahren. Geht von der Anlage typischerweise ein erhebliches Schädigungspotential aus, so ist an diesem Verfahren die Öffentlichkeit zu beteiligen. Dies bedeutet, dass *jedermann* Einwände gegen das Vorhaben vortragen kann.

(a) Vielzahl an Einwendern

Teilweise wird bereits aus dem Umstand eines unüberschaubaren großen Kreises möglicher Einwender eine besondere Schutzbedürftigkeit des Antragstellers

---

229 Das unternehmerische Handeln des Anlagenbetreibers wird durch Art. 12 I GG gewährt, der Einsatz vermögenswerter Positionen sowie das Recht am eingerichteten und ausgeübten Gewerbebetrieb über Art. 14 I GG (ausführlich *Oexle*, Präklusion, S. 79).

230 Eine Anlage kann zu Gesundheitsbeeinträchtigungen führen (Art. 2 II GG), die Nutzung einesbereits angesiedelten Betriebesbeeinträchtigen (Art. 12 I GG) oder zu Wertminderungen und eingeschränkten Nutzungsmöglichkeiten von Grundstücken, Immobilien oder Gewerbebetrieben zur Folge haben (Art. 14 I GG) (ausführlich *Oexle*, Präklusion, S. 78).

231 BVerwGE 60, 297 (304 ff.); BVerfGE 61, 82 (114 f.).

232 Nachweise oben Fn 40.

abgeleitet.[233] Andere betonen hingegen die wirtschaftliche Überlegenheit des Antragstellers. Sie erinnere an den Kampf „David gegen Goliath", bei dem allerdings Goliath regelmäßig obsiege. Die unterschiedliche Finanzkraft führe daher eher zu einer größeren Schutzbedürftigkeit der Betroffenen im Vergleich zum Vorhabensträger.[234]

Allein die Zahl möglicher Betroffener und damit potentieller Vorhabensgegner lässt den Antragsteller nicht als besonders schutzbedürftig erscheinen, selbst wenn sich diese organisieren und zusammenschließen.[235] Eine Vielzahl von Einwendern führt nicht automatisch zur unfairen Konstellation „Alle gegen Einen".[236] Eine größere Anzahl an Verfahrensbeteiligten beruht zumeist gerade auf der Natur der geplanten Anlage, die ihrem Potential entsprechend zur Beeinträchtigung und Gefährdung vieler Personen geeignet ist.[237] Relevant ist zudem nicht die Quantität von Einwendungen sondern ihre Qualität. So genügt bereits eine begründete Einwendung, um die Genehmigung zu verhindern.

(b) Kostensteigerung durch verzögertes Genehmigungsverfahren

Eine Vielzahl an Einwendungen kann allerdings zu einer umfangreichen Prüfung und Verlängerung des Einwendungsverfahrens und so zu einer Verzögerung und Gefährdung der Realisierung innovativer, schnell umzusetzender

---

233 BVerfGE 61, 82 (114), allerdings zum Atomrecht, bei dem typischerweise eine erhebliche Zahl potentieller Betroffener existiert. Im Immissionsrecht ist dies etwa bei Anlagen zur Herstellung chemischer Erzeugnisse oder bei (Erdöl-)Raffinerien denkbar, jedoch nicht zwingend. So wird der Kreis derer, die durch Emissionen etwa einer Hühnerfarm betroffen sind, begrenzt und überschaubar sein. *Metz,* Präklusion S. 102; *Mutschler*, ET 1980, 164 (172); *Ipsen*, DVBl. 1980, 146 (153); *Oexle*, Präklusion, S. 80, 92; *Papier*, NJW 1980, 313 (319 f.) gibt zu bedenken, dass bereits *eine* fristgerecht erhobene Einwendung und Klage genüge, die Genehmigung zu verhindern; ähnlich *Beckmann,* Verwaltungsgerichtlicher Rechtsschutz, S. 222 f.

234 *Solveen*, Präklusion, S. 72; hierauf Bezug nehmend *Niedzwicki,* Präklusion, S. 194 f.

235 Nicht zu folgen ist daher *Oexle*, Präklusion, S. 81 f., der eine hohe Schutzbedürftigkeit des Antragstellers vor Personen betont, die sich organisieren. Eine Einwendung – sei sie individuell vom jeweiligen Betroffenen erstellt, aus dem Internet, einer Zeitung oder einem Flugblatt entnommen oder als „Sammeleinwendung" vom Betroffenen lediglich unterzeichnet – erhält rechtlich kein größeres Gewicht oder wird sachlich richtiger, wenn sie von mehreren Personen eingebracht wird.

236 *Niedzwicki,* Präklusion, S. 208; *Oexle*, Präklusion, S. 81 f.

237 *Oexle,* Präklusion, S. 90: Von diesen Vorhaben gehe üblicherweise ein erhebliches Gefährdungspotential aus.

Vorhaben sowie zu Kostensteigerungen führen.[238] Abhilfe können teilweise Fristen wie z.B. die Verfahrensfristen in § 10 VIa BImSchG[239] verschaffen. Eine materielle Präklusion vermag hingegen das förmliche Verfahren insoweit nicht zu beschleunigen.[240] Sie kompensiert aber seine im Vergleich zum vereinfachten Verfahren längere Verfahrensdauer durch einen erhöhten Bestandsschutz.

(c) Unkalkulierbare Investitionsgefährdung

Das Bedürfnis des Antragstellers nach Bestandssicherheit ist aufgrund des großen Kreises potentieller Einwender erhöht.[241] Aus ihnen ergibt sich eine größere Zahl potentieller Kläger, wodurch die Gefahr einer Drittanfechtung steigt.[242]

(aa) Potentielle Kläger

Klageberechtigt sind nach dem drittschützenden § 5 I Nr. 1 BImSchG die Nachbarn[243]. Der Kreis potentieller Kläger ist damit zwar kleiner als derjenige der Einwender, aber immer noch groß. Er reicht so weit, wie die Beeinträchtigungen der Anlage wirken. Dabei umfasst er nicht nur die Eigentümer der im Wirkungsbereich gelegenen Grundstücke, sondern auch solche Personen, die sich regelmäßig

238 *Geschka*, Kostenfaktor Zeit, S. 20; *Kiefer*, Investitionssicherheit, S. 55; *Milger*, Präklusion, S. 125. *Thiel*, DÖV 2001, 814 (818) verweist darauf, dass bei geschicktem Taktieren und uneingeschränktem Vorbringen von Einwendungen das Verwaltungsverfahren sowie der Verwaltungsprozess „lahmgelegt" werden könnte. Nach *Mutschler*, ET 1980, 164 (172) ist das Genehmigungsverfahren für den Antragsteller risikoreich, schwer überschaubar, zeitaufwendig und kostenintensiv. Tatsächlich verlängert die Öffentlichkeitsbeteilung – wie § 10 VIa BImSchG ergibt – das Verfahren um vier Monate im Vergleich zum vereinfachten Verfahren.

239 Wird die Genehmigung nicht innerhalb der Frist erteilt – wobei eine Verlängerung um drei Monate nach § 10 VIa 2 BImSchG vorgesehen ist – handelt die Behörde rechtswidrig und es besteht die Möglichkeit von Schadensersatzansprüchen des Antragstellers (BGH NVwZ 1993, 299 ff.; *Dietlein*, L/R, § 10 Rdnr. 244; *Jarass*, BImSchG, § 10 Rdnr. 118). Ausführlich zu dieser Frist *Jarass*, DVBl. 2009, 205 ff.

240 Eine Verfahrensbeschleunigung sprechen der materiellen Präklusion ab *Jacoby*, Beschleunigung, S. 69 sowie kritisch *Metz*, Präklusion, S. 50.

241 *Kiefer*, Investitionssicherheit, S. 55; *Papier*, NJW 1980, 313 (320); *Röhl/Ladenburger*, Präklusion, S. 24 weisen jedoch darauf hin, dass die Sicherung der Bestandskraft vorrangig Aufgabe der Anfechtungsfristen sei.

242 *Mutschler*, ET 1980, 164 (172); *Papier*, NJW 1980, 313 (319).

243 Zum Begriff des Nachbarn *Jarass*, BImSchG, § 3 Rdnr. 31 ff., sowie Fn 204 S. 49.

in diesem Gebiet aufhalten, etwa um zu arbeiten.[244] Neben dieser räumlichen und personellen Weite ist der Kreis potentieller Kläger zudem in zeitlicher Hinsicht nur begrenzt beschränkt. Personen, die erst nach Ablauf der Einwendungsfrist in den Wirkungskreis gelangen – etwa durch Geburt, Wechsel des Wohnortes oder des Arbeitsplatzes – und sich durch die geplante Anlage in eigenen Rechten betroffen fühlen, steht ebenfalls die Möglichkeit der Klage zu – zumindest bis zum Zeitpunkt der Unanfechtbarkeit der Genehmigung.[245] Sind viele Personen klagebefugt, erhöht sich die Wahrscheinlichkeit einer Klageerhebung. Dies ist jedoch gerechtfertigt, da ein solches Vorhaben eine große Anzahl an Personen gefährden kann und daher die Schutzbedürftigkeit desjenigen verringert, von dem die Gefährdung ausgeht.[246]

(bb) Kalkulation der Investitionsgefährdung

Für den Antragsteller bedeutet eine Vielzahl potentieller Kläger, dass er bei Beantragung seiner Genehmigung den Kreis möglicher Klagebefugter sowie die Erfolgsaussichten ihrer Klagen schwer abzuschätzen vermag. Für seine Entscheidung zur Investition ist die Realisierbarkeit des Projektes daher eine große Unbekannte.[247] Aus diesem Grund wird ein legitimes Interesse des Antragstellers und

244 BVerwG NVwZ 2004, 1237 (1238); NJW 1983, 1507 (1508); OVG Lüneburg, DVBl. 1984, 890 (891); *Jarass*, BImSchG, § 3 Rdnr. 36 m.w.N.; *Oexle*, Präklusion, S. 91.

245 Siehe oben II. 2. c) Nachträglich entstandene Betroffenheit S. 35.

246 *Mutschler*, ET 1980, 164 (172) betont, dass der Projektträger nicht vor den typischen Risiken des Massenverfahrens freizustellen sei, denn die Tatsache, dass diese Verfahren tendenziell Massenverfahren seien, folge eben aus der Beschaffenheit der beantragten Anlage. Ähnlich *Ipsen*, DVBl. 1980, 146 (153); *Mutschler*, ET 1980, 164 (172); *Philipp*, Präklusionsvorschriften, S. 55 f.; *Oexle*, Präklusion, S. 80; *Röhl/Ladenburger*, Präklusion, S. 24 f.; *Stober*, AöR 106 (1981), 41 (61).

247 Ebenso *Busse*, VR 1998, 263 (266); *Degenhart*, FS für Menger, S. 621 (629); *Manten*, DVBl. 2009, 213 (214); *Metz*, Präklusion, S. 102 f.; *Oexle*, Präklusions, S. 80; *Röhl/Ladenburger*, Präklusion, S. 24 f., 54; *Sellner*, BauR 1980, 391 (398); *de Witt*, DVBl. 1980, 1006 (1008); ähnlich *Stober*, AöR 106 (1981), 41 (52), wonach die Genehmigung mit einer gewissen Unsicherheit belastet sei. Dabei sei das Bedürfnis für ein zeitlich eingeschränktes Einwendungsrecht umso höher, je unüberschaubarer die Zahl möglicher Einwender und der Inhalt ihrer Einwendungen sei (61). A.A. *Beckmann*, Verwaltungsgerichtliches Verfahren, S. 220 f.; *Papier*, NJW 1980, 313 (319 f.), die annehmen, dass das Planungs- und Investitionsrisiko durch eine materielle Präklusion nicht entscheidend verringert werde, da dennoch zahlreiche Projektgegner ihre Einwendungen rechtzeitig vortrügen und sich so ihre Klagerechte erhielten. Zum Begriff der Investitionssicherheit bzw. des -risikos *Kiefer*, Investitionssicherheit, S. 31.

Vorhabensträgers an der frühzeitigen Kenntnis des Inhalts möglicher Einwände gegen sein Vorhaben bejaht.[248] Sie ermöglicht es ihm, Genehmigungsfähigkeit und Bestand der Genehmigung vor Gericht abzuschätzen und hieran sein weiteres Investitionsverhalten auszurichten. Bereits nach Eingang aller Einwendungen kann er kalkulieren, ob sich das weitere Betreiben des Genehmigungsverfahrens rentiert oder ob es wirtschaftlicher ist, den Antrag zurückzuziehen und ihn u.U. später und in überarbeiteter Form erneut zu stellen. In Anbetracht erheblicher Investitionssummen[249] ist ein berechtigtes Interesse des Vorhabensträgers auf eine wie auch immer ausgestaltete Investitionssicherheit nicht von der Hand zu weisen.[250]

(cc) Reduktion des Verfahrensrisikos durch materielle Präklusion

Dem Investitionsrisiko des Antragstellers trägt das Genehmigungsverfahren mit seiner allmählichen Reduktion des Verfahrensrisikos Rechnung:[251]

Die eingehenden Einwendungen erlauben dem Antragsteller, den Widerstand persönlich und sachlich zu gliedern und zu bewerten. Im Erörterungstermin wird Entscheidungsunerhebliches ausgeklammert, so dass eine weitere Verengung erfolgt. Können hier gar Einwendungen erledigt werden, kommt es zu einer weiteren Präzisierung. Auf einer vierten Stufe verengt sich mit Ablauf der Rechtsbehelfsfristen das drittbezogene Risiko, bis es schließlich mit Unanfechtbarkeit der Genehmigung gänzlich entfällt. Bestehen bleiben lediglich die dynamischen Betreiberpflichten. Die materielle Präklusion erlaubt es daher dem Antragsteller nach Ende des Erörterungstermins zu entscheiden, ob er bei Berücksichtigung des verbleibenden nunmehr konkretisierten Verfahrensrisikos sich technisch und wirtschaftlich in der Lage sieht, das Vorhaben zu verwirklichen.[252]

Niedzwicki spricht sich gegen ein solches „Vollkaskounternehmertum" aus. Konsequenzen unternehmerischer Fehlentscheidungen habe der Unternehmer

---

248 *Metz*, Präklusion, S. 13; *Mutschler*, ET 1980, 164 (172); *Nierhaus*, Beweismaß, S. 322.

249 *Niedzwicki*, Präklusion, S. 193 ermittelte Investitionssummen, die bis in die Milliarden reichten; ähnlich *Butze*, 3. AtRS, 53 (54); *Metz*, Präklusion, S. 13; *Oexle*, Präklusion, S. 81; *Wagner*, ZRP 1982, 103 (103)).

250 *Metz*, Präklusion, S. 103; ebenso *Niedzwicki*, Präklusion, S. 193, der diesen Grund jedoch als alleinige Rechtfertigung nicht genügen lässt (S. 193 ff., insbes. 197).

251 Diese Stufung arbeitete *Mutschler*, ET 1980, 164 (172) aus. Als Vorstufe hierzu ist zudem die Antragsberatung zu berücksichtigen, in der der Antragsteller bereits – je nach Umfang und Ausgestaltung – einen ersten Eindruck über die Genehmigungsfähigkeit erhält. Näher dazu im 3. Kapitel A. Behördliche Beratung vor Antragstellung S. 107 ff.

252 *Mutschler*, ET 1980, 164 (172).

selbst zu tragen, Gewinne könnten nicht privatisiert und Verluste sozialisiert werden.[253] Eine solche Betrachtung des Investitionsrisikos ist für das immissionsschutzrechtliche Verfahren jedoch verkürzt, da es einen wesentlichen Aspekt, nämlich die üblicherweise hohe Komplexität der Planung, unberücksichtigt lässt.

(dd) Komplexität der Planung

Aufgrund der Komplexität der Planung ist es für den Antragsteller von erheblichem Interesse, nicht erst im gerichtlichen Verfahren von den seinem Antrag entgegenstehenden Belangen zu erfahren, die von ihm und der Behörde zuvor im Planungsstadium übersehen wurden. Diesen betroffenen Interessen nach Abschluss der Planung durch Änderungen in der Konzeption gerecht zu werden, fällt bei im Regelfall komplexen Vorhaben äußerst schwer.[254] Je nach Beschaffenheit des Projektes könnte dies praktisch eine erneute Abwägung aller betroffenen Interessen erfordern, weil andernfalls die nunmehr durch die veränderte Genehmigung Betroffenen ihrerseits klagen könnten – eine „never ending story". Hier greift die materielle Präklusion. Sie stellt sicher, dass grundsätzlich in einem späteren Verwaltungsprozess nur solche Bedenken angeführt werden können, von denen der Antragsteller Kenntnis erlangen und sie dementsprechend bei seiner Planung berücksichtigen konnte. Er trägt somit allein das Risiko einer falschen Bewertung.

(d) Konsequenz

Für den Antragsteller ergeben sich folglich Beeinträchtigungen und Unsicherheiten durch eine Öffentlichkeitsbeteiligung. Sie führt zu einem größeren Kreis potentieller Klagebefugter, einer Verlängerung der Verfahrensdauer und einer u.U. noch erheblichen Abänderung des Vorhabens. Die materielle Präklusion gleicht das dadurch entstehende zeitliche Defizit mit einer verstärkten Bestandskraft aus, verkleinert und individualisiert den Kreis potentieller Kläger und konkretisiert

253 *Niedzwicki*, Präklusion, S. 194. *Beckmann*, Verwaltungsgerichtlicher Rechtsschutz, S. 220 ff. bezweifelt ebenfalls, dass das Investitionsrisiko durch die materielle Präklusion verringert wird.

254 *Busse*, VR 1998, 263 (266) verweist darauf, dass eine Änderung in einem solch späten Stadium für den Vorhabensträger mit (unverhältnismäßig) hohem Aufwand verbunden sein kann. Ähnlich *Degenhart*, FS für Menger, S. 621 (629); *Ipsen*, DVBl. 1980, 146 (153); *Mutschler*, ET 1980, 164 (172); *Nierhaus*, Beweismaß, S. 322; *Oexle*, Präklusion, S. 80; *Streinz*, VerwArch 79 (1988), 272 (296 f.). Dieses Interesse anerkennt *de Witt*, DVBl. 1980, 1006 (1008), möchte es jedoch auf solche Einwendungen beschränken, die nicht von Amts wegen zu ermitteln waren, sondern nur den betreffenden Nachbarn bekannt sind.

ihre möglichen Klagegründe. Sie erhöht folglich die Rechtssicherheit für den Antragsteller.

(2) Beeinträchtigung Betroffener durch den Einwendungsausschluss

Eine materielle Präklusion stellt an potentielle Klagebefugte bereits im Genehmigungsverfahren gewisse Anforderungen und erschwert ihnen so den späteren gerichtlichen Rechtsschutz. Wird eine Anlage errichtet und betrieben, die andere Personen in ihren Rechten beeinträchtigen kann, steht diesen grundsätzlich der Rechtsweg offen. Sie können nach Erlass der behördlichen Entscheidung Widerspruch einlegen. Wird diesem nicht abgeholfen, kann Klage erhoben werden.

Aufgrund der materiellen Präklusion hat ein potentiell Betroffener jedoch bereits im Genehmigungsverfahren seine Bedenken vorzutragen. Mit seinem späteren Widerspruchs- und Klagevorbringen ist er insoweit ausgeschlossen, als er keine Einwendungen erhoben hat. Aus der Besonderheit, dass bereits im Genehmigungsverfahren die späteren Klagegründe vorzutragen sind, ergeben sich die folgenden Erschwernisse:

(a) Fehlende Konkretisierung des Vorhabens

Die erste Schwierigkeit für einen potentiellen Betroffenen besteht darin, dass das geplante Vorhaben nicht durch einen Genehmigungsbescheid konkretisiert ist. Die ihm zur Verfügung stehende Informationsgrundlage ist daher noch veränderlich, eine behördliche Überprüfung und abschließende Entscheidung steht noch aus.

(aa) Veränderliche Informationsgrundlage

Ist ein Genehmigungsbescheid ergangen, steht das konkrete Vorhaben hingegen fest. Der Sachverhalt ist festgestellt und eignet sich als Grundlage für eine Überprüfung auf mögliche Rechtsbeeinträchtigungen.

Anders verhält es sich für das Einwendungsverfahren. Grundlage für die Erhebung von Einwendungen sind hier die Antragsunterlagen des Vorhabensträgers sowie behördliche Unterlagen, soweit sie bereits vorliegen. Diese sind in einem gewissen Rahmen noch im Fluss, können erweitert, modifiziert, neue Gutachten und Unterlagen können bzw. müssen nachgereicht werden. Es ist daher nicht unüblich, dass am Anfang des Genehmigungsverfahrens die Informationsgrundlage eine andere ist als an ihrem Ende.[255] Für potentielle Betroffene bedeutet dies, dass

255 Zur Vollständigkeit und Ergänzung der Unterlagen im 3. Kapitel B. Antragstellung S. 157 ff.

die Prüfung möglicher Rechtsverletzungen – anders als üblicherweise im repressiven Rechtsschutz – im äußerst vagen und prognostischen Bereich erfolgt.[256] Unsicher ist insbesondere, ob es überhaupt und inwieweit es zu Rechtsbeeinträchtigungen kommen wird.[257]

(bb) Ausstehende behördliche Prüfung

Weiterhin steht im Einwendungsverfahren die abschließende behördliche Überprüfung aus. Es ist demnach noch ungewiss, wie die Behörde entscheiden wird, wie sie mögliche Beeinträchtigungen bewertet und ob sie gar Belange übersieht.

Die Behörde kann in ihrer abschließenden Prüfung Beeinträchtigungen Dritter feststellen und die Anlage nach entsprechender Vorhabensanpassung und mit Nebenbestimmungen genehmigen. Ein potentieller Betroffener kann hierauf jedoch nicht vertrauen. Für einen möglichst umfassenden Rechtsschutz müsste er daher nach Möglichkeit alles vortragen, wodurch er – nach derzeitigem Kenntnisstand – beeinträchtigt werden könnte. Die Präklusionswirkung führt folglich dazu, dass die möglichen durch eine Anlage Betroffenen im Einwendungsverfahren alle denkbaren Beeinträchtigungen vortragen müssen. Im gerichtlichen Verfahren könnten sie dagegen ihren Vortrag auf die Rechtsbeeinträchtigungen beschränken, die von der Behörde übersehen oder anders beurteilt wurden. Für das Einwendungsverfahren fehlt hingegen dieser Filter.

Hinzukommt, dass den Betroffenen eine vollumfängliche Beurteilung des geplanten Vorhabens nicht leicht fallen wird. Die Sachmaterie ist in tatsächlicher und rechtlicher Hinsicht (äußerst) komplex. Ob die meist mehrere Seiten umfassenden Unterlagen und Gutachten für den Laien so verständlich sind, dass sie sich ein genaues Bild über die Anlage machen können, kann daher angezweifelt werden.[258] Es ist nicht leicht, sich allein aufgrund papierener Unterlagen

---

256 *Ipsen*, DVBl. 1980, 146 (152); *Pietzcker*, VVDStRL 41 (1983), 193 (206); *Röhl/Ladenburger*, Präklusion, S. 50; *de Witt*, DVBl. 1980, 1006 (1007); *Wolfrum*, DÖV 1979, 497 (500). Ebenso *Degenhart*, FS für Menger, S. 621 (627), der diesem Umstand jedoch weniger Gewicht beimisst, da das Vorhaben, seine Auswirkungen und Risiken ausführlich und hinreichend deutlich im Genehmigungsantrag und den eingereichten Unterlagen beschrieben werden müssten und werden.

257 *Metz*, Präklusion, S. 104.

258 Ebenso *Nierhaus*, Beweismaß, S. 382 f.; *Papier*, NJW 1980, 313 (319); *Röhl/Ladenburger*, Präklusion, S. 24, *de Witt*, 6. AtRS, S. 297 (301) und *ders.*, DVBl. 1980, 1006 (1107). Eine für den Bürger hinreichende Information nehmen an *Ipsen*, DVBl. 1980, 146 (153) und *Mutschler*, ET 1980, 164 (171), der die Möglichkeit eines erschöpfenden Urteils über Art und Ausmaß der Betroffenheit annimmt.

die Anlage und ihre möglichen Auswirkungen vorzustellen und so potentielle Gefahrenquellen und Beeinträchtigungen zu eruieren. Ein nicht sachkundiger Bürger wird daher kaum allein aufgrund der ausgelegten Unterlagen abschätzen können, inwieweit ihm tatsächlich eine Beeinträchtigung droht.[259]

Ob zudem die Unterlagen des Antragstellers ein erschöpfendes Bild über die Anlage und ihre maximalen Belastungen gibt, ist ebenfalls nicht gesichert.[260] Da der Antragsteller von der Genehmigungsfähigkeit seiner Anlage ausgeht, werden seine Unterlagen die Sicherheit und Ungefährlichkeit der geplanten Anlage belegen.[261] Einem potentiellen Betroffenen wird es daher schwer fallen, aus der Fülle sachverständiger Informationen zu ermitteln, ob ihn die Anlage tangieren kann und mit welchen und wie schwer wiegenden Beeinträchtigungen zu rechnen ist.

Hierfür fehlt ihm nicht selten der erforderliche technische und rechtliche Sachverstand.[262] Ob ihm die Hinzuziehung sachverständigen Rates bereits in diesem frühen Verfahrensstadium abverlangt werden kann,[263] erscheint in Anbetracht der damit verbundenen Kosten und der noch ausstehenden behördlichen Entscheidung zweifelhaft.

Eine vollumfängliche Bewertung der vorgetragenen Informationen wird auch auf subjektiver Ebene erschwert. Im Genehmigungsverfahren wird stärker als im möglichen Widerspruchs- und Klageverfahren die persönliche Einstellung des potentiell Betroffenen über den Umfang der Einwendungen und damit über die Rechtsschutzmöglichkeit mit entscheiden. Das größte Klagespektrum wird aufgrund umfangreicher Einwendungen erreicht. Umfangreiche Einwendungen werden voraussichtlich die Einwender erheben, die dem Projekt und der Behörde skeptisch gegenüberstehen. Insbesondere wird sich ein Pessimist eher durch die geplante Anlage als gefährdet ansehen und daher möglichst umfangreiche Gegenvorbringen, die möglichst jeden Aspekt der Anlage kritisch beleuchten,

---

259 *Metz*, Präklusion, S. 104.

260 Dies nimmt aber *Mutschler*, ET 1980, 164 (171) an.

261 Plastisch dargestellt von *de Witt*, DVBl. 1980, 1006 (1007): Der Bürger werde nur Beruhigendes lesen und glaubt er diesen Angaben, wird er in der Regel keinen Anlass sehen, Einwendungen zu erheben. Ähnlich *Pietzcker*, VVDStRl. 41 (1983), 193 (206); *Wolfrum*, DÖV 1979, 497 (500).

262 *Metz*, Präklusion, S. 85; *Nierhaus*, Beweismaß, S. 382 f.: Bürger sind, was den technischen Sachverstand, die Sachverhaltsgrundlage und das Abwägungsmaterial anlangt, oftmals völlig überfordert. Sie stehen einer sachverständigen und informierten „Bank" von Unternehmen (Antragsteller) und staatlichen Genehmigungsbehörden gegenüber. BVerwGE 60, 297 (311 f.) spricht von der „fehlenden Waffengleichheit zwischen Betreiber/Hersteller einerseits und betroffenen Dritten andererseits".

263 So BVerwG, NVwZ 1997, 489 (490).

vortragen. Ein Optimist wird hingegen auf die Weitsicht der Behörde vertrauen und annehmen, dass diese keine Anlage zulassen werde, die ihn beeinträchtigen oder gar gefährden könnte und daher keinerlei Einwendungen erheben.[264]

Zu einem geringeren Einwendungsumfang kann es auch aufgrund der veränderlichen Informationsgrundlage kommen, so dass sich ein Bürger im Einwendungsverfahren nicht oder unzureichend zur Wehr setzt und dadurch in seinem späteren Klagvorbringen beschränkt ist. So kann er sich als nicht betroffen ansehen oder er erkennt zwar eine Beeinträchtigung seiner Rechte, aber er bewertet diese nicht als so erheblich, dass er sich gegen das Vorhaben im Ganzen wenden möchte. Führen spätere Modifizierungen etwa dazu, dass die Gesamtbeeinträchtigungen nun die für ihn persönlich hinnehmbare Belastungsgrenze übersteigen und möchte er sich nun gegen die Anlage im Gesamten wenden, ist ihm dies grundsätzlich aufgrund der materiellen Präklusionswirkung verwehrt.

Die veränderliche Informationsgrundlage und die noch ausstehende behördliche Prüfung, führen auf Seiten der potentiellen Betroffenen zu erheblichen Unsicherheiten bezüglich einer Beurteilung des geplanten Vorhabens.[265] Diese Unsicherheiten im Einwendungsverfahren erschweren die Erhebung von Einwendungen und damit den späteren gerichtlichen Rechtsschutz.

(b) Strenge Anforderungen an die Einwendungserhebung

Bei der Erhebung von Einwendungen hat ein potentieller Betroffener weitere Anforderungen zu beachten, die ihm den gerichtlichen Rechtsschutz zusätzlich erschweren können.

(aa) Kenntnisnahme

Zunächst muss ein Betroffener Kenntnis von dem Vorhaben erlangen. Diese Information erfolgt im Genehmigungsverfahren nicht individuell sondern durch öffentliche Bekanntmachung. Dadurch ist eine sichere Kenntnisnahme aller potentiell Betroffener nicht gewährleistet.[266] Ohne Kenntnis vom Vorhaben

---

264 In diese Richtung *de Witt*, 6. AtRS, S. 297 (301); *Zuck*, DVBl. 1973, 646.

265 Wie schwer es teilweise für den Bürger ist, sich gegen ein Vorhaben zu wenden, dessen Auswirkungen noch nicht spürbar sind, wird besonders bei Großprojekten deutlich. So hatten es etwa bei dem Projekt Stuttgart 21 viele Bürger unterlassen, Einwendungen zu erheben. Der Protest wurde immer lauter, je näher die Realisierung rückte, bis es schließlich zu heftigen Gegenbewegungen kam, als die ersten Abriss- und Baumfällarbeiten durchgeführt wurden.

266 *Ule*, BB 1979, 1009 (1012) sieht darin die Gefahr, dass Betroffene von der Information überhaupt nicht erreicht werden. *Papier*, NJW 1980, 313 (321); *Wolfrum*, DÖV 1979,

können jedoch keine Einwendungen erhoben werden, so dass bereits hierdurch der Rechtsschutz erschwert wird.

(bb) Einwendungsfrist

Ist ein potentiell Betroffener über das anstehende Vorhaben informiert, so stehen ihm ab Auslegung der Antragsunterlagen ein Monat und zwei Wochen zur Verfügung, um seine Betroffenheit zu prüfen und Einwendungen zu erheben. Im Einwendungsverfahren verbleibt damit dem Betroffenen eine immerhin zwei Wochen längere Bearbeitungszeit, als im Widerspruchsverfahren. Allerdings existieren im Widerspruchsverfahren ein feststehender Sachverhalt und eine behördliche Entscheidung. Zudem bestand für potentiell Betroffene bereits im Verwaltungsverfahren die Möglichkeit, sich mit dem Vorhaben auseinander zu setzen, so dass die Frist kürzer, die tatsächliche Zeitspanne aber länger ist.

Einwender haben folglich in kürzester Zeit trotz unsicherer Informationsgrundlage und ausstehender behördlicher Entscheidung alle erdenklichen Rechtsbeeinträchtigungen zu ermitteln und geltend zu machen.

(cc) Substantiierte Darlegung

Um Rechtsbeeinträchtigungen ordnungsgemäß und damit rechtswirksam geltend zu machen, sind diese zudem substantiiert darzulegen.[267] Potentiell Betroffene stecken hierbei häufig in einem Dilemma: Werden Einwendungen allgemein gehalten, besteht die Gefahr, dass sie als unsubstantiiert abgelehnt werden; werden sie umfangreich und detailliert vorgetragen, können Umstände übersehen werden, die erst später als wichtig erkannt werden.[268] Werden etwa negative Einwirkungen versehentlich nicht erkannt – was bei komplexen Materien leicht geschehen kann[269] – stünden diese Einwände und schlimmstenfalls der gesamte Rechtsweg

---

497 (500). Zur Zulässigkeit öffentlicher statt individueller Bekanntmachung sogleich V. 1. b) Individueller oder öffentlicher, S. 71 f.

267 Dazu 3. Kapitel E. II. 3. Inhaltliche Anforderungen S. 221 ff.

268 *De Witt*, DVBl. 1980, 1006 (1007).

269 Betroffene mögen zu Beginn der Windenergienutzung bei Errichtung einer Windkraftanlage sicher an die damit verbundenen Lärmemissionen, nicht jedoch unbedingt an den Schattenwurf des Windrades (Licht-Schatten-Wirkung bei bestimmten Lichtverhältnissen) und den sog. Disco-Effekt (Reflexionen der Sonne auf dem Rotorblatt) gedacht haben. (Ausführlich dazu *Ohms*, DVBl. 2003, 958 ff., zu ihrer rechtlichen Beurteilung etwa die „WEA-Schattenwurfhinweise“).

nicht (mehr) zur Verfügung.[270] Abhängig von den Anforderungen an die Substantiiertheit ist es daher einem potentiellen Betroffenen ein Leichtes oder ein schier unüberwindliches Hindernis, seine Rechte für den Klageweg zu erhalten.

(c) Konsequenz

Aufgrund der materiellen Präklusion müssen Betroffene für die Wahrung ihres Rechtsschutzes bereits im Verwaltungsverfahren umfassend aktiv werden. Neben den zeitlichen und inhaltlichen Anforderungen an die Einwendungen erschwert insbesondere eine vage Informationsgrundlage mit ausstehender behördlicher Entscheidung die Beurteilung der eigenen Betroffenheit durch eine meist technisch komplexe Anlage.[271]

(3) Beurteilung

Durch die materielle Präklusion wird das Einwendungsverfahren als ein Art Vor-Vorverfahren dem späteren Widerspruchsverfahren vorgeschaltet.[272] An potentiell Betroffene stellt daher bereits das Genehmigungsverfahren erhebliche Anforderungen, deren Nichteinhaltung zum Verlust des Klagerechts führen kann. Für den Antragsteller stellt die Einschränkung des Klagerisikos ein geeignetes und erforderliches Mittel zur Kompensation seines Investitionsrisikos dar. Wird bei den Anforderungen an die Einwender – insbesondere an den Einwendungsinhalt[273] – und bei der konkreten Ausgestaltung des Einwendungsverfahrens darauf geachtet, dass hierdurch der Rechtsweg nicht unzumutbar erschwert wird, erscheint die materielle Präklusion des § 10 III BImSchG als gerade noch verhältnismäßig.

bb) Rechtfertigung durch Öffentlichkeitsbeteiligung

Teilweise wird bereits in der Eröffnung einer Mitwirkungsmöglichkeit ein Ausgleich für die mit der materiellen Präklusion verbundenen Nachteile gesehen.[274]

---

270 Der Rechtsweg wäre ausgeschlossen, wenn die Klage allein aufgrund des übersehenen Einwandes Aussicht auf Erfolg hätte. Potentiell Betroffene haben sich daher in einem Stadium gegen ein Vorhaben zu wehren, in dem unklar ist, ob die Anlage überhaupt und wenn, ob sie auch in der beantragten Form genehmigt wird (*Röhl/Ladenburger*, Präklusion, S. 50; *de Witt*, DVBl. 1980, 1006 (1007).

271 Kritisch zu den Anforderungen im Hinblick auf die Präklusion etwa *Ekardt/Schenderlein*, NVwZ 2008, 1059 (1059).

272 *Metz*, Präklusion, S. 104.

273 Ausführlich 3. Kapitel E. II. 3. Inhaltliche Anforderungen S. 221 ff.

274 So BVerwG NJW 1981, 359 (360); BVerwGE 60, 297 (304, 306); BVerwG NVwZ 1997, 489 (490); *Degenhart*, FS für Menger, S. 621 (630); *Haupt*, Ausschlussfristen, S. 126a f.,

Drittbetroffene könnten so ihre Rechte wahren, der Rechtsschutz werde ins Verwaltungsverfahren vorverlagert und der durch Präklusion und Mitwirkungslast erlittene Nachteil kompensiert.[275] Drittbetroffene dürften üblicherweise im Genehmigungsverfahren nicht mitwirken. Die Einräumung von Mitwirkungsrechten verbunden mit einer Mitwirkungslast sei daher Kehrseite der Medaille vorgelagerten Rechtsschutzes.

Vor dem Hintergrund, dass die Beteiligungsmöglichkeit Konsequenz des Grundrechtsschutzes ist und ein Korrelat zur hohen Komplexität und Schädlichkeit immissionsschutzrechtlicher Anlagen darstellt,[276] erscheint diese Ansicht zumindest für die Beteiligung potentieller Betroffener als zweifelhaft. Denn nicht aufgrund der Anordnung einer materiellen Präklusion ist es ihnen gestattet am Genehmigungsverfahren teilzunehmen, sondern ihre möglicherweise betroffenen Grundrechte gebieten eine solche Teilnahme. Zum Schutz des Antragstellers sind diese durch die materielle Präklusion mit einer Mitwirkungslast verbunden.[277] Die Öffentlichkeitsbeteiligung kann daher schwerlich als beson-

---

135 f.; *Hett*, Öffentlichkeitsbeteiligung, S. 160 f.; *Kiefer*, Investitionssicherheit, S. 55 Fn 345; *Kutscheidt*, Öffentliches Immissionsschutzrecht, S. 275; *Metz*, Präklusion, S. 105; *Milger*, Präklusion, S. 122 f.; *Schmidt-Aßmann*, Besonderes Verwaltungsrecht, S. 687; *Stober*, AöR 106 (1981), 41 (75 f.); *Redeker*, NJW 1980, 1593 (1597 f.). Dagegen *Beckmann*, Verwaltungsgerichtlicher Rechtsschutz, S. 222; kritisch auch *Class*, VR 1990, 1 (4); *Lange*, DVBl. 1975, 130 (132); *Röhl/Ladenburger*, Präklusion, S. 49 f.; *Steinbeiß-Winkelmann*, DVBl. 1998, 809 (815): verfassungskonform nur, wenn Beeinträchtigungen durch entsprechende Verfahrensausgestaltung kompensiert werden; *Streinz*, VerwArch 79 (1988), 272 (296); *de Witt*, DVBl. 1980, 1006 (1007); *Wolfrum*, DÖV 1979, 497 (498 f.) zur geschichtlichen Entwicklung m.w.N.

275 BVerfGE 61, 82 (115 f.); BVerwGE 60, 297 (306); *Beckmann*, Verwaltungsgerichtlicher Rechtsschutz, S. 219; *Degenhart*, FS für Menger, S. 621 (627); *Milger*, Präklusion, S. 124; *Mutschler*, ET 1980, 164 (168); *Nierhaus*, Beweismaß, S. 322; *Röhl/Ladenburger*, Präklusion, S. 52; *Streinz*, VerwArch 79 (1988), 272 (296). Ausführlich dagegen *Metz*, Präklusion, S. 107.

276 *Erbguth*, Rechtssystematische Grundfragen, S. 265 f.; *Jarass*, BImSchG, § 10 Rdnr. 92; *Metz*, Präklusion, S. 57 ff.; *Philipp*, Präklusionsvorschriften, S. 52 f.; *de Witt*, 6. AtRS, S. 297 (301); *ders.*, DVBl. 1980, 1006 (1008); als Ausgleich für Eingriff in private Rechte: *Lange*, DVBl. 1975, 130 (132); *Streinz*, VerwArch 79 (1988), 272 (296); *de Witt*, S. DVBl. 1980, 1006 (1007); *Wolfrum*, DÖV 1979, 497 (498).

277 Potentiell Betroffenen stünde demnach selbst ohne materielle Präklusion ein Mitwirkungsrecht zu. Sie könnten Einwendungen im Zulassungsverfahren so detailliert oder pauschal erheben, wie sie gerade in der Lage wären. In einem sich eventuell anschließenden gerichtlichen Verfahren könnten sie weitere oder andere Befürchtungen als im Genehmigungsverfahren vortragen. Diese Möglichkeit wird durch die

dere Wohltat des Gesetzgebers bezeichnet werden,[278] die allein die Nachteile des Einwendungssausschlusses ausgleiche. Allein die Möglichkeit einer Öffentlichkeitsbeteiligung rechtfertigt daher nicht die Beeinträchtigung des Rechtsschutzes potentieller Betroffener. Abhängig von der Ausgestaltung der Mitwirkung im Genehmigungsverfahren kann aber der Rechtsschutz der Betroffenen so verstärkt werden, dass hierdurch ein ausgewogenes Verhältnis zu den Beschränkungen durch die materielle Präklusion entsteht.

cc) Die Entlastung der Verwaltung

Als weitere Rechtfertigung für die Beeinträchtigungen durch eine materielle Präklusion wird die Entlastung der Verwaltung angeführt.[279] Bei Massenverfahren bzw. „komplexen Verwaltungsentscheidungen“[280], wie sie im Immissionsschutz häufig vorliegen, kann die administrative Aufklärungskapazität an ihre Grenzen stoßen.[281] Hochkomplexe Sachverhalte sind zu ermitteln, unbestimmte Rechtsbegriffe auszufüllen, Prognosen und Wertungen anzustellen sowie die Belange einer Vielzahl betroffener Bürger und Aspekte des Umweltschutzes zu berücksichtigen. Die Sachverhaltsermittlung als zeit- und kostenintensiver, vor allem Finanz- und Personalkapazitäten bindender Vorgang[282] wird durch die materielle Präklusion erleichtert. Potentielle Betroffene beteiligen sich – „angeregt“ durch den drohenden Ausschluss ihres Klagerechts – verstärkt an der

---

materielle Präklusion eingeschränkt, vor allem, weil Einwendungen in einer Weise zu substantiieren sind, wie Widerspruchsführer bzw. Anfechtungskläger im Normalfall nicht verpflichtet sind (*Röhl/Ladenburger*, Präklusion, S. 50).

278 Deutlich *Röhl/Ladenburger*, Präklusion, S. 49 gegen BVerwG, NVwZ 1997, 489 (490), das von einem „Angebot an Beteiligung“ spricht, wobei die Verfassung nicht fordere, es „sanktionslos verstreichen lassen zu können.“ Anders *Milger*, Präklusion, S. 123: „Es geht nicht an, die Rechtsgewährung, …, als Wohltat anzunehmen, auf der anderen Seite die damit verbundene Last als verfassungswidrig zu bekämpfen.“ Dagegen *de Witt*, DVBl. 1980, 1006 (1008): Einwendungsrecht ist kein „Mehr an Rechtsschutz“.

279 So zumindest *Huber*, in: v. Mangoldt/Klein/Stark, GG, Bd. I, Art. 19 Abs. 4 Rdnr. 374; *Ibler*, in: Friauf/Höfling, Berliner Kommentar, Bd. 2, Art. 19 IV Rdnr. 340; *Schmidt-Aßmann*, in: Maunz/Dürig, GG, Bd. III, Art. 19 Abs. 4 Rdnr. 260; *Stober*, AöR 106 (1981), 41 (77). Kritisch *Beckmann*, Verwaltungsgerichtlicher Rechtsschutz, S. 218 f.; *Jacoby*, Beschleunigung, S. 88 f.

280 *Philipp*, Präklusionsvorschriften, S. 53; zu diesem Begriff *Steinberg*, DÖV 1982, 619 (619 f.).

281 *Oexle*, Präklusion, S. 83; *Thiel*, DÖV 2001, 814 (818).

282 Ähnlich *Philipp*, Präklusionsvorschriften, S. 54; *Oexle*, Präklusion, S. 78.

Sachverhaltsaufklärung.[283] Durch eine intensive Beteiligung potentiell Betroffener kann zudem verhindert werden, dass die behördliche Entscheidung gerichtlich aufgehoben wird, weil sie der Genehmigung entgegenstehende Aspekte übersehen hat, die von Einwendern bereits im Genehmigungsverfahren erkannt aber verschwiegen wurden.[284] Materielle Präklusionen können folglich in einem Verfahren mit schwacher gesetzlicher Determinierung und einer Vielzahl öffentlicher Interessen sowie polygonaler Verwaltungsrechtsverhältnisse zu einer kooperativen Sachverhaltsermittlung beitragen[285] und so die Gesetzmäßigkeit der Verwaltung fördern.[286]

dd) Weitere Rechtfertigungsgründe

Eine Rechtfertigung der materiellen Präklusion wird darüber hinaus aus dem Grundsatz der Gewaltenteilung,[287] der Beschleunigung und Konzentration

---

283 Getreu dem Motto: Nur wenn es weh tut, machen alle mit. In der Präklusion wird daher eine Sanktion gesehen, die den Bürger zur Sachverhaltsermittlung bewegen soll: BVerfGE 61, 82 (114); BVerwG NVwZ 1997, 489 (490); *Degenhart*, FS für Menger, S. 621 (628); *Lange*, DVBl. 1975, 132 ff.; *Milger*, Präklusion, S. 152 f.; *Oexle*, Präklusion, S. 118; *Philipp*, Präklusionsvorschriften, S. 101 f.; ausführlich zur Aktivierung des Bürgers zur kooperativen Sachverhaltsermittlung *Röhl/Ladenburger*, Präklusion, S. 22 ff.; *Stober*, AöR 106 (1981), 41 (54); *v. Danwitz*, UPR 1996, 323 (324); *Wolfrum*, DÖV 1979, 497 (501), bezweifelt einen Rückgang der Verfahrensbeteiligung bei Aufhebung der Präklusion. (Ebenso *Beckmann*, Verwaltungsgerichtlicher Rechtsschutz, S. 219); *Wilting*, Gestuftes Verfahren, S. 130 hält die Präklusion für unangemessen.

284 BVerwG NVwZ 1997, 489 (489); *Philipp*, Präklusionsvorschriften, S. 54; *Degenhart*, FS für Menger, S. 621 (623): Der auf administrativer Ebene gefundene Ausgleich relevanter Belange soll nicht dadurch nachträglich in Frage gestellt werden, dass auf gerichtlicher Ebene Einwendungen zugelassen werden, deren Berücksichtigung möglicherweise eine Modifizierung des Vorhabens und damit ein erneuter Interessensausgleich erforderlich machen würde.

285 *Philipp*, Präklusionsvorschriften, S. 53 m.w.N.; *Röhl/Ladenburger*, Präklusion, S. 52 f.; *Schmidt-Aßmann*, in: Maunz/Dürig, GG, Bd. III, Art. 19 Abs. 4 Rdnr. 260.

286 *Huber*, in: v. Mangoldt/Klein/Stark, GG, Bd. I, Art. 19 Abs. 4 Rdnr. 374; *Ibler*, in: Friauf/Höfling, Berliner Kommentar, Bd. 2, Art. 19 IV Rdnr. 340; *Stober*, AöR 106 (1981), 41 (77). Kritisch *Beckmann*, Verwaltungsgerichtlicher Rechtsschutz, S. 218 f.; ablehnend *Jacoby*, Beschleunigung, S. 88 f.

287 *Niedzwicki*, Präklusion, S. 199 ff:, *Oexle*, Präklusion, S. 82 ff.; *Röhl/Ladenburger*, Präklusion, S. 50 ff.

von Verfahren,[288] der Entlastung der Gerichte,[289] einem Vergleich mit der verfassungskonformen gesetzlichen Frist des § 70 VwGO[290] oder dem Sozialstaatsprinzip[291] hergeleitet. Da diese Rechtfertigungsansätze nicht unumstritten sind und keine weiteren Folgerungen auf die Verfahrensausgestaltung zulassen, wird auf eine weitere Auseinandersetzung mit ihnen verzichtet.

f) Bewertung

Zusammenfassend stellt sich die materielle Präklusion als ein gerechtfertigtes Institut dar – vor allem aus Gründen des Grundrechtsschutzes des Antragstellers. Um Art. 19 IV GG zu genügen, sind gewisse Grenzen zu beachten.[292] Sie betreffen die Erhebung von Einwendungen, ihre Beachtlichkeit trotz Verstreichen der Einwendungsfrist sowie eine Klagemöglichkeit, um feststellen zu lassen, ob die Umstände, aus denen der Einwendungsausschluss abgeleitet wurde, tatsächlich vorliegen.[293] Eine Präklusion wird nur dann als zulässig anzusehen sein, wenn ihre gesetzliche Grundlage hinreichend bestimmt vorgibt, dass und wann sie eintritt und wenn das Verfahren die Interessen betroffener Einwender hinreichend berücksichtigt.[294] Die nähere Ausgestaltung des Genehmigungsverfahrens hat

288 BVerfGE 61, 82 (114); BVerfG, NVwZ 1983, 27 (27); BVerwG, NVwZ 1997, 171 (172); NVwZ 1997, 489 (489 f.); *Nierhaus*, Beweismaß, S. 322 (ohne nähere Begründung); *Odenthal*, VerwArch 94 (2003), 222 (223); *Philipp*, Präklusionsvorschriften, S. 54 m.w.N.; *Schmidt-Aßmann*, in: Maunz/Dürig, GG, Bd. III, Art. 19 Abs. 4 Rdnr. 260. Ausführlich gegen diesen Ansatz *Metz*, Präklusion, S. 111 ff.; *Niedzwicki*, Präklusion, S. 186 ff. spricht aufgrund seiner Untersuchungen der materiellen Präklusion eine beschleunigende Wirkung ab; *Röhl/Ladenburger*, Präklusion, S. 54 f.; *Steinbeiß-Winkelmann*, DVBl. 1998, 809 (809, 816). Mangels Verfassungsrangs der Grundsätze Effektivität, Beschleunigung und Konzentration lehnen eine Rechtfertigung hieraus ab: *Papier*, NJW 1980, 313 (319); *Oexle*, Präklusion, S. 84 ff. m.w.N.; *Steinberg*, DÖV 1982, 619 (621); *Wolfrum*, DÖV 1979, 479 (501).

289 Dagegen *Jacoby*, Beschleunigung, S. 89; *Metz*, Präklusion, S. 119 f.

290 Gegen diesen Ansatz *Hett*, Öffentlichkeitsbeteiligung, S. 168; *Ipsen*, DVBl. 1980, 146 (152 f.) da diese Fristen den Rechtsschutz *nach* Erlass eines Hoheitsaktes, dagegen die materielle Präklusion den Rechtsschutz *vor* Erlass eines Hoheitsaktes betrifft; *Metz*, Präklusion, S. 115 f.; *Papier*, NJW 1980, 313 (318); *Solveen*, Präklusion, S. 77 f.; *Stober*, AöR 106 (1981) 41 (73); *Ule*, BB 1979, 1009 (1012); *Zuck*, DVBl. 1973, 646.

291 *Niedzwicki*, Präklusion, S. 197 ff.

292 Siehe oben B. II. 2. Grenzen der Präklusionswirkung S. 33 ff.

293 *Schmidt-Aßmann*, in: Maunz/Dürig, GG, Bd. III, Art. 19 Abs. 4 Rdnr. 261; ähnlich *Ibler*, in: Friauf/Höfling, Berliner Kommentar, Bd. II, Art. 19 IV Rdnr. 341 f.

294 *Ibler*, in: Friauf/Höfling, Berliner Kommentar, Bd. II, Art. 19 IV Rdnr. 341 m.w.N.

daher den Rechtsschutz in zumutbarer Weise zu ermöglichen, worauf im Folgenden und im 3. Kapitel näher einzugehen ist.

IV. Anforderungen aus der Präklusionswirkung an das Verfahren

Wie die verfassungsrechtliche Betrachtung aufzeigt, bedarf es für eine verfassungskonforme Präklusionswirkung bestimmter verfahrensrechtlicher Schritte. Um Betroffene mit ihrem Klagevorbringen gegen eine immissionsschutzrechtliche Genehmigung auszuschließen, weil sie im Genehmigungsverfahren Einwendungen nicht frist- und ordnungsgemäß in substantiierter Weise erhoben haben, hat das Verfahren gewissen Anforderungen zu genügen.

1. Hinweis auf ein zur Genehmigung anstehendes Vorhaben

a) Informationsbedürfnis

Die effektive Wahrnehmung eigener Rechte setzt die Kenntnis von einem zur Genehmigung anstehenden Vorhaben voraus. Erst wenn einer Person bekannt ist, dass sie möglicherweise beeinträchtigt wird, kann sie Einwendungen erheben. Diese Erkenntnis versetzt sie in die Lage, ihre Rechte geltend zu machen und eine spätere Klageoption zu erhalten. Die Präklusionswirkung erfordert daher einen Hinweis zumindest der potentiell Betroffenen auf das anstehende Vorhaben.[295]

b) Individueller oder öffentlicher Hinweis

Die konkrete Ausgestaltung der Information muss zudem die Möglichkeit der Kenntnisnahme gewährleisten. In Betracht kommt eine individuelle oder öffentliche Bekanntmachung. Bei einer individuellen Bekanntmachung wird jeder Betroffene gesondert über das anstehende Vorhaben durch die Behörde informiert. Dies gewährleistet eine sichere Kenntnisnahme. § 10 III 1 BImSchG sieht jedoch eine öffentliche Bekanntmachung vor. Mögliche Betroffene werden ganz allgemein im amtlichen Veröffentlichungsblatt, den örtlichen Tageszeitungen oder im

295 *Holznagel/Nagel*, DVBl. 2010, 669 (671); *Kaltenborn*, Streitvermeidung und Streitbeilegung, S. 238; *Kloepfer*, UPR 2005, 41 (43). Nach *Burmeister*, UTR 1988, 121 (145 f., 144) genießt die Bekanntmachung faktisch „absoluten" Grundrechtsschutz, da theoretisch kaum eine andere Verfahrensmöglichkeit vorstellbar sei und sie die „due-process" Garantie verwirkliche.

Internet auf das Vorhaben hingewiesen.[296] Die Wahrscheinlichkeit, dass Betroffene von dem geplanten Vorhaben keine Kenntnis erlangen, ist daher bei einer öffentlichen Bekanntmachung ungleich höher.[297] *Blümel*[298] fordert aus diesem Grund eine individuelle Bekanntmachung. Wegen des Ausschlusses bestehender Abwehrrechte für das gerichtliche Verfahren sei eine individuelle Information Voraussetzung für die Verfassungsmäßigkeit der materiellen Präklusion. Aus Gründen der Rechtsstaatlichkeit und des gerichtlichen Rechtsschutzes seien zumindest die Präklusions"bedrohten" individuell zu informieren. Eine öffentliche Bekanntmachung genüge nur für Einwender, die nicht potentiell klagebefugt seien, potentielle Klagebefugte seien individuell zu benachrichtigen.[299]

Eine Unterscheidung zwischen potentiellen Klagebefugten und sonstigen Einwendern erscheint wünschenswert. Sie wäre aber mit enormen Verwaltungsaufwand verbunden.[300] Zumindest für die üblichen Massenverfahren wird daher

---

296 Ausführlich im 3. Kapitel C. Öffentliche Bekanntmachung S. 160 ff.

297 *Kopp/Ramsauer*, VwVfG, § 41 Rdnr. 46; *Tabbara*, SGb 2008, 211 (212). Rechtsstaatliche Bedenken gegen eine öffentliche Bekanntmachung bei *Papier*, NJW 1980, 313 (320 f.); *Ule*, BB 1979, 1009 (1012); *Wolfrum*, DÖV 1979, 497 (500 f.). Zur unterschiedlichen Eignung der verschiedenen Verbreitungsmedien insbes. 3. Kapitel C. II. 1. b) bb) Eignung digitaler Publikationen S. 170 ff. sowie d) Wahl des Bekanntmachungsmediums S. 173 ff.

298 *Blümel*, FS für Weber, S. 539 (560 f.).

299 *Blümel*, FS für Weber, S. 539 (560 f.) nimmt an, dass die Behörden mit den Abgrenzungsschwierigkeiten, die eine Unterscheidung in potentiell klagebefugte und nicht klagebefugte Einwender verursacht, ebenso fertig werden, wie die Verwaltungsgerichte in der Vergangenheit bei der Prüfung der Klagebefugnis (Fn 122). Gegen eine vergleichbare Aufspaltung im Planfeststellungsrecht in – leichter ermittelbare – betroffene Grundstückseigentümer und „übrige" Betroffene BVerfG, NJW 1985, 729 (729).

300 Anders als etwa bei der Klagebefugnis, die für einen überschaubaren Personenkreis (Kläger) aufgrund individuellen Vortrags zu bestimmen ist, hätte die Behörde abstrakt den Kreis möglicher Betroffener und deren Anschriften zu ermitteln sowie eine individuelle Zusendung zu veranlassen. Eine Bestimmung des Einwirkungsbereiches ist für die öffentliche Bekanntmachung zwar ohnehin veranlasst und eine Postwurfsendung an alle im Einwirkungsbereich gelegenen Haushalte denkbar. Daneben wäre zusätzlich die äußerst aufwändige Ermittlung der nicht ortsansässigen Personen erforderlich, die sich im Einwirkungsbereich dauerhaft aufhalten und daher (klagebefugte) Nachbarn i.S.d. § 3 BImSchG sind. Die Erfassung aller Betroffenen ist enorm wichtig, da sie mit ihren Einwendungen nicht präkludiert werden, wenn ihnen das Vorhaben nicht bekannt gemacht wurde (II. 2. a) Fehlende Kenntnis vom Vorhaben, S. 33 f.).

eine individuelle Benachrichtigung aller potentiell Betroffenen als unmöglich und aus tatsächlichen Gründen undurchführbar bewertet.[301]

Ein Grund ist darin zu sehen, dass der Kreis der möglicherweise betroffenen Personen nur schwer zu bestimmen ist. Sollten daher Betroffene nicht informiert werden, könnten diese ohne eine Einschränkung durch die Präklusion klagen.[302] Die Ermittlung der potentiell Betroffenen sowie das Risiko einer nichterfolgten Kenntnisnahme gingen zu Lasten des Antragstellers. In Massenverfahren erfolgt deshalb die Bekanntmachung öffentlich – ähnlich einer Gesetzespublikation[303].

Die dadurch entstehende Härte für den Einzelnen wird faktisch dadurch gemildert, dass häufig über genehmigungspflichtige Vorhaben in der örtlichen Presse berichtet wird. Sollte die Bekanntmachung übersehen worden sein, würde daher zumindest die Berichterstattung informieren.[304] Es darf allerdings nicht darauf vertraut werden, dass die Presse (vollständig und fehlerfrei) berichtet.[305] Für die rechtzeitige Einwendungserhebung ist allein die behördlich veranlasste Bekanntmachung relevant. Nimmt hiervon der potentiell Betroffene keine Kenntnis und erhebt daher keine Einwendungen, besteht bei unverschuldeter Fristversäumnis die Möglichkeit der Wiedereinsetzung in den vorigen Stand.[306] Seine individuelle Kenntniserlangung ist hierfür jedoch nicht relevant.[307]

---

301 *Huber*, AöR 114 (1989), 252 (274); *Oexle*, Präklusion, S. 112; *Papier*, NJW 1980, 313 (321): individuelle Benachrichtigung sei „aus tatsächlichen Gründen undurchführbar"; *Schmel*, Massenverfahren, S. 134; *Solveen*, DVBl. 1997, 803 (806); *Streinz*, VerwArch 79 (1988), 272 (299 f.) unter Hinweis auf den Grundsatz „Ultra posse nemo obligatur" und den erheblichen Schwierigkeiten, die die Gerichte bei der Bestimmung der Klagebefugten haben. Im Vergleich dazu wäre die individuelle Bestimmung des Bekanntmachungskreise deutlich schwieriger und in kürzerer Zeit zu bewältigen, denn § 10 VIa BImSchG sieht für die gesamte Verfahrensdurchführung inklusive Bekanntmachung eine Dauer von 7 Monaten vor.

302 2. Kapitel B II. 2. a) Fehlende Kenntnis vom Vorhaben S. 33.

303 Zum Verlauf der Gesetzespublikation *Holzborn*, Gesetzespublikation, S. 5 ff, insbes. 149, passim.

304 In ähnlicher Richtung vorsichtig *Hett*, Öffentlichkeitsbeteiligung, S. 28; *Metz*, Präklusion, S. 138; *Streinz*, VerwArch 79 (1988), 272 (300); *Wilting*, Gestuftes Genehmigungsverfahren, S. 73.

305 Hierauf weist eindringlich BVerfG NVwZ 2000, 546 (547) hin.

306 *Metz*, Präklusion, S. 138 sowie II. 2. d) Schuldloses Versäumen der Einwendungsfrist S. 36.

307 Für eine unverschuldete Fristversäumung genügt es daher nicht, wenn allein die Zustellung des Druckerzeugnisses, in dem das Vorhaben bekannt gemacht wurde, nicht erfolgte (BVerwG v. 11.02.2000 – 4 VRF 17/99 – (juris Rdnr. 23, 33 ff.)).

Nach Abwägung der Unsicherheiten für potentielle Betroffene mit dem erheblichen Verwaltungsmehraufwand und der erhöhten Rechtsunsicherheit für den Antragsteller in Massenverfahren erscheint eine öffentliche Bekanntmachung verhältnismäßig. Die Ersetzung einer individuellen durch eine öffentliche Bekanntmachung ist folglich verfassungskonform.[308] Bei ihrer konkreten Ausgestaltung – hinsichtlich Bekanntmachungsmedium, Verbreitungsort und Inhalt – ist allerdings darauf zu achten, dass jeder, der durch das Vorhaben in seinen Rechten verletzt werden könnte, tatsächlich Kenntnis erlangen kann.[309]

Aus dem Europarecht ergibt sich nichts anderes. Art. 6 II der Aarhus-Konvention sieht explizit die öffentliche als eine mögliche Bekanntmachungsform vor.

2. *Information zum Vorhaben und seinen Auswirkungen*

Bereits die Kenntnis von der Planung eines bestimmten Vorhabens ermöglicht, sich um die Wahrung eigener Rechte zu bemühen. Mögliche Rechtsverletzungen können eruiert, Bedenken der Behörde vorgetragen werden. Dieser Vortrag wird allerdings nur allgemeiner Art sein, wenn lediglich die Informationen der öffentlichen Bekanntmachung zur Verfügung stehen. Neben einer knappen Darstellung des Verfahrensablaufs enthält diese üblicherweise nur wenige Angaben zum Antragsteller, der beantragten behördlichen Entscheidung, dem Standort der Anlage, Art und Umfang sowie den Zeitpunkt der Inbetriebnahme.[310] Für eine qualifizierte Auseinandersetzung und eine effektive Mitwirkung

---

308 *Hellmann*, Öffentlichkeitsbeteiligung, S. 351; *Henle*, BayVBl. 1981, 1 (11) (Fn 105); *Hett*, Öffentlichkeitsbeteiligung S. 28; *Huber*, AöR 114 (1989), 252 (247); *Jarass*, BImSchG, § 10 Rdnr. 60; *Kügel*, Planfeststellungsbeschluss, S. 101 ff.; *Metz*, Präklusion, S. 138; *Oexle*, Präklusion, S. 112 ff.; *Schmidt-Aßmann*, VVDStRL 34 (1976), 221, 249 Anm. 95; *Solveen*, DVBl. 1997, 803 (805); *Streinz*, VerwArch 79 (1988), 272 (299 f.). Zum vergleichbaren § 3 BauGB: OVG Hamburg NVwZ-RR 2001, 83 (83 f.); § 73 V 1 VwVfG: BVerwG, NVwZ 1998, 847 (848).

309 *Jarass*, BImSchG, § 10 Rdnr. 60; *Huber*, AöR 114 (1989), 252 (247). Näher im 3. Kapitel unter C. Öffentliche Bekanntmachung S. 160 ff.

310 §§ 9, 3 der 9. BImSchV. Ein Beispiel öffentlicher Bekanntmachung des RP Karlsruhe im Internet (http://www.rp-karlsruhe.de/servlet/PB/menu/1202510/index.html) vom 10.02.2012: „Die Firma Lebosol Dünger GmbH mit Hauptsitz in 67471 Elmstein beabsichtigt, im Industriepark Weinheim in 69469 Weinheim, Höhnerweg 2–4, Flst.-Nr. 5029, im bestehenden Gebäude 191 eine Anlage zur Herstellung von Flüssigdünger im Umfang von max. 1,8 Mio. Liter/Jahr zu errichten und zu betreiben. Nach der Erteilung der Genehmigung soll mit der Realisierung des Vorhabens begonnen werden. Für die Anlage beantragt die genannte Firma die Genehmigung nach § 4 des Bundes-Immissionsschutzgesetzes (BImSchG) i.V.m. §§ 1 und 2 der

am Genehmigungsprozess sind detailliertere Informationen, insbesondere zu den erwarteten Auswirkungen, erforderlich. Nur so können zur Unterstützung der behördlichen Sachverhaltsermittlung substantiierte Einwendungen erhoben werden. Soll der Rechtsschutz bei nicht substantiiertem Vortrag ausgeschlossen sein, muss daher potentiell Betroffenen eine möglichst breite Datengrundlage zur Verfügung gestellt werden. Ohne ausführliche Informationen zu Umfang und Auswirkungen des Projekts wäre eine umfassende Einwendungserhebung nur schwer zumutbar.[311] Eigene Erhebungen zu möglichen Auswirkungen stellen ein kaum zu bewerkstelligendes Unterfangen dar. Andererseits verliert die materielle Präklusion an Bedeutung, wenn die Anforderungen an den Inhalt der Einwendungen zu stark herabgesetzt sind.

Eine breite Information möglicher Drittbetroffener ist daher wegen der materiellen Präklusion geboten. Diese ist schwer über eine Mitveröffentlichung in der Bekanntmachung zu vermitteln.[312] Geeigneter erscheinen Akteneinsicht bzw. Auslegung. Die materielle Präklusion erfordert folglich zumindest für potentielle Klagebefugte Informationen zu den erwarteten Auswirkungen des Vorhabens.[313]

Für eine solche Information ist eine entsprechende Einsichtnahme (Inhalt und Umfang der Unterlagen sowie die Regelung der konkreten Einsicht) so auszugestalten, dass sich interessierte Personen tatsächlich informieren und sich von ihrer möglichen Rechtsbetroffenheit selbst überzeugen können. Die Möglichkeit zur Einsichtnahme muss zudem effektiv nutzbar sein.[314]

Die Präklusionswirkung erfordert folglich die Möglichkeit für potentiell Betroffene, sich durch weitere Informationen über mögliche Auswirkungen der geplanten Anlage zu informieren. Dies kann durch eine Auslegung erfolgen, deren konkrete Ausgestaltung den Rechtsschutz der Betroffenen nicht unzumutbar erschwert.

Vierten Verordnung zur Durchführung des BImSchG und der Nr. 4.1q) Spalte 1 des Anhangs zu dieser Verordnung. Das Regierungspräsidium Karlsruhe führt ein förmliches Genehmigungsverfahren (§ 10 BImSchG) durch.“ [Es folgen ausführliche Hinweise zum Ablauf des Genehmigungsverfahrens.]

311 Dazu im 2. Kapitel B. II. 2. a) Fehlende Kenntnis vom Vorhaben S. 33 sowie im 3. Kapitel E. II. 3. b) Notwendiger Inhalt S. 224 ff.

312 Dies gilt zumindest für Bekanntmachungen in papierener Form. Zu Überlegungen der Internetveröffentlichung Nachweise Fn 887 S. 216.

313 In gleiche Richtung *Streinz*, VerwArch 79 (1988), 272 (309). Eine Information der Bürger durch öffentliche Auslegung bezeichnen als Mindeststandard *Holznagel/Nagel*, DVBl. 2010, 669 (671); *Kaltenborn*, Streitvermeidung und Streitbeilegung, S. 238.

314 Dazu im 3. Kapitel D. II. Umfang und Modalitäten der Einsichtnahme S. 187 ff.

3. *Aufforderung zur Mitwirkung*

Weiterhin muss den möglicherweise Betroffenen bekannt sein, dass sie sich bereits im Genehmigungsverfahren mit der geplanten Anlage auseinander setzen und Einwendungen erheben müssen, um sich im Falle einer Genehmigungserteilung gegen diese gerichtlich zur Wehr setzen zu können. Aufgrund der Präklusion weicht der Gang zu Gericht vom sonst üblichen Verfahren ab: Bedenken sind bereits *im* Genehmigungsverfahren selbst – gleichsam gegen die Planung und nicht erst gegen die behördliche Entscheidung – vorzutragen. Die ansonsten klare Trennung zwischen Verwaltungs- und gerichtlichem Verfahren wird so verwischt. Da materielle Präklusionen trotz einer Zunahme in anderen Fachgesetzen[315] im Alltag der Bürger die Ausnahme und nicht die Regel darstellen, kann von ihnen eine Kenntnis dieser Besonderheit nicht erwartet werden. Die Rechtswegbeschränkung ist den potentiell Betroffenen daher nur dann zumutbar, wenn sie über den erschwerten Zugang zu Gericht und seine Folgen informiert werden.[316] Neben der Information darüber, *dass* Einwendungen zu erheben sind, ist ebenso auf die Modalitäten ihrer Erhebung hinzuweisen, denn potentiell Betroffene können ihre Rechte erst wahrnehmen, wenn ihnen bekannt ist, bei welcher Behörde, innerhalb welcher Frist und Form, die Bedenken vorzutragen sind.[317]

Im immissionsschutzrechtlichen Genehmigungsverfahren ist daher ein Hinweis der Betroffenen auf die materielle Präklusion erforderlich.[318]

4. *Möglichkeit rechtswahrenden Vortrags durch Drittbetroffene*

Sollen Vorhabensbetroffene mit ihrem klägerischen Vorbringen präkludiert werden, wenn und soweit sie nicht bereits im Genehmigungsverfahren Einwände erhoben haben, muss ihnen die hinreichende Möglichkeit zu einem solchen Vortrag eröffnet sein. Die Präklusionswirkung erfordert folglich die Möglichkeit eines rechtewahrenden Vortrags.[319] Dessen Ausgestaltung – insbesondere die Anforderungen an seinen Inhalt und die zur Verfügung stehende Einwendungszeit – sind

315 Dazu bereits oben B. I. Formen der Präklusion Fn 106 S. 25.

316 2. Kapitel B. II. 2. a) Fehlende Kenntnis vom Vorhaben S. 33.

317 Dazu im 3. Kapitel C. II. 2. Bekanntmachungsinhalt S. 179 ff.

318 Ausführlicher im 3. Kapitel C. II. 2. Bekanntmachungsinhalt S. 179 ff.

319 Die Möglichkeit, Stellung zu nehmen, bewerten als Mindeststandard *Holznagel/Nagel*, DVBl. 2010, 669 (671); *Kaltenborn*, Streitvermeidung und Streitbeilegung, S. 238; ebenso zu Art. 103 I GG: *Pieroth*, Jarass/Pieroth, GG, Art. 103 Rdnr. 19. Siehe dazu bereits im 2. Kapitel B. II. 2. Grenzen der Präklusionswirkung S. 33 ff.

so zu wählen, dass sie den Rechtsschutz potentieller Drittbetroffener nicht unzumutbar beschränken.[320]

5. *Mündliche Erörterung*

Aufgrund der Präklusionswirkung können Einwendungen, die nicht rechtzeitig und substantiiert vorgetragen wurden, dem Vorhaben im gerichtlichen Verfahren nicht wirksam entgegengehalten werden. Ein Erörterungstermin – wie ihn § 10 VI BImSchG vorsieht – scheint für diese Genehmigungswirkung nicht relevant zu sein. Zumeist ist eine Teilnahme an ihm keine Voraussetzung für eine spätere Klage.[321] Nach überwiegender Ansicht ist er daher verfassungsrechtlich nicht geboten.[322] In einem solchen Termin können aber Einwendungen präzisiert oder für erledigt erklärt werden,[323] so dass er sich auf den Umfang der Einwendungen und damit auf den Umfang des im gerichtlichen Verfahren zulässigen Vortrags auswirken kann. Als mündliche Anhörung oder Verhandlung könnte er daher notwendiger Bestandteil des vorgelagerten gerichtlichen Verfahrens und für den Ausgleich präklusionsbedingter Beeinträchtigungen erforderlich sein.

a) Grundsatz rechtlichen Gehörs

Unmittelbar aus dem Grundsatz rechtlichen Gehörs lässt sich ein Anspruch auf *mündliche* Erörterung nicht entnehmen. Für das allgemeine Verwaltungsverfahren ist anerkannt, dass der Anspruch auf rechtliches Gehör (§ 28 VwVfG) eine mündliche Anhörung grundsätzlich nicht erfordert und sich auch nicht aus der

320 Eingehend dazu im 3. Kapitel *E.* Einwendungserhebung S. 217 ff.

321 Näher hierzu im 3. Kapitel F II. 2. b) aa) Erörterungsberechtigte S. 274 f. Fn 1151.

322 *Cancik*, DÖV 2007, 107 (110) und *Guckelberger*, DÖV 2006, 97 (103 f.) betonen die Bedeutung des Erörterungstermins und einer nötigenfalls verfassungskonformen Handhabung der übrigen Verfahrensvorschriften (allerdings ohne dies näher darzulegen); *Hellmann*, Öffentlichkeitsbeteiligung, S. 357; *Holznagel/Nagel*, DVBl. 2010, 669 (671); *Lecheler*, DVBl. 2005, 1533 (1538). A.A. *Blümel*, Frühzeitige Bürgerbeteiligung, S. 39, der offen lässt, woraus sich ein verfassungsrechtliches Gebot ergeben soll. Das BVerfG lässt diese Frage in seiner Mühlheim-Kärlich-Entscheidung (BVerfGE 53, 30 (61)) offen.

323 OVG Koblenz v. 12.02.2009 – 1 A 10722/08 – (zum LWG); *Deppen*, Beteiligungsrechte, S. 167; *Czajka*, Feldhaus, § 14 der 9. BImSchV Rdnr. 3, 6; *Dietlein*, L/R, § 10 Rdnr. 134; *Hoppe/Beckmann/Kauch*, Umweltrecht, § 21 Rdnr. 105; *Jarass*, BImSchG, § 10 Rdnr. 97 mit Hinweis darauf, dass davon §§ 14 I 2 und 18 V 3 der 9. BImSchV ausgehen; *Stober*, AöR 106 (1981), 41 (76). Gleiches gilt für das gesamte Verfahren, soweit der ergänzende Sachvortrag Verbindungen mit bereits erhobenen Einwendungen hat (*Henle*, BayVBl. 1981, 1 (5)).

Verfassung herleiten lässt.[324] Das Genehmigungsverfahren stellt jedoch nicht nur ein Verwaltungsverfahren dar, sondern dient wegen der Präklusionswirkung dem vorverlagerten bzw. vorgezogenen Rechtsschutz.[325] Wäre daher das Genehmigungsverfahren dem gerichtlichen Rechtsschutz vergleichbar, könnte sich der Einwender für eine mündliche Erörterung auf die Gewährung rechtlichen Gehörs aus Art. 103 GG berufen. Dieser gewährt jedoch anerkanntermaßen ebenfalls keinen Anspruch auf mündliche Verhandlung.[326]

b) Kompensation der Präklusionswirkung

Aus der materiellen Präklusion ergeben sich gewisse Anforderungen und Beeinträchtigungen für Drittbetroffene. Ohne eine mündliche Erörterung könnte dies zu einer unzumutbaren Beeinträchtigung ihres effektiven Rechtsschutzes führen. Neben der Möglichkeit zur schriftlichen Einwendungserhebung könnte eine mündliche Anhörung als Kompensation der Präklusionswirkung erforderlich sein.[327]

aa) Vorverlagerung des verwaltungsgerichtlichen Verfahrens

Wegen der rechtswegbeschränkenden Wirkung der Präklusion entfaltet Art. 19 IV GG Vorwirkungen auf das Verwaltungsverfahren.[328] Es könnten daher die gleichen Grundsätze gelten wie für das Gerichtsverfahren. In einem verwaltungsgerichtlichen Verfahren entscheidet das Gericht über die Rechtmäßigkeit einer immissionschutzrechtlichen Genehmigung gemäß § 101 VwGO in mündlicher

---

324 *Clausen*, in Knack, VwVfG, § 28 Rdnr. 13; *Kopp/Ramsauer*, VwVfG, § 28 Rdnr. 40.

325 Nach BVerfGE 61, 82 (110) entfaltet der gerichtliche Rechtsschutz Vorwirkungen auf die Ausgestaltung des vorgelagerten Verwaltungsverfahrens.

326 BVerfGE 5, 9 (11); 6, 19 (20); 15, 249 (256); 15, 303 (307); 21, 73 (77); 25, 352 (357); NJW 1987, 2219 (2220); BVerwGE 20, 160 (166); *Jarass/Pieroth*, GG, Art. 103 Rdnr. 19; *Kopp/Schenke*, VwGO, § 101 Rdnr. 2; *Krasney*, NVwZ 1986, 337 (341); *Streinz*, VerwArch 79 (1988), 272 (310). Strukturierungsgebote, *wie* eine Sachverhaltsermittlung (mündlich/schriftlich) zu erfolgen hat, lassen sich dem Rechtsstaatsprinzip grundsätzlich nicht entnehmen (*Cancik*, DÖV 2007, 107 (110); *Hett*, Öffentlichkeitsbeteiligung, S. 192 f., 196 ff., insbes. 198).

327 *Guckelberger*, DÖV 2006, 97 (103 f.); *Kopp/Ramsauer*, VwVfG, § 28 Rdnr. 40; *Krasney*, NVwZ 1986, 337 (341); *Nolte*, v. Mangoldt/Klein/Starck, GG, Bd. 3, Art. 103 Rdnr. 45; *Schulze-Fielitz*, Dreier, GG, Bd. III, Art. 20 Rdnr. 49; *Streinz*, VerwArch 79 (1988), 272 (310). Zu anerkannten Konstellationen *Kopp/Ramsauer*, VwVfG, § 28 Rdnr. 40 f.

328 BVerfGE 61, 82 (110): Vorwirkungen; BVerwGE 60, 297 (304, 306): vorverlagerter bzw. vorgezogener Rechtsschutz; *Jacoby*, Beschleunigung, S. 19 m.w.N.: „vorverlegt".

Verhandlung. Hierauf hat ein klagender Einwender einen (einfachgesetzlichen) Anspruch. Ein Verstoß hiergegen bedeutet – auch wenn eine mündliche Verhandlung verfassungsrechtlich nicht geboten ist – eine Verletzung des Art. 103 I GG.[329] Ein Erörterungstermin wäre daher dann zwingend durchzuführen, wenn das Genehmigungsverfahren wegen der Präklusionswirkung wie das verwaltungsgerichtliche Verfahren auszugestalten wäre. Eine solche völlige Vorverlagerung des gerichtlichen Rechtsschutzes kann jedoch mit dem Sasbach-Beschluss des BVerfG nicht angenommen werden.[330] Allein wegen der Vorwirkung des Art. 19 IV GG auf das Verwaltungsverfahren ist daher eine mündliche Anhörung etwa in Form eines Erörterungstermins nicht erforderlich.

bb) Regulativ für Veränderungen im Genehmigungsverfahren

Durch den Erörterungstermin könnten Dritte auf Veränderungen nach Auslegungsbeginn reagieren.

Erfolgt *nach* der Auslegung eine Vorhabensänderung – etwa aufgrund eingehender Einwendungen oder behördlicher Stellungnahmen[331] –, erlangen Drittbetroffene hiervon nur teilweise Kenntnis.[332] Gleiches gilt für Ergänzungen der Genehmigungsunterlagen. Der Erörterungstermin vermag hier auszugleichen und eine Information über nachträgliche Änderungen sicherzustellen, vorausgesetzt, die Modifikationen ergeben sich *bevor* er stattfindet. Andererseits besteht keine Pflicht zur Teilnahme an einem solchen Termin.[333] Einwendern darf es daher nicht zum Nachteil gereichen, wenn sie – etwa wegen der Wahl des Tages oder der Uhrzeit – fehlen.

Ein Erörterungstermin als Regulativ möglicher Veränderungen im Genehmigungsverfahren ist demnach denkbar, jedoch nicht zwingend.

---

329 *Kopp/Schenke*, VwGO, § 101, Rdnr. 2.

330 Ausführlich zur Bedeutung der Vorverlagerung *Burmeister*, UTR 1988, 121 (149 f.).

331 Erfolgt der Nachtrag, um den Einwendungen und Stellungnahmen Rechnung zu tragen, ist dies gewollt. Beruhen etwa Beeinträchtigungen auf besonderen Dispositionen des Einwenders, kann der Antragsteller hiervon üblicherweise erst aufgrund der Einwendungen erfahren und reagieren.

332 Siehe dazu ausführlich im 3. Kapitel D II. 1. d) Nach Auslegungsbeginn eingehende Unterlagen S. 197 ff.

333 Nachweise in Fn 1150 S. 275.

cc) Verbesserung von Information und Rechtsschutz

(1) Präzisierung erhobener Einwendungen

Aufgrund der Präklusion haben Drittbetroffene in knapp bemessener Zeit zu umfangreichen komplexen Sachverhalten Einwendungen zu erheben. In einem Erörterungstermin können Einwender ihre aus diesen Gründen u.U. knapp ausgefallenen Einwendungen vertiefen und konkretisieren.[334] Es könnten so zwar keine neuen Einwendungen präklusionshindernd erhoben, aber eingereichte präzisiert werden. Dies hätte einen positiven Effekt für die Informations- und Sachverhaltsermittlung der Behörde. Zudem ist der Detaillierungsgrad der Einwendungen für die Prüftiefe der Behörde relevant:[335] Wer ein Rechtsgut nur pauschal benennt, kann auch nur eine ebenso pauschale Prüfung erwarten.[336] Können Einwender daher in einem Erörterungstermin ihre erhobenen Einwendungen ausführen und präzisieren, verbessert dies nicht nur die Information der Behörde sondern auch ihren Rechtsschutz.[337]

(2) Umfassende Sachverhaltsaufbereitung

Zu einer verbesserten Sachverhaltsklärung mag der Erörterungstermin beitragen, wenn im mündlichen Diskurs zwischen Antragsteller und Einwendern der Sachverhalt aufbereitet wird.[338]

Betroffenen kann es insbesondere bei einem hochtechnischen Projekt mit vielschichtigen Auswirkungen schwer fallen, ohne fachkundigen Rat und in knappem zeitlichem Rahmen Bedenken schriftlich zu artikulieren und zu konkretisieren. Gerade wenn Personen in ihrer Ausdrucksform ungewandt sind,

334 Nachweise dazu in Fn 324 S. 77.

335 Die Behörde hat diesen Vortrag in ihre Entscheidung einzubeziehen (Nachweise in Fn 104).

336 BVerwGE 60, 297 (311).

337 In der Praxis wird als ein Vorteil des mündlichen Diskurs u.a. gesehen, dass er es ermöglicht, den Kern der Einwendungen so zu erfassen, dass sich der Einwender bei der abschließenden Bescheidung mit seinen Bedenken wiederfindet und ernst genommen fühlt.

338 *Berg*, DV 11 (1976), 161 (163): Das Schauspiel kontroverser Sachdarstellung durch die Parteien – wie im gerichtlichen Verfahren üblich – ist eine wichtige Hilfe zur Sachverhaltsermittlung. Mündlichkeit führt zu einer besseren und gründlicheren Aufklärung des Sachverhalts sowie zur Beseitigung von Missverständnissen durch Rede und Gegenrede (*Becker*, Verwaltungsverfahren, S. 45).

lassen sich die tatsächlichen Bedenken mündlich meist effektiver klären.[339] Die Gefahr falsch verstanden worden zu sein, kann so am ehesten festgestellt und behoben werden. Ein Erörterungstermin kann daher sicherstellen, dass der laienhafte Vortrag von der Behörde so verstanden wird, wie er tatsächlich gemeint war.[340] Der mündliche Diskurs ist daher die geeignete Form, um Behörde und Einwendern zur Kontrolle sowie zur Vermeidung und Aufklärung von – in der Praxis gar nicht so seltenen[341] – Missverständnissen zu dienen.

Ebenso lassen sich Unsicherheiten über die zu erwartenden Auswirkungen in einem mündlichen Diskurs mit Behörde und Antragsteller am ehesten klären. Dafür besteht auf Seiten der Drittbetroffenen ein Bedürfnis, denn sie haben ihre Einwendungen zu einem Zeitpunkt zu erheben, zu dem das Vorhaben lediglich auf dem Papier existiert, Umfang und Auswirkungen noch imaginär und vage sind. Vieles mag Einwendern unsicher und unklar erscheinen. Hier vermag ein Rechtsgespräch – wie sie insbesondere gerichtliche Verfahren oder im Genehmigungsverfahren die Antragsberatung für den Antragsteller vorsehen – Klarheit verschaffen. Betroffene haben in der Regel keinen direkten Kontakt mit der Behörde, so dass ihnen zur Klärung von Unsicherheiten regelmäßig allein der Erörterungstermin verbleibt. In diesem Termin können sie ihre Einwendungen präzisieren und zurück nehmen, was ebenfalls einer umfassenden Sachverhaltsaufbereitung zu Gute kommt.

Eine Erörterung kann demnach das Für und Wider offen legen, den gesamten Sachverhalt aufdecken sowie Unklarheiten und Missverständnisse beseitigen.

(3) Vermeidung überraschender Entscheidung

Schließlich erfahren Betroffene im Erörterungstermin zum ersten Mal die Einschätzung der Behörde bezüglich des Vorhabens und der vorgetragenen Einwendungen. Während der Antragsteller u.U. in Vorgesprächen und jedenfalls durch die Einwendungen eine erste Rückmeldung zur Durchführbarkeit seines Vorhabens erhält, verbleibt den Einwendern allein der Erörterungstermin, um sich von der Tragfähigkeit ihrer Einwendungen zu überzeugen. Durch eine behördliche

339 *Berg*, DV 11 (1976), 161 (176). *Ule/Laubinger*, Gutachten B, S. 56 für einen Ausgleich einander widerstreitender Interessen sei die mündliche Form besser geeignet. *Pitschas*, Mediation, S. 89 (102) spricht dem Erörterungstermin ein mediatives Element zu.

340 *Berg*, DV 11 (1976), 161 (176). In der Praxis erfolgt zu einem nicht unerheblichen Teil die Ermittung des komplexen Sachverhaltes im Erörterunsgtermin (*Jacoby*, Beschleunigung, S. 78).

341 Die Untersuchung von *Harder*, Genehmigungsverfahren, S. 13 ergab, dass immerhin in 1/3 der Fälle Einwendungen auf Missverständnissen beruhten.

Stellungnahme zu den Einwendungen und ihre Einschätzung der Genehmigungsfähigkeit im Erörterungstermin kann eine überraschende Entscheidung verhindert werden. Ohne Erörterungstermin würden Drittbetroffene dagegen erst im Genehmigungsbescheid – der ihnen weder individuell zugestellt noch mit einer gesonderten Begründung der Ablehnung ihrer Einwendungen versehen zu werden braucht[342] – erfahren, wie die Behörde ihren Vortrag bewertet. Der Erörterungstermin bietet folglich Gelegenheit, die Stichhaltigkeit erhobener Einwäende zu überprüfen und überraschende Entscheidungen zu vermeiden.

c) Zwischenergebnis: Kompensationsfunktion des Erörterungstermins

Eine mündliche Erörterung kann folglich in vielfältiger Weise die Schwierigkeiten kompensieren, die darauf beruhen, dass in kurzer Zeit zumeist ohne Sachkunde Einwendungen zu einem überwiegend hochkomplexen und hochtechnischen Vorhaben zu erheben sind. Auf Seiten der Betroffenen besteht daher ein nicht zu unterschätzendes Bedürfnis nach mündlichem Austausch. Wird dem vergleichbaren Bedürfnis des Antragstellers mit der Antragsberatung Rechnung getragen, entspricht es der Waffengleichheit und dem Fairnessgebot, den Betroffenen ebenfalls eine Möglichkeit hierzu einzuräumen. Da es sich bei immissionsschutzrechtlichen Verfahren oft um Massenverfahren handelt, eignet sich ein Termin für alle Betroffene statt verschiedener Einzeltermine. Hierdurch wird vermieden, dass interessierte Einwender zur Klärung von Unsicherheiten und Unklarheiten jeweils das informelle Gespräch mit der Behörde suchen.

Im immissionsschutzrechtlichen Genehmigungsverfahren verschafft sich die Behörde insbesondere über eine mündliche Anhörung die entscheidungserheblichen Informationen.[343] Entfällt der Erörterungstermin, entfällt zugleich die Möglichkeit, Einwände zu präzisieren und damit Unsicherheiten aus der Auslegungs- und Einwendungszeit auszugleichen. Zumindest bei komplizierten Sachverhalten werden potentielle Vorhabensbetroffene ihre Bedenken in schriftlicher Form nicht hinreichend klar und vollständig zum Ausdruck bringen können. In diesen Fällen ist ihnen daher rechtliches Gehör in mündlicher Form zu gewähren.[344] Zur Kompensation der Präklusionfolgen und ihren Anforderungen ist ein Erörterungstermin in der überwiegenden Zahl immissionsschutzrechtlicher

342 Nach § 10 VII BImSchG ist lediglich der Genehmigungsbescheid den Einwedern zuzustellen, wobei diese Zustellung nach Abs. 8 durch öffentliche Bekanntmachung ersetzt werden kann.

343 Ähnliche Einschätzung bei *Metz*, Präklusion, S. 61.

344 Für das allgemeine Verwaltungsrecht *Clausen*, in: Knack, VwVfG, § 28 Rdnr. 13.

Genehmigungsverfahren erforderlich. Zu Fallgruppen, nach denen ein solcher Termin verzichtbar ist, im 3. Kapitel.[345]

V. Zusammenfassung

Der mit § 10 III BImSchG gewählte sehr weitreichende Ausschluss bestehender Abwehrrechte erscheint verfassungsrechtlich nicht unbedenklich. Insbesondere um potentiell durch die Anlage Betroffene in ihrem Rechtsschutz nicht unzumutbar zu beeinträchtigen, sind diese am Genehmigungsverfahren zu beteiligen. So sind sie über die Antragstellung zu informieren (derzeit mittels öffentlicher Bekanntmachung). Soll ihre Klagemöglichkeit insoweit ausgeschlossen werden, als sie Bedenken nicht innerhalb bestimmter Frist vorgetragen haben, sind sie hierauf hinzuweisen (etwa ebenfalls in der Bekanntmachung). Damit potentiell Betroffene substantiierte Einwendungen erheben können, ist ihnen zudem der Zugang zu weiteren Informationen über die Planung zu eröffnen (momentan durch öffentliche Auslegung). Die Anforderungen an die Einwendungserhebung (Einwendungszeit,- form und -inhalt) müssen die Möglichkeit eines rechtswahrenden Vortrages eröffnen und ihn nicht unzumutbar erschweren. Potentiellen Drittbetroffenen ist zudem die Möglichkeit zu einem mündlichen Gespräch zu eröffnen (derzeit in einem Erörterungstermin). Aus der europarechtlichen Beurteilung der Präklusion lassen sich keine weitergehenden Anforderungen an das Genehmigungsverfahren entnehmen.

Da das immissionsschutzrechtliche Genehmigungsverfahren diese Anforderungen erfüllt, bestehen an der grundsätzlichen Verfassungsmäßigkeit der Präklusion keine durchgreifenden Zweifel. Bei der Ausgestaltung der jeweiligen Verfahrensschritte ist jedoch darauf zu achten, dass sie so gewählt werden, dass die Präklusion im Gesamtgefüge verfassungskonform bleibt.

345 F. II. 1. S. 257 ff. insbesondere dd) Ermessensausübung S. 268 ff.

C. Privatrechtsgestaltende Wirkung

Neben einem Ausschluss von Einwendungen werden gemäß § 14 BImSchG auch private Rechte ausgeschlossen bzw. umgestaltet.

Schon in § 26 GewO von 1869[346] war eine sog. privatrechtsgestaltende Wirkung[347] enthalten. Durch sie beabsichtigt der Gesetzgeber, Investitionen zu sichern und das Verfahren zu beschleunigen, indem u.U. schwierige zivilrechtliche Fragen aus dem Genehmigungsverfahren ausgeklammert werden.[348]

I. Rechtsfolgen und betroffene Ansprüche

Ergeht eine immissionsschutzrechtliche Genehmigung im förmlichen Verfahren, beschränkt diese mit ihrer Unanfechtbarkeit[349] privatrechtliche Abwehransprüche Drittbetroffener in doppelter Weise: Nach § 14 S. 1 BImSchG wird ein Abwehranspruch, mit dem die Betriebseinstellung gefordert werden könnte, in einen Anspruch auf Schutzvorkehrungen umgewandelt. Schutzvorkehrungen sind alle Maßnahmen, die die benachteiligenden Wirkungen ausschließen oder mindern (etwa technische Einrichtungen wie Filter, Schalldämpfer oder andere Maßnahmen wie eine andere Aufstellung der Maschinen, Änderung der Verfahrensweise, Verwendung anderer Brennstoffe o.ä.).[350] Sollten diese Schutzvorkehrungen nach

346 Die Regelung wurde unverändert in den RegE übernommen (RegBegr. BT-Drs. 7/179, S. 36). Zur Entstehungsgeschichte: *Guckelberger*, Kotulla, § 14 Rdnr. 8 ff.; *Storost*, Ule/Laubinger, § 14 Rdnr. A1. Zur Wirkung des § 26 GewO OVG Lüneburg, GewArch 1967, 79 (79).

347 *Busse*, VR 1998, 263 (265); *Jarass*, BImSchG, § 14 Rdnr. 1; *Peine*, NJW 1990, 2442 ff.; *Sach*, Genehmigung als Schutzschild?, S. 196 ff.; *Rehbinder*, L/R, § 14 Rdnr. 51. Teilweise als privatrechtliche Präklusion bezeichnet (*Erbguth/Schlacke*, Umweltrecht, § 6 Rdnr. 7). Vergleichbare Regelungen enthalten Fachgesetze wie: § 7 VI AtomG, § 23 GenTG; § 11 LuftVG; § 11 WHG; § 75 II VwVfG.

348 *Graffe*, Bürgerbeteiligung, 89 m.w.N.; *Peine*, NJW 1990, 2442 (2443).

349 Für eine Unanfechtbarkeit müssen die Fristen für Widerspruch, Anfechtungsklage oder weiterer Rechtsmittel abgelaufen sein (§§ 70 I, 74 I, 124 I, 139 VwGO). Da sich die Wirkung auf den jeweiligen Abwehranspruch bezieht, genügt eine sog. relative Unanfechtbarkeit. Eine Anfechtbarkeit durch Dritte ist daher irrelevant (*Guckelberger*, Kotulla, § 14 Rdnr. 27; *Jarass*, BImSchG, § 14 Rdnr. 6; *Rehbinder*, L/R, § 14 Rdnr. 16; *Storost*, Ule/Laubinger, § 14 Rdnr. C8).

350 *Guckelberger*, Kotulla, § 14 Rdnr. 39; *Jarass*, BImSchG, § 14 Rdnr. 17; *Rehbinder*, L/R, § 14 Rdnr. 56; *Storost*, Ule/Laubinger, § 14 Rdnr. D15; *Sundermann*, Bestandsschutz, S. 224; *Wagner*, Öffentlich-rechtliche Genehmigung, S. 174.

dem Stand der Technik undurchführbar[351] oder wirtschaftlich nicht vertretbar sein,[352] wird ein Anspruch hierauf gemäß Satz 2 ausgeschlossen und wandelt sich in einen Anspruch auf Schadensersatz um.[353]

§ 14 BImSchG schafft folglich keine neuen Ansprüche, sondern beschränkt bzw. modifiziert bestehende.[354] Daher richten sich die Surrogatsansprüche in ihrer Ausgestaltung grundsätzlich nach dem ursprünglichen Abwehranspruch und gehen in ihrem Umfang über diesen nicht hinaus.[355] Solche von § 14 BImSchG erfassten Abwehransprüche sind zivilrechtliche Ansprüche, durch die eine Betriebseinstellung zur Abwehr benachteiligender Einwirkungen von einem Grundstück auf ein benachbartes begehrt werden kann.[356] Es sind also nach überwiegender Ansicht Ansprüche aus Eigentum oder Besitz eines Nachbargrundstücks, nicht

---

351 Es kommt auf den Stand der Technik i.S.d. § 3 VI BImSchG an. Im Klageverfahren ist relevanter Zeitpunkt der der gerichtlichen Entscheidung (*Guckelberger*, Kotulla, § 14 Rdnr. 41; *Storost*, Ule/Laubinger, § 14 Rdnr. D17; *Wagner*, Öffentlich-rechtliche Genehmigung, S. 174).

352 Wirtschaftlich nicht vertretbar ist eine Schutzvorkehrung, wenn hierdurch die Ertragslage derart verschlechtert wird, dass der Anlagenbetreiber ernsthaft die Stilllegung der Anlage erwägen muss (*Jarass*, BImSchG, § 14 Rdnr. 15; großzügiger *Rehbinder*, L/R, § 14 Rdnr. 59: Es reiche aus, dass branchenübliche Gewinne nicht mehr erzielt werden können). Nach h.M. sind nicht die wirtschaftlichen Verhältnisse des konkreten Betriebs (subjektiver Maßstab), sondern grundsätzlich die eines Durchschnittbetriebs (objektiver Maßstab) relevant (*Guckelberger*, Kotulla, § 14 Rdnr. 42; *Jarass*, BImSchG, § 14 Rdnr. 15; *Rehbinder*, L/R, § 14 Rdnr. 60 m.w.N.; *Storost*, Ule/Laubinger, § 14 Rdnr. D18; *Sundermann*, Bestandsschutz, S. 224 ff.; *Wagner*, Öffentlich-rechtliche Genehmigung, S. 175 f. A.A.: *Hoppe*, Wirtschaftliche Vertretbarkeit im Rahmen des BImSchG, S. 156 f.; ausführlich *Hoppe*, Wirtschaftliche Vertretbarkeit im Umweltschutzrecht, S. 108 f.; *Nöthlichs*, BImSchG, § 14 Anm. 4.2.).

353 Ein Anspruch auf Schadensersatz besteht auch soweit, die Schutzvorkehrungen die Beeinträchtigungen nicht auf ein zivilrechtlich zulässiges Maß reduzieren oder wenn durch nicht vorgenommene Schutzvorkehrungen Schäden entstehen (*Jarass*, BImSchG, § 14 Rdnr. 25).

354 *Guckelberger*, Kotulla, § 14 Rdnr. 36; *Rehbinder*, L/R, § 14 Rdnr. 35 m.w.N.; BGHZ 102, 350 (352 f.).

355 *Guckelberger*, Kotulla, § 14 Rdnr. 37; *Jarass*, BImSchG, § 14 Rdnr. 18; *Rehbinder*, L/R, § 14 Rdnr. 51 ff., 57; *Wagner*, Öffentlich-rechtliche Genehmigung, S. 174.

356 Erfasst sind etwa der Anspruch auf Einstellung der Bauarbeiten oder des Betriebs (näher *Jarass*, BImSchG, § 14 Rdnr. 8; ausführlich *Rehbinder*, L/R, § 14 Rdnr. 30 m.w.N.; *Spindler*, Feldhaus, § 14 Rdnr. 67; *Storost*, Ule/Laubinger, § 14 Rdnr. D3). Nicht erfasst werden Ansprüche auf Schutzvorkehrungen oder zur Beachtung drittschützender Genehmigungsauflagen (*Jarass*, BImSchG, § 14 Rdnr. 8).

hingegen solche wegen Gesundheitsbeeinträchtigungen.[357] Von der privatrechtsgestaltenden Wirkung sind zudem zivilrechtliche Ansprüche ausgenommen, die auf besonderem Titel beruhen; also Ansprüche, die ihre Grundlage nicht im allgemeinen Nachbar- oder Deliktsrecht haben, wie z.B. vertragliche Ansprüche.[358]

II. Verfassungsrechtliche Dimension

Die privatrechtsgestaltende Wirkung sichert folglich den Bestand der genehmigten Anlage gegenüber bestimmten privatrechtlichen Ansprüchen ab.[359] Sie ergänzt und erweitert die materielle Präklusion auf das Privatrecht. So sollen im öffentlichen und privaten Interesse des Investitionsschutzes betroffene Grundstücksnachbarn insbesondere dann nicht aus dem Zivilrecht eine Unterbindung des Vorhabens erreichen, wenn erhebliche Investitionen getätigt wurden.[360]

Gerechtfertigt erscheint eine Begrenzung privatrechtlicher Beseitigungsansprüche nach Genehmigung der Anlage dadurch, dass Dritten im ausführlichen Genehmigungsverfahren vergleichsweise weitreichende Möglichkeiten eingeräumt werden, um auf die behördliche Entscheidung einzuwirken.[361] § 14 BImSchG ist

---

357 Seit der Kupolofen-Entscheidung (BGHZ 92, 143 (145 f., 148 f.)) ist dies ständige Rechtsprechung. Ausführlich und kritisch dazu *Gerlach*, JZ 1988, 161 (169 ff.), mit ausführlicher Begründung *Guckelberger*, Kotulla, § 14 Rdnr. 34 f.; *Czajka*, Feldhaus, § 10 Rdnr. 74 m.w.N.; *Jarass*, BImSchG, § 14 Rdnr. 9, 11; *Konzen*, Aufopferung im Zivilrecht, S. 204 ff.; *Rehbinder*, L/R, § 14 Rdnr. 41 ff. m.w.N.; *Sach*, Genehmigung als Schutzschild?, S. 200 ff., 228 ff.; *Spindler*, Feldhaus, § 14 Rdnr. 76 ff., 78; *Storost*, Ule/Laubinger, § 14 Rdnr. D4; *Wagner*, Öffentlich-rechtliche Genehmigung, S. 265 f. Für eine Erweiterung auf Ansprüche aus Eigentum und Besitz an beweglichen Sachen *Rehbinder*, L/R, § 14 Rdnr. 42 ff.; *Wagner*, Öffentlich-rechtliche Genehmigung, S. 266; auf Ansprüche aus Gesundheitsbeeinträchtigungen *Peine*, NJW 1990, 2442 (2447 f.); *Spindler*, Feldhaus, § 14 Rdnr. 78.

358 *Erbguth/Schlacke*, Umweltrecht, § 9 Rdnr. 74; *Guckelberger*, Kotulla, § 14 Rdnr. 32; *Jarass*, BImSchG, § 14 Rdnr. 10; *Rehbinder*, LR, § 14 Rdnr. 29; *Spindler*, Feldhaus, § 14 Rdnr. 59; *Storost*, Ule/Laubinger, § 14 Rdnr. D1.

359 *Busse*, VR 1998, 263 (265); *Jarass*, BImSchG, § 14 Rdnr. 1; *Sellner/Reidt/Ohms*, Immissionsschutzrecht, S. 192.

360 Zur Industrieförderung ist wirtschaftspolitisch eine Investitionssicherheit erwünscht, die über den öffentlich-rechtlichen Bestandsschutz hinausgeht (*Guckelberger*, Kotulla, § 14 Rdnr. 1; *Rehbinder*, L/R, § 14 Rdnr. 1; *Storost*, Ule/Laubinger, § 14 Rdnr. B2).

361 *Busse*, VR 1998, 263 (265); *Guckelberger*, Kotulla, § 14 Rdnr. 2; *Hoppe*, Wirtschaftliche Vertretbarkeit im Rahmen des BImSchG, S. 155; *Hoppe*, Wirtschaftliche Vertretbarkeit im Umweltschutzrecht, S. 108; *Jarass*, BImSchG, § 14 Rdnr. 1; *Kloepfer*, Umweltrecht, § 14 Rdnr. 164; *Peine*, NJW 1990, 2442 (2444 f.); *Rehbinder*, L/R, § 14 Rdnr. 1; *Song*, Kooperatives Verwaltungshandeln, S. 85; *Spindler*, Feldhaus, § 14 Rdnr. 10;

damit die privatrechtliche Flankierung des rechtsförmig vorverlagerten öffentlich-rechtlichen Nachbarschutzes.[362] Als Inhalts- und Schrankenbestimmung steht er zum Schutz von Investitionen des Vorhabensträgers im Einklang mit Art. 14 GG.[363] Die Gestaltung der Eigentumsposition der betroffenen Eigentümer und der damit verfolgte Zweck stehen im angemessenen Verhältnis zueinander, ohne dass schutzwürdige Interessen der Beteiligten einseitig bevorzugt oder benachteiligt werden.[364] § 14 BImSchG ist mit seiner gestuften Ausgestaltung folglich angemessen. Die von den Auswirkungen der Anlage Betroffenen können ihre Einwände im Genehmigungsverfahren und dem daran anschließenden verwaltungsgerichtlichen Verfahren vortragen. Ihre ursprünglichen Abwehransprüche werden nicht vollständig beseitigt, sondern umgewandelt.[365] Zudem steht der Betreiber unter besonderen Verpflichtungen. Die Möglichkeit zu Auflagen und Bedingungen oder nachträglichen Anordnungen nach § 17 BImSchG[366] bleibt ebenso unberührt wie die Möglichkeit, die Genehmigung zur Verhütung oder Beseitigung schwerer Nachteile zu widerrufen (§ 21 I Nr. 5 BImSchG).[367]

III. Folgerungen

Aus der privatrechtsgestaltenden Wirkung ergibt sich damit, dass Personen, deren zivilrechtliche Ansprüche erfasst sind, am Genehmigungsverfahren zu beteiligen sind. Dabei genügt für einen angemessenen Schutz des Nachbarn eine Beteiligung, wie sie bereits von der Präklusionswirkung gefordert ist. Weitreichendere Anforderungen an das Genehmigungsverfahren folgen somit nicht aus der privatrechtsgestaltenden Wirkung.

Storost, Ule/Laubinger, § 14 Rdnr. B2; LG Aachen, NVwZ 1988, 188 (188); BT-Drs. 7/179, S. 36. Als verfassungskonform erachten sie *Guckelberger*, Kotulla, § 14 Rdnr. 6; *Peine*, NJW 1990, 2444 (2445); *Sach*, Genehmigung als Schutzschild, S. 204, 208; BVerfG, DÖV 1986, 650 (652).

362 *Sach*, Genehmigung als Schutzschild?, S. 207; *Storost*, Ule/Laubinger, § 14 Rdnr. B2.

363 BVerfG, DÖV 1986, 650 (652); DVBl. 2003, 192; *Guckelberger*, Kotulla, § 14 Rdnr. 6; *Peine*, NJW 1990, 2442 (2443 ff.); *Rehbinder*, L/R, § 14 Rdnr. 1; *Sach*, Genehmigung als Schutzschild?, S. 208; *Spindler*, Feldhaus, § 14 Rdnr. 10; *Storost*, Ule/Laubinger, § 14 Rdnr. B5; *Wagner*, Öffentlich-rechtliche Genehmigung, S. 170 ff.

364 *Storost*, Ule/Laubinger, § 14 Rdnr. B5.

365 *Guckelberger*, Kotulla, § 14 Rdnr. 6; *Storost*, Ule/Laubinger, § 14 Rdnr. B5.

366 *Guckelberger*, Kotulla, § 14 Rdnr. 6; *Peine*; NJW 1990, 2442 (2444).

367 *Guckelberger*, Kotulla, § 14 Rdnr. 6; *Peine*; NJW 1990, 2442 (2444); OLG München, NVwZ 1986, 691 (692).

Das Verhältnis der öffentlich-rechtlichen Genehmigung zu zivilrechtlichen Ansprüchen könnte auch anders geregelt werden. Denkbar ist das selbständige Nebeneinander, eine anspruchsändernde oder eine anspruchsvernichtende Wirkung der öffentlichrechtlichen Genehmigung.[368] Mit § 14 BImSchG wurde der mittlere Weg gewählt zwischen Rechtserhaltung – nur anspruchsändernd – und dennoch erweitertem Bestandsschutz durch die Wirkung auch im Zivilrecht.

---

368 *Peine*, NJW 1990, 2442.

D. Konzentrationswirkung

Eine immissionsschutzrechtliche Genehmigung schließt nach § 13 BImSchG die wesentlichen, für Errichtung und Betrieb einer Anlage erforderlichen, weiteren Genehmigungen ein (sog. Konzentrationswirkung).[369]

So bedarf z.B. die Neuerrichtung eines Steinbruchs neben einer immissionsschutzrechtlichen einer baurechtlichen Genehmigung.[370] Abhängig von der konkreten Ausgestaltung sind daneben weitere Genehmigungen erforderlich, etwa wenn sich das Abbaugebiet in einem Waldgebiet befindet,[371] es ein Natura-2000-Gebiet betrifft,[372] der zur Gesteinsgewinnung erforderliche Sprengstoff auf dem Anlagengrundstück gelagert wird[373] oder mit dem Betrieb Schadstoffeintragungen in nahe stehende Gewässer oder das Grundwasser erfolgen[374].

Für diese Vielzahl erforderlicher Genehmigungen wären jeweils verschiedene Verfahren bei den jeweils zuständigen Behörden parallel zu durchlaufen. Parallele Genehmigungsverfahren bergen jedoch die Gefahr von Verzögerungen, unnötiger Doppelarbeit und mögliche widersprüchliche Entscheidungen und führen zu einer gewissen Rechtsunsicherheit für den Projektträger.[375]

---

369 Zum Begriff der Konzentrationswirkung ausführlich unten Fn 383 S. 91. § 13 BImSchG gilt für Vollgenehmigungen nach § 4 BImSchG, für Teil- (§ 8) und Änderungsgenehmigungen (§§ 15, 16), Vorbescheide (§ 9) und die Zulassung vorzeitigen Beginns (§ 8a BImSchG) (*Guckelberger,* Kotulla, § 13 Rdnr. 29 ff.; *Jarass*, BImSchG, § 13 Rdnr. 2; *Nöthlichs*, BImSchG, § 13 Anm. 1; *Rebentisch*, Feldhaus, § 13 Rdnr. 38, 41 f., 48 ff.; *Seibert*, L/R, § 13 Rdnr. 17 ff.; *Storost,* Ule/Laubinger, § 13 Rdnr. C1 f.). Ausführliche Nachweise darauf, welche Entscheidungen konzentriert werden: *Jarass*, BImSchG, § 13 Rdnr. 3 ff. m.w.N.; *Nöthlichs*, BImSchG, § 13 Anm. 2 f.; *Seibert*, L/R, § 13 Rdnr. 67 ff.; *Storost*, Ule/Laubinger, § 13 Rdnr. D1 ff.

370 Nach Nr. 2.1. des Anhangs der 4. BImSchV ist eine Genehmigung bei einer Abbaufläche ab 10 ha (2.1.1) oder bei der Verwendung von Sprengstoff (2.1.2) erforderlich und zudem für das Verarbeiten des gewonnenen Materials z.B. durch einen Steinbrecher Nr. 2.2. Das Erfordernis einer Baugenehmigung ergibt sich etwa aus § 49 LBO Ba-Wü, da nach § 2 I 3 Nr. 1 LBO Ba-Wü die Abgrabung der Errichtung einer baulichen Anlage gleichsteht.

371 Eine forstwirtschaftliche Genehmigung ist nach § 9 BWaldG erforderlich, wenn die Gesteinsgewinnung eine Waldrodung erfordert.

372 Naturschutzrechtlich erfordern die §§ 20 ff. BNatSchG Verbotsausnahmen, wenn die Anlage in einem besonders geschützten Bereich errichtet werden soll.

373 Lagergenehmigung gemäß § 17 SprengG.

374 Wasserrechtliche Gestattung nach den §§ 8, 9 I Nr. 4 WHG.

375 *Berger*, VerwArch 100 (2009), 342 (344); *Buchmann*, VBlBW 2007, 201 (203); *ders.*, Behördenkoordination, S. 46; *Ell*, JuS 2005, 497 (499); *Gaentzsch*, NJW 1986, 2787

Hier setzt die Konzentrationswirkung an. Statt mehrerer Genehmigungen[376] ist nur *eine* erforderlich. Verschiedene Anforderungen können so nach den jeweiligen Fachgesetzen optimal aufeinander abgestimmt, eine Koordination des Verwaltungshandelns erzielt und eine beschleunigte Vorhabenszulassung, eine Verfahrensvereinfachung und – in wirtschaftlicher Hinsicht bedeutsam – eine Erhöhung der Rechtssicherheit und -klarheit für den Antragsteller erreicht werden.[377] Der Grundgedanke der Konzentration ist es, mit einer einheitlichen, sämtlichen Gesichtspunkten Rechnung tragenden Entscheidung, mögliche Überschneidungen verschiedener Gestattungen und Divergenzen verschiedener Behörden zu vermeiden.[378] Konzentrationsvorschriften werden

---

(2787 f.); *Jarass*, Konkurrenz, S. 56; *ders.*, DÖV 1978, 21 (24); ausführlich *Kaster*, NuR 1996, 109 ff. (insbes. 117 ff.); *Kiefer*, Investitionssicherheit, S. 54; *Lämmle*, Konkurrenz, S. 4 ff.; *Maaß*, DVBl. 2002, 364 (365) m.w.N.; *Odendahl*, VerwArch 94 (2003), 222 (223); *Schwab*, VR 1989, 190 (190); *Wagner*, Genehmigung umweltrelevanter Vorhaben, S. 115 ff.; *Wittreck*, VerwArch 100 (2009), 71 (72).

376 Regelmäßig erfordert die Errichtung einer Anlage mehrere Genehmigungen. Für die Errichtung eines Kohlekraftwerkes etwa über 40 (*Jarass*, Konkurrenz, S. 18); für den Bau eines Atomkraftwerkes 20–30 (*Erbguth*, UTR 3 (1987), 49 (52); *Jarass*, DÖV 1978, 21 (21); *Schmitt-Glaeser*, Der Landkreis, 1976, 442 (443)); zum Flughafenbau München: *Henle*, BayVBl. 1981, 1 (9); weitere Beispiele: *Gaentzsch*, NJW 1986, 2787 (2788); *Wittreck*, VerwArch 100 (2009), 71 (73).

377 Amtl. Begr. BT-Drs. 7/179 S. 35; *Becker*, VerwArch 87 (1996), 581 (600 ff.); *Buchmann*, Behördenkoordination, S. 74 f., 46; *Ell*, JuS 2005, 497 (499); *Fluck*, NVwZ 1992, 114 (114); *Jarass*, BImSchG, § 13 Rdnr. 1; *ders.*, Konkurrenz, S. 59 f.; *Kaster*, NuR 1996, 109 (109); *Odendahl*, VerwArch 94 (2003), 222 (223); *ders.*, NVwZ 2002, 686 (686); *Schäfer*, DÖV 1977, 85 (87); *Seibert*, L/R, § 13 Rdnr. 59; *Song*, Kooperatives Verwaltungshandeln, S. 84; *Storost*, Ule/Laubinger, § 13 Rdnr. B2; *Raum*, Genehmigungs- und Konzentrationswirkung, S. 21; ausführlich *Schwab*, VR 1989, 190 (191); *Wagner*, Genehmigung umweltrelevanter Vorhaben, S. 59 m.w.N. *Kiefer*, Investitionssicherheit, S. 54 bezeichnet die Genehmigung aufgrund der eingeschlossenen Behördenentscheidungen „auch unter wirtschaftlichen Gesichtspunkten" als ein „Instrument hoher Effektivität".

378 Amtl. Begr. BT-Drs. 7/179 S. 35; *Bohl*, NVwZ 1994, 647 (648); *Buchmann*, Behördenkoordination, S. 74; *Ell*, JuS 2005, 497 (499); *Engelhardt/Schlicht*, BImSchG, § 13 Rdnr. 1; *Erbguth/Schlacke*, Umweltrecht, § 9 Rdnr. 73; *Gaentzsch*, NJW 1986, 2787 (2789); *Guckelberger*, Kotulla, § 13 Rdnr. 5; *Huber*, AöR 114 (1989), 252 (277); *Jarass*, DÖV 1978, 21 (24); *ders.*, Konkurenz S. 60; *Kiefer*, Investitionssicherheit, S. 54; *Odendahl*, VerwArch 94 (2003), 222 (223); *Rebentisch*, Feldhaus, § 13 Rdnr. 16 f.; *Schenke*, VBlBW 1982, 313 (323) ein Kampf an vielen Fronten wird so erspart; *Seibert*, L/R, § 13 Rdnr. 13; *Steinberg*, DÖV 1982, 619 (625); *Wagner*, Genehmigung umweltrelevanter Vorhaben, S. 59.

deshalb als wichtiger Schritt zur Vereinheitlichung und Harmonisierung des Umweltrechts gesehen.[379]

Bereits im 19. Jhd. wurde daher der gewerberechtlichen Anlagengenehmigung eine weit reichende Konzentrationswirkung zugesprochen.[380] Bei Erlass des BImSchG 1974 wurde diese Rechtsprechung in § 13 BImSchG übernommen.[381] Übernommen wurde dabei ebenso der – mittlerweile eingebürgerte – Begriff der „Konzentration"[382]. Es kann allerdings nicht von „der" Konzentration gesprochen werden, da dies nicht nur die Rechtsfolge des § 13 BImSchG bezeichnet.

---

379 *Buchmann*, Behördenkoordination, S. 74 f.; *Guckelberger*, Kotulla, § 13 Rdnr. 46; *Kloepfer*, Umweltrecht, § 5 Rdnr. 67 f.

380 Obwohl in der GewO von 1869 eine dem § 13 BImSchG vergleichbare Regelung noch nicht angelegt war. § 18 S. 2 GewO 1869: „Auf Grund dieser Prüfung, die sich zugleich auf die Beachtung der bestehenden bau-, feuer- und gesundheitspolizeilichen Vorschriften erstreckt." S. 3 „auch diejenigen Anordnungen, welche zum Schutze der Arbeiter gegen Gefahren für Gesundheit und Leben notwendig sind." Diese Vorschrift wurde im Interesse der Vereinfachung so ausgelegt, dass eine Behörde abschließend und ausschließlich auch über die Beachtung bestehender bau-, feuer- und gesundheitspolizeilicher Vorschriften entscheidet und eine einzige gewerbepolizeiliche Genehmigung erteilt, die gleichzeitig die Baugenehmigung enthält (PrOVG, PrVBl. 21, 268 (268 f.); PrOVGE 37, 309 (312); PrOVG, PrVBl. 25, 472 (473); BVerwGE 24, 23 (28). Ausführlich zur Entstehungsgeschichte jeweils m.w.N.: *Fluck*, NVwZ 1992, 114 (115); *Odendahl*, VerwArch 94 (2003), 222 (225); *Rebentisch*, Feldhaus, § 13 Rdnr. 1; *Seibert*, L/R, § 13 Rdnr. 1 ff.; *Storost*, Ule/Laubinger, § 13 Rdnr. A1 ff.; *Wagner*, Genehmigung umweltrelevanter Vorhaben, S. 40 ff.; *Zuck*, NJW 1972, 279 (281). Bereits die früheren GewOen enthielten ähnliche Regelungen: § 23 GewO v. 1845 „hat zu prüfen, ob den in diesem Gesetz [...] vorgeschriebenen Erfordernissen genügt ist" und in § 32 „...hat hierauf das Gesuch mit Rücksicht auf die bestehenden feuer-, bau- und gesundheitspolizeilichen Anordnungen [...] zu prüfen." sowie die GewO von 1861 § 4 „... zu prüfen, ob die Anlage den bestehenden bau-, feuer- und gesundheitspolizeilichen Vorschriften entspricht..."

381 Reg. Begr. BT-Drs. 7/179 S. 36. Wesentliche Änderungen waren 1982 (v. 04.03.1982, BGBl. I S. 281, 282) die Ausdehnung auf das vereinfachte Verfahren) sowie die Ausweitung der erfassten Entscheidungen 1986 (v. 25.07.1986, BGBl. I S. 1165, 1168), 1993 (v. 22.04.1993, BGBl. I S. 466, 484) und schließlich 2001 (v. 27.7.2001, BGBl. I S. 1950, 1974).

382 Der Begriff hat sich eingebürgert, obwohl er nicht im Gesetz selbst sondern nur in der Gesetzesbegründung erwähnt wird (BT-Drs. 7/179 S. 36). *Buchmann*, VBlBW 2007, 201 (201); *Erbguth/Schlacke*, Umweltrecht, § 9 Rdnr. 73; *Fluck*, NVwZ 1992, 114 (115) m.w.N.; *Guckelberger*, Kotulla, § 13 Rdnr. 35; *Jarass*, DÖV 1978, 21 (24) m.w.N.; *Rebentisch*, Feldhaus, § 13 Rdnr. 16; *Seibert*, L/R, § 13 Rdnr. 30; *Schwab*, VR 1989, 190 (190); *Storost*, Ule/Laubinger, § 13 Rdnr. B1. Synonyme sind: Ersetzungs-,

I. Konzentrationsmodelle

Konzentrationen sind in vielfältiger Weise denkbar. Nur einige sind in Gesetzen – etwa in § 13 BImSchG – verankert. Für die verschiedenen Formen werden teilweise divergierende Begriffe verwandt. Trotz der terminologischen Diffusität besteht weitestgehend Einigkeit hinsichtlich des mit ihnen verfolgten Zwecks und ihrer Ausgestaltung.[383] Die uneinheitliche Terminologie, durch die für Rechtsfolgen und Konstruktionen z.T. identische Bezeichnungen verwendet werden, erschwert allerdings die rechtliche Beurteilung.[384] Eine Unterscheidung der Konzentrationsmöglichkeiten erfolgt daher im Folgenden nicht anhand der Bezeichnung, sondern anhand des mit ihr verfolgten Zwecks.[385]

1. Mögliche Bündelungen

Im Immissionsschutzrecht beruht das Bedürfnis nach einer Konzentration auf der Vielzahl fachspezifischer Vorgaben für die Errichtung und den Betrieb einer Anlage. Der Umweltschutz ist historisch geprägt vom punktuellen Schutz einzelner Umweltmedien (wie Wasser-, Naturschutz- oder Bodenschutzrecht) sowie

---

Verdrängungs-, Einschluss-, Einheits-, Befreiungs-, Bündelungs-, Substitutions- oder Absorptionswirkung (*Bonk/Neumann*, in: Stelkens/Bonk/Sachs, VwVfG, § 75 Rdnr. 10; *Buchmann*, Behördenkoordination, S. 76 m.w.N.; *Fluck*, NVwZ 1992, 114 (115); *Laubinger*, VerwArch 77 (1986), 77 (78); *Odendahl*, VerwArch 94 (2003), 222 (223) m.w.N.; *Seibert*, L/R, § 13 Rdnr. 30). Die Begrifflichkeiten „parallele Genehmigung", „konkurrierende Genehmigung" und „mehrere Genehmigungen" erscheinen nur auf den ersten Blick deckungsgleich. „Parallele Genehmigungen" indizieren Genehmigungen, die unabhängig voneinander bestehen, sich also gerade nicht – wie etwa „konkurrierende Genehmigungen" – in ihren Voraussetzungen berühren. „Mehrere Genehmigungen" bilden den Oberbegriff. (Ausführlich *Buchmann*, Behördenkoordination, S. 48 f.).

383 *Seibert*, L/R, § 13 Rdnr. 35; Übersichten bei *Buchmann*, Behördenkoordination, S. 72, 90; *Ell*, JuS 2005, 497 (500) sowie unten in 2. Konzentration S. 94 ff. Zur „verwirrenden" Begriffsvielfalt: *Buchmann*, Behördenkoordination, S. 76 f.; *ders.*, VBlBW 2007, 201 (201); *Laubinger*, VerwArch 77 (1986), 77 (79) m.w.N.; *Kodal/Rrämer*, Straßenrecht, 1985, S. 891 f.; *Kügel*, Planfeststellungsbeschluss, S. 45; *Odenthal*, VerwArch 94 (2003), 222 (223); *Schwab*, VR 1989, 190 (191).

384 Kritisch dazu *Wittreck*, VerwArch 100 (2009), 71 (86).

385 Einteilung und Bezeichnung richten sich nach den grundlegenden Arbeiten von *Jarass*, Konkurrenz, Konzentration und Bindungswirkung von Genehmigungen, 1984 sowie von *Odendahl*, VerwArch 94 (2003), 222 ff. und *Buchmann*, Die Behördenkoordination des Art. 7 IVU-Richtlinie im immissionsschutzrechtlichen Genehmigungsverfahren, 2005.

dem Schutz vor bestimmten Gefahrenquellen (z.B. Abfall-, Atom-, Chemikalien-, Arzneimittel- oder Gentechnikrecht).[386] Früh existierten bereits Regeln zum Schutz des Wassers oder vor Luftverschmutzungen, später erst zum Schutz des Bodens oder vor Gefahren der Gentechnik.[387] So entstand ein Geflecht gesetzlicher Vorgaben, das weniger an der jeweiligen menschlichen Tätigkeit als an dem zu schützenden Medium ausgerichtet war.[388] Bis heute prägt dieser mediale Ansatz, der zwangsläufig zum Erfordernis mehrerer Gestattungen führt. Für ihren Erlass sehen die jeweiligen Gesetze z.T. unterschiedlich ausgestaltete Verfahren vor. Um eine Parallelität verschiedener behördlicher Entscheidungen in unterschiedlichen Verfahren zu vermeiden, sind verschiedene Ansätze denkbar:[389]

a) Einheitliche gesetzliche Grundlage

Die stärkste Vereinheitlichung wäre erreicht, wenn sich die Gestattung einer Anlage allein nach *einem Gesetz* richten würde. Auf dieser Grundlage würde eine Genehmigung durch eine Behörde nach Durchlaufen eines Verfahrens ergehen.

---

386 Ausführlich dazu *Buchmann*, Behördenkoordination, S. 45 ff.; *Martini*, VerwArch 100 (2009), 40 (42 f.), der auf die Folgen sektoralen Umweltschutzes hinweist: Eine Grenzwertverschärfung für Fluor- und Chlorverbindungen bewirkte, dass Chlorwasserstoffe ausgewaschen wurden. Dadurch gelangte Salzsäure in den Klärschlamm, der auf die Weideflächen aufgetragen wurde, so dass Weidevieh an Fluorose erkrankte. Umweltprobleme werden von einem Medium auf das andere verschoben. *Jarass*, Konkurrenz, S. 25.

387 Gewässerschutz ist einer der ältesten Umweltschutzaufgaben (*Erbguth/Schlacke*; Umweltrecht § 10 Rdnr. 1). Regelungen zum Schutz vor Immissionen und zur Luftreinhaltung existierten bereits in römischer Zeit („aerem corrumpere non licet“) (*Miecke*, Technikgeschichte Bd. 34 (1976), 36 (36) weitere Nachweise in Fn 36). Relativ spät geriet das Umweltmedium Boden aufgrund Altlastenskandale in den 70er und 80er des 20. Jhds. in den Blick. Ein medienbezogenes Schutzgesetz wurde erst 1998 erlassen (*Erbguth/Schlacke*, Umweltrecht, § 13 Rdnr. 1). Auch die Gentechnik als primär vorsorgender Umweltschutz ist ein relativ junges Rechtsgebiet, das 1990 eine Regelung im Gentechnikgesetz fand (*Erbguth/Schlacke*, Umweltrecht, § 14 Rdnr. 1, 11). Ausführlich zur Entwicklung des Umweltschutzes *Erbguth/Schlacke*, Umweltrecht, § 2 Rdnr. 5 ff.; *Kloepfer*, Umweltschutzrecht, S. 3 ff.; *Wey*, Umweltpolitik in Deutschland, 1982.

388 *Maaß*, DVBl. 2002, 364 (365) zeigt, warum bei parallelen Genehmigungen die zuständige Behörde einseitig „ihr“ Medium optimal schützt, ohne etwaige Verlagerungseffekte zu berücksichtigen.

389 Weitere Modellen bzw. Alternativen bei *Berger*, VerwArch 100 (2009), 342, 345 ff.; *Gaentzsch*, NJW 1986, 2787 (2788 ff.); *Jarass*, DÖV 1978, 21 (22 ff.); *Lämmle*, Konkurrenz, S. 80 ff.; *Wittreck*, VerwArch 100 (2009), 71 (77 ff.).

b) Bündelung von Zuständigkeit und Verfahren

Besteht eine Vielzahl fachgesetzlicher Anforderungen, kann eine Parallelität durch einheitliche Zuständigkeiten oder einheitliche Verfahren reduziert werden. In Betracht kommt eine Bündelung der behördlichen Zuständigkeit[390] oder des Verfahrens[391] oder eine Kombination aus beidem. Eine Behörde würde in einem Verfahren *mehrere* selbständige *Genehmigungen* erteilen.

c) Einheitliche Genehmigung

Denkbar ist auch eine *einheitliche Genehmigung*, die den materiellen Anforderungen der jeweils konzentrierten Fachgesetze genügt. Hierzu könnten alle Behörden für ihren Bereich zuständig bleiben und sich trotz getrennter Verfahren insoweit koordinieren, dass sie zu einer einheitlichen Entscheidung gelangten. Zusätzlich könnte entweder das Verfahren und/oder die Zuständigkeit gebündelt werden.[392] Die stärkste Konzentration wäre hierbei eine einheitliche Entscheidung durch eine Behörde in einem Verfahren.

2. Konzentrationsformen

Im Gesetz haben nur einige der möglichen Bündelungen Eingang gefunden:

a) Umweltgesetzbuch

Ein medienübergreifender integrativer Umweltschutz mit einer einheitlichen Gesetzesgrundlage war ursprünglich mit dem UGB angedacht. Dieser Ansatz wird derzeit jedoch nicht weiter verfolgt.[393]

---

390 Eine Zuständigkeitsregelung kann festlegen, dass ein Behörde für alle oder weitere Genehmigungen zuständig ist oder durch eine andere Behörde verdrängt wird.

391 Eine Verfahrensbündelung ist denkbar durch einen Verweis auf eine einheitliche Verfahrensregelung, der Anordnung, dass andere Verfahren subsidiär sind oder vorgehen oder durch eine einheitliche Ausgestaltung der jeweils gesondert geregelten Verfahren.

392 In einem einheitlichen Verfahren könnten mehrere Behörden eigenständig eine einheitliche Entscheidung treffen bzw. eine Behörde mehrere Verfahren durchführen.

393 Zur wechselvollen historischen Entwicklung siehe etwa *Kloepfer*, UPR 2007, 161 ff.; *Müggenborg/Hentschel*, NJW 2010, 961 (961 ff.).

b) Unechte Konzentration

Teilweise findet eine Konzentration allein auf Behördenebene statt:[394] Eine einzige Behörde erteilt rechtlich selbständig nebeneinanderstehende Einzelgenehmigungen in jeweils eigenen Genehmigungsverfahren. Gebündelt wird allein die Zuständigkeit, die erlassende Behörde ist weiterhin an alle materiellen und formellen Normen der jeweils zu erlassenden Genehmigungen gebunden.[395] Es werden also *mehrere* Genehmigungen in *mehreren* Verfahren durch *eine* Behörde erteilt (sog. „unechte" Konzentration[396]). Gebündelt wird dadurch allein die Zuständigkeit; die erlassende Behörde ist an alle materiellen und formellen Normen der jeweils zu erlassenden Genehmigungen gebunden.[397]

c) Echte Konzentration

Eine stärkere Bündelung erfolgt, wenn im Rahmen eines Vorhabens mehrere, nicht notwendigerweise alle, erforderlichen Genehmigungsverfahren zu einem

---

394 Z.B. §§ 14 I, II, 19 f I WHG (gültig bis 28.02.2010): „so entscheidet die Planfeststellungsbehörde über die Erteilung…", ähnlich § 5 II WasSiG; aus dem Landesrecht Baden-Württembergs § 13 II 1 NatSchG, § 98 WG. Zu verschiedenen Modellen, die Zuständigkeiten zu bündeln *Wittreck*, VerwArch 100 (2009), 71 (74 ff.). Er unterscheidet Devolutions-, Lotsen- und Zaunmodell.

395 *Becker*, VerwArch 87 (1996), 581 (599); *Buchmann*, VBlBW 2007, 201 (202); *Lämmle*, Konkurrenz, S. 77; *Odendahl*, VerwArch 94 (2003), 222 (235).

396 *Buchmann*, Behördenkoordination, S. 80; *Jarass*, Konkurrenz, S. 52 f.; *Odendahl*, VerwArch 94 (2003), 222 (235); *Wittreck*, VerwArch 100 (2009), 71 (74); „Zuständigkeitskonzentration": *Bender*, NVwZ 1984, 9 (10); *Bonk/Neumann*, Stelkens/Bonk/Sachs, VwVfG, § 75 Rdnr. 14; *Buchmann*, Behördenkoordination, S. 84; *Fluck*, NVwZ 1992, 114 (116); *Hösch*, NVwZ 2006, 665 (665); *Kügel*, Planfeststellungsbeschluss, S. 53; *Lämmle*, Konkurrenz, S. 77; *Laubinger*, VerwArch 77 (1986), 77 (80); *Wagner*, Genehmigung umweltrelevanter Vorhaben, S. 156 (andere verstehen darunter auch eine Konzentration des Verfahrens: *Badura*, in Erichsen (Hrsg) Allgemeines Verwaltungsrecht, § 39 Rdnr. 39; *Busse*, VR 1998, 263 (265); *Richter/Schuppert/Bumke*, Casebook Verwaltungsrecht S. 265); „Zuständigkeitsbündelung": *Fluck*, DVBl. 1999, 1551 (1554 ff.); *Seibert*, L/R, § 13 Rdnr. 35; *Storost*, Ule/Laubinger, § 13 Rdnr. B6; gegen diesen Begriff *Rebentisch*, Feldhaus § 13 Rdnr. 20, der darunter nur die Bündelung der Behördenzuständigkeiten versteht, bei der Konzentrationswirkung jedoch eine Entscheidungskonzentration annimmt; „Zuständigkeitszusammenfassung": *Buchmann*, VBlBW 2007, 201 (202); *Jarass*, Konkurrenz, S. 52 f. spricht von einer Zuständigkeitszusammenfassung als „unechte" Konzentration.

397 *Becker*, VerwArch 87 (1996), 581 (599); *Buchmann*, VBlBW 2007, 201 (202); *Lämmle*, Konkurrenz, S. 77; *Odendahl*, VerwArch 94 (2003), 222 (235); *Wagner*, Genehmigung umweltrelevanter Vorhaben, S. 185 f.

einzigen Verfahren zusammengefasst werden, an dessen Ende der Erlass einer einheitlichen Sachentscheidung durch eine einzige Behörde steht. Im Idealfall der sog. „echten" Konzentration[398] ist folglich für die Verwirklichung eines Vorhabens nur *eine* Entscheidung durch *eine* Behörde in *einem* Verfahren erforderlich. Eine solche Konzentration entspricht dem Idealbild des integrierten Umweltschutzes.[399] „Echte" Konzentrationen lassen sich weiter – je nach Anordnung der Konzentration – in „dominante" und „rezessive" unterscheiden.[400]

aa) Rezessive Konzentrationen

„Rezessive" Konzentrationsnormen lassen die in ihr geregelte Genehmigung hinter einer anderen zurücktreten oder von einer anderen miterfassen.[401] In der Regel bezieht sich dies nur auf eine einzige andere Genehmigung („speziell-rezessive Konzentration),[402] bekannt sind auch „generell-rezessive Konzentrationen".[403]

---

398 *Buchmann*, VBlBW 2007, 201 (201); *ders.*, Behördenkoordination, S. 77; *Guckelberger*, Kotulla, § 13 Rdnr. 35; *Odendahl*, VerwArch 94 (2003), 222 (224 f.); *ders.*, NVwZ 2002, 686 (686); *Jarass*, Konkurrenz, S. 50 ff. *Axer*, DÖV 1995, 495 (495) nennt diese nicht „echte" sondern „die" Konzentration mit einer Zuständigkeits-, Verfahrens- und Entscheidungskonzentration; ähnlich *Bonk/Neumann*, *Stelkens/Bonk/Sachs*, VwVfG, § 75 Rn 10; *Fluck*, NVwZ 1992, 114 (115).

399 *Martini*, VerwArch 100 (2009), 40 (51) m.w.N., verweist darauf, dass hierfür ein hohes Maß naturwissenschaftlicher-technischer Expertisen und medienübergreifender Beurteilungskompetenz der entscheidenden Behörde erforderlich ist.

400 Die Bezeichnung als rezessiv und dominant geht zurück auf *Jarass*, Konkurrenz, S. 50 f.; ihm folgend *Wagner*, Genehmigung umweltrelevanter Vorhaben, S. 257, 269; *Odendahl*, VerwArch 94 (2003), 222 (225, 228); *Buchmann*, VBlBW 2007, 201 (202); *ders.*, Behördenkoordination, S. 78 f.; *Storost*, Ule/Laubinger, § 13 Rdnr. B1; *Wittreck*, VerwArch 100 (2009), 71 (84). *Lämmle*, Konkurrenz, S. 68 nennt diese hingegen „verdeckte" Konzentration.

401 Z.B.: § 70 VI LBauO RP: „Die Genehmigung nach § 7 AtG schließt die Baugenehmigung ein."; ähnlich § 67 II BbgBauO; § 61 I BauO Bln; § 60 LBauO MV; § 60 SächsBO.

402 § 70 VI LBauO RP; § 67 II BbgBauO; Art. 6 III 1 BayDSchG: „Ist eine Baugenehmigung … erforderlich, entfällt die Erlaubnis." Die weitere Unterscheidung in generell und speziell beruht auf *Odendahl*, VerwArch 94 (2003), 222 (227 f.) und wird von *Buchmann*, VBlBW 2007, 201 (202); *ders.*, Behördenkoordination, S. 78 f. ebenfalls verwandt.

403 Art. 56 S. 3 BayNatSchG: „Die Befreiung wird durch eine … gleichzeitig erforderliche behördliche Gestattung ersetzt."; § 16 VI 1 LStrG BW; §§ 25 IV 1, 32 IV 4 NatSchG BW; § 7 III DSchG BW.

bb) Dominante Konzentrationen

„Dominante“ Konzentrationen lassen hingegen die von ihr geregelte Genehmigung anderen vorgehen.[404] Schließt die konzentrierende Genehmigung alle oder zumindest die meisten anderen Gestattungen mit ein, wird dies als „generell-dominante Konzentration“[405] bezeichnet, lässt sie nur konkrete einzelne, nicht grundsätzlich alle anderen entfallen, als „speziell-dominant“[406].

Unter Zugrundelegung dieser Differenzierung ordnet § 13 BImSchG eine echte, dominante und – da sie die meisten anderen Genehmigungen erfasst – generelle Konzentration an.[407]

II. Rechtsfolgen immissionsschutzrechtlicher Konzentration

Durch die Anordnung einer echten Konzentration in § 13 BImSchG wird die immissionsschutzrechtliche Genehmigung als diejenige bestimmt, die andere Gestattungen konzentriert. Diese Konzentration kann auf der verfahrens- und materiellrechtlichen Ebene erfolgen. Aus dem Wortlaut der Konzentrationsnormen allein lässt sich meist nicht ableiten, ob die konzentrierten Regeln beachtlich bleiben.[408]

1. Materielle Konzentration

Nach heute einhelliger Ansicht führt die echte Konzentration nicht dazu, dass die materiellrechtlichen Vorgaben der eingeschlossenen Genehmigungen

---

404 Erkennbar an Formulierungen wie „... schließt ... ein“ oder „...ersetzt...“ (z.B. in § 8 II 1 AtG; § 9 I 1 LuftVG).

405 Z.B. § 9 I 1 LuftVG: „Die Planfeststellung ersetzt alle nach anderen Rechtsvorschriften notwendigen...“ S. 3: „S 1 und S 2 gelten nicht für...“; § 75 I 1 2. Hlbs. VwVfG; § 13 BImSchG; § 22 I GenTG; § 67 I 2 BbgBauO § 72 II HBauO. Z.T. wegen der bestehenden Ausnahmen als „beschränkte“ statt „umfassenden“ Konzentration – etwa § 75 I VwVfG – bezeichnet (*Buchmann*, VBlBW 2007, 201 (202); *Fluck*, NVwZ 1992, 114 (115); *Guckelberger*, Kotulla, § 13 Rdnr. 6; *Rebentisch*, Feldhaus, § 13 Rdnr. 20; *Storost*, Ule/Laubinger, § 13 B1).

406 Art. 6 III 2 BayDSchG: „... schließt die Erlaubnis nach diesem Gesetz die Zustimmung ... ein.“

407 *Buchmann*, Behördenkoordination, S. 82; *Fluck*, NVwZ 1992, 114 (115); *Guckelberger*, Kotulla, § 13 Rdnr. 2, 35; *Jarass*, DÖV 1978, 21 (24); *Odendahl*, VerwArch 94 (2003), 222 (227); *Seibert*, L/R, § 13 Rdnr. 32; *Storost*, Ule/Laubinger, § 13 B1 m.w.N.; B6; D32 m.w.N.

408 „Ersetzen“, „wegfallen“, „einschließen“, „nicht erforderlich“ lassen sich in die eine oder andere Richtung verstehen (*Odendahl*, VerwArch 94 (2003), 222 (229)).

obsolet oder abgeschwächt werden.[409] Statt einer sog. materiellen Konzentration[410] sind die materiellrechtlichen Vorgaben aus den jeweiligen Fachgesetzen daher in vollem Umfang bei der Erteilung der immissionsschutzrechtlichen Genehmigung zu beachten. Hierfür spricht bereits der Wortlaut des § 6 I Nr. 2 BImSchG wonach – anders als etwa § 17 I 3 SprengG[411] – die immissionsschutzrechtliche Genehmigung die anderen Genehmigungen nicht ersetzt.[412] Zudem wäre es kaum erklärbar, warum an komplexere und gefährlichere Sachverhalte,

---

409 *Becker*, VerwArch 87 (1996), 581 (592, 604) m.w.N; *Buchmann*, VBlBW 2007, 201 (204); ausführlich *ders.*, Behördenkoordination, S. 86 f. m.w.N.; *Busse*, VR 1989, 263 (265); *Engelhardt/Schlicht*, BImSchG, § 13 Rdnr. 2; *Ell*, JuS 2005, 497 (499); *Fluck*, DVBl. 1999, 1551 (1554); *Fromm*, DVBl. 1969, 289 (291); *Gaentzsch*, NJW 1986, 2787 (2789); *Guckelberger*, Kotulla, § 13 Rdnr. 3; ausführlich *Jarass*, Konkurrenz, S. 54 f.; *ders.*, DÖV 1978, 21 (24); *ders.*, BImSchG, § 13 Rdnr. 17 m.w.N.; *Kiefer*, Investitionssicherheit, S. 54; *Lämmle*, Konkurrenz S. 71; *Nöthlichs*, BImSchG, § 13 Anm. 1; *Rebentisch*, Feldhaus, § 13 Rdnr. 26; *Seibert*, L/R, § 13 Rdnr 35, 47 ff.; *Sellner/Reidt/Ohms*, Immissionsschutzrecht, S. 191; *Storost*, Ule/Laubinger, § 13 Rdnr. D38; *Wittreck*, VerwArch 100 (2009), 71 (87) m.w.N. Aus der Rechtsprechung: BVerwGE 27, 253 (256); 58, 281 (288); 70, 242 (244); 71, 163 (164); 85, 44 (46); 97, 143 (148); VGH Mannheim, NuR 1997, 356 (360 f.); speziell für das BImSchG VG Würzburg, NuR 2008, 127 (130); VGH Mannheim, NuR 2001, 399 (402); OVG Koblenz, NuR 2001, 291 (291). Zum früheren Meinungsstreit *Büllesbach/Diercks*, DVBl. 1991, 469 (469); ausführlich *Hiddemann*, Planfeststellung im Flurbereinigungsgesetz, S. 53 ff.; *Karwath*, Konzentrationswirkung, S. 74 ff.; *Laubinger*, VerwArch 77 (1986), 77 (78 ff, 82 ff.); *Odendahl*, VerwArch 94 (2003), 222 (233 ff.); *Raum*, Genehmigungs- und Konzentrationswirkung, S. 24 ff.

410 *Becker*, VerwArch 87 (1996), 581 (599); *Buchmann*, VBlBW 2007, 201 (204); *ders.*, Behördenkoordination, S. 85; *Busse*, VR 1998, 263 (265); *Ell*, JuS 2005, 497 (499); *Fluck*, DVBl. 1999, 1551 (1554); *ders.*, NVwZ 1992, 114 (116); *Gaentzsch*, NJW 1986, 2787 (2789); *Laubinger*, VerwArch 77 (1986), 77 (79 f.) *Odendahl*, VerwArch 94 (2003), 222 (233) m.w.N.; *Ramsauer*, Kopp/Ramsauer, VwVfG, § 75 Rdnr. 7b; *Schwab*, VR 1989, 190 (193). Exemplarisch aus der Rechtsprechung BVerfGE 26, 338 (374); BVerwGE 44, 235 (240); 70, 242 (244); BVerwG, NJW 1977, 2367 (2368); 1981, 239 (240).

411 § 17 I 3 SprengG „Für... *gilt* die Genehmigung nach ... als Genehmigung i.S.d. S. 1." Das bedeutet, dass die Gestattung aus einem Gesetz zugleich als Genehmigung nach einem anderen Gesetz gilt, die materiellrechtlichen Anforderungen fingiert werden und daher nicht mehr explizit zu prüfen sind (früher auch in § 4 VI TEHG „Bei Anlagen, die..., *ist* die immissionsschutzrechtliche Genehmigung die Genehmigung nach Abs. 1.").

412 Danach ist eine Genehmigung nur zu erteilen, wenn „andere öffentlich-rechtliche Vorschriften der Errichtung und dem Betrieb der Anlage nicht im Wege stehen". (Hierauf verweist auch *Fluck*, NVwZ 1992, 114 (116)).

die daher einer Vielzahl von Genehmigungen bedürfen, geringere sachliche Anforderungen gestellt werden sollten als an einfache weniger gefährliche.[413] Ausgehend vom Zweck der Konzentration – Parallelität abzubauen – ist eine Verkürzung materiellrechtlicher Anforderungen ebenfalls nicht gewollt.

Beim Erlass einer immissionsschutzrechtlichen Genehmigung sind daher die materiellrechtlichen Grundlagen der konzentrierten Gestattungen zu berücksichtigen.

2. *Formelle Konzentration*

Für eine „echte“ Konzentration, also *einer* Genehmigung durch *eine* Behörde in *einem* Verfahren, müssen eine Genehmigung, eine Behörde und eine Verfahrensordnung maßgeblich sein. Aus § 6 und § 13 BImSchG ergibt sich, dass eine einheitliche immissionsschutzrechtliche Genehmigung ergeht, für die die Genehmigungsbehörde zuständig ist und deren Verfahren sich nach immissionsschutzrechtlichen Vorschriften richtet. Es kommt daher zu einer sog. formellen Konzentration[414]. Die verdrängten Verfahrensvorschriften kommen daher grundsätzlich nicht zur Anwendung,[415] es sei denn, sie sind explizit von

---

413 *Becker*, VerwArch 87 (1996), 581 (604) leitet dies aus der Schutzpflicht des Staates ab; nach *Buchmann*, Behördenkoordination, S. 87 würde die Komplexität geleugnet, wenn die Spezialvorschriften nicht angewandt würden; *Odendahl*, VerwArch 94 (2003), 222 (234).

414 So die überwiegende Bezeichnung *Bonk/Neumann*, in: Stelkens/Bonk/Sachs, VwVfG, § 75 Rdnr. 10; *Buchmann*, VBlBW 2007, 201 (202); *ders.*, Behördenkoordination, S. 83; *Laubinger*, VerwArch 77 (1986), 77 (79); *Ramsauer*, Kopp/Ramsauer, VwVfG, § 74 Rdnr. 11; § 75 Rdnr. 7a; *Odendahl*, VerwArch 94 (2003), 222 (231); *Schwab*, VR 1989, 190 (193); *Wittreck*, VerArch 100 (2009), 71 (86); BVerwGE 70, 242 (244); 85, 44 (46); BVerwG, NVwZ 1993, 572 (575); VGH Mannheim, NuR 1997, 356 (360 f.); OVG Koblenz, NuR 2001, 291 (291).

415 Herrschende Meinung seit BVerwG, NVwZ 1993, 572 mit dem Hinweis auf die (stillschweigende) Aufgabe des Urteils BVerwGE 27, 253 (256); BVerwG, NVwZ 1996, 396 (397); BVerwG, NVwZ 2003, 750 (751); VG Köln, NVwZ 1993, 598 (598); OVG Greifswald, NVwZ 2002, 1258 (1259); OVG Berlin-Brandenburg, NVwZ-RR 2008, 770 (771); VGH München, NuR 2008, 593 (595); *Ell*, JuS 2005, 497 (499); *Gaentzsch*, NJW 1986, 2787 (2789); *Guckelberg*, Kotulla, § 13 Rdnr. 37 m.w.N.; *Ramsauer*, Kopp/Ramsauer, VwVfG, § 75 Rdnr. 7a; *Seibert*, L/R, § 13 Rdnr. 35, 41 ff.; *Storost*, Ule/Laubinger, § 13 Rdnr. D34; *Wahl*, NVwZ 1990, 426 (430). Für eine (partielle) Anwendung des Verfahrensrechts: VG Würzburg, NuR 2008, 127 (130 ff.); *Becker*, VerwArch 87 (1996), 581 (599, 607 f.); *Bohl*, NVwZ 1994, 651 (651 f.); *Fluck*, DVBl. 1999, 1551 (1556); *Jarass*, BImSchG, 8. Aufl., § 13 Rdnr. 18 nicht mehr in der 9. Aufl.; *Niederstadt/*

der Konzentration ausgenommen.[416] Stehen sie hinter weitergehenden Anforderungen nach dem BImSchG zurück, ist dies unproblematisch.[417] Finden dagegen die verdrängten weitergehenden Verfahrensvorschriften im immissionsschutzrechtlichen Verfahren kein funktionelles Pendant, könnten neben den immissionsschutzrechtlichen Verfahrensvorschriften auch solche der an sich konzentrierten Fachgesetze anwendbar sein.[418] Relevant wird dies insbesondere beim Umfang der Mitwirkung verdrängter Behörden, der Beteiligung von Umweltverbänden sowie der Beteiligung von Angrenzern (hierzu sogleich).

III. Folgen für das immissionsschutzrechtliche Verfahren

Bündelt die Konzentration Verfahren, die im immissionsschutzrechtlichen Genehmigungsverfahren keine funktionelle Entsprechung finden, können sich hieraus weitere Anforderungen an die Verfahrensausgestaltung ergeben.

1. Mitwirkung verdrängter Behörden

Aufgrund der Konzentration ist entscheidungsbefugte Behörde allein die Genehmigungsbehörde. Als Kompensation des Verlustes der Sachentscheidungsbefugnis sind, die verdrängten Behörden grundsätzlich am Entscheidungsprozess zu beteiligen.[419] Nach derzeitiger Ausgestaltung sind ihre Stellungnahmen inhaltlich nicht bindend, sondern lediglich zur Kenntnis zu nehmen und in die

---

Weber, NuR 2009, 297 (299); *Odendahl*, VerwArch 94 (2003), 222 (231); *Seibert*, L/R, § 13 Rdnr. 41 ff.; *Wagner*, Genehmigung umweltrelevanter Vorhaben, S. 176 f.

416 Entweder direkt durch eine Ausnahme in § 13 2. Hlbs. BImSchG oder durch eine Regelung in den jeweiligen Fachgesetzen wie z.B. in § 65 II Nr. 5 BNatSchG.

417 *Wagner*, Genehmigung umweltrelevanter Vorhaben, S. 175 ff. erachtet die sekundären Verfahrensvorschriften für insoweit unanwendbar, als das konzentrierte Verfahren gleichwertige oder weitergehende Regeln enthalte. Insbesondere dürften Regeln, die aus rechtsstaatlichen Gründen vorgesehen sind, nicht überspielt werden. (Allerdings benennt er nicht, welche das sein könnten).

418 Für eine Beachtung als Auslegungshilfe bzw. analog BVerwG, NVwZ 2003, 750 (751); VG Würzburg, NuR 2008, 127 (130 ff.); so noch *Jarass*, BImSchG, 8. Aufl., § 13 Rdnr. 18; *Seibert*, L/R, § 13 Rdnr. 42 m.w.N.; *Fluck*, DVBl. 1999, 1551 (1556); *Becker*, VerwArch 87 (1996), 581 (599); *Knuth*, LKV 2004, 193 (200); *Odendahl*, VerwArch 94 (2003), 222 (231) u. Fn 43; differenzierend *Wagner*, Genehmigung umweltrelevanter Vorhaben, S. 176.

419 *Guckelberger*, Kotulla, § 13 Rdnr. 42; *Seibert*, L/R, § 13 Rdnr. 45; *Wagner*, Genehmigung umweltrelevanter Vorhaben, S. 178.

Erwägungen einzubeziehen.[420] Eine unverbindliche Anhörung der jeweiligen verdrängten Fachbehörden mag bedenklich erscheinen. Ein Einvernehmenserfordernis – als gesteigerte Beteiligungsform – könnte daher als Kompensation einer Beschränkung fachlicher Kompetenz der ausgeschlossenen Behörden nötig sein.[421] Der Wille des Gesetzgebers spricht dagegen.[422] Um Einbußen an Rechtsklarheit und fachlicher Verantwortung zu verhindern, war 1985 eine Novellierung angedacht.[423] Nach einem neuen § 13 II BImSchG sollte die Entscheidung über die Genehmigung im Einvernehmen mit den für die eingeschlossenen Entscheidungen zuständigen Behörden getroffen werden. Dieser Vorschlag wurde abgelehnt, da er dem Beschleunigungszweck der Konzentration zuwiderlaufe.[424] Im Vergleich zu anderen Gesetzen, die ausdrücklich ein Einvernehmenserfordernis anordnen,[425] kann daher ein solches § 13 BImSchG nicht entnommen werden.[426]

Regelungen zur sachlichen Zuständigkeit sollen besondere Fachkompetenzen als Gewähr für eine richtige Entscheidung sichern sowie verfassungsrechtlich verbriefte Kompetenzen wahren.[427] Der Verlust eigener Entscheidungszuständigkeit wird durch die eingeräumten Informations- und Anhörungsrechte teilweise kompensiert,[428] so dass eine weitergehende Mitwirkung nicht erforderlich ist.[429] Werden schwierige technische Sachfragen durch besondere Fachbehörden entschieden, dient dies der Verfahrenseffizienz.[430] Das Ausmaß der gebotenen

420 Ausführlich im 3. Kapitel G. Mitwirkung weiterer Behörden S. 289 ff. insbesondere II. 1. Stellungnahme S. 289 f.

421 Früher wurde aus der „Zustimmung" in § 13 BImSchG a.F. ein verwaltungsinterner Zustimmungsvorbehalt abgeleitet (*Jarass*, Konkurrenz, S. 64, Fn. 58; *ders.*, DÖV 1978, 21 (26 r.Sp); *Wagner*, Genehmigung umweltrelevanter Vorhaben, S. 180 f. mit ausführlicher Begründung). *Erbguth*, Rechtssystematische Grundfragen des Umweltrecht, S. 169 leitet dies aus dem Ressortprinzip ab.

422 *Guckelberger*, Kotulla, § 13 Rdnr. 42; *Rebentisch*, Feldhaus, § 13 Rdnr. 23 f.; *Seibert*, L/R, § 13 Rdnr. 45.

423 Dazu *Buchmann*, Behördenkoordination, S. 88.

424 BT-Drs. 10/3290 v. 3.5.1985 S. 30.

425 Etwa in § 36 I BBauGB; § 8 II 2 AtG. Näher *Fluck*, DVBl. 1999, 1551 (1556).

426 *Guckelberger*, Kotulla, § 13 Rdnr. 42; *Rebentisch*, Feldhaus, § 13 Rdnr. 24; *Seibert*, L/R § 13 Rdnr. 45.

427 Dazu *Fluck*, DVBl. 1999, 1551 (1556); *Maurer*, Allg. VwR, § 21 Rdnr. 46.

428 *Becker*, VerwArch 87 (1996), 581 (615); *Wagner*, Genehmigung umweltrelevanter Vorhaben, S. 181.

429 Im Ergebnis *Fluck*, DVBl. 1999, 1551 (1555) m.w.N.; *ders.*, NVwZ 1992, 118.

430 Ausführlich *Becker*, VerwArch 87 (1996), 581 (615).

Berücksichtigung fachbehördlicher Äußerungen hängt jedoch vorrangig von ihrem inhaltlichen Gewicht und nicht von ihrer Form als Einvernehmen oder „bloße" Stellungnahme ab.[431] Die Fachkenntnis der ursprünglich zuständigen Behörden vermag daher eine Anhörung in ausreichender Form ins Genehmigungsverfahren einbringen.[432]

Aufgrund der Konzentrationswirkung sind verdrängte Behörden anzuhören.

2. *Verbändebeteiligung*

Konzentriert werden auch naturschutzrechtliche Gestattungen, für deren Erteilung im naturschutzrechtlichen Verfahren eine Beteiligung von Umweltvereinigungen vorgesehen ist.[433] Mit Erlass des § 63 II Nr. 5 BNatSchG im Jahr 2009 wird ihre Mitwirkung bei der Erteilung von Ge- und Verboten zum Schutz besonders geschützter Gebiete (Natura-2000-Gebiete) ausdrücklich von einer möglichen Konzentration ausgenommen.[434] Wegen ihrer besonderen Bedeutung könnte über diese Ausnahme hinaus ihre Beteiligung erforderlich sein.

Allein aus dem Wortlaut des § 13 BImSchG oder anderer Konzentrationsnormen – wie „ersetzen", „wegfallen", „einschließen", „nicht erforderlich sein" –, ist eine Beachtlichkeit verdrängter Verfahrensnormen nicht abzuleiten.[435] Dass die immissionsschutzrechtliche Konzentrationswirkung nach § 13 BImSchG *selbstverständlich* das den Entscheidungen zu Grunde liegende Verwaltungsverfahren erfasst,[436] ist ihm andererseits ebenfalls nicht zu entnehmen.

Im Bereich des Naturschutzes kommt dem Verfahren und den Verbänden eine besondere Schutzfunktion für die Einhaltung materieller Anforderungen

---

431 *Rebentisch*, Feldhaus, § 13 Rdnr. 23; *Seibert*, L/R § 13 Rdnr. 46.

432 *Buchmann*, Behördenkoordination, S. 87 ff. ausführlich begründet; *Busse*, VR 1998, 263 (266); *Dietlein*, L/R, § 10 Rdnr. 113; *Fluck*, NVwZ 1992, 114 (118); *ders.*, DVBl. 1999, 1551 (1554); *Kopp/Ramsauer*, VwVfG, § 74 Rdnr. 14; *Lämmle*, Konkurrenz, S. 57; *Rebentisch*, Feldhaus, § 13 Rdnr. 23; *Seibert*, L/R, § 13 Rdnr. 45 f.; *Storost*, Ule/Laubinger, § 13 Rdnr. D 44.

433 BVerwG, NVwZ 2003, 750 (751) (auch im vereinfachten Verfahren); VGH München, NuR 2009, 434 (436 f.); VGH München, NuR 2008, 593 (595); OVG Berlin, NVwZ-RR 2008, 770 (770 f.); OVG Greifswald, NVwZ 2002, 1258, (1258 f.); *Seibert*, L/R, § 13 Rdnr. 41. Zu den insoweit konzentrierten Normen unten Fn 1250.

434 Den Naturschutzvereinigungen ist Gelegenheit zur Stellungnahme und zur Einsicht zu geben „vor der Erteilung von Befreiungen von Geboten und Verboten zum Schutz von Gebieten i.S.d. …, auch wenn diese durch eine andere Entscheidung eingeschlossen oder ersetzt werden".

435 *Odendahl*, VerwArch 94 (2003), 222 (229).

436 So BVerwG, NVwZ 2003, 750 (751).

zu.[437] Es erscheint daher paradox, dass die Errichtung eines Hühnermastbetriebs mit 40.000 Hennenplätzen[438] in einem Natura-2000-Gebiet keiner gesonderten Verbandsbeteiligung im förmlichen Verfahren bedürfte. Bei einem Betrieb mit 15.000 bis 39.999 Plätzen wäre eine Beteiligung sogar völlig ausgeschlossen, weil er im vereinfachten Verfahren zu genehmigen wäre. Hingegen bedürfte er bei einer Zahl unter 15.000 Plätzen zwar keiner immissionsschutzrechtlichen Genehmigung, dafür aber einer naturschutzrechtlichen Zulassung mit besonderer Verbandsbeteiligung. Eine solche Unterscheidung scheint dem Ziel der Beteiligung von Umweltvereinigungen, ihre Sachkunde in den Entscheidungsprozess einzubringen und die Behörden zu unterstützen,[439] zuwider zu laufen. Dabei erscheint ihre unterstützende Funktion im immissionsschutzrechtlichen Verfahren nötiger als im naturschutzrechtlichen. Die Entscheidung über naturschutzrechtliche Belange ist nicht die ureigenste Tätigkeit der Immissionsschutzbehörde, eine Unterstützung daher hilfreich. Andererseits beruht die Differenzierung und der scheinbare Wertungswiderspruch auf der Entscheidung des Gesetzgebers, der einen Schwellenwert zur Anwendung der jeweiligen Verfahrensvorschriften anzusetzen hat.[440] Es mag daher sachgerecht und rechtspolitisch sinnvoll sein, das Fachwissen und die z.T. ausgleichende Funktion der Verbände *vor* der Entscheidung im Genehmigungs- und nicht erst im gerichtlichen Verfahren einzubringen. Geboten ist dies hingegen nicht, zumal ihnen die Möglichkeit der Jedermann-Einwendungen offen steht.[441]

Mit der nun ausdrücklichen Ausnahme bestimmter naturschutzrechtlicher Beteiligung von der Konzentrationswirkung spricht auch der Wille des Gesetzgebers gegen eine allgemeine Beteiligung.

Aus der Konzentrationswirkung ergibt sich folglich kein Gebot, die Umweltverbände am immissionsschutzrechtlichen Genehmigungsverfahren zu beteiligen.

---

437 VG Würzburg, NuR 2008, 127 (130); ähnlich Begr. BT-Drs. 14/6378, S. 61 wonach ein Klagerecht der Verbände dazu führe, dass Verwaltungsentscheidungen sorgfältiger begründet und vorbereitet werden und der Mitwirkung der Verbände mehr Gewicht zukomme. Zur Bedeutung der Verbände ausführlich unten 3. Kapitel H. I. Bedeutung S. 293.

438 Nr. 7.1 lit. a des Anhangs der 4. BImSchV.

439 Ausführlich zu den Funktionen im 3. Kapitel H. I. Bedeutung S. 293 f.

440 *Bohl*, NVwZ 1994, 647 (648).

441 Vor der gesetzlichen Änderung wurde ein Fortwirken besonderer Beteiligungsmöglichkeit noch überwiegend abgelehnt: BVerwG, NVwZ 2003, 750 f.; VGH München, NuR 2009, 434 (436); VGH München, NuR 2008, 593 (595); *Nöthlichs*, BImSchG, § 10 Anm. 1.1.

3. *Beteiligung von Angrenzern*

Überwiegend werden Angrenzer[442] nach den Bauordnungen der Länder individuell auf baurechtliche Veränderungen ihres Nachbargrundstücks hingewiesen.[443] Das förmliche immissionsschutzrechtliche Verfahren sieht hingegen allein eine öffentliche Bekanntmachung vor.

Anders als im Baurecht ist dadurch nicht in vergleichbarer Weise sichergestellt, dass Angrenzer Kenntnis vom anstehenden Vorhaben erlangen, um ihre Rechte im Genehmigungs- und gerichtlichen Verfahren wahren zu können.[444] Eine öffentliche Bekanntmachung ist wegen der in Massenverfahren unüberschaubaren Vielzahl zu informierenden Betroffenen gerechtfertigt.[445] Für Angrenzer ist dies anders zu beurteilen. Ihre Zahl ist überschaubar, sie sind eindeutig zu bestimmen, besondere Unzulänglichkeiten bestehen nicht. Angrenzer werden vielmehr durch die Ersetzung einer individuellen mit einer öffentlichen Bekanntmachung überdurchschnittlich hart betroffen. Anders als andere potentiell Betroffene stehen sie in besonderer „Schicksalsgemeinschaft" mit dem Grundstücksnachbarn. Es erscheint daher widersprüchlich, dass ihr besonderer Schutz gerade für Vorhaben mit deutlich höherem Schädigungspotential gemindert werden soll. Ihr Vertrauen, üblicherweise individuell über die sie betreffenden baulichen Veränderungen informiert zu werden,[446] wird gerade bei einem sie verstärkt betreffenden Vorhaben enttäuscht. Dabei gilt die durch die Präklusionswirkung vermittelte Einschränkung gerichtlichen Rechtsschutzes für Angrenzer gleichermaßen.

Nach Abwägung der Beeinträchtigungen ihres Rechtsschutzes durch eine öffentliche statt individuelle Bekanntmachung mit den Unzulänglichkeiten in Massenverfahren, erscheint eine öffentliche Bekanntmachung unverhältnismäßig. Trotz der Konzentrationswirkung sind daher die weitergehenden Vorschriften der Bauordnungen der jeweiligen Länder anzuwenden.

---

442 Angrenzer sind die Eigentümer angrenzender Grundstücke (z.B. § 55 I LBO Ba-Wü).

443 § 55 LBO Ba-Wü, § 64 BbgBO, § 71 HBauO, § 62 HBO, § 70 LBauO M-V, § 68 NBauO, § 74 BauO NRW § 68 LBauO RPf.; § 71 LBO Saarland, § 70 SächsBO, § 69 BauO LSA, § 72 LBO Schleswig-Holstein, § 69 ThürBO; z.T. ist ein öffentliches Bekanntmachungsverfahren möglich (Art. 66 BayBO, § 70 BremLBO).

444 Dazu bereits oben B. IV. 1. b) Individueller oder öffentlicher S. 71 f.

445 Hierzu oben B. IV. 1. b) S. 64 f.

446 Lediglich das Baurecht von Bayern und Bremen kennt die Möglichkeit einer öffentlichen Bekanntmachung.

IV. Zwischenergebnis

Aufgrund der Konzentrationswirkung des § 13 BImSchG schließt die immissionsschutzrechtliche Genehmigung andere für das Vorhaben erforderliche Gestattungen mit ein. Die für die eingeschlossenen Gestattungen relevanten materiellen Anforderungen bleiben beachtlich. Das Verfahrensrecht wird durch das immissionsschutzrechtliche Verfahren grundsätzlich verdrängt.

Als Ausgleich für die Beschneidung der Entscheidungsbefugnis und Sicherung der Fachkompetenz der verdrängten Behörden, sind diese (zumindest) anzuhören. Verbände sind über die gesetzlich eingeräumte Beteiligung hinaus nicht gesondert zu beteiligen. Angrenzer sind hingegen wegen der im Hinblick auf die Präklusionswirkung unverhältnismäßige Beeinträchtigung ihres Rechtsschutzes nicht öffentlich sondern individuell über die baulichen Aktivitäten auf ihrem Nachbargrundstück zu informieren, es sei denn, die Landesbauordnung sieht eine öffentliche Bekanntmachung vor.

E. Ergebnis

Eine immissionsschutzrechtliche Genehmigung gewährt ihrem Inhaber weitreichenden Bestandsschutz und beeinträchtigt Drittbetroffene in ihren Grundrechten. Soll der Genehmigung neben den allgemeinen Wirkungen präklusivische und privatrechtsgestaltende Wirkung zukommen, so ist ein Genehmigungsverfahren erforderlich, in dem Bekanntmachung, Auslegung und die Möglichkeit zur Einwendungserhebung zwingende Bestandteile sind. Die Konzentrationswirkung erfordert daneben eine Behördenbeteiligung und teilweise eine individuelle Information des Angrenzers.

3. Kapitel Das immissionsschutzrechtliche Genehmigungsverfahren

Einige Verfahrensschritte konnten bereits als unabdingbare Bestandteile für verfassungskonforme Genehmigungswirkungen herausgearbeitet werden. Im Folgenden sollen nun für jeden Verfahrensschritt gesondert die gesetzlichen Vorgaben, Zusammenhänge zu den Genehmigungswirkungen, mögliche sich daraus ergebende Anforderungen und denkbare Modifikationen untersucht werden.

A. Behördliche Beratung vor Antragstellung

Vor Beginn des eigentlichen Genehmigungsverfahrens kann es – im Rahmen der behördlichen Beratung vor Antragstellung – zu einem ersten Kontakt zwischen Vorhabensträger und Genehmigungsbehörde kommen. Formlos oder durch Genehmigungsantrag unterrichtet der Projektträger die Behörde über sein Vorhaben. Diese soll ihn sodann bei seiner Antragstellung beraten und mit ihm den zeitlichen Ablauf sowie sonstige für die Durchführung des Genehmigungsverfahrens erhebliche Fragen erörtern (§ 2 II 1 der 9. BImSchV).[447]

I. Zielsetzung und Umsetzung in der Praxis

Eine solche behördliche Beratung – überwiegend als Antragsberatung oder Vorverhandlung bezeichnet[448] – *vor* Beginn des Genehmigungsverfahrens ergänzt

447 Zur behördlichen Beratungspflicht (*Czajka*, Feldhaus, § 2 der 9. BImSchV Rdnr. 22; *Kutscheidt/Dietlein*, L/R, § 2 der 9. BImSchV Rdnr. 7; *Graffe*, Bürgerbeteiligung, S. 31 m.w.N.; *Hellmann*, Öffentlichkeitsbeteiligung, S. 265 m.w.N.; *Jarass*, BImSchG, § 10 Rdnr. 20; *Sellner/Reidt/Ohms*, Immissionsschutzrecht, S. 155) entspricht kein Rechtsanspruch des Antragstellers (*Kutscheidt/Dietlein*, L/R, § 2 der 9. BImSchV Rdnr. 8; *Jarass*, BImSchG, § 10 Rdnr. 20; *Song*, Kooperatives Verwaltungshandeln, S. 92). Zur geschichtlichen Entwicklung *Schäfer*, DÖV 1977, 85 (87), wonach eine „Vorbereitung des Genehmigungsverfahrens" erstmals 1962 in den nordrhein-westfälischen Verwaltungsvorschriften erwähnt wurde.

448 „Antragsberatung" (§ 87 des UGB (E) v. 04.12.2008; *Eberle*, DV 17 (1984), 439 (446) Fn. 35); „Vorverhandlung" *Führ*, Sanierung, S. 83; *Graffe*, Bürgerbeteiligung, S. 31 f. (auch „Vorabberatung"); *Hett*, Öffentlichkeitsbeteiligung, S. 21 ff.; *Jarass*, BImSchG, § 10 Rdnr. 21; *Mutschler*, ET 1978, 505 (505 f.); *Lübbe-Wolff*, NuR 1989, 295 (297); *Oster*, NuR 2008, 845 (847); *Ule/Laubinger*, Gutachten B, S. 28; *Song*, Kooperatives Verwaltungshandeln, S. 86. Das Umweltministerium Baden-Württemberg

die Hinweispflicht der Behörde *ab* Antragseinreichung nach § 25 VwVfG.[449] Als Konkretisierung des Kooperationsprinzips[450] soll sie zur Verfahrensbeschleunigung und vollständigen Information der Behörde beitragen.[451] Teilweise wird ihr darüber hinaus die Funktion zugeschrieben, Fehlinvestitionen auf Seiten

---

bezeichnet sie als Vorantragsberatung und kennt als besondere Form eine Vorantragskonferenz. (Nr. 6 der VwV-Verfahrensbeschleunigung Umwelt, v. 01.12.1992 GABl. 1993 S. 15). Insoweit wohl eine missverständliche Verwendung der Begriffe im Leitfaden Baden-Württemberg, S. 20 f., dem entnommen werden könnte, es sei zwischen einer „Vorantragsberatung" – als ersten Kontaktaufnahme – und der „Vorantragskonferenz" – sobald die Projektunterlagen erstellt sind – zu differenzieren, wobei bei letzterer auch materielle Anforderungen erörtert und soweit möglich festgelegt werden könnten. Den Begriff der „Vorantragskonferenz" verwenden *Czajka*, Feldhaus, § 2 der 9. BImSchV, Rdnr. 43 (unter § 10 Rdnr. 17 auch „Vorgespräche" ebenso *Harder*, Genehmigungsverfahren, S. 13); *Dietlein*, L/R, § 10 Rdnr. 36; OVG Lüneburg, v. 12.01.2008 - 12 LC 72/07 - (juris) allerdings für den Erörterungstermin; OVG Lüneburg, v. 26.05.2000 - 12 K 1303/99 – (juris) als Bezeichnung allein des Scoping-Termins; „Vorberatung" *Busse*, VR 1998, 263 (265); „behördliche Beratung" oder „Beratung vor Antragstellung" *Nöthlichs*, BImSchG, § 10 Anm. 2.1.

449 RegBgr. zur vglbaren AtVfV BR-Drs. 526/76, S. 3; *Busse*, VR 1998, 263 (265); *Graffe*, Bürgerbeteiligung, S. 31; *Jarass*, BImSchG, § 10 Rdnr. 20; *Sellner/Reidt/Ohms*, Immissionsschutzrecht, S. 155; *Storost*, Ule/Laubinger, § 10 Rdnr. C 3. Vergleichbare Regeln sind §§ 71c, e VwVfG und § 5 UVPG. Zum Begriff der Beratung *Klingler*, Rat und Beratung, S. 8 ff., 89 ff.

450 Amtl. Begr. BR-Drs. 526/76; *Czajka*, Feldhaus, § 2 der 9. BImSchV, Rdnr. 16; *Dietlein*, L/R, § 10 Rdnr. 36; *Kloepfer*, Umweltrecht, § 14 Rdnr. 142; *Wedemeyer*, Kooperationen, S. 8 ff.; *Würfel*, Informelle Absprachen, S. 140. Allgemein zum Kooperationsprinzip *Baer*, Bürger, S. 133 ff.; *Kloepfer*, Umweltrecht, § 4 Rdnr. 56 ff.; *Song*, Kooperatives Verwaltungshandeln, S. 29 ff.; zu seiner Tradition *Schneider*, VerwArch 87 (1996), 38 (38) m.w.N. und umfassend *Grüter*, Umweltrecht und Kooperationsprinzip, 1990; *Rengeling*, Das Kooperationsprinzip im Umweltrecht, 1988; *Shirvani*, Das Kooperationsprinzip im deutschen und europäischen Umweltrecht, 2005; *Voßkuhle*, ZUR 2001, 23. Zu den Gründen einer Kooperation, obwohl die Ausgangslage eher Konflikte erwarten ließe, u.a. anhand der Spieltheorie: *Benz*, Kooperative Verwaltung, S. 82 ff.

451 Unstreitig, statt vieler: *Czajka*, Feldhaus, § 10 Rdnr. 18; *Graffe*, Bürgerbeteiligung, S. 32; *Hellmann*, Öffentlichkeitsbeteiligung, S. 266; *Jarass*, BImSchG, § 10 Rdnr. 20; *Nöthlichs*, BImSchG, § 10 Anm. 2.1.; *Oster*, NuR 2008, 845 (845); *Song*, Kooperatives Verwaltungshandeln, S. 18, 92; *Storost*, Ule/Laubinger, § 10 Rdnr. C3. Die Funktion staatlicher Genehmigungstätigkeit als Informationsgewinnung betont *Spiecker gen. Döhmann*, DVBl. 2006, 278 (280) sowie ausführlich *Kloepfer*, UPR 2005, 41 (42 f.).

des Antragstellers zu vermeiden.[452] Unabhängig davon, ob ihr diese Funktion zukommen soll,[453] begründen hohe Kosten für die Vorhabensplanung, verbunden mit Unsicherheiten in rechtlicher und tatsächlicher Hinsicht,[454] ein hohes Bedürfnis nach vorheriger Klärung und Verständigung. Neben einer reinen Information durch die Behörde werden zumeist in einer fachlichen und rechtlichen Erörterung Inhalt und Umfang des Handlungs- und Entscheidungsbedarfs eingegrenzt.[455] Vorgespräche scheinen daher aus dem umweltrechtlichen Alltag nicht mehr hinwegzudenken zu sein und finden vor nahezu jedem förmlichen Genehmigungsverfahren statt.[456]

---

452 So etwa *Czajka*, Feldhaus, § 10 Rdnr. 18; *Graffe*, Bürgerbeteiligung, S. 32; *Hellmann*, Öffentlichkeitsbeteiligung, S. 266; *Henneke*, NuR 1991, 267 (272); *Hett*, Öffentlichkeitsbeteiligung, S. 21; *Lübbe-Wolff*, NuR 1989, 295 (297); *Schack*, in: Giesberts/ Reinhardt, Umweltrecht, § 10 Rdnr. 5); ausführlich *Song*, Kooperatives Verwaltungshandeln, S. 88; *Ule/Laubinger*, Gutachten B, S. 29. Dagegen *Jarass*, BImSchG (9. Aufl), § 10 Rdnr. 20; *Nöthlichs*, BImSchG, § 10 Anm. 2.1.; *Storost*, Ule/Laubinger, § 10 Rdnr. C3. *Dietlein*, L/R, § 10 Rdnr. 36 äußert sich hierzu nicht.

453 Kritisch *Lübbe-Wolff*, NuR 1989, 295 (297): „Betriebe sind äußerst risikoempfindlich, wenn es darum geht, Planungen in Angriff zu nehmen, ohne dass die Behörden vorab informell grünes Licht für das geplante Vorhaben gegeben haben. Das Risiko, Aufträge in Höhe von Hunderttausenden DM entgegen zu nehmen, bevor auch nur in Vorverhandlungen geklärt ist, ob die Werkshalle, in der diese Aufträge erfüllt werden sollen, überhaupt gebaut werden darf, scheuen sie dagegen erstaunlicherweise oft nicht. Hier verlässt man sich vielmehr gern auf die in Vorverhandlungen zu mobilisierende freundliche Bereitschaft der Behörden, den bei Nichterfüllung drohenden Konkurs durch eine erstens positive und zweitens auch noch im erforderlichen Maße beschleunigte Abwicklung der fälligen Genehmigungsverfahren abzuwenden."

454 Diese Unsicherheiten beruhen auf den ausführlichen und komplexen Regelwerken mit unbestimmten Rechtsbegriffen und Prognoseentscheidungen sowie auf komplexe wirtschaftliche und technische Sachmaterien (*Bauer*, VerwArch 78 (1987), 241 (250 f.); *Eberle*, DV 17 (1984), 439 (441); *Grüter*, Kooperationsprinzip, S. 66; *Oster*, NuR 2008, 845 (845)). 1995 zählte der bayrische Ministerpräsident 800 Umweltgesetze, 2770 Verordnungen und 4690 Verwaltungsvorschriften (*Buchner*, FS für Odersky, S. 183 (183)).

455 *Bulling*, DÖV 1989, 277 (279); ähnlich *Oster*, NuR 2008, 845 (847); *Seibert-Fohr*, VerwArch 104 (2013), 311 (314); *Song*, Kooperatives Verwaltungshandeln, S. 86 f.

456 In etwa 70% der förmlichen Genehmigungsverfahren finden Vorgespräche statt (*Mayntz*, Vollzugsprobleme der Umweltpolitik, S. 319 f.; ähnliche Resultate bei *Wedemeyer*, Kooperationen, S. 51; *Hucke/Ullmann*, in: Implementation, S. 105 (112); *Beyerlin*, NJW 1987, 2713 (2713); *Bohne*, Der informale Rechtsstaat, S. 50; *Hoffmann-Riem*, VVDStRL 40 (1982), 187 (191 ff.); *Song*, Kooperatives Verwaltungshandeln, S. 63).

1. *Form informellen Verwaltungshandelns*

§ 2 II der 9. BImSchV regelt ein an sich informelles Handeln, das rechtsaktvorbereitend vor Einleitung eines Verwaltungsverfahrens durchgeführt werden soll.[457] Informelles Verwaltungshandeln[458] gehört zum Instrumentarium des „modernen“ Staates. Als Gegenpart zum förmlichen, formellen Handeln der Verwaltung spiegelt sich im informellen Verwaltungshandeln der Wandel vom Ordnungsstaat zum steuernden, gestaltenden kooperativen Staat wieder, der auf Dynamik und Komplexität der modernen Industriegesellschaft eingestellt sein muss.[459]

---

457 *Bulling*, DÖV 1989, 277 (279); *Eberle*, DV 17 (1984), 439 (439 f.); *Grüter*, Kooperationsprinzip, S. 60 f. m.w.N.; *Oster* NuR 2008, 845 (847); *Schröder*, NVwZ 1998, 1011 (1012, 1013)).

458 Begriffsprägend *Bohne*, Der informale Rechtsstaat, S. 43 ff.; *ders.*, VerwArch 75 (1984), 343 (343 ff.), aus der organisationssoziologischen Diskussion. Zuvor von *v. Forsthoff*, Lehrbuch des Verwaltungsrechts, 1973 als „Arrangements“ bezeichnet (ebenso *Eberle*, DV 17 (1984), 439 (440); *Bergner*, Grundrechtsschutz, S. 132). Ausführliche Ausführungen insbesondere bei: *Baer*, Bürger, S. 130 ff., insbes. 143 ff.; *Bauer*, VerwArch 78 (1987), 241 ff.; *Becker*, DÖV 1985, 1003 ff.; *Brohm*, DVBl. 1994, 133 (133 f.); *Bulling*, DÖV 1989, 277 (279 ff.); *Eberle*, DV 17 (1984), 439 (439 ff.); *Henneke*, NuR 1991, 267 (268, 270 f.); *Hoffmann-Riem*, VVDStRL 40 (1982), 187 (191 ff.); *Jochum*, Verwaltungsverfahrensrecht, S. 163 ff.; *Kunig/Rublack*, Jura, 1990, 1 (4 f.); *Oebbecke*, DVBl. 1994, 147 (149 f.); *Oster*, NuR 2008, 845 (845 ff.) m.w.N.; *Schneider*, VerwArch 87 (1996), 38 (38 ff.); *Schröder*, NVwZ 1998, 1011 (1012); *Song*, Kooperatives Verwaltungshandeln, S. 33 ff.; *Spannowsky*, Grenzen des Verwaltungshandelns, S. 48 ff., 59 ff., 449 ff.; *Treutner*, in: Kooperation und Korruption, S. 65 (65 ff.); *Wedemeyer*, Kooperationen, S. 13 f.; *Würfel*, Informelle Absprachen, S. 5 ff.; *Zepf*, DÖD 2004, 5 (5 f.). Alternativen zum einseitig-hoheitlichen Verwaltungshandeln: *Kunig*, Konfliktbewältigung I, S. 43 ff.; aus organisationssoziologischer Sicht: *Schulze-Fielitz*, in: Kooperation und Korruption, S. 233 (233 ff.); *Quaritsch*, in: FS für Ule, 1977, 135 ff.

459 *Kibele*, VBlBW 2005, 14 (16) m.w.N. und *Oster*, NuR 2008, 845 (845, 850). Ausführlich *Baer*, Bürger, S. 83 ff.; *Becker*, DÖV 1985, 1003 (1003); kritisch *Brohm*, DVBl. 1994, 133 (138); *Hoffmann-Riem*, VVDStRL 40 (1982), 187 (207): „Der moderne Staat hat sich auf das Verteilen von „Zuckerbrot“, nicht auf das „Schwingen der Peitsche“ eingerichtet.“; *Schröder*, NVwZ 1998, 1011 (1011); *Song*, Kooperatives Verwaltungshandeln, S. 24 f.; *Wedemeyer*, Kooperationen, S. 2. Der Staat wandelt sich vom „Nachtwächterstaat“ zum *Dienstleister* gegenüber dem „Kunden“ (Leitfaden Baden-Württemberg, S. 7), ähnlich LT-Drs. 13/3201 S. 241; BT-Drs. 13/4108, S. 70 Nr. 85; kritisch *Baer*, Bürger, S. 130 ff., 151 f. m.w.N., 170; sowie *Bonk*, NVwZ 1997, 320 (328): Behörden als eine Art Service-Betrieb mit dem Antragsteller als Partner in gewisser Weise.

Das formelle Handeln wird an seinen Grenzen gesehen.[460] Es seien daher kooperative Handlungsformen erforderlich als Reaktion auf stetige Änderungen der Lebensverhältnisse und technische Entwicklungen[461] sowie für eine leistungsfähige effiziente öffentliche Verwaltung[462].

a) Innovatives Handlungsinstrument

Als ein solches innovatives Handlungsinstrument werden die Vorgespräche von Vorhabensträger und Genehmigungsbehörde überwiegend positiv bewertet.[463] Ein Grund hierfür ist sicher, dass immissionsschutzrechtlichen Genehmigungsverfahren meist Vorhaben mit komplexen technischen und wirtschaftlichen Sachverhalten zugrunde liegen, für die eine juristische Beurteilung nach nicht minder komplexen Regelwerken mit unbestimmten Rechtsbegriffen und Prognoseentscheidungen erforderlich ist. Ein „klärendes Gespräch" vermag daher

---

460 *Becker*, DÖV 1985, 1003 (1011); *Bora*, Differenzierung und Inklusion, S. 22 m.w.N.; *Bulling*, DÖV 1989, 277 passim; *Calliess*, NJW 2003, 97 (99); *Hoffmann-Riem*, VVD-StRL 40 (1982), 187 (201); *Ritter*, AöR 104 (1979), 389 ff.; *Schrader*, DÖV 1990, 326 ff.; *Schulze-Fielitz*, in: Kooperation und Korruption, S. 233 (244); *Song*, Kooperatives Verwaltungshandeln, S. 17, 43 m.w.N. Die geringe Steuerungskraft des materiellen Rechts erzeuge einen enormen Kooperationsbedarf (*Bauer*, VerwArch 78 (1987), 241 (251); *Benz*, DV 23 (1990), 83 (86); *Kunig/Ruback*, Jura 1990, 1; *Schneider*, VerwArch 87 (1996), 38 (46); *Schröder*, NVwZ 1998, 1011 (1011) m.w.N.; *Striegnitz*, ZAU 3 (1990), 51 (61)).

461 Hintergrund sei die Globalisierung der Märkte, verschärfter Standortwettbewerb, differenziertere und kompliziertere europäische und nationale Regelwerke, anspruchsvollere „Verwaltungskundschaft" (*Kibele*, VBLBW 2005, 14 (16): Der Bürger sei fordernder, distanzierter und skeptischer und wolle überzeugt und in jeder Phase beteiligt werden.) sowie Krise in den öffentlichen Finanzen (*Reiners*, VBlBW 2008, 281 (285)).

462 *Kibele*, VBlBW 2005, 14 (16). Zur Ökonomisierung der öffentlichen Verwaltung *Jochum*, Verwaltungsverfahrensrecht, S. 283 ff. Baden-Württemberg reformierte seine Verwaltung 2005 konsequent auf Kundenorientierung und sparte zugleich 100.00 Stellen (30%) (Plenarprotokoll vom 30.06.2004 LT-Drs. 13/71 S. 4989), obwohl bereits 1978 ein Umweltgutachten (BT-Drs. 8/1938 S. 474) Personalmangel im Umweltbereich feststellte. Nach *Hill/Weber*, Vollzugserfahrungen, S. 50 ff., 63 bestand 1996 ein Verhältnis immissionsschutzrechtlicher Verfahren pro Mitarbeiter im Durchschnitt von ca 45 (Schleswig-Holstein) bis ca 5 (Hamburg).

463 *Hucke/Ullmann*, in: Implementation, S. 105 (109 f.) zeigen typische Verhandlungspielräume und -situationen auf, die in Vorgesprächen herrschen. Zu Vorzügen und Nachteilen informellen Verwaltungshandelns siehe beispielhaft die Auflistung bei *Bauer*, VerwArch 78 (1987), 241 (250 ff., 254 ff.); *Benz*, DV 23 (1990), 81 (87 ff.).

Unsicherheiten zu beseitigen[464] sowie Aufwand und Risiken des Verfahrens kalkulierbar zu machen.

Im Gegenzug bedeuten die Gespräche für die Behörde einen nicht zu unterschätzenden Informationsgewinn und die Schonung eigener Ressourcen. Die Pflege guter Beziehungen zu investierenden Unternehmen gewährleistet einen ständigen Wissenstransfer und die Nutzung privater Ressourcen in Form von Sachverstand und Finanzmitteln.[465] Finden bereits im Vorverfahren Einigungen statt, verringert sich zudem der personelle, finanzielle und zeitliche Aufwand der Behörde für die Durchführung des Verfahrens.[466]

---

464 *Bauer*, VerwArch 78 (1987), 241 (250 f.); *Bechmann*, Genehmigung von Großvorhaben, S. 41 (54); *Bergner*, Grundrechtsschutz, S. 132; *Brohm*, Gesetzesvollzug, S. 103 (108); *Eberle*, DV 17 (1984), 439 (441); *Henneke*, NuR 1991, 267 (272); *Oster*, NuR 2008, 845 (845) m.w.N.; *Schröder*, NVwZ 1998, 1011 (1011); *Song*, Kooperatives Verwaltungshandeln, S. 27, 90. *Buchmann*, Behördenkoordination, S. 46 weist darauf hin, dass mit der Komplexität der Sachverhalte eine Zunahme an Nomenvielfalt korreliere.

465 *Eberle*, DV 17 (1984), 439 (442); *Henneke*, NuR 1991, 267 (272 f.); *Hill*, DVBl. 1993, 973 (975); *Hoffmann-Riem*, VVDStRL 40 (1982), 187 (201, 203); *Kunig/Rublack*, Jura 1990, 1 (1); *Oster*, NuR 2008, 845 (845) m.w.N.; *Schenke*, VBlBW 1982, 313 (314 f.). Zur Angewiesenheit der Behörden auf die Information der Unternehmen eindrücklich *Spiecker gen. Döhmann*, DVBl. 2006, 278 ff.; ebenso *Baer*, Bürger, S. 58 m.w.N., 141; *Hoffmann-Riem*, DVBl. 1994, 1381 (1387); *Jestaedt*, Kondominialverwaltung, S. 133 m.w.N.; *Jochum*, Verwaltungsverfahrensrecht, S. 165; *Song*, Kooperatives Verwaltungshandeln, S. 89 f. sowie die Befunde der Umweltgutachten von 2002 (BT-Drs. 14/8792 S. 103) und 1978 (BT-Drs. 8/1938, S. 476). *Wedemeyer*, Kooperationen, S. 16, 41 ff. konstatiert ein Informationsdefizit der Behörde, das eine Angewiesenheit auf „externe" Informationsquellen nach sich ziehe, die vorrangig Antragsteller und Fachbehörden, nur in selteneren Fällen Industrie- und Fachverbände und eher Sachverständige sind. In der Untersuchung von *Hill/Weber*, Vollzugserfahrungen, S. 99 bestätigten 60% der Behördenmitarbeiter, dass sie ohne Vorgespräche nicht die notwendigen Informationen zu einer sachgerechten Entscheidung erhielten.

466 Brohm, DVBl. 1994, 133 (138); *Hoffmann-Riem*, VVDStRL 40 (1982), 187 (201 f.); *Wedemeyer*, Kooperationen, S. 40 f.; *Westphal/Walther*, in: FS für Meyer, 1975, S. 251 (258): Die reinen Personal- und Sachkosten des dreijährigen Verfahrens zum Flughafen Kaltenkirchen betrugen 707.000,- DM. Andererseits bedeutet die Vorberatung eine Arbeitsbelastung von 30% der Arbeitszeit für das gesamte Genehmigungsverfahren (*Hill/Weber*, Vollzugserfahrungen, S. 105 f.). Die erhebliche Personal- und Finanzverknappung – die gesamtstaatlichen Umweltausgaben schrumpfen seit 1996 um 20% (um 600 Mio €) (SRU in ihrer Pressemitteilung v. 22.02.2007) – macht daher eine Kooperation erforderlich (Begr. zu § 87 UGB-I-Ref. (2009) S. 241).

Durch eine Antragsberatung können folglich Rechtsauffassungen abgeglichen und Konflikte und Missverständnisse vermieden werden,[467] so dass ihr eine verfahrensbeschleunigende und effizienzsteigernde Wirkung zugesprochen wird.[468]

b) Gefahr faktischer Bindung

Antragsberatungen können andererseits durch erfolglose Versuche, eine einvernehmliche Lösung herbeizuführen, oder durch Verschleppungsstrategien die Verwaltung temporär lähmen.[469] Informelles Verwaltungshandeln wird daher für Vollzugsdefizite im Umweltrecht (mit)verantwortlich gemacht.[470]

Ganz allgemein wird gegen informelles Handeln – auch als „Dunkelkammer des Rechtstaates" bezeichnet[471] – eingewandt, es trüge die Gefahr in sich, dass die Verwaltung ihre autonome Position verliere, rechtliche Regelungen und

---

467 *Bauer*, VerwArch 78 (1987), 241 (251 f.); *Bechmann*, Genehmigung von Großvorhaben, S. 41 (54); *Bonk*, DVBl. 2004, 141 (149); *Eberle*, DV 17 (1984), 439 (442); *Henneke*, NuR 1991, 267 (272); *Oster*, NuR 2008, 845 (845); *Schröder*, NVwZ 1998, 1011 (1011); *Würfel*, Informelle Absprachen, S. 2. Andere verweisen darauf, dass Befriedungseffekte gerade in den Einsatzbereichen informeller Handlungsweisen ausblieben (*Hoffmann-Riem*, VVDStRL 40 (1982), 187 (214): es entstünde das Gefühl der Hilflosigkeit, Ohnmacht und des „Verschaukeltwerdens"; ähnlich *Schulze-Fielitz*, in: Kooperation und Korruption, S. 233 (245); *Treutner*, in: Kooperation und Korruption, S. 65 (77); *Würfel*, Informelle Absprachen, S. 2).

468 BVerfGE 45, 297 (335) zur Relativierung der Effektivitätsforderung. *Bauer*, VerwArch 78 (1987), 241 (252 f.); *Bechmann*, Genehmigung von Großvorhaben, S. 41 (54); *Schröder*, NVwZ 1998, 1011 (1011); *Song*, Kooperatives Verwaltungshandeln, S. 18, 88 f., 92; *Würfel*, Informelle Absprachen, S. 2. *Hoffmann-Riem*, VVDStRL 40 (1982), 187 (216) stellt diese Eignung zumindest bei Großprojekten in Frage.

469 So kann sie eine zeit- und personalintensive „Handlungsalternative" werden (*Bauer*, VerwArch 78 (1987), 241 (256); *Henneke*, NuR 1991, 267 (272), ähnlich *Steinberg*, DÖV 1982, 619 (626)).

470 *Bauer*, VerwArch 78 (1987), 241 (254); *Bohne*, Der informale Rechtsstaat, S. 22 f.; *ders.*, VerwArch 75 (1984), 343 (372); deutlich *Eberle*, DV 17 (1984), 439 (439); *Schulze-Fielitz*, in: Kooperation und Korruption, S. 233 (246). Zum Begriff des Vollzugsdefizits im Umweltrecht *v. Mutius*, DVBl. 1978, 665 (665) m.w.N; ähnlich *Hoffmann-Riem*, VVDStRL 40 (1982), 187 (201 f.); *Song*, Kooperatives Verwaltungshandeln, S. 29.

471 *Eberle*, DV 17 (1984), 439 (463); zitiert von *Bauer*, VerwArch 78 (1987), 241, (244); „brauchbare Illegalität" (*Bull/Mehde*, Allgemeines Verwaltungsrecht, § 4 Rdnr. 154); *Bulling*, DÖV 1989, 277 (277); „im Zwielicht brauchbarer Illegalität (*Bohne*, VerwArch 75 (1984), 343 (373); *Eberle*, DV 17 (1984), 439 (463)); „rechtliche Grauzone" (*Bohne*, Der informale Rechtsstaat, S. 198); „Verkauf von Hoheitsakten" (*Krüger*, DVBl. 1950, 518 (520)); „freundschaftliche Kungelei" (*Hoffmann-Riem*, VVDStRL

normative Vorgaben unterlaufen, konterkariert oder zumindest relativiert würden, der Staat sich seiner Verantwortung entziehe und das Recht zum Tauschobjekt zu degenerieren drohe.[472] Vorabfestlegungen könnten zu einer selektiven Interessenswahrnehmung führen.[473]

Es besteht daher die Gefahr, dass in den Vorgesprächen wesentliche Entscheidungen getroffen werden.[474] Das eigentliche Genehmigungsverfahren könne dadurch zur Farce geraten, die Bürgerbeteiligung denaturiert werden.[475]

---

40 (1982), 187 (211)); „Bermudadreieck von Hersteller, Gutachter und Genehmigungsbehörde" (*Gerhardt/Jacob*, DÖV 1986, 256 (269 Fn 101)).

472 *Bechmann*, Genehmigung von Großvorhaben, S. 41 (55) m.w.N.; *Bohne*, VerwArch 75 (1984), 343 (346); Brohm, DVBl. 1994, 133 (138 f.); *Bulling*, DÖV 1989, 277 (277); *Henneke*, NuR 1991, 267 (273); *Hoffmann-Riem*, VVDStRL 40 (1982), 187 (225); *Oster*, NuR 2008, 845 (849). Bei einer Beratung und Unterstützung des Antragstellers dürften Umweltstandards nicht auf der Strecke bleiben – was sich von selbst verstehe (Leitfaden Baden-Württemberg, S. 6). Informelle Handlungsweisen rücken durch das gemeinsame Merkmal des Tauschs in die Nähe der Korruption, eine klare Grenzziehung „zwischen Kooperation und Korruption" verschwimmt (dazu *Schulze-Fielitz*, in: Zwischen Kooperation und Korruption, S. 233 ff.; *Song*, Kooperatives Verwaltungshandeln, S. 19; *Zepf*, DÖD 2004, 5 ff. bekannt sind Auflagen- und Genehmigungskorruption (*Liebl*, in: Benz/Seibel, Kooperation und Korruption, S. 283 (291, 293 mit Beispielen)). Beispiele sind etwa der Fall Flick, in dem das Wirtschaftsministerium um informelle Stellungnahme gebeten wurde, bevor der definitive Antrag auf steuerbegünstigte Wiederanlage des aus dem Verkauf von Daimler-Benz-Aktien erlangten Erlöses i.H.v. 1,9 Mrd. DM gestellt wurde (*Eberle*, DV 17 (1984), 439 (440); BVerfGE 67,100 (103 ff.)). Sowie die gerichtliche Überprüfung des AKW Unterweser, bei dem die Genehmigungsbehörde in Abstimmung mit den Betreibern sämtliche wesentliche Genehmigungen nachträglich änderte, wann immer das Gericht durch Teilurteil oder informell im Beweistermin erkennen ließ, dass es Teile für rechtswidrig hielt (*Winter*, NJW 1979, 393 (399)).

473 Ausführlich zur selektiven Interessenwahrnehmung Fn 554 S. 136.

474 Dies bestätigt etwa die Untersuchung von *Dose*, in: Benz/Seibel, Kooperation und Korruption, S. 87 (97), wonach in 66,6% der Fälle eine Weichenstellung in den Vorverhandlungen erfolgt. Ähnlich *Beyerlin*, NJW 1987, 2713 (2713).

475 *Beyerlin*, NJW 1987, 2713 (2713, 2721); *Bohne*, VerwArch 75 (1984), 343 (352); *Hoffmann-Riem*, Konfliktbewältigung I, S. 13 (24); ausführlich hierzu *Hucke/Ullmann*, in: Implementation, S. 105 (120 f.); *Kunig/Rublack*, Jura 1990, 1 (1); *Schink*, DVBl. 2013, 1347 (1355): Beteiligung sei defizitär, denn sie habe keinen Einfluss auf das Projekt als solches sondern nur auf Detailfragen seiner Ausführung; *Schröder*, NVwZ 1998, 1011 (1013); *Song*, Kooperatives Verwaltungshandeln, S. 18: Partizipationschancen werden entwertet, der Genehmigungsbescheid zum „notariellen Beurkundungsakt" vorweggenommener Entscheidung; *Ule/Laubinger*, Gutachten B, S. 28 f.; *Weinreich*,

2. *Die Antragsberatung in der Praxis*

Tatsächlich verlaufen Vorgespräche in der Praxis nicht selten wie folgt:[476]

Nach der Information des zukünftigen Antragstellers über das geplante Vorhaben prüft die Behörde dieses pauschal und grob gerastert innerhalb weniger Tage oder Wochen. Daran anschließend stellt die Behörde die Aussichtslosigkeit des konkreten Projektes dar – oft unter Nennung möglicher Ersatzstandorte –, regt Änderungen an oder erklärt, dass vorbehaltlich detaillierter Prüfungen im förmlichen Verfahren keine gravierenden Einwände gegen das Projekt erkennbar sind. In der Regel werden diese Gespräche erst beendet, wenn geklärt ist, ob und ggf. unter welchen Voraussetzungen eine Genehmigung in Betracht kommt.[477]

Solche Beratungen haben Auswirkungen auf das sich anschließende Genehmigungsverfahren:[478]

Zum einen kann der *Inhalt* der Beratung materielle und verfahrensrechtliche Voraussetzungen[479] umfassen. Er reicht von allgemeinen Informationen zu notwendigen Unterlagen und Hilfestellungen beim Ausfüllen der Antragsformulare bis hin zu detaillierten Besprechungen aller wesentlichen Genehmigungsvoraussetzungen sowie der Erarbeitung von Lösungsansätzen für die Genehmigungsfähigkeit. Dies führt nicht selten dazu, dass alle oder zumindest die wesentlichen für die Genehmigung relevanten Aspekte bereits vor Beginn des eigentlichen

---

NVwZ 1997, 949 (953) beklagt, dass die Offenheit des Gesetzes – als Möglichkeit für den bestmöglichen Grundrechtsschutz gedacht – in der Praxis häufig zu einem Aushandeln über die Einzelheiten der Zulassung des Vorhabens verwandt wird.

476 So der Praxisbericht von *Bulling*, DÖV 1989, 277 (280) vom Regierungspräsidium Stuttgart.

477 Einschätzung von *Song*, Kooperatives Verwaltungshandeln, S. 86 f.

478 Dies wiesen verschiedene Studien nach. Die Empirie beruht auf der grundlegenden Implementationsforschung in den 70er des 20. Jahrhunderts, insbesondere *Mayntz*, Vollzugsprobleme der Umweltpolitik, 1978 (Untersuchung im Jahr 1976 in Nordrhein-Westfalen, Baden-Württemberg und Bayern aufgrund von Interviews, Fallstudien und schriftlichen Befragungen, zusammengefasst etwa bei *Bohne*, Der informale Rechtsstaat, 1981, S. 17–21, passim); *Ullmann*, Industrie und Umweltschutz, 1982. Später folgten Studien von *Wedemeyer*, Kooperationen, 1991 (Untersuchung Feb.-Nov. 1989 in Bayern mittels Fragebögen und Interviews) und *Hill/Weber*, Vollzugserfahrungen, 1996 (Interviews, schriftliche Befragungen, Aktenanalyse und Informationsmaterial der Landesministerien in den neuen Bundesländern) sowie Praktikerberichte: *Arnold*, VerwArch 80 (1989), 125 ff.; *Bulling* DÖV 1989, 277 (282 ff.); *Westphal/Walther*, in FS für Meyer, 1975, 253 ff. (insbes. 256).

479 *Beyerlin*, NJW 1987, 2713 (2713).

Verfahrens erörtert und zum Teil vorentschieden werden.[480] Lediglich auf Verfahrensfragen beschränkte Gespräche sind eher die Ausnahme.[481]

Zum anderen beanspruchen Vorberatungen einen langen *Zeitraum*. Mit durchschnittlich einem Jahr[482] dauern sie sogar länger als das eigentliche Ge-

---

480 Nach den Ermittlungen von *Hill/Weber*, Vollzugserfahrungen, S. 98 beurteilten immerhin 59% der befragten Behörden Vorgespräche als stark entscheidungsbestimmend (21% als teilweise entscheidungsbestimmend, 20% als geringfügig entscheidungsbestimmend).

481 Beratungsgegenstand seien die prinzipielle Realisierbarkeit des Vorhabens einschließlich der Verfahrensfragen, Detailbesprechungen über einschlägige Umweltstandards sowie die technische Realisierbakreit des Konzepts (*Schröder*, NVwZ 1998, 1011 (1013)). *Bohne*, Der informale Rechtsstaat, S. 52 f.; *Bulling*, DÖV 1989, 277 (280); *Burmeister*, UTR 1988, 121 (158): die wesentlichen Fragen werden faktisch einer Lösung zugeführt; *Eberle*, DV 17 (1984), 439 (439): es werde die gesamte Rechtslage und die „Strategie" für das offizielle Verfahren abgeklärt; *Song*, Kooperatives Verwaltungshandeln, S. 87: Vorverhandlungen umfassten nicht nur die prinzipielle Realisierbarkeit sondern auch Detailbesprechungen über einschlägige Umweltstandards und technische Konzeptionen; *Wagner*, Genehmigung umweltrelevanter Vorhaben, S. 145: Genehmigungsfähigkeit des Vorhabens wird abgeklärt. Untersuchungen bestätigen diesen Befund: *Mayntz*, Vollzugsprobleme der Umweltpolitik, S. 318 ff.: Allein in *einer* von 17 Fallstudien waren ausschließlich Verfahrensfragen Beratungsgegenstand. *Hill/Weber*, Vollzugserfahrungen, S. 95: Äußerungen von Behördenseit: „Beratung zur Beibringung vollständiger Antragsunterlagen heißt für uns zu erreichen, dass der Antragsteller die Vordrucke so ausfüllt, dass das Vorhaben genehmigungsfähig ist." „Wenn die Antragsunterlagen vollständig sind, ist das Verfahren kein Problem mehr. Darin liegt die Schwierigkeit des Verfahrens, die auch die meiste Beratung erfordert." Bei der Befragung durch *Wedemeyer*, Kooperation, S. 61 ff. gab die Mehrheit der Behörden an, eher keine umfassenden Absprachen zu treffen, während die Unternehmen aussagten, häufig bis immer detaillierte Absprachen zu treffen.

482 *Hucke/Ullmann*, in: Implementation, S. 105 (121); *Song*, Kooperatives Verwaltungshandeln, S. 63 m.w.N. Aussage eines Behördenmitarbeiters zur zeitlichen Dauer: „30 bis 35% unserer Arbeitszeit ist Beratung. Bis die Antragsunterlagen vollständig sind, dauert es oft bis zu einem Jahr, das Verfahren selbst meist nur drei Wochen." (*Hill/Weber*, Vollzugserfahrungen, S. 105 f.). 1976 nahm die Antragsberatung durchschnittlich 10,6 Monate in Anspruch (mit Schwankungen zwischen 1 und 28 Monaten), das Genehmigungsverfahrens dagegen 9,0 Monate (schwankend zwischen 4 und 19 Monaten) (*Mayntz*, Vollzugsprobleme der Umweltpolitik, S. 318; hierauf beziehen sich *Bohne*, Der informale Rechtsstaat, S. 51, und *Führ*, Sanierung von Industrieanlagen, S. 69). Nach *Harder*, Genehmigungsverfahren, S. 23 war ein Zeitbedarf (1974–1983) von 4 Monaten für Vorgespräche am häufigsten.

nehmigungsverfahren. Dies steht im klaren Widerspruch zur Beschleunigungsintention des § 10 VI a BImSchG[483], der eine siebenmonatige Entscheidungsfrist vorsieht.

Für Drittbetroffene sind Antragsberatungen insoweit problematisch, als eine (z.T. intensive) inhaltliche Beratung ohne eigene Beteiligung über einen längeren Zeitraum zu einer behördlichen Vorabbindung führen kann und dadurch die Beteiligungsrechte (erheblich) eingeschränkt werden.[484]

II. Inhalt und Drittbeteiligung

Im Gegensatz zu ihrer Bedeutung fällt die Regelung der Antragsberatung allein in § 2 II der 9. BImSchV ausgesprochen dünn aus. Eine gewisse Konkretisierung enthielt eine Verwaltungsvorschrift in Baden-Württemberg,[485] die den derzeitigen Usus in den Bundesländern widerspiegelt: Bei voraussichtlich rechtlich und tatsächlich schwierigen Verfahren soll der Träger des Vorhabens vor Antragstellung beraten werden – in den übrigen Verfahren nur auf Wunsch des Antragstellers (sog. Antragsberatung). Zur Vorbereitung soll der Antragsteller Unterlagen über Art, Umfang und Ort des Vorhabens vorlegen. Innerhalb von vier Wochen danach soll eine Beratung stattfinden. Bei besonders schwierigen und komplexen Vorhaben kann mit anderen Behörden, Sachverständigen und gegebenenfalls anerkannten Naturschutzverbänden im Rahmen einer Konferenz beraten werden (sog. Antragskonferenz).

Der Inhalt eines möglichen Vorgesprächs und eine Beteiligung an ihm sind relativ offen geregelt. Es kann daher diskutiert werden, ob nur verfahrensbezogene oder auch inhaltliche Aspekte beraten werden dürfen und ob eine Beteiligung weiterer Personen – neben Antragsteller und Behörde – möglich oder gar erforderlich ist.

---

483 Zur Bedeutung der Frist etwa *Dietlein*, L/R, § 10 Rdnr. 241 m.w.N.; *Jarass*, BImSchG, § 10 Rdnr. 117 ff.

484 Auf die faktischen Bindungen und Zwänge, die von solchen Absprachen ausgehen können, verweisen etwa *Burmeister*, UTR 1988, 121 (158); *Maurer*, Allg. VwR, § 15 Rdnr. 21; *Hoffmann-Riem*, Konfliktbewältigung I, S. 13 (19 f.). Nach *Mehde/Bull*, Allg. VwR, § 17 Rdnr. 635 lässt sich die Verwaltung sogar häufig auf *Verhandlungen* ein und verspricht nicht selten, einen Sachverhalt in bestimmter Weise zu bewerten und entsprechend zu entscheiden; *Wagner*, Genehmigung umweltrelevanter Vorhaben, S. 145.

485 Ziff. 6 VwV-Verfahrensbeschleunigung Umwelt des Umweltministeriums v. 01.12.1992, (GABl. 1993, S. 15 ff.). Nach ihrer weitgehenden Übernahme in der 9. BImSchV wurde sie zwischenzeitlich aufgehoben.

1. Inhalt behördlicher Beratung

Eine behördliche Beratung kann sich auf verfahrensbezogene[486] sowie auf inhaltliche[487] Sachverhalte beziehen.[488] Verfahrensrechtliche Aspekte wären etwa die gesetzlich vorgesehenen Beschleunigungs- und Wahlmöglichkeiten (wie zwischen vereinfachtem und förmlichem Verfahren, Genehmigung und Anzeige), deren Vor- und Nachteile oder eine Besprechung der praktischen Umsetzung von Verfahrensvorgaben (wie Terminabsprachen). Inhaltliche Gesichtspunkte – und damit Teilaspekte späterer behördlicher Prüfung – wären etwa die Beurteilung des Gefährdungs- und Beeinträchtigungspotentials emittierender Stoffe oder Vorschläge zur Modifikation des Antrags, um die Genehmigungsfähigkeit erreichen zu können.

Für den Projektträger ist eine Beratung zu materiellrechtlichen Fragen i.d.R. von großem Interesse. Bereits *vor* Antragstellung kann er so abschätzen, wie die Behörde die Erfolgsaussichten seines geplanten Antrags beurteilt, und seine

---

486 *Bohne*, Der informale Rechtsstaat, S. 65; *Dietlein*, L/R, § 10 Rdnr. 36 f.; *Jarass*, BImSchG, § 10 Rdnr. 21; *Kautz*, Absprachen, S. 47; *Nöthlichs*, BImSchG, § 10 Anm. 2.1.; *Storost*, Ule/Laubinger, § 10 Rdnr. C3 m.w.N., umfasst seien Hinweise auf Genehmigungsvoraussetzungen an dem in Aussicht genommenen Standort; *Würfel*, Informelle Absprachen, S. 141.

487 *Beyerlin*, NJW 1987, 2713 (2713); *Czajka*, Feldhaus, § 10 Rdnr. 18; wohl auch *Eberle*, DV 17 (1984), 439, der die Beseitigung *verfahrens*bezogener Ungewissheiten und Risiken (448), die Einigung über Modalitäten eines Genehmigungs*verfahrens* (449 f.) sowie die Einigung über *inhaltliche* Fragen etwa bzgl. des Standes der Technik (450, 456) unter den Begriff des Arrangements fasst. *Kutscheidt*, Immissionsschutzrecht, S. 272 fordert eine Beschränkung auf allgemeine Genehmigungsvoraussetzungen, um eine faktische Bindung zu verhindern. *Oebbecke*, DVBl. 1994, 147 (152) stellt darauf ab, dass die Beratung wirklich zu einem genehmigungsfähigen Antrag führen müsse; *Song*, Kooperatives Verwaltungshandeln, S. 87 verweist zur Bestätigung seiner Ansicht auf Autoren, die das Behördenhandeln in der Praxis aufzeigen, im Übrigen einer ausführlichen Beratung reserviert gegenüber stehen. Für sein Hauptargument – die historische Entwicklung – bezieht er sich auf Ausführungen von *Kautz*, Absprachen, S. 47 und *Würfel*, Informelle Absprachen, S. 140 f. Beide leiten aus der geschichtlichen Entwicklung lediglich ab, dass § 2 II der 9. BImSchV nicht nur eine Hinweispflicht enthält, sondern informale Absprachen erfasst, die aber explizit *nur* auf das *Verfahren* bezogen sein dürften.

488 Zum Umfang äußern sich nicht Ziff. 6 der VwV Baden-Württemberg sowie *Frenz*, Kotulla, § 10 Rdnr. 58; *Graffe*, Bürgerbeteiligung, S. 32; *Hett*, Öffentlichkeitsbeteiligung, S. 21 ff. Die Rechtsprechung hatte sich – soweit ersichtlich – mit dieser Frage noch nicht zu befassen.

Kosten für die Durchführung des Genehmigungsverfahrens minimieren. Für potentielle Drittbetroffene kann sich hierdurch jedoch die Effektivität ihres vorgelagerten Rechtsschutzes schmälern. Dies geschieht insbesondere dann, wenn sich Antragsteller und Behörde bezüglich der Genehmigungsfähigkeit des Vorhabens einig sind. Die umfangreichen Beteiligungsmöglichkeiten im Genehmigungsverfahren verpuffen, wenn inhaltliche Fragen bereits vorabgeklärt sind und insoweit den Einwendungen der Betroffenen kein oder kaum Gewicht zukommt.

Zum Schutz Drittbetroffener vor einer ihren Rechtsschutz beeinträchtigenden Einigung zwischen Antragsteller und Behörde in der Antragsberatung könnte daher der Beratungsumfang auf allein verfahrensrechtliche Inhalte beschränkt sein.

a) Anhaltspunkte aus dem Wortlaut

Nach § 2 II 1 der 9. BImSchV soll die Behörde den Vorhabensträger „im Hinblick auf die Antragstellung beraten und mit ihm den zeitlichen Ablauf des Genehmigungs*verfahrens* sowie sonstige für die Durchführung dieses *Verfahrens* erheblichen Fragen erörtern". Eine Beratung „im Hinblick auf die Antragstellung" schließt jedoch inhaltliche Fragestellungen nicht aus.[489] Ebenso lassen sich die in Satz 3 aufgezählten Erörterungsgegenstände nicht zwingend auf allein verfahrensrechtliche Inhalte begrenzen. Seine Nr. 4–6 beziehen sich lediglich auf das Verfahren.[490] Nr. 1–3 könnten hingegen materiellrechtliche Inhalte erfassen. Sie lassen sich

489 Die Beratung kann sich auf den Inhalt der Antragsstellung und damit auf die Genehmigungsvoraussetzungen beziehen oder auf deren Vorgang, etwa erforderliche Formulare. *Bohne*, Der informale Rechtsstaat, S. 61 weist allerdings zutreffend darauf hin, dass bei einem Verständnis einer Beratung in diesem Sinne die Wortwahl „im Hinblick auf die Genehmigung(sfähigkeit)" eindeutiger gewesen wäre.

490 *Nr. 4* „wie der zeitliche Ablauf des ...verfahrens ausgestaltet ... und welche sonstige Maßnahmen zur Vereinfachung und Beschleunigung des ...verfahrens ... getroffen werden können"; *Nr. 5* Einsatz eines Projektmanagers zur Unterstützung der „Gestaltung des zeitlichen Verfahrensablaufs sowie die organisatorische und fachliche Abstimmung überwacht"; *Nr. 6* „welche Behörden voraussichtlich im Verfahren zu beteiligen sind".

freilich eher als eine Erörterung allein verfahrensrechtlicher Fragen verstehen.[491] Die Begriffe „beraten“ und „erörtern“ gebieten ebenfalls keine Begrenzung.[492]

Dem Wortlaut lassen sich Anhaltspunkte für eine Beschränkungen auf allein verfahrensbezogene Inhalte entnehmen. Er gebietet dies jedoch ebenso wenig, wie er eine Beratung zu materiellrechtliche Genehmigungsaspekte ausschließt.

b) Telos

Da der Zweck der Antragsberatung umstritten ist, wird er sowohl zur Begründung einer Beschränkung auf eine rein verfahrensbezogene Beratung als auch für eine umfassende inhaltliche herangezogen.[493] Soll die Beratung allein dem öffentlichen Interesse dienen, Verfahrensverzögerungen zu vermeiden, könnte sie allein auf Verfahrensfragen erstreckt werden. Soll sie hingegen auch die Aussicht des Vorhabensträgers auf eine positive Bescheidung seines Antrags verbessern

---

491 *Nr. 1* „welche Antrags***unterlagen*** bei Antragstellung vorgelegt werden müssen“ – Klärung allein des Umfangs der §§ 3, 4 der 9. BImSchV, **oder** auch des Antraginhalts zu einzelnen Genehmigungspunkten.
Nr. 2 „welche voraussichtlichen Auswirkungen das Vorhaben ... haben kann ***und*** welche ***Folgerungen sich daraus für*** das Verfahren ergeben“ – Klärung der Frage, ob eine Genehmigungspflicht besteht, die Durchführung des förmlichen Verfahrens, einer UVP oder weitere Genehmigungen erforderlich sind **oder** welche Stoffe voraussichtlich emittiert werden und wie ihre Auswirkungen so gehalten werden können, dass die Anlage genehmigungsfähig ist.
Nr. 3 „welche Gutachten voraussichtlich erforderlich sind und wie doppelte Gutachten vermieden werden können.“ – Klärung ob und zu welchen Aspekten aus Sicht der Behörde überhaupt eine Begutachtung erforderlich ist **oder** auch inhaltliche Fragen, die den Begutachtungsgegenstand betreffen.
Indirekt bestätigt dies *Song*, Kooperatives Verwaltungshandeln, S. 93 f. Er möchte die Beratung auf materiellrechtliche Inhalte erstrecken, hebt jedoch allein ihren Verfahrensbezug hervor.

492 Nach *Czajka*, Feldhaus, § 2 der 9. BImSchV, Rdnr. 17 wird ein Antragsteller „beraten“, soweit ihm nötige Sachkunde fehlt, Sachverhalte mit ihm „erörtert“, über die er – mit nötiger Sachkunde ausgestattet – Absprachen treffen möchte. Seien verfahrensrechtliche Regelungen bekannt, bestünden Unklarheiten allein bezüglich materiellrechtlicher Fragen, sodass die „Beratung“ inhaltliche Fragen umfasse, die Erörterung in S. 3 hingegen verfahrensrechtliche Aspekte betreffe. Ein anderes Verständnis legt § 87 des UGB-I-RefE 2009 v. 04.12.2008 nahe, wonach auf den Begriff der „Erörterung“ verzichtet werde, um eine Beratung auch in schriftlicher Form zu ermöglichen (Begründung zum UGB-I-Ref. v. 4.12.2008 S. 242) abrufbar unter http://www.bmu.de/themen/strategien-bilanzen-gesetze/gesetze-verordnungen/kurzinfo-umweltgesetzbuch/).

493 Zu den verschiedenen Ansichten die Nachweise S. 108–109 in den Fn 452 und 453.

und Fehlinvestitionen vermeiden helfen, so erscheint eine Beratung inhaltlicher Fragen ebenfalls vom Telos gedeckt. Einen Rückgriff auf den uneinheitlich bestimmten Zweck der Vorschrift zwingt daher nicht zu einer bestimmten Interpretation.[494] Denn auch nur verfahrensbezogene Abstimmungen etwa zum zeitlichen Ablauf oder zur Nutzung fakultativer Verfahrensverkürzungen können Zeit und Kosten einsparen.[495] Selbst wenn also die Vermeidung von Fehlinvestitionen bezweckt wäre, verpflichtet dies weder zur einer inhaltlichen Beratung noch schließt es eine allein verfahrensrechtliche Beratung aus.

c) Antragsberatung im Laufe der Zeit

Aus der geschichtlichen Entwicklung lassen sich ebenfalls keine zwingenden Schlüsse ziehen. Für die erste Fassung der 9. BImSchV von 1977 ließ die amtliche Begründung den Schluss zu, eine Beratung sei ebenso in inhaltlicher Hinsicht intendiert.[496] Mit der Novelle 1992 wurde die Beratung und Erörterung im Sinn einer Abstimmung über die Verfahrensausgestaltung konkretisiert.[497] Eine noch detailliertere Auflistung des Beratungs- und Erörterungsgegenstandes erfolgte

---

494 Dies macht deutlich: Die Heranziehung des Telos einer Regelung birgt die Gefahr eines Zirkelschlusses in sich – zumindest bei nicht einheitlichem Verständnis desselben. Kritisch allgemein zur teleologischen Auslegung *Herzberg*, NJW 1990, 2525 ff.

495 Insbesondere wenn die Beratung mit einem Jahr längere Zeit in Anspruch nimmt, als das eigentliche Genehmigungsverfahren, ist eine Verfahrensbeschleunigung eher zu verneinen.

496 Vom 1.3.1977 (BGBl. 1977 I, S. 274 (275)): „Sobald der Träger des Vorhabens die Genehmigungsbehörde über das geplante Vorhaben unterrichtet, soll diese ihn im Hinblick auf die Antragstellung beraten." Dazu BR-Drs. 526/76 S. 4: „Die Beratung soll ergeben, mit welchen Auflagen der Träger des Vorhabens … rechnen muss."

497 Mit Gesetz v. 31.05.1992 (BGBl. 1992 I S. 1001 (1003)) wurde ein 2. Hlbs. sowie ein neuer Satz angefügt: „und mit ihm den zeitlichen Ablauf des Genehmigungsverfahrens sowie sonstige für die Durchführung dieses Verfahrens erhebliche Fragen erörtern. Sie kann andere Behörden hinzuziehen, soweit dies für Zwecke des Satzes 1 erforderlich ist." Die Änderung stand im Zusammenhang mit dem neuen § 7 II der 9. BImSchV, wonach die Behörde den Antragsteller über die zu beteiligenden Behörden und den geplanten zeitlichen Ablauf unterrichten soll, sobald die Unterlagen vollständig sind. Eine solche Beratung soll bereits im Vorfeld des Genehmigungsverfahrens erfolgen, so dass der neue S. 2 den Beratungsumfang konkretisiert. Angedacht war zudem ein neuer S. 3, wonach der spezifische Beratungsumfang für uvp-pflichtige Anlagen von dem allgemeinen abgegrenzt werden sollte (BR-Drs. 494/91, S. 49). Dieser wurde jedoch verworfen, weil Missverständnisse und Auslegungsschwierigkeiten befürchtet wurden (BR-Drs. 494/1/91, S. 3, Beschluss BR-Drs. 494/91, S. 3).

1993 mit den angefügten Sätzen 3 und 4.[498] Diese Änderungen weisen eine Tendenz zur Ausgestaltung als *Verfahrens*abstimmung auf,[499] schließen eine Beratung zur Genehmigungsfähigkeit jedoch nicht aus.

d) Verfassungsrechtlicher Hintergrund

Eine Beschränkung der Antragsberatung auf allein verfahrensrechtliche Inhalte könnte sich aus Verfassungsrecht ergeben.

aa) Anforderungen aus dem Untersuchungsgrundsatz

(1) Verstoß bei ausdrücklicher Einigung

Der Untersuchungsgrundsatz verlangt von der Behörde, den entscheidungsrelevanten Sachverhalt von Amts wegen zu ermitteln.[500] Es liegt daher im öffentlichen Interesse an der sachlichen Richtigkeit, die Sachverhaltsermittlung nicht in die Hände des Antragstellers zu legen.[501] Eine ausdrückliche Einigung über das Vorliegen bestimmter Genehmigungsvoraussetzungen oder gar über die Genehmigungsfähigkeit der Anlage verstieße folglich gegen den Untersuchungsgrundsatz.

(2) Nachvollziehende Amtsermittlung

Bereits die Darstellung des Sachverhaltes kann die Entscheidung wesentlich beeinflussen und sie bis zu einem gewissen Grad „steuern“.[502] Da die Sachverhaltsermittlung einen wesentlichen Teil des Entscheidungsprozesses darstellt,

---

498 BGBl. I S. 494 v. 20.04.1993.

499 Nach *Kautz*, Absprachen, S. 47 und *Würfel*, Informelle Absprachen, S. 140 f. ist eine umfassende Legitimierung informeller Absprachen durch den Gesetzgeber nicht gewollt, eine Verhaltensabstimmung solle allein zu *Verfahrens*gestaltungen erfolgen.

500 Er beruht auf dem Grundsatz der Gesetzmäßigkeit der Verwaltung (Art. 20 III GG) (*Berg*, DV 11 (1976), 161 (165); *Eberle*, DV 17 (1984), 439 (453); *Kallerhoff*, in: Stelkens/Bonk/Sachs, VwVfG, § 24 Rdnr. 1; *Kopp/Ramsauer*, VwVfG, § 24 Rdnr. 6; *Nierhaus*, Beweismaß, S. 258 ff.; *Maurer*, Allg. VwR, § 19 Rdnr. 18: von der ordnungsgemäßen und zutreffenden Ermittlung der entscheidungserheblichen Tatsachen hängt die Rechtmäßigkeit der zu erlassenden Entscheidung ab; *Schmitt-Glaeser*, in: FS für Boorberg, S. 1 (41)).

501 *Becker*, Das allgemeine Verwaltungsverfahren, S. 44; *Kopp/Ramsauer*, VwVfG, § 24 Rdnr. 6; *Schneider*, Nachvollziehende Amtsermittlung, S. 130, zu den Gefahren weitreichender Mitwirkung des Antragstellers.

502 *Bull/Mehde*, Allgemeines Verwaltungsrecht, § 17 Rdnr. 627; *Hoffmann-Riem*, DVBl. 1994, 605 (605 ff.); zu beträchtlichen Einflussmöglichkeiten des Antragstellers: *Schneider*, VerwArch 87 (1996), 38 (55); *ders.*, Nachvollziehende Amtsermittlung, S. 22 f., 130 f.

darf sie ebenfalls nicht allein dem Antragsteller überlassen werden.[503] Das Gesetz selbst verlangt in § 10 I BImSchG eine Mitwirkung des Antragstellers. Damit wird dem Umstand Rechnung getragen, dass von der Verwaltung keine sie lähmende allumfassende Aufklärung verlangt werden kann. Art und Umfang ihrer Ermittlungen bestimmen sich vielmehr nach den Umständen des jeweiligen Einzelfalls.[504] Sie muss daher nicht sämtliche relevanten Tatsachen selbst ermitteln, sondern kann auf die Mitwirkung Beteiligter (auch des Antragstellers) zurückgreifen.[505] Dabei stehen die Mittel zur Sachverhaltserforschung in ihrem Ermessen.[506] Durch die Ausgestaltung der immissionsschutzrechtlichen Genehmigung als mitwirkungsbedürftiger Verwaltungsakt wird die grundsätzlich originäre Sachverhaltsermittlung zu einer kontrollierenden sog. nachvollziehenden Amtsermittlung modifiziert.[507] Die Behörde darf danach nicht blindlings dem ihr gegenüber Vorgetragenen vertrauen. Eine eigene, zumindest nachvollziehende Bewertung – auch von Gutachten[508] – ist unabdingbar.[509] Dies bedeutet:

---

503 *Becker*, Das allgemeine Verwaltungsverfahren, S. 44; *Kopp/Ramsauer*, VwVfG, § 24 Rdnr. 6; *Schneider*, Nachvollziehende Amtsermittlung, S. 130.

504 *Eberle*, DV 17 (1984), 439 (454); *Kallerhoff*, in: Stelkens/Bonk/Sachs, VwVfG, § 24 Rdnr. 26; *Kopp/Ramsauer*, VwVfG, § 24 Rdnr. 7; *Maurer*, Allg. VwR, § 19 Rdnr. 18.

505 *Kopp/Ramsauer*, VwVfG, § 24 Rdnr. 10a; *Kunig/Rublack*, Jura 1990, 1 (5).

506 *Kallerhoff*, in: Stelkens/Bonk/Sachs, VwVfG, § 24 Rdnr. 26; *Kopp/Ramsauer*, VwVfG, § 24 Rdnr. 9; *Maurer*, Allg. VwR, § 19 Rdnr. 18. Nach BVerwGE 9, 9 (10) ist das Ermessen sachgemäß, vollständig und nicht willkürlich auszuüben. Ausführlich zu den für die Ermessensausübung relevanten Aspekte *Schneider*, Nachvollziehende Amtsermittlung, S. 107 ff.

507 *Fluck*, NVwZ 2001, 9 (9); *Kallerhoff*, in: Stelkens/Bonk/Sachs, VwVfG, § 24 Rdnr. 26, 50; *Kopp/Ramsauer*, VwVfG, § 24 Rdnr. 2, 10a ff.; *Kunig/Rublack*, Jura 1990, 1 (5); *Schwab*, NVwZ 1997, 428 (431); *Schneider*, VerwArch 87 (1996), 38 (40, 55 ff.) m.w.N.

508 In der Praxis sahen nicht alle Behörden die Notwendigkeit zur kritischen Betrachtung von Gutachten. Zitat eines interviewten Behördenmitarbeiters: „Darüber habe ich mir noch keine Gedanken gemacht. Wenn man sich auf Sachverständige nicht mehr verlassen kann, gibt es gar keine Anhaltspunkte." Dabei bestätigten sich in immerhin 56 von 71 Fällen die Zweifel an der Glaubwürdigkeit und Neutralität der Gutachten, in 8 von 19 Fällen sogar Zweifel an deren Sachkunde (*Hill/Weber*, Vollzugserfahrungen, S. 91 ff.). *Gerhardt/Jacob*, DÖV 1986, 258 (269): Die Behörde wisse zum Teil gar nicht, was sie genehmige. Dabei drängten intensive Kontrollen Gefälligkeitsgutachen zurück (*Schneider*, Nachvollziehende Amtsermittlung, S. 131 mit Bezug auf schweizer Erfahrungen).

509 *Fluck*, NVwZ, 2001, 9 (9); *Kopp/Ramsauer*, VwVfG, § 24 Rdnr. 10 b; *Kunig/Rublack*, Jura 1990, 1 (5); *Schneider*, VerwArch 87 (1996), 38 (40, 55 ff.) m.w.N.; *Schwab*, NVwZ 1997, 428 (433). Zu den Übergängen zwischen Informationsermittlung,

Trägt der Antragsteller durch seine Unterlagen zur Sachverhaltsermittlung bei und kann hierdurch die Entscheidung beeinflussen, so ist dies mit dem Untersuchungsgrundsatz solange vereinbar, wie die Behörde ihrer nachvollziehenden Untersuchungspflicht nachkommt.

(3) Ermessensfehlerfreie Sachverhaltsaufklärung

Darüber hinaus kann es zu einer Kollision des behördlichen Beratungs- und Erörterungsgebotes mit dem Untersuchungsgrundsatz kommen, wenn der Antragsteller etwa den Maßstab der Sachverhaltsermittlung mitfestlegt. Dies wäre denkbar, wenn etwa zur Messung möglicherweise gefährlicher Emissionen zwei Verfahren zur Verfügung stehen, ein teureres, das detaillierte Ergebnisse liefert und ein billigeres, weniger feines. Die Behörde mag sich fragen, ob sie dem Drängen des Betreibers nachgeben und sich auf das weniger aufwendige Messverfahren verständigen darf; und ob sie seine Aussagen (wie: der von ihm vorgeschlagene Filter sei Stand der Technik) trotz leiser Zweifel vertrauen darf.[510] Hier hat die Behörde im Einzelfall nach ihrem Ermessen zu entscheiden:[511]

Einerseits ist das Interesse an einer kooperativen Sachverhaltsaufklärung zu berücksichtigen, das zu einer effizienten Ermittlung sowie zu möglichen Entlastungseffekten und Aufklärungserleichterungen beitragen kann.[512] Andererseits ist das öffentliche Interesse an einer sachlich richtigen Entscheidung sowie das Interesse Drittbetroffener an einer möglichst neutralen Sachverhaltsermittlung zu beachten. Entsprechend dem Verhältnismäßigkeitsgrundsatz ist daher zu

---

Bewertung und inhaltlicher Mitentscheidung Privater plastisch *Brohm*, HBdStR, Bd. 2 1987, § 36 Rdnr. 31 ff.

510 Auf dieses Praxisbeispiel verweisen *Dose*, in: Benz/Seibel, Kooperation und Korruption, S. 87 (95) und *Eberle*, DV 17 (1984), 439 (450). Kritisch zur Gutgläubigkeit der Behörde *Lübbe-Wolff*, NuR 1989, 295 (297): „Die Behörde kann sich im Sog des ökonomischen Interesses und unter dem Eindruck der bei solchen Gelegenheiten üblichen Bekundungen größter Sensibilität in Umweltangelegenheiten, die nur eben an gewisse durch den Wettbewerb gesetzte Grenzen stoße, durchaus gutgläubig auf eine dem Unternehmen günstige, aber objektiv falsche Interpretation der gesetzlichen Bestimmungen oder auf eine Ermessensausübung eingelassen haben, die vom Zweck der ermessensbegründenden Norm nicht mehr gedeckt ist."

511 *Di Fabio*, JuS 1997, 1 (6); *Kallerhoff*, in: Stelkens/Bonk/Sachs, VwVfG, § 24 Rdnr. 36; OVG Lüneburg, NVwZ 2007, 963 (963); BVerwGE 118, 10 (13); BVerwG, NJW 1988, 1104 (1105). *Berg*, DV 11 (1976), 161 (175) betont, dass Sachverhaltsermittlungen im förmlichen Verfahren wegen der besonderen Schutzbedürftigkeit besonders sorgfältig durchzuführen sind.

512 *Kopp/Ramsauer*, VwVfG, § 24 Rdnr. 10e.

prüfen, ob statt der gewählten Ermittlungsmaßnahme eine weniger aufwendige gleich geeignete zur Verfügung steht, dass kein erhebliches Missverhältnis zwischen Aufwand und Nutzen entsteht und wenn besondere Schutzgüter betroffen sind, dass den erhöhten Anforderungen an die Informationsgewinnung Rechnung getragen wird.[513]

Stellt sich zudem aufgrund der Stellungnahme anderer Behörden oder Dritter heraus, dass etwa ein technisches Verfahren, auf das sich Behörde und Antragsteller in den Vorgesprächen verständigten, nicht dem Stand der Technik entspricht, so muss diese neue Erkenntnis in die Entscheidung einfließen und darf nicht durch die Vorgespräche überspielt werden.[514] Vorgespräche dürfen weiterhin nicht dazu führen, dass die Behörde den Sachverhalt nicht weiter aufklärt, obwohl objektive Anhaltspunkte für weitere Ermittlungen vorliegen.[515] Schließlich erfordert der Schutz besonders hochwertiger Rechtsgüter wie Leib und Leben oder der Schutz der Allgemeinheit vor besonders schwerwiegenden Beeinträchtigungen eine besonders sorgfältige Aufklärung.[516]

(4) Zwischenergebnis

Eine Beratung und Erörterung des Vorhabens ist mit dem Untersuchungsgrundsatz insoweit vereinbar, wie die Behörde den Sachverhalt ermessensfehlerfrei insbesondere verhältnismäßig ermittelt.[517] Einer Einigung zwischen Genehmigungsbehörde und Antragsteller über die Genehmigungsfähigkeit steht er folglich entgegen. Unterlagen des Antragstellers kann sich indessen die Behörde im Rahmen einer nachvollziehenden Amtsermittlung zu eigen machen.

---

513 *Schneider*, Nachvollziehende Amtsermittlung, S. 107, 129.

514 So *Eberle*, DV 17 (1984), 439 (454 ff.), der einige Einschränkungen der kooperativen Sachverhaltsermittlung durch den Grundsatz der Gesetzmäßigkeit der Verwaltung aufführt.

515 *Eberle*, DV 17 (1984), 439 (454 ff.); *Kallerhoff*, in: Stelkens/Bonk/Sachs, VwVfG, § 24 Rdnr. 26: Umstände, die sich der Behörde aufdrängen, muss sie grundsätzlich nachgehen.

516 BVerfG, NJW 1980, 514 (515); VG Frankfurt, NVwZ-RR 1991, 240 (240 f.); *Eberle*, DV 17 (1984), 439 (454 ff.); *Kallerhoff*, in: Stelkens/Bonk/Sachs, VwVfG, § 24 Rdnr. 26. Ein „Arrangement" der Behörde mit dem Antragsteller, in dem auf Ermittlungen verzichtet wird, um „Ärger" zu vermeiden (Fallbeispiel von *Berg*, DV 11 (1976), 161 (186)) wäre daher mit den Rechten Drittbetroffener unvereinbar.

517 Ähnliche Einschränkungen der kooperativen Sachverhaltsermittlung durch den Grundsatz der Gesetzmäßigkeit der Verwaltung bei *Eberle*, DV 17 (1984), 439 (454 ff.).

bb) Verfahrensfairness

Nach dem Grundsatz des fairen Verfahrens[518] hat die Behörde gegenüber jedermann jenes Maß innerer Distanz und Neutralität zu wahren, das ihr in einer späteren Phase noch ein ausgewogenes Urteil ermöglicht.[519] Dies schließt eine Beratung und Information des Antragstellers nicht aus, findet aber dort ihre Grenzen, wo die Behörde eine im Gesetz nicht vorgesehene Bindung eingeht, der Antragsteller gewissermaßen „mit am Entscheidungstisch" sitzt.[520] Die Bindungsintensität kann sich derjenigen von vertraglichen Absprachen angleichen, insbesondere wenn die Beteiligten in kontinuierlichem Kontakt aufeinander angewiesen sind, Zeit und Ressourcen in die Erarbeitung eines Konsenses investiert haben und aufgrund der erzeugten wechselseitigen Erwartungen Planungen treffen und umzusetzen beginnen.[521] Kooperationen, die unter Ausschluss bestimmter Betroffenengruppen stattfinden, können die Effektivität späterer Verfahrensabschnitte sowie die Neutralität und Unparteilichkeit der Behörde (erheblich) gefährden.[522] Dies kann der Verfahrensfairness zuwider laufen, wenn dadurch die Unparteilichkeit des Amtswalters, die Gleichbehandlung Beteiligter[523] oder das Gebot, vorhandene Kenntnisschwächen der Beteiligten auszugleichen und die Übersichtlichkeit des Verfahrens für alle zu gewährleisten,[524] betroffen wird. Bei ihrer Verfahrensausgestaltung und -führung hat dies b, die Behörde zu berücksichtigen.

Eine generelle Beschränkung der Beratung auf verfahrensrechtliche Aspekte lässt sich aus dem Grundsatz des fairen Verfahrens nicht ableiten.

---

518 Ein Anspruch auf ein faires Verfahren wird als „allgemeines Prozessgrundrecht" vom BVerfG aus Art. 2 I GG i.V.m. Rechtsstaatsprinzip abgeleitet (BVerfGE 57, 205 (275); BVerfG NJW 1991, 3140 (3140); 1996, 3202 (3202); 2004, 2887 (2887); 2008, 2243 (2243 f.) und gilt auch im Verwaltungsverfahren; BVerfG, NVwZ 2001, 94 (95)).

519 VG Dresden, vom 30.10.2008 – 3 K 923/04 – (beck) (FStrG); BVerwG, NVwZ 1987, 578 (582) (LuftVG).

520 So BVerwGE 75, 214 (230). *Kunig/Rublack*, Jura 1990, 1 (6) sehen hierin eine unfaire Verfahrensführung, wenn faktische Vorausbindungen anderen Beteiligten eine reale Einwirkungsmöglichkeit auf das Verfahren entziehen, weil die Handlungsspielräume der Verwaltung begrenzt sind.

521 *Kunig/Rublack*, Jura 1990, 1 (5).

522 Hierauf verweist *Kopp/Ramsauer*, VwVfG, § 24 Rdnr. 10e; *Kunig/Rublack*, Jura 1990, 1 (5).

523 Zur Gefährdung *Bohne*, Der informale Rechtsstaat, S. 150 f.; *Kunig/Rublack*, Jura 1990, 1 (5).

524 *Kunig/Rublack*, Jura 1990, 1 (5) sehen dieses Gebot in Gefahr.

cc) Rechte Drittbetroffener

Die Rechte Drittbetroffener könnten eine Beschränkung des Beratungsinhaltes auf allein verfahrensrechtliche Fragestellungen erfordern.

(1) Keine Rechtsverletzung durch verfahrensrechtliche Vereinbarungen

Einigen sich Behörde und Antragsteller auf ein bestimmtes verfahrensrechtliches Vorgehen, wie etwa den zeitlichen Ablauf des Genehmigungsverfahrens, so verletzt dies nicht die Mitwirkungsrechte Drittbetroffener. Selbst wenn der Antragsteller erst aufgrund einer dahingehenden behördlichen Beratung statt eines förmlichen die Durchführung eines vereinfachten Verfahrens wählt und damit die förmliche Öffentlichkeitsbeteiligung ausschließt, entspricht dies dem Wahlrecht des Antragstellers. Die Beschränkung möglicher Mitwirkungen ergibt sich aus dem Gesetz. Eine darüberhinausgehende Beeinträchtigung durch eine Einigung in verfahrensbezogener Hinsicht kann nicht erfolgen. Verfahrensrechtliche Fragen können daher Beratungsinhalt sein.

(2) Gefährdung effektiver Betroffenenbeteiligung durch inhaltliche Beratung

Wären sich Antragsteller und Behörde über materiellrechtliche Aspekte wie die Genehmigungsfähigkeit einig, so käme den späteren Anregungen und Bedenken Drittbetroffener naturgemäß kein bis wenig Gewicht zu. Die Betroffenenbeteiligung wäre in ihrer Effektivität erheblich eingeschränkt und würde keinen effektiven vorgelagerten Rechtsschutz gewähren.[525] Das für eine verfassungskonforme materielle Präklusion erforderliche Korrektiv würde entfallen. Dabei nimmt das BVerfG eine Kompensation der durch die Präklusion erlittenen Nachteile nur an, wenn der vorgelagerte Rechtsschutz zu einem Zeitpunkt wirksam wird, zu dem vollendete Tatsachen noch nicht auf den Entscheidungsprozess zu wirken vermögen.[526] Fiele daher eine Entscheidung bereits vor Öffentlichkeitsbeteiligung in der Antragsberatung und könnte das anschließende Genehmigungsverfahren keinen effektiven vorgelagerten Rechtsschutz gewähren, verstieße die Präklusionswirkung gegen Art. 19 IV GG.

---

525 Zumindest nicht in dem von BVerfGE 61, 82 (115 f.) und BVerwGE 60, 297 (306) für eine Rechtfertigung erforderlichen Maße (1. Kapitel B. III. 1. Wyhl und Sasbachwalden – zwei *höchstrichterliche Vorgaben* S. 39 ff.) Die Gefahr einer Abwertung gerichtlichen Rechtsschutzes durch Verfahrensaufwertung zeigt sich deutlich, wenn bereits vor Verfahrensbeginn sein Ergebnis feststeht (*Pietzcker*, VVDStRL 41 (1983), 193 (206 f.)).

526 BVerfGE 61, 82 (116).

Im Folgenden ist daher zu untersuchen, ob und in welchen Fällen die Antragsberatung zu „vollendeten Tatsachen" führt.

(a) Bindende Einigung

Einigten sich Behörde und Vorhabensträger zu materiellrechtlichen Fragen bindend, so wäre es potentiellen Drittbetroffenen praktisch unmöglich, auf die abgeklärten Bereiche und damit auf Teile der Entscheidung Einfluss zu nehmen. Ihren Beteiligungsrechten käme insoweit realiter keine Bedeutung zu. Eine effektive Beteiligung, wie die Präklusion sie fordert, wäre ausgeschlossen.

Eine bindende Einigung über materiellrechtliche Aspekte verletzte die Rechte Drittbetroffener und hätte die Verfassungswidrigkeit der Präklusion zur Folge.

(b) Vorprägung und faktische Bindung

Selbst wenn Vorgespräche nicht zu einer ausdrücklichen bindenden Einigung führen, könnten sie Rechte Dritter vergleichbar gefährden, da sich die Behörde zumindest an die zunächst übereinstimmende Beurteilung bestimmter Aspekte gebunden fühlt.[527] Darauf deutet die Interessenlage der Akteure nach einer Vorberatung hin: Sind sich Antragsteller und Behörde über gewisse Punkte einig, liegt dem Begünstigten am Erhalt des Ergebnisses, soweit es ihn begünstigt. In der Praxis ist festzustellen, dass die Behörde prinzipiell ebenfalls am Ergebnis festhalten möchte, möglichst ohne selbst definitiv gebunden zu sein. Dem möglicherweise betroffenen Dritten hingegen liegt regelmäßig daran, mögliche Belastungen zu verhindern. Demnach sind die Interessen von Behörde und Antragsteller nahezu deckungsgleich, die der Einwendungen erhebenden potentiellen Drittbetroffenen

---

527 Vorgespräche seien in gewisser Weise vorprägend und z.T. faktisch bindendend: *Appel*, NVwZ 2012, 1361 (1365); *Beyerlin*, NJW 1987, 2713 (2713); *Bohne*, VerwArch 75 (1987) 343 (346, 349, 350); *Burmeister*, UTR 1988, 121 (158); *Degenhart*, AöR 103 (1978), 163; *Jäde*, BayVBl. 1988, 264 (264); *Maurer*, Allg. VwR., § 17 Rdnr. 635; *Oster*, NuR 2008, 845 (848). Untersuchungen bestätigen dies: *Dose*, in: Benz/Seibel, Kooperation und Korruption, S. 87 (97): in 66,6% der Fälle erfolge eine Weichenstellung in den Vorverhandlungen; ähnlich *Beyerlin*, NJW 1987, 2713 (2713); *Hill/Weber*, Vollzugserfahrungen, S. 98: 59% der befragten Behörden beurteilen Vorgespräche als stark entscheidungsbestimmend (21% als teilweise entscheidungsbestimmend, 20% als geringfügig entscheidungsbestimmend). Ähnlich *Baumeister*, Der Beseitigungsanspruch, S. 352; *Stelkens*, DVBl. 2010, 1078 (1080), die eine „psychologische" Ergebnisoffenheit bei gerichtlicher Aufhebung behördlicher Entscheidung verneinen. Ähnlich *Schoch*, NVwZ 1983, 249 (252).

konträr dazu.[528] Kommt es folglich zu einem Konsens zwischen Vorhabensträger und Behörde, besteht die Gefahr, dass die Behörde diesen Konsens in bipolarer Konfliktlage gegenüber dem Bürger verteidigt.[529] Ein Abweichen vom gefundenen Konsens wird daher überwiegend nicht erfolgen.[530] Eine Begründung, warum eine Vorprägung nicht nur in besonderen Ausnahmefällen stattfindet und welche Faktoren dafür relevant sind, findet sich leider nicht. Für eine mögliche Verbesserung der Antragsberatung ist dies jedoch hilfreich. Einige Rückschlüsse soll der folgende Exkurs zum sozialpsychologischen Hintergrund zulassen.

(aa) Exkurs: Sozialpsychologischer Hintergrund

Neben der Interessenlage der Akteure nach einer Vorberatung ergibt sich bereits aus einem intensiven Kontakt zwischen Behörde und Vorhabensträger eine gewisse Vorprägung, auch wenn sich die Behörde an die Vorberatungen nicht gebunden fühlt.[531] Diese Prägung ist keine Besonderheit des Genehmigungsverfahrens, sondern ebenso im alltäglichen Leben anzutreffen:

Etwa dann, wenn zwei Freunde einem dritten Freund den gleichen wahren Sachverhalt erzählen, ihn allerdings so färben, dass er den jeweils anderen im schlechten Licht erscheinen lässt. Der Zuhörer wird oft zunächst mit dem ersten, dann mit dem zweiten Freund einer Meinung sein. Haben beide einen gleich hohen „Redeanteil" und stehen sich in Artikulation und Glaubwürdigkeit gleich, wird er sich nicht entscheiden können und sich „seinen" Reim darauf machen.

---

528 Ausführlich zur Interessen- und Motivationslage *Brohm*, DVBl. 1994, 133 (138); *Hoffmann-Riem*, VVDStRL 40 (1982), 187 (222 f.); *ders.*, Konfliktbewältigung I, S. 13 (19); *Wedemeyer*, Kooperation, S. 67 ff. Nach *Baer*, Bürger, S. 148 wird der eine „Bürger" (Unternehmer) als bevorzugter und ernsthaft kooperationsfähiger Gesprächspartner, der andere „Bürger" (Dritte) als Störung empfunden.

529 Auf eine solche Reaktion der Behörde verweisen *Baer*, Bürger, S. 173 f., 176 f.; *Hoffmann-Riem*, VVDStRL 40 (1982), 187 (212).

530 Ein einseitiges Abweichen vom Ergebnis würde zur Vertrauenszerstörung und erheblichen Nachteilen für die Behörde führen (*Bohne*, VerwArch 75 (1984), 343 (349)), so dass die Rückabwicklung aus verschiedenen Gründen unterbleibt (*Degenhart*, AöR 103 (1987), 163 (172)). Ebenso *Wagner*, Genehmigung umweltrelevanter Vorhaben, S. 145. Im Entscheidungsprozess werden laufend Vorfragen abgeklärt, Alternativen ausgeschieden und „Vorfestlegungen" getroffen. Im Laufe der Zeit werde es daher immer schwieriger, solche Verfestigungen „aufzubrechen". Die Behörde fühle sich an den erzielten Konsen gebunden, der aus Gründen der Arbeitsersparnis und Konfliktvermeidung nicht selten als Grundlage eigener Entscheidung genutzt wird.

531 Dies war überwiegend das Resultat der *mündlichen* Behördenbefragungen von *Mayntz*, Vollzugsprobleme, S. 343 (SRU Umweltgutachten BT-Drs. 8/1938, S. 4809).

Kann hingegen der eine von beiden intensiver vom Vorfall berichten, wird es der andere immer schwerer haben, seiner Version Gehör zu verschaffen. Dies steigt proportional zur „Kontaktpflege" des anderen Freundes an. Kann sich dieser zudem besser artikulieren oder wird als glaubwürdigere Person eingestuft, wird der Zuhörer sehr wahrscheinlich immer mehr seiner Darstellung Glauben schenken.

Ähnliche Faktoren sind im Dreiecksverhältnis des Genehmigungsverfahrens festzustellen. Mit Hilfe der Sozialpsychologie können – zumindest schlaglichtartig – einige Stimuli, denen die Behörde ausgesetzt ist, aufgezeigt werden. Die nachfolgende Betrachtung möchte daher szu bedenken gegeben, dass das Recht zwar gewisse Rahmenbedingungen schaffen kann, die Akteure aber von äußeren Reizen beeinflusst werden (können).

Unter der Vielzahl an Einflüssen seien im Folgenden einige herausgegriffen:

Vorgespräche sind häufig der erste Kontakt der Behörde mit dem Antragsteller. Hier erfährt die Behörde von seiner Planung. Kommt es zu mehreren Gesprächen und damit zu häufigen Kontakten, kann dies bereits die Sympathie gegenüber dem Antragsteller beeinflussen. Eine Studie von *Moreland & Beach* 1992[532] ergab, dass bereits das häufigere Zusammensein einen Menschen sympathischer

---

532 *Moreland & Beach,* Journal of Experimental Social Psychology, (1992), 28, S. 255 ff. Für die Studie wurden eingeweihte Forschungshelferinnen in einen großen Collegeseminarraum eingeschleust. Sie nahmen keinen Kontakt mit Professor oder Studenten auf, saßen lediglich gut sichtbar in der ersten Reihe. Die Frauen unterschieden sich darin, an wie vielen Klassen sie teilnahmen. So reichte die Teilnahme von 15 bis zu keiner Teilnahme. Am Semesterende zeigte man den Studenten des Seminars Bilder von Frauen, die sie hinsichtlich Attraktivität und Zuneigung einschätzen sollten. Bereits die bloße Exposition zeigte maßgeblichen Effekt auf die Zuneigung. Obwohl niemals Kontakt aufgenommen wurde, mochten die Studenten die Frauen umso mehr, je häufiger sie diese in den Seminarräumen gesehen hatten (*Aronson/Wilson/Akert*, Sozialpsychologie, S. 314; *Bierhoff/Frey*, Handbuch der Sozialpsychologie, S. 216). In dem (grundlegenden) Experiment von *Zajonc*, Journal of Personality and Social Psychology Monograph Supplement, (1968), 9, S. 1 ff. wurde den Probanden gleiche Symbole und sinnlose Wörter dargeboten, denen sie je häufiger dargeboten tendenziell positivere Bedeutung zuschrieben. Das Ergebnis: Die Einstellung eines Individuums gegenüber einem Stimulus verändert sich positiv, wenn dieser Stimulus dem Individuum mehrfach dargeboten wird. Lerntheoretisch und evolutionsbiologisch lässt sich das so erklären: Begegnet ein Individuum zum ersten Mal einem Stimulus, zeigt es instinktive Angst- und Vermeidungsreaktion. Werden mit dem Stimulus jedoch keine negativen Konsequenzen assoziiert, schwächt sich die Vermeidungsreaktion mit jeder weiteren Begegnung ab. Mit der Zeit entwickelt das Individuum dem Stimulus gegenüber Vertrautheit und positive Gefühle.

erscheinen lässt (sog. *mere-exposure-effect*[533]). Negative Gefühle werden verstärkt, wenn es sich um einen unangenehmen Zeitgenossen handelt[534] oder es kommt durch zu häufige Wiederholungen zu einem over-exposure-Effekt.[535] Finden häufige Kontakte zwischen Antragsteller und Behörde statt, etwa auch außerhalb der gesetzlich indizierten Kontakte,[536] kann sich dies zusätzlich auf ihre Einstellung auswirken. Die Behörde wird dem Antragsteller gegenüber eher positiv eingestellt sein,[537] als Einwendern, mit denen sie typischerweise wenig in Berührung kommt.

Die häufigen Kontakte können nicht nur Auswirkungen auf die Einstellung zu einer Person, sondern zugleich auf die Beurteilung dargebotener Behauptungen haben. Nach *Hasher, Goldstein und Toppino* (1977)[538] werden Behauptungen, je häufiger sie präsentiert werden, desto eher als wahr empfunden. Personen glaubten danach stärker an die Wahrheit und Glaubwürdigkeit einer Aussage, wenn ihnen die Aussage durch wiederholte Präsentation vertrauter war.[539] Diese Erkenntnis kann natürlich nur bedingt übertragen werden, da die Behörde in

---

533 Wörtlich übersetzt: bloßes Ausgesetztsein.

534 *Aronson/Wilson/Akert*, Sozialpsychologie, S. 314. Weitere Studien bestätigen dieses Ergebnis: *Swap*, Personality and Social Psychology Bulletin, (1977), 3, S. 248 ff.; *Bornstein*, Psychological Bulletin, (1989), 106, S. 265 ff.; *Griffin & Sparks*, Journal of Social and Personal Relationships, (1990), 7, S. 29 ff.; *Moreland & Zajonc*, Journal of Experimental Social Psychology, (1982), 18, 395 ff.; *Lee*, Personality and Social Psychology Bulletin, (2001), 27, S. 1255 ff.

535 *Zajonc*, Journal of Personality and Social Psychology Monograph Supplement, (1968), 9, S. 1 ff.

536 Betreibt etwa der Vorhabensträger weitere Anlagen, für die der gleiche Sachbearbeiter zuständig ist, kann es durch Beratungen für andere Betriebe, Kontrollbesuchen oder Informationsveranstaltungen zu häufigeren Kontakten kommen. In diesem Zusammenhang sei nochmals daran erinnert, dass auch die Behörde auf häufige Kontakte für einen (regelmäßigen) Wissenstransfer von den Unternehmen angewiesen ist (dazu *Spiecker gen. Döhmann*, DVBl. 2006, 278 ff.).

537 Zumindest wenn die Kontakte häufiger sind und das Verhalten dieser „Kontaktperson" von der Behörde auf das dahinterstehende Unternehmen attributiert wird.

538 *Hasher, Goldstein, and Toppino*, Journal of Verbal Learning and Verbal Behavior, (1977), 16, S. 107 ff. Probanden beurteilten drei Mal im Abstand von zwei Wochen den Wahrheitsgehalt verschiedener plausibler Aussagen. Einige der Aussagen wurden in jeder Phase des Experiments präsentiert, andere nur einmal. Die Probanden sprachen den wiederholten Aussagen einen signifikant höheren Wahrheitsgehalt zu als den nicht wiederholten Aussagen.

539 Bestätigt u.a. von *Begg, Anas and Fariancci*, Journal of Experimental Psychology, (1992), 121, S. 446 ff. Grund für den illusory-truth effect sei, dass wiederholte Präsentation automatisch zu einer Vertrautheit führe, deren Einfluss auf das Wahrheitsurteil

einer eigenen Bewertung die Validität der dargelegten Informationen prüft. Für hochspezialisiertes technisches Fachwissen ist sie allerdings nicht selten auf Informationen ‚von außen' angewiesen, so dass dieser sog. *illusory-truth-effect* in gewissem Maße zu tragen kommen kann.

Neben der Häufigkeit kommt ebenso der Quelle der Botschaft erheblicher Einfluss auf die Glaubwürdigkeit der übermittelten Behauptungen zu. Glaubwürdige Sprecher überzeugen mehr als solche ohne Glaubwürdigkeit, unabhängig vom Wahrheitsgehalt ihrer Botschaft.[540] Diese Korrelation zwischen Quelle und Bewertung des Inhalts der Botschaft erforschten *Hovland und Weiss* 1951.[541] Übertragen auf die Situation der Behörde kann daraus geschlossen werden, dass dem Vortrag zur Genehmigungsfähigkeit des Projektes durch einen Gutachter eine höhere Glaubwürdigkeit zukommt, als der eines ‚einfachen', gleichwohl vielleicht sehr sachverständigen Bürgers. Die Studie konnte allerdings feststellen, dass nach einer gewissen Zeit die Quelle der Information für die Einschätzung der Glaubwürdigkeit unbeachtlicher und schließlich die Glaubwürdigkeit gleich beurteilt wurde, unabhängig davon ob sie von der vertrauenswürdigeren Quelle stammte oder nicht.[542] Wurde hingegen die Erinnerung an Information und Quelle ‚frisch' gehalten[543] kam es zu diesem zweiten Effekt nicht.

Allenfalls kurzfristiger Einfluss kommen Priming und primacy-effect zu.

Priming ist ein Prozess, bei dem vorhergehende Erfahrungen die Zugänglichkeit eines Schemas, einer Persönlichkeitseigenschaft oder eines Konzepts erhöht.[544]

---

nicht bewusst gesteuert werden könne; im Gegensatz zur Erinnerung, als bewussten und kontrollierten Gebrauch des Gedächtnisses.

540 *Aronson/Wilson/Akert*, Sozialpsychologie, S. 201; weitere Studien (jeweils mit vielen weiteren Nachweisen) zum Einfluss der Glaubwürdigkeit *Hovland/Weiss*, Public Opinion Quarterly, (1951), 15, S. 635 ff.; *Jain/Posavac*, Journal of Consumer Psychology, (2000), 11, S. 169 ff.; als Faktor für einen Meinungswandel *Aronson/Turner/Carlsmith*, Journal of Abnormal and Social Psychology, (1963), 67, S. 31 ff.; zum Einfluss der Attraktivität *Eagly/Chaiken*, Journal of Personality and Social Psychology, (1975), 32, S. 136 ff.; *Petty* et al., Annual Review of Psychology, (1997), 48, S. 609 ff.

541 *Hovland/Weiss*, Public Opinion Quarterly, (1951), 15, S. 635 ff.: In zwei Gruppen wurden zu 4 verschiedenen Themen jeweils die gleichen Behauptungen nur von unterschiedlich „vertrauenswürdigen" Quellen vorgebracht, wobei Behauptungen, vorgetragen von der „vertrauenswürdigen" Quelle, hohe Glaubwürdigkeit zugesprochen wurden.

542 *Hovland/Weiss*, Public Opinion Quarterly, (1951), 15, S. 635 (646).

543 Etwa durch weitere Kontakte des Antragstellers mit der Behörde.

544 *Aronson/Wilson/Akert*, Sozialpsychologie, S. 63.

Deutlich macht dies das Donald-Experiment von *Higgins, Rhooles und Jones:*[545] Probanden mussten sich im Rahmen einer Untersuchung Persönlichkeitsmerkmale einprägen. Im Anschluss hieran wurde ihnen eine Person (Donald) vorgestellt, die sie beurteilen sollten. Probanden, die sich positive Merkmale einprägten, bewerteten Donald deutlich positiver als diejenigen, die negative verinnerlichten. Dieser Effekt ist allerdings nur von relativ kurzer Dauer. Bezogen auf das Genehmigungsverfahren könnte dies dazu führen, dass die Behörde Einwendern gegenüber eher negativ eingestellt sind, wenn sie ihnen skeptisch gegenübersteht[546] oder ihr vom Antragsteller ein negatives Bild vorgezeichnet wurde. Ihren Einwendungen könnte die Behörde daher geringere Bedeutung zumessen, zumal sie diese aufgrund der zumeist mangelnden Fachkompetenz als weniger vertrauenswürdige Quelle für Informationen rund um die Genehmigungsfähigkeit einschätzen wird.

Für eine schlechtere Ausgangslage des Einwenders kann in einem gewissen Rahmen auch der sog. *primacy-recency-effect* sorgen. Danach ist die Erinnerung an früher eingehende Informationen besser als an später eingehende (primacy-effect), wobei die am Ende eingehenden Informationen ebenfalls wieder gut erinnert werden können (sog. recency-effect).[547] Diese serielle Positionskurve wird

545 *Higgins/Rholes/Jones*, Journal of Experimental Social Psychology, (1977), 13, S. 141 ff. Versuchspersonen lernten zunächst im Rahmen einer Erinnerungsaufgabe mehrere Persönlichkeitsmerkmale mit entweder positiver (abenteuerlustig, unabhängig) oder negativer (leichtsinnig, reserviert) Valenz. In einer zweiten Aufgabe sollten sie eine Person namens Donald einschätzen, der sich bezüglich der geprimten Eigenschaften uneindeutig verhielt. Er hatte z.B. die Welt umsegelt und bevorzugt, für sich alleine zu leben. Probanden, die sich in der ersten Übung negative Wörter eingeprägt hatten, beurteilten Donald deutlich negativer als diejenigen, die sich positive Wörter merken mussten (*Aronson/Wilson/Akert*, Sozialpsychologie, S. 63; *Bierhoff/Frey*, Handbuch der Sozialpsychologie, S. 288). Auswirkungen sogar körperlicher Art zeigte das Experiment von *Bargh/Chen/Burrows*, Journal of Personality and Social Psychology, (1996), 71, S. 230 ff. wonach Probanden nach einer Aufgabe mit Wörtern, die mit dem Stereotyp alter Menschen belegt waren (z.B. grau, Falten), eine langsamere Gehgeschwindigkeit aufwiesen, als die Vergleichsgruppe. (*Bierhoff/Frey*, Handbuch der Sozialpsychologie, S. 288).

546 Etwa aufgrund früherer negativer Erfahrungen oder aus dem Umstand, dass Einwender den mit dem Antragsteller gefundenen Kompromiss gefährden könnten.

547 Bereits 1946 konnte *Solomon Asch* in seinem Experiment feststellen, dass Informationen am Anfang einer Liste stärkeren Einfluss auf die Urteilsbildung hatten, als mehr in der Mitte stehende Informationen. Wurden die Probanden darauf hingewiesen, dass sie sich alle Informationen merken sollten, wurden die letztgenannten Informationen besonders gewichtet (*Bierhoff/Frey*, Handbuch der Sozialpsychologie, S. 397; *Solomon Asch*, Journal of Abnormal and Social Psychology, (1946), 41, S. 258 ff.). Eine Erklä-

von guten Rednern genutzt, die ihre wichtigen Botschaften am Anfang und Ende ihrer Rede positionieren. Für die Reihenfolge von Redebeiträgen ist dieser Effekt übertragbar: Werden Reden unmittelbar nacheinander gehalten und soll das Publikum erst nach einer Pause entscheiden, ist es besser, als Erster zu sprechen. Hier wirkt der Einfluss des zuerst Gehörten. Besteht hingegen zwischen beiden Reden eine Pause und entscheidet das Publikum direkt nach der zweiten Rede, ist der Auftritt als zweiter Redner günstiger. Das Publikum kann sich besser an die soeben gehaltene Rede erinnern.[548]

Auf das Genehmigungsverfahren ist dies aufgrund der zeitlichen Streckung nur bedingt übertragbar. Der Antragsteller tritt quasi als erster Redner auf, indem er die Behörde über das anstehende Vorhaben informiert und dessen Genehmigungsfähigkeit in Vorgesprächen und durch seine Antragsunterlagen darlegt. Betroffene tragen danach ihre Einwände im Einwendungsverfahren vor. Die erhobenen Einwendungen werden dem Antragsteller zugeleitet. Dieser kann sich hierzu äußern und erneut darlegen, warum das Vorhaben genehmigungsfähig ist. In gleicher Weise verläuft der Erörterungstermin.

Dem Antragsteller ist es daher immer möglich, auf Äußerungen der Einwender Bezug zu nehmen und ihre Bedenken zu entkräften. Er kann quasi Auftakt und Schlussakkord setzen. Die Aspekte, die für die Genehmigungsfähigkeit des Vorhabens sprechen, können folglich nachhaltiger im Gedächtnis der Behörde bleiben.

Dieser grobe Überblick bestätigt eine der Antragsberatung systemimmanenter Vorprägung der Behörde. Unberücksichtigt bleiben dabei sowohl eine mögliche „Versachlichung" der Entscheidung (etwa durch eine Gliederung des Entscheidungsfindungsprozesses mittels Entscheidungsmatrixen) als auch weitere Kom-

---

rung findet sich etwa bei *Glanzer & Cunitz*, Journal of Verbal Learning and Verbal Behavior (1966), 5, S. 351 ff.: Die bessere Erinnerung an die ersten Informationen (*Primacy-Effekt*) beruht auf der Speicherung während der Zeit bis zur Reproduktion im Langzeitgedächtnis. Die schlechte Erinnerung an Informationen in der Mitte – als *Asymptote* bezeichnet – wird dadurch hervorgerufen, dass die Wörter bei der Reproduktion nicht mehr im Kurzzeit-, aber auch noch nicht im Langzeitgedächtnis sind. Das ausgezeichnete Erinnern der letzten Informationen (*Recency-Effekt*) beruht darauf, dass sie sich beim Abrufen der Information noch im Kurzzeitgedächtnis befinden. Weitere Studien von *Haugtvedt/Wegener*, Journal of Consumer Reseach, (1994), 21, S. 205 ff. und *Miller/Campbell*, Journal of Abnormal and Social Psychology, (1959), 59, S. 1 ff. bestätigen diesen Effekt.

548 *Aronson/Wilson/Akert*, Sozialpsychologie, S. 201; *Haugtvedt/Wegener*, Journal of Consumer Reseach, (1994), 21, S. 205 ff.

ponenten, die bei einem mehrmonatigen Verfahren auf den Entscheidungsträger einwirken (die politischer, dienstlicher oder sonstiger Natur sein können).[549]

Solche Gespräche können daher bereits vor Beginn des eigentlichen Genehmigungsverfahrens wesentliche Entscheidungen in grober Richtung vorprägen. Studien deuten darauf hin, dass der Drittbeteiligung hierdurch weniger Gewicht zukommen kann.[550] Eine Beeinträchtigung der Rechte Drittbetroffener ist daher nahe liegend, nur selten gehen Vorberatungen zu Lasten des Antragstellers.[551]

(bb) Auswirkungen auf den Rechtsschutz

Aus der Perspektive potentieller Betroffener kann sich das Verfahren bei einer intensiven materiellrechtlichen Antragsberatung wie folgt darstellen:

Bereits *vor Beginn* des eigentlichen Genehmigungsverfahrens können Vorberatungen zu einer verschlechterten Ausgangslage führen. Antragsteller und Behörde haben typischerweise einen Informationsvorsprung sowie ein Monopol auf die Auswahl von Gutachten und Gutacher.[552] Finden im Rahmen der Vorgespräche bereits Bewertungen und Abwägungen statt, besteht zudem die Gefahr, dass nicht gegenwärtige oder repräsentierte Belange unberücksichtigt oder andere bevorzugt werden und durch eine Selektivität der Interessenwahrnehmung

---

549 Auch der Antragsteller wird um Wohlwollen und um eine für ihn günstige Entscheidung werben und u.U. den Vorwurf erheben, unfair behandelt worden zu sein, wenn die Dinge sich nicht nach seinen Wünschen entwickeln (*Jäde*, BayVBl. 1988, 264 (265)).

550 Zu den Studien, die eine hohe Übereinstimmung zwischen den Ergebnissen der Antragsberatung und dem anschließenden Genehmigungsbescheid ergeben Fn 479 S. 115.

551 Vorgespräche können durch Überkompensation oder weil der Antragsteller der Behörde unsympathisch ist und sich dies durch häufige Kontakte verstärkt (*mere-exposure-effect*) zu Lasten des Antragstellers gehen. Zudem kann die Verwaltung bereits in den Vorgesprächen den zu erwartenden Protest vorschieben, um ihre Verhandlungsposition gegenüber dem Antragsteller zu verstärken. Dazu *Hoffmann-Riem*, VVDStRL 40 (1982), 187 (212); *Ule/Laubinger*, Gutachten B, S. 21; *Schmidt*, VVDStRL 33 (1974), 183, 193 (Fn 31).

552 *Bechmann*, Genehmigung von Großvorhaben, S. 41 (55); *Spiecker gen. Döhlmann*, DVBl. 2006, 278 ff. Zur großen Bedeutung der Gutachten siehe etwa die Studie von *Hill/Weber*, Vollzugserfahrungen, S. 91 ff. Wegen der erheblichen Kosten und Mehraufwendungen wird die Behörde sich eher auf die Beurteilung verlassen, obwohl Gutachten Mängel in Glaubwürdigkeit, Neutralität und sogar Sachkunde aufweisen können (dazu Fn 509 S. 123).

eine umfassende Interessenverarbeitung nicht stattfindet.[553] Problematisch ist dies insoweit, als antizipierte Vertraulichkeit Bindungen erzeugen kann, die in das eigentliche Verfahren hineinwirken und geeignet sind, eine unvoreingenommene Würdigung der Einwendungen Projektbetroffener zu gefährden.[554]

Kommt es schon vor Bekanntgabe des Vorhabens zu einer Vorprägung hinsichtlich Konzeption und Genehmigungsfähigkeit der Anlage, wird die Behörde Einwendern im *eigentlichen Genehmigungsverfahren* nicht mehr frei, sondern mit vorgefasster – zumindest vorgeprägter – Meinung gegenüber stehen. Aufgrund der zuvor geschaffenen Weichenstellung und Filterung werden Einwender daher eher marginale Modifikationen erreichen können.[555]

---

553 *Bauer*, VerwArch 78 (1987), 241 (254 f.); *Brohm*, DVBl. 1994, 133 (138 f.) sieht die Gefahr, dass derartige Konfliktlösungen in einem „Rechts- und Sozialdarwinismus" enden. Wer über die größeren Möglichkeiten zu Drohungen und Tauschgeschäften verfüge, werde seine Interessen am besten durchsetzen – und wer zur Verhandlung nicht geladen sei, müsse befürchten, mit seinen Anliegen übergangen zu werden. Ähnlich *Bull/Mehde*, Allgemeines Verwaltungsrecht, S. 280 wonach Verhandlungen im Allgemeinen nur mit relativ mächtigen „Partnern" aufgenommen würden; *Eberle*, DV 17 (1984), 439 (443); *Fisahn*, ZUR 2004, 136 (139); *Grüter*, Kooperationsprinzip, S. 67; *Hoffmann-Riem*, VVDStRL 40 (1982), 187 (206) Eine selektive Interessenberücksichtigung droht insbesondere, wenn einerseits die Informationsbeschaffung für die Verwaltung schwierig ist, andererseits die Normen weite, ausfüllungsbedürftige Spielräume bieten. Soll in dieser Situation der Normadressat zu einem Verhalten angeregt werden, das nicht von vornherein seinem Interesse entspricht, vermittelt ihm dies eine erhöhte Einflussnahmemöglichkeit auf den Normvollzug. *Hoffmann-Riem*, VVDStRL 40 (1982), 187 (206) zur teilweise erheblichen Hilflosigkeit der Behörde gegenüber Industrieunternehmen (211); *ders.*, DVBl. 1994, 1381 (1388); *Hucke/Ullmann*, in: Implementation, S. 105 (121); *Maurer*, Allg. VwR, § 15 Rdnr. 18; *Mehde*, BauR 2002, 876 (880); *Oster*, NuR 2008, 845 (849) m.w.N.; *Schröder*, NVwZ 1998, 1011 (1015); *Schulze-Fielitz,* in: Kooperation und Korruption, S. 233 (245); *Ule/Laubinger*, Gutachten B, S. 21.

554 *Degenhart*, AöR 103 (1978), 163 (165, 168 f., 175 ff.) m.w.N.; *Hoffmann-Riem*, VVDStRL 40 (1982), 187 (201 f., 222 f.); *Jäde*, BayVBl. 1988, 264 (264); *Lübbe-Wolff*, NuR 1989, 295 (298) zeigt deutlich, warum Vorhabensänderungen nach langen Vorverhandlungen illusorisch sind; *Oster*, NuR 2008, 845 (848); *Schenke*, VBlBW 1982, 313 (315); *Schuppert*, AöR 102 (1977), 369 (404); *Wedemeyer*, Kooperation, S. 67 ff.

555 Dies verifiziert die Studie von *Wedemeyer*, Kooperation, S. 71: Nur in ca. 28% der Fälle führten Einwendungen zu einer Überarbeitung der *Nebenbestimmungen. Bauer*, VerwArch 78 (1987), 241 (255); Brohm, DVBl. 1994, 133 (138); *Fisahn*, ZUR 2004, 136 (139); *Henneke*, NuR 1991, 267 (273); *Hoffmann-Riem*, VVDStRL 40 (1982), 187 (211 f.): „Die Chance, folgenreich auf den Entscheidungsinhalt einwirken zu können, geht faktisch tendenziell gegen Null." *Steinberg*, DÖV 1982, 619 (626): „Statt eines

Selbst der *gerichtliche Rechtsschutz* scheint erschwert. Aufgrund fehlender oder nur punktueller Dokumentation der Vorgespräche wird eine politische, verwaltungsinterne oder gerichtliche Kontrolle der Verwaltung zumindest erschwert.[556] Die Voraussetzung einer erfolgreichen Rechtsdurchsetzung, eine umfassende Aufbereitung des Rechts- und Tatsachenstoffes, wird wegen der fehlenden Transparenz der Vorgespräche, des sich hieraus ergebenden Informationsrückstandes und der damit einhergehenden Beweisnot für Dritte nicht erfüllt.[557]

Umfassende Vorberatungen können daher die Effektivität der Beteiligung erheblich einschränken. Die Situation der Betroffenen *vor* Genehmigungserteilung ähnelt der nach Genehmigungserteilung: Der Umfang des zugelassenen Handelns ist abgesteckt, Bedenken können vorgetragen werden, doch kommt ihnen – wenn überhaupt – Gewicht erst auf gerichtlichem Wege zu. Korrektiv-, Informations-, Kontroll- und Optimierungsfunktion der Drittbeteiligung verpuffen wirkungslos, wenn wesentliche Fragen längst informell vorentschieden sind und nur noch auf Detailfragen, nicht mehr auf das Vorhaben als solches, Einfluss genommen werden kann.[558] Dies würde bedeuten: Wer im Aushandlungsprozess über das größere Droh- und Tauschpotential verfügt, wird seine Interessen am besten durchsetzen – wer an den Verhandlungen nicht beteiligt ist, muss befürchten, mit seinen Anliegen übergangen zu werden.[559] Zu dieser „Zwei-Fronten-Situation“ passt die Äußerung eines Befragten der Industrie: „Für die Findung von Kompromissen ist die ‚öffentliche Meinung‘ von entscheidender Bedeutung. Wenn wir die Presse und die politischen Stellen von der Notwendigkeit unseres Vorhabens

---

‚Prozesses der Kommunikation‘ werden die Einwender mehr oder weniger deutlich mit vollendeten Tatsachen konfrontiert.“ Dies manifestiert sich ebenso in der Häufigkeit der Vorabzuleitung von Nebenbestimmung an Antragsteller oder Einwender (Ergebnis der Befragung im Umweltgutachten 1978 BT-Drs. 8/1938, S. 481).

556 *Bauer*, VerwArch 78 (1987), 241 (255): häufig würden die Gespräche sorgfältig gegenüber Dritte abgeschirmt. *Hoffmann-Riem*, VVDStRL 40 (1982), 187 (204, 223): Faktisch gelangten informelle Handlungsformen nur bei „Betriebsunfällen“ an die Öffentlichkeit, denn „unter ehrbaren Kooperationspartnern klagt man nicht.“ (Tatsächlich gab es mit dem Flachglas-Urteil (BVerwGE 45, 309) erst eine erfolgreiche Beanstandung.); *Oster*, NuR 2008, 845 (848 f.).

557 *Bauer*, VerwArch 78 (1987), 241 (255); *Bohne*, Der informale Rechtsstaat, S. 234; *ders.*, VerwArch 75 (1984), 343 (354) Drittbetroffenen wird es nahezu unmöglich, dem Gericht eine praktikable Alternative zur behördlichen Entscheidung über unbestimmte Rechtsbegriffe und Beurteilungsspielräumen aufzuzeigen.

558 *Song*, Kooperatives Verwaltungshandeln, S. 104.

559 *Brohm*, DVBl. 1994, 133 (139) sowie Fn 554 S. 136.

überzeugen konnten, lässt es sich mit der Verwaltung viel besser reden, da sie keinen politischen Konflikt mehr befürchten muss."[560]

Vorprägungen in der Antragsberatung verringern folglich die Einflussmöglichkeiten der Einwender. Sie werden jedoch nicht in jedem Fall völlig ausgeschlossen, insbesondere können Einwender sich der Unterstützung politischer Kräfte (als Gegengewicht zum Antragsteller) versichern.[561] Ein gänzlicher Ausschluss einer Antragsberatung ist daher nicht erforderlich. Abhängig von ihrer Ausgestaltung und der des anschließenden Verfahrens können Betroffene ihre Rechte mehr oder weniger effektiv wahren. Selbst Autoren, die einer Vorverhandlung an sich unkritisch gegenüberstehen, betonen daher, dass eine Vorverhandlungspraxis nicht dazu führen dürfe, dass die Willensbildung der Behörde mit Beendigung der Vorlaufphase bereits abgeschlossen sei.[562]

(3) Folgerungen für den Inhalt der Antragsberatung

Erfolgt eine umfassende inhaltliche Beratung zur Genehmigungsfähigkeit, wird die Behörde explizit oder faktisch vorgeprägt. Den Einwendungen Betroffener kommt daher geringes bis keinerlei Gewicht zu. Ihre Verfahrensbeteiligung ist wenig effektiv und kann so die durch die Präklusion vermittelten Nachteile nicht adäquat kompensieren. Die Präklusion würde demnach in ungerechtfertigter Weise den Rechtsschutz Drittbetroffener beschränken.

---

560 Zitat aus *Wedemeyer*, Kooperation, S. 57. Der dementsprechend erhebliche Umfang der Öffentlichkeitsarbeit ist z.B. beim Ausbau des Frankfurter Flughafens erkennbar: Die Fraport AG warb auf einer eigenen Website (http://www.ausbau.fraport.de/) und in zwei Kinospots mit den Eintracht Adlern für den Ausbau. Zur Verhandlungsmacht der Betriebe *Lübbe-Wolff*, NuR 1989, 295 (297). Zur „Zwei-Fronten-Situation" aus behördlicher Sicht: „Manchmal fühlen wir uns, als müssten wir an zwei Fronten kämpfen; vorne die Betreiber und hinten die politischen Kräfte, die versuchen, uns Weisungen zu erteilen." (*Wedemeyer*, Kooperation, S. 37). Der Einfluss politischer Kräfte wurde etwa im Zusammenhang mit dem erheblichen Strafverdacht gegenüber einem Abteilungsleiter aus dem Umweltministerium NRW deutlich. Die Verdachtsmomente ließen sich nicht erhärten und nährten den Verdacht, das Verfahren könnte politisch motiviert sein. So die ehemalige Umweltministerin Bärbel Höhn in der taz vom 22.07.2008.

561 So kann eine öffentliche Erwartungshaltung (wirtschaftlicher Erfolg hängt vom Image ab, öffentliches Aufsehen hat Einfluss auf den Umsatz) den Antragsteller an den Verhandlungstisch zwingen (*Arnold*, VerwArch 89 (1989), 125 (141 f.).

562 *Graffe*, Bürgerbeteiligung, S. 32; *Hett*, Öffentlichkeitsbeteiligung, S. 23; *Schäfer*, DÖV 1977, (85) 87.

Erfolgt hingegen eine Erörterung und Beratung lediglich hinsichtlich verfahrensrechtlicher Inhalte, ist zwar eine faktische Bindung nicht ausgeschlossen. Diese bezieht sich aber nicht auf materiellrechtliche Aspekte und gefährdet daher nicht den Rechtsschutz Drittbetroffener.

Im Hinblick auf die Präklusionswirkung gefährdet eine Antragsberatung folglich nur sicher dann keine Rechte Dritter, wenn sich ihr Beratungsgegenstand auf *allein* verfahrensrechtliche Aspekte beschränkt.

e) Fazit

Eine Antragsberatung wirkt typischerweise vorprägend. Dies kann sich auf die Rechte Dritter auswirken. Um zu vermeiden, dass sich Vorhabensträger und Genehmigungsbehörde vorab über die Genehmigungsfähigkeit des Vorhabens bewusst oder faktisch einigen und dadurch die Mitwirkung potentieller Betroffener und ihren Rechtsschutz beeinträchtigen, sollte der Beratungsinhalt auf Verfahrensfragen begrenzt werden.[563] Dies gebietet zwar nicht Art. 19 IV GG. Eine solch enge Auslegung verhindert aber Unschärfen und Unklarheiten, wie sie etwa entstünden, wenn nicht auf den Gegenstand der „Beratung" sondern etwa auf deren Tiefe abgestellt würde oder eine Beratungsgrenze überhaupt nicht gefordert wäre.[564]

2. Beteiligung weiterer Akteure

An der Antragsberatung können weitere Personen und Behörden teilnehmen.

a) Andere Behörden

Ausdrücklich vorgesehen ist eine mögliche Beteiligung *anderer Behörden* – § 2 II 2 der 9. BImSchV. Aus den jeweiligen Fachgebieten können so frühzeitig spezielle Anforderungen an das Vorhaben berücksichtigt werden. Eine Beteiligung kann etwa die Frage klären, in welchem Umfang Gutachten erforderlich sind bzw. die beteiligenden Behörden bereits über ausreichende Erkenntnisse verfügen oder ob

---

563 Art. 6 IV der UVP-RL fordert eine Öffentlichkeitsbeteiligung zu einem Zeitpunkt, an dem „alle Optionen noch offen stehen".

564 Denkbar wäre auch eine Grenzziehung über den Begriff der Rechtsberatung i.S.d. RDG in der Weise, dass nur dann eine zulässige Beratung und Erörterung vorliege, wenn keine „rechtliche Prüfung im Einzelfall" i.S.d. § 2 I RDG erfolgt. In anderen Bereichen der öffentlichen Verwaltung mit ebenfalls komplexen Regeln und Sachverhalten – wie etwa in der Finanzverwaltung – wird genau hier die Grenze zulässiger Beratung gezogen.

eine bestimmte Methode zur Begutachtung angewandt werden soll. Insoweit unterstützt die Beteiligung anderer Behörden an der Antragsberatung die Genehmigungsbehörde bei der frühzeitigen Klärung verfahrensbezogener Fragen.[565]

b) *Dritte*

Zu einer möglichen Beteiligung *Dritter* schweigt sich § 2 der 9. BImSchV aus. Denkbar wäre eine Mitwirkung von potentiell Betroffenen, Umweltverbänden oder Sachverständigen. Insbesondere bei einer Beratung inhaltlicher Fragestellungen, wäre für potentielle Drittbetroffene eine frühe Beteiligung von höchstem Interesse, um ihre Belange frühzeitig einzubringen und an der Entscheidung mitwirken zu können, wenn Alternativen noch offen und die Genehmigung noch keine „beschlossene Sache" ist. Aus Sicht des Vorhabensträgers wäre damit jeder Vorteil einer Vorabklärung dahin. Es bestünde sogar die Gefahr einer Verfahrensverlängerung – neben einer Öffentlichkeitsbeteiligung *nach* Antragsstellung träte eine zusätzliche *vor* Antragsstellung hinzu.

aa) Praxis

Dementsprechend wird von einigen Autoren die Mitwirkung Dritter an der Antragsberatung abgelehnt,[566] von anderen befürwortet.[567] Die Rechtsprechung musste – soweit ersichtlich – diese Frage noch nicht entscheiden und dies, obwohl in der Praxis nur etwa bei 10% aller Vorverhandlungen Dritte einbezogen werden.[568] In aller Regel finden sie unter Ausschluss der Öffentlichkeit statt. Drittbetroffene und Träger öffentlicher Belange werden nur sehr selten, Bürgerinitiativen fast überhaupt nicht beteiligt.[569] Begründet wird dies mit einem erheblichen organisatorischen Aufwand, insbesondere für die Ermittlung und Ladung möglicher Betroffener. Zudem seien die Rechte Dritter bei der späteren Öffentlichkeitsbetei-

565 Nicht selten wird der Vorhabensträger ohnehin das klärende Gespräch mit den anderen Fachbehörden suchen.

566 *Czajka, Feldhaus*, § 10 Rdnr. 20, § 2 der 9. BImSchV, Rdnr. 43 f.

567 Für die Hinzuziehung von Behörden und Dritten *Frenz*, Kotulla, § 10 Rdnr. 58; *Jarass*, BImSchG, § 10 Rdnr. 20, ohne Anspruch hierauf (Rdnr. 18); *Nöthlichs*, BImSchG, § 10 Anm. 2.1. Keine Stellung beziehen *Dietlein*, L/R, § 10 Rdnr. 36 ff.; *Storost*, Ule/Laubinger, § 10 Rdnr. C3 f.

568 *Beyerlin*, NJW 1987, 2713 (2713); *Bohne*, Der informale Rechtsstaat, S. 51.

569 *Wedemeyer*, Kooperation, S. 53 ff. *Hill/Weber*, Vollzugserfahrungen, S. 104 f., 94 f. bestätigen, dass Träger öffentlicher Belange lediglich bei Großvorhaben beteiligt wurden, bei denen mehrere Vorhaben im Verbund genehmigt wurden.

ligung in ausreichendem Maße gewahrt.[570] Überwiegend wird daher die Öffentlichkeit erst mit Antragsauslegung über ein Vorhaben informiert. Nur in seltenen Fällen erfolgt eine frühere Information.[571]

bb) Beteiligung an verfahrensrechtlicher Beratung

Nach dem Wortlaut des § 2 II 2 der 9. BImSchV können nur „andere Behörden" an den Vorgesprächen beteiligt werden. Damit grenzt sich § 2 deutlich von § 2a der 9. BImSchV ab. Dieser sieht für uvp-pflichtige immissionsschutzrechliche Vorhaben ausdrücklich eine Beteiligung Dritter und Sachverständiger an den Vorgesprächen – dem sog. Scoping – vor.[572] Das spricht im Umkehrschluss gegen ihre Teilnahme an der Antragsberatung.

Dagegen sprechen auch die unterschiedlichen Hintergründe der Regelungen. In der Vorbesprechung nach § 2a I 3 der 9. BImSchV sollen Gegenstand, Umfang und Methode der Umweltverträglichkeitsprüfung abgestimmt werden. Diese Prüfung umfasst nach § 2 I UVPG die Ermittlung, Beschreibung und Bewertung der mittelbaren und unmittelbaren Auswirkungen des Vorhabens auf Menschen und weitere Güter. Insbesondere bei der Bewertung betroffener Güter können verschiedene Prüf- und Bewertungsmethoden zur Anwendung kommen.[573] Demzufolge betrifft die Vorbesprechung zur UVP eher verfahrensrechtliche Fragen, wie methodisch an die Prüfung heranzugehen ist, etwa welches Bewertungsverfahren gewählt oder auf welche Daten und Erhebungen zurückgegriffen werden kann. Hierfür kann Naturschutzverbänden und Sachverständigen Sachkunde zukommen. Der Beitrag von Drittbetroffenen zur Klärung verfahrensrechtlicher Fragen ist hingegen äußerst fraglich. Die Vorbesprechung betrifft aber auch die im Auswirkungsbereich der Anlage existierenden Habitate, Vorbelastungen oder

---

570 *Hill/Weber*, Vollzugserfahrungen, S. 104: Ca. 85% der befragten Behördenmitarbeiter gingen davon aus, dass Vorgespräche keinen oder nur einen geringen Nachteil für Dritte hätten.

571 *Wedemeyer*, Kooperation, S. 56.

572 § 2a I 4 der 9. BImSchV.

573 Einen Überblick über die beiden Hauptgruppen der Bewertungsverfahren (verbal-argumentative und quantitativ-wertende) geben *Eberhard/Schettler*, BWGZ 1997, 88 (91). Kritisch zu qualifizierten Bewertungsverfahren statt vieler *Ellinghoven/Brandenfels*, NuR 2004, 564 (568 ff.); zu sog. Biotopwertverfahren und ihre Bewertung durch die Rechtsprechung *Stich*, UPR 2002, 10 ff. Aufschlussreiche und tiefgehende Einblicke in mögliche kompositionelle und dekompositionelle Bewertungsmethoden in der Landschaftsplanung bei *Harth*, Multikriterielle Bewertungsverfahren, S. 47 ff. mit kritischer Beurteilung S. 175 ff.

ähnliche für die UVP relevanten Informationen zur Bestandssituation. Hier können Bürger teilweise sachkundige Auskunft geben und die behördlichen Ermittlungen zur Ist-Situation unterstützen. Dritte können folglich in gewissem Maße zur Erfassung der Bewertungsgrundlage beitragen, weshalb ihre Beteiligung bei uvp-pflichtigen Vorhaben explizit vorgesehen ist.

Das bedeutet, dass in immissionsschutzrechtlichen Genehmigungsverfahren, die einer UVP bedürfen, Privatpersonen an der Antragsberatung beteiligt werden können, wenn sie über Informationen bzw. besondere Sachkunde zur Erhebung der Bestandssituation verfügen. Gleiches gilt für eine Beteiligung von Sachverständigen und Naturschutzverbänden. Eine solche Begrenzung der Beteiligung ist mit einem effektiven Rechtsschutz vereinbar. Betreffen die Vorberatungen rein organisatorische Verfahrensfragen oder die Koordination des groben Verfahrensverlaufs, bedarf die Behörde keiner Unterstützung durch Dritte, deren Rechte hierdurch nicht berührt werden. Werden inhaltliche Aspekte, wie etwa die Bewertung der ermittelten Situation, mögliche Auswirkungen oder die Bewertung von Gutachten zur prognostizierten Einhaltung von Grenzwerten ausgeklammert, ist das Einbringen von Bedenken im Einwendungsverfahren für Dritte ausreichend. Für eine vorherige Beteiligung in der Antragsberatung besteht kein Bedürfnis.

cc) Beteiligung an materiellrechtlicher Beratung

Sollten auch materiellrechtliche Fragen erörtert werden,[574] könnten hieran Dritte, Sachverständige und Naturschutzverbände beteiligt werden. So könnten sie ihre Überlegungen und Sachkunde bereits in einem sehr frühen Verfahrensstadium einbringen. Eine solch frühe Beteiligung verbessert jedoch nicht zwangsläufig den Rechtsschutz und trägt die Gefahr einer Verfahrensverzögerung in sich.

In einem solch frühen (Vor)Stadium sind die Auswirkungen und damit die potentiellen Drittbetroffenen noch nicht sicher zu bestimmen. Häufig fehlen konkrete und ausführliche Pläne. Das Projekt ist noch nicht in Antragsunterlagen fixiert, die Planung noch sehr variabel. Es erscheint daher wenig effektiv, zu diesem frühen Zeitpunkt das Vorhaben und seine materiellen Aspekte mit allen Beteiligten – die ebenso variabel wie die Planung sind – zu besprechen. Die Antragsberatung könnte zu einem äußerst schwerfälligen verfahrensverlängernden Verfahrenschritt werden ohne nennenswerte Verbesserung der Situation für Drittbetroffene.

---

574 Eine Erörterung oder Beratung im Hinblick auf materiellrechtliche Aspekte ist m.E. abzulehnen (vgl. oben 1. Inhalt behördlicher Beratung S. 118 ff. insbesondere S. 139).

Eine Beteiligung Dritter an den Vorgesprächen kann nämlich zu einer Ausweichbewegung führen. Insbesondere inhaltlich kritische Punkte wird der zukünftige Antragsteller eher einem gesonderten Gespräch mit der Behörde vorbehalten wollen. Potentiell Betroffene wären nur an einer Art „weichen" Vorgespräche beteiligt, zu denen Vor-Vorgespräche träten, die ohne Drittbeteiligung erfolgten.

Die Rechte potentieller Betroffener erfordern daher keine Beteiligung an Vorgesprächen zu Vorhaben, die nicht uvp-pflichtig sind.[575] Ihren Interessen wird durch eine Beschränkung des Beratungsinhalts auf allein verfahrensrechtliche Aspekte ausreichend Rechnung getragen. Eine Beteiligung von Sachverständigen und Naturschutzverbänden ist ebenfalls nicht zwingend erforderlich.

3. *Ergebnis*

Wie die Betrachtung der jeweiligen Genehmigungswirkungen erbrachte[576], bedarf es keiner Antragsberatung, um der Genehmigung die Wirkungen zukommen zu lassen, die sie derzeit vermittelt. Aus der Präklusionswirkung ergeben sich jedoch Anforderungen an ihre Ausgestaltung. Insbesondere ist der Beratungsinhalt so zu wählen, dass eine spätere Mitwirkung Betroffener effektiv erfolgen kann. Mögliche Bindungen – auch faktischer Art –, die ihren Rechtsschutz beeinträchtigen können, sind zu vermeiden. Die Antragsberatung sollte daher auf rein verfahrensrechtliche Aspekte zu beschränkt werden.

Sind materiellrechtliche Inhalte nicht Gegenstand der Antragsberatung, ist auch eine Beteiligung von Drittbetroffenen, Sachverständigen und Naturschutzverbänden nicht erforderlich. Da die Gefahr möglicher „Vor-Vorgespräche" bei verfahrensspezifischen Fragen nicht besteht, können Behörden an diesen Vorgesprächen teilnehmen. Eine Teilnahme von Dritten und Sachverständigen ist eher im Rahmen des § 2a der 9. BImSchV üblich.

III. Regelungsalternativen zur Antragsberatung

Antragsberatungen sind in unterschiedlichen Ausgestaltungen denkbar. Je nachdem können sie Drittbetroffene mehr oder minder stark beeinträchtigen.

---

575 Es könnte allerdings in absoluten Ausnahmefällen eine Beteiligung Betroffener sinnvoll sein. Wenn sich z.B. klar abzeichnet, dass nur ein sehr kleiner Kreis von Personen betroffen ist, könnten quasi als Vorwegnahme des Erörterungstermins und damit zur Verkürzung des Verfahrens vorab die Bedenken dieser Betroffenen in einem Gespräch eruiert werden.

576 Dazu im 2. Kapitel E. Ergebnis S. 105.

Nachfolgend sollen nur einzelne der vielfach denkbaren Veränderungsmöglichkeiten aufgegriffen werden.

1. Entbehrlichkeit einer Regelung

Eine Aufhebung der Normierung der Antragsberatung könnte erwogen werden.

Vorgespräche zwischen Behörden und Antragstellern existieren nicht nur in den normierten Fällen etwa des § 2 II der 9. BImSchV. Als eine Form informellen Verwaltungshandelns sind sie als rechtsunverbindliche Abreden der Verwaltungspraxis immanent und aus dem umweltrechtlichen Alltag nicht mehr hinwegzudenken.[577] Auch außerhalb der vorgesehenen behördlichen Beratung bestehen vielfältige Möglichkeiten zu Absprachen und Verständigungen. Hierfür bieten sich etwa die Beratung hinsichtlich eines anderen Vorhabens an, ein Kontrollbesuch bei einem anderen Betrieb des gleichen Betreibers, die Besprechung von Sanierungsmaßnahmen oder „gesetzlich nicht motiviert" bei Betriebsfeiern, allgemeinen Werksbesichtigungen, Informationsveranstaltungen oder personell etwa über Aufsichtsratsposten.[578] Im Rahmen solcher Kontakte lassen sich unproblematisch Anliegen bezüglich anderer Vorhaben besprechen. Kontaktaufnahmen zwischen Antragsteller und Genehmigungsbehörden in Bezug auf Rechtsakte mit Drittwirkung werden daher immer stattfinden. Solange keine Rechte Dritter verletzt werden, sind sie – trotz der Gefahr des „Clientel Captures"[579] – grundsätzlich zulässig.[580] Eine Aufhebung der Normierung würde die Existenz solcher Gespräche weder ausschließen noch unzulässig machen, da sie als informelle Verwaltungshandeln gerade nicht des Formellen bedürfen.

---

577 Dazu bereits oben Fn 457 S. 109.

578 Personelle und organisatorische Kontaktzonen werden genutzt, um gesteigerte Resonanzchancen zu erreichen (*Hoffmann-Riem*, VVDStRL 40 (1982), 187 (209 f.)).

579 Die Gefahr des „Clientel captures" besteht darin, dass als Endpunkt einer Entwicklung zur klientelorientierten Verwaltungseinheit diese durch das Klientel vereinnahmt wird – die Interessen dieser mit den Interessen der Allgemeinheit gleichgesetzt werden. Untersuchungen bei *Sabatier*, Policy Sciences 3 (1975), 301 ff.; sowie allgemein *Schuppert*, Verwaltungswissenschaft, S. 574 f.

580 *Bauer*, VerwArch 78 (1987), 241 (260 f., 267) m.w.N.; *Oster*, NuR 2008, 845 (848) m.w.N; *Schröder*, NVwZ 1998, 1011 (1012) m.w.N.; *Wedemeyer*, Kooperation, S. 192 ff.

Europarechtliche Vorgaben schreiben zudem für uvp-pflichtige Vorhaben eine Anhörung des Antragstellers sowie möglicherweise betroffener Behörden vor.[581] Für eine nicht unbedeutende Zahl immissionsschutzrechtlicher Anlagen[582] besteht daher bereits europarechtlich das Erfordernis einer irgendwie gearteten Anhörung des Antragstellers vor Beginn des eigentlichen Genehmigungsverfahrens.

Denkbar wäre daher allenfalls für nicht uvp-pflichtige Anlagen ein Verbot der Antragsberatungen. Allerdings dient die Beratung der Verwirklichung der Rechte des Antragstellers, die nicht an seiner Unkenntnis, Unerfahrenheit oder Unbeholfenheit im Umgang mit der Behörde scheitern soll.[583] Sie ist Ausfluss des Rechtsstaatsprinzips, der allgemein dem Bürger gegenüber obliegenden Fürsorge- und Betreuungspflicht und fördert eine geordnete und sachgemäße Durchführung des Verfahrens, dient der Effektivität der Verwaltung.[584] Dabei kommt eine ausdrückliche Regelung den potentiell Betroffenen zugute. Sie vermittelt die Kenntnis, dass Vorkontakte zwischen Antragsteller und Behörde grundsätzlich möglich sind. Für die Behörde bedeutet eine gesetzliche Präzisierung der Antragsberatung eine Klarstellung ihres Beratungsumfangs sowohl gegenüber dem Antragsteller als auch gegenüber den Drittbetroffenen. Dies kann ihre Position stärken.

Eine Aufhebung des § 2 II der 9. BImSchV würde zu keinerlei Verbesserung, sondern eher zu einer Verschlechterung für die am Genehmigungsverfahren Beteiligten führen.[585]

2. *Regulierung von Vorgesprächen*

Sind Vorgespräche nicht entbehrlich, könnte zumindest ihre Normierung Beeinträchtigungen Drittbetroffener verhindern.

---

581 Art. 5 II der UVP-RL. Eine Anhörung war bereits in der ursprünglichen Fassung RL 84/337/EWG v. 27.06.1985 vorgesehen. In der ursprünglichen Deutlichkeit geht dies aus dem neugefassten Art. 5 II RL 2014/52/EU nicht mehr hervor.

582 Uvp-pflichtige Anlagen sind die im Anhang des UVPG aufgeführten (näher §§ 3a-3 f UVPG).

583 *Hufen*, NJW 1982, 2160 (2163); *Kopp/Schenke*, VwVfG, § 25 Rdnr. 2.

584 *Kopp/Schenke*, VwVfG, § 25 Rdnr. 2; *Thiele*, DÖD 1978, 65 (67). In der Praxis wird die überwiegende Mehrzahl der Antragsteller (50–80%) durch fremde fachkundige Hilfe beraten. Großen Unternehmen steht meist ein eigener Beraterstab zur Seite. Kleinere, wirtschaftlich schwächere Betriebe sehen häufig eine Hilfe von außen für nicht erschwinglich an oder fremde Hilfe ist aufgrund der relativ einfachen Planung nicht nötig (*Hill/Weber*; Vollzugserfahrungen, S. 89).

585 Ähnlich *Hoffmann-Riem*, VVDStRL 40 (1982), 187 (226); *Ule/Laubinger*, Gutachten B, S. 75.

a) Formelle Verfestigung

Diskutiert werden formelle Verfestigungen der Antragsberatung etwa durch explizite Regelungen im BImSchG bzw. einer (analogen) Anwendung des VwVfG.[586]

Ausgangspunkt der Überlegungen ist, dass – ähnlich wie bei einer Zusicherung (§ 38 VwVfG) – für Vorentscheidungen die gleichen Rechtmäßigkeitsanforderungen gelten müssen wie für die Folgeentscheidung.[587] Aus diesem Grund sei es unzureichend, Einwirkungsmöglichkeiten erst für die Folgeentscheidung zu sichern, wenn schon in der Vorabentscheidung eine rechtserhebliche Programmierung erzeugt werde.[588] *Bohne*[589] geht mit seinen Forderungen (frühe Information und Beteiligung Betroffener, öffentliche Bekanntmachung und Darlegung der Planungsziele im Stadium der Vorverhandlungen) so weit, dass sie praktisch auf eine frühzeitige Bürgerbeteiligung hinauslaufen.

Eine solche denkbare pauschale „Vergesetzlichung" zum Schutz der nicht an den Absprachen beteiligten Dritten wird dem Phänomen informeller Verhaltensweisen nicht Herr.[590] Es besteht ein Teufelskreis: Werden bislang informelle Verhaltensweisen formalisiert, rückt der informelle Verständigungsprozess weiter vor.[591] Erfolgt die behördliche Antragsberatung etwa mit einer Beteiligung Dritter, werden informelle Vorverhandlungen und Vorgespräche ohne

---

586 *Bohne*, VerwArch 75 (1984), 343 (350 ff.); *Hoffmann-Riem*, VVDStRL 40 (1982), 187 (220); *Kunig/Rublack*, Jura, 1990, 1 (6); *Oster*, NuR 2008, 845 (850); *Schlette*, Die Verwaltung als Vertragspartner, S. 189 ff.; *Song*, Kooperatives Verwaltungshandeln, S. 105 ff. Skeptisch zur Durchsetzbarkeit *Lübbe-Wolff*, NuR 1989, 295 (297); *Oster*, NuR 2008, 845 (848). Gegen eine Anwendung der §§ 54 ff. VwVfG *Jarass*, BImSchG, § 10 Rdnr. 18. Weitere Vorschläge zur Begrenzung behördlicher Beratungspflicht bei *Jäde*, BayVBl. 1988, 264 (265 ff.).

587 *Hoffmann-Riem*, VVDStRL 40 (1982), 187 (220); a.A. *Pietzker*, NJW 1981, 2087 (2088).

588 *Hoffmann-Riem*, VVDStRL 40 (1982), 187 (221).

589 *Bohne*, VerwArch 75 (1984), 343 (350 ff.).

590 So auch *Hucke/Ullmann*, in: Implementation, S. 105 (122): Es besteht ein systemimmanentes Machtdifferential zwischen Vollzugsbehörde und Betrieb, das auch präszisere Gesetzesformulierungen nicht beheben kann; ähnlich *Becker*, DÖV 1985, 1003 (1011); *Maurer*, Allg. Verwaltungsrecht, § 15 Rdnr. 21; *Oster*, NuR 2008, 845 (848); *Zepf*, DÖD 2004, 5 (10).

591 Hierauf verweisen *Dreier*, StWStP 1993, 647 (663); *Hoffmann-Riem*, VVDStRL 40 (1982), 187 (226): „Neue Formalisierungen können neue informelle Strategien des Unterlaufens auslösen"; *Kunig/Rublack*, Jura 1990, 1 (6); *Lange*, VerwArch 82 (1991), 1 (15 f.); *Schröder*, NVwZ 1998, 1011 (1016) m.w.N.; *Oster*, NuR 2008, 845 (848); *Schulze-Fielitz*, in: Kooperation und Korruption, S. 233 (246); *Zepf*, DÖD 2004, 5 (10).

Drittbeteiligung vorverlagert. Antragsteller und Behörde werden folglich in einer „Ausweichbewegung" dem Versuch begegnen, ihre Abstimmungen in „geregelte Bahnen" zu lenken.

Die mit einer behördlichen Beratung verbundenen Probleme lassen sich daher nur schwer fassen: Werden gesetzliche Regelungen abgeschafft, fehlen Anhaltspunkte für Behörde und Antragsteller hinsichtlich der Legalität ihres Handelns. Eine Orientierung anhand gesetzlicher Vorgaben entfiele.[592] Wird hingegen die behördliche Antragsberatung detailliert geregelt, besteht die Gefahr, dass – entsprechend des Hase-und-Igel-Wettlaufs – dieser nun formalisierten Beratung eine weitere informale vorgeschaltet wird.

Eine völlige Formalisierung der Antragsberatung verhindert daher nicht die mit Vorgesprächen verbundenen Probleme.

b) Teilformalisierungen

In der Rechtspraxis finden sich Teilformalisierungen,[593] denen die Kraft zugesprochen wird, informelles Verwaltungshandeln zu kanalisieren.[594]

Statt einer strengen gesetzlichen Regelung hinsichtlich Ablauf und Inhalt der Beratung ist die Regelung einzelner Teile denkbar. Nach derzeitiger Gesetzeslage ist die organisatorische Gestaltung den Behörden überlassen, hinsichtlich der Beratungsinhalte enthält § 2 II der 9. BImSchV nur gewisse Vorgaben.

Allerdings erscheint die derzeitige Teilformalisierung (noch) nicht vollumfänglich in der Lage, die mit einer Antragsberatung verbundenen Beeinträchtigungen für Drittbetroffene zu meistern. Dies könnte eine entsprechende Gesetzesauslegung oder Gesetzesänderung erreichen. Aus der Vielzahl der de

---

592 Eindrücklich zu der besonderen Nähe zwischen Kooperation und Korruption *Zepf*, DÖD 2004, 5 ff. und *Benz*, in: Benz/Seibel, Zwischen Kooperation und Korruption, S. 35 f. unter Hinweis auf den „Späth-Kapitalismus" des ehemaligen baden-württembergischen Ministerpräsidenten Späth.

593 Anhaltspunkte für eine Teilformalisierung finden sich für uvp-pflichtige Vorhaben im scoping-Verfahren (§ 5 UVPG), für das immissionsschutzrechtliche Genehmigungsverfahren in der Beratung vor Antragstellung und dem fakultativen Einsatz eines Projektmanagers (§ 2 II und § 2 II 3 Nr. 5 der 9. BImSchV) sowie im geplanten UGB § 87 (Stand 4.12.2008), § 25 VwVfG, den §§ 71c und 71e VwVfG und § 12 BauGB (*Bohne*, VerwArch 75 (1984), 343 (347); *Kautz*, Absprachen, S. 45 ff.; *Schröder*, NVwZ 1998, 1011 (1013)).

594 *Erbguth/Schlink*, UVPG, § 5 Rdnr. 24; *Haneklaus*, in: Hoppe, UVPG, § 5 Rdnr. 1; *Oster*, NuR 2008, 845 (848) m.w.N.

lege ferenda bestehenden Möglichkeiten werden im Folgenden einige betrachtet, die am ehesten geeignet erscheinen, eine Beeinträchtigung Dritter zu vermeiden.

aa) Beschränkung des Beratungsgegenstandes

Ein erster Ansatz zur Sicherung der Betroffenenrechte ist der Beratungsgegenstand. Um die materielle Würdigung und die Möglichkeit einer Einwirkung auf das Ergebnis offen zu halten, kann die Beratung auf allein verfahrensrechtliche Fragen beschränkt werden. Zuzugeben ist, dass die Grenzziehung zwischen verfahrensrechtlichen und materiellrechtlichen Sachverhalten nicht immer leicht ist. Allein deswegen ist jedoch nicht die Beratungspflicht zu Lasten Drittbetroffener auf alle Inhalte – auch materiellrechtliche – auszuweiten.

Eine Beschränkung des Beratungs- und Erörterungsgegenstandes auf allein verfahrensrechtliche Fragestellungen verletzt die Rechte des Antragstellers nicht.[595] Sie hat zur Folge, dass die Behörde nicht verpflichtet ist, materiellrechtliche Fragestellungen mit dem Antragsteller zu erörtern. Unter Rückgriff auf die gesetzlichen Regelungen kann ein mögliches dahingehendes Ansinnen des Vorhabensträgers ohne erhöhten Begründungsaufwand abgelehnt werden. Angesichts der gerade im Immissionsschutzrecht erheblichen Wirtschaftsmacht, die hinter manchem Projektträger steht, nimmt eine solche Auslegung zudem den Druck von der Behörde.[596]

Eine Beschränkung des Beratungsgegenstandes auf verfahrensrechtliche Inhalte kann bereits Beeinträchtigungen Drittbetroffener vermeiden.

bb) Behördliche Transparenz durch Dokumentation

Der Drittschutz würde zudem durch eine erweiterte behördliche Transparenz verbessert. Häufig sind informelle Absprachen und ihre vorangehenden Erörterungen nicht oder nicht vollständig dokumentiert, was eine politische, verwaltungsinterne und gerichtliche Kontrolle erheblich erschwert.[597] Werden hingegen über Vorgespräche Aktenvermerke zu Termin, beteiligten Personen und Inhalten angefertigt, erlaubt dies eine gewisse Selbstkontrolle.[598] Zudem können sich mögliche Betroffene

595 Ausführlich in II. 1. Inhalt behördlicher Beratung S. 118 ff.

596 Ähnlicher Ansatz durch gesetzliche Gestaltung den Druck auf die Behörde abzufedern bei *Cancik*, DÖV 2007, 107 (113). Zu dem z.T. erheblichen Druck Fn 561 S. 138.

597 *Bauer*, VerwArch 78 (1987), 241 (254 f.); *Henneke*, NuR 1991, 267 (273); *Hoffmann-Riem*, VVDStRL 40, 187 (213 f.).

598 Eine Kontrolle erfolgt zum einen durch den jeweiligen Behördenmitarbeiter selbst, zum anderen durch Kollegen und Vorgesetzte (sog. Mehraugenprinzip) (*Zepf*, DÖD 2004, 5 (10); *Vahlenkamp/Knauß/Ahlf*, Korruption, S. 191).

durch Einsicht in die Aufzeichnungen über den Inhalt der Vorgespräche informieren. Eine umfassende Aufbereitung des Rechts- und Tatsachenstoffs für eine erfolgreiche gerichtliche Rechtsdurchsetzung wäre so gegeben.[599]

Selbst wenn diese Dokumentation nicht aussagekräftig ausfallen mag:[600] Aus der Korruptionsbekämpfung ist bekannt, dass Transparenz bei informellem Verwaltungshandeln grundsätzlich der Korruptionsgefahr vorbeugt.[601] Einer möglicherweise zu weitgehenden – auch inhaltliche Aspekte betreffende – Beratung könnte so vorgebeugt werden. Wie Untersuchungen belegen, trägt außerdem ein transparentes Verfahren zu verfahrensökonomischen Verbesserungen und zur Effektivierung des Entscheidungsverfahrens bei.[602]

Eine freiwillige Dokumentation bzw. eine dahingehende Pflicht wäre daher eine geeignete Verbesserung der Antragsberatung.[603]

cc) Entkoppelung von Beratung und Entscheidung

Eine Vorprägung der Genehmigungsbehörde in materiellrechtlicher Hinsicht könnte weitgehend vermieden werden, wenn Vorberatungen nicht durch sie selbst oder nur unter Hinzuziehung weiterer Personen erfolgten. Ein solches Vorgehen wäre zudem der Transparenz förderlich. Selbst wenn der Vorhabensträger das Gespräch – außerhalb der gesetzlich vorgesehenen Antragsberatung – mit der entscheidenden Behörde suchte, würde eine Vorprägung erheblich erschwert. Zum einen wären die gesetzlich veranlassten Kontakte reduziert, zum anderen entstünde ein Gegengewicht und eine Kontrollstelle, die als „neutrale" Stelle feststellen könnte, ob das gefundene Ergebnis tatsächlich auf freier Entscheidung beruht oder die Entscheidungsfindung vorgeprägt war.

---

599 In ähnliche Richtung *Bauer*, VerwArch 78 (1987), 241 (255); *Henneke*, NuR 1991, 267 (273); *Hoffmann-Riem*, VVDStRL 40, 187 (213 f.); *Kunig/Rublack*, Jura 1990, 1 (8).

600 Dies gibt *Schröder*, NVwZ 1998, 1011 (1016) zu bedenken.

601 *Zepf*, DÖD 2004, 5 (9 f.) mit umfassender Begründung und weiteren Nachweisen. Zu (positiven) Erfahrungen in Japan, wo Ergebnisse bilateraler Vorgespräche veröffentlich werden *Kunig/Rublack*, Jura, 1990, 1 (2 f.) m.w.N.

602 *Werres*, DVBl. 2005, 611 (614); ähnlich die Ergebnis zu den Auswirkungen einer Dokumentation des Scopings (*Führ/Dopfer/Bizer*, ZUR 2009, 59 (60)).

603 Für eine behördliche Dokumentationspflicht: *Beyerlin*, NJW 1987, 2713 (2719 f.); *Hoffmann-Riem*, VVDStRL 40 (1982), 187 (229); *Jarass*, BImSchG, § 10 Rdnr. 18; *Kunig/Rublack*, Jura 1990, 1 (8); *Oebbecke*, DVBl. 1994, 147 (153); *Oster*, NuR 2008, 845 (849); *Song*, Kooperatives Verwaltungshandeln, S. 116.

Größtmöglichste Gewähr für eine unvoreingenommene Entscheidung bietet eine Vorberatung, die nicht durch die Genehmigungsbehörde selbst erfolgt.[604]

Die Beratung könnte durch eine sachverständige Person oder eine Gruppe sachverständiger Personen erfolgen.[605] Denkbar ist auch die Leitung des gesamten Anhörungsprozesses durch eine (weitere) staatliche Behörde.[606] Da sich die Beratung auf allein verfahrensrechtliche Fragen beziehen soll, sind vertiefte Kenntnisse in rechtlicher und technischer Hinsicht ebenso wenig erforderlich wie Spezialwissen. Mögliche Rücksprachen mit der Genehmigungsbehörde, etwa welche Tatsachen behördenbekannt oder bereits begutachtet sind und welche Gutachtenmethoden gefordert werden, könnten zu Informationsverlusten und Zeitverzögerungen führen. Da allein verfahrensrechtliche Fragestellungen erörtert werden sollen, wird sich dies jedoch im Rahmen halten und im Laufe der Zeit aufgrund eintretender Routine reduzieren.[607]

Ein entsprechendes Modell ist etwa der IHK-Genehmigungslotse, den es seit 2010 in einigen Ländern gibt. Er ist Ansprechpartner für Antragsteller und bereitet diese auf den Erstkontakt mit der Behörde vor.[608] Vergleichbares wurde zuvor mit dem Projekt ‚Sachverständigenantrag' in Nordrhein-Westfalen erprobt.[609]

dd) Hinzuziehung weiterer Personen

Statt einer Trennung von entscheidender und beratender Stelle ist die Hinzuziehung weiterer – an sich am Verfahren unbeteiligter – Personen zur Antragsberatung denkbar. Angedacht war etwa die obligatorische Anwesenheit eines

---

604 *Burmeister*, UTR 1988, 121 (152); *Hoffmann-Riem*, VVDStRL 40 (1982), 187 (231 f.); *Schütte*, ZUR 2011, 169 (170); *Steinberg*, ZUR 2011, 340 (345); *ders.*, DÖV 1982, 619 (627); *Stender-Vorwachs*, NVwZ 2012, 1061 (1062); *Winter*, ZUR 2012, 329 (330). *Schuppert*, AöR 102 (1977), 369 (407 f.), befürwortet ein Gremium mit Bürgern ähnlich der „Commission of the Third London Airport", das die öffentliche Anhörung durchführt und zu Standortfragen und zum Problem der Auflagen Stellung nimmt A.A. P*ietzcker*, VVDStRL 41 (1983), 193 (220), der einer Trennung lediglich „kosmetische" Wirkung beimisst.

605 Für die Übertragung auf einen neutralen privaten Dritten etwa *Schütte*, ZUR 2011, 169 (170); *Wulfhorst*, DÖV 2011, 581 (585).

606 *Burgi*, NVwZ 2012, 277 (279). Denkbar wäre eine ununterbrochene Begleitung der Öffentlichkeit (*Stender-Vorwachs*, NVwZ 2012, 1061 (1064)).

607 Zu Vor- und Nachteilen einer solchen Trennung *Appel*, NVwZ 2012, 1361 (1367) m.w.N.

608 Etwa in Brandenburg.

609 Dazu *Pein*, BB 1996, 1399 (1400).

„Umweltanwalts“ als Beisitzer und damit quasi „Hüter der Nichtvertretenen“.[610] In ähnliche Richtung gehen Überlegungen zum Einsatz von „Konfliktmittlern“.[611]

Solche Modelle bieten eine gewisse Kontrolle und ein gewisses Gegengewicht. Die Gefahr einer Vorverlagerung – wie sie bei einer direkten Beteiligung Drittbetroffener besteht[612] – vermögen sie jedoch ebenfalls nicht sicher auszuschließen.

3. *Ausgestaltung des Genehmigungsverfahrens*

Eine weitere denkbare Sicherung der Rechte Drittbetroffener könnte durch ein entsprechend ausgestaltetes Genehmigungsverfahre erfolgen. So könnte als Gegengewicht zu den Vorkontakten (noch) umfangreichere Beteiligungs- und Mitwirkungsmöglichkeiten Betroffener vorgesehen werden.

a) Frühe Einbeziehung Dritter

Um Drittbetroffene möglichst effektiv am Entscheidungsfindungsprozess teilhaben zu lassen, könnte eine frühzeitige[613] Bürgerbeteiligung – etwa wie im Baurecht oder im PlVereinhG[614] – eingeführt werden.[615] Denkbar wäre dies etwa im Anschluss an die Vorgespräche[616], direkt in den Vorgesprächen selbst im Rahmen

610 Zu Qualifikation und Aufgabe eines Umweltanwaltes *Lübbe-Wolff*, NuR 1989, 295 (298).

611 Ausführlich *Brohm*, DVBl. 1990, 321 (321 ff.); *Madigan/Susskind/Weinstein*, in: Konfliktbewältigung I, S. 151 (166 ff.); *Ozawa/Susskind*, Konfliktbewältigung I, S. 177 (185 ff.); *Steinberg*, Konfliktbewältigung I, S. 295 (295 ff.); *Treiber*, Konfliktbewältigung II, S. 287 (287 ff).

612 Ausführlich oben a) Formelle Verfestigung S. 145 f.

613 Zu Fragen des Beginns der Bürgerbeteiligung *Stender-Vorwachs*, NVwZ 2012, 1061 (1063).

614 Gesetz zur Verbesserung der Öffentlichkeitsbeteiligung und Vereinheitlichung von Planfeststellungsverfahren (BT-Dr 17/9666 v. 16.05.2012). Diese frühe Öffentlichkeitsbeteiligung „soll möglichst“ bereits vor Antragstellung stattfinden (§ 25 III VwVfG-Entwurf). Kritisch zum Nutzen *Appel*, NVwZ 2012, 1361 (1366), da die Durchführung dem Vorhabenträger überlassen bleibt.

615 *Schink*, DVBl. 2013, 1347 (1355); *Schütte*, ZUR 2011, 169 (170); *Seibert-Fohr*, VerwArch 104 (2013), 311 (315 ff.) zu ihrer Bedeutung und der Einführung im PlVereinhG; *Winter*, ZUR 2012, 329 (330); ähnlicher Vorschlag bei *Knemeyer*, DVBl. 2014, 625 ff. für eine frühzeitige Bürgerinformation und -anhörung als kommunale Selbstverpflichtung.

616 Angedacht in § 87 UGB-E (v. 04.12.2008).

eines Gremiums[617] oder in einem Vorverfahren vor dem eigentlichen Genehmigungsverfahren[618]. Auf europäischer Ebene wird eine solch frühe Beteiligung unter dem Stichwort des „Dialogprozesses" diskutiert. Zur Verwirklichung des Art. 6 IV der Aarhus-Konvention soll die Behörde in geeigneten Fällen auf eine frühe Einbeziehung der Öffentlichkeit hinwirken.[619]

Ob eine formelle Beteiligung die auf Vorverhandlungen beruhenden faktischen Bindungen kompensieren und eine effektive Beteiligung sicherstellen kann, erscheint in Anbetracht des erwähnten Hase-und-Igel-Effekts zweifelhaft. Eine frühzeitige Bürgerbeteiligung ist kein Garant für eine effektive Mitwirkung der Betroffenen in den Vorverhandlungen. Sie kann vielmehr eine Vorverlagerung der „tatsächlichen" Abstimmungen provozieren. Dennoch vermag eine frühzeitige Information die Situation der Vorhabenbetroffenen zu verbessern: Die Aufmerksamkeit der Öffentlichkeit auf das geplante Vorhaben wird frühzeitig und verstärkt geweckt, die Information der Betroffenen – da frühzeitig – besser gewährleistet und die relativ kurze Auslegungs- und Einwendungsfrist sowie Schwächen in der Bekanntmachung in gewissem Rahmen kompensiert.

b) Mediativer Dialog

In jüngster Zeit tritt gerade bei komplexen Großprojekten eine weitere Möglichkeit der Öffentlichkeitsbeteiligung vor und während des Genehmigungsverfahrens in den Fokus: das Mediationsverfahren.[620] Es soll insbesondere in komplexen, eine Vielzahl von Menschen betreffenden Verfahren einen möglichst frühzeitigen

617 *Schuppert*, AöR 102 (1977), 369 (406 ff.): Dort sollen sich unabhängiger Sachverstand, Betroffenenengagement, Betreiber und Vertreter der zuständigen Behörde treffen. Zu ihrem Aufgabenbereich sollen die Durchführung öffentlicher Anhörungen, Veröffentlichung von Berichten mit Stellungnahme beteiligter Stellen, Stellungnahmen zu Standortfragen und Auflagen sowie Organisation der Entscheidungsvorbereitung, nicht jedoch die Letztentscheidung gehören. Ähnlich *Stender-Vorwachs*, NVwZ 2012, 1063 (1064) für eine Beteiligung der Öffentlichkeit in einer Antragskonferenz.

618 *Burmeister*, UTR 1988, 121 (158 f.) plädiert für ein Vorverfahren vor dem eigentlichen Genehmigungsverfahren, das im Sinn eines kontradiktorischen Verfahren ausgestaltet ist.

619 So die Begründung zum UGB(E) v. 04.12.2008 S. 243 (abrufbar unter http://www.bmu.de/fileadmin/bmu-import/files/pdfs/allgemein/application/pdf/ugb1_allgem_vorschriften_begruendung.pdf). *v. Danwitz*, NVwZ 2004, 272 (273 f.).

620 *Steinberg*, ZUR 2011, 340 (345 f.), bevorzugt den Begriff des mediativen Dialogverfahrens, da der Verwaltung die Letztentscheidung zusteht, die der Disposition der Beteiligten entzogen ist. Ausführlich *Fuchs/Hehn/Wagner*, UPR 2011, 81 (81); *Holznagel/Ramsauer*, VerwArch 104 (2013), 131; *Wagner/Hehn*, UPR 2013, 1.

Ausgleich betroffener Belange und so eine Beschleunigung des Genehmigungsverfahrens mit erhöhter Akzeptanz bewirken.[621]

aa) Eignung

Anders als Vorgespräche, die auf Intransparenz und Bilateralität beruhen, soll in der Mediation ein neutraler Mittler durch Einbeziehung Betroffener im Wege transparenter Verfahrensgestaltung einen Interessenausgleich herstellen.[622] Zu hohe Erwartungen sollten allerdings nicht an ihre Eignung zur Konfliktbewältigung gestellt werden.[623] Auch eine Mediation setzt auf Kommunikation der zerstrittenen Parteien und auf eine gewisse Bereitschaft, gemeinsame Lösungswege zu finden. Ähnliche Zielrichtung kam bereits dem Erörterungstermin zu, der in neuerer Zeit (zu Unrecht) vermehrt als untaugliches Mittel zur Lösung entstehender Konflikte eingestuft wird.[624]

Positiv erscheint hier das Beispiel der Flughafenerweiterung Frankfurt (Landebahn Nord).[625] Die Betreiber hatten aus früheren Erfahrungen Konsequenzen gezogen und von Anfang an auf eine Kooperation mit allen Betroffenen gesetzt. Nach zweijähriger Mediation unter drei Mediatoren und 21 Vertretern wurde ein Mediationspaket, das Regionale Dialogforum Flughafen Frankfurt (RDF)[626], beschlossen. Dieses Forum führte einen kontinuierlichen und öffentlichen Dialog mit 33 Teilnehmern, das schließlich ein Anti-Lärm-Pakt vereinbarte.[627] Ein solches Vorgehen verhinderte nicht, dass es zu Protesten kam. Diese verliefen jedoch im Vergleich zu den tödlichen Protesten zur Startbahn West und den gewaltsamen Eskalationen bei ‚Stuttgart 21' friedlich.

---

621 Zur ihrem Einsatz in den USA *Kunig/Rublack*, Jura, 1990, 1 (1 f.); ausführlich bereits *Passavant*, DÖV 1987, 516 (516 ff.).

622 *Oster*, NuR 2008, 845 (847).

623 Warnend auch *Pünder*, DV 38 (2005), 1 (11). Zu möglichen Problemen des Nebeneinanders von mediativem Dialog und Genehmigungsverfahren *Franzius*, GewArch 2012, 225 (233 f).

624 Ausführlich F. Erörterungstermin, S. 249 ff.

625 Zu den Hintergründen, *Bölscher*, Flughafenerweiterung, 2005, sowie *Knebel*, ZUR 2011, 351 ff. und *Gaentzsch*, Der Erörterungstermin im Planfeststellungsverfahren, in: FS Sellner, S. 219 ff.; *Steinberg*, ZUR 2011, 340 (346).

626 Ausführliche Informationen auch nach Verfahrensende unter http://www.forum-flughafen-region.de.

627 Bericht von Andrea Römmele (Frankfurter Flughafenausbau und Stuttgart 21: Der Vergleich lohnt!) in der Zeit vom 22.09.2010. Nach *Steinberg*, ZUR 2011, 340 (346) verlief dieses Mediationsverfahren nicht ideal.

bb) Zeitpunkt

Eine Mediation ist zu unterschiedlichen Zeitpunkten im Verfahren möglich:[628] Sie könnte etwa zum Abschluss des Genehmigungsverfahrens statt eines Erörterungstermins erfolgen.[629] Dies hätte den Vorteil, dass eine Konfliktbewältigung zu einem Zeitpunkt einsetzt, zu dem der Sachverhalt nicht mehr nur sehr vage – wie vor Antragstellung – sondern bereits von mehreren Seiten beleuchtet vorliegt. Andererseits werden die Positionen bereits gefestigt und die Einigungsbereitschaft durch die bereits getätigten – zumeist nicht unerheblichen – Investitionen gering sein, so dass eine Einigung nur mit erhöhtem Aufwand und großer Bereitschaft aller gelingen mag.

Eine Mediation vor Antragstellung wäre insoweit unbelastet. Die Planung befindet sich in einem noch nicht abgeschlossenen Stadium, sodass die Bereitschaft zu Alternativen und Planänderungen hoch ist. Konkrete Einigungen werden freilich durch die sehr ungewissen möglichen Beeinträchtigungen erschwert.

Ideal wäre daher eine Mediation als verfahrensbegleitende Konfliktlösung, wie sie etwa beim Ausbau der Startbahn Nord des Frankfurter Flughafens[630] gewählt wurde. Ein Vergleich mit dem Projekt ‚Stuttgart 21' sowie weiteren positiv verlaufenden Großprojekte gibt einem solchen Verwaltungshandeln Recht.[631]

c) Zwischenergebnis

Zumindest bei umstrittenen Großprojekten, bei denen mit einem erheblichen Widerstand in der Bevölkerung zu rechnen ist, erscheint der Einsatz einer frühen Information und Mediation unter Beschleunigungs- und Befriedungsaspekten sinnvoll. So kann schon im Verwaltungsverfahren aktiv auf die Beseitigung

628 Einen knappen Überblick über die verschiedenen Zeitpunkte und ihre Vorzüge bieten *Wagner/Hehn*, UPR 2013, 1 sowie ausführlicher *Holznagel/Ramsauer*, VerwArch 104 (2013), 131 (146 ff.).

629 Anzumerken ist, dass es *den* Verfahrensablauf einer Mediation nicht gibt. Im Unterschied zum Erörterungstermin ist allerdings eine Mediation deutlich auf Konfliktlösung ausgerichtet.

630 Nachweise bereits in Fn 626 S. 153.

631 *Schütte*, ZUR 2011, 169 (170); zu weiteren Beispielen mediativer Verfahren *Fietkau/Weidner*, APuZ B 39–40/1992, 24 (24 ff.); *Knoepfel/Rey*, Konfliktbewältigung II, S. 257 (257 ff.); *Krüger*, NuL 74 (1999), 102 (105 ff.); *Schäfer*, NVwZ 2006, 39 (39 ff.). Gute Übersicht bei *von Bargen*, ZUR 2012, 468 (469 f); *Steinberg*, ZUR 2011, 340 (346 f.) bezeichnet es als mediatives Dialogverfahren, seine Vorteile S. 347; ähnlich *Madigan/Susskind/Weinstein*, Konfliktbewältigung I, S. 151 (166 ff.) unter der Bezeichnung Konfliktmittlung.

von Konflikten hingewirkt und möglicher Widerstand in eine für alle Seiten gewinnbringendes Zusammenwirken transformiert werden. Bei weniger umstrittenen Projekten genügt u.U. der Einsatz mediativer Elemente, etwa eine tatsächliche Anhörung, die nicht „nur" als Gelegenheit zur Äußerung, als einseitige Informationschance der Behörde verstanden wird, sondern die die Möglichkeit zur Mitgestaltung durch Mitinformation und Kommunikation eröffnet.[632]

4. *Erweiterter gerichtlicher Rechtsschutz*

Um kontrollfreie Räume einer meist sehr komplexen behördlichen Entscheidung mit vielerlei zu berücksichtigenden Interessen zu vermeiden, war eine Erweiterung des gerichtlichen Prüfungsumfang insoweit angedacht, als Dritte Interessen objektiver Rechtsgüter geltend machen können.[633] Für eine verbesserte Kontrolle werden zudem die Einrichtung neuer Kontrollträger wie klagebefugter Ombudsmänner oder Verbandsklagen erwogen.[634]

Dies klingt verlockend: Der Rechtsschutz Drittbetroffener wird erweitert, das Gericht kontrolliert die Verwaltung umfassend, Hilfe gegen „Kungelei" und eine voreingenommene Behörde wird vom Gericht gewährt. Eine umfangreiche Rechtsschutzmöglichkeit vermag jedoch geringes oder kaum gewährtes rechtliches Gehör im Verfahren nicht zu kompensieren. Im gerichtlichen Verfahren sind die Fronten meist verhärtet, die Planungen bereits abgeschlossen, Möglichkeiten und Bereitschaft zu Alternativen oder Modifikationen gering, eine Konfliktlösung kaum möglich.[635]

Eine Kompensation der Vorprägung mittels einer Erweiterung der Klagebefugnis und des gerichtlichen Prüfumfangs ist folglich mehr als zweifelhaft.

IV. Ergebnis

Antragsberatungen sind nicht erforderlich, um der Genehmigung die Wirkungen zuzusprechen, die ihr derzeit zukommen. Andererseits sind sie als Handlungsinstrument aus dem Umweltrecht nicht hinwegzudenken. Zugleich beinhalten sie die Gefahr einer zumindest faktischen Vorabbindung zwischen Antragsteller und Genehmigungsbehörde. Eine unverhältnismäßige Beeinträchtigung

---

632 Für den Einsatz solcher mediativer Elemente *Pitschas*, Mediation, S. 89 (102).

633 *Hoffmann-Riem*, VVDStRL 40 (1982), 187 (233 f.).

634 So *Hoffmann-Riem*, VVDStRL 40 (1982), 187 (234).

635 So besteht die Gefahr, dass die Kraft des Faktischen einen effektiven Rechtsschutz verhindert, etwa Millionenbeträge – einmal verbaut – die Entscheidungsfreiheit des Richters rein faktisch einengen können (dazu *Metz*, Präklusion, S. 55 f.).

und Gefährdung der Rechte Drittbetroffener hierdurch lässt sich mit einer einschränkenden Auslegung des Beratungsinhaltes auf allein verfahrensrechtliche Fragestellungen vermeiden. Eine Beteiligung weiterer Akteure in allen Fällen eines Genehmigungsverfahrens ist hingegen nicht erforderlich. Weder lässt eine Aufhebung der Normierung noch eine völlige Durchnormierung der Antragsberatung oder eine Ausdehnung der gerichtlichen Überprüfungsmöglichkeiten eine verbesserte Stellung der Drittbetroffenen erwarten. Förderlich wäre hingegen eine verstärkte Transparenz etwa durch eine behördliche Dokumentation, die Trennung von entscheidender und beratender Instanz, die Erweiterung des Dialogprozesses durch eine öffentliche Information über die Aufnahme von Vorgesprächen sowie die Aufnahme des mediativen Gedankens entweder in Form eines begleitendenden Dialogs oder durch Übernahme mediativer Elemente und Techniken der Konfliktbewältigung.

B. Antragstellung

Mit Antragstellung beginnt das eigentliche Genehmigungsverfahren (§ 10 I 1 BImSchG).[636]

I. Antragsdokumente

Neben einem schriftlichen Antrag, der den inhaltlichen Vorgaben des § 3 der 9. BImSchV genügt,[637] sind der Behörde die zur Prüfung erforderlichen Unterlagen,[638] ein Verzeichnis aller vorgelegten Dokumente,[639] eine verständliche Kurzbeschreibung des Vorhabens für die Öffentlichkeit und – falls die Unterlagen Betriebs- oder Geschäftsgeheimnisse enthalten – eine Kennzeichnung und Zusammenfassung derselben[640] vorzulegen. Für eine grenzüberschreitende Öffentlichkeitsbeteiligung können zudem Übersetzungen der Kurzbeschreibung und weiterer Angaben, insbesondere zu grenzüberschreitenden Umweltauswirkungen, erforderlich sein.[641]

---

636 Ein Antrag ist erforderlich, da es sich bei der immissionsschutzrechtlichen Genehmigung um einen mitwirkungsbedürftigen Verwaltungsakt handelt (statt vieler: *Busse*, VR 1998, 263 (265); *Jarass*, BImSchG, § 10 Rdnr. 25; *Graffe*, Bürgerbeteiligung, S. 30 m.w.N; *Sellner/Reidt/Ohms*, Immissionsschutzrecht, S. 158; *Storost*, Ule/Laubinger, § 10 Rdnr. C1).

637 Zur möglichen elektronischen Antragstellung *Jarass*, BImSchG, § 10 Rdnr. 26; *Laubinger*, FS König, S. 517 (520 f.); *Storost*, Ule/Laubinger, § 10 Rdnr. C8; *Stüer/Probstfeld*, DÖV 2000, 701 (702).

638 § 10 I 2 BImSchG sowie § 7 I 1 der 9. BImSchV, wonach der Antrag den Anforderungen des § 3 der 9. BImSchV und die Unterlagen den §§ 4 – 4e der 9. BImSchV entsprechen müssen; § 4 I 1 der 9. BImSchV und § 5 der 9. BImSchV, wonach die Verwendung von Vordrucken möglich ist, die in Baden-Württemberg in der Verwaltungsvorschrift Antragsunterlagen – Immissionsschutz vom 01.07.1997 GABl. S. 442 abgedruckt und mit Hinweisen und Erläuterungen versehen sind.

639 § 4 III 2 der 9. BImSchV.

640 § 10 II 2 BImSchG.

641 § 11a V der 9. BImSchV. Dies gilt zumindest, wenn im Verhältnis zum anderen Staat die Voraussetzungen der Grundsätze von Gegenseitigkeit und Gleichwertigkeit erfüllt sind, der andere Staat also im umgekehrten Fall in entsprechendem Maße für Übersetzungen ins Deutsche sorgt (*Czajka*, Feldhaus, § 10 Rdnr. 37c; *Storost*, Ule/Laubinger, § 10 Rdnr. D20).

II. Vollständigkeitsprüfung

Die Behörde überprüft nach Antragseingang und dessen Bestätigung innerhalb eines Monats die Dokumente auf Vollständigkeit.[642] Gegebenenfalls fordert sie den Antragsteller zur Nachbesserung auf. Kommt er dieser Aufforderung nicht nach, so kann sein Antrag sofort ohne weitere Öffentlichkeitsbeteiligung abgelehnt werden.[643] Bei Vollständigkeit der Unterlagen beginnt die Behörde das weitere Genehmigungsverfahren, und die Entscheidungsfrist des § 10 VIa BImSchG beginnt zu laufen. Stehen lediglich solche Unterlagen aus, die für die Beurteilung der Genehmigungsfähigkeit der Anlage als solche nicht unmittelbar von Bedeutung sind, so kann das Verfahren nach § 7 I 5 der 9. BImSchV als sog. gestrecktes Verfahren früher beginnen.[644] Ebenfalls ist – trotz Unvollständigkeit – das Verfahren zu beginnen, wenn Teilprüfungen möglich sind (§ 7 I 4 der 9. BImSchV).[645] Damit wird dem Beschleunigungsinteresse des Antragstellers Rechnung getragen.

Die Prüfung der Vollständigkeit hat unter dem Gesichtspunkt der Sachprüfung und im Hinblick auf die Auslegung der Unterlagen zu erfolgen. Zu berücksichtigen ist, dass die Unterlagen nicht allein der Behörde zur Prüfung der Genehmigungsfähigkeit dienen, sondern auch die Allgemeinheit und Nachbarschaft über die Auswirkungen der Anlage unterrichten.[646] Erst wenn die Unterlagen das Vorhaben und seine möglichen Auswirkungen abbilden, werden Einwender in die Lage versetzt, ausführlich Bedenken vorzutragen und sich effektiv zu beteiligen. Die mit der Bekanntmachung einsetzende Öffentlichkeitsbeteiligung kann daher erst beginnen, wenn zumindest die *für die Auslegung* erforderlichen Unterlagen vorliegen.[647] Bilden die ausgelegten Unterlagen die vorrangige Informationsquelle

642 §§ 6, 7 I 1 der 9. BImSchV. Zur Verlängerungsmöglichkeit § 7 I 2 der 9. BImSchV sowie *Jarass*, BImSchG, § 10 Rdnr. 41 f.

643 Zur Nachbesserung steht ein Zeitraum von drei Monaten zur Verfügung (§ 20 II 2 der 9. BImSchV). *Dietlein*, L/R, § 10 Rdnr. 58; *Jarass*, BImSchG, § 10 Rdnr. 42; *Sellner/Reidt/Ohms*, Immissionsschutzrecht, S. 160. Hält der Antragsteller eine Nachforderung für unberechtigt, kann er dies wegen § 44 a VwGO erst nach einer ablehnenden Sachentscheidung klären.

644 *Jarass*, BImSchG, § 10 Rdnr. 41a; *Sellner/Reidt/Ohms*, Immissionsschutzrecht, S. 159.

645 *Jarass*, BImSchG, § 10 Rdnr. 43; *Sellner/Reidt/Ohms*, Immissionsschutzrecht, S. 159.

646 *Graffe*, Bürgerbeteiligung, S. 35; *Sellner/Reidt/Ohms*, Immissionsschutzrecht, S. 159 f.

647 § 8 I 1 der 9. BImSchV. RegBgr. zur AtVfV BR-Drs. 524/76 S. 5; *Czajka*, Feldhaus, § 7 der 9. BImSchV, Rdnr. 6; *Frenz*, Kotulla, § 10 Rdnr. 76; *Jarass*, BImSchG, § 10 Rdnr. 43; *Kutscheidt*, in: Salzwedel (Hrsg.), Grundzüge des Umweltrechts, S. 272 f.; *Storost*, Ule/Laubinger, § 10 Rdnr. D2; *Stüer/Probstfeld*, DÖV 2000, 701 (702).

für potentiell Betroffene,[648] kann es daher im Einzelfall sogar geboten sein, mit der Bekanntmachung abzuwarten, bis Stellungnahmen anderer Behörden oder Sachverständigengutachten eingeholt wurden.[649] Für einen effektiven vorgelagerten Rechtsschutz sind für Drittbetroffene möglichst umfangreiche Unterlagen von Vorteil. Eine breite Informationsgrundlage erlaubt ihnen am ehesten eine umfassende Beurteilung sowie die Erhebung präklusionsausschließender Einwendungen. Für den Antragsteller kann es sich als schwierig gestalten, bereits bei Antragstellung *alle* für die Prüfung erforderlichen Unterlagen vorzulegen.[650] Um eine Verzögerung des Verfahrens zu vermeiden und dennoch die Rechte Drittbetroffener nicht zu schmälern, soll es genügen, wenn der Antragsteller alles ihm Zumutbare unternimmt, um den für die Prüfung erforderlichen Sachverhalt ausführlich und detailliert darzustellen.[651] Sollten dennoch weitere Ermittlungen erforderlich sein, ist der Antrag als vollständig zu behandeln, wenn diese Ermittlungen die Bewertung des Vorhabens, nicht hingegen die Darstellung des Vorhabens und seine Auswirkungen betreffen.[652]

Ein zügiges Genehmigungsverfahren, das die Rechte Dritter wahrt, erfordert folglich für seinen Beginn nur eine „relative" Vollständigkeit[653], die sich nicht mit der bei Genehmigungserteilung zu decken braucht. Bei der Bestimmung der Vollständigkeit sind die Auswirkungen auf den Rechtsschutz Präklusionsbetroffener zu berücksichtigen.

III. Ergebnis und Ausblick

Die Antragstellung beruht auf der Anordnung des gesetzlichen Verbots mit Erlaubnisvorbehalt und ist keine zwingende Folge einer Genehmigungswirkung. Eine Vereinfachung und Beschleunigung des Verfahrens könnte durch eine elektronische Antragstellung bewirkt werden, wie sie bereits einige Länder einsetzen.[654]

---

648 BVerwGE 60, 297 (307); *Sellner/Reidt/Ohms*, Immissionsschutzrecht, S. 160.

649 Dies wird jedenfalls angenommen, wenn ohne weiteres erkennbar ist, dass es für die Beurteilung der Auswirkungen auf diese ankommt (BVerwGE 75, 214 (226) zu Art. 73 VI BayVwVfG; *Storost*, Ule/Laubinger, § 10 Rdnr. D2).

650 Während der Prüfung kann sich etwa ergeben, dass einzelne Sachverhalte einer genaueren Klärung bedürfen und daher weitere Ermittlungen und Ergänzungen der Unterlagen notwendig sind.

651 So ausdrücklich *Czajka*, Feldhaus, § 10 Rdnr. 33, § 7 der 9. BImSchV Rdnr. 6.

652 *Czajka*, Feldhaus, § 7 der 9. BImSchV Rdnr. 6; *Dippel*, NVwZ 2010, 145 (147).

653 „Relativ", weil sich die Vollständigkeit im Laufe des Verfahrens ändern kann.

654 Die elektronische immissionsschutzrechtliche Antragstellung (ELiA) wurde in Niedersachsen von Vertretern aus Industrie und Verbänden entwickelt. Eine fortlaufende

C. Öffentliche Bekanntmachung

Um die Öffentlichkeit am Genehmigungsverfahren zu beteiligen, wird das Vorhaben im Veröffentlichungsblatt der Behörde *und* außerdem *entweder* im Internet *oder* in örtlichen Tageszeitungen öffentlich bekannt gemacht (§ 10 III 1 BImSchG, § 8 I 1 der 9. BImSchV).

I. Bedeutung öffentlicher Bekanntmachung

Durch die Bekanntmachung sollen Allgemeinheit und Nachbarschaft über die geplante Anlage unterrichtet, zu Einwendungen angeregt und durch diese die Behörde über mögliche Bedenken informiert werden.[655]

Seit der PreußGewO 1845[656] erfolgt die Bekanntmachung nicht individuell, sondern öffentlich. In der Praxis wird dadurch teilweise die Kenntnisnahme erschwert.[657] Zum einen sprechen amtliche Veröffentlichungsblätter üblicherweise

---

Programmoptimierung findet in Kooperation mit Brandenburg, Mecklenburg-Vorpommern und Schleswig-Holstein statt (http://www.gewerbeaufsicht.niedersachsen.de/portal/live.php?navigation_id=16817&article_id=72382&_psmand=37). In anderen Ländern existieren ähnliche Programme, wie etwa in Sachsen mit Regiform.

655 BVerwGE 28, 131 (132 f.); OVG Lüneburg, GewArch 1967, 79 (80); DVBl. 1966, 185 (187); 1977, 347 f.; *Busse*, VR 1998, 263 (265); *Czajka, Feldhaus*, § 10 Rdnr. 35; *Dietlein*, L/R, § 10 Rdnr. 70; *Graffe*, Bürgerbeteiligung, S. 36; *Huber*, AöR 114 (1989), 252 (274); *Kloepfer*, UPR 2005, 41 (41); *Mutschler*, ET 1980, 164 (167); *Nöthlichs*, BImSchG, § 10 Anm. 5.2; *Sellner/Reidt/Ohms*, Immissionsschutzrecht, S. 159 Rdnr. 63; *Storost*, Ule/Laubinger, § 10 Rdnr. D1.

656 § 29 II Pr.Allg.GewO v. 1845: „… das Unternehmen mittels einmaliger Einrückung in das Amtsblatt, und außerdem in der für andere polizeiliche Verordnungen am Orte vorgeschriebene Art, zur öffentlichen Kenntnis zu bringen …; ähnlich § 3 S. 1 GewO 1861; in § 17 II 1 GewO 1869 begrenzt auf ein „Einrücken in das zu den amtlichen Bekanntmachungen der Behörde bestimmte Blatt“. Im Entwurf zum BImSchG wurde das Medium der öffentlichen Bekanntmachung auf Vorschlag des Innenausschusses aufgenommen (BT-Drs. 7/179, S. 6, BT-Drs. 7/1508, S. 8).

657 Dennoch finden sich öffentliche Bekanntmachungen in verschiedenen Rechtsgebieten, z.B. in § 18a Nr. 2 S. 2 AEG; § 4 I AtVfV; § 3 II 2 BauGB; § 10 II LuftVG; § 9 I UVPG; § 73 V 1 VwVfG. Teilweise werden nicht ortsansässige Personen, die der Behörde bekannt sind, individuell benachrichtigt (§ 74 V 2 VwVfG, § 10 II Nr. 2 LuftVG, § 14a Nr. 4 WaStrG), teilweise existieren noch individuelle Benachrichtigungen (§ 41 III FlurbG; § 32 LBG).

keine breite Mehrheit an[658] und örtliche Tageszeitungen verlieren aufgrund ihres Nutzungsrückgangs an Bedeutung für die Informationsvermittlung. Zum anderen fehlt den drucktechnischen Aufmachungen häufig die nötige Signalwirkung. So erwecken etwa kleingedruckte, optisch nicht hervorgehobene Bekanntmachungen im Anzeigenteil einer Tageszeitung nicht sonderlich die Aufmerksamkeit des Lesers.[659] Eine mögliche Multiplikation der Information durch mündliche Weitergabe sowie Berichte in der örtlichen Presse können nur ein schwacher Trost sein.[660]

II. Medium und Inhalt

Abhängig vom Bekanntmachungsmedium und dessen Inhalt informiert die öffentliche Bekanntmachung mehr oder minder gut über ein anstehendes Vorhaben. Dabei kommt ihr im Hinblick auf die Genehmigungswirkungen keine geringe Bedeutung zu. Häufig rückt sie das Vorhaben zum ersten Mal in das Licht der Öffentlichkeit[661] und bildet so für potentielle Präklusionsbetroffene den „Startschuss" für eine Orientierung über die Voraussetzungen zur Wahrung eigener Rechte.[662] Für diese stellt sie folglich eine Schlüsselstelle dar. Nur wenn sie hinreichend deutlich auf das geplante Vorhaben, seine Folgen und die mit der Genehmigung für potentiell Betroffene verbundenen Verhaltensanforderungen hinweist, können sich diese entsprechend verhalten und erscheint die präklusionsbedingte Rechtsschutzbeschränkung zumutbar. Hierfür sind insbesondere die Wahl des Bekanntmachungsmediums und Inhalts relevant.

---

658 *Czajka, Feldhaus,* § 10 Rdnr. 36; *Hausmann-Grassel,* Bürgerbeteiligung, S. 40; *Hett,* Öffentlichkeitsbeteiligung, S. 25. Amtliche Veröffentlichungsblätter können auch Tageszeitungen sein (*Dietlein,* L/R, § 10 Rdnr. 72).

659 Ganzseitige Anzeigen sind sicher nicht erforderlich, doch kann die Suche nach öffentlichen Bekanntmachungen stellenweise knifflig sein (*Hausmann-Grassel,* Bürgerbeteiligung, S. 40 ff. mit eindrucksvollen Beispielen aus der Praxis; *Mayer-Tasch,* Umweltrecht im Wandel, S. 35; *Wilting,* Gestuftes Genehmigungsverfahren, S. 73; *Wolfrum,* DÖV 1979, 497 (500); *Zilleßen,* APuZ 1977, B 27, S. 12 (19)). *Graffe,* Bürgerbeteiligung, S. 37 wendet sich dagegen, öffentliche Bekanntmachungen mit dem üblichen Kleingedruckten in Vertragsformularen des privaten Geschäftsverkehrs zu vergleichen.

660 Ähnlich *Wilting,* Gestuftes Genehmigungsverfahren, S. 73.

661 Selten wird zuvor der Vorhabensträger freiwillig die Öffentlichkeit informieren.

662 *Busse,* VR 1998, 263 (265); *Czajka,* Feldhaus, § 10 Rdnr. 35; *Storost,* Ule/Laubinger, § 10 Rdnr. D1.

1. Bekanntmachungsmedien

Bekanntmachungsmedien sind nach § 10 III 1 BImSchG amtliche Veröffentlichungsblätter sowie örtliche Tageszeitungen oder das Internet.

a) Amtliches Veröffentlichungsblatt

Zwingend ist das Vorhaben im amtlichen Veröffentlichungsblatt bekannt zu geben. Dies ist das von der jeweiligen Genehmigungsbehörde für amtliche Bekanntmachungen vorgesehene Veröffentlichungsorgan.[663] Aufgrund eines Rechtssatzs oder Gewohnheitsrechts sind dies Ministerial-, Regierungs- oder Amtsblätter sowie Tageszeitungen.[664] Aufgrund des geringen Leserkreises kommt dem amtlichen Veröffentlichungsblatt allerdings nur geringe Relevanz zu.[665] Von umso größerer Bedeutung ist die daneben erforderliche Publikation in örtlichen Tageszeitungen oder im Internet.

b) Örtliche Tageszeitungen

Entscheidet sich die Behörde für eine Bekanntmachung in einer örtlichen Tagezeitung – eine täglich erscheinende Zeitung, die in einem besonderen Teil über Ereignisse in der Region berichtet[666] –, so steht es in ihrem Ermessen, in welcher sie publiziert.[667] Ihr Auswahlermessen konkretisieren § 10 III 1 BImSchG, § 8 I 1 der 9. BImSchV, wonach Zeitungen zu wählen sind, die „im Bereich des Standortes der Anlage verbreitet" sind.

aa) Räumlicher Verbreitungsbereich

Umstritten ist, ob der „Bereich des Standortes der Anlage" eng zu verstehen ist und nur den Ort umfasst, an dem sich die Anlage selbst befindet, oder ob er das gesamte Areal einschließt, auf das sich der Normalbetrieb auswirkt und das unter

---

663 *Dietlein*, L/R, § 10 Rdnr. 72; *Frenz*, Kotulla, § 10 Rdnr. 77; *Storost*, Ule/Laubinger, § 10 Rdnr. D4.

664 Amtliche Bekanntmachungen des Landratsamtes Heidelberg werden etwa in zwei regionalen Tageszeitungen veröffentlicht, in Hamburg hingegen im amtlichen Anzeiger.

665 Dies stellt etwa BVerwG, BeckRS 2010, 54493, v. 14.09.2010 – 7 B 15.10 – Rdnr. 22 fest.

666 *Dietlein*, L/R, § 10 Rdnr. 73; *Schmel*, Massenvefahren, S. 135 (auch überörtliche, die mit Regionalteil ausgestaltet sind); *Storost*, Ule/Laubinger, § 10 Rdnr. D4; OVG Münster, v. 09.12.2009 – 8 D 12/08.AK – (juris Rdnr. 56).

667 *Nöthlichs*, BImSchG, § 10 Anm. 5.1; *Storost*, Ule/Laubinger, § 10 Rdnr. D4.

ungünstigen Umständen – also bei einer Störung – betroffen sein könnte.[668] Zur Beantwortung dieser Frage kann auf die Präklusionswirkung und ihre Ausstrahlung auf das Genehmigungsverfahren zurückgegriffen werden. Damit die Genehmigung präklusivische Wirkung entfalten kann, sind alle Personen zu informieren, die von dem anstehenden Vorhaben betroffen werden und klagen könnten.[669] Um eine ausreichende und tatsächliche Information der Betroffenen durch die Bekanntmachung sicherzustellen, muss diese daher über den Ort der Anlage hinaus so verkündet werden, dass sie möglichst alle potentiell Betroffenen erfasst. Der Bekanntmachungskreis ist folglich mit dem Kreis der Drittbetroffenen in Kongruenz zu bringen. Dieser Kreis besteht jedenfalls aus den Nachbarn der Anlage i.S.d. § 3 I BImSchG, also Personen, die sich im sogenannten Einwirkungsbereich der Anlage aufhalten.[670] Dieser ist die Umgebung der Quelle, in der ein von ihr ausgehender Immissionsbeitrag bei Normalbetrieb bzw. im Störfall noch belegbar ist.[671] Demzufolge ist unter dem Bereich des Standortes der Anlage nicht nur seine

---

668 Auf den mutmaßlichen Einwirkungsbereich der Anlage stellen ab: *Bender*, 5. AtRS, S. 237 (243); *Czajka, Feldhaus*, BImSchG, § 10 Rdnr. 37; *Engelhardt/Schlicht*, BImSchG, § 10 Rdnr. 8; *Frenz*, Kotulla, BImSchG, § 10 Rdnr. 78; *Graffe*, Bürgerbeteiligung, S. 36 f. m.w.N.; *Hellmann*, Öffentlichkeitsbeteiligung, S. 268 m.w.N., 352; *Hett*, Öffentlichkeitsbeteiligung, S. 25 f. m.w.N.; *Huber*, AöR 114 (1989), 252 (274 f.); *Nöthlichs*, BImSchG, § 10 Anm. 5.1; *Schmel*, Massenverfahren, S. 135; *Sellner/Reidt/Ohms*, Immissionsschutzrecht, S. 161, die zur Bestimmung des Einwirkungskreises auf das Beurteilungsgebiet i.S.d. Nr. 4.6.2 TA-Luft zurückgreifen; *Storost*, Ule/Laubinger, § 10 Rdnr. D4; *Streinz*, VerwArch 79 (1988), 272 (300 f.); *Wilting*, Gestuftes atomrechtliches Genehmigungsverfahren, S. 72; OVG Münster, v. 09.12.2009 – 8 D 12/08.AK – (juris Rdnr. 60); OVG Münster, v. 19.06.2009 – 8 D 103/07.AK – (juris Rdnr. 39); OVG Münster, v. 10.06.2008 – 8 D 103/07.AK (juris Rdnr. 39 ff.); § 94 UGB I (E) (12/2008): „in einem Druckerzeugnis (amtliches Veröffentlichungsblatt oder Tageszeitung), das im voraussichtlichen Auswirkungsbereich des Vorhabens verbreitet ist". Ausdrücklich *gegen* ein Abstellen auf den Einwirkungsbereich *Dietlein*, L/R, § 10 Rdnr. 74, der den Standort der Anlage auf den Lebensbereich potentiell Betroffener ausdehnt, so dass im Ergebnis der Bekanntmachungskreis vergleichbar sein wird.

669 Zu diesem Erfordernis 2. Kapitel C IV. 1. Hinweis auf ein zur Genehmigung anstehendes Vorhaben S. 71 ff.

670 Zum Begriff des Nachbarn 2. Kapitel B. III. 2. b) Eigenes subjektives Recht (Fn 204 S. 48).

671 *Jarass*, BImSchG, § 3 Rdnr. 33; *Sparwasser/Engel/Voßkuhle*, Umweltrecht, § 10 Rdnr. 123; *Streinz*, VerwArch 79 (1988), 272, 301 zu den teilweise erheblichen räumlichen Dimensionen *Westphal/Walther*, FS Meyer, 1975, S. 251 (257).

unmittelbare Umgebung, sondern der gesamte *mutmaßliche Einwirkungsbereich* im Normal- wie im Störfallbetrieb zu verstehen.[672]

Bei der Bestimmung dieses mutmaßlichen Einwirkungsbereichs bietet es sich an, eher großzügig zu verfahren. Wird er zu eng gezogen und erhält daher ein potentieller Drittbetroffener vom anstehenden Vorhaben keine Kenntnis, werden seine Einwendungen nicht präkludiert.[673] Dies wäre für den Antragsteller eher ungünstig. Ein weiter Bekanntmachungskreis betrifft dagegen nicht seine Rechte, da allein die Bekanntmachung keine Klagebefugnis indiziert.[674] Ein nicht zu eng gezogener Bekanntmachungskreis wird daher in seinem Interesse liegen, da er zugleich die Präklusionsunterworfenen bestimmt.

bb) Auswahl anhand der Informationsvermittlungsfunktion

Die Behörde hat zudem das Vorhaben in örtlichen Tageszeitungen bekannt zu machen, die im Bereich des Standortes der Anlage „verbreitet" sind. Scheinbar umstritten ist, ob dafür eine Bekanntmachung in *einer* örtlichen Tageszeitung genügt oder ob sie möglichst in *allen* dort erscheinenden Zeitungen erfolgen soll.[675] Beide Ansichten erscheinen jedoch miteinander vereinbar:

---

672 So die h.M. (Nachweise dazu in Fn 669).

673 Dazu bereits im 2. Kapitel B. II. 2. a) Fehlende Kenntnis vom Vorhaben S. 33; *Graffe*, Bürgerbeteiligung, S. 36 f.; *Streinz*, VerwArch 79 (1988), 272 (301) m.w.N.

674 *Streinz*, VerwArch 79 (1988), 272 (301). Wird der Kreis zu groß gezogen und das Vorhaben Personen bekannt gemacht, die *nicht* klagebefugt sind, erwächst ihnen hieraus keine Befugnis.

675 Nach *Czajka, Feldhaus*, § 10 Rdnr. 37 genügt die Veröffentlichung in einer einzigen Zeitung. Ohne Begründung nimmt er an, dass bei Großemittenten in mehreren, auch überregionalen Zeitungen zu veröffentlichen sei, während bei kleinen Anlagen die Veröffentlichung in einer Tageszeitung ausreichend sein könne. Ebenso *Schmel*, Massenverfahren, S. 135. Eine Veröffentlichung in *allen* Zeitungen, die eine gewisse Bedeutung für die Information eines größeren Bevölkerungskreises haben, fordern *Class*, VR 1990, 1 (3); *Frenz*, Kotulla, § 10 Rdnr. 78; *Graffe*, Bürgerbeteiligung, S. 36 f.; *Huber*, AöR 114 (1989), 252 (275); *Jarass*, BImSchG, § 10 Rdnr. 60; *Kopp/Ramsauer*, VwVfG, § 63 Rdnr. 14a; *Sellner/Reidt/Ohms*, Immissionsschutzrecht, S. 161; *Streinz*, VerwArch 79 (1988), 272 (301) m.w.N. Für eine Bekanntmachung auch in überregionalen Zeitungen *Czjaka*, Feldhaus, § 10 Rdnr. 37; *Huber*, AöR 114 (1989), 252 (275); *Jarass*, BImSchG, § 10 Rdnr. 60; *Ronellenfitsch*, Atomrechtliches Genehmigungsverfahren, S. 322 f.; dagegen *Hett*, Öffentlichkeitsbeteiligung, S. 25 f.; *Storost*, Ule/Laubinger, § 10 Rdnr. D4.

(1) Ein-Zeitungs-Kreise

Zunächst ist festzustellen, dass im Laufe der Zeit der Kreis der in Frage kommenden Zeitungen aufgrund eines verstärkten Rückgangs selbständiger Zeitungen überschaubarer geworden ist. Immer häufiger erscheint daher in einem Gebiet nur noch eine einzige örtliche Tageszeitung. Der Grund liegt in der sinkenden Leserzahl und dem dadurch bedingten verringerten Wettbewerb, der zu einer geringeren Zahl wirtschaftlich unabhängiger Zeitungen führt. Heute bestehen daher in etwa der Hälfte der deutschen Großstädte örtliche Zeitungsmonopole.[676] Ebenso wird die Versorgung in den Stadt- und Landkreisen häufig nur noch von *einer* Lokal- oder Regionalzeitung übernommen.

In solchen sog. Ein-Zeitungs-Kreisen[677] entfällt folglich die Wahl, in welcher Zeitung zu publizieren ist. Es wird nur in einer bekannt gemacht.

(2) Mehrere örtliche Tageszeitungen

In den Gebieten, in denen mehrere örtliche Tageszeitungen erscheinen, stellt sich hingegen die Frage, ob eine Auswahl erfolgen darf, und wenn ja, anhand welcher Kriterien. Dem Wortlaut des § 10 III 1 BImSchG[678] lässt sich entnehmen, dass eine öffentliche Bekanntmachung in mehreren örtlichen Tageszeitungen erfolgen kann, nicht jedoch, dass sie in allen zu erfolgen hat. Gefordert ist eine Publikation in Zeitungen, die „verbreitet" sind. Eine solchermaßen „verbreitete" Zeitung kann im Rückgriff auf den mit der Bekanntmachung verfolgten Zweck – über ein anstehendes Vorhaben zu informieren – dann angenommen werden, wenn ihr eine gewisse Bedeutung bei der Informationsvermittlung zukommt.[679] So wird die Bekanntmachung ihrem Ziel, alle Präklusionsbedrohten auf ein sie möglicherweise betreffendes Vorhaben hinzuweisen, am ehesten gerecht.

---

676 *Dörr/Schartmann*, Medienrecht, S. 137; *Schütz*, Media Perspektiven 2007, 560 (578).

677 Der Rückgang publizistischer Einheiten seit 1954 wird z.B. dargestellt in Media Perspektiven Basisdaten 2005, 42. Nach *Schütz*, Media Perspektiven 2007, 560 stiegen die Zahl der Ein-Zeitungs-Kreise auf 261 (59,4% aller Kreise) im Jahr 2006 an (umfassende Übersicht S. 580 ff.). Zur Konzentration im Bereich der Tageszeitungen *Röper*, Media Perspektiven 2008, S. 42 ff.; Media Perspektiven Basisdaten 2008, 53.

678 „In örtlichen Tageszeitungen, die im Bereich des Standortes der Anlage verbreitet sind".

679 Ähnlich *Engelhardt/Schlicht*, BImSchG, § 10 Rdnr. 8; *Frenz*, Kotulla, § 10 Rdnr. 78; *Huber*, AöR 114 (1989), 252 (274 f.); *Frenz*, UPR 2012, 22; *Storost*, Ule/Laubinger, § 10 Rdnr. D4; OVG Münster, v. 09.12.2009 – 8 D 12/08.AK – (juris Rdnr. 58).

Werden etwa die örtlichen Tageszeitungen Z1 und Z2 von annähernd gleich vielen Bürgern im Bekanntmachungsgebiet gelesen, so ist es – auch aus Gleichheitsgründen (Art. 3 I GG) – geboten, das Vorhaben in Z1 *und* Z2 bekannt zu geben. Jede andere Entscheidung stellte einen Ermessensfehler dar.[680] Hingegen schadet es nicht, wenn die öffentliche Bekanntmachung zusätzlich in weniger frequentierten oder überregionalen Zeitungen, die dennoch über Ereignisse in der Region berichten, erscheint. Allein die Information indiziert keine Klagebefugnis und so stehen schützenswerte Rechte des Antragstellers nicht entgegen.

Die zunächst divergierend erscheinenden Literaturmeinungen sind folglich miteinander vereinbar: Denkbar ist, dass nur in *einer einzigen* örtlichen Tageszeitung veröffentlicht wird, weil sie die einzige ist, die im Einwirkungsbereich vorkommt oder der eine Bedeutung für die Informationsvermittlung zukommt. Ebenso ist in *allen* im Bekanntmachungskreis existenten örtlichen Tageszeitungen zu veröffentlichen, wenn den dort vertretenen Zeitungen hinsichtlich ihrer Informationsvermittlung gleiche Bedeutung zukommt. In Anbetracht der Präklusion empfiehlt es sich, für einen großen Wirkungsbereich in möglichst vielen Tageszeitungen zu veröffentlichen.[681]

cc) Zwischenergebnis

Für eine möglichst weitreichende Präklusionswirkung sollten nach Möglichkeit alle potentiell Betroffenen mit der Bekanntmachung erreicht werden. Dies gelingt, wenn die Behörde den räumlichen Bekanntmachungskreis eher weit zieht und die Auswahl der darin erscheinenden Zeitungen nicht zu restriktiv erfolgt.

---

680 Im Ergebnis ebenso, aber ohne Begründung: *Engelhardt/Schlicht*, BImSchG, § 10 Rdnr. 8; *Hett*, Öffentlichkeitsbeteiligung, S. 26; *Schmel*, Massenverfahren, S. 135. Mit nahezu gleicher Begründung nun OVG Münster, v. 09.12.2009 – 8 D 12/08. AK – (juris Rdnr. 61 ff.).

681 Dies wird dem Interesse des Antragstellers entsprechen. Er trägt zwar die Kosten für weitere Annoncen, minimiert aber die Gefahr, wegen eines zu eng gesteckten Bekanntmachungskreises eine nicht vollumfängliche Präklusion zu erreichen (dazu oben S. 162 f. sowie *Jarass*, BImSchG, § 10 Rdnr. 60; *Streinz*, VerwArch 79 (1988), 272 (301) m.w.N.; OVG Münster, v. 09.12.2009 – 8 D 12/08.AK – (juris Rdnr. 71 f.; zu Ermessenskriterien Rdnr. 68)).

c) Internet

Die bei Printmedien (u.U. schwierige) Bestimmung des Bekanntmachungskreises entfällt, wenn im Internet[682] – mit der Möglichkeit weltweiter Kenntnisnahme – publiziert wird. Nach § 10 III BImSchG ist seit 2006[683] eine solche Veröffentlichung möglich. Damit reagierte der Gesetzgeber auf eine Veränderung in der Medienlandschaft.[684] Hier sind eine sinkende Zahl an Zeitungslesern und zugleich eine steigende Internetnutzung zu beobachten.[685]

Neben einer Bekanntmachung im amtlichen Veröffentlichungsblatt steht es daher der Behörde zur Wahl, im Internet *oder* in örtlichen Tageszeitungen zu veröffentlichen. In Anbetracht der Verbreitung der Internetnutzung und der Bedeutung der Bekanntmachung für Präklusions- und privatrechtsgestaltende Wirkung, erscheint eine *alleinige* Veröffentlichung im Internet (neben der im amtlichen Veröffentlichungsblatt) jedoch (noch) verfassungsrechtlich bedenklich.[686]

682 Zum Begriff des Internets, seiner Funktionsweise und seiner Chronologie informativ und mit weiteren Nachweisen *Idecke-Lux*, Multimediale Dokumente, S. 24 ff.

683 Das Internet als Bekanntmachungsmedium wurde durch Artikel 2 des Gesetzes über die Öffentlichkeitsbeteiligung v. 09.12.2006 (BGBl. I, S. 2819 (2821) ber. 2007 I, S. 195) als Umsetzung der EG-RL 2003/35/EG (ABl. L 156 v. 25.06.2003, S. 17 ff.) eingeführt. Es sollte als Instrument moderner Verwaltung für die Öffentlichkeitsbeteiligung nutzbar gemacht werden (BReg. BT-Drs. 16/2933 S. 8). Schon *Milger*, Präklusion, S. 262 regte 1991 den Einsatz neuer Medien in der Bekanntmachung wie Radio-, Fernsehdurchsagen oder die Information über Videotext an.

684 Begr. der BReg. in BT-Drs. 16/2933, S. 8. Geplant war ein zeitlich begrenzter Modellversuch zur Gewinnung von Vollzugserfahrungen, zu dem nach einem Jahr ein Erfahrungsbricht vorliegen sollte (Plenarprotokoll 16/63 v. 09.11.2006, S. 6261 (D)) Der Bericht der Länder wurde nie veröffentlicht. Nach Ansicht Bayerns erschließt das Internet die Öffentlichkeit weit besser als die herkömmlichen Methoden (BR-Drs. 551/2/06, S. 2). Das Land Hamburg ging hingegen davon aus, dass die Veröffentlichung in Tageszeitungen gegenwärtig noch eine vorrangige Rolle spiele (BR-Drs. 840/3/06, S. 1). Weitere kritische Reden (Plenarprotokolle v. 9.11.2006 S. 6247 (6261 ff.)).

685 Hierauf machen Berichte aufmerksam, wie etwa in spiegel-online vom 26.12.2008 „Web überholt Tageszeitungen als Nachrichtenquelle“ (http://www.spiegel.de/netzwelt/web/0,1518,598419,00.html) oder „Die Vorherrschaft des Fernsehens bröckelt“ spiegel-online v. 16.10.2007 http://www.spiegel.de/netzwelt/web/0,1518,511807,00.html.

686 *Czajka, Feldhaus*, § 10 Rdnr. 37, § 9 BImSchV, Rdnr. 20a; *Dietlein*, L/R (59. EL), § 10 Rdnr. 75a; *Jarass*, BImSchG, § 10 Rdnr. 60; *Storost*, Ule/Laubinger, § 10 Rdnr. D5.

Die Vollzugspraxis der einzelnen Bundesländer erscheint derzeit noch uneinheitlich.[687] Eine Erhebung auf Bundesebene ergab, dass überwiegend ausschließlich oder bevorzugt in örtlichen Tageszeitungen und dem amtlichen Veröffentlichungsblatt publiziert wird.[688] Begründet wird dies mit einer breiteren Erreichbarkeit der Öffentlichkeit über das Medium Zeitung, einer breiteren Akzeptanz von Tageszeitungen und dem erhöhten Verwaltungsaufwand bei Internetveröffentlichungen. Einige Länder verzichten dagegen zugunsten einer Bekanntmachung via Internet gänzlich (Berlin) oder weitgehend (Mecklenburg-Vorpommern) auf Zeitungsanzeigen. Ein weiteres Land (Hessen) weist mit einer kurzen Notiz in der Tageszeitung auf die Internetseite des zuständigen Regierungspräsidiums hin, auf dem das Vorhaben ausführlich dargestellt wird.[689] In anderen Ländern wird in beiden Medien (Tageszeitungen und Internet) parallel veröffentlicht.[690]

Diese uneinheitliche Praxis deutet daraufhin, dass den Ländern der Einsatz des neuen Mediums unterschiedlich leicht bzw. schwer fällt. Tatsächlich wird das Internet in unterschiedlichen Bereichen in unterschiedlicher Intensität verwandt.

aa) Internetbasiertes Verwaltungshandeln

Das Internet ist aus der Rechtswirklichkeit nicht mehr hinwegzudenken.[691] Es durchdringt – neben einer stetigen Erweiterung des E-Business – auch den öffentlichen Sektor (E-Government[692]). Mit seinem Einsatz in der Verwaltung

---

687 Die nachfolgende Aufstellung beruht auf der Auskunft von Herrn MR Dr. Waskow vom Bundesumweltministerium am 19.06.2009 über die Stellungnahmen der Länder in einer nicht-öffentlichen Ausschuss-Sitzung des Deutschen Bundestages.

688 In örtlichen Tageszeitungen erfolgt eine Bekanntmachung ausschließlich in den Ländern Rheinland-Pfalz, Schleswig-Holstein, Sachsen-Anhalt, überwiegend in Bremen, Hamburg, Niedersachsen, Nordrhein-Westfalen, Sachsen, Thüringen.

689 Eine solche Bekanntmachung schlägt *Czajka*, Feldhaus, § 10 Rdnr. 37, § 8 der 9. BImSchV Rdnr. 20a vor.

690 Baden-Württemberg und Brandenburg (dort allerdings nur für eine Übergangsphase).

691 Dies bestätigen etwa Umfragen der Initiative Internet v. 12.05.2009 (http://www.bmwi.de/BMWi/Redaktion/PDF/I/internet-erfahren-umfrage,property=pdf,bereich=bmwi,sprache=de,rwb=true.pdf. Zur Entwicklung neuer Medien im öffentlichen Recht: *Kunstein*, Elektronische Signatur, S. 9 ff. Einige Anwendungsfelder sind z.B. die Anerkennung der elektronischen Form als Schriftform (§§ 126, 126a BGB), Zulassung elektronischer Kommunikation im Verwaltungsverfahren (§ 3a VwVfG), Klageeinreichung in elektronischer Form (§ 55a VwGO) oder das elektronisch geführte Handelsregister (Landesverordnungen aufgrund § 8a II HGB).

692 Zum Electronic Government, dem Shred Services und One-Stop-Government ein Überblick bei *Burgi*, JZ 2010, 105 (109) sowie aus der zahlreichen Literatur *Eifert*,

werden Kostenersparungen, Effizienz- und Transparenzgewinne sowie mehr Bürgernähe erwartet.[693] Neben sog. reinen Stadt-Informationssystemen[694] bieten die Gemeinden vermehrt Transaktionen zwischen Bürgern und Verwaltung an, so dass im „virtuellen" Rathaus An- und Abmeldungen per E-Mail, die Stellung von Anträgen via Internet oder die Kommunikation in Diskussionsforen möglich sind.[695] Zunehmend erfolgen Gesetzespublikationen und öffentliche Bekanntmachungen im Internet.[696] Auf europäischer Ebene wird ein vollständiges elektronisches Verwaltungsverfahren auf Wunsch des Bürgers angestrebt.[697]

Electronic Government, S. 33 ff.; *Nolte*, DÖV 2007, 941 ff.; *Schläffer*, FS für König, S. 496 ff. Eine Vereinheitlichung des Angebotes ist mit dem Entwurf eines Gesetzes zur Förderung der elektronischen Verwaltung (BT-Drs. 17/11473) angedacht, sowie etwa mit einem bundeseinheitlichen Open-Data-Portals (dazu *Funke*, CR 2013, R27).

693 So bereits die Ziele der *Clinton/Gore Regierung* in den USA 1993 und die ähnlichen Visionen für die EU 1994, die im „*Bangemann-Bericht*" festgehalten wurden (*Boehme-Neßler*, NVwZ 2001, 374 (375)). Ähnliche Intention lag der Einführung einer öffentlichen Bekanntmachung via Internet in der InsO zugrunde (*Keller*, ZIP 2003, 149 (153)).

694 Bei diesen Systemen stellen Gemeinden auf ihren Homepages ihren Einwohnern Informationen zur Verfügung (*Boehme-Neßler*, NVwZ 2001, 374 (375)).

695 Dazu *Boehme-Neßler*, NVwZ 2001, 347 (376) m. vielen w.N. sowie zu einzelnen Programmen etwa *Breiter/Beckert/Hagen/Kubicek*, Staatliche Initiativen zur Förderung der Informationsgesellschaft, 2007; Bericht der Bundesregierung v. 06.08.2009 BT-Drs. 16/13939, S. 11 ff. Das E-Government wurde 2011 von Privatpersonen von 50 % (EU-Durchschnitt von 27 Ländern lag bei 41%) genutzt, wobei etwa 95% der 20 als grundlegend eingestuften öffentlichen Dienstleistungen in Deutschland abrufbar waren (im EU-Durchschnitt 84%) (Daten von Bitkom; Basis: Eurostat abrufbar unter www.bitkom.org). Nähere Anlayse unter http://www.tns-infratest.com/presse/pdf/eGovernmentMONITOR_2012.pdf. Weitere Daten in Statistisches Bundesamt, Informationsgesellschaft in Deutschland, 2009, S. 37 ff. sowie detaillierter in Statistisches Bundesamt, IKT in Unternehmen, 2009, S. 22 ff. Danach nutzten immerhin 48% der Unternehmen das Internet zur vollständigen elektronischen, papierfreien Abwicklung von Verfahren (S. 26).

696 Zur geschichtlichen Entwicklung und den relevanten Internetseiten *Walker*, JurPC Web-Dok. 155/2005 (Dezember 2005) auf http://www.jurpc.de/aufsatz/20050155.htm. Zur Verwendung elektronischer Publizität vor allem im Aktien- und Kapitalmarktrecht *Noack*, AG 2003, 537 ff. Zur (verworfenen) Bekanntmachung über das Internetangebot der Anhörungsbehörde für das IPBeschlG (v. 09.12.2006, BGBl. I, S. 2833) *Otto*, NVwZ 2007, 379 (382).

697 Etwa mit der Dienstleistungsrichtlinie (RL 2006/123/EG) *Schmitz/Prell*, NVwZ 2009, 1 (6). Zur Einführung eines elektronischen Verwaltungsverfahrens *Laubinger*, FS für König, S. 517 ff.

Im Immissionsschutzrecht findet das Internet ebenfalls vermehrt Anwendung. Neben ausführlichen Informationen für Bürger und Antragsteller auf den jeweiligen Internetseiten der Umweltministerien und Genehmigungsbehörden sind Antragsformulare und Hilfestellungen für das Ausfüllen derselben eingestellt.[698] Eine elektronische Antragstellung ist seit 2003 möglich,[699] die öffentliche Bekanntmachung seit 2006[700].

bb) Eignung digitaler Publikationen

Auch wenn bereits viele Bereiche vom Internet durchdrungen sind, stellt sich im Hinblick auf einen effektiven vorgelagerten Rechtsschutz die Frage, ob das Internet ähnlich wie örtliche Tageszeitungen geeignet ist, potentielle Betroffene über ein anstehendes Vorhaben zu informieren und zu Einwendungen anzuregen.

(1) Verbesserte theoretische Kenntnisnahme

(a) Räumlicher Bekanntmachungskreis

Eine öffentliche Bekanntmachung im Internet statt in örtlichen Tageszeitungen lässt die Bestimmung des räumlichen Bereichs möglicher Betroffenheiten und die Auswahl relevanter Zeitungen entfallen. Die Gefahr eines zu engen Bekanntmachungskreises besteht bei einer digitalen Publikation nicht. Statt eines räumlich begrenzten Verbreitungsbereichs sind Bekanntmachungen im world wide web von jedermann weltweit abrufbar.

(b) Zeitliche Verfügbarkeit

Ein weiterer Vorteil einer Bekanntmachung via Internet ist ihre zeitliche Verfügbarkeit. Ähnlich wie ein Anschlag an einer Bekanntmachungstafel ist sie nicht

---

698 Für Baden-Württemberg finden sich auf http://www.gewerbeaufsicht.baden-wuerttemberg.de eine Sammlung aller einschlägigen Vorschriften, ein Leitfaden zum Genehmigungsverfahren sowie die notwendigen Formulare, Erläuterungen und Ausfüllhilfen zum Download. Im Saarland können bisher Formulare und Ausfüllhilfen nur per e-Mail angefordert werden (http://www.saarland.de/SID-3FC12913-578CA1B1/40155.htm).

699 § 10 I 4 BImSchG beruht auf Art. 68, 74 II des Dritten Gesetzes zur Änderung von verwaltungsverfahrensrechtlichen Vorschriften vom 21.08.2002 (BGBl. I S. 3322 (3341 f.) und ist seit 01.02.2003 in Kraft. Nach § 10 I 4 BImSchG kann bei einer Antragstellung in elektronischer Form vom Antragsteller – auf seine Kosten – eine zusätzliche in schriftlicher Form verlangt werden (*Frenz*, Kotulla, § 10 Rdnr. 49 f.; *Storost*, Ule/Laubinger, § 10 Rdnr. A32, C8).

700 Zu dieser Gesetzesänderung siehe die Nachweise oben in Fn 684.

nur einmalig an einem Tag in der Tageszeitung, sondern während des gesamten Bekanntmachungszeitraums wahrnehmbar.

Das Internet erweitert folglich die theoretische Möglichkeit der Kenntnisnahme.

(2) Erschwerte tatsächliche Kenntnisnahme

Andererseits stellt eine Online-Bekanntmachung erhöhte Anforderungen an ihre Kenntnisnahme.

(a) Technische Voraussetzungen und Fähigkeiten

Die *technischen Zugangsmöglichkeiten* zu Internetbekanntmachungen sind mit denen der Printmedien vergleichbar. Internetzugänge bestehen am eigenen Computer per hauseigenen Internetanschluss oder in Cafés und öffentlichen Einrichtungen sowie an fremden Computern etwa in Internetcafés oder Bibliotheken.[701] Allerdings steht derzeit ca. 75% aller deutschen Erwachsenen das Internet zur Verfügung.[702] Örtliche Tageszeitungen sind dagegen deutschlandweit und flächendeckend verbreitet.

Neben einem Zugang zum Internet ist zudem die *Fähigkeit* erforderlich, dieses zu nutzen.[703] Obwohl sich der Kreis der Internetnutzer ständig erweitert, sind bestimmte Bevölkerungsgruppen noch immer vom Internet und damit von Online-Bekanntmachungen ausgeschlossen.[704]

---

701 Tageszeitungen können ebenso selbst gekauft oder öffentlich in Cafés und Bibliotheken eingesehen werden.

702 Forschungsgruppe Wahlen 1. Quartal 2013 (www.forschungsgruppe.de). Zum Vergleich die Zahlen aus den Vorjahren jeweils 1. Quartal: 2012, 2011: 75%, 2010: 73%, 2009: 69%, 2008: 64%, 2007: 61%.

703 Immerhin 0,6% der Deutschen (ca 4 Mio) sind auch die Printmedien aufgrund funktionalen Analphabetismus verschlossen. (Dazu www.alphabetisierung.de mit weiteren Informationen).

704 Die Internetnutzung in der Altersgruppe unter 60 betrug 94%, ab 60 Jahren 45%. Bei der Altersgruppe ab 35 Jahren liegt die Nutzung der Befragten ohne Hauptschulabschluss und Lehre bei 62% statt 78% dener mit Hochschulreife. Auffällig ist die Affinität zur Berufsgruppe, wonach Arbeiter mit 68% im Vergleich zu Selbständigen (85%) deutlich unterrepräsentiert sind. (1. Quartal 2013 www.forschungsgruppe.de) Unkenntnis im Umgang mit dem Internet stellt nach einer Befragung der Bundesregierung im Rahmen der Initiative ‚Internet erfahren' zu 87% der Hauptgrund für die Nichtnutzung dar. (TNS Infratest v. 12.05.2009 S. 16 unter http://www.bmwi.de/BMWi/Redaktion/PDF/I/internet-erfahren-umfrage,property=pdf,bereich=bmwi,sprache=de,rwb=true.pdf)). Weitere Gründe sind (auszugsweise): 64% kein Zugang, 31% zu hohe Kos-

Öffentliche Bekanntmachungen im Internet stellen folglich an die technischen Ausstattungen und Fähigkeiten der Bürger höhere Anforderungen.

(b) Wahrnehmung

Zu einer schlechteren Infomationsvermittlung als bei Printmedien trägt insbesondere die erschwerte Wahrnehmung von Online-Bekanntmachungen bei. In Tageszeitungen können öffentliche Bekanntmachungen beim Durchblättern bzw. Überfliegen der Nachrichten ins Auge springen – anders im Internet, das ein gezieltes Aufrufen erfordert.

Bereits die erforderliche gezielte Suche im Internet nach möglichen relevanten Bekanntmachungen erschwert die Kenntnisnahme des Bürgers.

Mangels bundeseinheitlicher Veröffentlichungsplattform sind die Bekanntmachungen zudem auf verschiedenen Seiten verschiedener Behörden verstreut.[705] In eigener Regie sind daher die möglicherweise relevanten Seiten – aus immerhin über 200 Millionen Domains bzw. 15 Millionen de.Domains[706] – zu ermitteln. Aus der Vielzahl der dort jeweils aufgeführten Vorhaben sind erneut solche zu filtern, die möglicherweise eigene Rechte betreffen könnten. Der Bürger trägt dabei das Risiko, einzelne Seiten zu übersehen bzw. das örtliche Auswirkungspotential einer Anlage falsch zu beurteilen.

Bedenkt man, dass die immissionsschutzrechtliche Bekanntmachung nicht die einzige ist, offenbaren sich Fluch und Segen einer Online-Bekanntmachung: Jeder kann sich über alle möglichen Bekanntmachungen informieren. Solche, die eigene Rechte betreffen können, werden jedoch nicht gebündelt sondern sind selbständig aus den unzähligen Internetseiten aufzufinden bzw. herauszufiltern. Eine örtliche Tageszeitung enthält dagegen üblicherweise die verschiedenen amtlichen, öffentlichen und ortsüblichen Bekanntmachungen, die für den jeweiligen örtlichen Bereich von Bedeutung sein können.[707]

---

ten. Der Medien- und Kommunikationsbericht der Bundesregierung 2008 S. 101 f. verdeutlicht eine Nutzung des Internets ähnlich wie in den Printmedien, wodurch eine „Informations-Elite“ entsteht. Dies widerspricht der Annahme etwa des LG Duisburg, DR 05, 603 (604), dass ein Unkundiger etwa unter Anleitung des Betreibers eines Internet-Cafés das Internet nutzen wird.

705 Anders etwa § 9 InSO, § 85 IV SGG, die konkrete Internetseiten angeben.

706 http://www.denic.de/hintergrund/statistiken/internationale-domainstatistik.html.

707 Etwa Zwangsversteigerungen, die Löschung einer Firma aus dem Handelsregister, die Eröffnung eines Insolvenzverfahrens oder die Bekanntgabe eines Bebauungsplans.

Schließlich ist die Beweissicherung und Archivierung bei digital publizierten Bekanntmachungen unsicherer als bei Bekanntmachungen in Papierform.[708]

(3) Ergebnis

Eine Bekanntmachung via Internet mag die *theoretische* Kenntnisnahme*möglichkeit* verbessern. Die *tatsächliche* Kenntnisnahme steht zumindest derzeit noch hinter der durch Printmedien zurück. Dies beruht auf den notwendigen technischen Voraussetzungen und Fähigkeiten sowie dem unerlässlichen Erfordernis eines gezielten Aufrufs der zuvor in eigener Regie zu ermittelnden relevanten Internetseiten.

d) Wahl des Bekanntmachungsmediums

Nach § 10 III 1 BImSchG hat die Behörde das Vorhaben (obligatorisch) im amtlichen Veröffentlichungsblatt und zusätzlich entweder im Internet oder in örtlichen Tageszeitungen bekannt zu geben. Bei der Ausübung des ihr insoweit eingeräumten Ermessens ist insbesondere die materielle Präklusion im Blick zu behalten. Ihretwegen ist die öffentliche Bekanntmachung so auszugestalten, dass Personen, die von dem Vorhaben betroffen werden könnten, hiervon tatsächlich Kenntnis erlangen, um ihre Rechte wahren zu können. Wegen der Besonderheiten von Onlinepublikationen erscheint daher eine alleinige Bekanntmachung via Internet zumindest derzeit noch als verfassungsrechtlich problematisch.

aa) Alternative: Internet oder örtliche Tageszeitung

Der Gesetzeswortlaut lässt eine alternative Bekanntmachung in örtlichen Tageszeitungen *oder* dem Internet zu. Im Vergleich zu Printmedien erscheint allerdings eine digitale Bekanntmachung zumindest derzeit noch nicht ebenso geeignet.[709] Eine Bekanntmachung allein im Internet – neben der im amtlichen Veröffentlichungsblatt – könnte daher die Rechte Betroffener übermäßig beeinträchtigen und ermessensfehlerhaft sein.

---

708 Serverausfälle und Manipulationen Dritter können ebenso wie nachträgliche Änderungen am Bekanntmachungstext durch einen Vergleich mit dem Abdruck im amtlichen Veröffentlichungsblatt ausgeschlossen werden. Unmöglich wird dies für den Bürger, wenn das amtliche Veröffentlichungsblatt kein Druckerzeugnis mehr ist. Zu möglichen Manipulationsgefahren *Keller*, ZIP 2003, 149 (154) für das insoweit übertragbare Insolvenzrecht.

709 *Czajka*, Feldhaus, § 10 Rdnr. 37; *Storost*, Ule/Laubinger, § 10 Rdnr. D5.

Online-Bekanntmachungen potenzieren vor allem die Gefahr, dass Betroffene nicht hinlänglich informiert werden. Fehlt ihnen die Information über ein anstehendes Vorhaben, werden sie ebenfalls nicht von der Aufforderung erreicht, Einwendungen zu erheben. Vor dem Hintergrund der Präklusion verschärft dies in bedenklicher Weise die Unzulänglichkeiten, die der Einsatz öffentlicher statt individueller Bekanntmachungen verursacht.[710] Eine Bekanntmachung dient jedoch nicht allein der behördlichen Sachverhaltsaufklärung sondern auch dem „vorverlagerten" Individualrechtsschutz potentiell Betroffener.[711] Stehen den erheblichen Nachteilen keine diese aufwiegenden Vorteile auf Seiten des Antragstellers oder der Behörde gegenüber, erscheint daher eine Verschlechterung ihrer Rechtsposition nicht zumutbar.

Für den Antragsteller bedeutet die Internetveröffentlichung statt einer in Papierform eine marginale Kosteneinsparung und die Sicherheit, dass wegen der weltweiten Bekanntmachung der Bekanntmachungskreis unstreitig ist. Der Behörde erspart sie zunächst die Bestimmung des Bekanntmachungskreises – der jedoch später für die Unterscheidung der Jedermann- bzw. Betroffeneneinwendungen erforderlich ist – sowie die Wahl und Beauftragung der relevanten örtlichen Zeitung(en) mit der Veröffentlichung. Entgegen der Ansicht Bayerns im Gesetzgebungsverfahren[712] ist daher nicht von einer „win-win" Situation auszugehen.

Haben 75% der Bevölkerung Zugang zum Internet, sind 25% von einer Kenntnisnahme aus rein technischen Gründen (z.B. kein Internetanschluss, kein internetfähiger Computer) ausgeschlossen.[713] Im Vergleich dazu stehen 100% der Bevölkerung eine örtliche Tageszeitung zur Verfügung.[714] Da die Internetnutzung noch nicht in allen Gesellschaftsschichten adäquat verbreitet ist,[715] kann den ‚Offlinern' zumindest derzeit nicht vorgeworfen werden, sie würden sich einer Kenntnisnahmemöglichkeit verschließen, wie etwa Nichtzeitungslesern. Anders als die regelmäßige Durchsicht der örtlichen Tageszeitungen, ist eine regelmäßige Durchsicht des world wide web – auch unter Einsatz von Suchmaschinen – nur schwer

710 Dazu 2. Kapitel B. IV. 1.b) Individueller oder öffentlicher, S. 71 f.

711 *Czajka*, Feldhaus, § 10 Rdnr. 35.

712 BR/Drs. 551/06 S. 2.

713 Dazu bereits oben c) bb) (2) (a) Technische Voraussetzungen und Fähigkeiten S. 171.

714 Ausgenommen Personen mit Leseschwäche, denen allerdings auch das Internet nicht zur Verfügung steht.

715 Im 1. Quartal 2013 waren 45 % der über 60jährigen und 62% der über 35jährigen ohne Hauptschulabschluss und Lehre online (Fn 705 S. 172).

zumutbar.[716] Selbst Internetnutzern ist die Kenntnisnahme erheblich erschwert, da ein gezielter Aufruf der relevanten Internetseite(n) erforderlich ist. Dieser setzt aber die Kenntnis der URL bzw. die aktive Suche über Suchmaschinen voraus. Vom Bürger kann aber – zumindest momentan – nicht erwartet werden, dass er regelmäßig das gesamte Internet nach den verschiedenen Bekanntmachungen durchsucht, die seinen Lebensbereich betreffen könnten.[717]

Eine Veröffentlichung allein im Internet führt folglich zu einer Verschlechterung der Rechtsposition der Betroffenen, die nicht durch erhebliche Gewinne auf Seiten von Antragsteller und Behörde ausgeglichen werden.

Europarechtlich ist eine alleinige Bekanntmachung im Internet ebenfalls nicht geboten. Der Wortlaut des Anhangs II der Öffentlichkeitsbeteiligungsrichtlinie RL 2003/35/EG[718] spricht sogar eher gegen eine alleinige Online-Bekanntmachung.[719]

Internetbekanntmachungen erschweren die Wahrung eines effektiven vorgelagerten Rechtsschutzes. Einerseits ist der Zugang zu ihnen nicht für jedermann eröffnet. Andererseits ist selbst denen, die sie nutzen können, die Kenntnisnahme im Vergleich zu der in örtlichen Tageszeitungen erheblich erschwert. Solange eine Onlinebekanntmachung nicht ähnlich zur Informationsvermittlung geeignet ist, wie Printmedien, ist daher eine alleinige Veröffentlichung im Internet wegen der erheblichen Folgewirkungen durch die Präklusion als unzumutbare Beschränkung des gerichtlichen Rechtsschutzes aus Art. 19 IV GG anzusehen.

---

716 Erhebliche Bedenken bezüglich der „Anstoßfunktion" im Vergleich zu der einer Tageszeitung *Czajka*, Feldhaus, § 10 Rdnr. 37; *Storost*, Ule/Laubinger, § 10 Rdnr. D5.

717 Dies ist dem Bürger auch deswegen nicht zuzumuten, da der Staat seinerseits nur sehr zögerlich eine elektronische Kommunikation eröffnet. Es muss daher nicht damit gerechnet werden, dass staatliche Stellen *allein* auf elektronischem Wege ohne vorherige Einwilligung Rechtspositionen beeinflussen können. Ein solcher Einsatz neuer Medien wäre äußerst einseitig. Bürger könnten nur unter erhöhten Sicherheitsanforderungen mit Behörden kommunizieren (vielfach ist eine qualifizierte elektronische Signatur erforderlich), währde diese durch einfaches Hochladen einer öffentlichen Bekanntmachung auf einer (gesetzlich nicht festgelegten) Internetseite erhebliche rechtliche Folgen auslösen können.

718 ABl. L 156 v. 25.6.2003 S. 17: Die Öffentlichkeit wird frühzeitig „durch öffentliche Bekanntmachung oder auf anderem geeignetem Wege, wie durch elektronische Medien, soweit diese zur Verfügung stehen" informiert.

719 *Storost*, Ule/Laubinger, § 10 Rdnr. D5: Im Gesetzgebungsverfahren sei (wohl) übersehen worden, dass dem Wortlaut nach die Information durch elektronische Medien gerade keine öffentliche Bekanntmachung, sondern eine solche „auf anderem geeigneten Wege" darstellt.

Im konkreten Fall hat daher die Behörde genau zu prüfen, ob eine ausreichende Kenntnisnahmemöglichkeit für alle potentiell Betroffenen besteht. Abhängig von den örtlichen Gegebenheiten kann daher eine alleinige Online-Bekanntmachung möglich sein.[720] In der Regel wird sie eine unzumutbare Beeinträchtigung des Rechtsschutzes darstellen.

bb) Kumulative Bekanntmachung

Um ein modernes Informationsmittel einzusetzen und zugleich eine breite Information potentieller Betroffener zu erreichen, könnte in örtlichen Tageszeitungen *und* im Internet veröffentlicht werden.

Gegen eine kumulative Bekanntmachung spricht der Gesetzeswortlaut („entweder ... oder") sowie die Gesetzgebungshistorie. Auf Antrag des Freistaates Bayern sollte eine Veröffentlichung allein im Internet neben dem Amtsblatt genügen.[721] Der Bundestag schloss sich dem entgegen der Forderung Hamburgs nach einer nur kumulativen Bekanntmachung an und präzisierte den Wortlaut von „außerdem in ... oder" in die endgültige Fassung „außerdem entweder in... oder".[722] Ohne diese Präzisierung hätte in einer Veröffentlichung in Internet *und* örtlichen Tageszeitungen ein Minus zur alleinigen Publizität im Internet gesehen werden können. Andererseits legt der Wortlaut nahe, dass zwischen beiden Bekanntmachungsmedien eine echte Wahl möglich ist und ein Alternativ-Verhältnis besteht. Dies setzt die Vergleichbarkeit beider Medien voraus. Solange diese nicht besteht, müsste die Behörde ihr Auswahlermessen im Regelfall dahingehend ausüben, nicht im Internet, sondern nur in örtlichen Tageszeitungen zu veröffentlichen. Dies widerspräche jedoch der Intention ein neues Medium einzuführen.

---

720 Relevante Gesichtspunkte sind etwa, ob das amtliche Veröffentlichungsblatt selten gelesen wird oder eine örtliche Tageszeitung ist, ob die Internetnutzung (die im Bundesgebiet stärker schwankt) sehr ausgeprägt ist und ob die Behörde üblicherweise über dieses Medium bereits mit den Bügern kommuniziert.

721 BR-Drs. 551/06 v. 20.09.2006, S. 2 wortgleich in BT-Drs. 16/2933 v. 12.10.2006, S. 3. Begründet wurde dies damit, dass so die Öffentlichkeitsbeteiligungs-RL (2003/35/EG) 1:1 umgesetzt, neue Medien eingesetzt, entbürokratisiert, die Verwaltung vereinfacht, Kosten erspart, die Öffentlichkeit günstiger und weit besser als die herkömmlichen Methoden erschlossen, kurz eine „Win-Win-Situation" für Behörde, Antragsteller und Beteiligte erreicht werde.

722 Hamburg hatte in Anbetracht der damaligen Verbreitung des Internets einen 2. Hlbs. in § 10 III BImSchG vorgeschlagen: „die Bekanntmachung kann zusätzlich auch im Internet erfolgen" (BR-Drs. 840/3/06 v. 23.11.2006). Per Beschluss des Bundestages v. 24.11.2006 wurde dagegen am veränderten Entwurf v. 09.11.2006 (BR-Drs. 840/06, S. 2) festgehalten (BR-Drs. 840/06(B)).

Dementsprechend könnte für eine Übergangszeit – bis ein Alternativverhältnis besteht – zur Einführung des neuen Bekanntmachungsmediums kumulativ in beiden Medien veröffentlicht werden.[723] Hierfür spricht auch der mit einer öffentlichen Bekanntmachung intendierte Zweck, Allgemeinheit und Nachbarschaft zu unterrichten, zu Einwendungen anzuregen und so mittelbar die Behörde über mögliche Bedenken zu informieren. Je mehr Personen von dem anstehenden Vorhaben Kenntnis erlangen und sich hierzu äußern, umso eher wird die Behörde bei ihrer Sachverhaltsermittlung unterstützt. Eine Information, die möglichst alle potentiell Betroffenen erreicht, ermöglicht ihnen eine effektive Wahrnehmung ihrer Rechte.

Für eine gewisse Übergangszeit ist folglich eine kumulative Bekanntmachung möglich. Dies liegt auch im Interesse des Gesetzgebers, denn durch die kumulative Verwendung des Internets rückt das neue Bekanntmachungsmedium in das öffentliche Bewusstsein. Bei einer völligen Umstellung auf eine alternative Bekanntmachung, ist den besonderen Erschwernissen Rechnung zu tragen.[724]

Diesen Überlegungen entspricht die Vollzugspraxis der meisten Bundesländer.[725] Die Praxis in Berlin und Mecklenburg-Vorpommern, die gänzlich (Berlin) oder überwiegend (Mecklenburg-Vorpommern) auf Zeitungsanzeigen verzichten, kann aufgrund regionaler Gegebenheiten gerechtfertigt sein. Eine Zwischenlösung stellt die Handhabung Hessens dar, das mit einer kurzen Notiz in den Tageszeitungen auf relevante Veröffentlichungen im Internet hinweist. Bürger können so vom Vorhaben erfahren und sich bei Interesse um weitere Informationen bemühen.[726]

---

723 Insoweit ist ausnahmsweise vom Wortlaut als Auslegungsgrenze abzuweichen. Die Festlegung einer alternativen Bekanntmachungsform ist hinsichtlich des rechtsstaatlichen Bestimmtheitsgebotes bedenklich. Für ortsübliche Bekanntmachungen ist etwa anerkannt, dass eine Regel, die alternativ zwei Bekanntmachungsformen vorsieht, ohne zu bestimmen, in welchen Fällen welche Form gewählt wird, unwirksam ist (OVG Greifswald, NVwZ-RR 1996, 227 (227 f.).

724 So wird eine Präklusion nicht eintreten können, wenn einzelne Landstriche an das Internet noch nicht angeschlossen sind. Dem erheblichen zeitlichen Mehraufwand und der Unsicherheit der Kenntnisnahme kann durch eine Verlängerung der Einwendungsfrist begegnet werden.

725 Zur Praxis in den einzelnen Ländern II. 1. c) aa) Internetbasiertes Verwaltungshandeln S. 168 ff.

726 Bürger könnten sich etwa – sollten sie selbst nicht über einen Zugang zum Internet verfügen – entsprechender Hilfe versichern oder bei der Behörde um nähere Auskunft nachfragen.

Entgegen des Gesetzeswortlautes sollte zur Wahrung der Rechte Drittbetroffener derzeit (noch) neben einer Bekanntmachung im Internet zumindest ein Hinweis in Printmedien erfolgen.[727]

e) *Entwicklungstendenzen*

Ob sich an diesem Ergebnis in naher Zukunft etwas ändert, bleibt abzuwarten. Nach Einschätzung der Bundesregierung ist selbst im digitalen Zeitalter die Zeitung bislang noch das politische Leitmedium, das profunde, valide Information und Orientierung vermittle und zu gründlicher und kritischer Lektüre einlade.[728] Statistische Erhebungen deuten auf einen Anstieg der Internetnutzung auch im öffentlichen Sektor hin: 55% der Bevölkerung nutzen das Internet zum Abrufen von Politiknachrichten,[729] 52% der Internetnutzer nutzen E-Governmentangebote.[730] Dennoch ist auf die Gefahr einer „digitalen Spaltung" und dem Ausschluss der Personen, die keinen Zugang zum Internet haben, zu achten.[731]

Um das Medium Internet verstärkt in den Publikationsprozess einzubinden, sind verschiedene Möglichkeiten denkbar. Besonders wichtig erscheint es, einer Zersplitterung der Bekanntmachungen über verschiedene Internetseiten zu begegnen. Denkbar wäre eine einheitliche Plattform etwa unter Koordination einer Bundesstelle, auf der alle denkbaren Bekanntmachungen, seien es handels-, insolvenz- oder immissionsschutzrechtlich eingestellt werden. Mögliche Filter – etwa

---

727 In diesem Sinne auch *Dietlein*, L/R (59. EL), § 10 Rdnr. 75a; *Jarass*, BImSchG, § 10 Rdnr. 60; *Storost*, Ule/Laubinger, § 10 Rdnr. D5. *Czajka, Feldhaus*, § 10 Rdnr. 37 wortgleich in § 9 BImSchV, Rdnr. 20a, erachtet eine kumulative Bekanntmachung für zwar unschädlich, aber vom Gesetz nicht vorgesehen. Er empfiehlt für eine wirksame Anstoßfunktion zumindest einen Hinweis auf die öffentliche Bekanntmachung im Internet unter genauer Angabe der Fundstelle. Dies war auch für das UGB(E) vorgesehen: § 94 UGB I (E) (12/2008): „in einem Druckerzeugnis (amtliches Veröffentlichungsblatt oder Tageszeitung), das im voraussichtlichen Auswirkungsbereich des Vorhabens verbreitet ist, sowie auf der Internetseite der Genehmigungsbehörde".

728 S. 104 des Medien- und Kommunikationsberichts 2008 (http://www.bundesregierung.de/Content/DE/__Anlagen/BKM/2009-01-12-medienbericht-teil1-barrierefrei,property=publicationFile.pdf). Ähnlich positive Einschätzung bei *Keese*, APuZ 34/2007.

729 1. Quartal 2013 (www.forschungsgruppewahlen.de).

730 Vorwiegend werden Informationen abgerufen oder Kontakt aufgenommen http://www.bitkom.org/files/documents/BITKOM-Presseinfo_E-Government_05_11_09.pdf.

731 *Berghäuser/Berghäuser*, NVwZ 2009, 766 (768).

die Sortierung nach Themengebieten und örtlicher Relevanz – könnten den Bürgern die Suche nach den sie möglicherweise betreffenden Vorgängen erleichtern.

Eine verbesserte Information auf Bekanntmachungen im Internet ist ebenfalls durch entsprechende Hinweise in örtlichen Tageszeitungen denkbar, durch die Registrierung für Newsletter, die per E-Mail jeweils über aktuelle Bekanntmachungen informieren oder durch die Einrichtung eines staatlichen Meldesystems, das etwa mittels Pop-up-Fenster[732], RS-Fees oder mittels Apps[733] auf aktuellste Bekanntmachungen hinweist.

Dem Internet wird für die Zukunft sicher eine größere Rolle für die Information über öffentliche Bekanntmachungen zukommen. Bei seinem Einsatz ist sicherzustellen, dass Drittbetroffenen nicht die Wahrung ihrer Rechte verkürzt wird.

2. *Bekanntmachungsinhalt*

Neben dem Bekanntmachungsmedium trägt ihr Inhalt ganz wesentlich zur Unterrichtung der Allgemeinheit und Nachbarschaft, der Anregung zur Einwendungserhebung und dadurch zur Information der Behörde und dem vorläufigen Rechtsschutz Betroffener bei.[734] Den gesetzlichen Mindestinhalt bestimmen § 10 IV BImSchG und § 9 der 9. BImSchV.[735] Wegen der Präklusionswirkung sind Betroffene so zu informieren, dass sie ihre Rechte effektiv wahren können.[736]

---

732 Technisch könnte dies über die IP-Adresse der jeweiligen Einwahl ins Internet erreicht werden. Mit der Adresse lässt sich die Region eingrenzen, aus der die Einwahl vorgenommen wurde. Entsprechend könnten die Informationen gefiltert auf den PC gespielt werden.

733 Wie etwa die Bundestagsapp (zu ihrem Umfang siehe etwa http://www.bundestag.de/dokumente/textarchiv/2011/37145846_kw51_mobile_anwendungen/).

734 Durch die Bekanntmachung sollen Betroffene so informiert werden, dass sie eine vorläufige Entscheidung darüber treffen können, ob sie in ihren Belangen berührt werden. Ein Abweichen von diesem Mindestinhalt wäre vor dem Gebot wirksamen Rechtsschutzes problematisch. So auch *Oexle*, Präklusion, S. 17; *Röhl/Ladenburger*, Präklusion, S. 25. Abhängig von weiteren Gegebenheiten kann eine unzureichende Information in der Bekanntmachung zu einer unzumutbaren Beeinträchtigung des Rechtsschutzes führen.

735 Weitere Anforderungen an den Inhalt der Bekanntmachung ergeben sich aus § 8 II 4 der 9. BImSchV für Änderungen im laufenden Genehmigungsverfahren sowie aus § 12 II 3 der 9. BImSchV bzgl. Geheimhaltungsansprüche des Einwenders.

736 2. Kapitel B IV. 1. 1. Hinweis auf ein zur Genehmigung anstehendes Vorhaben S. 71 f.

a) Zur Fortwirkung im Gerichtsverfahren

Nach § 10 IV Nr. 2 BImSchG ist in der Bekanntmachung auf die Rechtsfolgen des Abs. 3 Satz 5 hinzuweisen. Dies erfolgt häufig nur durch den Abdruck seines Wortlautes.[737] Nach h.M. ist dies ausreichend, um auch auf den Ausschluss der Einwendungen im gerichtlichen Verfahren aufmerksam zu machen.[738] Andere fordern einen dahingehenden Hinweis, da dies dem Gesetzeswortlaut nicht zu entnehmen sei.[739]

Für potentielle Präklusionsbetroffene ist dieser Streit erheblich. Ist ihnen nicht bekannt, dass sich ihr Handeln im Genehmigungsverfahren auf eine gerichtliche Überprüfung auswirkt, können sie ihr Verhalten hieran nicht ausrichten. Wäre ein expliziter Hinweis hierauf erforderlich, würde bei einem schlichten Abdruck des Gesetzestextes – mangels ordnungsgemäßer Bekanntmachung – die Präklusion nicht greifen. Andernfalls kann das Vorbringen ebenso im gerichtlichen Verfahren ausgeschlossen bleiben. Unbeachtlich wäre insbesondere, ob die weitreichende Bedeutung des (Nicht)Handels bewusst war.

Das BVerfG bestätigte in seinem Sasbach-Beschluss, dass der Abdruck des Gesetzestextes ausreiche, da die Norm den Anforderungen an Bestimmtheit und Klarheit genüge.[740] Angesichts der bis dahin geführten Diskussion in der

---

737 „Mit Ablauf der Einwendungsfrist sind alle Einwendungen ausgeschlossen, die nicht auf besonderen privatrechtlichen Titeln beruhen."

738 BVerwGE 60, 297 (312); BVerfGE 61, 82 (118); BVerwG, NVwZ 2000, 68 (69); NVwZ 1997, 171 (172); NVwZ-RR 1989, 519 (519); *Bonk/Neumann*, in: Stelkens/Bonk/Sachs, VwVfG, § 73 Rdnr. 54; *Czajka*, Feldhaus, § 10 Rdnr. 35; *Dietlein*, L/R, § 10 Rdnr. 80; *Frenz*, Kotulla, § 10 Rdnr. 81, der einen Hinweis allerdings für sinnvoll erachtet; *Hill*, Fehlerhaftes Verfahren, S. 447; *Huber*, AöR 114 (1989), 252 (275 f.). Nach BVerwG, NVwZ-RR 1989, 519 (519) und *Kopp/Schenke*, VwGO, § 60 Rdnr. 12 gehört es zur Pflicht eines jeden Bürgers, bei Rechtsunkenntnis sich in geeigneter Weise die fehlende Kenntnis zu verschaffen.

739 *Bender*, 5. AtRS, S. 237 (241); *Graffe*, Bürgerbeteiligung, S. 79 (dies sei empfehlenswert); *Jarass*, BImSchG, § 10 Rdnr. 61 m.w.N. unter Hinweis auf Art. 19 IV GG; *Oexle*, Präklusion, S. 117 f.; *Solveen*, DVBl. 1997, 803 (806 f.); *ders.*, S. 33 f.; *Streinz*, VerwArch 79 (1988), 272 (304); *de Witt*, DVBl. 1980, 1006 (1007). Hierzu äußern sich nicht: *Engelhardt/Schlicht*, BImSchG, § 10 Rdnr. 9; *Nöthlichs*, BImSchG, § 10 Anm. 5.2 und *Storost*, Ule/Laubinger, § 10 Rdnr. D7.

740 BVerfGE 61, 82 (118) (Bestätigung von BVerwGE 60, 297 (312)): Gegebenenfalls unter Inanspruchnahme rechtskundigen Rats könne eine Gewissheit über den Umfang des angeordneten Einwendungsausschlusses erlangt werden, die hinreiche, um mögliche Rechtspositionen im Einwendungsverfahren zu wahren und die Ausschlusswirkung zu vermeiden. Zur Pflicht des Bürgers sich in geeigneter Weise juristischen Rat

rechtswissenschaftlichen Literatur mag es zweifelhaft erscheinen, ob sich für einen juristisch nicht vorgeprägten Laien die Erstreckung der Präklusion auf die gerichtliche Kontrolle unproblematisch dem Gesetzestext entnehmen ließ.[741] Im Vergleich zu den Rechtsmittelbelehrungen, die der Bürger üblicherweise vor einem möglichen Rechtswegausschluss erhält, stellt der einfache Abdruck eines Gesetzeswortlautes, aus dem die Möglichkeit des Rechtswegausschlusses nicht explizit hervorgeht, eine deutliche Schlechterstellung dar.

Durch eine Verbreitung materieller Präklusionsnormen in anderen Rechtsgebieten kann allerdings heute davon ausgegangen werden, dass die besondere Bedeutung der Einwendungserhebung für den gerichtlichen Rechtsschutz allmählich bekannt ist.[742] Eine unzumutbare Beeinträchtigung des Rechtsschutzes stellt daher der fehlende ausdrückliche Hinweis auf das Fortwirken des Ausschlusses bis in das gerichtliche Verfahren nicht (mehr) dar. Der Abdruck des Gesetzeswortlautes genügt damit dem Grundsatz ordnungsgemäßer Rechtsbelehrung.[743]

Ein deutlicher Hinweis auf die Präklusionswirkung ist jedoch nicht ausgeschlossen. Soll der Bürger durch die Androhung des Ausschlusses zu umfangreichen Einwendungen „animiert“ werden und so die Behörde bei ihrer Sachverhaltsaufklärung unterstützen, wäre dieser sogar im Interesse der Behörde. Aus Sicht des Antragstellers mag es hingegen von größerem Vorteil sein, nicht zu deutlich auf einen endgültigen Ausschluss von Einwendungen hinzuweisen, damit die Zahl der Einwendungen und damit die Zahl potentieller Kläger möglichst gering und überschaubar bleiben.

Ein ausdrücklicher Hinweis auf die Fortwirkung des Einwendungsausschlusses im gerichtlichen Verfahren ist folglich nicht geboten.

---

zu holen BVerwG, NVwZ-RR 1989, 519 (519); *Kopp/Schenke*, VwGO, § 60 Rdnr. 12 m.w.N. Anders allerdings BVerfG v. 10.03.1994 – 2 BvR 2371/93 - (juris Rdnr. 21) wonach aus verfassungsrechtlichen Gründen (Art. 16a, 19 IV GG) Asylbewerber auf ihre Mitwirkungsobliegenheiten deutlich hinzuweisen seien, wofür die Wiedergabe des Gesetzeswortlautes nicht ausreiche, sondern eine verständliche Beschreibung des Inhalts erforderlich sei.

741 *Czajka, Feldhaus*, § 10 Rdnr. 35. Tatsächlich bestand vor der Entscheidung des BVerfG darüber Streit, ob ein lediglich formeller Ausschluss angeordnet sei oder eine materielle Präklusion – mit Wirkung für das gerichtliche Verfahren (zu den verschiedenen Ansichten 2. Kapitel B. I. Formen der Präklusion, Fn 121).

742 Nach BVerfGE 61, 82 (118) ließ sich gegebenenfalls unter Inanspruchnahme fachkundigen Rats seit Erlass der Vorschrift die erforderliche Kenntnis erlangen. Andererseits ist im Strafrecht der Grundsatz ‚Gesetze habe man zu kennen‘ nicht unumstritten (*Schwegler*, Subsumtionsirrtum, S. 114 m.w.N.).

743 Ausführlich dazu BVerwG, DVBl. 2011, 108 (109).

b) *Zur Substantiiertheit*

Zur Abwendung einer Präklusion genügt es nicht, überhaupt Einwendungen zu erheben. Dienen Einwendungen der Sachverhaltsermittlung und dem frühen Schutz potentieller Betroffener,[744] muss ihnen ein gewisser inhaltlicher Gehalt zukommen. Es sind sog. substantiierte Einwendungen erforderlich.[745] Dem Gesetz selbst ist jedoch nur zu entnehmen, dass „Einwendungen" zu erheben sind. Die genauen Anforderungen konkretisiert die Rechtsprechung.[746] Weil ein Einwender nur dem gerecht werden kann, was ihm bekannt ist, wird teilweise gefordert, die öffentliche Bekanntmachung müsse sich auch zum inhaltlichen Umfang der Einwendungen äußern.[747]

Ob ein solcher Bekanntmachungsinhalt erforderlich ist, lässt sich ebenfalls unter Berücksichtigung der Präklusionswirkung und deren Auswirkung auf einen effektiven Rechtsschutz bestimmen. Danach ist ein ausdrücklicher Hinweis auf den Umfang der Einwendungen entbehrlich, wenn ein Einwender, dessen Einwendungen im Gerichtsverfahren als unsubstantiiert präkludiert werden, die Anforderungen an ihren Gehalt zumutbar erkennen konnte. Sind diese dem Gesetz zu entnehmen, ist ein gesonderter Hinweis nicht erforderlich. Weitere Erläuterungen bedürfte es hingegen dann, wenn die inhaltlichen Anforderungen über das hinausgehen, was ein Laie bei laienhafter Betrachtung dem Bekanntmachungs- und Gesetzestext entnehmen konnte. Soll der Bürger detaillierte konkrete Einwendungen vortragen, so ist ihm dies deutlich zu machen. Andernfalls kann von ihm nur das verlangt werden, was er unter einer Einwendung verstehen kann.

Der Bekanntmachungsinhalt und die Anforderungen an einen präklusionshindernden Einwendungsinhalt stehen folglich in engem Kontext zueinander. Sollten sich die Anforderungen an den Einwendungsinhalt verschärfen,[748] ist dies beim Inhalt der Bekanntmachung zu berücksichtigen.

Dies bedeutet: Fehlen Hinweise auf einen bestimmten Mindestgehalt der Einwendungen, ist dies unproblematisch, solange vom Einwender nur eine Darlegung befürchteter Rechtsverletzungen in groben Zügen verlangt wird. Werden umfangreichere Stellungnahmen von ihm erwartet, muss dies dem Bürger durch

---

744 Eingehend E. I. Funktion und Praxis, S. 217 sowie II. 3. Inhaltliche Anforderungen, S. 221 ff.

745 E. III. 3. b) Notwendiger Inhalt S. 224 ff.

746 Dazu sogleich E III. 3. Inhaltliche Anforderungen, S. 221 ff.

747 So *Graffe*, Bürgerbeteiligung, S. 79 (dies sei empfehlenswert); *Hill*, Fehlerhaftes Verfahren, S. 447; *Metz*, Präklusion, S. 137; *Streinz*, VerwArch 79 (1988), 272 (305); *de Witt*, DVBl. 80, 1006 (1007). Dagegen BVerwGE 60, 297 (312); BVerfGE 61, 82 (118).

748 Zur möglichen Tendenz E II. 3. Inhaltliche Anforderungen S. 221 ff.

entsprechende Ausgestaltung von Bekanntmachung und/oder Gesetzestext erkennbar sein.

c) *Besondere Hinweise bei gleichförmigen Einwendungen*

Erheben mehrere Personen Einwendungen auf Unterschriftenlisten oder in Form vervielfältigter gleich lautender Texte (sog. gleichförmige Einwendungen)[749] und entsprechen diese nicht den Anforderungen des § 17 I VwVfG, kann die Behörde diese Einwendungen nach Abs. 2 unberücksichtigt lassen. Dieser besondere Ausschluss lässt sich nicht dem BImSchG entnehmen, so dass teilweise ein gesonderter Hinweis hierauf gefordert wird.[750]

Hierfür besteht jedoch kein Bedürfnis. Eingaben, die den Anforderungen des § 17 I VwVfG nicht entsprechen, dürfen nämlich nach dessen Absatz 2 Satz 2 nur dann unberücksichtigt bleiben, wenn die Behörde zuvor den Betroffenen über eine ortsübliche Bekanntmachung Gelegenheit gegeben hat, den Mangel zu beheben. Der Ausschluss stellt folglich eine Sanktion für den fehlenden Nachtrag angeforderter Angaben dar.[751] Vor einer Nichtberücksichtigung gleichförmiger Eingaben, deren Unterzeichner ihren Namen oder ihre Anschrift nicht oder unleserlich angegeben haben (§ 17 II 3 VwVfG), sollen die Betroffenen ebenfalls auf den Mangel hingewiesen werden, zumindest, wenn er behebbar und eine Mitteilung unschwer möglich ist.[752] Vor einem möglichen Ausschluss werden die Betroffenen also ebenfalls ausreichend hingewiesen und ihnen Gelegenheit zur Mängelbehebung gewährt. Eine Hinweispflicht in der Bekanntmachung auf einen möglichen Ausschluss gleichförmiger Einwendungen ist somit nicht erforderlich.

d) *Ergebnis*

In der Bekanntmachung sind die im Gesetz aufgeführten Mindestinhalte abzudrucken. Bei den derzeitigen Anforderungen an den Einwendungsinhalt sind daneben ausdrückliche Hinweise auf die Fortwirkung des Einwendungsausschlusses im gerichtlichen Verfahren, auf den Substantiierungsgrad der Einwendungen sowie auf die Voraussetzungen für eine wirksame Erhebung gleichförmiger Einwendungen entbehrlich.

---

749 Legaldefinition des § 17 I 1 VwVfG.

750 Für eine solche Hinweispflicht *Bender*, 5. AtRS, 1976, S. 237 (241, 244); *Schmel*, Massenverfahren, S. 144 ff., 155. Nach *Hett*, Öffentlichkeitsbeteiligung, S. 27 komme den Regeln über Massenverfahren noch keine große praktische Bedeutung zu.

751 *Kopp/Ramsauer*, VwVfG, § 17 Rdnr. 18.

752 *Kopp/Ramsauer*, VwVfG, § 17 Rdnr. 21 aus rechtsstaatlichen Gründen.

III. Modifikationen

Die derzeitige Regelung der Bekanntmachung enthält das Potential, durch entsprechende Information und Aufmachung einen Impuls zu verbesserten Einwendungen zu setzen. Eine Überarbeitung des derzeitigen Informationssystems ist durch den Gesetzgeber nicht angedacht, so dass hier nur einige Gedankengänge aufzuzeigen sind.

1. Individuelle Benachrichtigung

Ein Schwachpunkt öffentlicher Bekanntmachung ist, dass sie typischerweise nicht alle potentiell Betroffenen erreicht. *Huber*[753] geht wegen der Grundrechtsrelevanz der Bekanntmachung davon aus, dass die Genehmigungsbehörde alles ihrerseits Mögliche dafür zu tun habe, damit die durch das Vorhaben Betroffenen tatsächlich Kenntnis erlangen können. Günstiger wäre daher eine individuelle Benachrichtigung neben oder statt der öffentlichen Bekanntmachung.

Eine individuelle Benachrichtigung potentieller Betroffener könnte die Möglichkeit zur Kenntnisnahme erheblich erhöhen und mögliche Defizite etwa einer Bekanntmachung via Internet ausgleichen. Auf Seiten der Behörde würde dies einen – je nach Auswirkungsgebiet der Anlage mehr oder minder großen – Mehraufwand auslösen. Allerdings dürfte es schier unmöglich sein, alle potentiell Betroffenen durch ein persönlich an sie gerichtetes Schreiben zu erreichen.[754] Hätte dies zur Folge, dass in diesen Fällen die Präklusion nicht griffe, erscheint eine Information allein durch individuelle Benachrichtigung unverhältnismäßig. Europarechtlich ist eine individuelle Bekanntmachung ebenfalls nicht gefordert.[755]

Eine Verbesserung könnte etwa durch eine Information per Postwurfsendung erfolgen, die *neben* die öffentliche Bekanntmachung tritt. Sie könnte die Informationserlangung verbessern und zugleich die Präklusionswirkung beibehalten. Die Unkenntnis von der individuellen Benachrichtigung hätte keine Auswirkung auf die Präklusion. So wäre die Rechtsschutzmöglichkeit potentieller Betroffener verbessert, die Kosten gingen zu Lasten des Antragstellers.

Eine neben der öffentlichen Bekanntmachung erfolgende individuelle Information würde demnach die Chance erheblich erhöhen, dass potentielle Betroffene Kenntnis von dem geplanten Vorhaben erhalten.

---

753 *Huber*, AöR 114 (1989), 252 (274).

754 Bereits 2. Kapitel B. IV. 1. b) Individueller oder öffentlicher S. 71.

755 Art. 6 II Aarhus-Konvention sieht explizit die öffentliche als eine mögliche Bekanntmachungsform vor.

2. *Erweiterter Einsatz neuer Medien*

Durch den Einsatz neuer Medien könnte die Kenntnisnahmemöglichkeit von der Bekanntmachung ebenfalls gesteigert werden. Denkbar ist eine Information per Mail, Pop-up-Fenster, RSS-Feed oder Apps.[756] Für deren Versand könnte sich der Bürger unter Angabe seines Wohnsitzes registrieren. Die jeweiligen Behörden könnten dann auf diese Daten zugreifen und anhand der Angaben die jeweiligen Betroffenen informieren. Vorteilhaft ist neben einer individuellen Information, dass lediglich eine einmalige Initiative des Bürgers erforderlich ist. Der Aufwand im Vergleich zur momentanen Ausgestaltung wäre für den Bürger deutlich verringert, der auf Seiten der Behörde nicht sonderlich erhöht und die Informationsvermittlung im Vergleich zu der in Tageszeitungen deutlich verbessert.

3. *Umfang des Bekanntmachungsinhalts*

Das grundlegende Wissen über Abläufe und Inhalte umweltrelevanter Zulassungsverfahren ist recht gering. Informationsdefizite hinsichtlich der Öffentlichkeitsbeteiligung – sowie ihrer Bedeutung – werden nicht selten von den Betroffenen erst im Verlauf des sie selbst betreffenden Genehmigungsverfahrens beseitigt.[757] Insbesondere über den Einsatz neuer Medien – etwa im Rahmen der Bekanntmachung – könnte der Bürger ausführlicher über den generellen Ablauf des Genehmigungsverfahrens und die an ihn gerichteten Anforderungen unterrichtet werden. Für Antragsteller finden sich bereits vergleichbare Hinweise auf den jeweiligen Internetseiten. Eine ähnliche Aufbereitung wäre für den Bürger ebenfalls möglich. Dem einmalig erforderlichen Mehraufwand für einen solchen Service stünde eine verbesserte Information der Allgemeinheit gegenüber.

IV. Ergebnis

Eine öffentliche Bekanntmachung ist zwingender Bestandteil des Genehmigungsverfahrens, wenn die Genehmigung Präklusionswirkung entfalten soll. Sie hat die Kenntnis zu vermitteln, dass ein Vorhaben ansteht und welche Anforderungen an potentielle Betroffene für das Genehmigungsverfahren gestellt

756 Dazu bereits oben II. 1. e) Entwicklungstendenzen S. 178 f., Fn 733. Die Information könnte entweder den gesamten öffentlichen Bekanntmachungstext enthalten – und so in die Nähe einer individuellen Bekanntmachung rücken – oder nur die Grundinformation, dass eine öffentliche Bekanntmachung für den Ort und einer bestimmten Anlagenart auf der angegeben Internetseite eingestellt wurde.

757 *Müller-Erwig*, Öffentlichkeitsbeteiligung, S. 233 f., 236.

werden. Bei der Auswahl des Bekanntmachungsmediums ist die besondere Situation der Betroffenen zu berücksichtigen. Der Einsatz des Internets sollte daher (noch) nicht allein ohne gleichzeitige Verwendung örtlicher Tageszeitung (u.U. als Amtsblatt) erfolgen. Ein Bekanntmachungsinhalt, der in seinem Umfang über den derzeit vorgesehenen hinausginge, käme potentiell Betroffenen zugute, wäre jedoch für die Genehmigungswirkungen nicht erforderlich. Eine individuelle Benachrichtigung oder der erweiterte Einsatz neuer Medien könnte für Betroffene die Wahrscheinlichkeit, vom Vorhaben und den Anforderungen an ihre Mitwirkung zu erfahren, steigern. Erweiterte Hintergrundinformationen etwa über das Internet kämen der Funktion der Bekanntmachung ebenso zugute.

D. Auslegung

Als Ouvertüre der Öffentlichkeitsbeteiligung[758] werden der Antrag, die vom Antragsteller vorgelegten Unterlagen sowie entscheidungserhebliche Berichte und Empfehlungen einen Monat zur Einsicht ausgelegt (§ 10 III 2 BImSchG, § 10 der 9. BImSchV).

I. Bedeutung der Auslegung

Als besondere Form der Akteneinsicht[759] soll die Auslegung Einblick in die Planung gewähren. Potentiell Betroffene sollen sich aktiv über das mögliche Schädigungspotential der geplanten Anlage informieren und qualifizierte Einwendungen erheben können.[760] Dies soll zugleich den Kenntnisstand der Behörde erweitern.[761] Zudem soll die Offenlegung zeigen, dass nichts verborgen bleibt, wodurch die Akzeptanz des behördlichen Handelns gesteigert wird. Dies trägt zur Streitvermeidung bei und dient der Verfahrensökonomie.[762]

In der Praxis wird die Möglichkeit zur Einsichtnahme von deutlich weniger Personen genutzt, als Einwendungen erhoben werden.[763]

II. Umfang und Modalitäten der Einsichtnahme

Die Auslegung bildet *die* Informationsquelle, die potentiell Betroffenen eine eingehende Beschäftigung mit der Anlage und ihren möglichen Auswirkungen eröffnet. Ihr Umfang sowie die Modalitäten der Einsichtnahme bestimmen, ob und in welcher inhaltlichen Qualität Einwendungen erhoben werden. In Anbetracht der Genehmigungswirkungen insbesondere der Präklusion ist zu beachten, dass

758 *Henle*, BayVBl. 1981, 1 (3).
759 *Czajka, Feldhaus*, § 10 Rdnr. 44; *Mecking*, NVwZ 1992, 316 (318); *Storost*, Ule/Laubinger, § 10 Rdnr. D13.
760 *Czajka*, Feldhaus, § 10 Rdnr. 38; *Diekmann*, AbfallR, 2007, 278 (279); *Dietlein*, L/R, § 10 Rdnr. 46 f., 87 m.w.N.; *Graffe*, Bürgerbeteiligung, S. 33 m.w.N.; *Kloepfer*, UPR 2005, 41 (45); *Mecking*, NVwZ 1992, 316 (317, 318); *Oexle*, Präklusion, S. 118; *Storost*, Ule/Laubinger, § 10 Rdnr. D13; *Ule/Laubinger*, Gutachten B., S. 76; *Sellner/Reidt/Ohms*, Immissionsschutzrecht, S. 159 f.; *Werres*, DVBl. 2005, 611 (614).
761 BVerwGE 60, 297 (306); *Dietlein*, L/R, § 10 Rdnr. 87; *Mecking*, NVwZ 1992, 316 (317, 318).
762 *Mecking*, NVwZ 1992, 316 (317); *Würtenberger*, NJW 1991, 257 (261).
763 So die Beobachtungen von *Henle*, BayVBl. 1981, 1 (5): 270 Personen nahmen Einsicht, 4.000 legten Einwendungen ein.

nur eine umfangreiche Information den Einwendern ausführliche Einwendungen und damit eine weitreichende Wahrung eigener Rechte ermöglicht.[764]

1. Umfang der auszulegenden Unterlagen

Auszulegen sind, neben dem Antrag und den vom Antragsteller eingereichten Unterlagen, die entscheidungserheblichen Berichte und Empfehlungen.[765]

a) Antrag

Der Inhalt des Antrags ergibt sich aus § 3 der 9. BImSchV und wird überwiegend über Formulare bzw. Vordrucke erfasst.

b) Unterlagen des Antragstellers

Unterlagen des Antragstellers sind seine – neben dem Antrag – vorgelegten Dokumente sowie diejenigen, die er auf Anforderung der Behörde nachreicht.[766] Auszulegen sind sie, soweit sie Angaben über Auswirkungen auf Nachbarschaft und Allgemeinheit enthalten und nicht geheim sind.

aa) Reduktion auf schädliche Umwelteinwirkungen

Die eingereichten Unterlagen weisen häufig einen nicht unerheblichen Umfang auf. Pläne, Berichte, Gutachten, Formulare, Berechnungen und Skizzen können mehrere Aktenordner umfassen.[767] Damit die ungefilterte Fülle an Informationen

---

764 Nur soweit die Unterlagen inhaltlich reichen, nur soweit *können* sich die Einwendungen mit ihnen befassen – ob sie sich damit befassen *müssen*, ist erst im nächsten Kapitel E. unter II. 3. b) Notwendiger Inhalt S. 224 ff. zu untersuchen. *Stender-Vorwachs*, NVwZ 2012, 1061 (1063) betont, dass nur wenn verständlich informiert werde, die Beteiligten in der Lage seien, einen Beitrag zum Diskurs auf Augenhöhe zu leisten.

765 Bei uvp-pflichtigen Anlagen erweitert sich der Umfang der Auslegung um die für die UVP zusätzlich erforderlichen Unterlagen (§ 10 I 4 der 9. BImSchV).

766 § 10 III 2 BImSchG, § 10 I 1 der 9. BImSchV (*Czajka*, Feldhaus, § 10 Rdnr. 39; *ders.* Feldhaus § 10 der 9. BImSchV Rdnr. 21; *Dietlein*, L/R, § 10 Rdnr. 92 möchte hiervon solche Dokumente ausnehmen, die nicht angefordert wurden und als Beweismittel dienen. Einer solch formalen Sicht kann nicht gefolgt werden. Auszulegen sind alle vom Antragsteller – sei es aus eigener Initiative oder auf Anforderung durch die Behörden – eingereichten Unterlagen). Zum Umfang einzureichender Unterlagen oben B. Antragstellung, S. 157 ff.

767 10 Aktenordner für den Bau einer Bundesfernstraße (VGH Mannheim, v. 07.08.2009 – 5 S 2348/08 –), 21 für die B50 Hochmoselquerung (*Stüer/Probstfeld*, DÖV 2000, 701 (702)) und ca. 60 Aktenordner für den Bau des Franfurter

die Einsichtnehmenden nicht überfordert, reduziert § 10 I 1, 2 der 9. BImSchV die Auslegung auf solche Dokumente, die Auskunft über mögliche Auswirkungen auf Dritte enthalten.[768] Ausgenommen sind daher etwa Energiebilanzen, Erhebungen zur Abfallverwertung oder Berichte zum Arbeitsschutz, also solche Unterlagen, die aus anderen Gründen als zur Vermeidung schädlicher Umwelteinwirkungen entscheidungserheblich sind.[769]

Einwendern steht damit zwar eine geringere Informationsgrundlage zur Verfügung als der entscheidenden Behörde. Ihnen genügt jedoch die Kenntnis dieser Angaben, um sich ein Bild über mögliche sie betreffende Beeinträchtigungen zu verschaffen und diese in Einwendungen monieren zu können. Zudem gilt die Präklusion nur für solche Einwendungen, die aufgrund ausgelegter Unterlagen hätten erhoben werden können.[770] Die Reduktion ist daher mit Sinn und Zweck der Norm sowie mit der Präklusionswirkung vereinbar.[771] Europarechtliche Vorgaben stehen ihr ebenfalls nicht entgegen, insbesondere kann Art. 24 IED-RL[772] keine

Flughafens 2007 (*Steinberg*, ZUR 2011, 340 (342)). Ähnliche Beispiele bei (*Henle*, BayVBl. 1981, 1 (2); *Lauer*, 3. AtRS (1975), S. 47 (51); *Westphal/Walther*, Praktische Erfahrungen, FS für Meyer, 1975, S. 251 (257 f. Fnen 16, 18)).

768 *Czajka*, Feldhaus, § 10 der 9. BImSchV, Rdnr. 24: eine Reduktion führe zu einer erfolgreichen Information des Bürgers, da sie verhindere, dass er „vor lauter Bäumen den Wald nicht mehr sieht". Der Blick auf Aktenberge könnte kontraproduktiv sein, der Einwender resigniert von einer weiteren Einsichtnahme absehen (so *Hett*, Öffentlichkeitsbeteiligung, S. 32, 36; *Wilting*, Gestuftes Genehmigungsverfahren, S. 85). *Redeker*, NJW 1980, 1593 (1596) befürwortet hingegen eine Kenntnis Dritter vom gesamten Tatsachenmaterial.

769 Beispielhafte Aufzählung bei *Czajka*, Feldhaus, § 10 Rdnr. 39.

770 2. Kapitel B. II. 2. a) Fehlende Kenntnis vom Vorhaben, S. 33.

771 Eine solche Reduktion war schon zu § 17 GewO von 1869 anerkannt. VGH Mannheim, BB 1965, 1335 (1335) zu § 17 GewO; BVerwGE 24, 23 (30); *Czajka*, Feldhaus, § 10 Rdnr. 39; *Dietlein*, L/R, § 10 Rdnr. 92; *Graffe*, Bürgerbeteiligung, S. 42; *Hellmann*, Öffentlichkeitsbeteiligung, S. 269 f. betont, dass die teleologische Reduktion lediglich solche Unterlagen von der Auslegung ausnehmen dürfe, die für Einwender von *keinerlei* Bedeutung sein können; *Hett*, Öffentlichkeitsbeteiligung, S. 31; *Jarass*, BImSchG, § 10 Rdnr. 68; *Kutscheidt*, in: Salzwedel (Hrsg.), Grundzüge des Umweltrechts, S. 273, *Mutschler*, ET 1978, 505 (506); *Sellner/Reidt/Ohms*, Immissionsschutzrecht, S. 163; *Sellner*, BauR 1980, 391 (395); *Storost*, Ule/Laubinger, § 10 Rdnr. D14 m.w.N.

772 RL 2010/75/EU v. 24.11.2010, z.t. auch als IE-RL bezeichnet, vormals IVU-RL. Zur IED-RL siehe etwa *König*, DVBl. 2013, 1356 ff.

Pflicht zur Auslegung *aller* eingereichten Unterlagen entnommen werden.[773] Wegen der großen Bedeutung des Auslegungsumfangs für die Einwendungserhebung sollte die Behörde jedoch eher großzügig verfahren;[774] einerseits, um nicht den Eindruck zu erwecken, sie wolle Informationen zurückhalten, andererseits, um im Interesse des Antragstellers der Präklusion möglichst weitreichende Wirkung zukommen zu lassen.

bb) Geheime Unterlagen

Nicht ausgelegt werden müssen weiterhin Unterlagen, die geheime Informationen enthalten.[775] Dem Informationsinteresse der Öffentlichkeit steht der Geheimnisschutz des Antragstellers gegenüber.[776]

(1) Geheimniseigenschaft

Geheim sind alle auf ein Unternehmen bezogene Tatsachen, Umstände und Vorgänge, die nicht offenkundig, sondern nur einem begrenzten Personenkreis zugänglich sind und an deren Nichtverbreitung der Rechtsträger ein berechtigtes

---

773 Dies ließ der Wortlaut der IVU-RL (RL 96/61/EG v. 24.09.1996, Abl. EG Nr. L 257 S. 26 ff., konsolidiert 2008/1/EG v. 15.01.2008, ABl. EG Nr. L 24, S. 8 ff.) zwar zu, ist jedoch nicht zwingend (…treffen die Mitgliedstaaten die erforderlichen Maßnahmen, um sicherzustellen, dass Anträge auf Genehmigung neuer Anlagen… der Öffentlichkeit während eines angemessenen Zeitraums zugänglich gemacht werden…). Kritisch zur Konformität mit Art. 15 IVU-RL, da dieser die uneingeschränkte Zugänglichmachung von Genehmigungsanträgen vorsehe, § 10 I 1 der 9. BImSchV dagegen Beschränkungen enthalte *Günter*, NuR 2002, 394 (399); sowie der Bundestag BT-Drs. 14/4599, S. 78. Auch Art. 6 III der UVP-RL wird ausreichend Rechnung getragen (*Czajka*, Feldhaus, § 10 der 9. BImSchV, Rdnr. 24).

774 *Czajka*, Feldhaus, § 10 Rdnr. 38; *Dietlein*, L/R, § 10 Rdnr. 92; *Sellner/Reidt/Ohms*, Immissionsschutzrecht, S. 164.

775 § 10 III 2 BImSchG, § 10 III der 9. BImSchV. Diese Regelung ergänzt und konkretisiert § 30 VwVfG („Die Beteiligten haben Anspruch darauf, dass ihre Geheimnisse, insbesondere … Betriebs- und Geschäftsgeheimnisse, von der Behörde nicht unbefugt offenbart werden.“). Sie steht im Einklang mit Art. 10 UVP-RL (RL 2014/52/EU v. 16.4.2014): „Die Bestimmungen … berühren nicht die Verpflichtung der zuständigen Behörden, die von den einzelstaatlichen Rechtsvorschriften … auferlegten Beschränkungen zur Wahrung der gewerblichen … Geheimnisse … zu beachten.“ (*Frenz*, Kotulla, § 10 Rdnr. 67). Ausführlich *Breuer*, NVwZ 1986, 171 ff., der die Bedeutung des Geheimnisschutzes plakativ „Datenschutz contra Umweltschutz“ überspitzt.

776 Dabei steht dem Antragsteller ein Geheimhaltungs*anspruch* zu (*Sellner/Reidt/Ohms*, Immissionsschutzrecht, S. 158; *Storost*, Ule/Laubinger, § 10 Rdnr. D18).

Interesse hat. *Geschäfts*geheimnisse umfassen Umstände aus dem kaufmännischen, *Betriebs*geheimnisse solche aus dem technischen Bereich.[777]

Nicht geheim und damit auslegungsfähig sind also Tatsachen, die (auch) außerhalb des Anlagengrundstücks gemessen werden können[778] oder auf deren Kenntnis Dritte einen Rechtsanspruch haben.[779] Für potentiell Betroffene bedeutet dies, dass ihnen zumindest die Angaben über Emissionen grundsätzlich nicht unter Berufung auf den Geheimnisschutz vorenthalten werden können.[780] Alle anderen Informationen, die etwa Rückschlüsse auf mögliche Auswirkungen zulassen, können indessen als geheim von der Auslegung ausgenommen werden.[781]

(2) Geheimnisschutz versus Informationsbedürfnis

Enthalten die Unterlagen geheime Informationen, sind diese zu kennzeichnen und gesondert der Behörde vorzulegen (§ 10 III 1 BImSchG). Untersuchungen ergaben eine Tendenz solche Unterlagen für geheimhaltungsbedürftig zu erklären und der Öffentlichkeitsbeteiligung zu entziehen, die bei potentiellen Einwendern

---

777 Auf die identische Bestimmung der Geheimniseigenschaft in Zivil- und Strafrecht z.B. in § 17 UWG, §§ 203, 204 StGB kann zurückgegriffen werden. BVerfG, NVwZ 2006, 1041 (1042); BVerwG, NVwZ 2009, 1113 (1114); NVwZ 2009, 1114 (1116); OVG Münster, NuR 2009, 289 (289); NVwZ 2009 794 (794); *Breuer,* NVwZ 1986, 171 (172 ff.) m.w.N.; *Cajaka,* Feldhaus, § 10 Rdnr. 31; *Dietlein,* L/R, § 10 Rdnr. 60 f.; *Frenz,* Kotulla, § 10 Rdnr. 67; *Graffe,* Bürgerbeteiligung, S. 34 m.w.N.; *Hett,* Öffentlichkeitsbeteiligung, S. 32 m.w.N.; *Jarass,* BImSchG, § 10 Rdnr. 34; *Kloepfer,* Umweltrecht, § 14 Rdnr. 144; *Nöthlichs,* BImSchG, § 10 Anm. 4.4; *Storost,* Ule/Laubinger, § 10 Rdnr. C34; *Sellner/Reidt/Ohms,* Immissionsschutzrecht, S. 158 m.w.N. Zu Einzelheiten: VG Hamburg v. 14.01.2004 - 7 VG 1422/2003, 7 K 1422/03– (juris).

778 *Führ,* Sanierung von Industrieanlagen, S. 235; *Jarass,* BImSchG, § 10 Rdnr. 35 m.w.N.

779 Ein Anspruch kann sich etwa aus § 3 I UIG oder dem analogiefähigen § 22 III ChemG ergeben. *Führ,* Sanierung von Industrieanlagen, S. 235; *Jarass,* BImSchG (9. AUfl), § 10 Rdnr. 35 m.w.N.

780 Dies ergibt sich ausdrücklich aus § 9 I 2 UIG („Der Zugang zu Umweltinformationen über Emissionen kann nicht unter Berufung auf die in den Nummern 1 und 3 *[Betriebs- und Geschäftsgeheimnisse]* genannten Gründen abgelehnt werden.“ (dazu etwa *Czajka,* Feldhaus, § 10 Rdnr. 46c; *Jarass,* BImSchG, § 10 Rdnr. 35)) und war bereits früher anerkannt (*Führ,* Sanierung von Industrieanlangen, S. 236; Länderausschuss Immissionsschutz, NVwZ 1986, 283 (284)).

781 Nach BVerwG, NVwZ 2010, 189 (193); OVG Koblenz, NVwZ 2013, 376 gilt dies auch für solche Informationen, die zwar selbst nicht geheim sind, aber Rückschlüsse auf Geheimnisse zulassen. Ausführlich *Fischer/Fluck,* NVwZ 2013, 337.

Kritik auslösen könnten.[782] Dies könnte dem Informationsbedürfnis potentieller VOrhabensbetroffener erheblich widersprechen.

(a) Übereinstimmende Beurteilung

Stimmt die Behörde mit der Beurteilung der Geheimniseigenschaft durch den Antragsteller überein, werden die betroffenen Dokumente von der Auslegung ausgenommen. Um dem Informationsbedürfnis der Öffentlichkeit dennoch gerecht zu werden, wird statt der geheimen Unterlagen eine möglichst ausführliche Inhaltsdarstellung – vom Antragsteller verfasst – ausgelegt (§ 10 II 2 BImSchG).[783] Ganz ausnahmsweise kann sogar auf diese Darstellung verzichtet werden, wenn bereits mit ihr das Geheimnis preisgegeben würde.[784]

(b) Divergenz

Gelangt die Behörde bei ihrer Prüfung zu dem Ergebnis, dass die als geheim gekennzeichneten Unterlagen offenkundig sind oder das Geheimhaltungsinteresse des Antragstellers das Informationsinteresse der Allgemeinheit nicht überwiegt,[785] ist sie zunächst an die Kennzeichnung durch den Antragsteller nicht gebunden.[786] Sie hat gemäß § 10 III 2 der 9. BImSchV den Antragsteller anzuhören. Stimmt dieser weiterhin einer Auslegung nicht zu, können nach überwiegender Ansicht die

---

782 *Hill/Weber*, Vollzugserfahrungen, 201 f.

783 *Jarass*, BImSchG, § 10 Rdnr. 37. Die Inhaltsdarstellung ist so zu gestalten, dass Dritte beurteilen können, ob und in welchem Umfang sie von Auswirkungen der Anlage betroffen werden können (*Frenz*, Kotulla, § 10 Rdnr. 68; *Graffe*, Bürgerbeteiligung, S. 35; *Storost*, Ule/Laubinger, § 10 Rdnr. C33).

784 § 10 II 2 BImSchG (*Graffe*, Bürgerbeteiligung, S. 35; *Hett*, Öffentlichkeitsbeteiligung, S. 34). Dieser Vorbehalt wird von *Mayer-Tasch*, Umweltrecht im Wandel, S. 35 (heftig) kritisiert, da er Missbrauch Tür und Tor öffne und selbst bei nicht missbräuchlicher Verwendung zwangsläufig zu einer Absenkung des öffentlichen Informationsniveaus führe.

785 *Dietlein*, L/R, § 10 Rdnr. 63, 62; *Jarass*, BImSchG, § 10 Rdnr. 36.

786 Dies legen § 10 III 2 der 9. BImSchV und § 10 II 1 BImSchG nahe, wonach Unterlagen nicht auszulegen sind, „soweit sie Geheimnisse enthalten“ und nicht „soweit sie als geheim *bezeichnet* werden“. Zudem könnte der Antragsteller bei einer Bindung der Behörde an seine Kennzeichnung unter Berufung auf den Geheimnisschutz frei wählbar Dokumente der Kenntnis der Betroffenen entziehen. Die h.M. verneint daher eine Bindung der Behörde an die Kennzeichnung *Breuer*, NVwZ 1986, 171 (175) m.w.N.; *Dietlein*, L/R, § 10 Rdnr. 63 m.w.N.; *Hausmann-Grassel*, Bürgerbeteiligung, S. 48 f.; *Hirsch/Schmidt-Didczuhn*, GentG, § 18 Rdnr. 36; *Kloepfer*, Umweltrecht, § 14 Rdnr. 144; indirekt *Schulz*, DVBl. 1977, 326 (328)).

Unterlagen gegen seinen Willen ausgelegt werden. Verhindern kann er dies durch die Rücknahme seines Genehmigungsantrages[787] bzw. die Anfechtung der behördlichen Entscheidung.[788] Nach anderer Ansicht ist die Behörde zu einer Auslegung nicht berechtigt. Sie könne nur – da es an einer wesentlichen Genehmigungsvoraussetzung fehle – den gesamten Antrag ablehnen.[789]

Solange die Behörde an die Einstufung als geheim nicht gebunden ist, hat die Frage, wie bei einer differierenden Beurteilung zu verfahren ist, keinerlei negative Auswirkungen auf potentielle Betroffene. Aus ihrer Sicht gebieten die Genehmigungswirkungen daher weder eine Auslegung noch eine Antragsablehnung.[790] Eine Ablehnung des Genehmigungsantrags würde jedoch dem Antragsteller die Letztentscheidung über die Offenbarung seiner Geheimnisse nehmen. Wollte er am Vorhaben festhalten, wäre ein neues Genehmigungsverfahren mit erneuter Antragstellung erforderlich.[791] Eine Auslegung gegen seinen Willen mit der Möglichkeit der Antragsrücknahme bzw. Überprüfung der behördlichen Entscheidung belässt ihm hingegen die Entscheidung über eine Fortsetzung oder Beendigung des Verfahrens und ist daher vorzugswürdig.

---

787 *Breuer*, NVwZ 1986, 171 (176); *Czajka*, Feldhaus, § 10 Rdnr. 32; *Frenz*, Kotulla, § 10 Rdnr. 70; *Hirsch/Schmidt-Didczuhn*, GentG, § 18 Rdnr. 36; *ders.*, DVBl. 1991, 428 (431); *Jarass*, BImSchG, § 10 Rdnr. 37a; dagegen *Eilers/Schröer*, BB 1993, 1025 (1029) nur der Informationsträger könne bis auf krasse Ausnahmen bestimmen, ob eine Information geheim sei.

788 *Jarass*, BImSchG, § 10 Rdnr. 37a; § 44a VwGO ist nicht einschlägig, da eine gesonderte Beschwer vorliegt (*Frenz*, Kotulla, § 10 Rdnr. 70); *Hirsch/Schmidt-Didczuhn*, GentG, § 18 Rdnr. 37; *ders.*, DVBl. 1991, 428 (431)) bzw. da die Auslegung eine Vollstreckungshandlung i.S.d. § 44a S. 2 VwGO darstellt (*Czajka*, Feldhaus, § 10 Rdnr. 32; *Storost*, Ule/Laubinger, § 10 Rdnr. D18). A.A. wegen § 44a VwGO *Dietlein*, L/R, § 10 Rdnr. 64, der allerdings eine Auslegung gegen den Willen des Antragsteller ablehnt, sowie früher *Jarass*, BImSchG, 5. Aufl., § 10 Rdnr. 37. *Graffe*, Bürgerbeteiligung, S. 34 differenziert, ob das Geheimnis Gegenstand behördlicher Prüfung ist, wonach es ausgelegt werden kann oder nur beiläufig bekannt wird.

789 *Dietlein*, L/R, § 10 Rdnr. 63 f.; *Kutscheidt*, Öffentliches Immissionsschutzrecht, S. 273; *Nöthlichs*, BImSchG, § 10 Anm. 4.4.

790 Im Fall der Auslegung erfahren sie von den Informationen, bei Antragsablehung ist das gesamte Genehmigungsverfahren beendet.

791 Das Gegenargument, wonach nur bei Antragsablehnung ein effektiver Rechtsschutz gegen die Entscheidung der Behörde bestehe (*Hawkes*, Faktor Mensch, S. 149), greift nicht, da die andere Ansicht eine isolierte Überprüfung auch bei Auslegung der Unterlagen für möglich erachtet (s.o. Fn 789). Kostenrechtlich stehen sich Ablehnung und Rücknahme des Antrags gleich (vgl. Nr. 0.2 und 0.3 der GebVO UM Baden-Württemberg v. 19.12.2006 GBl. S. 415).

(3) Zwischenergebnis

Für potentiell Betroffene bedeutet die Ausnahme geheimer Angaben von der Auslegung eine Beschränkung ihres – wegen der Präklusion erhöhten – Informationsinteresses zugunsten des Geheimhaltungsinteresses des Antragstellers. Solange dem Antragsteller nicht die Letztentscheidungsmöglichkeit über die Geheimniseigenschaft eingeräumt wird, erscheint die derzeitige Regelung trotz bestehender Missbrauchsmöglichkeiten[792] verhältnismäßig.

cc) Verzeichnis eingereichter Unterlagen

Einige Autoren[793] möchten von der Auslegung zudem das Verzeichnis ausnehmen, in dem alle vom Antragsteller eingereichten Unterlagen inklusive der als geheim gekennzeichneten Dokumente aufgelistet sind.

Seine Offenlegung ist nicht ausdrücklich vorgeschrieben. Es gehört aber zu den nach § 4 III der 9. BImSchV einzureichenden Antragsunterlagen, die nach § 10 III 2 BImSchG auszulegen sind. Es dient zudem dem Informationsinteresse Betroffener, gewährt es doch einen Überblick über das Antragsmaterial sowie der als geheim gekennzeichneten und daher nicht ausgelegten Dokumenten. Gerade bei einem Verzicht auf eine Inhaltsdarstellung wäre ohne das Verzeichnis die Existenz weiterer (geheimer) Unterlagen nicht erkennbar. Eine Überprüfung der Geheimniseigenschaft wäre nicht möglich. Andererseits bedeutet seine Auslegung weder für den Antragsteller noch für die Behörde einen Nachteil und dient der Offenheit und Transparenz. Bedenken, Behörde und Antragsteller könnten wichtige Dokumente verheimlichen, wird so begegnet. Das Verzeichnis ist daher auszulegen.

dd) Kurzbeschreibung

Eine effektive Wahrung von Rechten erfordert entsprechende Informationen, für die Inhalt und Verständlichkeit der ausgelegten Dokumente entscheidend

---

792 Dazu *Fischer/Fluck*, NVwZ 2013, 337 (340 f.).

793 *Hett*, Öffentlichkeitsbeteiligung, S. 36; *Muschler*, ET 1978, 505 (506): Es genüge, wenn im Rahmen der Akteneinsicht das Verzeichnis in Augenschein genommen werden könne. Anders die h.M.: OVG Lüneburg, NJW 1995, 2053 (2053); *Bender*, 5. AtRS, S. 237 (243); *Czajka*, Feldhaus, § 10 Rdnr. 38; *ders.*, § 10 der 9. BImSchV, Rdnr. 27, 30; *Frenz*, Kotulla, § 10 Rdnr. 68; *Graffe*, Bürgerbeteiligung, S. 46 m.w.N.; *Schack*, in: Giesberts/Reinhardt, 07/2010, § 10 Rdnr. 24. Unklar *Dietlein*, L/R, § 10 Rdnr. 91; *Jarass*, BImSchG, § 10 Rdnr. 66 ff., die das Verzeichnis weder als auszulegende Unterlage aufführen noch sich gegen eine Auslegung aussprechen.

sind.[794] Dabei gestaltet sich die Darstellung erwarteter Auswirkungen angesichts der meist komplexen Materie mit naturwissenschaftlich-technischen Komponenten als schwierig. Einerseits müssen die Unterlagen des Antragstellers so detailliert und wissenschaftlich aufbereitet sein, dass die Genehmigungs- und jeweilige Fachbehörde das Vorhaben beurteilen können. Andererseits sind die für die nötige fachliche Tiefe erforderlichen Fachausdrücke, Berechnungen und Zeichnungen für Laien regelmäßig schwer verständlich.

Ein möglicher Ausweg aus diesem Spagat stellt § 4 III der 9. BImSchV dar. Er verlangt zusätzlich eine allgemein verständliche, für die Auslegung geeignete Kurzbeschreibung. Diese soll dem in der Regel technisch nicht besonders vorgebildeten Bürger eine ausreichende Vorstellung über die geplante Anlage und ihre voraussichtlichen Auswirkungen verschaffen.[795] Dadurch vermögen viele, auch ohne Einsichtnahme, ihre eigene Betroffenheit zu erkennen und Einwendungen zu erheben. Weitergehende Informationen können sie nach Bedarf den ausgelegten Unterlagen entnehmen. Damit kompensiert die Kurzbeschreibung etwas die abschreckende Wirkung der knappen Auslegungs- und Einwendungszeit sowie der Kosten, die mit einer fachkundigen Ermittlung und Bewertung möglicher Auswirkungen verbunden sind.[796]

Müssten sich potentiell Betroffene allein anhand der ausgelegten Unterlagen ein erstes Bild von dem Vorhaben und seinen Auswirkungen verschaffen, wäre dies – unter Beibehaltung der derzeitigen kurzen Fristen und den Anforderungen an den Einwendungsinhalt – mit Blick auf die Präklusion verfassungsrechtlich

794 *Graffe*, Bürgerbeteiligung, S. 42; *Oexle*, Präklusion, S. 118 f.; *Sellner/Reidt/Ohms*, Immissionsschutzrecht, S. 219; BVerfGE 61, 82 (116 f.); BVerwGE 60, 297 (310).

795 RegBegr. AtVfV, BR-Drs. 524/76, S. 4; *Graffe*, Bürgerbeteiligung, S. 33; *Hett*, Öffentlichkeitsbeteiligung, S. 35 weist daraufhin, dass dies häufig einen Spagat bedeute zwischen einer Beschreibung auf technisch einfachem Niveau – verbunden mit einem breiten angesprochenen Publikum und dem Nachteil, dass bei fehlender Verwendung von Fachtermini und technischen Details, sich die Einwendungen ebenfalls auf relativ einfachem Niveau befinden – und einem umfassenden und detaillierten Bericht, der nur einen begrenzten Kreis ansprechen werde. Dabei können sich Interessierte neben der Kurzbeschreibung über die ausgelegten Unterlagen vertieft informieren. Dietlein, L/R, § 10 Rdnr. 51; *Jarass*, BImSchG, § 10 Rdnr. 39.

796 Nach BVerfGE 61, 82 (116) wird ausreichend sachverständiger Rat während einer einmonatigen Auslegungs- und Einwendungsfrist kaum einzuholen sein (die Unterlagen stellen i.d.R. das Ergebnis jahrelanger Planungen durch Fachleute dar) und die damit verbundenen Kosten werden sich zusätzlich hemmend auswirken.

bedenklich.[797] Für den Erhalt des gerichtlichen Rechtsschutzes wäre eine hohe Hürde zu überwinden. Deshalb ist eine Kurzbeschreibung in der Art, wie sie § 4 III der 9. BImSchV vorsieht, geboten. Entbehrlich wäre sie, wenn Auslegungs- und Einwendungsfrist sowie die Anforderungen an den Einwendungsinhalt entsprechend angepasst würden.

c) Unterlagen der Behörde

Neben den Unterlagen des Antragstellers sind seit 2006[798] entscheidungserhebliche Berichte und Empfehlungen, die der Behörde im Zeitpunkt der Bekanntmachung vorliegen, auszulegen (§ 10 III 2 Hlbs. 2 BImSchG, § 10 I 2 der 9. BImSchV). Die Neuregelung soll dem Publizitätsinteresse Drittbetroffener Rechnung tragen und ein möglichst umfassendes Bild des drohenden Schädigungspotentials bieten.[799] Hierdurch wird die Informationsgrundlage der Betroffenen erweitert, was der Qualität der Einwendungen und damit der Effektivität des Rechtsschutzes zugute kommen kann.

aa) Entscheidungserhebliche Berichte und Empfehlungen

Entscheidungserhebliche Berichte und Empfehlungen sind Stellungnahmen anderer Behörden oder Sachverständiger sowie behördliche Gutachten,[800] denen nachteilige Auswirkungen auf Dritte zu entnehmen sind.[801] Privatgutachten des Antragstellers sind, selbst wenn sie im Einvernehmen mit der Behörde eingeholt wurden, als Antragsunterlagen nach § 10 III 2, 1. Hlbs. BImSchG auszulegen.[802]

---

797 Für einen Ausschluss der Präklusion bei entsprechend mangelhafter oder fehlender Kurzbeschreibung *Jarass*, BImSchG, § 10 Rdnr. 39; 93a m.w.N.

798 Art. 2 Nr. 1 des Öffentlichkeitsbeteiligungsgesetzes vom 09.12.2006 (BGBl. 2006 I, S. 2819), als Umsetzung des Art. 4 Nr. 3 RL 2003/35/EG (BR-Drs. 551/06, S. 57; BT-Drs. 16/2494, S. 16) und Anhang V Nr. 2 lit. a der IVU-RL RL 2008/1/EG v. 15.01.2008 bzw. Anhang IV Nr. 2 lit. a der IED-RL (RL 2010/75/EU v. 24.11.2010). Früher wurde eine solche Erweiterung aus Gründen der Fairness und Waffengleichheit gefordert (etwa *Gerhardt/Jacob*, DÖV 1986, 258 (271)).

799 *Dietlein*, L/R, § 10 Rdnr. 92a. Zum Ziel der Öffentlichkeitsbeteiligung *Werres*, DVBl. 2005, 611 (616 f.). Als wohlmöglich über das Ziel der Aarhus-Konvention hinausschießend beurteilt die Regelung *Kopp*, ZUR 2005, 281 (283), ähnlich *Ochtendung*, ZUR 2006, 184 (188).

800 *Czajka*, Feldhaus, § 10 der 9. BImSchV, Rdnr. 27; *Dietlein*, L/R, § 10 Rdnr. 92a; *Jarass*, BImSchG, § 10 Rdnr. 66; *Storost*, Ule/Laubinger, § 10 Rdnr. D15.

801 *Schack*, Giesberts/Reinhardt, 07/2010, § 10 Rdnr. 25a.

802 Sie unterfallen wegen des maßgeblichen Einflusses des Antragstellers auf diese Gutachten (dazu *Dietlein*, L/R, § 10 Rdnr. 204) den § 10 III 1 BImSchG und § 10 I 1

bb) Begrenzte Auslegung

Behördliche Dokumente sind nach § 10 III 2 BImSchG auszulegen, wenn sie der Behörde „im Zeitpunkt der Bekanntmachung" vorliegen. § 10 I 2 der 9. BImSchV weicht hiervon leicht ab und verlangt eine Auslegung nur „soweit vorhanden".

Teilweise wird hieraus der Schluss gezogen, es seien allein solche Dokumente auszulegen, die sich im räumlichen Bereich der Behörde befänden.[803] Dies widerspräche allerdings der Intention der Neuregelung zu einer umfangreichen Information der Öffentlichkeit. Steht der Behörde im Zeitpunkt der Auslegung kein Auslegungsexemplar zur Verfügung, wird sie sich um entsprechende Mehrfertigungen bzw. eine rechtzeitige Wiederbeschaffung bemühen müssen.[804] Der Zusatz ist daher nicht auf ein körperliches, sondern auf ein zeitliches Vorhandensein bei der Behörde zu beziehen.[805] Folglich sind all jene behördlichen Unterlagen auszulegen, die ihr bis zur Auslegung zugehen. Satz 2 und 3 des § 10 I der 9. BImSchV spielen zusammen: Satz 2 regelt die Auslegung solcher Unterlagen, die *bis zum* Auslegungszeitpunkt der Behörde vorliegen. Satz 3 bezieht sich auf die Unterlagen, die erst *nach* Auslegungsbeginn bei der Behörde eingehen.[806]

d) Nach Auslegungsbeginn eingehende Unterlagen

Gehen der Behörde Unterlagen erst nach Auslegungsbeginn zu, sind diese grundsätzlich nicht auszulegen. Hiervon existieren folgende Ausnahmen:

aa) Allgemeiner Informationsanspruch

Nach dem allgemeinen Informationsanspruch der Umweltinformationsgesetze kann sich jeder Interessierte über nachgereichte Unterlagen informieren, die für die Genehmigungsentscheidung von Bedeutung sein können. Eine nicht abschließende Aufzählung möglicher Informationen enthält § 10 I 3 der 9.

---

der 9. BImSchV (*Dietlein*, L/R, § 10 Rdnr. 92a). Wobei diese Unterscheidung eher dogmatischer Natur ist.

803 So *Storost*, Ule/Laubinger, § 10 Rdnr. D15, weshalb seiner Ansicht nach diese Regelung nicht im Einklang mit dem Gesetz steht und daher mit Art. 80 I 2 GG unvereinbar ist.

804 Dies fordert auch *Storost*, Ule/Laubinger, § 10 Rdnr. D15.

805 In diesem Sinne *Czajka*, Feldhaus, § 10 Rdnr. 40.

806 Für eine solche Interpretation *Czajka*, Feldhaus, § 10 Rdnr. 40. Dies erklärt, warum Unterlagen, die zwar nach dem „Zeitpunkt der Bekanntmachung" (§ 10 III 2 BImSchG) aber nicht „nach Beginn der Auslegung" (§ 10 III 3 BImSchG) eingehen, ebenfalls auszulegen sind.

BImSchV.[807] Für die genauen Modalitäten verweist § 10 III 3 BImSchG auf die Informationsansprüche der Umweltinformationsgesetze.[808] Die Behörde hat danach den Betroffenen nur bei entsprechend hinreichend bestimmten Anträgen individuelle Einsicht zu gewähren. In der Praxis besteht die Schwierigkeit vom Eingang neuer Materialien zu erfahren sowie – wegen der sehr zurückhaltenden Verwaltungspraxis – einen Informationsanspruch wirksam werden zu lassen.[809]

bb) Ergänzende Öffentlichkeitsbeteiligung bei Vorhabensänderung

In besonderen Fällen ist die Kenntnisnahme von neuen Unterlagen erleichtert. Wurden Materialien wegen einer Vorhabensänderung, die nachteilige Auswirkungen auf Dritte besorgen lassen,[810] nachgereicht, ist eine ergänzende Öffentlichkeitsbeteiligung mit erneuter Bekanntmachung, Auslegung und neuer Einwendungsfrist erforderlich.[811] Einwendungen können allerdings nur

---

807 Dies sind zusätzliche behördliche Stellungnahmen oder angeforderte Unterlagen. Erfasst sind auch die – in der Praxis eher seltenen – Fälle, in denen der Antragsteller *ohne* behördliche Aufforderung Unterlagen nachreicht (*Czajka*, Feldhaus, § 10 Rdnr. 40).

808 § 10 III 3 BImSchG stellt eine Rechtsgrundverweisung auf die jeweiligen UIGs der Länder dar (*Dietlein*, L/R, § 10 Rdnr. 95b; *Ochtendung*, ZUR 2006, 184 (188)); a.A. *Jarass*, BImSchG, § 10 Rdnr. 89a (Rechtsfolgenverweisung). Sollte ein Land nicht über ein solches Gesetz verfügen, ist die Umweltinformationsrichtlinie RL 2003/4/EG v. 28.01.2003 unmittelbar anwendbar (näher *Dietlein*, L/R, §10 Rdnr. 95b).

809 Studien ergaben eine sehr häufig nicht befriedigende Bearbeitung der Anfragen http://www.aarhus-konvention.de/media/content/files/Studien/Ergebnisse%20der%20Studie_zusammenfassung.pdf. Ein ähnliches Bild offenbart das Urteil des VG Hamburg v. 14.01.2004 - 7 VG 1422/2003, 7 K 1422/03- (juris).

810 Dazu ausführlicher *Jarass*, BImSchG, § 10 Rdnr. 105 ff., nicht erforderlich ist eine erneute Öffentlichkeitsbeteiligung bei unwesentlichen Änderungen (dazu *Jarass*, BImSchG, § 16 Rdnr. 8 ff. und wenn durch die Änderungen die Rechte Drittbetroffener verbessert werden, etwa indem auf Einwendungen eingegangen wird (ausführlich *Kutscheidt/Dietlein*, L/R, § 8 der 9. BImSchV, Rdnr. 9).

811 Dies wird § 8 I 2, II der 9. BImSchV entnommen. BVerwGE 75, 214 (226); *Dietlein*, L/R, § 10 Rdnr. 92; *Schack*, in: Giesberts/Reinhardt, 07/2010, § 10 Rdnr. 25; ausführlich *Jarass*, BImSchG, § 10 Rdnr. 105 ff. *Kutscheidt*, Öffentliches Immissionsschutzrecht, S. 274 erachtet die Regelung des § 8 II der 9. BImSchV für verfassungskonform, wenn für einen sachkundigen Betrachter ohne weiteres ersichtlich ist, dass Belange Dritte nicht nachteilig berührt sein können.

partiell hinsichtlich der neuen Unterlagen vorgetragen werden. Nicht erhobene Einwendungen zu früher ausgelegten Materialien bleiben präkludiert.[812]

cc) Nachgereichte Informationen zu nachteiligen Auswirkungen auf Dritte

Unklar ist, wie nach der Novellierung[813] mit nachgeschobenen Unterlagen zu verfahren ist, die Informationen zu nachteiligen Auswirkungen auf Dritte enthalten, aber nicht wegen einer Vorhabensänderung nachgereicht wurden.

§ 10 III 3 BImSchG und § 10 I 3 der 9. BImSchV scheinen für ihre Kenntnisnahme nur den Informationsanspruch aus den Umweltinformationsgesetzen vorzusehen. Nur auf Antrag und nur unter den zusätzlichen Voraussetzungen der jeweiligen Gesetze könnte Einsicht in die neuen erheblichen Informationen genommen werden. Die nach früherer Rechtsprechung erforderliche erneute Öffentlichkeitsbeteiligung bei neuen, zur Beurteilung des Vorhabens wesentlichen Fakten wäre damit hinfällig.[814]

Der Verweis Betroffener auf den allgemeinen Informationsanspruch ist problematisch, da ihnen regelmäßig nicht bekannt sein wird, dass neue Unterlagen bei der Behörde vorliegen.[815] Sie sind weder explizit auf den Anspruch selbst noch auf das Vorliegen neuer Erkenntnisse hinzuweisen. Drittbetroffenen fehlt daher zumeist die Veranlassung, ihren Informationsanspruch zu nutzen. Andererseits wirkt die Präklusion nur hinsichtlich der während der Auslegung einsehbaren Unterlagen.[816] Dennoch beeinträchtigt dies potentielle Vorhabensbetroffene. Erscheint ihnen etwa die Gesamtbelastung aufgrund der ausgelegten Unterlagen als tragfähig, könnten sie keine Einwendungen erhoben haben. Würden sie nunmehr aufgrund der nachgereichten Unterlagen ihre gesamte Lage anders beurteilen, so wären sie mit ihrem Vortrag gänzlich ausgeschlossen, soweit

---

812 Es handelt sich nur um eine ergänzende Öffentlichkeitsbeteiligung (§ 8 II 4 der 9. BImSchV).

813 Durch das Öffentlichkeitsbeteiligungsgesetz (vom 09.12.2006 BGBl. I S. 2819).

814 So *Czajka*, Feldhaus, § 10 Rdnr. 40; *Frenz*, UPR 2012, 22; anders *Jarass*, BImSchG, § 10 Rdnr. 67; *Schack*, Giesberts/Reinhardt, 07/2010, § 10 Rdnr. 25; *Storost*, Ule/Laubinger, § 10 Rdnr. D19. Zur früheren Rechtslage war anerkannt, dass wegen der grundrechtsschützenden Funktion des Verfahrens die Behörde, wenn sie erkennt oder erkennen muss, dass Betroffenheiten ohne Kenntnis der nachgereichten Unterlagen nicht oder nicht vollständig geltend gemacht werden können, diese Unterlagen nachträglich auslegt (*Stober*, Ule/Laubinger, § 10 Rdnr. D19; BVerwGE 75, 214 ff., 226 f.).

815 Hierauf verweist auch *Czajka*, Feldhaus, § 10 Rdnr. 40.

816 Dazu 1. Kapitel C II. 1) b) Nachträglich bekannt gewordene Tatsachen S. 34 f. *Jarass*, BImSchG, § 10 Rdnr. 94; BVerwGE 60, 297 (308); *Dietlein*, L/R, § 10 Rdnr. 177.

er ihnen bereits aufgrund der ausgelegten Unterlagen möglich war, sie jedoch im Hinblick auf die Gesamtsituation verzichtet hatten. Relevant wären nur noch Einwendungen, die sich aus den nachgereichten Unterlagen ergäben.

Selbst wenn Einwendungen auf Grundlage der nachgereichten Unterlagen erhoben werden, ist der Rechtsschutz nicht vergleichbar effektiv. Neue Erkenntnisse können einer Genehmigung nur bis zu ihrer Unanfechtbarkeit gerichtlich entgegengehalten werden.[817] Wird über veränderte Umstände nicht informiert, werden sie regelmäßig erst durch die tatsächlich eintretenden unerwarteten Auswirkungen der Anlage – und damit regelmäßig nach Unanfechtbarkeit – bemerkt werden. Eine wegen dieser Auswirkungen erhobene Klage wäre ausgeschlossen. Denkbar wäre allenfalls eine nachträgliche Anordnung. Diese entspricht aber nicht dem Gedanken eines vollumfänglichen vorgezogenen Rechtsschutzes. Ein solcher wird bereits dadurch erschwert, dass die ausgelegten Unterlagen nur eine relative Vollständigkeit aufweisen müssen.[818]

Eine Beschränkung auf den für jedermann geltenden Informationsanspruch steht daher im Widerspruch zu dem für Drittbetroffene bedeutsamen vorgelagerten Rechtsschutz.[819] Die Kenntnisnahme neuer – für sie relevanter – Informationen wird ganz erheblich erschwert, wenn Betroffene selbständig vom Eingang neuer Unterlagen erfahren und einen gesondert begründeten Antrag stellen müssen.[820]

Ein allgemeiner Informationsanspruch statt einer ergänzenden Öffentlichkeitsbeteiligung beschränkt demnach jedenfalls dann den (vorgezogenen) Rechtsschutz Betroffener unverhältnismäßig, wenn sich aus den nachgereichten Unterlagen stärkere[821] oder neuartige[822] Rechtsgutsbeeinträchtigungen ergeben, die zu neuen Einwendungen berechtigten. Der Gesetzestext kann daher nur so verstanden werden, dass neben die ergänzende Beteiligung ein allgemeiner Informationsanspruch tritt. Für eine solche Erweiterung spricht zudem die Intention des Gesetzgebers, die Aarhus-Konvention umzusetzen. Die Gesetzesmaterialien enthalten keine Anhaltspunkte dafür, von der früheren Praxis Abstand zu nehmen und die Betroffenenrechte stärker einschränken zu wollen.[823]

---

817 Hierzu oben Kapitel C II. 1) b) Nachträglich bekannt gewordene Tatsachen S. 34 f.

818 Dazu B. Antragstellung S. 157 f. Fn 654.

819 *Storost*, Ule/Laubinger, § 10 Rdnr. D19.

820 Zu dem in der Praxis noch erheblich bestehenden Vollzugsdefizit Fn 810 S. 198.

821 Z.B. prognostiziert ein nachgereichtes Gutachten höhere Emissionen und damit erheblichere Beeinträchtigungen für die Betroffenen.

822 Gutachten ermitteln weitere zunächst unbeachtete Emissionsquellen bzw. -arten.

823 Nach *Czajka*, Feldhaus, § 10 Rdnr. 40 erblickte der Gesetzgeber in dem durch die Umweltinformationsgesetze ermöglichten Zugang zu nachgereichten Unterlagen

Ein solches Verständnis steht auch im Einklang mit dem Gedanken der Verfahrensvereinfachung und -beschleunigung sowie den Rechten des Antragstellers. Muss der Eingang neuer Unterlagen erfragt werden, kann dies insbesondere bei langwierigen Verfahren mit einer Vielzahl Betroffener zu häufigen Nachfragen und Einsichtnahmen führen. Aus behördlicher Sicht dient dies weder der Verfahrensvereinfachung noch der -beschleunigung und erscheint wenig praktikabel. Ebenso entfällt insoweit die Unterstützung bei der behördlichen Sachverhaltsermittlung. Für den Antragsteller mag eine individuell einzuholende Einsicht günstiger erscheinen als eine erneute Öffentlichkeitsbeteiligung. Die Präklusionswirkung ist allerdings insoweit beschränkt und vermittelt der Genehmigung eine ebenfalls nur begrenzte Bestandskraft.

Im Zusammenspiel mit den Genehmigungswirkungen erfordert demzufolge die materielle Präklusionswirkung nicht in allen Fällen eine ergänzende Öffentlichkeitsbeteiligung. Enthalten die nachgereichten Unterlagen keine Informationen, die zu neuen Einwendungen berechtigen, ist eine ergänzende Öffentlichkeitsbeteiligung nicht nötig. Dennoch kann nach einer Abwägung der Bedeutung der neuen Unterlagen für den Rechtsschutz der Betroffenen mit der durch eine ergänzende Öffentlichkeitsbeteiligung verursachten Verfahrensverzögerung eine solche sinnvoll sein, um mögliche Verfahrensfehler und eine Beschränkung der Präklusion zu vermeiden.[824] In Einzelfällen mag daher ein Absehen von einer ergänzenden Öffentlichkeitsbeteiligung verhältnismäßig sein. Ein genereller Ausschluss verstieße jedoch gegen den effektiven Rechtsschutz Drittbetroffener.

Werden Unterlagen zu nachteiligen Auswirkungen – insbesondere solche, die von vornherein als entscheidungserheblich erkennbar sind – nachgereicht, ist wie bisher eine ergänzende Öffentlichkeitsbeteiligung grundsätzlich durchzuführen.

2. *Modalitäten der Einsichtnahme*

Für eine wirksame Information über mögliche Auswirkungen der geplanten Anlage sind neben Umfang und Inhalt der Unterlagen die Umstände, unter denen die Einsichtnahme erfolgt, wesentlich.

---

einen ausreichenden Ersatz für die erneute Auslegung. Z.T. wird eine erneute Öffentlichkeitsbeteiligung bei Vorlage neuer entscheidungserheblicher Unterlagen aus europarechtlichen Gründen gefordert (so *Kremer*, ZUR 2013, 89 (89 ff.)).

824 Aus diesem Grund erachtet auch *Jarass*, BImSchG, § 10 Rdnr. 67 eine ergänzende Auslegung als nicht geboten aber sinnvoll; für eine ergänzende Auslegung *Schack*, Giesberts/Reinhardt, 07/2010, § 10 Rdnr. 25; *Stober*, Ule/Laubinger, § 10 Rdnr. D19.

a) *Einsichtsberechtigte*

Unabhängig von einer möglichen Rechtsbetroffenheit steht jedermann die Einsichtnahme offen.[825] Für potentielle Drittbetroffene ist die Einsicht aufgrund der Präklusionswirkung geboten. Nur die Kenntnis von den zu erwartenden Auswirkungen erlaubt ihnen eine qualifizierte Wahrnehmung eigener Rechte.[826] Da eine strikte Trennung zwischen potentiellen Betroffenen und anderen Personen schwierig ist[827] und sich die Öffentlichkeit über § 3 I UIG, ohne Darlegung eigener rechtlicher Interessen, aus den Antragsunterlagen informieren kann, ist eine Erweiterung der Einsichtsberechtigten auf die Öffentlichkeit sinnvoll.[828] In der Praxis nehmen dieses Recht deutlich weniger Personen wahr, als schließlich Einwendungen erhoben werden.[829]

b) *Einsichtsdauer*

Ein limitierender Faktor für die Informationsaufnahme ist die zeitliche Komponente, also die Länge des Auslegungszeitraums sowie die Einsichtszeiten.

aa) Länge des Auslegungszeitraums

§ 10 III 2 BImSchG legt den Auslegungszeitraum auf einen Monat fest, beginnend mit Abschluss der Bekanntmachung.[830] Um mögliche Verzögerungen bei der Ausgabe des Veröffentlichungsblattes oder der örtlichen Tageszeitungen

825 § 10 III 2 BImSchG, § 10 I 1 der 9. BImSchV.

826 Ausführlich 2. Kapitel B. IV 2. Information zum Vorhaben und seinen Auswirkungen S. 74 ff.

827 Hier ergibt sich eine ähnliche Problematik wie bei der Bestimmung des Bekanntmachungskreises (2. Kapitel B. IV. 1. Hinweis auf ein zur Genehmigung anstehendes Vorhaben S. 71 f.).

828 Die Erweiterung steht im Einklang mit europäischen Bemühungen um eine weite Information der Öffentlichkeit. Rechte des Antragstellers werden nicht in einem solch erheblichen Maße betroffen, dass sie einen Ausschluss der Öffentlichkeit gebieten. Zu seinem Schutz sieht § 9 UIG Ablehnungsgründe für eine Einsichtnahme vor, die denen der immissionsschutzrechtlichen Auslegung vergleichbar sind (z.B. § 10 II BImSchG).

829 Beim Flughafenausbau München nahmen etwa in einer Gemeinde nur rund 270 Personen Einsicht, während 4.000 Einwendungen erhoben (*Henle*, BayVBl. 1981, 1 (5)).

830 *Czajak*, Feldhaus, § 10 Rdnr. 43; *Jarass*, BImSchG, § 10 Rdnr. 63; *Storost*, Ule/Laubinger, § 10 Rdnr. D22. Die Frist berechnet sich nach § 31 VwVfG i.V.m. § 187 II BGB (*Dietlein*, L/R, § 10 Rdnr. 89; *Jarass*, BImSchG, § 10 Rdnr. 63; *Storost*, Ule/Laubinger, § 10 Rdnr. D22).

auszugleichen, soll zudem zwischen Auslegungsbeginn und voraussichtlich letztem Bekanntmachungstag eine Woche liegen.[831]

Die Frist hat sich im Laufe der Geschichte einige Male geändert.[832] Ihre momentane Länge ist – trotz einer Verkürzung von zwei auf einen Monat – mit dem BVerfG[833] als zwar knapp, aber verfassungskonform zu beurteilen. Angesichts der unter Umständen sehr komplexen Materie und der damit verbundenen nicht selten komplizierten und umfangreichen Genehmigungsunterlagen mag diese Frist ausgesprochen kurz erscheinen.[834] Wird dieser enge zeitliche Rahmen jedoch bei der Bestimmung der Anforderungen an den Einwendungsinhalt berücksichtigt, bestehen keine Bedenken wegen einer durch die materielle Präklusion vermittelten Rechtsschutzbeeinträchtigung. Je detaillierter also die Einwendungen der durch das Vorhaben Betroffenen sein sollen, desto mehr Zeit ist ihnen für ihre Einwendungen und die zunächst erforderlichen Ermittlungen ihrer Rechtsbetroffenheiten zu gewähren.[835] Die derzeitige Länge der Auslegungszeit ist folglich unbedenklich, wenn sie – wie in dieser Arbeit – bei der Bestimmung des Substantiierungsgrades der Einwendungen berücksichtigt wird.

---

831 § 9 II der 9. BImSchV. Maßgebend ist der voraussichtlich letzte Erscheinungstag der Ausgabe des Veröffentlichungsblattes oder der Tageszeitung (*Dietlein*, L/R, § 10 Rdnr. 89; *Frenz*, Kotulla, § 10 Rdnr. 84; *Jarass*, BImSchG, § 10 Rdnr. 63; *Sellner/Reidt/Ohms*, Immissionsschutzrecht, S. 162; *Storost*, Ule/Laubinger, § 10 Rdnr. D22).

832 Bei einem Gleichlauf von Einwendungs- und Auslegungsfrist betrug die Frist 4 Wochen nach § 29 II GewO v. 1845 und nur noch 14 Tage nach § 3 S. 1 GewO v. 1861 und § 17 II 2 GewO 1869. Als eigenständige Auslegungsfrist betrug sie 1974 in § 10 III 1 BImSchG 2 Monate. 1990 wurde sie auf die heutige Fristlänge von nur noch einem Monat (§ 10 III 2 BImSchG) reduziert durch Art. 4 des Gesetzes zur Umsetzung der UVP-RL BGBl. 1990 I S. 205, 212. Kritisch zu dieser Änderung *Sellner*, NVwZ 1991, 305 (309).

833 BVerfGE 61, 82 (116) bewertete die einmonatige *Einwendungs*frist des § 2 II Nr. 2 AtAnlV als knapp bemessen und bedenklich, da sie mit der *Auslegungs*frist zusammenfiel. Diesen Bedenken sei aber durch geringe Anforderungen an die Einwendungen Rechnung getragen.

834 *Bender*, 5. AtRS, 237 (244) zur Einmonatsfrist im Atomrecht; *Sellner*, NVwZ 1991, 305 (309) bewertet die Verkürzung von zwei Monaten auf einen als besonders gravierend; *Westphal/Walther*, FS Meyer, S. 251 (260 f.) kritisch zur zweiwöchigen Frist des § 10 III LuftVG a.F., eine zweimonatige Frist sei mindestens erforderlich.

835 Ausführlich unter E. II. Gesetzliche Ausgestaltung S. 219 ff.

bb) Einsichtszeiten

Innerhalb des relativ knappen Auslegungszeitraums sind die Unterlagen während der Dienststunden auszulegen (§ 10 I 6 der 9. BImSchV).[836] Die Auslegungszeit bestimmt folglich den zeitlichen Rahmen, in dem die Unterlagen ausliegen, die Einsichtszeiten, die Zeitpunkte, zu denen eine Einsichtnahme möglich ist. Wann Dienststunden vorliegen, ist gesetzlich nicht geregelt.[837] Unstreitig ist, dass dies weder nur die Sprechstunden oder bei gleitender Arbeitszeit die Kernzeiten[838] noch die gesamte Arbeitszeit[839] sind. Dienststunden werden von der Behörde nach ihrem Ermessen bestimmt.[840] Mit Blick auf die Präklusionswirkung sollte diese dabei berücksichtigen, dass die Kenntnisnahme für potentielle Betroffene nicht unzumutbar erschwert wird. In ihre Erwägungen ist daher einzustellen, dass sich Einsichtzeiten in der Regel mit den Arbeitszeiten Berufstätiger überschneiden und ihnen so die Einsicht erheblich erschweren.[841] Um dieser Gruppe dennoch eine zumutbare Kenntnisnahme zu eröffnen, wird eine Ausdehnung auf die späteren Abendstunden und das Wochenende befürwortet.[842] Die Präklusionswirkung

---

836 Zu der unterschiedlichen Terminologie rund um „Dienststunden“ *Bussmann*, BauR, 1978, 447 (448). *Paulus*, AuR 2006, 167 ff. Die Beschränkung auf Dienstzeiten stehe nicht im Einklang mit EG-Recht, wobei er annimmt, die Behörden würden regelmäßig um 16 Uhr schließen (S. 167).

837 In der Praxis differieren daher die Dienststunden der jeweiligen Behörden nicht unerheblich.

838 *Czajka*, Feldhaus, § 10 Rdnr. 45; *ders.*, Feldhaus, § 10 der 9. BImSchV, Rdnr. 34; *Dietlein*, L/R, § 10 Rdnr. 90; *Hirsch/Schmidt-Didczuhn*, GenTG, § 18 Rndr. 29; *Jarass*, BImSchG, § 10 Rdnr. 65; *Sellner/Reidt/Ohms*, Immissionsschutzrecht, S. 162; *Storost*, Ule/Laubinger, § 10 Rdnr. D27; OVG Lüneburg, NVwZ 1985, 506 (508); VGH München, NJW 1974, 1670 (1670).

839 *Dietlein*, L/R, § 10 Rdnr. 90. Sicherlich ist keine tägliche 24stündige Auslegung erforderlich (VGH München, BayVBl. 1980, 691 (691)).

840 *Dietlein*, L/R, § 10 Rdnr. 90, Orientierung können Verwaltungsvorschriften bieten (I Nr. 6.4.2 VV NW von 1975 bestimmte eine Auslegung an jedem Arbeitstag, ohne Beschränkung auf Publikumszeiten, zu den jeweiligen festen Dienstzeiten, bei gleitender Dienstzeit orientiert an den behördlichen Öffnungszeiten in der Nähe ohne Begrenzung auf die Kernarbeitszeiten).

841 Sonderurlaub wird regelmäßig nicht gewährt, so dass der Einsatz von Erholungsurlaub nötig wäre (*Graffe*, Bürgerbeteiligung, S. 40 f.).

842 Vorgeschlagen wird, die Einsichtzeiten auf die Abendstunden von 18 bis 20 Uhr oder auf das Wochenende z.B. samstags von 9 bis 12 Uhr auszudehnen (*Graffe*, Bürgerbeteiligung, S. 40 f., *Czajak*, Feldhaus, § 10 der 9. BImSchV, Rdnr. 34; *Hirsch/Schmidt-Didczuhn*, GenTG, § 18 Rndr. 29; *Jarass*, BImSchG, 9. Auf., § 10 Rdnr. 65; *Sellner/Reidt/Ohms*, Immissionsschutzrecht, S. 163; *v. Mutius*, DÖV 1978, 759).

erfordert eine solche Ausdehnung nicht, wenn diese bei den allgemeinen Anforderungen an den Einwendungsinhalt berücksichtigt wird. Das bedeutet: Je geringer die Anforderungen an die Einwendungen sind, desto weniger werden Betroffene in ihrem gerichtlichen Rechtsschutz beeinträchtigt, wenn die Einsichtnahme aufgrund der gewählten Zeiten erschwert war. Als unzumutbar wird es zu beurteilen sein, wenn sich Einwender ihre Rechte nur bei detaillierten Einwendungen erhalten können und ihnen zugleich nur wenige Stunden am Tag und diese während der üblichen Arbeitszeiten für das an sich erforderliche intensive Studium der Unterlagen zur Verfügung stehen.[843]

cc) Fristverlängerung

Abhängig von der Wahl des Auslegungsmonats und der Einsichtszeiten besteht für den Interessierten eine mehr oder minder gute Möglichkeit der Einsichtnahme. Fällt etwa die Wahl auf einen Monat mit vielen Feiertagen oder in die Urlaubszeit, verkürzt dies die Einsichtsdauer u.U. erheblich.

Nicht geregelt ist, wie zu verfahren ist, wenn innerhalb des Auslegungsmonats an einzelnen Tagen eine Einsichtnahme unmöglich ist, etwa weil wegen eines gesetzlichen Feiertags die Behörde geschlossen ist oder aus Umständen eine Einsichtnahme entfällt, die der Behörde zuzurechnen ist (etwa wegen eines Betriebsausflugs oder Krankheit des zuständigen Mitarbeiters).[844] Solche Umstände können den relativ engen Auslegungszeitraum zusätzlich verknappen. Zur Kompensation kann eine Verlängerung der Auslegungsfrist um die Anzahl der Tage erwogen werden, in denen eine Einsichtnahme unmöglich war. Gesetzlich vorgesehen ist eine solche Fristverlängerung nach § 31 VII VwVfG nur für die durch eine Behörde selbst gesetzte Frist. Gesetzliche Fristen können hingegen grundsätzlich nur verlängert werden, wenn dies ausdrücklich vorgesehen ist.[845] Für das Immissionsschutzrecht ist eine Verlängerung gesetzlich nicht vorgesehen. Dabei war dem Gesetzgeber bewusst, dass er dem Einwender mit

---

843 OVG Bremen, v. 18.02.2010 – 1 D 599/08 – (juris Rdnr. 34): Wenn etwa wegen fehlender Einsichtsmöglichkeit keine Einwendungen erhoben werden konnten, die geeignet wären, eine für den Einwender günstigere Entscheidung herbeizuführen.; BVerwG, NVwZ-RR 1999, 725 (726) m.w.N. Verneint etwa für den Fall, dass das Rathaus jeden Mittwoch geschlossen und daher eine Einsichtnahme bzw. Abgabe der Einwendungen nicht möglich war.

844 Im Urteil des BVerwG, v. 13.05.2009 - 9 A 71/07 – (juris Rdnr. 23) fand tatsächlich ein behördlicher Betriebsausflug statt, der die Einsichtnahme verhinderte, jedoch keinen Verfahrensfehler begründete.

845 *Kopp*, in Kopp/Ramsauer, VwvfG, § 31 Rdnr. 6.

einer Monatsfrist eine unter Umständen kürzere Zeitspanne zur Verfügung stellt als mit einer vierwöchigen Frist und dass in diesen Zeitraum Feiertage fallen können, die die effektive Einsichtnahmezeit nochmals beschneiden.[846] Diese Beeinträchtigungen sind Regelungen mit Monatsfristen immanent. Der Bürger wird dadurch jedoch nicht stärker beschränkt, als er sonst im Rechtsverkehr mit der Behörde gestellt ist.[847] Sein Rechtsschutz wird ihm daher nicht unzumutbar erschwert. Die Behörde kann mögliche Unbilligkeiten durch längere Einsichtzeiten an den anderen Tagen ausgleichen. Jedenfalls für Feiertage innerhalb der Auslegungszeit ist geklärt, dass an diesen Tagen keine Auslegung zu erfolgen hat, selbst wenn innerhalb des Zeitraums drei Feiertage liegen.[848]

Entfällt die Einsichtnahme aus Umständen, die der Behörde zuzurechnen sind, befürworten einige Autoren eine Verlängerung der Auslegungsfrist[849], andere lehnen diese ab.[850]

---

846 Daher bewertete der VGH Kassel, v. 22.04.2010 – 4 C 306/09.N – (juris Rdnr. 55, in DVBl. 2010, 782 f. insoweit nicht abgedruckt) die Auslegung eines Bebauungsplans für rechtmäßig, obwohl in der Monatsfrist drei Feiertage lagen und somit nur 19 Werktage zur Verfügung standen.

847 Grundlegend BVerwG, NJW 1981, 594 (595).

848 VGH Kassel am 22.04.2010 – 4C306/09.N – (juris Rdnr. 55, in DVBl. 2010, 782 insoweit nicht abgedruckt) für die Einsichtnahme in den Bebauungsplan nach § 3 II BauGB entschieden. VGH München, v. 21.01.1998 – 26 N 95.1632 - (juris Rdnr. 23, in BayVBl. 1998, 436 insoweit nicht abgedruckt).

849 Für eine Fristverlängerung: *Jarass*, BImSchG, § 10 Rdnr. 63; *Kopp/Ramsauer*, VwVfG, § 73 Rdnr. 47; *Henle*, BayVBl. 1981, 1 (4) (allerdings zum nicht übertragbaren § 10 III LuftVG a.F., der keine Mindestfrist kannte); *Engelhardt/Schlicht*, BImSchG, § 10 Rdnr. 14; *Streinz*, VerwArch 79 (1988), 272, 306: falls Gründe aus dem behördlichen Bereich die Einsicht verhinderten. Dem Antragsteller sei diese Verschlechterung seiner Rechtsposition zuzumuten, da bei nachweislicher Unmöglichkeit der Einsichtnahme eine materielle Präklusion ausscheide. *Bussmann*, BauR 1978, 447 (449) erwägt einen generellen „Risikozuschlag" von etwa einer Woche, wodurch kleinere Lücken, etwa durch eine kurze Grippe des einzigen Sachbearbeiters oder den eintägigen Betriebsausflug der Verwaltung, geschlossen werden könnten.

850 Gegen eine solche Möglichkeit: *Czajka*, Feldhaus, § 10 Rdnr. 42; *Hett*, Öffentlichkeitsbeteiligung, S. 30; *Hirsch/Schmidt-Didczuhn*, GenTG, § 18 Rdnr. 28; *Ronellenfitsch*, Atomrechtliches Genehmigungsverfahren, S. 328 f.; *Storost*, Ule/Laubinger, § 10 D23. In der Rechtsprechung wurde dies – soweit ersichtlich – nicht explizit geklärt. Der Entscheidung des OVG Hamburg, v. 23.05.1995 – Bf II 67/90 – (juris, Rdnr. 34) lag ein Sachverhalt zugrunde, wonach die Behörde die Auslegung vom 13.06.1988 bis 13.07.1988 auf den 15.08.1988 verlängerte.

Für eine Verlängerung bestehe kein Bedürfnis, da ausreichender Rechtsschutz durch Wiedereinsetzung in den vorigen Stand gewährt werde.[851] Zudem diene die grundsätzlich nicht verlängerungsfähige gesetzliche Frist der Rechtssicherheit und dem Rechtsfrieden. Hätte der Gesetzgeber eine verlängerungsfähige Frist beabsichtigt, hätte er dies geregelt.[852]

Eine Verlängerung der Frist durch die Behörde als Herrin des Verfahrens erscheint jedoch in bestimmten Fällen erwägenswert. Sollten nämlich durch den der Behörde zuzurechnenden Umstand Betroffene daran gehindert werden, Einsicht zu nehmen und Einwendungen zu erheben,[853] wirkt ihnen gegenüber die Präklusion nicht.[854] Sie können Wiedereinsetzung in den vorigen Stand beantragen. Eine für alle Interessierte geltende Verlängerung der Auslegungszeit könnte die ansonsten erforderliche Bearbeitung der Wiedereinsetzungsanträge entbehrlich machen. Die Behörde vermag so noch im Verfahren mögliche eigene Fehler und eine mögliche Anfechtbarkeit zu beheben bzw. auszuschließen. Rechte des Antragstellers stehen einer Verlängerung nicht entgegen. Die kurzfristige Verzögerung des Verfahrens um einige wenige Tage führt zu einer Stärkung der Bestandskraft, dient der Rechtssicherheit und wird daher in seinem Interesse liegen. Gegen eine Präklusion kann nämlich nicht eingewandt werden, dass Einwendungen wegen der unmöglichen Einsichtnahme nicht vorgetragen werden konnten. Eine Fehlerbehebung noch im Verfahren dient zudem der Transparenz und Fairness und damit dem Rechtsfrieden. Es kann der Eindruck verhindert werden, die Behörde habe bewusst den Auslegungszeitraum verkürzt, um Interessierte von einer Einsicht abzuhalten. Rechtsfriede und Rechtssicherheit stehen daher einer behördlichen Verlängerung nicht entgegen.

Eine Fristverlängerung kommt daher nicht wegen der in den Auslegungszeitraum fallenden Feiertage in Betracht, wohl aber für eine durch die Behörde selbst verursachte Verkürzung der Auslegungszeit.

c) Auslegungsort

Ort der Auslegung ist nach § 10 I 1 der 9. BImSchV die Genehmigungsbehörde und, soweit erforderlich, eine geeignete Stelle in der Nähe des Standortes des Vorhabens. Für uvp-pflichtige Vorhaben sieht § 10 I 4 Hlbs. 2 der 9. BImSchV

---

851 *Hirsch/Schmidt-Didczuhn*, GenTG, § 18 Rndr. 28.

852 *Kopp/Ramsauer*, VwVfG, § 31 Rdnr. 6.

853 Etwa, weil der Betriebsausflug am letzten Tag der Auslegungsfrist stattfand oder am letzten längeren Auslegungstag und an einer anderen Auslegungsbehörde die Unterlagen auch nicht mehr eingesehen werden konnten.

854 Dazu im 2. Kapitel B II. 2. d) Schuldloses Versäumen der Einwendungsfrist S. 36.

Auslegungen in allen Gemeinden vor, in denen sich der Betrieb voraussichtlich auswirkt. Weitere Auslegungsorte sind in der Regel erforderlich, wenn die Genehmigungsbehörde ihren Sitz nicht in der Nähe des Standortes hat.[855] In Betracht kommen allgemein zugängliche Orte im Einwirkungsbereich der Anlage[856] wie etwa Bibliotheken.[857] Hierdurch wird die Chancengleichheit der Bürger auf eine baldige und umfassende Einsichtnahme gewährleistet.[858] Zeitraubende und beschwerliche Anreisen an den Auslegungsort, die einwendungshemmend wirken können, werden vermieden.[859] Wegen der Präklusionswirkung ist daher eine Auslegung in der Nähe des Standortes des Vorhabens geboten. So kann sichergestellt werden, dass Betroffene, die in unmittelbarer Nachbarschaft der Anlage, aber entfernt von der zuständigen Genehmigungsbehörde leben, in zumutbarer Weise den Auslegungsort aufsuchen können.

d) Erreichbarkeit und Vervielfältigung der ausgelegten Unterlagen

Bei der Ausgestaltung der konkreten Einsichtnahme ist – abhängig von den Anforderungen an den Einwendungsinhalt[860] – eine mehr oder minder intensive Auseinandersetzung mit den ausgelegten Unterlagen zu ermöglichen.

---

855 *Czajka*, Feldhaus § 10 Rdnr. 44; *Dietlein*, L/R, § 10 Rdnr. 88; *Frenz*, Kotulla, § 10 Rdnr. 87; *Graffe*, Bürgerbeteiligung, S. 39; *Hett*, Öffentlichkeitsbeteiligung, S. 28. Zum Teil wird auf die zumutbare Erreichbarkeit mit öffentlichen Verkehrsmitteln abgestellt: *Graffe*, Bürgerbeteiligung, S. 39; *Sellner/Reidt/Ohms*, Immissionsschutz, S. 163).

856 Zu den näheren Anforderungen detailliert *Czajka*, Feldhaus, § 10 der 9. BImSchV, Rdnr. 11 ff. *Bender*, 5. AtRS, 1976, S. 237 (244 f.); OVG Münster, v. 15.09.2008 – 8 B 900/08.AK (juris Rdnr. 70) U.u. besteht ein großes Auslegungsgebiet. Beim Ausbau des Müchner Flughafens waren es ca 820 qkm (*Henle*, BayVBl. 1981, 1 (3)).

857 *Oexle*, Präklusion, S. 118; so der Fall des OVG Bremen, v. 18.02.2010 – 1 D 599/08 – (juris Rdnr. 10). *Wilting*, Genehmigungsverfahren, S. 78 f. Wegen der Scheu des Bürgers, Verwaltungsgebäude zu betreten, sei eine Auslegung in behördlichen Räumen einwendungshindernd. Nach *Hett*, Öffentlichkeitsbeteiligung, S. 30 sei eher Desinteresse und Bequemlichkeit der Grund für eine geringe Einsichtnahme.

858 *Bender*, 5. AtRS, 1976, S. 237 (244 f.). Mögliche Fehler bzgl. der Wahl des Auslegungsortes führen nicht zur Aufhebung der Genehmigung, wenn trotz dieses Fehlers der Einwender seine Rechte so wahrnehmen konnte, wie er es ohne Fehler getan hätte (OVG Münster, v. 10.06.2008 – 8 B 103/07.AK – (juris Rdnr. 47 f.); *Dietlein*, L/R, §10 Rdnr. 173 f.)).

859 *Czajka*, Feldhaus § 10 Rdnr. 44.

860 3. Kapitel E. II. 3. Inhaltliche Anforderungen S. 221 ff.

aa) Erreichbarkeit der ausgelegten Unterlagen

Relevant für eine zureichende Information potentieller Einwender ist die Erreichbarkeit der Materialien. Betroffenen ist die Einsicht in zumutbarer Weise zu gewähren. Für eine ordnungsgemäße Auslegung ist daher etwa ein ausreichend großer Auslegungsraum erforderlich, der ohne längeres Suchen oder Nachfragen auffindbar ist und in dem die Unterlagen vollständig sichtbar, griffbereit und als zusammengehörig bezeichnet erkennbar ausliegen.[861]

bb) Duplikate von ausgelegten Unterlagen

Ein weiterer Faktor für eine hinreichende Information ist die Intensität, mit der die ausgelegten Materialien studiert werden können.

Eine intensive Auseinandersetzung mit möglichen Auswirkungen eines Vorhabens ist sicher dann erschwert, wenn der Einsichtnehmende die i.d.R. mehrere Aktenordner umfassenden Dokumente vor Ort in der für seine Einwendungen erforderlichen Tiefe sichten, filtern und auf Relevanz und Plausibilität hin überprüfen muss. Ergeben sich mögliche Auswirkungen erst auf einen zweiten gründlicheren Blick, besteht auf Seiten potentieller Betroffener ein erhöhtes Interesse daran, sich auch außerhalb der Einsichtzeiten mit der geplanten Anlage auseinander setzen zu können. Dies beruht zum einen darauf, dass eine intensive (längere bzw. wiederholte) Befassung mit den Unterlagen während der Auslegungszeiten häufig mit der beruflichen Tätigkeit des Einwenders kollidiert, zum anderen mit den Auslegungsräumlichkeiten, die sich selten für eine nachhaltige zeitgleiche Einsicht mehrerer Personen eignen.[862]

Das Recht auf Einsichtnahme kann daher, abhängig von den konkreten Umständen, ganz erheblich beeinträchtigt werden. Wegen der Auswirkung auf die Einwendungserhebung ist daher die Frage, ob und in welchem Umfang Duplikate von ausgelegten Unterlagen angefertigt werden können, in der Praxis von großer

---

861 Ausführlich hierzu: *Czajka*, Feldhaus, § 10 Rdnr. 45; *Graffe*, Bürgerbeteiligung, S. 40 f.; *Nöthlichs*, BImSchG, § 10 Anm. 6.3; *Oexle*, Präklusion, S. 118; *Streinz*, VerwArch 79 (1988), 272, 306 f.; zur vergleichbaren Lage im Baurecht (§ 3 II, 4a BauGB) *Krautzberger*, in: Ernst/Zinkahn/Bielenberg/Krautzberger, BauR, Bd. 1 § 3 Rdnr. 39; zur Erreichbarkeit der Auslegungsräume VGH Mannheim, v. 01.03.2007 – 3 S 129/06 – (juris Rdnr. 5, 42 insoweit nicht abgedruckt in NVwZ-RR 2007, 455 (455)); zur unzulässigen sog. archivmäßiger Verwahrung, d.h. Unterlagen werden nur auf Nachfrage herausgegeben *Dürr*, Baurecht, Rdnr. 56.

862 So das Ergebnis empirischer Untersuchungen *Hausmann-Grassel*, Bürgerbeteiligung, S. 51; *Mecking*, NVwZ 1992, 316 (317).

Bedeutung.[863] Dabei könnte eine zu restriktive Handhabung beim Bürger den Eindruck erwecken, ihm würden relevante Informationen vorenthalten, potentielle Einwender sollten abgeschreckt und Einwendungen abgeschnitten werden.[864]

(1) Anspruch auf Abschriften und Vervielfältigungen

Nach § 10 II der 9. BImSchV ist auf Anforderung eines Dritten – kostenlos[865] – eine Abschrift oder Vervielfältigung der Kurzbeschreibung zu überlassen.

Im Umkehrschluss könnte aus der expliziten Regelung für die Kurzbeschreibung gefolgert werden, dass von allen anderen offengelegten Unterlagen Abschriften oder Vervielfältigungen nicht erlaubt seien.[866] Nach überwiegender Ansicht umfasst das Einsichtrecht jedoch neben der tatsächlichen Einsichtnahme im Sinne einer Kenntnisnahme des Inhalts jedenfalls die eigene Anfertigung von Aufzeichnungen.[867] Streng genommen ist dies von der Wortbedeutung der „Ein*sicht*" nicht mehr umfasst. Ein Einsichtsrecht liefe jedoch leer, wenn die Anfertigung von Gedächtnisstützen unzulässig wäre. Ohne eigene Notizen zum Auslegungsinhalt wäre es zudem für potentielle Vorhabensbetroffene unzumutbar, substantiierte Einwendungen zu erheben. Für entsprechende Einwendungen müssten sie nämlich entweder regelmäßig die Auslegungsräume aufsuchen oder sich den Inhalt der Unterlagen einprägen.[868] In Anbetracht der vielen und häufig komplizierten Daten und Informationen hätte dies sicher abschreckende Wirkung. Ebenso dient

863 In Rechtsprechung und Literatur wird diese Frage kaum behandelt. Ausführlich aber *Mecking*, NVwZ 1992, 316 ff. Die Bedeutung für die Praxis stellte bereits BR/Drs. 526/1/76, S. 15 fest.

864 In diese Richtung geht die Kritik befragter Einwender in Studien von *Hausmann-Grassel*, Bürgerbeteiligung, S. 51; *Mecking*, NVwZ 1992, 316 (317).

865 *Dietlein,* L/R, § 10 der 9. BImSchV, Rdnr. 11; *Jarass*, BImSchG, § 10 Rdnr. 69. Vervielfältigungen sind vom Antragsteller bereit zu stellen oder werden auf seine Kosten erstellt.

866 So zumindest *Storost*, Ule/Laubinger, § 10 Rdnr. D26; keinen *Rechtsanspruch Sellner/Reidt/Ohms*, Immissionsschutzrecht, S. 165.

867 H.M: *Graffe,* Bürgerbeteiligung, S. 44 m.w.N.; *v. Mutius*, DVBl. 1978, 665 (672); *Mecking*, NVwZ 1992, 316 (318). *Czajka*, Feldhaus, § 10 Rdnr. 45; *Dietlein*, L/R, § 10 Rdnr. 93; § 10 der 9. BImSchV, Rdnr. 9; *Frenz*, Kotulla, § 10 Rdnr. 89; *Jarass*, BImSchG, § 10 Rdnr. 69; *Nöthlichs*, BImSchG, § 10 Anm. 6.3; *Deppen*, Beteiligungsrechte, S. 158; *Ule*, Ule/Laubinger, § 10 Rdnr. 7. Teilweise wird differenziert und die eigene *Abschrift* versagt (*Dietlein,* L/R, § 10 BImSchG, Rdnr. 93, § 10 der 9. BImSchV, Rdnr. 9 (nur Abschrift der Kurzbeschreibung und eigene Aufzeichnungen von allen ausgelegten Unterlagen).

868 *Mecking*, NVwZ 1992, 316 (318) bewertet diese Folge als nahezu grotesk.

es nicht der Unterstützung der Behörde bei ihrer Sachverhaltsermittlung, wenn Einwendungen nur lückenhaft oder nicht detailliert erhoben werden, weil die Informationsgrundlage nicht ausreichend ausgewertet werden konnte.[869] Für einen wirksamen vorläufigen Rechtsschutz erfordert daher die Präklusion die Möglichkeit zu einer ebenso substantiierten Beschäftigung mit dem Informationsmaterial und damit zumindest die Anfertigung eigener Notizen. Potentiell Betroffenen ist daher für einen effektiven Rechtsschutz über die bloße Kenntnisnahme des Inhalts hinaus die Anfertigung handschriftlicher Notizen zu gewähren.

(2) Abschriften durch die Behörde

Ein über die eigenhändige Erstellung von Notizen hinausgehender Rechtsanspruch auf Abschriften oder Fotokopien durch die Behörde und deren Übersendung besteht hingegen nicht.[870] Anders als für die Kurzbeschreibung gibt es hierfür keine Rechtsnorm, die die Behörde zu einem solchen Verhalten verpflichtet.[871] Im Rahmen ihres Verfahrensermessens steht es ihr allerdings frei, Einsichtnehmenden etwa einen Dienstkopierer zur Verfügung zu stellen.[872] Als faires und bürgerfreundliches Verhalten kann dies der Akzeptanz-Steigerung dienen, zwingend ist dies jedoch nicht. Die Ablehnung eines darauf gerichteten Begehrens wegen der damit verbundenen nachteiligen Auswirkungen auf den Behördenbetrieb oder anderer Einsichtnehmenden wäre nicht ermessensfehlerhaft.[873]

(3) Erstellung eigener Abschriften

(a) Handschriftliche Abschriebe und Diktate

Einsichtnehmende können sich also als Gedächtnisstütze grundsätzlich handschriftliche Aufschriebe anfertigen (s.o. (1)). Die Anfertigung eines Diktats wird

---

869 Aufgrund mangelhafter Auswertungsmöglichkeiten der ausgelegten Unterlagen werden u.U. überflüssige Einwendungen erhoben, die die Verwaltung belasten und weder ihr noch dem Bürger in der Sache weiterhelfen (*Mecking*, NVwZ 1992, 316 (318)).

870 *Czajka*, Feldhaus, § 10 Rdnr. 45; *Dietlein*, L/R, § 10 Rdnr. 93, § 10 der 9. BImSchV, Rdnr. 9; *Frenz*, Kotulla, § 10 Rdnr. 89; *Graffe*, Bürgerbeteiligung, S. 43 ff.; *Mecking*, NVwZ 1992, 316 (320) ausführlich und differenzierend zu den Gründen, die gegen eine Zusendung ausgelegter Unterlagen sprechen (S. 321); OVG Lüneburg, DÖV 1976, 794 (794)); kritisch *Sellner*, Immissionsschutzrecht und Industrieanlagen, Rdnr. 142; *v. Mutius*, DVBl. 1978, 665 (672).

871 Ausführlich zur Begründung dieser absolut h.M. *Mecking*, NVwZ 1992, 316 (320 f.).

872 *Czajka*, Feldhaus, § 10 Rdnr. 45; *Graffe*, Bürgerbeteiligung, S. 45; *Mecking*, NVwZ 1992, 316 (320 f.); *Sellner/Reidt/Ohms*, Immissionsschutzrecht, S. 165.

873 Näher zu möglichen relevanten Gründen *Mecking*, NVwZ 1992, 316 (320 f.).

dem gleich zu stellen sein.[874] Eingeschränkt werden kann dieses Recht allerdings dann, wenn hierdurch behördliche Abläufe gestört oder andere Einsichtnehmende an der Möglichkeit der Einsichtnahme gehindert werden.[875]

(b) Fotokopieren, scannen und abfotografieren

Aufgrund der Entwicklungen im digitalen Zeitalter erscheint das Kopieren, Abfotografieren oder Abscannen den handschriftlichen Aufzeichnungen vergleichbar.[876] Diese Duplikationsmöglichkeiten sind ebenfalls zuzulassen, soweit die behördlichen Abläufe oder andere Einsichtnehmende weder gestört noch beeinträchtigt werden.[877] Dagegen spricht nicht die ausdrückliche Normierung in § 10 II der 9. BImSchV. Diese Vorschrift legt eine behördliche Handlungspflicht der Behörde fest und betrifft damit nicht die Situation, dass sich der Einsichtnehmende selbst eine Kopie der Unterlagen erstellen möchte.[878] Geheimhaltungsinteressen des Antragstellers stehen einer solchen Vervielfältigung ebenfalls nicht entgegen. Diesem Interesse tragen besondere Schutzvorschriften schon Rechnung, zumal die Öffentlichkeit seiner Dokumente bereits durch die Möglichkeit zur Einsicht hergestellt ist.[879] Andere Einsichtnehmende sowie die auslegenden Behörden profitieren sogar von der Erstellung von Kopien. Hand-

---

874 Hierzu – soweit ersichtlich – allein *Mecking*, NVwZ 1992, 316 (319).

875 *Deppen,* Beteiligungsrechte, S. 158; *Mecking*, NVwZ 1992, 316 (319).

876 *Dürr*, Knack, VwVfG, § 73 Rdnr. 51: Das Verweigern von Kopien sei unzulässige Schikane. Für das Kopieren mit eigenen Kopierern *Czajka,* Feldhaus, § 10 Rdnr. 45; *Frenz*, Kotulla, § 10 Rdnr. 89; *Mecking*, NVwZ 1992, 316 (319); *Nöthlichs*, BImSchG, § 10 Anm. 6.3; *Würtenberger*, Akzeptanz, S. 108; *Ebling*, Beschleunigungsmöglichkeiten, S. 169. Offengelassen von OVG Lüneburg, GewArch 1976, 206 (206). AG München, NJW 2010, 78 (78 f.) hält ein Abfotografieren und Einscannen im Mietrecht explizit für zulässig, da es dem handschriftlichen Abschreiben vergleichbar sei. Zur zulässigen Ablichtung per digitale Kamera ausführlich OLG Schleswig-Holstein, v. 30.10.2009 – 12 VA 6/08 - (juris, Rdnr. 12 ff.); zum zulässigen Einsatz technischer Reproduktionsgeräte bereits BGH, NJW 1989, 2818 (2818).

877 *Czajka,* Feldhaus, § 10 Rdnr. 45; *Deppen,* Beteiligungsrechte, S. 158; *Dürr*, Knack, § 73 Rdnr. 51; *Frenz*, Kotulla, § 10 Rdnr. 89; *Kopp/Ramsauer*, VwVfG, § 73 Rdnr. 51; *Mecking*, NVwZ 1992, 31 (320); *Sellner/Reidt/Ohms*, Immissionsschutzrecht, S. 165.

878 Für einen Umkehrschluss BR-Drs. 526/76, S. 7 (wobei die damaligen Möglichkeiten zur Anfertigung von Fotokopien nicht mit den heutigen zu vergleichen sind); *Wiedemann*, 5. AtRS, S. 255 (257). Zu weiteren Bedenken gegen umfassende Kopiermöglichkeiten (etwa aus dem UrhG) ausführlich *Graffe*, Bürgerbeteiligung, S. 45; *Mecking*, NVwZ 1992, 316 (320).

879 Siehe dazu die Schutzvorschriften nach § 10 II BImSchG, § 10 III der 9. BImSchV. Gegen diesen möglichen Einwand auch *Mecking*, NVwZ 1992, 316 (320).

schriftliche Exzerpte würden regelmäßig eine längere Einsichtnahme erfordern, bei der mehrere Personen länger und häufiger die Auslegungsräume aufsuchen müssten. Kopien verkürzen dagegen die erforderliche Zeit. Wirken zusätzlich einzelne Personen als „Multiplikatoren der Informationen“[880], so findet die Einsichtnahme nur von einigen wenigen anstatt von einer Vielzahl von Personen statt, wodurch der Verwaltungsaufwand und die Störung des Betriebs und anderer Einsichtnehmender deutlich reduziert werden. Der Transparenz und Akzeptanz des Verwaltungshandelns ist dies ebenfalls zuträglich, da es den Eindruck vermeiden kann, eine vertiefte Überprüfung der Unterlagen solle verhindert werden, da Antragsteller und/oder Behörden etwas zu verbergen hätten.[881]

In Anbetracht der Präklusionswirkung ist die Erstellung eigener Kopien grundsätzlich zulässig. Bestimmen Umfang und Tiefe der Einwendungen zugleich das zugelassene Vorbringen im Klageweg, muss es Einwendern möglich sein, umfangreiche Unterlagen intensiv zu studieren. Insbesondere bei komplexen Großvorhaben wird es oftmals erforderlich sein, sich mit den Einzelheiten der Antragsunterlagen zu befassen, um qualifizierte Einwendungen zu erheben und unnötige zu unterlassen.[882] Die Frage nach Möglichkeit und Umfang von Duplikaten steht daher im engen Zusammenhang mit dem Umfang der Präklusionswirkung. Würde Betroffenen ein Duplizieren verweigert, so wäre dies bei den konkreten Anforderungen an den Einwendungsinhalt zu berücksichtigen. Genügen etwa ganz einfache Einwendungen, wie sie sich aus der Kurzbeschreibung ergeben können, genügt allein deren Kenntnis zur Einwendungserhebung und wäre sogar die Einsicht in die offengelegten Unterlagen entbehrlich. Werden detaillierte Einwendungen verlangt, die sogar den ausgelegten Unterlagen vergleichbar sein sollen,[883] so wäre allein die Zulassung handschriftlicher Notizen unter Beibehaltung der kurzen Auslegungs- und Einwendungszeit sicher nicht zumutbar. Sind hingegen Duplikate erlaubt, verliert die Wahl des Auslegungszeitraums und der konkreten Einsichtszeiten ganz erheblich an Brisanz.[884] Interessierte sind auf einen mehrfachen Zugang zu den Unterlagen nicht angewiesen.

880 So *Mecking*, NVwZ 1992, 316 (319). Dies könnte die in der Praxis festgestellte Diskrepanz (Fn 764) zwischen der Zahl der Einsichtnehmenden und der der Einwender erklären.

881 Eine restriktive Handhabung der Einsichtsmöglichkeiten fördert Misstrauen und ist der Akzeptanz nicht zuträglich (*Mecking*, NVwZ 1992, 316 (319)).

882 *Sellner/Reidt/Ohms*, Immissionsschutzrecht, S. 165.

883 Dazu E. II. 3. b) Notwendiger Inhalt S. 224 ff.

884 Nach *Mecking*, NVwZ 1992, 316 (319) reicht der Zeitraum regelmäßig nur dafür, die maßgeblichen Dokumente zu ermitteln. Eine vertiefte inhaltliche Auseinandersetzung

Ihnen könnte bereits ein Tag, an dem sie selbst oder eine andere Person für sie Kopien anfertigen kann, genügen.

Sollen Einwendungen nicht lediglich auf der Kurzbeschreibung fußen, sind für die Wahrung des vorgelagerten Rechtsschutzes der zeitliche Rahmen und der Umfang der möglichen Befassung mit den ausgelegten Unterlagen relevant. Im konkreten Fall kann folglich die Verweigerung gegenüber einem Vorhabensbetroffenen, Kopien der ausgelegten Dokumenten zu erstellen, wegen der Präklusionswirkung gegen Art. 19 IV GG verstoßen.

(4) Zwischenergebnis

Bei der Frage, ob Duplikate von den ausgelegten Unterlagen angefertigt werden dürfen, ist zu differenzieren:

Normiert ist nur ein Anspruch auf Abschrift oder Vervielfältigung der Kurzbeschreibung durch die Behörde (§ 10 II der 9. BImSchV). Die Erstellung weiterer Kopien durch die Behörde steht daher in ihrem allgemeinen Verfahrensermessen.

Aus dem Einsichtsrecht ergibt sich für den Einsichtnehmenden neben der reinen Inaugenscheinnahme das Recht auf Erstellung eigener handschriftlicher Notizen. Nur ausnahmsweise kann dies wegen der Beeinträchtigung des Behördenbetriebs oder anderer Einsichtnehmender verwehrt werden. Wegen der Präklusionswirkung besteht zudem ein erhöhtes Interesse an der Erstellung von Kopien mittels eigener Geräte (z.B. Kopiergerät, Scanner, Foto oder Handy). In die konkrete Ermessensentscheidung über die Zulassung dieser Duplikationsmöglichkeit hat die Behörde besonders die Auswirkungen der Präklusion einzustellen.

Im Rahmen der Einsichtnahme besteht folglich ein Recht auf handschriftliche Abschriften sowie auf Erstellung von Kopien durch eigene Geräte – soweit hierdurch nicht der Behördenbetrieb oder andere Einsichtnehmende beeinträchtigt werden. Ein Anspruch auf Duplikate durch die Behörde selbst besteht hingegen mit Ausnahme für die Kurzbeschreibung (§ 10 II der 9. BImSchV) nicht.

III. Zusammenfassung und Ausblick

Eine Information potentieller Vorhabensbetroffener über mögliche Auswirkungen der Anlage ist ein unverzichtbarer Verfahrensbestandteil, soll der Genehmigung Präklusionswirkung zukommen. Abhängig von ihrer Ausgestaltung können mehr

---

könne daher erst aufgrund der Duplikate erfolgen. Zu Unwägbarkeiten aufgrund der zeitlichen Dimension oben 3. Kapitel D. II. 2. b) Einsichtsdauer S. 202 ff.

oder minder qualitative Einwendungen erhoben werden. Die derzeitige Regelung geht über das hinaus, was aufgrund der Präklusion Minimalanforderung wäre.

Potentiellen Betroffenen ist zur Erhebung von Einwendungen Einsicht in Unterlagen zum Vorhaben zu gewähren. Statt jedem Einzelnen – unter Prüfung seiner potentiellen Vorhabensbetroffenheit – die Einsichtnahme zu eröffnen, erscheint eine Auslegung, die allen Interessierten offen steht, ein probates Mittel.

Für eine hinreichende Information müssen mögliche Drittbetroffene zumindest Kenntnis von den erwarteten Auswirkungen der Anlage erlangen. Eine Reduktion der Auslegung auf solche Dokumente, die Informationen zu den Auswirkungen enthalten, geht ebenso konform mit der Präklusionswirkung wie die Ausnahme geheimer Unterlagen – solange nicht der Antragsteller allein über die Geheimniseigenschaft entscheidet. Eine Einsicht in das Verzeichnis der vom Antragsteller eingereichten Unterlagen kommt der umfassenden Information und Übersichtlichkeit zugute, ist indes von der Präklusion nicht geboten. Anders ist dies bei der Kurzbeschreibung. Fasst sie in verständlicher Weise das Vorhaben zusammen, ist sie als Grundinformation bei der derzeitigen Gesetzeslage mit knapper Auslegungsdauer, u.U. ungünstigen Einsichtszeiten, knapper Einwendungsfrist sowie den Anforderungen an den Einwendungsinhalt unentbehrlich. Nicht zwingend erforderlich ist hingegen eine verbesserte Informationsgrundlage durch die neuerdings mögliche Einsicht in behördliche Berichte und Empfehlungen zu nachteiligen Auswirkungen.

Gehen Unterlagen erst nach Auslegungsbeginn bei der Behörde ein, können sie entweder auf Antrag nach den Umweltinformationsgesetzen (§ 10 III BImSchG) oder im Rahmen einer partiellen neuen Beteiligung nach § 8 II der 9. BImSchV eingesehen werden. Nachgereichte Dokumente zu nachteiligen Auswirkungen auf Dritte sind – auch wenn sie keine Vorhabensänderung betreffen – daneben wegen der Präklusion im Rahmen einer ergänzenden Öffentlichkeitsbeteiligung auszulegen. Nur so kann Betroffenen ein effektiver vorgelagerter Rechtsschutz gewährt werden.

Mit der Präklusionswirkung im Einklang steht die Länge des Auslegungszeitraums, wenn diese bei den Anforderungen an den Einwendungsinhalt berücksichtigt wird. Gleiches gilt für die konkreten Einsichtszeiten, wobei eine Auslegung in den späteren Abendstunden und am Wochenende m.E. bürgerfreundlich wäre. Eine Fristverlängerung wegen eines durch Feiertage verkürzten Auslegungszeitraumes kommt nicht in Betracht. Wird die Auslegung aus Gründen, die der Behörde zuzurechnen sind verkürzt, so steht es in ihrem Ermessen, die Frist dementsprechend zu verlängern. Insgesamt ist die Auslegungszeit äußerst knapp bemessen. Da hier ein Gleichlauf mit den Verfahren anderer Gesetze besteht, kämen statt einer gesetzlichen Verlängerung die hierdurch entstehenden Defizite etwa auch eine Zulassung von Duplikaten sowie bei der Bestimmung des Einwendungsinhaltes kompensiert werden.

Als Auslegungsort kommt neben einer tatsächlichen Bereitstellung der Dokumente in Räumen die Eröffnung einer Einsichtnahme im Internet in Betracht.[885]

Bei den derzeitigen Anforderungen an die Einwendungen sind wegen der Präklusionswirkung im Rahmen der Einsichtnahme handschriftliche Abschriften sowie das Duplizieren mittels eigener Geräte – soweit hierdurch nicht der Behördenbetrieb oder andere Einsichtnehmende beeinträchtigt wird – gefordert. Ein Anspruch auf Duplikate durch die Behörde selbst besteht hingegen mit Ausnahme für die Kurzbeschreibung (§ 10 II der 9. BImSchV) nicht. Neben diesen Duplikationsmöglichkeiten ist an eine Zugänglichmachung der Materialien via Datenspeicher oder Internet zu erwägen.[886] Ein solch elektronischer Zugriff ist – zumindest wenn es bei der derzeitigen Ausgestaltung von Auslegungs-, Einwendungszeit und den Anforderungen an den Einwendungsinhalt bleibt – nicht geboten. Eine dahingehende Modifikation würde allerdings die Kenntnisnahme von den jeweiligen Einsichtszeiten, Feiertagen, Betriebsausflügen oder ähnlichen zeitlichen Grenzen entkoppeln. Einzelne Bundesländer praktizieren bereits auf anderen Rechtsgebieten elektronische Auslegungen.[887] Eine (zusätzliche) Auslegung im Internet würde den (wiederholten) Zugang zu den Informationen ganz erheblich erleichtern. Statt des eher aufwendigen Aufsuchens des Auslegungsraumes – mit den damit verbundenen räumlichen und zeitlichen Schwierigkeiten – und der Bemühungen um eine Reproduzierbarkeit der Inhalte genügte ein Mausklick. Resultat solcher elektronischen Auslegungen könnten vermehrt qualifizierte Einwendungen sein. Auf Seiten des Gesetzgebers bestehen jedoch im Immissionsschutzrecht keinerlei Bemühungen dahingehend. Ihr Einsatz ist trotz Präklusion nicht erforderlich, würde jedoch vereinzelte Probleme entspannen.

---

885 Eine solche erfolgt etwa in Niedersachsen für die Auslegung nach dem NUVPG (§ 11 III NUVPG v. 30.04.2007) sowie in einzelnen Kommunalverfassungen (statt vieler § 3 der KV-DVO von Mecklenburg-Vorpommern v. 04.03.2008).

886 Nach § 3 II UIG kann der Interessierte eine bestimmte Art des Informationszugangs wählen, die ihm nur wegen eines deutlich höheren Verwaltungsaufwandes verweigert werden kann (*Walz*, DÖV 2009, 623 ff.). Denkbar ist daher auch die Zugänglichmachung über Dateien (BVerwG, NuR 2009, 650 (652); *Mecking*, NVwZ 1992, 316 (321)). *Mecking*, NVwZ 1992, 316 (319) und *Paulus*, AuR 2006, 167 (168) scheinen eine Information über elektronische Medien zu befürworten.

887 Nachweise dazu bereits oben Fn 886.

E. Einwendungserhebung

Gegen das geplante Vorhaben kann die Öffentlichkeit bis zwei Wochen nach Ablauf der Auslegungsfrist Einwendungen erheben (§ 10 III 4 BImSchG, § 12 S. 1 der 9. BImSchV).

I. Funktion und Praxis

Einwendungen erleichtern es der Verwaltung, den für ihre Entscheidung relevanten Sachverhalt zu ermitteln.[888] Zugleich dienen sie dem Schutz potentieller Betroffener, deren Bedenken und Belange frühzeitig in die Planung eingebracht und bei der Entscheidung beachtet werden können.[889] Verbunden mit dem gesetzlich angeordneten Ausschluss nicht erhobener Einwendungen wird darüber hinaus der Antragsteller bis ins gerichtliche Verfahren vor für ihn unvorhersehbaren Einwänden geschützt.[890]

In der Praxis schwankt die Zahl eingehender Einwendungen von bis z.T. über 100.000[891] – dies insbesondere bei Großvorhaben oder umstrittenen Projekten.[892]

---

888 *Czajka*, Feldhaus, § 10 Rdnr. 57; *Dietlein*, L/R, § 10 Rdnr. 122; *Frenz*, Kotulla, § 10 Rdnr. 96; *Jarass*, BImSchG, § 10 Rdnr. 70; *Korbmacher*, UPR 1994, 325 (326); *Kutscheidt*, Öffentliches Immissionsschutzrecht, S. 275; *Metz*, Präklusion, S. 9.

889 *Dietlein*, L/R, § 10 Rdnr. 122; *Jarass*, BImSchG, § 10 Rdnr. 70; OVG Lüneburg, DVBl. 1977, 347 (348); *Metz*, Präklusion, S. 9; *Sellner*, BauR 1980, 391 (392).

890 *Dietlein*, L/R, § 10 Rdnr. 122; *Frenz*, Kotulla, § 10 Rdnr. 96.

891 Beispielhaft: ca. 300 Einwendungen gegen die Planfeststellung einer Straßenbahn (OVG Bremen, v. 18.02.2010 – 1 D 599/08 – (juris Rdnr. 10)); 16.000 gegen das AKW Breisig (*Glaeser*, Der Landkreis 1976, 442 (444); *Graffe*, Bürgerbeteiligung, S. 90; *Lauer*, 3. AtRS, S. 47 (50)); 25.437 Personen gegen den Flughafen München (davon 671 von 698 Grundstücksbetroffenen, 25 von 30 Gemeinden und 4 Landkreise) (*Henle*, BayVBl. 1981, 1 (5)); über 34.000 gegen eine Ölraffinerie in Karlsruhe (*Kopp*, DVBl. 1980, 320 (320); *v. Mutius*, DVBl. 1978, 665 (667)); über 75.000 gegen das AKW Brokdorf (*Blümel*, 3. AtRS, S. 33 (34); *Glaeser*, Der Landkreis 1976, 442 (444); *Graffe*, Bürgerbeteiligung, S. 90); nahe 100.000 gegen das AKW Whyl (*Blümel*, 3. AtRS, S. 33 (34); *Lauer*, 3. AtRS, S. 47 (50); *v. Mutius*, DVBl. 1978, 665 (667); *Weber*, DVBl. 1980, 330 (333)); 127.000 gegen den Frankfurter Flughafenausbau (VGH Kassel, v. 21.08.2009 - 11 C 305/08.T - (juris Rdnr. 4); *Steinberg*, ZUR 2011, 340 (342)).

892 Bereits 10 bis 15 Einwendungen seien eher die Ausnahme (*Hill/Weber*, Vollzugserfahrungen, 203 f.).

Den größten Anteil stellen Unterschriftenlisten oder vorgefertigte Einwendungen.[893] Einzeleinwendungen, d.h. eigenständig angefertigte Einwendungen einzelner Personen, gehen meist nur in geringer Zahl ein.[894]

Insbesondere bei Großvorhaben kommt den Einwendungen für die Erfassung der meist komplexen und unübersichtlichen Entscheidungsmaterie größere Bedeutung zu.[895] Häufig betreffen sie eine große Anzahl von Personen, so dass ein großes Interesse an der Projektierung besteht und eine Vielzahl technischer Einzelfragen zu klären sind.[896] Die Sachverhaltsermittlung bedarf daher eines hohen personellen und zeitlichen Aufwandes und entsprechender Sachkunde. Einwendungen kann dabei eine gewisse aufklärende Funktion zukommen. Eine Untersuchung ergab, dass sie fast immer zur Befriedung bestehender Spannungslagen sowie der Aufklärung von Missverständnissen beitrugen. In einzelnen Fällen verlängerte sich die Verfahrensdauer, da die Einwendungen ernst zu nehmende Kritikpunkte oder wichtige Verbesserungsvorschläge enthielten.[897]

---

893 Unter 1 % der Einwendungen gingen als Einzeleinwendungen gegen das AKW Breisach ein (400 Einzeleinwendungen und 65.000 Unterschriften) (*Glaeser*, Der Landkreis 1976, 442 (444); *Graffe*, Bürgerbeteiligung, S. 90); 34 von 7.500 gegen das AKW Philippsburg II (*v. Mutius*, DVBl. 1978, 665 (667)); gegen das AKW Wyhl ca. 400 von nahe 100.000 (*v. Mutius*, DVBl. 1978, 665 (667). Beim Flughafen München fanden statt Unterschriftenlisten 8 Formularvordrucke Verwendung, die vielfach individuelle Ergänzungen enthielten. Insgesamt wurden die Darlegungen als umfänglich, differenziert und durchaus sachkundig beurteilt (*Henle*, BayVBl. 1981, 1 (5)). An Unterschriftenlisten wird vor allem kritisiert, dass sie z.T. schablonenartig bei mehreren Bauvorhaben gleicher Art verwendet und z.T. mit fingierten Namen und Adressen versehen werden (*Glaeser*, Der Landkreis 1976, 442 (444); *Lauer*, 3. AtRS 1975, S. 47 (50)).

894 *Müller-Erwig*, Öffentlichkeitsbeteiligung, 267 führt als Grund für mehr Sammel- als Einzeleinwendungen die größeren Schwierigkeiten bei der Formulierung eines persönlichen Einwendungsbriefes an, der möglicherweise mit einer größeren psychologischen Distanz wahrgenommen wird.

895 *Hill/Weber*, Vollzugserfahrungen, 204 f. In solchen Verfahren werden am ehesten wissenschaftlich untermauerte Argumente oder Sachverständigengutachten als Einwendungen vorgebracht, die eine Änderung der Projektierung bewirken können. Ansonsten wird die Sachdienlichkeit von Einwendungen eher als gering eingestuft.

896 *Hellmann*, Öffentlichkeitsbeteiligung, S. 39 ff.

897 *Hill/Weber*, Vollzugserfahrungen, S. 150.

II. Gesetzliche Ausgestaltung

1. Einwendungsbefugnis

Einwendungsbefugt ist nach der Anpassung an die Öffentlichkeitsbeteiligungs-Richtlinie „die Öffentlichkeit".[898] Jedermann, d.h. quivis ex populo und nicht nur den durch das geplante Vorhaben Betroffenen, steht das Recht zur Erhebung von Einwendungen zu – natürlichen wie juristischen Personen mit in- wie ausländischem Wohnsitz.[899] Neben der Verletzung eigener Rechte können demzufolge ebenso Belange der Allgemeinheit vorgetragen werden.[900]

Sollen potentiell Betroffene mit ihren Bedenken gegen die Planung präkludiert werden, ist ihnen für einen effektiven Rechtsschutz die Möglichkeit zu eröffnen, ihre Bedenken frühzeitig einbringen zu können. Die Präklusionswirkung erfordert demnach die Einwendungsbefugnis Drittbetroffener.

2. Formelle Anforderungen an die Einwendungserhebung

Rechtserhebliche Einwendungen erfordern gewisse formelle Kriterien:

---

898 Mit der Novellierung durch Art. 2 Nr. 1 des Öffentlichkeitsbeteiligungsgesetzes v. 09.12.2006 (BGBl. I S. 2819, 2822) wurde der ursprünglich passive Wortlaut des § 10 III BImSchG „können… erhoben werden" in einen aktiven „kann die Öffentlichkeit … erheben" geändert. Eine Änderung der Rechtslage war nicht intendiert (*Czajka*, Feldhaus, § 10 Rdnr. 57), lediglich eine Anpassung an Anhang V, insbesondere Nr. 3 der RL 2003/35/EG.

899 *Czajka*, Feldhaus, § 10 Rdnr. 57 f.; *Dietlein*, L/R, § 10 Rdnr. 124, 128; *Frenz*, Kotulla, § 10 Rdnr. 103; *Jarass*, BImSchG, § 10 Rdnr. 71; *Metz*, Präklusion, S. 15 ff., ausführlich zu einer möglichen Beschränkung der Einwendungsbefugnis auf nur Betroffene; *Nöthlichs*, BImSchG, § 10 Anm. 10.1; *Sellner/Reidt/Ohms*, Immissionsschutzrecht, S. 169; *Storost*, Ule/Laubinger, § 10 Rdnr. D40. Seit BVerwGE 28, 131 (133) wird nicht mehr nur nachbarliches Gegenvorbringen als Einwendung verstanden, wie noch zu §§ 16 ff. GewO (*Dietlein*, L/R, § 10 Rdnr. 124). Und seit BVerwGE 75, 285 (285 ff.) stehen ausländische Personen materiell- und verfahrensrechtlich den Inländern gleich (§ 11a IV 2 der 9. BImSchV. Zum früheren Streitstand *Czajka*, Feldhaus, § 10 Rdnr. 58; *Streinz*, VerwArch 79 (1988), 272 (274) m.w.N.).

900 BVerwGE 28, 131 (133); 60, 297 (301); *Czajka*, Feldhaus, § 10 Rdnr. 57; *Dietlein*, L/R, § 10 Rdnr. 124 f.; *Frenz*, Kotulla, § 10 Rdnr. 103; *Jarass*, BImSchG, § 10 Rdnr. 72; *Metz*, Präklusion, S. 18 f.; *Storost*, Ule/Laubinger, § 10 Rdnr. D40. Werden Belangen der Allgemeinheit in Einwendungen aufgenommen, kann ihnen dies zu mehr Beachtunge verhelfen.

Einwendungen sind *schriftlich* zu erheben.[901] Erfolgt die Erhebung in elektronischer Form, ist eine qualifizierte elektronische Signatur zu verwenden.[902]

Für *Masseneinwendungen*, also Eingaben von mehr als fünfzig Personen auf Unterschriftslisten oder in vervielfältigten gleich lautenden Texten, ergeben sich weitere Anforderungen aus den §§ 17–19 VwVfG.[903] Danach können diese sog. gleichförmigen Eingaben[904] von der Behörde unberücksichtigt bleiben, wenn sie die nach § 17 I VwVfG erforderlichen Angaben[905] nicht enthalten oder die Unterzeichner ihren Namen oder ihre Anschrift nicht oder unleserlich angeben.[906]

---

901 § 10 III 4 BImSchG, § 12 S. 1 der 9. BImSchV. Schriftform ist gewahrt, wenn das Schreiben erkennen lässt, wer Einwender ist und dass er eine rechtserhebliche Erklärung abgeben will. Hierzu bedarf es der Angabe von Namen und Anschrift sowie grundsätzlich einer eigenhändigen Unterschrift (BVerwGE 13, 141 (143); OVG Münster, DVBl. 2010, 724 (724); *Czajka*, Feldhaus, § 10 Rdnr. 56; *Dietlein*, L/R, § 10 Rdnr. 136 ff.; *Graffe*, Bürgerbeteiligung, S. 76 f.; *Jarass*, BImSchG, § 10 Rdnr. 73; *Storost*, Ule/Laubinger, § 10 Rdnr. D45).

902 § 3a II VwVfG (v. 21.08.2002, BGBl. I. S. 332 ff.). Der Schriftform kommt Abschluss-, Perpetuierungs-, Identitäts-, Echtheits-, Verifikations-, Beweis- und Warnfunktion zu (*Kopp/Ramsauer*, VwVfG, § 3a Rdnr. 14a). Diese Voraussetzungen erfüllt die elektronische Signatur (eingehend *Greger*, JZ 2010, 681 (681 f.); OVG Münster, DVBl. 2010, 724 (724 f.)). Zur elektronischen Signatur *Idecke-Lux*, Multdimediale Dokumente, S. 32 ff. m.w.N. sowie BVerwG, NVwZ 2011, 364 (367 f.); OVG Münster, DVBl. 2010, 724 (724 f.); *Czajka*, Feldhaus, § 10 Rdnr. 55; *Jarass*, BImSchG, § 10 Rdnr. 73; *Storost*, Ule/Laubinger, § 10 Rdnr. D47 und das SigG v. 16.5.2001 (BGBl. I S. 876). Einfache E-Mails genügen nicht dem Schriftformerfordernis BVerwG, BeckRS 2010, 54493 (v. 14.09.2010 – 7 B 15.10 – Rdnr. 23 ff.); OVG Münster, DVBl. 2010, 724 (724 f.); VGH München, UPR 2010, 74 (74); BGH, NJW-RR 2009, 357 (357 f.) zu § 130 ZPO. Ebenso sind telefonische Übermittlungen mit Ausschluss der Erhebung zur Niederschrift im Jahr 1993 (BGBl. I S. 466 (484)) nicht mehr möglich (*Dietlein*, L/R, § 10 Rdnr. 136; *Jarass*, BImSchG, § 10 Rdnr. 73; *Sellner/Reidt/Ohms*, Immissionsschutzrecht, S. 168; *Storost*, Ule/Laubinger, § 10 Rdnr. D46).

903 *Czajka*, Feldhaus, § 10 Rdnr. 55; *Dietlein*, L/R, § 10 Rdnr. 142 f.; *Frenz*, Kotulla, § 10 Rdnr. 106; *Graffe*, Bürgerbeteiligung, S. 60 ff., 91; *Hellmann*, Öffentlichkeitsbeteiligung, S. 276; *Jarass*, BImSchG, § 10 Rdnr. 76; ausführlich *Schmel*, Massenverfahren, S. 65 ff.; *Storost*, Ule/Laubinger, § 10 Rdnr. D52. Zu Problemen der als wenig klar bewerteten Vorschrift (*Kopp/Ramsauer*, VwVfG, § 17 Rdnr. 18) sowie *Kopp*, DVBl. 1980, 320 (322 f.).

904 Legal definiert in § 17 I 1 VwVfG.

905 Deutlich sichtbar müssen auf jeder mit einer Unterschrift versehenen Seite Angaben über Namen, Beruf und Anschrift des Vertreters - nur natürliche Personen sind zulässig - enthalten sein.

906 § 17 II VwVfG.

Die Behörde hat vor einem Ausschluss hierauf hinzuweisen (§ 17 II 2 VwVfG), so dass die Möglichkeit zur Korrektur besteht. Vor dem Hintergrund der materiellen Präklusion erscheinen die besonderen Anforderungen daher unbedenklich.

Einwendungen sind an einen *Einwendungsempfänger* – „die zuständige Behörde" (§ 10 III 4 BImSchG) – zu richten. Entsprechend § 12 S. 1 der 9. BImSchV sind dies die Genehmigungsbehörde sowie solche Stellen, bei denen die Unterlagen „ausliegen"[907], also jede Auslegungsstelle.[908]

Einwendungen können jederzeit zurückgenommen werden; ihre Rücknahme ist jedoch bedingungsfeindlich.[909]

3. *Inhaltliche Anforderungen*

Soll das Gegenvorbringen Betroffener im Genehmigungsverfahren maßgeblich für deren späteren gerichtlichen Rechtsschutz sein, kommt den Anforderungen an ihren Inhalt große Bedeutung zu.

Betroffenen stellt sich daher die Frage, was von ihrer Seite erforderlich ist, um ihre Rechte zu wahren. § 10 III 4 BImSchG bestimmt lapidar: Einwendungen können bis zwei Wochen nach Ablauf der Auslegungsfrist gegenüber der zuständigen Behörde schriftlich erhoben werden. Danach sind sie – nach § 10 III 5 BImSchG – ausgeschlossen. Damit ist dem Bürger bewusst, dass Einwendungen bis zum Fristende schriftlich bei der Behörde einzureichen sind, nicht jedoch, was unter „Einwendungen" zu verstehen ist. Damit den Einwendungen eine gewisse Informationsfunktion zukommen kann, ist eine substantiierte Erhebung erforderlich.[910] In der Praxis ist diese – für die Präklusion bedeutsame – Frage nicht immer einfach zu bestimmen. Aus der Rechtsprechung lassen sich Fallgruppen herauskristallisieren zu den Fragen, ob überhaupt Einwendungen

---

907 Einwendungen können bei diesen Stellen auch nach Auslegungsende erhoben werden. Der insoweit missverständliche Wortlaut beruht auf der früher gleichlaufenden Frist für Auslegung und Einwendungserhebung. Nach Änderung der Laufzeiten (v. 12.2.1990, BGBl. 205 (212)) unterbleibt die erforderliche Anpassung, obwohl keine inhaltlichen Änderungen intendiert waren (*Czajka*, Feldhaus, § 12 der 9. BImSchV Rdnr. 8).

908 *Czajka*, Feldhaus, § 10 Rdnr. 55; § 12 der 9. BImSchV Rdnr. 8; *Dietlein*, L/R, § 10 Rdnr. 136; *Frenz*, Kotulla, § 10 Rdnr. 104; *Nöthlichs*, BImSchG, § 10 Anm. 10.2.

909 BVerwG, NuR 1998, 305 (305); BVerwG, v. 18.04.2007 – 9 A 34/06 – (juris, Rdnr. 25); *Czajka, Feldhaus*, § 16 der 9. BImSchV Rdnr. 3; *Frenz*, Kotulla, § 10 Rdnr. 107.

910 *Dietlein*, L/R, § 10 Rdnr. 133; *Jarass*, BImSchG, § 10 Rdnr. 72; *Korbmacher*, UPR 1994, 325 (326); *Metz*, Präklusion, S. 11; *Storost*, Ule/Laubinger, § 10 Rdnr. D 42. BVerwG, DVBl. 1979, 673 (683 f) zu den früher vertretenen Ansichten.

vorliegen (a), ob diese substantiiert sind (b) und wie der Sonderfall zu beurteilen ist, in dem Einwendungen Bezug auf andere Einwendungen nehmen (c).

a) Vorliegen einer Einwendung

Ein Blick in die umfangreiche Judikatur zu der Frage, wann Einwendungen vorliegen, verrät, dass die Antwort facettenreich ist.

aa) Begriff

Im alltäglichen Sprachgebrauch wird unter einer Einwendung u.a. eine Gegenstimme, Beanstandung, Entgegnung oder Hinderungsgrund verstanden; im rechtlichen Sinne die Geltendmachung von Gegen*rechten*, die geeignet sind, den behaupteten Anspruch eines anderen zu verhindern.[911] Im Immissionsschutz kann dies dahingehend konkretisiert werden, dass Einwendungen Bedenken sind, die dagegen vorgebracht werden, dass die zu genehmigende Anlage so errichtet und betrieben wird, wie es in den vorgelegten Unterlagen beschrieben ist.[912] Oder mit den Worten des BVerwG: „Einwendungen sind sachliches, auf die Verhinderung oder Modifizierung des beantragten Vorhabens abzielendes Gegenvorbringen."[913]

---

911 *Creifelds,* Rechtswörterbuch, S. 377; ähnlich Deutsches Rechtslexikon Bd. 1, S. 1147; Dudens Deutsches Universalwörterbuch, S. 1284. Ausführlich zum Begriff der Einwendung *Ahlers*, Beteiligungsrechte, S. 49 f.; *Philipp*, Präklusionsvorschriften, S. 24 ff.; *Solveen*, Präklusion, S. 21 ff.; *Wilting*, Genehmigungsverfahren, S. 44 f.

912 *Czajka*, Feldhaus, § 10 Rdnr. 55; *Frenz*, Kotulla, § 10 Rdnr. 97; *Wilting*, Gestufte Genehmigungsverfahren, S. 44 f.

913 So die grundlegende Definition in BVerwGE 60, 297 (297, 300) zum Atomrecht, dem die Rechtsprechung für das BImSchG folgt: BVerwG, NVwZ 1987, 131 (131 f.); OVG Münster, NVwZ-RR 1989, 638 (639); VGH München, NVwZ-RR 2000, 661 (666); VGH Mannheim, v. 07.07.2009 – 5 S 967/08. Mit leichten Modifikationen ebenso die Literatur: *Brandt*, NVwZ 1997, 233 m.w.N.; *Büllesbach/Diercks*, DVBl. 1991, 469 (470 Fn 22); *Czajka*, Feldhaus, § 10 Rdnr. 55; *Degenhart*, FS für Menger, S. 621 (625); *Frenz*, Kotulla, § 10 Rdnr. 97; *Korbmacher*, UPR 1994, 325 (326); *Kurz*, Juristische Aspekte, S. 24; *Kutscheidt*, Öffentliches Immissionsschutzrecht, S. 275; *Nöthlichs*, BImSchG, § 10 Anm. 10.4; zum Begriff der Einwendung *Ahlers*, Beteiligungsrechte, S. 50; *Graffe*, Bürgerbeteiligung, S. 75 f.; *Philipp*, Präklusionsvorschriften, S. 24 ff.; *Sellner/Reidt/Ohms*, Immissionsschutzrecht, S. 168; *Storost*, Ule/Laubinger, § 10 Rdnr. D42; *Wilting*, Gestuftes Genehmigungsverfahren, S. 45. Zum Einwendungsbegriff bereits vor der Entscheidung des BVerwG *Papier*, NJW 1980, 313 (315 ff.): Einwendungen seien jedes Vorbringen auch bzgl. der Unbilligkeit und Unzweckmäßigkeit der Entscheidung und nicht auf Abwehrrechte Dritter begrenzt. Z.T. jedoch

bb) Vortrag, der keine Einwendung darstellt

Keine Einwendungen sind demnach – wegen ihrer fehlenden Sach- und Vorhabensbezogenheit – Beanstandungen des behördlichen Verfahrens[914] und – wegen ihrer verschiedenen Zielrichtungen – Bedenken, die in behördlichen Stellungnahmen oder behördlich eingeholten Sachverständigenvoten geäußert werden.[915]

Liegen Einwendungen nur bei einem sachlichen Gegenvorbringen vor, muss ihnen zumindest ein gewisser sachlicher Gehalt innewohnen. Eine schlichte Ablehnung (das bloße „Nein", der allgemeine „Protest" oder eine „grundsätzliche Ablehnung") oder die bloße Erklärung, gegen das Vorhaben werden Einwendungen erhoben und eine Begründung nachgereicht, genügen daher nicht.[916]

---

in diese Richtung missverstanden (etwa von *Niedzwicki*, Präklusion S. 39 f.), da er die Ausschlusswirkung nur auf Einwendungen bezieht, die subjektive Abwehrrechte Dritter sind (S. 317). Dabei behandelt er nicht mehr den Begriff der Einwendung, sondern die Frage, ob die Präklusion anspruchsvernichtend oder -lähmend wirkt (so auch *Nierhaus*, Beweismaß, S. 321 f.).

914 BVerwG, NVwZ 1986, 472 (473); *Czajka*, Feldhaus, § 10 Rdnr. 55; *Frenz*, Kotulla, § 10 Rdnr. 97; eingehend *Hill*, Fehlerhaftes Verfahren, S. 447 f.; *Storost*, Ule/Laubinger, § 10 Rdnr. D42. Ergibt sich gerade aus dem Verfahrensverstoß die Rechtsbetroffenheit, liegt hingegen eine Einwendung vor: BVerwG, NVwZ 1995, 999 (1000); VGH München, NVwZ-RR 2000, 661 (662); VG Köln, v. 11.08.2009 – 14 K 4720/06 – (juris Rdnr. 44 f.); *Hirsch/Didczuhn*, DVBl. 1991, 428 (432); ausführlich *Röhl/Ladenburger*, Präklusion, S. 30 f.

915 BVerwG NVwZ 1995, 905 (907); *Czajka*, Feldhaus, § 10 Rdnr. 55; *Frenz*, Kotulla, § 10 Rdnr. 97; *Jarass*, BImSchG, § 10 Rdnr. 70.

916 Die schlichte Mitteilung, gegen das Vorhaben Einwendungen zu erheben, genügte noch VG Freiburg, DVBl. 1976, 804 (807); DVBl. 1976, 807 (809); *Schulz*, DVBl. 1977, 326 (329). Ein einfaches „Nein" führt jedoch in keine Richtung, und die bloße Mitteilung, es würden Einwendungen erhoben, erlaubt keine Differenzierung, ob Einwendungen auf besonderen privatrechtlichen Titeln beruhen und daher auf den ordentlichen Rechtsweg zu verweisen sind. Weder erleichtert solcher Vortrag die behördliche Sachverhaltsermittlung, noch trägt er zur sachlichen Bewältigung des Vorhabens bei. Zur absolut h.M. statt vieler: BVerwGE 60, 297 (300); BVerwG, NVwZ 1982, 433 (433); BVerwG v. 30.01.1995 – 7 B 20/95 –; BVerwG, v. 29.06.2004 – 4 B 34/04 –; VGH München, NVwZ-RR 2000, 661 (666); *Czajka*, Feldhaus, § 10 Rdnr. 56; *Dietlein*, L/R, § 10 Rdnr. 133; *Frenz*, Kotulla, § 10 Rdnr. 97; *Graffe*, Bürgerbeteiligung, S. 78; *Jarass*, BImSchG, § 10 Rdnr. 72; *Nöthlichs*, BImSchG, § 10 Anm. 10.4; *Oexle*, Präklusion, S. 119; *Solveen*, Präklusion, S. 24 ff.; *Storost*, Ule/Laubinger, § 10 Rdnr. D 42; Ausführlich zur Behandlung allgemeinen Protest: BVerwG, NVwZ 1984, 234 (234); OVG Münster, v. 06.03.2006 – 8 B 870/05 – (juris); VGH Kassel, v. 07.05.2009 – 6 C 1142/07.T – (juris); *Büllesbach/*

b) Notwendiger Inhalt

Nach der Begriffsbestimmung des BVerwG müssen Einwendungen inhaltlich auf die Verhinderung oder Modifizierung des geplanten Vorhabens gerichtet sein. Es müsste daher der Behörde ein Sachverhalt bekannt gegeben werden, der ergibt, dass die Voraussetzungen einer Genehmigungserteilung für das Vorhaben – wie es derzeit geplant ist – nicht vorliegen. Einwendungen sind folglich nicht auf die Geltendmachung von Rechtsverletzungen beschränkt. Vielmehr können alle Gesichtspunkte vorgetragen werden, die einer Genehmigung entgegenstehen können (sog. *Jedermann-Einwendungen*[917]).

Eine gerichtliche Überprüfung kann ein Einwender jedoch nur mit solchem Vortrag erreichen, aus dem sich die Verletzung eigener Rechte ergibt. In solchen sog. *Betroffeneneinwendungen* sind folglich das als gefährdet angesehene Rechtsgut sowie die befürchteten Beeinträchtigungen darzulegen.[918] Daher ist etwa derjenige, der nur vorträgt, er sorge sich um seine Arzneimittelkulturen, mit seinem erstmaligen Vorbringen im gerichtlichen Verfahren, das Vorhaben beeinträchtige sein Grundstück, ausgeschlossen.[919]

Diercks, DVBl. 1991, 469 (470 Fn 22) m.w.N.; *Philipp*, Präklusionsvorschriften, S. 29 f. Zum Nachreichen einer Begründung: *Czajka*, Feldhaus, § 10 Rdnr. 56; *Korbmacher*, UPR 1994, 325 (326); *Sellner/Reidt/Ohms*, Immissionsschutzrecht, S. 168; *Song*, Kooperatives Verwaltungshandeln, S. 78; *Wilting*, Gestuftes Genehmigungsverfahren, S. 45. VGH Mannheim DÖV 1976, 679 (680); VGH Mannheim, v. 17.10.1978 – X 580/77- (juris); VGH München, DVBl. 1979, 673 (674).

917 Zur Definition und Abgrenzung zur Betroffenen-Einwendung siehe bereits in Fn 205 S. 49.

918 Nur in Nuancen verschieden die Literatur: *Czajka*, Feldhaus, § 10 Rdnr. 56, 64; *Degenhart*, in: FS für Menger, S. 621 (632); *Dietlein*, L/R, § 10 Rdnr. 133; *Frenz*, Kotulla, § 10 Rdnr. 98; *Graffe*, Bürgerbeteiligung, S. 78; *Ibler*, in: Friauf/Höfling, Berliner Kommentar, Bd. 2 Art. 19 IV Rdnr. 342; *Jarass*, BImSchG, § 10 Rdnr. 97; *Niedzwicki*, Präklusion, S. 51 ff., der sich kritisch zu einer Substantiierung von Einwendungen äußert, ohne festzulegen, was er hierunter versteht; *Nöthlichs*, BImSchG, § 10 Anm. 10.4; *Röhl/Ladenburger*, Präklusion, S. 29; *Stober*, AöR 106 (1981), 41 (76); *Storost*, Ule/Laubinger, § 10 Rdnr. D42. Grundlegend zum vglbaren Atomrecht: BVerwGE 60, 297 (311) und BVerfGE 61, 82 (117 f.); zuvor ähnlich VGH Mannheim, DÖV 1976, 679 (680); VGH Mannheim, DVBl. 1977, 345 (346); VGH München, DVBl. 1979, 673 (683); später BVerwGE 80, 207 (219 f.); BVerwG, NVwZ 1995, 999 (1000) Für das BImSchG folgend: BVerwG, NVwZ 1987, 131 (131 f.); OVG Lüneburg, NVwZ 1987, 341 (341 ff.); VGH Mannheim, NVwZ-RR 1999, 298 (299); VGH München, NVwZ-RR 2000, 661 (662, 666); VGH München, NVwZ 2003, 1138 (1139).

919 BVerwGE 60, 297 (311). Ebenso kann derjenige, der allein Beeinträchtigungen seines Grundstücks durch Erschütterungen in der Bauphase geltend macht, solche durch

Die Darlegungen von Rechtsgut und befürchteter Beeinträchtigung können im Detaillierungsgrad stark variieren. Wie umfangreich und tiefgehend ein Vorbringen sein muss, ist für einen Einwender im Hinblick auf die Präklusion von erheblicher Bedeutung. Es ist daher zweierlei zu beachten: Einerseits sollen Einwendungen die Behörde über den relevanten Sachverhalt unterrichten und daher möglichst detailliert sein. Andererseits sind Einwender betroffene Bürger, die sich zumeist sachunkundig in kürzester Zeit über ihre mögliche Betroffenheit bewusst werden und Bedenken vortragen müssen. In Anbetracht des drohenden Ausschlusses für das gerichtliche Verfahren sollten die Anforderungen daher nicht zu hoch angesetzt werden.[920] Die inhaltliche Konkretisierung der Einwendungen steht damit im Spannungsfeld von ‚effektivem' Rechtsschutz und ‚effektiver' Information der Behörde.[921] In der Rechtsprechung haben sich neben der groben Einordnung als substantiiert oder unsubstantiiert feine Nuancen herausgebildet.

aa) Der Detaillierungsgrad im Laufe der Rechtsprechung

Die konkreten Anforderungen der Rechtsprechung an den Detaillierungsgrad von Einwendungen variierten im Laufe der Zeit.

(1) Vor Whyl und Sasbachwalden

Vor den Entscheidungen Whyl und Sasbachwalden genügte im Atomrecht, wenn Rechtsposition und mögliche Beeinträchtigung *andeutungsweise* geltend gemacht[922] bzw. das Thema, das zu Bedenken Anlass gab, *angeschnitten* wurde[923].

---

den späteren Eisenbahnverkehr nicht monieren (BVerwG, NVwZ 1999, 70 (70). Wer nur Erschütterungen im Hinblick auf Gebäudeschäden anspricht, ist mit deren Auswirkungen auf Menschen ausgeschlossen (OVG Bremen, v. 18.02.2010 – 1 D 599/08 – (juris Rdnr. 104).

920 VGH Mannheim, NVwZ-RR, 1999, 298 (300); VGH München, NVwZ-RR 2000, 661 (666); VGH München, NVwZ, 2003, 1138 (1139); VGH München, v. 22.03.2012 – 22 ZB 12.149, 22 ZB 12.151 – (juris Rdnr. 13); VG Augsburg, v. 14.11.2012 – Au 4 K 12.433 – (juris Rdnr. 34); *Czajka, Feldhaus*, § 10 Rdnr. 56; *Dietlein*, L/R, § 10 Rdnr. 134; *Hoffmann-Riem*, VVDStRL 40 (1982), 187 (221); *Hoppe/Beckmann/Kauch*, Umweltrecht, § 21 Rdnr. 105; *Pietzcker*, VVDStRL 41 (1983), 193 (206); *Schmidt-Aßmann*, in: Maunz/Dürig, GG, Bd. III Art. 19 Abs. 4, Rdnr. 261 m.w.N.; *Sellner/Reidt/Ohms*, Immissionsschutzrecht, S. 168; *Wilting*, Gestuftes Genehmigungsverfahren, S. 45 sowie im 2. Kapitel Fn 158 S. 39.

921 Ähnlich *Oexle*, Präklusion, 119.

922 VGH Mannheim, DVBl. 1977, 345 (346).

923 VGH Mannheim, DÖV 1976, 679 (680).

(2) Whyl und Sasbachwalden

Diese Anforderungen präzisierte das BVerwG im Whyl-Urteil: Einwendungen seien dann hinreichend substantiiert, wenn sie erkennen ließen, welches seiner Rechtsgüter der Einwender als gefährdet ansehe. Dabei müsse er das Rechtsgut bezeichnen und die befürchteten Beeinträchtigungen darlegen, nicht jedoch vorbringen, weshalb er die Gefährdung befürchte.[924] Das BVerfG bestätigte und konkretisierte die Anforderungen dahingehend, dass es ausreiche, wenn die Einwendungen *in groben Zügen* erkennen ließen, welche Rechtsgüter als gefährdet angesehen und welche Beeinträchtigungen befürchtet werden. Dabei dürfe nicht mehr gefordert werden als das durchschnittliche Wissen eines nicht sachverständigen Bürgers in Bezug auf mögliche Beeinträchtigungen von Leben, Gesundheit und sonstiger geschützter Rechtspositionen durch das in Rede stehende Vorhaben.[925]

(3) Folgezeit

In der Folgezeit von Whyl und Sasbachwalden finden sich sowohl die Formulierungen des BVerfG[926] als auch die des BVerwG[927].

(4) Änderung im Jahr 1996

Im Jahr 1996 fordert das BVerwG – soweit ersichtlich zum ersten Mal – für einen präklusionsausschließenden Vortrag, dass dieser *so konkret* sein müsse, dass die Planfeststellungsbehörde erkennen könne, in welcher Weise sie bestimmte Belange einer näheren Betrachtung unterziehen solle.[928] Im konkreten Fall war die veränderte Formulierung nicht entscheidungserheblich. Der Kläger hatte lediglich

924 BVerwGE 60, 297 (311); VGH München, DVBl. 1979, 673 (683): Der Einwender darf sich im Wesentlichen auf die Darstellung bedrohter eigener Rechtsgüter beschränken.

925 BVerfGE 61, 82 (117 f.).

926 Siehe nur: BVerwGE 80, 207 (220); OVG Lüneburg, NVwZ 1987, 341 (341 f.); OVG Münster, NVwZ 1993, 385 (385); OVG Berlin NVwZ 1995, 1023 (1024).

927 Statt vieler: BVerwG, NVwZ 1995, 999 (1000); OVG Koblenz, NVwZ-RR 1994, 381 (382).

928 BVerwG, NVwZ 1997, 171 (172). Zuvor ähnlich der VGH Kassel, NVwZ 1988, 1040 (1043) zu den besonderen Anforderungen an Einwendungen eines Naturschutzverbandes, die hinreichend konkret erhoben werden müssten.

allgemeine Unmutsäußerungen erhoben[929], die anerkanntermaßen keine Einwendungen darstellen.[930]

(5) Rechtsprechungspraxis bis heute

Die nachfolgende Rechtsprechung erscheint uneinheitlich. Teilweise wird die neue Formulierung des BVerwG übernommen,[931] teils an der des BVerfG[932] bzw. BVerwG[933] festgehalten. Teilweise wird versucht, beide Formeln zu verbinden: Einwendungen seien zwar einerseits so konkret wie möglich auszugestalten, andererseits seien Rechtsgut und befürchtete Beeinträchtigung desselben nur in groben Zügen darzustellen.[934]

---

929 „Einspruch gegen den Bau der Autobahn A 4 Abschnitt Nieder Seifersdorf - Görlitz. Hiermit erheben wir Einspruch gegen den Bau der Autobahn A 4 Abschnitt Nieder Seifersdorf - Görlitz. Wir sehen darin eine Verletzung der Grundrechte, die uns durch das Grundgesetz der BRD gewährt werden, insbesondere der Artikel 1, 2 und 14 des Grundgesetzes. Wir finden es empörend, wie Betroffene von der ausführenden Firma behandelt werden.“ (Wortlaut des dem Urteil zugrunde liegenden Einwendungsschreibens (BVerwG v. 12.02.1996 - 4 A 38/95 - Rn 5 ff. juris).

930 Dazu bereits unter bb) Vortrag, der keine Einwendung darstellt S. 223.

931 Zum BImSchG: BVerwG, v. 24.07.2008 – 7 B 19/08 (juris Rdnr. 10); OVG Magdeburg, v. 13.05.2003 – 2 M 285/02 – (juris Rdnr. 7); OVG Berlin-Brandenburg, v. 14.05.2007 – 11 S 83.06 – (juris Rdnr. 47); VG Oldenburg, v. 11.12.2008 – 5 A 2653/08 – (juris Rdnr. 37); OVG Lüneburg, v. 22.01.2009 – 12 KS 288/07 – (juris Rdnr. 50); VGH Kassel, v. 16.09.2009 – 6 C 1005/08.T – (juris Rdnr. 107); zum FStrG: BVerwG, NVwZ 2002, 726 (726); BVerwG, NVwZ 2005, 813 (817); OVG Lüneburg, v. 21.10.2009 – 7 KS 32/08 – (juris Rdnr. 39); zum AEG: VGH München, v. 17.07.2009 – 22 A 09.40006 – (juris Rdnr. 32); VGH München v. 29.01.2010 – 22 A 09.40005 – (juris Rdnr. 18); OVG Berlin v. 18.02.2010 – 1 D 599/08 – (juris Rdnr. 103) (zum § 47 BImSchG); VG Ansbach, v. 19.10.2011 – AN 11 K 10.00643 – (juris Rdnr. 40) (zum UmwRG).

932 Zum BImSchG: VGH Kassel, v. 07.06.1996 - Bs V 14/96; OVG Münster, v. 06.03.2006 – 8 B 870/05 – (juris Rdnr. 14); VG München, v. 15.12.2009 – M 1 SN 09.4066 – (juris Rdnr. 20); VG Arnsberg, v. 07.04.2011 – 7 K 2493/10 Rdnr. 30; VGH München, v. 22.03.2012 – 22 ZB 12.149, 22 ZB 12.151 – (juris Rdnr. 13); VG Augsburg, v. 14.11.2012 – Au 4 K 12.433 – (juris Rdnr. 34); sowie zum FStrG: BVerwG, v. 29.06.2004 – 4 B 34.04 – (juris Rdnr. 3) und BVerwG, v. 20.01.2010 – 9 A 22/08 (juris Rdnr. 43); BVerwG, v. 14.07.2011 – 9 A 14/10 – (juris Rdnr. 17); OVG Münster, v. 21.01.2009 – 11 D 41/06.AK-; VGH Mannheim, NVwZ 1998, 986 (986) (zur LBO Ba-Wü); VG Braunschweig, v. 08.05.2009 – 6 B 335/08 – (zum StrG).

933 BVerwGE 105, 178 (183); BVerwG, v. 07.07.2010 – 7 VR 2/10, 7 VR 2/10 (7 A 3/10) – (juris Rdnr. 35).

934 Zum BImSchG: VGH München, NVwZ-RR 2000, 661 (666); VGH München, NVwZ 2003, 1138 (1139); OVG Magdeburg, v. 01.10.2003 – 2 M 236/03 – (juris Rdnr. 7); VG

(6) Beurteilung der Entwicklung

Der Wunsch nach einer Systematisierung der Rechtsprechung scheint nicht erfüllbar. Weder werden bestimmte Formulierungen nur für bestimmte Fachgesetze verwandt, noch für bestimmte Präklusionsbetroffene wie Naturschutzverbände oder Gemeinden. Lediglich eine gewisse Tendenz lässt sich ermitteln.[935]

Die Formulierung lässt sich nicht als lediglich textliche Variation ohne inhaltliche Änderung verstehen.[936] In der grundlegenden Entscheidung[937] war die Modifikation nicht entscheidungserheblich, da bereits nach früherem Verständnis die erhobenen Bedenken präkludiert waren.[938] Ein Abweichen von Formulierungen früherer Urteile wäre daher für die Entscheidung nicht erforderlich gewesen. Genügte es bisher, wenn sich Einwender im Wesentlichen auf die Darstellung der bedrohten eigenen Rechtsgüter beschränkten,[939] stellt die neue Formel bereits von der Wortwahl her höhere Anforderungen.[940] Sie kann daher auch nicht als eine unbeachtliche Nunancierung ohne Folgen auf die Bestimmung des Substantiierungsgrades beurteilt werden.

Augsburg, v. 31.10.2003 – Au 4 K 02.1199 – (juris Rdnr. 15); VGH Kassel, v. 07.05.2009 – 6 C 1142/07.T – (juris Rdnr. 84); OVG Münster, v. 27.11.2009 – 8 B 1546/09.AK – (juris Rdnr. 52 ff.); OVG Münster, 09.12.2009 – 8 D 10/08.AK – (juris Rdnr. 100, 130); VGH München, v. 09.06.2011 – 22 ZB 10.2192 22 ZB 10.2395 – (juris Rdnr. 16) sowie zum FStrG: BVerwG, NVwZ 2008, 678 (678, 679); BVerwGE 131, 274 (288); OVG Münster, v. 13.04.2011 – 11 D 37/10.AK – (juris Rdnr. 68); VGH Mannheim, v. 08.10.2012 – 5 S 203/11 – (juris Rdnr. 80); VG Braunschweig, v. 23.04.2009 – 2 A 224/07 – (juris Rdnr. 20) (zum GentG); VG Frankfurt, v. 29.04.2009 – 3 K 5651/06.F – (juris Rdnr. 65) (zum HWG); VGH München, v. 17.07.2009 – 22 A 08.40041 – (juris Rdnr. 21) (zum PBefG); VG Köln, v. 11.08.2009 – 14 K 4719/06 – (juris Rdnr. 53) (zum LWG); VGH München v. 24.01.2011 - 22 A 09.40059 – juris Rdnr. 53) (zum AEG).

935 Die alte Formulierung des BVerfG sowie die Verknüpfung mit der neuen des BVerwG wird vor allem bei Einwendungen Privater verwandt. Sind Gemeinde oder Naturschutzverbände Einwender oder richtet sich die Präklusion nach FStrG, findet häufig die neue Formel des BVerwG Anwendung – auch für Privateinwender.

936 So aber *Oexel*, Präklusion, S. 121 f.: Es sei trotz Änderung der Formulierung an der bestehenden Rechtsprechung zu den inhaltlichen Anforderungen festgehalten worden. Anders hingegen *Solveen*, DVBl. 1997, 803 (806); *ders.*, Präklusion, S. 113 passim.

937 BVerwG, NVwZ 1997, 171.

938 Es handelte sich um pauschale Einwendungen (dazu (4) Änderung im Jahr 1996 S. 226).

939 VGH München, DVBl. 1979, 673 (683).

940 Der Vortrag müsse *so konkret* sein, dass die Behörde erkennen könne, in welcher Weise sie bestimmte Belange einer näheren Betrachtung unterziehen solle.

Hintergrund der veränderten Anforderungen könnte ein veränderter Blickwinkel sein, aus dem der Substantiierungsgehalt beurteilt wird: Anfänglich stand der Bürger im Fokus und welche Anforderungen an den Erhalt seiner Rechte zumutbar sind. In neuerer Zeit rückt vermehrt der weitere Zweck der Einwendungserhebung – die Unterstützung der Behörde bei ihrer Sachverhaltsermittlung – in den Blickpunkt.[941] Damit verschiebt sich der Prüfungsmaßstab für die Substantiiertheit und die Anforderungen an den Einwendungsinhalt verschärfen sich.

Diese Entwicklung ist im Hinblick auf die Rechtsschutzbeschränkung durch die materielle Präklusion kritisch zu beurteilen. Es besteht die Gefahr, dass nicht mehr der Einwender mit seinen als Laien begrenzten Darlegungsmöglichkeiten der Maßstab für die Entscheidung über die Substantiiertheit ist, sondern ob die Behörde aufgrund des Vortrages erkennen konnte, welche Belange sie näher betrachten sollte. Dabei bleibt die Behörde trotz Präklusion und der damit verbundenen Darlegungslast Betroffener verpflichtet, den relevanten Sachverhalt von Amts wegen vollständig zu ermitteln.[942] Sinn der Präklusion und damit der Einwendungserhebung ist zudem nicht in erster Linie die Sachverhaltsermittlung durch die Betroffenen.[943] Vielmehr sollen zum Schutz des Antragstellers solche Einwender mit ihrem gerichtlichen Begehren ausgeschlossen werden, die ihre Bedenken – trotz Möglichkeit hierzu – nicht im Verfahren vorgetragen haben. Zumindest findet die Präklusion hierin ihre Rechtfertigung für die Beeinträchtigung Drittbetroffener in deren Rechtsschutz aus Art. 19 IV GG.[944] Problematisch wäre es daher, wenn der relevante Bezugspunkt – der klagebefugte Einwender – aus der Betrachtung ausschiede. Wird nicht mehr aus seiner Sicht beurteilt, welche Beeinträchtigungen ein durchschnittlicher Laie in der Kürze der Zeit aufgrund der ausgelegten Unterlagen erkennen und vorbringen kann, besteht

---

941 Besonders deutlich VG Aachen v. 14.09.2005 – 6 K 372/03 – (Rdnr. 44 juris): Mögliche Einwendungen zu erheben dient *primär* der Information der Genehmigungsbehörde, daneben *aber auch* dem Schutz der von der Anlage potentiell Betroffenen. Wortgleich mit *Jarass*, BImSchG (5. Aufl.), § 10 Rdnr. 70, in der 9. Aufl. fehlt das Wörtchen „primär“.

942 Auch wenn teilweise beobachtet wurde, dass die Verwaltung sich auf die Position des passiven Schiedsrichters zurückgezogen hatte. (So *Pietzcker*, VVDStRL 41 (1983), 193 (204)).

943 Bedenklich wäre es, wenn der Staat seine Verpflichtung zur Sachverhaltsaufklärung und die damit verbundene Pflicht zur ausreichend personell und finanziell ausgestatteten Behörde auf den Bürger abwälzen würde.

944 Ausführlich im 1. Kapitel B III. 2. e) aa) Grundrechtsschutz Dritter S. 54 ff.

die Gefahr, dass der Grad der Substantiiertheit nicht mehr an der Zumutbarkeit für Drittbetroffene gemessen wird. Dabei ist eine materielle Präklusion nur verfassungskonform, wenn durch sie der Rechtsweg nicht unzumutbar erschwert wird. Dies gilt zumindest für solche Einwendungen, die eigene Rechte betreffen (sog. Betroffenen-Einwendungen). Für Jedermann-Einwendungen kann ein schärferer Maßstab gelten, da dies die eigene Rechtswahrung nicht unmittelbar beeinträchtigt.

Höhere Anforderungen können auch für Gemeinden oder Naturschutzverbände gelten.[945] Ihre Situation ist vielfach – etwa in personeller, finanzieller und organisatorischer Hinsicht – nicht mit der der üblicherweise betroffenen Privateinwender vergleichbar. Naturschutzverbänden ist zudem ihre Mitwirkungsbefugnis wegen ihrer besonderen Fachkunde sowie ihrem Beitrag zur Behebung von Vollzugsdefiziten auf dem Gebiet des Naturschutzes und der Landschaftspflege eingeräumt.[946] Ihre Beteiligung dient folglich vor allem der Sachverhaltsermittlung, so dass ein Abstellen auf die Eignung ihres Beitrages hierzu keine Rechtsverletzung darstellt.

Für präklusionsausschließende Betroffenen-Einwendungen genügt folglich die grobe Darlegung von Rechtsgut und befürchteter Beeinträchtigung, während für sog. Jedermann-Einwendungen sowie Einwendungen von Gemeinden und Naturschutzverbänden höhere Anforderungen gestellt werden können. Hierauf ist bei der Beurteilung der konkreten Anforderungen zu achten.

bb) Darlegung eigener Betroffenheit

Ein Einwender hat das seiner Ansicht nach gefährdete Rechtsgut zu bezeichnen und die befürchtete Beeinträchtigung darzulegen.[947] Einem Vortrag, der allgemein die abstrakte Gefährlichkeit chemischer Anlagen rügt und nicht die aus der geplanten Anlage befürchteten Beeinträchtigungen, fehlt daher i.d.R. die erforderliche Vorhabensbezogenheit. Ergeben sich allerdings Anhaltspunkte für eine Betroffeneneigenschaft (z.B. aus der Adressenangabe) und werden drohende Gefahren der konkreten Anlage – nicht irgendeiner – moniert, so genügt dies für eine Einwendung. So entnahm etwa das OVG Münster aus der Anschrift des Einwenders, dass dieser in unmittelbarer Nähe der zur Genehmigung stehenden

945 Ähnlich *Röhl/Ladenburger*, Präklusion, S. 26 f.

946 BVerwG, v. 22.01.2004 – 4 A 4/03 (juris Rdnr. 27) (=BVerwG, NVwZ 2004, 861 (863 f.)); BVerwG, 09.07.2009 – 4 C 12/07 – (juris Rdnr. 46); VG Ansbach, v. 19.10.2011 – AN 11 K 10.00643 – (juris Rdnr. 40); OVG Magdeburg, v. 15.12.2011 – 5 A 195/09 – (juris Rdnr. 92); OVG Koblenz, v. 18.01.2013 – 11 D 70/09.AK – (juris Rdnr. 89).

947 Nachweise in Fn 919 S. 224.

Kohleölanlage wohnte und somit die von ihm für die Bevölkerung befürchteten Gesundheitsgefährdungen durch Chemikalien auf ihn ebenfalls zutrafen.[948]

Eine ausführlichere Darlegung der eigenen Betroffenheit ist dagegen dann erforderlich, wenn sich die befürchteten Beeinträchtigungen aus Umständen ergeben, die allein im Rechtskreis des Einwenders liegen.[949] Von solch individuellen Besonderheiten kann eine Behörde erst Kenntnis erlangen, wenn ihr diese vom Betroffenen vermittelt wird. Genauere Ausführungen sind hier dem Bürger möglich und – da sie seinen Rechtskreis betreffen – zumutbar.

cc) Abhängigkeit vom Detaillierungsgrad ausgelegter Unterlagen

Einwendungen können nur Gesichtspunkte aufgreifen, die sich aus den ausgelegten Unterlagen ergeben.[950] In jüngerer Zeit leitet die Rechtsprechung darüberhinaus aus Umfang und Detaillierungsgrad der ausgelegten Unterlagen weitergehende Anforderungen an den Einwendungsinhalt ab: Je ausführlicher die Unterlagen seien, desto ausführlicher hätten ebenso die Einwendungen zu erfolgen (sog. Grundsatz der Proportionalität des Vorbringens[951]).[952]

---

948 OVG Münster, NVwZ 1993, 385 (385); ähnlich VGH München, NVwZ-RR 2000, 661; VGH Mannheim, NVwZ-RR 1999, 298; OVG Münster, NVwZ-RR 1989, 638 (638) (zum BImSchG), sowie BVerwGE 80, 207 (220) (zum AtomR).

949 *Frenz*, Kotulla, § 10 Rdnr. 99; *Nöthlichs*, BImSchG, § 10 Anm. 10.4; *Jarass*, BImSchG, § 10 Rdnr. 97; *Storost*, Ule/Laubinger, § 10 Rdnr. D63; VGH München, v. 09.06.2011 – 22 ZB 10.2192 22 ZB 10.2395 – (juris Rdnr. 16): liegt die besondere Erschütterungsempfindlichkeit nicht auf der Hand, hat dies der Einwender zu benennen. Grundlegend zum AtomR: BVerwGE 60, 297 (311); 80, 207 (220); BVerwG, NVwZ 1995, 905 (906) Wer ein Rechtsgut nur pauschal benennt, kann nur eine ebenso pauschale Prüfung erwarten, die eine besondere, vom Üblichen abweichende Disposition nicht zu berücksichtigen braucht; schärfer noch VGH München, v. 21.10.2009 – 8 ZB 09.1469 - (zum VwVfG), wonach allein die Behauptung, die Trassenführung zerstöre den wesentlichen und wertvollsten Teil aller bewirtschafteten Flächen, nicht für die Darlegung konkreter Existenzgefährdung genüge.

950 *Degenhart*, FS für Menger, S. 621 (632); *Dietlein*, L/R, § 10 Rdnr. 134; 2. Kapitel B. II. 2. a) Fehlende Kenntnis vom Vorhaben S. 33.

951 VGH München, v. 04.04.2013 - 22 A 12.40048 – (juris Rdnr. 28).

952 Zuerst wohl BVerwG, NVwZ 2004, 861 (863 f.); ihm folgend BVerwG, NVwZ 2004, 1114 (1115); BVerwG, NVwZ 2005, 943 (946); BVerwG, NVwZ 2008, 678 (678 f.); BVerwGE 131, 274 (275, 288 f.); BVerwG, v. 09.08.2010 - 7 C 29/09 – (juris Rdnr. 8); BVerwG, NVwZ 2012, 176 (178); OVG Bautzen, v. 08.12.2005 – 5 BS 184/05 – (juris Rdnr. 53); VG Bremen, v. 29.11.2007 – 5 K 565/07 – (juris Rdnr. 37) (in ZUR 2008, 368 (372) nicht abgedruckt); OVG Münster, NuR 2008, 431 (431 f.); VGH Kassel, NuR 2008, 785 (792 f.); OVG Koblenz, NuR 2009, 636 (638); VGH Kassel,

Gefordert wurden etwa eine einzelartenscharfe[953] bzw. fundierte[954] Darlegung oder eine plausible Darlegung der Verletzung sowie eine hinreichend plausible Fixierung des Untersuchungsraumes.[955] Im Einzelfall kann dies dazu führen, dass sich Einwendungen auf mehr als 450 Seiten auf hohem Niveau detailliert mit Naturschutzbelangen auseinander setzen und der eine – erst im gerichtlichen Verfahren als entscheidungserheblich erkannte – weniger detailliert beleuchtete Punkt präkludiert ist.[956]

Bislang betraf diese Verschärfung die Rügen einer Verletzung von Naturschutzbelangen insbesondere durch *anerkannte Naturschutzvereinigungen*. Im Hinblick auf ihre erhebliche Blockademöglichkeit, ihrer Aufgabe, Vollzugsdefizite im Umweltrecht zu beseitigen, sowie ihres größeren Sachverstandes erscheint ein detaillierter Vortrag bereits im Genehmigungsverfahren eher zumutbar als betroffenen Einzelpersonen. Andererseits darf eine Verschärfung ihre Einwendungsmöglichkeit nicht faktisch beseitigen. Immerhin sind detaillierte Einwendungen innerhalb der sechswöchigen Frist von überwiegend ehrenamtlichen Verbändemitgliedern zu erstellen. Als (gerade noch) zumutbar erscheint es daher, wenn von Verbänden Angaben zum möglichen betroffenen Schutzgut, den ihm drohenden Beeinträchtigungen sowie der räumlichen Zuordnung eines Vorkommens oder einer Beeinträchtigung gefordert werden.[957]

Eine Übertragung dieser Anforderungen auf *Betroffene im Immissionsschutzrecht* würde die Wahrung ihres vorgelagerten Rechtsschutzes erheblich erschweren.

Von einem betroffenen Einwender können nicht allein deswegen detaillierte Einwendungen verlangt werden, weil der Antragsteller umfangreiche Unterlagen vorlegt. Dies liefe der Zumutbarkeit der Rechtswegbeschränkung sowie dem Gedanken der Waffengleichheit zuwider. Ein Einwender hätte innerhalb von nur sechs Wochen seine Bedenken in entsprechend substantiierter Form vorzutragen. Ein Antragsteller kann hingegen zu einem ihm passenden Zeitpunkt Gutachten

---

v. 21.08.2009 – 11 C 318/08.t – (juris Rdnr. 406); VGH Kassel, v. 16.09.2009 – 6 C 1005/08.T – (juris Rdnr. 107) (in ZUR 2010, 46 (51) insoweit nicht abgedruckt); VGH München, v. 30.09.2009 – 8 A 08.40050 – (juris Rdnr. 70); VGH München, NuR 2010, 214 (215 f.); VG Ansbach, v. 19.10.2011 – AN 11 K 10.00643 – (juris Rdnr. 40).

953 So OVG Münster, NuR 2008, 431 (432).

954 BVerwG, NVwZ 2004, 861 (863).

955 VGH München, v. 30.09.2009 – 8 A 05.40050 – (juris Rdnr. 70).

956 So im Fall des VGH Kassel v. 21.08.2009 – 11 C 318/08.T – (juris Rdnr. 407 f., 410).

957 Grundlegend BVerwG, NVwZ 2004, 861 (863). Kritisch *Schmidt*, ZUR 2011, 296 (297, 299 ff.); ZUR 2011, 210 (218).

in Auftrag geben und seinen Antrag erst dann bei der Behörde stellen, wenn alle Gutachten und Unterlagen in der – seiner Ansicht nach – erforderlichen Tiefe vorliegen. Er ist (zunächst) relativ frei hinsichtlich der Erstelldauer und des Detaillierungsgrades seiner Unterlagen. Neben der zeitlichen Komponente ist ein Antragsteller auch in fachlicher und organisatorischer Hinsicht in der Regel dem durchschnittlich informierten Drittbetroffenen deutlich überlegen. Eine den Naturschutzverbänden vergleichbare Lage besteht für Drittbetroffene ebenfalls nicht. Ihre Mitwirkung ist Folge ihres Grundrechtsschutzes und organisatorisch, fachlich und vielfach auch finanziell stehen sie den Naturschutzverbänden nach.[958]

Im Gerichtsverfahren steht dem Betroffenen-Einwender die verfassungsrechtlich verbürgte Klagebefugnis allein wegen der Verletzung eigener Rechte zu. Dies ist bei der Bestimmung der Anforderungen an dessen Einwendungsinhalt zu berücksichtigen. Der Detaillierungsgrad der ausgelegten Unterlagen kann daher nicht zu Lasten des Betroffenen-Einwenders in die Anforderungen an den Einwendungsinhalt einfließen.[959] Es bleibt daher für Betroffenen-Einwender insoweit bei den allgemeinen Anforderungen an den Einwendungsinhalt.

Etwas anderes kann für die Geltendmachung von Naturschutzbelangen eines *Enteignungsbetroffenen* im (Fern-)Straßenrecht gelten. Wegen der erheblichen enteignungsrechtlichen Vorwirkung steht ihnen eine erweiterte Einwendungs- und Klagemöglichkeit (sog. Vollüberprüfungsanspruch[960]) zu. Sie können alle Belange gerichtlich geltend machen und das Vorhaben auch aus Gründen verhindern, die nicht in der Verletzung eigener Rechte liegen. Allerdings bestehen auch schärfere Anforderungen. So forderte das BVerwG von einem privaten Einwender im Fernstraßenrecht, dass er zumindest in laienhafter Form die Naturschutzbelange benennt, deren Überprüfung er als unzureichend ansieht.[961] Für einen Einwender bedeutet dies, dass er sich bereits im Genehmigungsverfahren unbedingt fachkundiger Hilfe versichern sollte, um sich ein vollumfängliches Klagerecht zu erhalten.[962] Der Rechtsschutz wird hierdurch erheblich eingeschränkt.

---

958 Hierzu ausführlich VGH München, v. 04.04.2013 - 22 A 12.40048 – (juris Rdnr. 28).

959 So auch VGH München, v. 04.04.2013 - 22 A 12.40048 – (juris Rdnr. 28).

960 BVerwG, NVwZ 2008, 678 (678 f.).

961 BVerwG, NVwZ 2008, 678 (678 f.) Die Einwender hatten im konkreten Fall vorgetragen: „Wir wollen nicht, dass unsere Landschaft mit ihrer Fauna und Flora zerstört wird". Ähnlich VGH München, v. 14.12.2012 – 8 ZB 11.1485 – (juris Rdnr. 12) wonach FFH-Rechte überhaupt nicht vorgetragen wurden.

962 In gleicher Richtung kritisch Nolte, jurisPR-BVerwG 18/2008 Anm. 6 unter D. Eine mit den Naturschutzverbänden vergleichbare Situation besteht insoweit nicht, als Enteignungsbetroffenen der besondere Sachverstand fehlt und ihr Recht die Verletzung auch

Auf das Immissionsschutzrecht ist diese Rechtsprechung zumindest für Betroffenen-Einwendungen nicht übertragbar. Die Klagebefugnis Betroffener umfasst allein die Verletzung eigener Rechte, so dass es an einer vergleichbaren Situation fehlt.

Der Substantiierungsgrad der Einwendungen kann folglich im Immissionsschutzrecht für einen Naturschutzverband vom Detaillierungsgrad der ausgelegten Unterlagen abhängen. Für Einwender, die durch die geplante Anlage in ihren Rechten betroffen werden, kann dies nur insoweit gelten, als sich aus den Unterlagen ein niederigerer Detaillierungsgrad ergibt. Andernfalls wäre seine Rechtsschutzmöglichkeit in unzumutbarer Weise erschwert.

dd) Vom Wissen eines durchschnittlichen zu dem eines individuellen Laien

In Einwendungen sind solche Gesichtspunkte vorzutragen, die für einen nicht sachverständigen Bürger mit durchschnittlichem Wissen erkennbar sind.[963] Vereinzelt wird in neuerer Zeit gefordert, dass ein Einwender die Gesichtspunkte

---

öffentlicher Belange zu rügen, auf der verfassungsrechtlich garantierten erweiterten Rechtsschutzmöglichkeit wegen Enteignung beruht (dazu z.B. BVerwG, NVwZ 2008, 678 (678 f.) - 9 A 27/06 - (juris Rdnr. 29)).

963 *Diekmann*, AbfallR, 2007, 278 (280 Fn 13); *Jarass*, BImSchG, § 10 Rdnr. 97; *Oexle*, Präklusion, S. 120; *Röhl/Ladenburger*, Präklusion, S. 26; *Storost*, Ule/Laubinger, § 10 Rdnr. D42; *Wilting*, Gestuftes Genehmigungsverfahren, S. 45; zum Atomrecht: BVerfGE 61, 82 (117 f.); BVerwGE 80, 207 (220); zum BImSchG: VGH München, NVwZ 2003, 1138 (1139); OVG Magdeburg, v. 01.10.2003 – 2 M 236/03 – (juris); VG Augsburg, v. 31.10.2003 – Au 4 K 02.1199 – (juris); OVG Münster, v. 06.03.2006 – 8 B 870/05 – (juris Rdnr. 16); VGH Kassel, v. 07.05.2009 – 6 C 1142/07.T (juris Rdnr. 84); OVG Münster, v. 09.12.2009 - 8 D 10/08.AK – (juris Rdnr. 100); VG München, v. 15.12.2009 – M 1 SN 09.4066 – (juris Rdnr. 20); OVG Berlin-Brandenburg, v. 29.07.2010 – OVG 11 S 45.09 (juris Rdnr. 5). Scheinbar schärfer BVerwG, NVwZ 2004, 986 (986) (zum AEG), wonach es darauf ankomme, was sich einem Laien in seiner Lage von dessen eigenen Kenntnis- und Erfahrungshorizont her erschließe (wobei die Einwendungen als nicht präkludiert beurteilt wurden). Ebenso BVerwG, NVwZ 2008, 678 (679 f.) zu einem Vortrag, der zu pauschal erhoben wurde (zum FStrG) sowie OVG Münster, v. 13.04.2011 – 11 D 37/10.AK – (juris Rdnr. 70) VGH München, v. 22.03.2012 – 22 ZB 12.149, 22 ZB 12.151 – (juris Rdnr. 13) insoweit kein Einwand erhoben; VG Augsburg, v. 14.11.2012 – Au 4 K 12.433 – (juris Rdnr. 34) insoweit keine Ausführungen zum BImSchG; VGH München, v. 14.12.2012 – 8 ZB 11.1485 – (juris Rdnr. 11) insoweit kein Einwand (StrWG).

geltend zu machen habe „die sich einem Laien in seiner Lage von dessen eigenem Kenntnis- und Erfahrungshorizont her erschließen“.[964]

Diese Formulierung könnte als weitere Verschärfung des Detaillierungsgrades gesehen werden: Relevant sei der jeweilige individuelle Kenntnisstand. Hierdurch könnte die behördliche Sachverhaltsermittlung in idealer Weise unterstützt werden. Von einem Ingenieur wäre beispielsweise ein tiefergehenderer fachspezifischer Vortrag zu einer technischen Anlage und deren Auswirkungen zu erwarten als von einem Maler. Unter der Prämisse, dass jeder das nach seiner Lage Bestmögliche zur Sachverhaltsermittlung im Verfahren beisteuert – andernfalls insoweit für das gerichtliche Verfahren ausgeschlossen sein soll – würden nicht nur besondere Dispositionen sondern auch besonderes Fachwissen zu einer umfangreichen Darlegung bereits im Genehmigungsverfahren verpflichten.

Für eine umfangreiche Sachverhaltsermittlung mag dies wünschenswert sein, für Drittbetroffene stellte dies jedoch eine unzumutbare Beschränkung ihrer Rechtsschutzmöglichkeit dar. Denn auch wenn ein Ingenieur die Auswirkungen einer Anlage und die Gutachten zu den mit ihr verbundenen Beeinträchtigungen nachvollziehen kann, bedarf eine umfangreiche Überprüfung und mögliche Gegenvorstellung seine Zeit und einigen Aufwand. Die kurze Einwendungsfrist wird dafür regelmäßig nicht ausreichen.[965] Zudem erfolgt die Beteiligung Betroffener anders als bei Naturschutzverbänden nicht, um ihr besonderes Fachwissen einzubringen, sondern um sich ihre möglicherweise betroffenen Rechte zu wahren. Einem Betroffenen kann daher nicht zum Vorwurf gemacht werden, er habe Fehler in Gutachten nicht erkannt und vorgetragen, obwohl ihm dies aufgrund seiner Fachkunde (u.U.) möglich war. Dies mag für die Sachverhaltsermittlung und -beurteilung durch die Behörde hilfreich sein und aus eigenem Interesse wird er regelmäßig sein besonderes Fachwissen einfließen lassen. Für die Wahrung seines Rechtsschutzes kann es jedoch nicht erforderlich sein. Ihn hierzu zu verpflichten, wäre in Anbetracht der Präklusionswirkung unverhältnismäßig.

Tatsächlich konnte in der Rechtsprechung bisher kein Fall ermittelt werden, in dem Einwendungen ausgeschlossen waren, weil dem Einwender aufgrund seiner persönlichen Kenntnis und Erfahrung weiterreichende Einwendungen möglich gewesen wären. Vielmehr lagen in den meisten Fällen keine oder nur pauschale Einwände vor allem zu Naturschutzbelangen bzw. in fernstraßenrechtlichen

964 BVerwG, NVwZ 2004, 986 (986) (zum AEG). Zu der nachfolgenden Rechtsprechung Fn 964.

965 Bereits die Erstellung durch hauptberufliche Sachverständige nimmt einige Zeit und einigen Aufwand in Anspruch. Von einem Einzeleinwender kann dies nicht annähernd verlangt werden.

Verfahren vor. Die veränderte Formulierung ist daher nicht als eine Abweichung von den Anforderungen des BVerfG zum Mindestinhalt von Einwendungen, sondern als ihre Konkretisierung zu verstehen. Allerdings trägt sie zu Unklarheiten bei und sollte daher nicht verwandt werden.

Für eine den gerichtlichen Rechtsschutz erhaltende Einwendung kommt es folglich nicht auf das individuelle Wissen des jeweiligen Einwenders an, sondern auf das durchschnittliche Wissen eines Laien.

ee) Begründung oder Darlegung der Rechtsbeeinträchtigung

Nicht erforderlich ist eine Begründung, warum die geltend gemachte Beeinträchtigung befürchtet wird.[966]

Möchte beispielsweise ein Einwender eine Beeinträchtigung seines Hauses sowie seiner Gesundheit durch den geplanten Betrieb eines Steinbruchs darstellen, könnte er vortragen: Der geplante Betrieb werde sein Haus (*durch Erschütterungen, Lärm und Stäube aufgrund von Sprengungen zur Gesteinsgewinnung*) in dessen Substanz und Nutzbarkeit beeinträchtigen. Befürchtet werde außerdem eine Schädigungen seiner Atemwege (*durch Stäube, die beim Absprengen des Gesteins entstehen*) sowie eine Verminderung des allgemeinen Wohlbefindens, mit Potential zum Krankheitswert (*aufgrund des mit den Sprengungen verbundenen Lärms sowie der Erschütterungen*).

An sich bezeichnen bereits die Sätze ohne Klammerzusätze Rechtsgut und befürchtete Beeinträchtigung, sodass die Klammerzusätze die verzichtbare Begrün-

---

966 *Czajka*, Feldhaus, § 10 Rdnr. 56, 65; *Dietlein*, L/R, § 10 Rdnr. 134; *Frenz*, Kotulla, § 10 Rdnr. 98; *Graffe*, Bürgerbeteiligung, S. 78 m.w.N.; *Nöthlichs*, BImSchG, § 10 Anm. 10.4; *Oexle*, Präklusion, S. 120; *Philipp*, Präklusionsvorschriften, S. 100; *Sellner/Reidt/Ohms*, Immissionsschutzrecht, S. 168; *Storost*, Ule/Laubinger, § 10 Rdnr. D42. In der: grundlegend BVerwGE 60, 297 (311); zuvor bereits VGH München, DVBl. 1979, 673 (684); später BVerwGE 80, 207 (219 f.); zum BImSchG: VGH Mannheim, NVwZ-RR 1999, 298 (299); VGH München, NVwZ-RR 2000, 661 (662); VGH München, NVwZ 2003, 1138 (1139); OVG Magdeburg, v. 01.10.2003 – 2 M 236/03 – (juris Rdnr. 7); OVG Weimar, v. 22.02.2006 – 1 EO 708/05 – (juris Rdnr. 58) zum FStrG: BVerwG, NVwZ 2008, 678 (678, 679); VGH Mannheim, v. 08.10.2012 – 5 S 203/11 – (juris Rdnr. 80); zum AEG: BVerwG, NVwZ 2004, 340 (340). In der Sache wohl gleich, in der Terminologie allerdings verwirrend *Ahlers*, Beteiligungsrechte, S. 50; *Ipsen*, DVBl. 1980, 146 (147) und *Wilting*, Gestuftes Genehmigungsverfahren, S. 45 wonach ein sachliches Gegenvorbringen begrifflich erst vorliege, wenn es begründet sei; sowie *Jarass*, BImSchG, § 10 Rdnr. 97; wortgleich VG Aachen, v. 14.09.2005 – 6 K 372/03 – (juris Rdnr. 46) (zum BImSchG); ähnlich OVG Niedersachsen, v. 21.01.2004 – 7 KS 211/03 – (juris 3. Orientierungssatz) (zum VwVfG).

dung sein könnten. Ein Einwender hat sich aber gegen die konkrete Anlage zu wenden und mitzuteilen, welche Beeinträchtigungen er durch diese Anlage befürchtet. Die Zusätze stellen daher erst den Bezug zur jeweiligen Anlage her und sind daher in den Einwendungen mit zu bezeichnen.

Der Vortrag könnte jedoch wesentlich vertiefter ausfallen. Zu den befürchteten Beeinträchtigungen der Atemwege könnte er etwa ausführen, welche Schädigung (z.B. Pneumokoniose oder Asthma) er durch welche Stäube (z.B. lungengängige Q5-, Q10-Stäube oder andere kanzerogene Stoffe) befürchtet, durch welche Verfahren oder welche Betriebsabläufe diese freigesetzt werden und welche Alternativen hierzu möglich wären. Durch einen detaillierten Vortrag wäre es der Behörde deutlich leichter, die Auswirkungen der geplanten Anlage auf den Betroffenen abzuschätzen und zu beurteilen. Von einem Einwender kann jedoch nicht verlangt werden, dass er ausführt, *weshalb* er die Beeinträchtigung befürchtet und aufgrund welcher konstruktiver Merkmale der Anlage die Gefahr begründet ist.[967] In Anbetracht der hierfür erforderlichen Zeit und Fachkenntnis würde dies die Anforderungen an eine die Präklusion ausschließende Einwendung deutlich überspannen.[968]

Insoweit ist die Äußerung von *Jarass* kritisch zu beurteilen, wonach die Präklusion nur dann vermieden werde, wenn und soweit die Einwendungen ausreichend begründet wurden.[969] Auch wenn das OVG Weimar davon ausgeht, dass es nur eine missverständliche Passage sei,[970] besteht die Gefahr einer schleichenden Verschärfung der Anforderungen an den Einwendungsinhalt. So wird bereits die wortgleiche Formulierung vom VG Aachen ohne dahingehende Einschränkung verwandt.[971]

Eine Begründung etwa, weshalb eine Beeinträchtigung befürchtet wird, ist nicht erforderlich. Um Missverständnisse zu vermeiden, sollte daher auf die genaue Wortwahl geachtet werden.

---

967 So ausdrücklich VGH München, NVwZ 2000, 661 (666).

968 VGH München, NVwZ 2000, 661 (666).

969 *Jarass*, BImSchG, § 10 Rdnr. 97.

970 OVG Weimar, v. 22.02.2006 – 1 EO 708/05 – (juris Rdnr. 58).

971 VG Aachen, v. 14.09.2005 – 6 K 372/03 – (juris Rdnr. 46) (zum BImSchG); ähnlich OVG Niedersachsen, v. 21.01.2004 – 7 KS 211/03 – (juris 3. Orientierungssatz) (zum VwVfG).

ff) Tatsächliche oder rechtliche Hinweise

Eine rechtliche Würdigung des Vorhabens ist nicht erforderlich.[972] Es ist davon auszugehen, dass ähnlich des Grundsatzes Iura novit curia die Genehmigungsbehörde das Recht kennt, so dass vom Einwender lediglich ein Vortrag zum Sachverhalt erwartet werden kann. Umso erstaunlicher ist daher die Formulierung des BVerwG, das eine Einwendung als unsubstantiiert zurückwies, weil das Schreiben keinerlei näheren *rechtlichen* und tatsächlichen Hinweis darauf enthalte, was die Behörde konkret bedenken sollte.[973] Auf den konkreten Fall bezogen ist die Formulierung so zu verstehen, dass sich dem damaligen Vortrag keinerlei Anhaltspunkte für eine substantiierte Einwendung entnehmen ließ. Denn sicher können von Betroffenen-Einwendern weder rechtliche Ausführungen zum geplanten Vorhaben noch die Hinzuziehung eines sachverständigen Beistandes zur Beurteilung rechtlicher Fragen verlangt werden.[974] Dies würde Drittbetroffene überobligatorisch belasten, zumal Einwendungen die Behörde nur bei ihrer Sachverhaltsermittlung unterstützen sollen. Allerdings vermag die Formulierung zu Missverständnissen führen und sollte daher nicht verwandt werden. Einwendungen erfordern keine rechtliche Würdigung des Vorhabens.

gg) Zwischenergebnis

Betrachtet man die Einzelanforderungen für substantiierte Einwendungen, zeigen sich schärfere Anforderungen an Einwendungen von Naturschutzverbänden,[975] Gemeinden und Enteignungsbetroffene etwa im (Fern-)Straßenrecht. Ihr Vortrag ist so konkret auszugestalten, dass die Behörde erkennen kann, welche Belange sie

---

972 *Mutschler,* ET 1980, 164 (168); *Röhl/Ladenburger*, Präklusion, S. 28 f.; *Storost*, Ule/Laubinger, § 10 Rdnr. D42; VGH München, DVBl. 1979, 673 (683) (zum AtomR); VGH München, NVwZ-RR 2000, 661 (662) (zum BImSchG); VG Frankfurt, v. 29.04.2009 - 3 K 5651/06.F - (zum HWG).

973 BVerwG, NVwZ 1997, 171 (172). In einem späteren Urteil (BVerwG, NVwZ 2008, 678 (679 f.)) betonte es, dass *Privateinwendern* keine Obliegenheit zur rechtlichen Einordnung ihrer Einwendungen auferlegt werden könnte.

974 Teilweise scheint die Inanspruchnahme sachkundiger Hilfe zur Einwendungserhebung als zumutbar beurteilt zu werden. So das BVerwG, NVwZ 1997, 489 (490), das eine materielle Präklusion für verfassungskonform erachtet, wenn es dem betroffenen Bürger innerhalb eines angemessenen Zeitrahmens möglich ist, sich für die zu erhebenden Einwendungen sachkundiger Hilfe Dritter zu versichern. Ähnlich *Degenhart,* FS für Menger, S. 621 (632). Dagegen *Oexle*, Präklusion, S. 119.

975 *Kment,* UPR 2013, 41 (Fn 91) möchte durch eine stärkere Akzentuierung der Präklusion der objektiven Verbandsklage die Schärfe nehmen.

einer näheren Betrachtung unterziehen soll. Dabei sind die Anforderungen an die Detaillierungstiefe abhängig vom Detaillierungsgrad der ausgelegten Unterlagen. Dies ist auf Betroffenen-Einwendungen im Immissionsschutzrecht nicht anwendbar. Hier genügt es, wenn Rechtsgut und befürchtete Beeinträchtigung in groben Zügen dargelegt wird. Relevant ist dabei das Wissen eines durchschnittlichen, nicht sachverständigen Laien. Eine Begründung, weshalb die Beeinträchtigung befürchtet wird, ist ebenso wenig gefordert wie eine rechtliche Beurteilung. Eigene Betroffenheiten sind dagegen der Behörde ausführlich darzulegen.

c) Sonderfall: Bezugnahmen in Einwendungen

Überwiegend wird die Bezugnahme in einer Einwendung auf andere Schriftstücke nur dann als den Anforderungen entsprechend angesehen, wenn diese der Einwendungsschrift beigefügt oder innerhalb der Einwendungsfrist nachgereicht werden.[976] Eine Analyse der verschiedenen möglichen Bezugnahmen und der dazu existierenden Rechtsprechung ermöglicht eine differenziertere Beurteilung:

aa) Auf ein anderes Vorhaben in einem anderen Verfahren

Nimmt ein Einwender in seinem Vortrag Bezug auf frühere Schreiben zu einem anderen Verfahren, in dem er die Bedenklichkeit eines ganz anderen – lediglich vergleichbaren – Vorhabens darstellt, genügt dies unstreitig nicht für einen präklusionsausschließenden Vortrag. Mangels Vorhabensbezogenheit fehlt es bereits inhaltlich an einer Betroffenen-Einwendung.[977]

bb) Zum selben Vorhaben im selben Verfahren

Anders liegt es, wenn die Ausführungen, auf die Bezug genommen wird, bereits im selben Verfahren zum selben Vorhaben gegenüber derselben Behörde lediglich vor Beginn der Einwendungsfrist vorgebracht wurden. Sie betreffen das konkrete Vorhaben und liegen der Behörde vor. Ein Verwaltungsmehraufwand wird nicht erzeugt.[978] Betroffeneneigenschaft und Vorhabensbezogenheit der Einwendungen sind gegeben. Einen Einwender, der auf seine verfrüht eingelegten Einwendungen

---

976 *Czajka*, Feldhaus, § 10 Rdnr. 56; *Dietlein*, L/R, § 10 Rdnr. 133, 140; *Jarass*, BImSchG, § 10 Rdnr. 72; *Nöthlichs*, BImSchG, § 10 Anm. 10.4; *Schmidt-Aßmann*, Maunz/Dürig, GG, Bd. III, Art. 19 Abs. 4 Rdnr. 261; *Sellner/Reidt/Ohm*, Immissionsschutzrecht, S. 168; *Storost*, Ule/Laubinger, § 10 Rdnr. D42.

977 Ähnlich BVerwG, NVwZ 1987, 131 (131 f.); OVG Münster v. 06.03.2006 – 8 B 870/05 – (juris Rdnr. 20).

978 Die Akten liegen der Behörde quasi auf dem Tisch, werden möglicherweise von der gleichen Person bearbeitet. Eine Prüfung, ob frühere Einwendungen für das aktuelle

Bezug nimmt, um sie wirksam werden zu lassen, darauf zu verweisen, er hätte seine Einwendungen erneut vorlegen müssen, erschiene als reine Förmelei.[979] Eine Bezugnahme ist folglich zulässig.

cc) Zum gleichen Vorhaben im anderen Verfahren

Wesentlich komplexer ist die Konstellation, in der gegen das gleiche Vorhaben nur in einem anderen Verfahren Bedenken erhoben wurden und, statt diese erneut vorzulegen, hierauf lediglich verwiesen wird.

Teilweise wird eine Bezugnahme ausgeschlossen, wenn das Vorhaben für einen anderen Standort geplant und ein völlig neues Verfahren mit neuem Sicherheitsbericht, neuen Gutachten und neuer Auslegungs- und Einwendungsfrist eingeleitet wurde.[980] Der Bezug zu Vorbringen in einem vorangegangenen Verfahren sei nicht gestattet,[981] unabhängig davon, ob es in einem anderen Verfahren oder im Vorstadium des eigentlichen Verfahrens abgegeben worden sei.[982] Nur diese Formstrenge könne vermeiden, dass entgegen der gesetzgeberischen Beschleunigungsabsicht für die Feststellung des Inhalts der Einwendungen zunächst Akten – möglicherweise von anderen Behörden – beigezogen werden müssten.[983] Andererseits findet sich die Tendenz, eine Bezugnahme zuzulassen, wenn der Behörde die Stellungnahme bereits bekannt war und das gleiche Vorhaben – nur mit leichten Modifikationen – betraf.[984] Hierfür spricht, dass in einem solchen Fall die erneute Vorlage rein formal wäre und die Sachverhaltsermittlung nicht förderte.

Vorhaben relevant sind, fällt ebenso beim Beilegen oder Nachreichen an und stellt keinen Mehraufwand dar.

979 Zumal für das Wirksamwerden verfrüht erhobener Einwendungen zumindest ein Bezugnahme gefordert wird. Näher sogleich 4. S. 242 ff.

980 BVerwG, NVwZ 1982, 433 (433); vorgehend VGH Mannheim, v. 07.11.1980 – X 584/77 – (juris).

981 OVG Münster, NVwZ 1993, 385 (385).

982 BVerwG, NVwZ-RR 1998, 290 (291).

983 So BVerwG, NVwZ-RR 1998, 290 (291).

984 BVerwG, NVwZ 2005, 813 (815) nimmt wohl die Beachtlichkeit einer Bezugnahme auf eine frühere Stellungnahme im das gleiche Vorhaben betreffenden, aber nicht zum Abschluss gebrachten ersten Planfeststellungsverfahren an. Ähnlich BVerwG, NVwZ 2002, 726 (726), falls dem Amt Einwender und Anliegen „durch Schriftverkehr und persönliche Kontakte seit langem bekannt" sei. Dabei genügt es nach OVG Lüneburg, v. 21.10.2009 – 7 KS 32/08 – nicht, wenn der Einwender sich seit 1990 immer gegen die Straßenplanung gewandt habe, aber nicht gegenüber der gleichen, sondern gegenüber einer anderen Behörde.

Diese sich auf den ersten Blick widersprechende Rechtsprechung kann auf eine Abwägung im konkreten Einzelfall zurückgeführt werden:

Relevant ist der zweifache Zweck der Einwendungserhebung. Sollen einerseits Einwendungen die Sachverhaltsermittlung der Behörde fördern, ist ein Vortrag, dessen Inhalt sich der Behörde erst nach weiteren Ermittlungen erschließt, weniger förderlich. Sollen andererseits Einwendungen möglichen Drittbetroffenen den Rechtsweg offen halten, können zu strenge Anforderungen diesen zu stark beschränken und die Präklusion verfassungswidrig werden lassen. Nach einer Abwägung dieser Belange kann folgendes festgehalten werden:

Liegt der Behörde das in Bezug genommene Schreiben vor oder ist ihr der Inhalt nachweislich bekannt, ist die erneute Vorlage nicht erforderlich. Ein Ausschluss begründeter Einwendungen aus diesem Grund würde den Rechtsschutz über Gebühr erschweren, eine Präklusion wäre ungerechtfertigt. Befindet sich hingegen das Dokument bei einer anderen Behörde, von der es zunächst angefordert werden müsste, erscheint es unter dem Gesichtspunkt der Beschleunigung adäquat und zumutbar, vom Einwender die Vorlage dieses Dokumentes zu verlangen.

Damit können auch die Fälle gelöst werden, in denen ein Antragsteller seinen zunächst gestellten Antrag zurücknimmt, um einen modifizierten neuen Antrag zu stellen.[985] Zwischen beiden Verfahren kann ein so enger Zusammenhang bestehen, dass es sich für den Einwender als ein zusammenhängendes darstellt. Im Hinblick auf ein faires Verfahren[986] ist dieser Fall mit der Bezugnahme innerhalb desselben Verfahrens vergleichbar.

dd) Zusammenfassende Grundaussage

Im Hinblick auf die Präklusionswirkung kann folglich der Einwender auf bereits erhobene Einwendungen nur Bezug nehmen, wenn diese zum selben Vorhaben im selben Verfahren ergingen oder zum gleichen Vorhaben in einem anderen Verfahren, wenn diese der Behörde noch bekannt sind und das Vorhaben nicht wesentlich verändert wurde.

985 Rücknahmen hatten immerhin einen durchschnittlichen Anteil von 61% an den nicht genehmigten Verfahren in NRW 2004 (Auswertung ISA zum 31.12.2004 durch das Ministerium für Umwelt und Naturschutz, Landwirtschaft und Verbraucherschutz des Landes NRW abgedruckt in *Niedzwicki*, Präklusion, S. 248 (277)).

986 Die Behörde darf sich gegenüber dem Antragsteller nicht großzügiger verhalten und über gewisse Formerfordernisse hinwegsehen, Einwendungen anderer gegenüber hingegen sich streng und förmlich zeigen (BVerwGE 9, 9 (10), *Horn*, UPR 1984, 113 (116)).

4. Einwendungsfrist

Einwendungen können bis zwei Wochen nach Ablauf der Auslegungsfrist erhoben werden.[987] Gehen Einwendungen verspätet ein,[988] kann die Behörde nicht durch eine Verlängerung der Frist abhelfen.[989] Es besteht lediglich die Möglichkeit einer Wiedereinsetzung in den vorigen Stand.

a) Verfassungs- und Europarechtskonformität

Die Länge der Frist wurde vom BVerfG im Sasbach-Beschluss als zwar knapp bemessen, aber verfassungskonform beurteilt.[990] Rechtsprechung und Literatur sind dem überwiegend gefolgt.[991] Wird bei den Anforderungen an den Einwendungsinhalt die Kürze der Frist berücksichtigt, erscheint sie als gerade noch mit dem Rechtsschutzbedürfnis Betroffener vereinbar. Mit Europarecht steht sie ebenfalls im Einklang.[992]

---

987 § 10 III 4 BImSchG. Im Laufe der Zeit variierte die Länge der Einwendungsfrist und betrug 4 Wochen (§ 29 II GewO v. 1845), 14 Tage (§ 3 S. 1 GewO v. 1861; § 17 II 2 GewO v. 1869); 2 Monate (§ 10 III 1 BImSchG 1974). Mit Umsetzung der UVP-Richtlinie (85/337/EWG) wurde zum 01.08.1990 die Auslegungsfrist auf einen Monat verkürzt (BGBl. 1990, 205 (212)).

988 Bei der Erhebung von *Stüer/Probstfeld*, DÖV 2000, 701 (704) immerhin 35 Einwendungen.

989 BVerwG, NVwZ-RR 1999, 162 (162); OVG Niedersachsen, v. 21.01.2004 – 7 KS 211/03 –(juris); *Engelhardt/Schlicht*, BImSchG, § 10 Rdnr. 14; *Graffe*, Bürgerbeteiligung, S. 84 m.w.N.; sowie weitere Nachweise in Fn 103 S. 26. Anders als bei der Auslegungsfrist sind Umstände, die im Bereich der Behörde liegen und eine Einwendungserhebung innerhalb dieser Zeit verhindern, kaum denkbar.

990 BVerfGE 61, 82 (116).

991 Zuletzt sehr ausführlich VGH München, v. 04.04.2013 – 22 A 12.40048 – (juris Rdnr. 26 ff.); OVG Münster, v. 09.12.2009 - 8 D 10/08.AK – (juris Rdnr. 95); BVerwG, NVwZ 1997, 489 (490); *Bonk/Neumann*, in: Stelkens/Bonk/Sachs, § 73 Rdnr. 79 m.w.N.; *Dietlein*, L/R, § 10 Rdnr. 145; *Malkmus*, Industrie-Immissionen, S. 49 f.; *Metz*, Präklusion, S. 139; *Thiel*, DÖV 2001, 814 (818); eher kritisch: *Niedzwicki*, Präklusion, S. 53: wegen der Frist sei eine fundierte Untersuchung des Vorhabens selbst für Experten schwer erfüllbar; *Oexle*, Präklusion, S. 126.

992 Dazu nochmals ausführlich VGH München, v. 04.04.2013 – 22 A 12.40048 – (juris Rdnr. 30 ff. m.w.N.); OVG Koblenz, v. 12.02.2009 – 1 A 10722/08 – (juris Rdnr. 155 ff.).

b) Relevanter Einwendungszeitraum

Einwendungen, die *innerhalb* der Einwendungsfrist – von einem Monat und zwei Wochen[993] – erhoben werden, sind präklusionsausschließend, solche *nach* Ablauf der Frist grundsätzlich nicht.[994] Unklar ist die Folge, wenn Einwendungen *vor* Auslegungsbeginn eingehen.

Überwiegend wird angenommen, verfrühte Einwendungen – solche, die vor Fristbeginn erhoben wurden – seien nicht fristgerecht und daher präkludiert, wenn sie nicht innerhalb der Frist erneut vorgetragen werden.[995] Dies gebiete der Wortlaut des § 14 II der 9. BImSchV, der als rechtzeitig nur die „innerhalb der Einwendungsfrist" eingelegten Einwendungen ansehe. So sei auch die vom Gesetzgeber bewusst übernommene Vorgängerregelung §§ 16 ff GewO verstanden worden.[996] Im Interesse der Rechtssicherheit und gesetzgeberischen Beschleunigungsabsicht sei eine gewisse Formstrenge erforderlich, um Unklarheiten über den Kreis der Einwender und den Inhalt der Einwendungen zu vermeiden.[997]

Bei genauerer Betrachtung der Rechtsprechung lassen sich zwei Konstellationen unterscheiden: Im ersten Fall werden Bedenken *allein* vor Beginn der Einwendungsfrist – das Vorhaben ist noch nicht bekannt gemacht bzw. seine Unterlagen noch nicht ausgelegt – vorgetragen. Dieser Vortrag ist unstreitig präkludiert (aa).

---

993 In Anlehnung an den früheren Gleichlauf von Auslegungs- und Einwendungsfrist (heute noch in §§ 7 I, 6 I AtVfV) beginnt die Einwendungsfrist mit der Auslegung. *Czajka*, Feldhaus, § 10 Rdnr. 42, 55; *Dietlein*, L/R, § 10 Rdnr. 144 f.; *Frenz*, Kotulla, § 10 Rdnr. 96, 108; *Jarass*, BImSchG, §10 Rdnr. 74; *Nöthlichs*, BImSchG, § 10 Anm. 10.5; *Sellner*, NVwZ 1991, 305 (308); *Storost*, Ule/Laubinger, § 10 Rdnr. D50.

994 Vergleiche dazu im 1. Kapitel B. II. 2. Grenzen der Präklusionswirkung S. 33 ff.

995 So BVerwG, DVBl. 1973, 645 (645); VGH München, DVBl. 1979, 673 (674); VG Hannover, v. 12.05.1982 – 1 Hi A 101/81 – (juris); BVerwG v. 01.04.2005 – 9 VR 6/05 –; OVG Bautzen, v. 05.04.2006 – 5 BS 239/05 – (juris Rdnr. 76); *Dietlein*, L/R, § 10 Rdnr. 150 f.; *Frenz*, Kotulla, § 10 Rdnr. 108; *Horn*, UPR 1984, 113 (117); *Metz*, Präklusion, S. 22; *Nöthlichs*, BImSchG, § 10 Anm. 10.5.; *Storost*, Ule/Laubinger, § 10 Rdnr. D50, 57. Einen Ausschluss lehnen ab: *Jarass*, BImSchG, § 10 Rdnr. 74; *Philipp*, Präklusionsvorschriften, S. 38; *Graffe*, Bürgerbeteiligung, S. 83 f.; *Sellner/Reidt/Ohms*, Immissionsschutzrecht, S. 170; *Czajka*, Feldhaus, § 10 Rdnr. 66 lehnte früher einen Ausschluss für Einwendungen ab, die zwar vor der Auslegungsfrist, aber nach Bekanntmachung erhoben wurden. In der späteren Kommentierung (ab Januar 2011) bewertet er auch Einwendungen, die vor Beginn der Auslegungsfrist erhoben wurden, als nicht verfrüht und damit nicht präkludiert (*Czajka*, Feldhaus, § 10 Rdnr. 66).

996 *Dietlein*, L/R, § 10 Rdnr. 150; *Frenz*, Kotulla, § 10 Rdnr. 108.

997 *Dietlein*, L/R, § 10 Rdnr. 150.

Im anderen Fall äußert sich der Einwender vor Fristbeginn *und* während der Frist. Hier hängt ein Ausschluss von weiteren Umständen ab (bb).

aa) Einwendungen allein vor Fristbeginn

Potentielle Einwender können bereits vor der Bekanntmachung vom geplanten Vorhaben erfahren[998] und mit der Behörde in Kontakt treten, um frühzeitig ihre Bedenken in den Entscheidungsprozess einzubringen. Äußern sie sich nicht mehr innerhalb der späteren Einwendungsfrist, ist für die Behörde nicht erkennbar, ob sie an ihren Einwendungen festhalten möchten. Denkbar ist, dass die ausgelegten Unterlagen – mit Gutachten und der Darlegung der Maßnahmen zur Vermeidung von Beeinträchtigungen Dritter – ihre Befürchtungen zerstreuen konnten. Sowohl der Kreis der Einwender als auch der Inhalt ihrer Einwendungen sind ungewiss. Einwendern kann daher zugemutet werden, gegenüber der Behörde innerhalb der Frist endgültig zu bekunden, ob und an welchen Bedenken sie festhalten möchten. Aus Gründen der Rechtssicherheit ist folglich ein Vortrag allein vor Fristbeginn keine präklusionsausschließende Einwendung.[999]

bb) Vorbringen vor und während der Einwendungsfrist

Werden Bedenken vor und während der Einwendungsfrist vorgetragen, hängt es von der konkreten Situation ab, ob sie präkludiert werden.

Präkludiert ist ein Vortrag, der vor Beginn der Einwendungsfrist erhoben wurde und der in den während der Frist eingehenden Äußerungen nicht wieder aufgegriffen wird.[1000] In diesem Fall bleibt ungewiss, an welchen Aspekten der Einwender festhalten möchte und welche sich in der Zwischenzeit u.U. erledigt haben. Von einem Einwender wird jedoch nichts Unzumutbares verlangt, wenn er innerhalb der Einwendungsfrist bekunden soll, an welchem bisher vorgebrachten Gegenvorbringen er festhalten möchte.

Rechtssicherheit und Beschleunigungsabsicht verlangen hingegen keinen Ausschluss, wenn sich fristgemäß erhobene Einwendungen auf vor Fristbeginn vorgebrachte Bedenken beziehen. Variiert nur der Detaillierungsgrad, stellen etwa die späteren Einwendungen eine Zusammenfassung der früheren detaillierteren

---

998 Etwa, weil der Antragsteller im Vorfeld auf sein Vorhaben öffentlich oder gegenüber Betroffenen hingewiesen hat oder Einwender durch die Tagespresse auf das Vorhaben aufmerksam wurden.

999 BVerwG, DVBl. 1973, 645 (645 f.); VGH München, DVBl. 1979, 637 (684); BVerwG, v. 01.04.2005 – 9 VR 6/05 – (juris).

1000 OVG Bautzen, v. 05.04.2006 – 5 BS 239/05 – (juris Rdnr. 76).

dar, ist eine Aufrechterhaltung des früheren Vortrages anzunehmen. Sowohl die Person des Einwenders als auch der Inhalt der Einwendungen ist bekannt. Die Bezugnahme ist, da sie im selben Verfahren bezüglich desselben Vorhabens erfolgt, zulässig und unbedenklich.[1001] Ein Einwendungsaussschluss aus diesem Grund wäre nicht gerechtfertigt.[1002]

Werden Bedenken *vor* Fristbeginn vorgetragen, sind sie zur Vermeidung der Präklusion innerhalb der Frist erneut vorzutragen, wobei der Detaillierungsgrad abgeschwächt sein kann.

5. *Weitere Behandlung durch die Behörde*

Eingehende Einwendungen werden von der Behörde erfasst und hinsichtlich ihres tatsächlichen und rechtlichen Gehalts – zumeist rechnergestützt – ausgewertet.[1003]

Entsprechen die Eingaben nicht den formalen oder inhaltlichen Anforderungen, sind sie dennoch entgegenzunehmen und der Prüfung zugrundezulegen.[1004] Auf festgestellte Mängel soll hingewiesen und eine Korrektur angeregt werden.[1005] Übersieht die Behörde einen Mangel, wird er dadurch nicht gegenstandslos.[1006] Die Behörde bleibt somit auch nach der Erhebung von Einwendungen verpflichtet, den Sachverhalt und rechtlichen Gehalt der Einwendungen von Amts wegen zu ermitteln.[1007] Beruhen Einwendungen auf besonderen privatrechtlichen Titeln,

---

1001 Zur zulässigen Bezugnahme bb) Zum selben Vorhaben im selben Verfahren S. 239.

1002 BVerwG, DVBl. 1973, 645 (646) lässt u.U. eine Verweisung auf den früheren Vortrag ganz oder teilweise zu.

1003 Zur Durchführung in der Praxis ausführlich *Stüer/Probstfeld*, DÖV 2000, 701 (703).

1004 § 24 III VwVfG. Ausführliche Literaturnachweise in Fn 104 S. 26. BVerwGE 9, 9 (12 ff.); BVerwGE 60, 297 (309 f.) sowie *Hawkes*, Faktor Mensch, S. 153; *Nöthlichs*, BImSchG, § 10 Anm. 10.6; *Solveen*, Präklusion, S. 19, umfassend zum Verhältnis Präklusion – Amtsermittlungsgrundsatz auf S. 39 ff. und S. 61 ff.

1005 § 25 VwVfG. BVerwG, NVwZ-RR 1998, 290 (291); *Dietlein*, L/R, § 10 Rdnr. 141; *Frenz*, Kotulla, § 10 Rdnr. 108; *Graffe*, Bürgerbeteiligung, S. 77; *Nöthlichs*, BImSchG, § 10 Anm. 10.5; *Sellner/Reidt/Ohms*, Immissionsschutzrecht, S. 169; *Storost*, Ule/Laubinger, § 10 Rdnr. D50.

1006 VGH Mannheim, DVBl. 1977, 345 (347); BVerwGE 60, 297 (297); BVerwG, NVwZ 1997, 171 (172); *Frenz*, Kotulla, § 10 Rdnr. 111; *Nöthlichs*, BImSchG, § 10 Anm. 10.6.

1007 *Von Danwitz*, UPR 1996, 323 (325); *Papier*, NJW 1980, 313 (316 f.); *Röhl/Ladenburger*, Präklusion, S. 40 f.; *Stober*, AöR 106 (1981), 41 (76) beurteilt die Meinung des BVerwG, wonach derjenige, der ein Rechtsgut nur pauschal benenne, auch nur eine ebenso pauschale Prüfung erwarten könne (BVerwGE 60, 297 (311)), als sachlich unhaltbar und dem angestrebten Interessenausgleich abträglich. Dabei kann das

verweist die Behörde sie auf den ordentlichen Rechtsweg.[1008] Solche Einwendungen sind für die Entscheidung über den Genehmigungsantrag grundsätzlich unerheblich.[1009]

Zur Vorbereitung auf den Erörterungstermin werden die eingegangenen Einwendungen Antragsteller und beteiligten Behörden, soweit deren Aufgabenbereich berührt ist, zur Kenntnis gebracht (§ 12 II der 9. BImSchV).[1010] Auf Wunsch können dabei Name und Anschrift der Einwender unkenntlich gemacht werden.[1011]

III. Ergebnis und Ausblick

Einwendungen bilden einen Teil des wegen der Präklusionswirkung erforderlichen vorgezogenen Rechtsschutzes.[1012] Sie sind daher unverzichtbarer Bestandteil des Genehmigungsverfahrens.

Damit der gerichtliche Rechtsschutz potentieller Vorhabensbetroffener nicht unzumutbar beeinträchtigt wird, ist zumindest diesen die Möglichkeit zur Einwendungserhebung zu eröffnen. Die Erweiterung auf jedermann dient der Rechtssicherheit und Beschleunigung. Im Stadium der Einwendungserhebung sind nämlich Art und Ausmaß der Auswirkungen durch das Vorhaben und damit der Kreis potentieller Betroffener nicht sicher zu bestimmen.[1013] Eine Begrenzung

---

BVerwG – aufgrund des textlichen Zusammenhangs – auch so verstanden werden, dass in der behördlichen Prüfung keine besonderen Dispositionen Betroffener zu berücksichtigen sind, wenn diese nicht zur Kenntnis der Behörde gelangten.

1008 § 10 III 6 BImSchG, § 15 der 9. BImSchV. Dies bedeutet keine prozessuale Verweisung i.S.d. § 17 GVG.

1009 *Storost*, Ule/Laubinger, § 10 Rdnr. D58.

1010 *Czajka*, Feldhaus, § 10 Rdnr. 56; *Storost*, Ule/Laubinger, § 10 Rdnr. D53.

1011 § 12 II 3 der 9. BImSchV. Dies wird etwa aus Datenschutzgründen gewünscht oder aus Sorge vor persönlichen Nachteilen. Eine Anonymisierung ist nicht möglich, wenn die Angaben zur ordnungsgemäßen Durchführung des Verfahrens erforderlich sind. *Czajka*, Feldhaus, § 10 Rdnr. 56; *Storost*, Ule/Laubinger, § 10 Rdnr. D53.

1012 Die Präklusionswirkung erfordert einen Vortrag durch die potentiellen Vorhabensbetroffenen (siehe 2. Kapitel B. IV. 4. Möglichkeit rechtswahrenden Vortrags durch Drittbetroffene S. 76).

1013 Zu den Abgrenzungsschwierigkeiten 2. Kapitel B. IV. 1. b) Individueller oder öffentlicher Hinweis insbes. S. 73 (Fn 301). Unklarheiten und Streitigkeiten bezüglich der Betroffeneneigenschaft werden in diesem Stadium vermieden. Ein mögliches Mehr an – nicht klagebefugten – Einwendern belastet den Antragsteller nicht unverhältnismäßig und ist der behördlichen Sachverhaltsermittlung eher dienlich. Ähnlich *Steinberg*, DÖV 1982, 619 (625).

der Einwendungsbefugnis wäre daher denkbar, jedoch nicht gewinnbringend, sondern ineffektiv und wegen möglicher Rechtsstreitigkeiten der Verfahrensbeschleunigung eher hinderlich. Zwingend zu beteiligen sind wegen der Präklusionswirkung daher nur potentielle Vorhabensbetroffene.

Die Einwendungserhebung hat schriftlich gegenüber der Genehmigungs- oder Auslegungsbehörde zu erfolgen. Hierdurch kann nachgewiesen werden, ob, wann und inwieweit Bedenken im Genehmigungsverfahren gegenüber der Behörde vorgetragen wurden. Aus Beweisgründen ist hieran festzuhalten. Überlegenswert ist eine erleichterte Einlegung mittels elektronischer Kommunikation. In Betracht käme dafür eine E-Mail mit elektronischer Signatur. Der einfachen E-Mail fehlt es an einem der Unterschrift vergleichbaren Abschluss sowie Echtheitsnachweis.[1014]

Die besonderen Anforderungen an die Einlegung von Masseneinwendungen dienen der Vereinfachung des Verfahrens. Ihre Abschaffung ist denkbar, jedoch nicht von der Präklusionswirkung gefordert.

Um eine Präklusion zu verhindern, sind inhaltlich das als betroffen angesehene Rechtsgut sowie die befürchtete Beeinträchtigung anzugeben. Bei dem Vortrag muss es sich um ein auf die Verhinderung oder Modifizierung des beantragten Vorhabens abzielendes Gegenvorbringen handeln. An den Detaillierungsgrad sind wegen der drohenden Rechtswegbeschränkung keine zu hohen Anforderungen zu stellen. So genügt eine Darlegung eigener Rechtsgutsbeeinträchtigung in groben Zügen ohne Begründung und rechtliche Würdigung. Für Privateinwender ist der Detaillierungsgrad ihrer Einwendungen nicht von dem der Antragsunterlagen abhängig. Für Naturschutzverbände gilt dies wegen ihrer besonderen Sachkenntnis und ihrer Sonderstellung im Verfahren nicht. Ihr Sonderwissen haben sie bereits in das Genehmigungsverfahren einzubringen, wohingegen für Einwendungen Privater der Maßstab des nicht sachverständigen Bürgers mit durchschnittlichem Wissen gilt. Besondere Dispositionen, von denen die Behörde keine Kenntnis erlangen kann, sind allerdings auch von ihnen vorzutragen.

In Einwendungen kann auf andere Schreiben Bezug genommen werden, wenn diese der Behörde vorliegen, sei es, dass sie bereits im selben Verfahren oder in einem anderen Verfahren zum gleichen Vorhaben erhoben wurden. Damit der Rechtsschutz nicht unzumutbar erschwert wird, sollten keine weitergehenden Anforderungen an den Einwendungsinhalt Drittbetroffener gestellt werden.

Werden Einwendungen nach Fristende erhoben, sind diese in der Regel präkludiert. Einwendungen, die vor Fristbeginn bei der Behörde eingehen, können die Präklusion ebenfalls nicht verhindern. Etwas anderes gilt, wenn aus einer

1014 Ausführlich oben Fn 903 S. 220.

während der Frist erhobenen Einwendung erkennbar wird, dass und in welchem Umfang an dem ursprünglichen Vortrag festgehalten werden soll. Der Zeitraum für eine Einwendungserhebung ist äußerst knapp bemessen. Bei den derzeitigen Anforderungen an die Einwendungserhebung ist die Einwendungsfrist jedoch als verfassungs- und europarechtskonform zu beurteilen. Denkbar wäre eine gesetzliche Verlängerung der Frist, die jedoch wegen der Genehmigungswirkungen nicht erforderlich ist.

Eine Verbesserung kann eine entsprechende Information der betroffenen Öffentlichkeit bewirken. Informationsdefizite tragen zu einem wesentlichen Teil zu nicht erhobenen, unvollständigen oder fehlerhaften Einwendungen bei. Die Bürgerproteste um ‚Stuttgart 21' verdeutlichten, dass in der Planungsphase die Dimension eines Vorhabens häufig nur schwer zu fassen ist. Erst als ein Teil der Auswirkungen erkennbar wurden – die Abriss- und Baumfällarbeiten begannen –, regte sich der breite Widerstand in der Bevölkerung.

F. Erörterungstermin

Nach Ablauf der Einwendungsfrist kann die Genehmigungsbehörde die rechtzeitig gegen das Vorhaben erhobenen Einwendungen mit Antragsteller und Einwendern erörtern (§ 10 VI BImSchG, §§ 14 ff. der 9. BImSchV).

I. Höhepunkt der Partizipation oder überflüssiger Kampftermin?

Der Begriff der Erörterung wird in der klassischen Rhetorik für die Untersuchung und Betrachtung eines Problems aus verschiedenen Blickwinkeln heraus verwendet.[1015] Eine solche Erörterung soll dementsprechend den relevanten Sachverhalt aus allen denkbaren Blickwinkeln beleuchten, Behörde und Allgemeinheit verhelfen, ein möglichst umfassendes Bild über Gefahren und Vorteile des geplanten Projektes zu gewinnen, und eine objektive Beurteilung der Genehmigungsfähigkeit sowie den Ausgleich widerstreitender Interessen ermöglichen. Der Erörterungstermin dient folglich der Information und Sachaufklärung, dem vorgelagerten Rechtsschutz, der Entscheidungsvorbereitung und -optimierung, vergrößert die Akzeptanz des Vorhabens und kann den Umweltschutz stärken.[1016]

1015 Hierauf verweist *Graffe*, Bürgerbeteiligung, S. 94 m.w.N.

1016 BRegBegr. BT-Drs. 15/4646, S. 30; BRegBegr. zu AtVfV BR-Drs. 524/76 S. 8; RegBegr. zu § 13 d. 9. BImSchV BR-Drs. 526/76 S. 9; *Büllesbach/Diercks*, DVBl. 1991, 469 (470 f.); *Cancik*, DÖV 2006, 107, (111 f.); *Dietlein*, L/R, § 10 Rdnr. 212; *Erbguth/Schlacke*, Umweltrecht, § 5 Rdnr. 41; *Frenz*, Kotulla, § 10 Rdnr. 149; ausführlich *Guckelberger*, DÖV 2006, 97 (97 ff., 99 ff.) m.w.N.; *Hawkes*, Faktor Mensch, S. 153; *Hellmann*, Öffentlichkeitsbeteiligung, S. 260; *Hett*, Öffentlichkeitsbeteiligung, S. 59 f.; *Hoffmann-Riem/Rubbert*, Atomrechtlicher Erörterungstermin, S. 17 ff.; *Hoppe/Beckmann/Kauch*, Umweltrecht, § 21 Rdnr 108; ausführlich *Jacoby*, Beschleunigung, S. 77 f.; *Jestaedt*, Kondominialverwaltung, S. 133 ff.; *Kurz*, Juristische Aspekte, S. 25, 28; *Kloepfer*, Umweltrecht, § 14 Rdnr. 146; *ders.*, UPR 2005, 41 (45) zum Umweltschutz durch Information; *Kluth*, in: Wolff/Bachof/Stober, § 62 Rdnr. 110; *Kutscheidt*, Öffentliches Immissionsschutzrecht, S. 276; eingehend *Lange*, DVBl. 1975, 130 (131 f.); *Manten*, DVBl. 2009, 213 (215); *v. Mutius*, DVBl. 1978, 665 (666); ausführlich *Riese/Dieckmann*, DVBl. 2010, 1343 (1345 f.); *Sellner/Reidt/Ohms*, Immissionsschutzrecht, S. 175; *Sparwasser/Engel/Voßkuhle*, Umweltrecht, § 4 Rdnr. 120; *Song*, Kooperatives Verwaltungshandeln, S. 78; *Stober*, AöR 106 (1981), 41 (57 f.); *Storost*, Ule/Laubinger, § 10 Anm. G6; *Stüer/Probstfeld*, DÖV 2000, 701 (704); *Würtenberger*, Akzeptanz, S. 120 f.

Im Fokus stehen dabei überwiegend zwei Ziele: die Sachverhaltsaufklärung und der vorgezogene Rechtsschutz.[1017]

Diametral zu den in einen Erörterungstermin gesetzten Erwartungen steht die Beurteilung seines tatsächlichen Stellenwertes. Einige feiern ihn als Höhepunkt partizipatorischer Bürgerbeteiligung,[1018] während er von anderen als zeitraubender Kampftermin und damit für überflüssig erachtet wird.[1019]

1. Intention der Erörterung

Tatsächlich sind Erörterungstermine keine „Erfindung" der Partizipationsbewegung der 70er des letzten Jahrhunderts,[1020] sondern seit der PrAllgGewO von 1845 im Immissionsschutz verankert.[1021] Als Kernstück und Höhepunkt der

---

1017 *Dietlein*, L/R, § 10 Rdnr. 212; *Graffe*, Bürgerbeteiligung, S. 93; *Jacoby*, Beschleunigung, S. 77 f.; *Hawkes*, Faktor Mensch, S. 153; *Manten*, DVBl. 2009, 213 (215); *Sellner/Reidt/Ohms*, Immissionsschutzrecht, S. 175 m.w.N. *Song*, Kooperatives Verwaltungshandeln, S. 78. *Jarass*, BImSchG, § 10 Rdnr. 78 benennt nur noch die Verbreiterung der behördlichen Informations- und Entscheidungsgrundlage. In der 5. Aufl. § 10 Rdnr. 86 zählte er noch Akzeptanzförderung zu den Zielen.

1018 Siehe Fn 1023 S. 251.

1019 So *Dippel*, NVwZ 2010, 145; *Riese/Dieckmann*, DVBl. 2010, 1343.

1020 Dazu etwa *Würtenberger*, Akzeptanz, S. 27 m.w.N. Weitere Nachweise bei *Hendler/Wu*, DVBl. 2014, 78 (Fn 1).

1021 In § 31 S. 2 PrAllgGewO 1845 („Andere Einwendungen dagegen hat die Polizeiobrigkeit unter Zuziehung des Unternehmers zum Protokoll vollständig zu erörtern." (GS 1845 S. 41 (47)), § 5 S. 2 GewO 1861 („Andere Einwendungen dagegen hat die Ortspolizeibehörde unter Zuziehung der Parteien vollständig zu erörtern." (GS 1861, S. 749 (750 f.)), § 19 S. 2 GewO 1869 („Andere Einwendungen dagegen sind mit den Parteien vollständig zu erörtern." (BGBl. des Norddt. Bundes 1869, S. 245 (250)) und seit 1974 bis 2007 unverändert in § 10 VI BImSchG (BGBl. 1974, S. 721 (725). (Zur Historie etwa *Deppen*, Beteiligungsrechte, S. 17 ff. zum Preußischen Enteigungsgesetz 1874; *Guckelberger*, DÖV 2006, 97 (97)). Erörterungstermine in anderen Gesetzen: § 18a AEG; § 7 AtG; § 17 Ia FStrG; § 6 GenTAnhV; § 10 LuftVG; § 29 PBefG; § 9 I 2 UVPG i.V.m. § 73 VI VwVfG; § 73 VwVfG; § 14a WaStrG.

Bürgerbeteiligung[1022] wird er heute noch überwiegend als Garant für die Rechtmäßigkeit der Entscheidung angesehen.[1023]

Als ein Mehr zur sonst üblichen Anhörung kann in ihm das Vorhaben aus verschiedenen Perspektiven beleuchtet werden und es zu einem echten Dialog zwischen den Teilnehmern am Termin kommen.[1024] Betroffene können ihre Einwendungen erläutern und vertiefen, Fragen an Behörde oder Antragsteller richten, die Verwaltung ihre vorläufige Sicht der Dinge schildern, den Einwendern Rede und Antwort stehen, der Vorhabensträger seine Position darlegen.[1025] Idealerweise einigen sich die Beteiligten; die Behörde hat dann lediglich die Ergebnisse der Erörterung in Bescheidform zu gießen und wirksam zu machen.[1026]

1022 RegBegr. BT-Drs. 15/4646 S. 30: *bewährter Kernbestand* der Verwaltungs- und Verfahrenskultur; RegBegr. zu AtVfV BR-Drs. 524/76 S. 8; RegBegr. zur 9. BImSchV BR-Drs. 526/76 S. 9; *Büllesbach/Diercks*, DVBl. 1991, 469 (469 f., 476); *Cancik*, DÖV 2007, 107 (107); *Dietlein*, L/R, § 14 der 9. BImSchV, Rdnr. 3 „zentrales Element"; *Dürr*, in: Knack, § 73 Rdnr. 76; *Guckelberger*, DÖV 2006, 97 (99); *Graffe*, Bürgerbeteiligung, S. 93 „Höhepunkt", „Kernstück der Beteiligung von Außenstehenden"; *Hellmann*, Öffentlichkeitsbeteiligung S. 275; *Hett*, Öffentlichkeitsbeteiligung, S. 59; *Hoffmann-Riem/Rubbert*, Erörterungstermin, S. 1; *Jacoby*, Beschleunigung, S. 78 „Schwergewicht des Anhörungsverfahrens"; *Keller*, KommunalpraxisMO, 1998, 24 (24); *Kluth*, in: Wolff/Bachof/Stober, § 62 Rdnr. 101 m.w.N.; *Kurz*, Juristische Aspekte, S. 25 „Herzstück" der Öffentlichkeitsbeteiligung; *v. Mutius*, DVBl. 1978, 665 (666) Kernstück der Beteiligung von Außenstehenden; *Sparwasser/Engel/Voßkuhle*, Umweltrecht, § 4 Rdnr. 119; *Stober*, AöR 106 (1981), 41 (57); als Herz(stück) des Anhörungsverfahrens bezeichnen ihn *Stüer/Probstfeld*, DÖV 2000, 701 (704) und *Teßmer*, ZUR 2006, 469 (472) m.w.N.; *Winters*, Atom- und StrahlenschutzR, S. 87.

1023 BT-Drs. 15/4646, S. 30; *Guckelberger*, DÖV 2006, 97 (100); *Vallendar*, Feldhaus, Stand Oktober 2010, § 14 der 9. BImSchV, Anm. II 2. Teilweise wird seine Abschaffung in der momentanen Ausgestaltung gefordert siehe unten Fn 1043 S. 254.

1024 *Graffe*, Bürgerbeteiligung, S. 94 fordert einen solchen echten Dialog und keinen bloßen Anhörungstermin, dem u.U. nur Alibifunktion zukommt; ähnlich *Würtenberger*, NJW 1991, 257 (260).

1025 *Deppen*, Beteiligungsrechte, S. 167; *Guckelberger*, DÖV 2006, 97 (99 f.).

1026 *Keller*, KommunalpraxisMO 1998, 24 (24). Bei größeren Vorhaben können zumindest Teillösungen erarbeitet werden (*Holznagel/Nagel*, DVBl. 2010, 669 (675)). Die Wahrnehmung in der Praxis wird insbesondere durch negativ verlaufende Termine geprägt, die etwa durch spektakuläre Protest- und Störaktionen oder langwierige umstrittene Gerichtsverfahren Aufsehen erregen. Hierauf verweist etwa *Gerhardt/Jacob*, DÖV 1986, 258 (272). *Westphal/Walther*, FS Meyer, S. 251 (258) berichtet von sachlichen Terminen, etwa zum Flughafen Kaltenkirchen, der größten Teils in ruhiger und sachlicher Atmosphäre verlief. *Weinreich*, NVwZ 1997, 949 (956): Kompromisse sind oft tatsächlich und rechtlich möglich.

Ein Gespräch ermöglicht allen Personen, ihren Standpunkt nicht nur darzustellen, sondern zu überdenken und – wenn nötig – zu korrigieren. Mit den Worten von *Hoffmann-Riem*:[1027] Der Erörterungstermin ist der Prototyp einer gleichzeitigen Verarbeitung multipolarer Interessen. Er ist die mündliche Form der Argumentation, eingebettet in ein schriftliches Verfahren.[1028]

2. Der Erörterungstermin in der Praxis

In der Praxis verlaufen Erörterungstermine nicht immer ohne Spannungen.[1029]

Unrühmliches Beispiel ist etwa der Erörterungstermin für das Endlager Schacht Konrad im Frühjahr 1993: Transparente und Spruchbänder im Erörterungsraum mit Sprüchen wie „Konrad verhindern, Atomlobby stoppen!“[1030] sowie eine deutlich ablehnende Haltung der Behörde[1031] schufen keine Atmosphäre für eine sachliche Erörterung. Wird der Termin solchermaßen als Bühne für allgemeine politische Stellungnahmen genutzt,[1032] verkommt er zum Schaukampf zwischen Anlagenbetreiber und -gegnern[1033].

1027 *Hoffmann-Riem*, DVBl. 1994, 1381 (1381). *Ahlers*, Beteiligungsrechte, S. 48: Erörterung umfasse neben der Informationsvermittlung auch die -verarbeitung im Wege eines Gesprächs.

1028 So *Bora*, Differenzierung und Inklusion, S. 136.

1029 *Steinberg*, ZUR 2011, 340 (343 ff.) m.w.N. Vor allem negativ verlaufende Termine werden die Wahrnehmung prägen. Zu positiven Beispielen Fn 1027 S. 252. Nach *Hill/Weber*, Vollzugserfahrungen, 205 schrieben 46,4% der Befragten dem Erörterungstermin „überwiegend entspannende“, 7,1% „überwiegend spannungsverschärfende“ Wirkungen zu (46,4% „teils teils“).

1030 Weitere Beispiele aus den ausführlichen Beobachtungen von *Korbmacher*, UPR 1994, 325 (327): „Tschernobyl und Rostock sind überall!“; „Wir lassen uns nicht verKOHLen!“; „Lohnt es sich mit diesem Staat zu verhandeln?“

1031 Auf politischer Ebene bestanden kontroverse Diskussionen zwischen dem Land Niedersachsen und dem das Endlager befürwortenden Bundesumweltminister. (Zur Chronik, aktuellen Lage und Bürgerprotesten siehe www.ag-schacht-konrad.de.) Ausdruck fand dies in der Organisation des Terminverlaufs: Einzelne Tage waren für bestimmte Gruppen bestimmt (u.a. „Greenpeacetag“, „Gewerkschaftstag“ und „Kindertag“) und Redebeiträge wurden zeitlich unbegrenzt und vielfach ohne Rücksicht auf den Zusammenhang des jeweils zur Erörterung stehenden Themas zugelassen. (So beobachtet von *Korbmacher*, UPR 1994, 325 (328)).

1032 *Martens*, Wesentliche Änderung, S. 275; *Streinz*, VerwArch 79 (1988), 272 (310).

1033 *Dippel*, NVwZ 2010, 145 (145); *Frenz*, Kotulla, § 10 Rdnr. 150: „Kriegsschauplatz der sich als Phalanxen formierenden Parteien“; *Guckelberger*, DÖV 2006, 97 (101); *Hett*, Öffentlichkeitsbeteiligung, S. 127; *Riese/Dieckmann*, DVBl. 2010, 1343 (1346):

Er entspricht dann ebenso wenig dem „Idealbild einer auf allseitige Kommunikation ausgerichteten Erörterung“[1034] wie Termine, die erkennbar in gemeinsamer Regie mit dem Antragsteller organisiert werden und deren Verlauf den Anschein erwecken, es werde darauf gezielt, Protest abzupuffern, nicht aber Äußerungen inhaltlich folgenreich werden zu lassen.[1035] Bei den Einwendern kann so das Gefühl der Hilflosigkeit und Ohnmacht oder gar des „Verschaukeltwerdens“ geschürt werden;[1036] insbesondere wenn der Eindruck entsteht, der Erörterungstermin sei nicht entscheidungsoffen,[1037] sondern eigentlich die „Verteidigung“ längst getroffener Vorentscheidungen, bei der sogar Zugeständnisse der Verwaltung in den Plan „eingebaut“ seien.[1038] Ein solcher Termin verkommt zur reinen Formalbeteiligung.[1039]

Ebenso unerquicklich ist es, wenn nach einer Auseinandersetzung zwischen Antragsteller und Einwendern darauf verwiesen wird, dass zu bestimmten Streitfragen Gutachten abzuwarten bzw. einzuholen sind.[1040] Eine Klärung offener

---

„Der Erörterungstermin ist vielmehr ein Baustein in dem Bemühen, ein Vorhaben zu verhindern.“.

1034 „Gespräch zwischen Verwaltung und Bürger“ BVerfGE 45, 297 (335).

1035 *Hoffmann-Riem*, VVDStRl 40 (1982), 187 (214 f.), der dies bei seiner Untersuchung gemeinsam mit *Rubbert* beobachten konnte. Ähnlich *Steinberg*, Das Nachbarrecht der öffentlichen Anlage, III Rdnr. 83; *Steinberg*, DÖV 1982, 619 (626). Es entstand der Eindruck, dem Verhandlungsleiter sei an der Einhaltung seines Zeitplanes mehr gelegen, als an einem „Gespräch zwischen Verwaltung und Bürger“, und er „überfahre“ qua überlegenen Sachwissens rechtlich unerfahrene, nicht durch Bevollmächtigte vertretene und unbeholfene Private. Resümee der Studie von *Bohne*, JBRSOZ 7 (1980), 20 ff.

1036 *Hoffmann-Riem*, VVDStRl 40 (1982), 187 (214). Teilweise machen dies die Betroffenen deutlich, etwa durch ein Transparent „Farce“ im Tagungssaal zum AKW Biblis 1981 (*Hoffmann-Riem/Rubbert*, Erörterungstermin, S. 39 Fn 251). *Gerhard/Jacob*, DÖV 1986, 258 (271) wonach eine Aufteilung in eine „Innenwelt“ der Hersteller, Betreiber, Gutachter und Behörden und der „Außenwelt“ Dritter und u.U. der Politik dazu beiträgt; *Schütte*, ZUR 2011, 169 (170).

1037 *Holznagel/Nagel*, DVBl. 2010, 669 (674).

1038 Zu solchen Option-B-Strategien *Steinberg*, Das Nachbarrecht der öffentlichen Anlage, III Rdnr. 83.

1039 Mit ausführlicher Darlegung der Hintergründe *Holznagel/Nagel*, DVBl. 2010, 669 (674) sowie *Köck/Salzborn*, ZUR 2012, 203 (204).

1040 Dies beobachtete *Hausmann-Grassel*, Bürgerbeteiligung, S. 56. Unbefriedigend ist dies für die Einwender, die zumeist erst durch den Genehmigungsbescheid vom Ergebnis des Gutachtens erfahren und dadurch keine Gelegenheit mehr erhalten, sich damit auseinander zu setzen. Nach VGH München, UPR 2009, 37 (38) kann

Fragen bleibt aus und wird aufgeschoben. Der Termin wird seiner Funktion nicht gerecht.

3. *Reformbemühungen*

Diese Negativbeispiele werfen die Frage auf, ob der Erörterungstermin generell nicht in der Lage ist, die mit ihm verfolgten Zwecke zu erreichen[1041] und abzuschaffen ist[1042] oder seine Ausgestaltung verbessert werden sollte[1043].

Nach *Steinberg*[1044] geht dem Erörterungstermin die ihm zugedachte Funktion verloren oder wird zumindest geschmälert: Der Verwaltung gerate er zur lästigen Formalie, bei der Unkundige den sorgfältig ausgedachten, den Regeln der Technik entsprechenden Plan in Zweifel ziehen, und dem Privaten gerate er zur Farce einer Debatte über längst vollendete Tatsachen.[1045] In neuerer Zeit wird vor allem seine Informationsfunktion für die Behörde bezweifelt. Da der Bürger als Laie häufig nicht über das notwendige Fachwissen verfüge, ergebe der Termin selten neue Informationen, die über das in den Einwendungen Vorgetragene hinausgingen.[1046] Diese Einschätzung wird jedoch nicht von allen geteilt[1047] und nicht

---

es dadurch an einer substantiellen Erörterung mangeln und zur Unwirksamkeit der Entscheidung führen.

1041 So z.B. *Riese/Dieckmann*, DVBl. 2010, 1343 (1345).

1042 BT-Drs. 15/4646 S. 1, 21; *Guckelberger*, DÖV 2006, 97 (97); *Riese/Dieckmann*, DVBl. 2010, 1343 (1344). In anderen Bereichen – etwa im Verwaltungsgerichtsverfahren – werden hingegen von Anwaltseite *vermehrte* Erörterungstermine gefordert (*Geiger*, BayVBl. 2008, 585 (586).

1043 Kritisch zur derzeitigen Ausgestaltung *Baer*, Bürger, S. 103, wonach er nach einem Modell einseitig-asymetrischer, regelmäßig nicht verständigungsorientierter, sondern statischer und strategischer Kommunikation erfolge. Mögliche Modifikationen III. Modifikationsmöglichkeiten III. S. 279 ff.

1044 *Steinberg*, Das Nachbarrecht der öffentlichen Anlage, III Rdnr. 83.

1045 *Steinberg*, ZUR 2011, 340 (342): Er gerate zum „high noon" zwischen Antragsteller und Dritten. Ähnlich *Streinz*, VerwArch 79 (1988), 272 (312): Antragsteller betrachten ihn als lästige Pflichtübung, Genehmigungsbehörden als Alibi und Einwender als Farce. *Niemeier*, Das Rechte der Raumordnung, S. 60: „Das Beteiligungsverfahren ist umständlich, zeitraubend und auch für die Planentwerfer der niederdrückendste Teil der Planentstehung."

1046 *Füßer/Kindler*, UPR 2012, 168; *Guckelberger*, DÖV 2006, 97 (101); *Hoffmann-Riem/Rubert*, Erörterungstermin, S. 19.

1047 Nach *Dippel*, NVwZ 2010, 145 (146) kann die Erörterung zu einer naturwissenschaftlichen bzw. ingenieurstechnischen Auseinandersetzung mit weltanschaulichem Charakter mutieren; *Jacoby*, Beschleunigung, S. 78, der insbesondere bei komplexeren Sachverhalten eine nicht unerhebliche Ermittlung im Erörterungstermin annimmt;

von Untersuchungen bestätigt,[1048] auch wenn die gesetzliche Ausgestaltung eine nur begrenzte Information der Behörde durch Betroffene im Erörterungstermin ermöglicht.[1049] Allein aus einer möglicherweise begrenzten Unterstützung der behördlichen Sachverhaltsaufklärung kann zudem die Funktionslosigkeit des Erörterungstermins nicht abgeleitet werden. Dies ließe seine weiteren Funktionen, insbesondere seine Bedeutung für den vorgelagerten Rechtsschutz Drittbetroffener außer Acht.[1050]

Kloepfer, UPR 2005, 41 (43); *Korbmacher*, UPR 1994, 325 (329); *Pünder*, NuR 2005, 71 (78); *Schmitt-Glaser*, VVDStRL 31 (1983), 179 (245 ff.); *Riese/Dieckmann*, DVBl. 2010, 1343 (1345) bescheinigen den Einwendungen einen hohen Informationsgehalt (obwohl sie zuvor annehmen, Bürger seien regelmäßig Laien ohne notwendiges Fachwissen), der allerdings von Einwendern, die keine Umweltverbände seien, im Erörterungstermin nicht vertieft werden könnten. Die Untersuchung von *Harder*, Genehmigungsverfahren, S. 40 ff. ermittelte einen Informationsvorsprung der Einwender gegenüber der Behörde insbesondere, wenn Ortskenntnis erforderlich sei. In der unterschiedlichen Beurteilung kann ein Widerspiegeln des Streits zwischen umittelbarer und repräsentativer Demokratie und dem jeweiligen Gesellschaftsbild (die Lehren von Jürgen Habermas bzw. Niklas Luhmann) gesehen werden (*Winter*, ZUR 2012, 329 (329).

1048 Nach den Befragungen von *Hill/Weber*, Vollzugserfahrungen, S. 205 beurteilten immerhin 76% der Befragten den Erörterungstermin als „überwigend einer sachgerechten Entscheidung dienlich" und keiner als „überwiegend einer sachgerechten Entscheidung abträglich" (24% urteilten „teils teils"). Ähnlich *Führ/Dopfer/Bizer*, ZUR 2009, 59 (61) wonach die Einwendungen der Öffentlichkeit und Verbände von hoher fachlicher Qualität waren - immerhin ¾ der befragten Behördenmitarbeiter bewerteten die Qualität mit gut bzw. sehr gut.

1049 Zum einen erhält die Behörde vom Antragsteller umfassende Informationen, die sie u.U. nachfordern kann. Zum anderen werden Einwendungen häufig so substantiiert erhoben, dass eine Erörterung nichts Neues ergibt (*Guckelberger*, DÖV 2006, 97 (101), zumal neues Vorbringen im Erörterungstermin an sich gar nicht mehr vorgesehen ist (so ausführlich *Füßer/Kindler*, UPR 2012, 168).

1050 *Kloepfer*, UPR 2005, 41 (41 ff., insbes. 43) hebt die Informationsfunktion für Behörde und *Bürger* hervor; ebenso *Füßer/Kindler*, UPR 2012, 168; *Jacoby*, Beschleunigung, S. 77 f. Allerdings scheint in neuerer Zeit die Information der Behörde vermehrt in den Vordergrund zu rücken und die Bedeutung für den vorgezogenen Rechtsschutz zu verdrängen (so benennt *Jarass*, BImSchG, § 10 Rdnr. 78 nur noch die Verbreiterung der Informations- und Entscheidungsgrundlage der Behörde als Funktion des Erörterungstermins). *Fisahn*, Demokratie, S. 3 betont, dass zwar kein Expertenwissen erwartet werden kann, aber eine Information über die Akzeptanz des Vorhabens und seiner Auswirkungen.

Neben seiner Funktionsverfehlung wird bemängelt, der Erörterungstermin verzögere und verteuere wichtige Vorhaben[1051] und sei weder sachgerecht noch verfahrensfördernd[1052]. Belegt wird dies anhand von Großprojekten, wie etwa die Frankfurter Flughafenerweiterung, bei der die Erörterung ein halbes Jahr in Anspruch nahm.[1053] Es ist jedoch zweierlei zu berücksichtigen: Zum einen liegt die gesamte Verfahrensdauer bei Großprojekten deutlich über der durchschnittlicher Genehmigungsverfahren und eignet sich daher kaum als deren Maßstab. Zum anderen entfallen bei einer Abschaffung des Erörterungstermins nicht die zeitaufwändige Auseinandersetzung mit den Einwendungen und weitere Ermittlungen.[1054] Das Einsparpotential ist daher gering. Geschätzt wurde eine Zeitspanne von zwei, drei Wochen[1055] bis zu einem Monat.[1056] Empirische Untersuchungen bestätigen, dass der Erörterungstermin kein relevanter Verzögerungsfaktor ist.[1057]

Dennoch wurde 2007 ein Gesetz auf den Weg gebracht, das eine nur fakultative Erörterung vorsieht.[1058] 2001 war mit der Öffnung des Erörterungstermins für

---

1051 *Dippel*, NVwZ 2010, 145 (145). *Büllesbach/Diercks*, DVBl. 1991, 469 (474) ermittelten eine durchschnittliche Dauer von 2 Wochen und Kosten zwischen 500.000 und 1 Mio. DM.

1052 *Riese/Dieckmann*, DVBl. 2010, 1343 (1344).

1053 *Riese/Dieckmann*, DVBl. 2010, 133 (1346). Zur – deutlich geringeren – Länge der Erörterungstermine anderer Großprojekte siehe unten Fn 1137 S. 272.

1054 Die Erörterung enthält neben der Informationsvermittlung auch die Informations*verarbeitung* (in diese Richtung *Ahlers*, Beteiligungsrechte, S. 48; *Hoffmann-Riem*, DVBl. 1994, 1381 (1381)). *Riese/Dieckmann*, DVBl. 2010, 1343 (1346) stellen hingegen darauf ab, dass Vorbereitung, Durchführung und Nachbereitung einen erheblichen Zeitraum in Anspruch nehmen, die für eine fachliche Bearbeitung der Einwendungen nicht mehr zur Verfügung stünde; *Cancik*, DÖV 2007, 107 (114).

1055 Einschätzung der Bundesregierung im Jahr 2005 (BR-Drs. 363/05, 41).

1056 Nach Einschätzung des Bundesrates „*dürfte*" der Beschleunigungseffekt durch ein Absehen von einem Erörterungstermin „bei einem Monat liegen" (BT-Drs. 16/1338, S. 18 (20)). Ebenso das Land Hessen (BR-Drs. 94/06, S. 28). *Martens*, Wesentliche Änderung, S. 274 geht von einer Verlängerung des Verfahrens durch die Erörterung von 2–3 Monaten aus.

1057 *Cancik*, DÖV 2007, 107 (113); *Guckelberger*, DÖV 2006, 97 (104); sowie ausführlicher Fn 1284 S. 304.

1058 Einigen mag die Forderung nach Abschaffung der Erörterung als zwangsläufige Entwicklung der schon in den 90er Jahren des 20. Jhds. ausgesprochenen Losung „Beschleunigung staatlicher Zulassungsverfahren zur Sicherung des Wirtschaftsstandortes Deutschland" erscheinen, (*Weinreich*, NVwZ 1997, 949 (949)). BGBl. I 2007, S. 2470, 2474. Zur Gesetzgebungsgeschichte *Cancik*, DÖV 2007, 107 (108 f.);

die Öffentlichkeit ihre Beteiligung belebt und gestärkt worden.[1059] Auch wenn die Reformbestrebungen noch nicht an ihrem Endpunkt angelangt sind,[1060] wird mit den Diskussionen um ‚Stuttgart 21' die Bedeutung der Öffentlichkeitsbeteiligung wieder vermehrt betont.[1061]

II. Rechtliche Rahmenbedingungen

1. *Wegfall des Erörterungstermins*

Nach Ablauf der Einwendungsfrist kann die Genehmigungsbehörde die rechtzeitig gegen das Vorhaben erhobenen Einwendungen mit dem Antragsteller und denjenigen, die Einwendungen erhoben haben, erörtern (§ 10 VI BImSchG). In bestimmten Fällen entfällt ein Erörterungstermin (§ 16 der 9. BImSchV).

a) Wegfall mangels (erörterungsfähiger) Einwendungen

Mangels erörterungsfähiger Einwendungen findet eine Erörterung nach § 16 I der 9. BImSchV nicht statt, wenn Einwendungen nicht[1062] oder nicht rechtzeitig erhoben (Nr. 1), rechtzeitig erhobene Einwendungen zurückgenommen (Nr. 2) oder ausschließlich solche Einwendungen rechtzeitig erhoben wurden, die auf

---

Manten, DVBl. 2009, 213 (213) m.w.N. Kritisch zur Entwicklung: SRU, Sondergutachten Februar 2007, S. 196 ff.; *Schütte/Winkler*, ZUR 2007, 443 (445). Seit dem Infrastrukturplanungsbeschleunigungsgesetz (v. 09.12.2006, BGBl. I S. 2833) bestehen weitere fakultative Erörterungstermine in: § 18a Nr. 5 AEG; § 17a Nr. 5 FStrG, § 14a Nr. 5 WaStrG, § 2 Nr. 5 MBPlG und § 43a Nr. 5 EnWG.

1059 Durch § 18 I 1 der 9. BImSchV des Gesetzes zur Umsetzung der UVP-Änderungs-, der IVU-Richtlinie und weiterer EG-Richtlinien zum Umweltschutz v. 27.07.2001 (BGBl. I S. 1950 ff.) ist der Termin nunmehr öffentlich. Diese Öffnung begrüßt etwa *Günter*, NuR 2002, 394 (399).

1060 Darauf weist die Bundesregierung in BT-Drs. 16/1337, S. 17 f. hin: „Zu gegebener Zeit und nach intensiver Aufarbeitung könnten die Regelungen zu Erörterungsterminen ... grundsätzlich aufgegriffen werden."

1061 *Burgi*, NVwZ 2012, 277 ff.; *Durner*, ZUR 2011, 354; *Franzius*, GewArch 2012, 225; *Gärditz*, GewArch 2011, 276; *Groß*, DÖV 2011, 510; *Guckelberger*, NuR 2010, 835; *dies.*, VerwArch 2012, 31; *Schütte*, ZUR 2011, 169; *Steinberg*, ZUR 2011, 340 ff.; *Stender-Vorwachs*, NVwZ 2012, 1061 ff.; *Winter*, ZUR 2012, 329 ff.; *Wulfhorst*, DÖV 2011, 584 (588); jeweils m.w.N. Die Rückkehr zu einem obligatorischen Erörterungstermin fordert *Ziekow*, NJW-Beil. 2012, 91 (93).

1062 Hierunter sind auch solche Vorträge zu fassen, die nur pauschale Bedenken vortragen und daher nach dem dieser Arbeit zugrunde liegenden Verständnis keine Einwendungen darstellen (dazu oben E. II. 3. a) bb) Vortrag, der keine Einwendung darstellt S. 223.

besonderem privatrechtlichen Titel beruhen und auf den Rechtsweg vor die ordentlichen Gerichte zu verweisen sind (Nr. 3).[1063]

Wird auf die Öffentlichkeitsbeteiligung verzichtet, entfällt ebenso der Erörterungstermin; etwa bei einer wesentlichen Anlagenänderung, bei der erhebliche Auswirkungen auf Schutzgüter nicht zu befürchten sind und wenn der Antragsteller ein Absehen von Bekanntmachung und Auslegung beantragte (§ 16 II BImSchG), oder bei Änderungen innerhalb eines Genehmigungsverfahrens, die keine nachteiligen Auswirkungen für Dritte befürchten lassen (§ 8 II der 9. BImSchV)[1064].

Ist das Genehmigungsverfahren beendet, weil der Antragsteller seinen Antrag zurückgenommen hat, ist eine Erörterung ebenfalls entbehrlich.[1065]

b) Behördliche Entscheidung über eine Erörterung

Seit 2007 steht der Erörterungstermin im Ermessen der Behörde.[1066]

aa) Praxis

Die Abkehr von einem obligatorischen hin zu einem fakultativen Erörterungstermin wurde eher kritisch bewertet.[1067] Insbesondere wurde befürchtet, dass die Behörde eher zurückhaltend den Erörterungstermin entfallen lasse.[1068] Ursächlich dafür seien der erhebliche Argumentationsaufwand und die bestehende Gefahr einer möglichen Fehlentscheidung, die zur Verzögerung des

---

1063 § 16 I Nr. 1–3 der 9. BImSchV kommt somit lediglich deklaratorische Wirkung zu.

1064 *Frenz*, Kotulla, § 10 Rdnr. 146.

1065 *Dietlein*, L/R, § 10 Rdnr. 210; *Frenz*, Kotulla, § 10 Rdnr. 146; *Jarass*, BImSchG, Rdnr. 79; *Sellner/Reidt/Ohms*, Immissionsschutzrecht, S. 177.

1066 Dafür spricht der Wortlaut des § 10 VI BImSchG „kann" sowie des § 10 IV Nr. 3 BImSchG „aufgrund einer Ermessensentscheidung" (*Czajka*, Feldhaus, § 10 Rdnr. 76; *Dietlein*, L/R, § 10 Rdnr. 210; *Dippel*, NVwZ 2010, 145 (153); *Jarass*, BImSchG, § 10 Rdnr. 79; *Manten*, DVBl. 2009, 213 (214); *Storost*, Ule/Laubinger, § 10 Rdnr. G2).

1067 *Ziekow*, NJW-Beil. 2012, 91 (93) fordert die Wiedereinführung des obligatorischen Termins. Zu den eher negativen Reaktionen in der Praxis *Schütte*, ZUR 2011, 169 (169, 170).

1068 *Dippel*, NVwZ 2010, 145 (154); *Koch/Braun*, NVwZ 2010, 1271 (1272). Nach *Riese/Dieckmann*, DVBl. 2010, 1343 (1343) führt die Regelung eher ein „Schattendasein". Eine kleine Anfrage im Bundestag (BT-Drs. 17/3331, S. 2) ergab einen Verzicht in 18,2% (Bundesfernstraßen), 19,6% (Bundeswasserstraßen) sowie in 43,6% (Eisenbahn des Bundes) der Fälle, wobei hierunter auch die Fälle gefasst wurden, in denen keine Einwendungen Privater vorlagen bzw. sie sich mit dem Vorhaben einverstanden erklärten (ausführlicher m.w.N. *Füßer/Kindler*, UPR 2012, 168).

Verfahrens und damit zur Verteuerung führte.[1069] Dadurch werde der vorrangig mit der Regelung verfolgte Zweck, die Beschleunigung umstrittener Projekte[1070], zumeist nicht erreicht.[1071] Aus ähnlichen Gründen wurde etwa der nach § 43a Nr. 5 EnWG fakultative Erörterungstermin wieder in einen Regeltermin mit abschließend geregelten Ausnahmemöglichkeiten geändert.[1072]

In der Praxis wird die Anwendung der neuen Ermessensvorschrift dadurch erschwert, dass klare Kriterien für eine Ermessensausübung fehlen.[1073] Die Annahme eines sog. intendierten Ermessens[1074] würde die Entscheidung

---

1069 *Diekmann*, AbfallR 2007, 278 (280, 282).

1070 *Dietlein*, L/R, § 10 Rdnr 210; Stellungnahme der BReg, BT-Drs. 16/1337, Anlage 2, S. 17.

1071 Ähnlich bereits *Krasney*, NVwZ 1986, 337 (338), wonach der Aufwand für die Rechtfertigung eines Absehens von einer Anhörung deutlich größer sei, als ihre Durchführung.

1072 Art. 2 des Gesetzes über Maßnahmen zur Beschleunigung des Netzausbaus Elektrizitätsnetze (BGBl. 2011 I, S. 1690) § 43a Nr. 5 S. 2 EnWG: „Ein Erörterungstermin findet nicht statt, wenn 1. Einwendungen gegen das Vorhaben nicht oder nicht rechtzeitig erhoben worden sind, 2. die rechtzeitig erhobenen Einwendungen zurückgenommen worden sind, 3. ausschließlich Einwendungen erhoben worden sind, die auf privatrechtlichen Titeln beruhen, oder 4. alle Einwender auf einen Erörterungstermin verzichten." Dazu etwa *Hennig/Lühmann*, UPR 2012, 81 m.w.N.

1073 Wenig hilfreich erscheint auch die Kommentarliteratur: *Dietlein*, L/R, § 10 Rdnr. 210 wiederholt die Gesetzesbegründung; *Jarass*, BImSchG, Rdnr. 79 erachtet einen Erörterungstermin als sinnvoll, wenn Einwendungen zahlreiche Fragen aufwerfen und ein Absehen unter Beschleunigungsaspekten gerechtfertigt sei; *Schütte*, ZUR 2011, 169 (169): Wegen der häufig jahrzehntelangen und z.T. unbefristeten Auswirkungen auf Dritte, sei maßgeblich, ob entscheidungserhebliche Einwendungen bzw. entsprechend rechtliche Argumente vorgetragen wurden.; *Steinberg*, ZUR 2011, 340 (343) ist für eine Erörterung, wenn sie der ergänzenden Sachverhaltsaufklärung oder der Suche nach Einigungsmöglichkeiten dienlich sein könnte.

1074 Ausführlich auch zur dogmatischen Herleitung der nicht unumstrittenen Rechtsfigur etwa: *Beuermann*, Intendiertes Ermessen, 2002; *Beaucamp*, JA 2006, 74 (77); *Borowski*, DVBl. 2000, 149 ff.; *Peters*, DÖV 2001, 749 (757); *Pabst*, VerwArch 2002, 540 (548); *Volkmann*, DÖV 1996, 282 ff.

ebenfalls erleichtern,[1075] ist aber nach der Intention des Gesetzgebers nicht gewollt.[1076]

bb) Erwägungen des Gesetzgebers

Der Gesetzgeber ging von der richtigen Einschätzung der Lage durch die Behörde vor Ort aus.[1077] Eine Erörterung solle nur stattfinden, wenn die Behörde nach Beurteilung des konkreten Genehmigungsverfahrens zu dem Ergebnis kommt, dass sie sachgerecht und erforderlich ist, der Antragsteller dies wünscht oder andere Rechtsvorschriften sie vorschreiben.[1078]

(1) Sachgerecht und erforderlich

Im Gesetz findet nur die erste dieser Erwägungen Niederschlag. Nach den §§ 12 I 2, 16 I Nr. 4 der 9. BImSchV soll die Behörde nach Ablauf der Einwendungsfrist unter Berücksichtigung des § 14 der 9. BImSchV über die Durchführung eines Erörterungstermins entscheiden. Er soll entfallen, wenn nach ihrer Einschätzung die erhobenen Einwendungen keiner Erörterung bedürfen (dazu dd)).

1075 Der Wortlaut des § 10 VI BImSchG („kann") widerspräche nicht der Annahme eines intendierten Ermessens, da er aufgrund verfassungskonformer Auslegung oder aus dem Gesetzeszusammenhang als „Soll"-Vorschrift verstanden werden könnte (dazu *Papst*, VerwArch 2005, 540 (548)). Eine solche Auslegung könnte wegen des Rechtsschutzes Dritter erforderlich sein, der zumindest bei hochkomplexen Sachverhalten hochtechnischer Vorhaben für eine verfassungskonforme materielle Präklusion ein mündliches Gespräch erfordert (dazu im 2. Kapitel C. IV. 5. Mündliche Erörterung S. 77 ff.). Der Gesetzgeber reduzierte das Gros der Anlagen, für die ein förmliches Verfahren durchzuführen ist, vermehrt auf hochtechnische, komplexe Anlagen mit erheblichem Gefährdungspotential (übersichtliche Aufstellung bei *Knäpple*, Immissionsschutz, 2008, 28 (28 ff.). In der Regel wird daher ein Erörterungstermin durchzuführen sein. Hierfür spricht auch § 16 der 9. BImSchV, der die Ausnahmefälle regelt, in denen ein Erörterungstermin entfällt.

1076 Für ein intendiertes Ermessen müsste die Richtung der Ermessenbetätigung durch das Gesetz bereits vorgezeichnet und ein bestimmtes Ergebnis im Grundsatz gesetzlich gewollt sein, wovon nur ausnahmsweise abgewichen werden dürfte. Nach der Intention des Gesetzgebers soll aber gerade nicht nur in atypischen Sonderfällen auf den Erörterungstermin verzichtet werden.

1077 „Die Behörden vor Ort seien in der Lage, zu erkennen, ob sie die Öffentlichkeit beteiligen sollten oder nicht. Verzichteten sie hierauf in wichtigen Fällen, dann werde dies auf sie zurückfallen. Vor Ort werde daher verantwortungsbewusst mit der neuen Möglichkeit umgegangen werden." (Äußerung der FDP-Fraktion im Bericht des Ausschusses für Umwelt, Naturschutz und Reaktorsicherheit (BT-Drs. 16/5737 S. 7)).

1078 BR-Drs. 819/05, S. 8; BT-Drs. 16/1337, 10.

(2) Wunsch des Antragstellers

An einer Verpflichtung der Behörde zum Abhalten eines Erörterungstermins bei dahingehendem Wunsch des Antragstellers scheint der Gesetzgeber nicht festgehalten zu haben. Dies hätte er mit einer dem § 19 III BImSchG vergleichbaren Regelung klarstellen können. Der Wille des Antragstellers bleibt damit nur ein Gesichtspunkt in der Ermessensabwägung.[1079]

(3) Vorrangige gesetzliche Regelung

Keiner expliziten Normierung bedurfte die Erwägung, dass ein Erörterungstermin stattfindet, wenn eine (vorrangige) gesetzliche Regelung einen solchen vorschreibt. Dies ergibt bereits die Gesetzeskonkurrenz. Einen weitergehenden Vorrang des Erörterungstermins in dem Sinne, dass auch an sich verdrängte bzw. nachrangige Vorschriften, die einen Erörterungstermin vorsehen, anzuwenden sind, hätte einer ausdrücklichen gesetzlichen Regelung bedurft und ist daher nicht anzunehmen. Relevant ist dies insbesondere für uvp-pflichtige Vorhaben. Für diese ordnet § 9 I 2 UVPG einen Erörterungstermin an, der allerdings nach der Konkurrenzregelung des § 4 UVPG nachrangig ist.[1080] Das behördliche Ermessen wird hierdurch folglich nicht eingeschränkt.

1079 In der Regel wird der Erörterungstermin bei entsprechendem Wunsch stattfinden. *Manten*, DVBl. 2009, 213 (215) betont, dass die Ermessensausübung allein anhand objektiver Kriterien zu erfolgen habe und ein Wunsch – also noch nicht einmal ein förmlicher Antrag – können das behördliche Ermessen nicht praktisch eleminieren. Nach *Diekmann*, AbfallR 2007, 278 (281) kann sich die Behörde dem Wunsch nicht verschließen. Die Erörterung liege im Interesse des Antragstellers, damit die Entscheidung gerichtsfest sei. Ebenso *Dietlein*, L/R, § 10 Rdnr. 210.

1080 *Jarass*, BImSchG, § 10 Rdnr. 79; *Sellner/Reidt/Ohms*, Immissionsschutzrecht, S. 177. Über eine Auslegung uvp-bezogener Regelungen der 9. BImSchV erachtet die Durchführung eines Erörterungstermins als zwingend *Diekmann*, AbfallR 2007, 278 (281); ausführlich in *ders.*, AbfallR 2009, 133 (133 ff. insbes. 135). Das UVPG setze insoweit Mindeststandards und sei daher zu beachten. Anders nun in *Riese/ Dieckmann*, DVBl. 2010, 1343 (1344).

cc) Vorgaben aus höherrangigem Recht

(1) Europarecht

Auf europäischer Ebene wird seit langem auf eine Verbesserung des Umweltschutzes durch Öffentlichkeitsbeteiligung gesetzt,[1081] doch gebieten europäische Regeln nicht das Abhalten eines Erörterungstermins.

Art. 6 IV UVP-RL[1082] eröffnet der Öffentlichkeit eine Beteiligungsmöglichkeit und verleiht ihr das Recht, der zuständigen Behörde gegenüber Stellung zu nehmen und Meinungen zu äußern. Der Wortlaut fordert jedoch kein *mündliches* Gespräch. Die Modalitäten der Anhörung obliegen den Mitgliedstaaten[1083] – „beispielsweise durch Aufforderung zu schriftlichen Stellungnahmen *oder* durch eine öffentliche Anhörung“ (Art. 6 V UVP-RL). Aufgrund des identischen Wortlautes gilt gleiches für Art. 3 Nr. 4 V und Anh. II Nr. 5 der Öffentlichkeitsbeteiligungs-RL[1084] und Anhang IV Nr. 3, 5 der IED-RL[1085]. Ein Absehen von einem Erörterungstermin wäre somit richtlinienkonform.[1086]

Ebensowenig verpflichtet europäisches Primärrecht zu einer mündlichen Anhörung.[1087] Das Recht auf gute Verwaltung garantiert zwar in Art. 41 II EuGrCH,[1088]

1081 *Cancik*, DÖV 2007, 107 (111); *Guckelberger*, DÖV 2006, 97 (102). Deutlich wird dies etwa aus den Erwägungsgründen Nr. 3, 8 der RL 2003/35/EG zur Umsetzung der Aarhus-Konvention.

1082 RL 85/337/EWG zuletzt geändert durch RL 2009/31/EG (Abl. L 140, S. 114) in der kodifizierten Fassung der RL 2011/92/EU (Abl. L 26, S. 1) bzw. RL 2014/52/EU (Abl. L 124, S. 1).

1083 *Czajka*, Feldhaus, § 10 Rdnr. 76b; *Dippel*, NVwZ 2010, 145 (151); Fisahn, Demokratie und Öffentlichkeitsbeteiligung, S. 195; *ders.*, ZUR 2004, 136 (139); *Guckelberger*, DÖV 2006, 97 (102); *Hellmann*, Öffentlichkeitsbeteiligung, S. 154; *Riese/Dieckmann*, DVBl. 2010, 133 (1347); *Weber*, Die Umweltverträglichkeitsrichtlinie im deutschen Recht, S. 223 f.

1084 RL 2003/35/EG (Abl. L 156, S. 17 v. 25.06.2003). *Cancik*, DÖV 2007, 107 (111); *Fisahn*, ZUR 2004, 136 (139).

1085 RL 2010/75/EU v. 17.12.2010, Abl. L 334 S. 17 (58); zuvor Anhang V Nr. 3, 5 IVU-RL (RL2008/1/EG (Abl. L 24, S. 8, v. 29.01.2008)).

1086 *Riese/Dieckmann*, DVBl. 2010, 1343 (1347); BT-Drs. 15/4646, S. 21; *Cancik*, DÖV 2007, 107 (110 f.); *Czajka*, Feldhaus, § 10 Rdnr. 76b; *Dippel*, NVwZ 2010, 145 (151); *Guckelberger*, DÖV 2006, 97 (102); *Schiller*, UPR 2009, 245 (252).

1087 Ob und inwiefern europäisches Primärrecht überhaupt auf der Ebene der Mitgliedstaaten wirksam werden kann, sei hier offen gelassen (dazu *Cancik*, DÖV 2007, 107 (111) m.w.N.).

1088 Abl. 2010 C83/02, S. 389, v. 30.03.2010.

dass betroffene Adressaten vor Erlass einer nachteiligen Maßnahme „gehört" werden. Ein Recht auf mündliche Erörterung wird dem aber nicht entnommen.[1089]

Europäische Regeln gebieten daher keinen Erörterungstermin und schränken damit das behördliche Ermessen nicht ein.

(2) Verfassungsrechtliche Verankerung

Aus der verfassungsrechtlichen Relevanz des Erörterungstermins könnten sich Anhaltspunkte für eine Ermessensausübung ergeben.

(a) Partizipatorische Erwägungen

Einem Erörterungstermin wird die Eignung zugesprochen, das Demokratieverständnis zu stärken, staatliches Handeln klarer und transparenter zu machen sowie Akzeptanz zu fördern.[1090] Der rechtsstaatlich-demokratische Verfassungsstaat zeichnet sich durch eine rechtlich begrenzte Staatsmacht, ein ausgeklügeltes System der Kontrollen sowie einen rechtlichen Verantwortungszusammenhang in Form der „Trias von Kompetenz, Verantwortung und Haftung" aus.[1091] Im Immissionsschutzrecht besteht durch die Verwendung unbestimmter Rechtsbegriffe und damit erforderlicher Prognosen und Wertungen eine geringe gesetzliche Steuerung. Hierin kann ein Legitimationsdefizit gesehen werden, das durch die Beteiligung des Volkes – verkörpert durch die interessierte Öffentlichkeit – am Entscheidungsprozess ausgeglichen wird.[1092] Einige sehen daher in der Beteiligung der Öffentlichkeit eine Kompensation geringer gesetzlicher Determinierung.[1093] Für den Rechtsschutz Drittbetroffener mag dies relevant sein,[1094]

1089 *Cancik*, DÖV 2007, 107 (111) mit ausführlicher Begründung und w.N.

1090 *Cancik*, DÖV 2007, 107 (110); *Stüer/Probstfeld*, DÖV 2000, 701 (711).

1091 *Jestaedt*, Kondominialverwaltung, S. 46 m.w.N.

1092 Einige begrenzen das Recht des Bürgers auf Mitbestimmung bei staatlichen Entscheidungen allein auf Wahlen und Abstimmung (*Ahlers*, Bürgerbeteiligung, S. 64; *Held*, Grundrechtsbezug S. 125 f.; *Hett*, Öffentlichkeitsbeteiligung, S. 136; *Jestaedt*, Kondominialverwaltung, S. 267 ff.). Nach gegenteiliger Meinung ist nur jedenfalls die letztverbindliche Entscheidung staatlichen Organen vorbehalten (BVerfG, NVwZ 2003, 974 (976) und BVerfGE 69, 315 (346); *Guckelberger*, DÖV 2006, 97 (103); *Hattstein*, Verwaltungsrechtliche Betreuungspflichten, S. 107 ff.; *Hoffmann-Riem/Rubbert*, Erörterungstermin, S. 44; *Schuppert*, Verwaltungswissenschaft, S. 790 f; *Schmitt-Glaeser*, VVDStRL 31 (1973), 179 (214 ff.)).

1093 *Fisahn*, Demokratie und Öffentlichkeitsbeteiligung, S. 335 ff.; *Guckelberger*, DÖV 2006, 97 (101 f.) m.w.N.; *Hattstein*, Betreuungspflichten, S. 109 f.; *Schuppert*, Verwaltungswissenschaft, S. 790 f., 810 ff.

1094 Siehe dazu sogleich (c) Grundrechtsschutz durch Verfahren S. 265 ff.

konkrete Ausgestaltungen lassen sich dem Demokratieprinzip jedoch nicht entnehmen.[1095] Mag dies auch als ein unausgereiftes Stadium der Demokratisierung politisch-administrativer Prozesse bewertet werden,[1096] eine mündliche Beteiligung oder die konkrete Form des Erörterungstermins ist aus Demokratieerwägungen nicht erforderlich.[1097] Eine Ermessenslenkung findet demnach nicht statt.

(b) Kein Gebot des Rechtsstaatsprinzips

Aus dem Rechtsstaatsprinzip und der daraus ableitbaren Verpflichtung zur umfassenden Sachverhaltsaufklärung durch die Verwaltung für eine „gerechte" Entscheidung und dem Grundsatz rechtlichen Gehörs könnte sich eine Ermessensreduktion ergeben.[1098] Im direkten Gespräch kann informiert und auf Konsens hingewirkt werden, so dass der Erörterungstermin dem Grundsatz rechtlichen Gehörs besonders Rechnung tragen kann. Hierfür genügt jedoch die Möglichkeit, Einwendungen zu erheben.[1099] Betroffene können vor der behördlichen Entscheidung ihre Bedenken einbringen; die Grundlage für eine ausreichende Berücksichtigung ihrer Grundrechtspositionen ist geschaffen. Der Grundsatz rechtlichen Gehörs gebietet keinen Erörterungstermin.

1095 Dem Gesetzgeber kommt eine große Gestaltungsfreiheit zu. *Guckelberger*, DÖV 2006, 97 (103); *Schmitt-Glaeser*, VVDStRL 31 (1973), 179 (212 ff.) legt ausführlich dar, warum weder eine ersatzweise (215 f.) noch eine zusätzliche (216 ff.) Legitimation durch Partizipation in Betracht kommen kann und dass sich aus dem Demokratieprinzip i.V.m. Art. 1 I GG lediglich eine Minimalpartizipation und die grundsätzliche Verpflichtung auf Anhörung ergibt. Weitere positive Strukturierungsgebote sind dem komplex und nur bedingt konturierbaren Begriff der Menschenwürde nicht zu entnehmen (224 f.). Aus sozialwissenschaftlichen Theorien zur Partizipation lassen sich keine verfassungsrechtlichen Pflichten ableiten, so dass von ihrer Darstellung Abstand genommen wird (statt vieler *Deppen*, Beteiligungsrechte, S. 90 f.).

1096 So *Jung*, Demokratisierung, S. 287: Der Zugang gesellschaftlicher Akteure zu Beratungs- und Verhandlungprozessen zwischen staatlichen und gesellschaftlichen Akteuren ist schwach und unterreguliert, insbesondere an den Abau der Beteiligungsbarrieren wird kaum gedacht.

1097 *Cancik*, DÖV 2007, 107 (110); *Gärditz*, GewArch 2011, 274 f. m.w.N.; *Guckelberger*, DÖV 2006, 97 (103); *Hett*, Öffentlichkeitsbeteiligung, S. 184 f.; *Jestaedt*, Kondominialverwaltung, S. 137; *Riese/Dieckmann*, DVBL. 2010, 1343 (1347); *Schmitt-Glaeser*, VVDStRl 31 (1973), 179 (225 sowie 224, 227).

1098 *Guckelberger*, DÖV 2006, 97 (104); *Hett*, Öffentlichkeitsbeteiligung, S. 196 f.; *Hoffmann-Riem/Rubbert*, Erörterungstermin, S. 40; *Kunig*, Rechtsstaat, S. 375.

1099 Dazu bereits im 2. Kapitel C. IV 3. a) Grundsatz rechtlichen Gehörs S. 77 f.

Die erhobenen Einwendungen klären weitgehend den entscheidungserheblichen Sachverhalt auf. Entstehen hierdurch Unklarheiten, so kann die Behörde diese durch jeweiliges Nachfragen ausräumen.[1100] Nach einer Erörterung können dagegen die unterschiedlichen Belange und Interessen *vollständig* und durch eine ausreichende Diskussion *aufbereitet* vor Augen liegen.[1101] Dementsprechend erachtet *Schmitt-Glaeser*[1102] die bloße (passive) Anhörung für eine – unter Gesichtpunkten des Übermaßverbotes – umfassende und gründliche Sachverhaltsaufklärung für oft ungenügend und eine Erörterung i.S. eines Rechts- und Tatsachengespräches mit Rede und Gegenrede für erforderlich. Schließlich sei der Bürger „nicht selten die fündigste Informationsquelle, die sich erst in Rede und Gegenrede voll erschließen lasse". Ein gewisser Mehrwert wird der mündlichen Erörterung gegenüber einem ausschließlich schriftlichen Verfahren nicht abzusprechen sein.[1103] Eine Erörterung im verwaltungsgerichtlichen Verfahren (§ 87 I 2 Nr. 1 VwGO a.F.) ist etwa insbesondere dann anzuberaumen, wenn sich ein Beteiligter schriftlich nicht sachkundig äußern kann oder wenn zu erwarten ist, dass durch Rede und Gegenrede eine weitergehende Klärung erreicht werden kann.[1104]

Ein Erörterungstermin dient daher sicherlich in vielen Fällen der Sachverhaltsaufklärung. Allgemein verfassungsrechtlich geboten ist er hingegen nicht.

(c) Grundrechtsschutz durch Verfahren

Seit der Mühlheim-Kärlich-Entscheidung des BVerfG[1105] ist anerkannt, dass sich Grundrechte auf die Gestaltung des Verfahrens auswirken.[1106] Soweit sie durch den Ausgang eines administrativen Entscheidungsprozesses beeinträchtigt werden können, hat der Gesetzgeber dem jeweiligen Grundrechtsträger zumindest

---

1100 *Goerlich*, Grundrechte als Verfahrensgarantie, S. 262 f.; *Guckelberger*, DÖV 2006, 97 (103 f.).

1101 *Weinreich*, NVwZ 1997, 949 (956). *Stüer/Probstfeld*, DÖV 2000, 701 (711) betonen die besondere Bedeutung der Mündlichkeit, lassen jedoch offen, ob sich hieraus eine Pflicht zur Erörterung ergibt.

1102 *Schmitt-Glaeser*, VVDStRl 31 (1973), 179 (246 f.), der darauf verweist, dass für manche Daten der Bürger die *einzige* Informationsquelle ist.

1103 In diese Richtung *Cancik*, DÖV 2007, 107 (113); *Ekardt/Schenderlein*, NVwZ 2008, 1059 (1060); *Geiger*, BayVBl. 2008, 585 (586) zu § 87 I 2 Nr. 2 VwGO; *Stüer/Probstfeld*, DÖV 2000, 701 (711) sowie bereits Fn 344 S. 82.

1104 *Geiger*, BayVBl. 2008, 585 (586).

1105 BVerfGE 53, 30.

1106 *Guckelberger*, DÖV 2006, 97 (103); *Hett*, Öffentlichkeitsbeteiligung, S. 218 ff.; *Hellmann*, Öffentlichkeitsbeteiligung, S. 207 ff.; *Pietzcker*, VVDStRL 41 (1983), 193 (208 f.); *Schuppert*, Verwaltungswissenschaften, S. 791 f.

solche Verfahrensrechte zuzugestehen, die für eine wirksame Wahrnehmung seiner Grundrechte unerlässlich sind. Dem Gesetzgeber steht dabei in der Regel ein großer Gestaltungsspielraum zu.[1107] Der Erörterungstermin wäre daher nur dann verfassungsrechtlich zwingend, wenn ohne ihn ein wirksamer Grundrechtsschutz der vom Vorhaben Betroffenen nicht gewährleistet wäre.[1108]

In einem Erörterungstermin können offene Fragen geklärt, Missverständnisse beseitigt[1109] und konstruktive Lösungsansätze herausgearbeitet werden. Einwendern ermöglicht er, die für die späteren Verwaltungsentscheidungen maßgebenden tatsächlichen und rechtlichen Aspekte zu erkennen.[1110] Erfährt der Antragsteller durch die Einwendungen von den seinem Vorhaben entgegenstehenden Bedenken, können die Einwender die Validität ihrer Einwendungen erst aufgrund des Erörterungstermins ermitteln. Diese Verzahnung von Einwendungen und Erörterungstermin ermöglicht Antragstellern und Einwendern, ihre eigenen Risiken eines gerichtlichen Verfahrens abzuschätzen.

Ein öffentlicher Diskurs bringt den behördlichen Entscheidungsprozess zudem in gewissem Maße an die kontrollierende Öffentlichkeit. Aufgrund des besonderen tripolaren Verhältnisses im Genehmigungsverfahren kann so die Öffentlichkeit in begrenztem Maße den Spielraum kontrollieren, der der Verwaltung durch die geringe gesetzliche Determinierung eingeräumt und durch die Gerichte nur begrenzt überprüfbar ist. Der Erörterungstermin könnte als institutionalisierte Konfliktverarbeitung und zur prozeduralen Kontrolle von Entscheidungsspielräumen der Verwaltung beitragen.[1111] Im Hinblick auf den öffentlichen Termin wird die Behörde sich in besonderem Maße mit den Einwendungen Betroffener auseinandersetzen. Denn anders als in einem rein schriftlichen Verfahren können Betroffene eher eine direkte Behandlung ihrer Bedenken erreichen, zumal es in einem mündlichen Termin wesentlich schwerer ist, sich Nachfragen

---

1107 *Guckelberger*, DÖV 2006, 97 (103); *Hett*, Öffentlichkeitsbeteiligung, S. 227; *Pietzcker*, VVDStRL 41 (1983), 193 (208 f.).

1108 *Guckelberger*, DÖV 2006, 97 (103); *Hellmann*, Öffentlichkeitsbeteiligung, S. 209, 211; *Hett*, Öffentlichkeitsbeteiligung, S. 227, 231, 235; Begr. der BReg. in BT-Drs. 15/4646, S. 31; *Dietlein*, L/R, § 10 Rdnr. 7; *Guckelberger*, DÖV 2006, 97 (103 f.). Gegen eine Heranziehung des Art. 19 IV GG und der Grundrechte *Hellmann*, Öffentlichkeitsbeteiligung, S. 357; *Hett*, Öffentlichkeitsbeteiligung, S. 198 ff., 201 ff. insbes. 250 ff.

1109 Immerhin beruhen 1/3 der Einwendungen auf Missverständnissen (Studie von *Harder*, Genehmigungsverfahren, S. 13).

1110 *Hett*, Öffentlichkeitsbeteiligung, S. 142 dazu 2. Kapitel B V. 5. b) cc) (3) Vermeidung überraschender Entscheidung S. 81 f.

1111 Nach *Weinreich*, NVwZ 1997, 949 (956) entlaste dies die Gerichte.

zu entziehen.[1112] Ein Erörterungstermin kann so zum Grundrechtsschutz Betroffener beitragen.[1113]

Der Grundrechtsschutz Betroffener fordert damit zwar nicht zwingend einen Erörterungstermin, aber doch ein Verfahren, das in vergleichbarem Maße die Beachtung ihrer Belange garantiert. Einige Autoren, die einen Erörterungstermin für verfassungsrechtlich nicht geboten halten, lassen daher ein gewisses Unbehagen erkennen, den Erörterungstermin vollständig abzuschaffen.[1114] Ihrer Ansicht nach ist dies nur möglich, wenn den Verfahrensrechten Betroffener auf andere Weise Rechnung getragen wird. Der Gefahr, dass Betroffene wegen Protestaktionen anderer nur unzureichend zur Sprache kommen, kann möglicherweise eine andere Verfahrensausgestaltung begegnen.[1115] Nötigenfalls durch verfassungskonforme Handhabung der übrigen Verfahrensvorschriften sei zu gewährleisten, dass die Verwaltung die „richtige" Entscheidung über das konkrete Vorhaben fällt.[1116]

Je nach Sachlage ist daher für den Grundrechtsschutz Betroffener ein Erörterungstermin bzw. ein zumindest vergleichbares Verfahren erforderlich (dazu dd)).[1117]

1112 Zum Mehrwert einer mündlichen Erörterung gegenüber eines ausschließlich schriftlichen Verfahrens *Cancik*, DÖV 2007, 107 (113).

1113 In ähnliche Richtung *Cancik*, DÖV 2007, 107 (113); *Guckelberger*, DÖV 2006, 97 (101), die sowohl die anderen Realisierungschancen der Verwaltungskontrolle durch die Öffentlichkeitsbeteiligung sowie den Gegendruck betont. Ebenso die RegBegr. gegen eine Abschaffung des Erörterungstermins (BT-Drs. 15/4646 S. 30 f.) Eine Verbreiterung der Informations- und Beurteilungsgrundlage, eine fundierte Genehmigungsentscheidung und einer Stärkung von Transparenz und Akzeptanz ohne Erörterung könne im Regelfall nicht in optimaler Weise erreicht werden.

1114 *Guckelberger*, DÖV 2006, 97 (104).

1115 *Guckelberger*, DÖV 2006, 97 (104). Polarisierungen in einigen Bereichen, die in der Vergangenheit manchen Erörterungstermin unfruchtbar erscheinen ließen, dürfen nicht darüber hinwegtäuschen, dass Kompromisse oft tatsächlich und rechtlich möglich sind. Ebenso *Weinreich*, NVwZ 1997, 949 (956).

1116 So *Guckelberger*, DÖV 2006, 97 (104) allerdings ohne Nachweis, welche Vorschriften in welcher Form verfassungskonform auszulegen seien.

1117 Ähnlich *Guckelberger*, DÖV 2006, 97 (104), die bei einem Entfallen des Erörterungstermins eine verfassungskonforme Handhabung der übrigen Verfahrensvorschriften fordert.

dd) Ermessensausübung

Das Ermessen ist entsprechend dem Zweck der Ermächtigung und innerhalb der gesetzlichen Grenzen auszuüben (§ 40 VwVfG).[1118] Dabei ist zu berücksichtigen, dass für den Rechtsschutz Vorhabensbetroffener insbesondere bei hochtechnischen Vorhaben wegen des komplexen Sachverhaltenes – und damit in der Mehrzahl förmlicher Genehmigungsverfahren – ein mündliches Gespräch erforderlich sein wird.[1119]

(1) Drittrechtsbezug und Genehmigungsrelevanz

Einem Erörterungstermin kommt seine besondere Rechtsschutzfunktion nicht zu, wenn in ihm nur Einwendungen zu erörtern wären, die zwar substantiiert sind, aber keine Rechte Dritter betreffen[1120] oder nicht genehmigungsrelevant sind[1121]. Mangels gerichtlich relevanter Einwendungen ist in diesen Fällen ein mündliches Gespräch für den Rechtsschutz Drittbetroffener entbehrlich.

Einwendungen von Naturschutzverbänden betreffen regelmäßig keine Drittrechte, doch erscheint eine mündliche Erörterung angemessen, um ihrer Stellung im Verfahren gerecht zu werden und ihren besonderen Sachverstand einfließen zu lassen.[1122] Statt eines Erörterungstermins mit breiter Öffentlichkeitsbeteiligung und dadurch erhöhtem organisatorischem und finanziellen Aufwand, genügt indes ein informelles Gespräch mit Behörde und u.U. dem Antragsteller. Sollten nur Einwendungen durch Naturschutzverbände erhoben werden, die keine Drittrechte betreffen, kann daher statt eines öffentlichen Erörterungstermins ein informelles Gespräch stattfinden.

1118 Neben Beschleunigungsaspekten und der behördlichen Sachverhaltsklärung ist der Erörterungstermin insbesondere für den Rechtsschutz der Vorhabensbetroffenen relevant.

1119 Ausführlich dazu im 2. Kapitel unter C. IV. 5. Mündliche Erörterung, S. 77 ff. Ähnlich *Lechler*, DVBl. 2007, 713 (717), der für das VwVfG eine Orientierung an § 28 II VwVfG vorschlägt.

1120 Denkbar ist dies, wenn z.B. nur Nichtbetroffene Einwendungen erheben oder Betroffe nicht die Verletzung eigener Rechte vortragen.

1121 § 14 I 1 der 9. BImSchV. Nicht genehmigungsrelevant sind Einwendungen etwa, wenn sie nur Vorhabensalternativen oder den Bedarf betreffen (*Czajka*, Feldhaus, § 10 Rdnr. 76; *Dietlein*, L/R, § 10 Rdnr. 223; *Dippel*, NVwZ 2010, 145 (152)). *Diekmann*, AbfallR 2007, 278 (281) verneint in solchen Fällen bereits die Substantiiertheit der Einwendungen.

1122 Zur Funktion anerkannter Naturschutzvereinigungen unten H. I. Bedeutung S. 293 ff.

(2) Sammeleinwendungen und Unterschriftenlisten

Nach *Dippel*[1123] ist ein Erörterungstermin entbehrlich, wenn nur Einwendungen nach vorgegebenen Mustern oder als Unterschriftenlisten zu einem vorgegebenen Text eingehen. Diese Einwendungen lösten keinen Klärungsbedarf aus.[1124]

Der Erörterungstermin dient aber nicht allein der Information der Behörde sondern auch den Einwendern, um ihre Einwendungen zu erläutern (§ 14 I 2 der 9. BImSchV). In Anbetracht der Kürze der Zeit, innerhalb der Einwendungen zu erheben sind, kann es Betroffenen nicht zum Vorwurf gemacht werden, dass sie (zunächst) standardisierte bzw. pauschale Einwendungen erheben, um sich ihre Klagemöglichkeit zu erhalten. Die Zeit bis zum Erörterungstermin kann für eine Vertiefung und Präzisierung genutzt werden. Betreffen daher Einwendungen Rechte Dritter und lassen sie sich nicht im Vorfeld einer Klärung zuführen, ist aus Rechtsschutzgründen ein solcher Termin abzuhalten, auch wenn die Einwendungen pauschalisiert erhoben wurden.

(3) Relevanz der Einwenderzahl

Teilweise wird angenommen, die Anzahl der Einwender sei für die Entscheidung über das Stattfinden eines Erörterungstermins irrelevant.[1125] Dies wird in der Mehrzahl der Fälle zutreffen. Sind jedoch nur einige wenige Einwendungen Drittbetroffener eingegangen[1126], ist statt eines öffentlichen Termins ein informelles Gespräch mit diesen zu erwägen.[1127] Der Aufwand, der für einen öffentlichen Erörterungstermin entstehen würde, stünde u.U. nicht im Verhältnis mit der zu erwartenden Zahl derer, die aktiv an ihm teilnehmen könnten. Ein informelles Treffen oder Gespräch mit den Betroffenen wäre vollkommen ausreichend. Es ermöglichte ihnen, ihr Rechtsschutzbedürfnis zu befriedigen, und würde gleichzeitig Kosten reduzieren und das Verfahren beschleunigen.

1123 NVwZ 2010, 145 (152).

1124 So löse der Vortrag von Einwendern, das Vorhaben betreffe ihr Recht auf Leben und Gesundheit oder führe zu einer Wertminderung ihrer Grundstücke, keinen Bedarf nach Erörterung aus, da die immissionsschutzrechtlichen Vorgaben eine Verletzung von Rechten Dritter ausschließen (*Dippel*, NVwZ 2010, 145 (152). Mit dieser Argumentation fände ein Erörterungstermin nur noch statt, wenn Bürger Einwendungen erheben, die sich aufgrund besonderer Disposition über die „üblicherweise" bestehenden Beeinträchtigungen hinaus betroffen fühlen.

1125 So etwa *Dippel*, NVwZ 2010, 145 (152).

1126 Etwa, wenn nur 2 oder 3 Einwendungen erhoben wurden.

1127 In ähnliche Richtung *Dippel*, NVwZ 2010, 145 (153), der diese Alternative allerdings wohl auch bei einer größeren Anzahl an Einwendern befürwortet.

(4) Erörterung (gerade) bei umstrittenen Großprojekten

Insbesondere für umstrittene Großprojekte, die einen erhöhten Bürgerprotest erwarten lassen und deren Erörterungstermin aufgrund der erheblichen Bandbreite an Erörterungsgegenständen einen längeren Zeitraum einnimmt, könnte ein Absehen von der Erörterung erwogen werden. Hier erscheint das Beschleunigungspotential enorm. Eine gerichtliche Klärung scheint unvermeidbar, so dass zumindest das Genehmigungsverfahren verkürzt werden könnte.

Dies widerspräche aber der Intention des Erörterungstermins. Gerade bei umstrittenen Projekten ist eine umfangreiche Sachverhaltsaufklärung und breite Information der Betroffenen wichtig und kann nicht auf die Gerichte übertragen werden. Ist eine Klageerhebung abzusehen, so ist es gerade Aufgabe der Behörde, den Sachverhalt möglichst umfassend aufzuarbeiten, um die Gerichte zumindest insoweit zu entlasten. Zudem kann die Stimmung durch ein Entfallenlassen des Erörterungstermins zusätzlich angeheizt werden, wenn etwa der Eindruck entsteht, die Behörde scheue den direkten Kontakt mit der Öffentlichkeit und decke den Antragsteller. Dies kann zu vermehrten Protesten und Klagen und somit zu einer Verzögerung des gesamten Projektes führen – obwohl das Genehmigungsverfahren zügig durchgeführt werden konnte.

Großprojekte zeichnen sich zumeist durch voraussichtlich erhebliche Beeinträchtigungen Drittbetroffener und hochkomplexe Sachverhalte aus. Für eine effektive Rechtswahrung besteht daher auf Seiten der Vorhabensbetroffenen ein erhebliches Bedürfnis nach mündlicher Erörterung. Dieses Bedürfnis vermögen Naturschutzverbände nicht zu stillen, da sie sich überwiegend gegen Beeinträchtigung von Flora und Fauna wenden und nur insoweit klagebefugt sind. Sie eignen sich daher nicht als Sprachrohr Betroffener. Vorhabensbetroffenen fällt es naturgemäß bei Großprojekten äußerst schwer, ihre Rechte zu wahren. Als Einzelne werden sie mit ihren Belangen kaum Gehör finden. Verbände können Gegengutachten zu erwarteten Beeinträchtigungen vorlegen, ein Einzelner ohne besonderes Wissen zumeist nur in Kooperation mit anderen.

Findet ein Erörterungstermin nicht statt, bleibt Betroffenen überwiegend ein Kontakt mit der Behörde verwehrt, Unsicherheiten und Unklarheiten lassen sich daher kaum klären, eigene Rechte nicht effektiv wahren.

Bei der Entscheidung, ob ein Erörterungstermin wegen erwarteter Proteste und Störaktionen entfallen soll, ist daher auch seine Bedeutung für die Vorhabensbetroffenen zu berücksichtigen, die ebenfalls durch Störer an der Wahrung ihrer Rechte gehindert werden. Ihr Rechtsschutz erfordert gerade in diesen Fällen eine sachgerechte Erörterung. Die am Erörterungstermin teilnehmenden Bürger sind nämlich keine homogene Masse, die nur auf Störung und Verhinderung des

Vorhabens ausgerichtet ist. Der Schutz derjenigen, die sachgerecht das Projekt erörtern möchten, gebietet daher einen solchen Termin. Gerade bei umstrittenen Projekten stünde daher ein Entfallenlassen des Erörterungstermins nicht im Einklang mit dem effektiven Rechtsschutz Drittbetroffener.

(5) Sachverhaltsaufklärung und Rechtsschutzfunktion

Einer Erörterung bedarf es in den seltenen Fällen nicht, wenn sie *weder* der Sachverhaltsaufklärung *noch* der Rechtsschutzfunktion einen Dienst erweisen würde.[1128]

Dies ist anzunehmen, wenn von vornherein erkennbar ist, dass jeglicher Handlungsspielraum fehlt – etwa weil allein über eine rechtliche Frage zu entscheiden ist und der Sachverhalt unstreitig ist.[1129] Entbehrlich ist eine Erörterung ebenso, wenn die Interessenlage so offenkundig ist, dass es sich erübrigt, sie zu hinterfragen, um ein Einigungspotential auszuloten oder Unklarheiten zu beseitigen.[1130] Dies wird aber nur anzunehmen sein, wenn der unstreitige Sachverhalt für einen durchschnittlichen Laien leicht verständlich ist und es daher für den Rechtsschutz Betroffener keines mündlichen Gesprächs bedarf.[1131]

Ist damit zu rechnen, dass den Beteiligten nicht an einer Einigung gelegen ist, kann eine Erörterung bei geklärtem Sachverhalt ebenfalls entfallen.[1132] Zu beachten ist allerdings, dass es nicht genügt, dass *Einzelne* die Erörterung zu anderen Zwecken instrumentalisieren, etwa um eine erwartete unerwünschte Entscheidung hinauszuzögern, um Zeit zu gewinnen.[1133] In diesen Fällen ist ein besonderes Augenmerk auf eine zügige und effiziente Durchführung des Termins zu legen.

1128 *Manten*, DVBl. 2009, 213 (215). Nach *Dippel*, NVwZ 2010, 145 (152) ist ein Erörterungstermin nur durchzuführen, wenn allein durch ihn inhaltliche Zweifelsfragen geklärt würden.

1129 Ähnlich *von Bargen*, ZUR 2012, 468 (473) für die Verwaltungsmediation.

1130 So für die Verwaltungsmediation *von Bargen*, ZUR 2012, 468 (473).

1131 Etwa bei einer Erweiterung einer Hühnerfarm auf 50.000 Plätze, die nur wenige Personen in weiter Entfernung und damit nur mit geringer Intensität beeinträchtigt.

1132 Ähnlich *Füßer/Kindler*, UPR 2012, 168.

1133 Ähnlich aber z.T. weitergehend *Dippel*, NVwZ 2010, 145 (152 f.). Oder wenn sich *Einzelne* auf den Erörterungstermin nur einlassen, weil sie an Informationen interessiert sind, von denen sie sich etwa in einem von vornherein angestrebten Rechtstreit Vorteile versprechen. Nach *von Bargen*, ZUR 2012, 468 (473) mache in diesen Fällen eine Verwaltungsmediation keinen Sinn.

(6) Ergebnis

Förmliche Genehmigungsverfahren haben zumeist hochkomplexe und technische Anlagen zum Gegenstand, so dass für den Rechtsschutz Drittbetroffener sowie zur vollständigen Sachverhaltsaufklärung in der Regel ein Erörterungstermin erforderlich ist. Haben nur einige wenige Einwendungen erhoben, kommt statt eines öffentlichen Termins ein informelles Gespräch in Betracht. Gänzlich entbehrlich ist ein mündliches Gespräch in den seltenen Fällen, in denen keine genehmigungsrelevanten Einwendungen mit Drittrechtsbezug erhoben wurden. Ist der Sachverhalt unstreitig und die Einwender bedürfen für ihren Rechtsschutz keiner mündliche Erörterung kann dieser ebenfalls entfallen.

2. *Durchführung*

Für einen effektiven und erfolgreichen Erörterungstermin sind eine sorgfältige Vorbereitung sowie eine sachbezogene und faire Durchführung relevant.[1134] Dabei ist zu beachten, dass der Termin nicht selten in einer emotional sehr aufgeladenen Atmosphäre stattfinden wird.[1135]

a) Vorbereitungsphase

In der öffentlichen Bekanntmachung ist bereits der Termin für die Erörterung – meist mehrere Tage[1136] – festzulegen (§ 10 IV Nr. 3 BImSchG). Ein bestimmter zeitlicher Abstand zum Ende der Einwendungsfrist ist (zumindest bisher) nicht

---

1134 *Büllesbach/Diercks*, DVBl. 1991, 469 (471, 474); *Wahl*, NVwZ 1990, 426 (433). Kritisch bezüglich der Praxis *Steinberg*, Das Nachbarrecht der öffentlichen Anlage, 1988, III Rdnr. 83.

1135 *Gaentzch*, in: FS Sellner, 2010, 219 (233) berichtet „von einer kaum zu beschreibenden körperlichen und physischen Belastung für alle, die ihn von Anfang an durchzustehen haben". Plastisch ein Verhandlungsleiter: Nachdem er durch die Hölle eines Erörterungstermins für eine Müllverbrennungsanlage gegangen sei, könne ihn jetzt nichts mehr aus der Fassung bringen (*Steinberg*, ZUR 2011, 340 (344)).

1136 *Büllesbach/Diercks*, DVBl. 1991, 469 (474): in der Regel zwei Wochen; *Stüer/Probstfeld*, DÖV 2000, 701 (706): meistens mehrere Tage, ausnahmsweise mehrere Wochen, für die Hochmoselquerung B50 waren 5 Tage und 3 in Reserve angesetzt. 70 Tage dauerte die Erörterung des Flughafenausbaus Kaltenkirchen (*Westphal/Walther*, FS Meyer, S. 251 (258)); 75 Tage für das Endlager Schacht Konrad (*Korbmacher*, UPR 1994, 325 (325)); 101 Tage für die Flughafenerweiterung Frankfurt 2006 (*Cancik*, DÖV 2007, 107 (107)).

einzuhalten.[1137] Entsprechend dem Zweck der Erörterung soll sie jedoch erst beginnen, wenn eine hinreichend problembezogene Aussprache zu erwarten ist.[1138] Einerseits sind daher Genehmigungsbehörde, Antragsteller, Sachverständigen und beteiligten Behörden genügend Zeit einzuräumen, um sich ausreichend substantiiert mit den eingehenden Einwendungen auseinandersetzen zu können. Andererseits ist der Termin möglichst früh anzusetzen, um den teilnehmenden Personen eine Einflussnahme auf die behördliche Entscheidung zu eröffnen.[1139] Ein Balanceakt zwischen umfassender Vorbereitung und Beschleunigung des Verfahrens – verschärft durch die erforderliche Festlegung bereits in der öffentlichen Bekanntmachung[1140] – ist zu meistern.[1141]

Ort und Uhrzeit sind so zu wählen, dass möglichst allen Interessierten die Teilnahme möglich ist.[1142] Ebenso sind ganz praktische Dinge zu berücksichtigen,

---

1137 *Dietlein*, L/R, § 10 Rdnr. 214; *Storost*, Ule/Laubinger, § 10 Rdnr. G6. Anders etwa § 6 III GenTAnhV, wonach der Termin innerhalb eines Monats nach Ablauf der Einwendungsfrist stattfinden soll. Neuerdings werden „dead-lines" festgelegt, wonach die Erörterung innerhalb von drei Monaten nach Ablauf der Einwendungsfrist abzuschließen *ist* (§ 18a AEG; § 43a EnWG; § 17Ia FStrG; § 10 LuftVG; § 2 MBPlG; § 14a WaStrG) bzw. abgeschlossen werden *soll* (§ 73 VwVfG und § 73 LVwVfG Ba-Wü).

1138 BVerwGE 75, 214, 226 – zu Art. 73 Abs. 6 BayVwVfG; *Büllesbach/Diercks*, DVBl. 1991, 469 (474); *Dietlein*, L/R, § 10 Rdnr. 214; *Frenz*, Kotulla, § 10 Rdnr. 141; *Guckelberger*, DÖV 2006, 97 (99); *Kühling*, DVBl. 1989, 221 (227); *Nöthlichs*, BImSchG, § 10 Anm. 11.2, erachtet eine Zeitspanne von i.d.R. zwei Wochen nach Ende der Einwendungsfrist als ausreichend; *Sellner/Reidt/Ohms*, Immissionsschutzrecht, S. 175; *Sparwasser/Engel/Voßkuhle*, Umweltrecht, § 4 Rdnr. 119; *Steinberg*, Das Nachbarrecht der öffentlichen Anlage, III Rdnr. 80; *Storost*, Ule/Laubinger, § 10 Rdnr. G6; BVerwGE 75, 214 (226 f.); nach *Westphal/Walther*, FS Meyer, S. 251 (258) dauerte die Vorbereitungsphase für das Flughafenprojekt Kaltenkirchen 1 Jahr.

1139 *Guckelberger*, DÖV 2006, 97 (99).

1140 § 10 IV Nr. 3 BImSchG. Kritisch *Manten*, DVBl. 2009, 213 (217), weil die Formulierung den Eindruck erwecke, die „Ermessensentscheidung" sei bereits zu diesem Zeitpunkt gefallen (ähnlich *Dietlein*, L/R, § 10 Rdnr. 210, 213 und *Knäppel*, Immissionsschutz, 2008, 28 (28, 33), die vermehrte Rückfragen zum Stattfinden des Termins erwarten.

1141 Immerhin besteht nach § 17 der 9. BImSchV die Möglichkeit der Verlegung (dazu *Dietlein*, L/R, § 10 Rdnr. 215; *Jarass*, BImSchG, § 10 Rdnr. 81 m.w.N.).

1142 Der Ort sollte nach h.M. in der Nähe des Standortes der Anlage liegen (*Dietlein*, L/R, § 10 Rdnr. 213 f.; *Hett*, Öffentlichkeitsbeteiligung, S. 61; *Jarass*, BImSchG, § 10 Rdnr. 80; *Nöthlichs*, BImSchG, § 10 Anm. 11.2; ähnlich *Steinberg*, Das Nachbarrecht der öffentlichen Anlage, III Rdnr. 80 für die straßenrechtliche Planung. *Frenz*, Kotulla, § 10 Rdnr. 147 fordert, dass mit öffentlichen Verkehrsmitteln in vertretbarer Zeit zu erreichen sei.) Die Räumlichkeit sollte ein entsprechendes Fassungsvermögen

wie die Ausstattung mit Kommunikationsmitteln oder akzeptable Temperaturen etwa bei einer Erörterung im Winter.[1143]

Nach Eingang der Einwendungen sind diese von der Behörde zu erfassen und thematisch zu ordnen. Die Behörde hat sich mit ihnen soweit auseinanderzusetzen, dass sie den Einwendern Rede und Antwort stehen kann.[1144]

Schließlich ist die Entscheidung über das Stattfinden des Erörterungstermins öffentlich bekannt zu geben. Um Unklarheiten zu vermeiden, sollte auch die Entscheidung, die Erörterung entfallen zu lassen, bekannt gegeben werden.[1145]

b) Durchführungsphase

aa) Erörterungsberechtigte

Teilnahmeberechtigt sind nach § 10 VI BImSchG Antragsteller und Einwender sowie Vertreter der Aufsichtsbehörden und Personen, die dort zur Ausbildung beschäftigt sind (§ 18 I 2 der 9. BImSchV), Gutachter und Vertreter beteiligter Behörden[1146]. Da der Erörterungstermin nunmehr grundsätzlich öffentlich ist, ist der Zutritt jedermann gestattet.[1147] Ein Recht zur Äußerung haben jedoch

---

haben. In zeitlicher Hinsicht sollte die Erröterung in die Abendstunden gehen, damit Berufstätige Gelegenheit haben, ihre Einwendungen persönlich vorzutragen (*Büllesbach/Diercks,* DVBl. 1991, 469 (475); *Dietlein,* L/R, § 10 Rdnr. 214 m.w.N.; *Jarass,* BImSchG, Rdnr. 80).

1143 Zu denken ist etwa an Beamer, ausreichende Mikrophone und Beschallungstechnik. Einen guten Eindruck von der Vorbereitungsarbeit auf einen Erörterungstermin – die etwa 3 Wochen in Anspruch nimmt – vermittelt *Seifert,* Arbeitsschutz 1978, 109 ff. Ebenso *Büllesbach/Diercks,* DVBl. 1991, 469 (477); *Geiger,* BayVBl. 2008, 585 (586) (zu § 87 I 2 Nr. 1 VwGO); *Keller,* KommunalpraxisMO 1998, 24 (24 f.); *Stüer/Probstfeld,* DÖV 2000, 701 (706). Auf Unwägsamkeiten, wie ausfallende Heizung und dadurch erforderliche örtliche Verlegung ist in solcher Weise zu reagieren, dass allen Interessierten die Teilnahme weiterhin offen steht. (So der Fall von OVG Bremen, v. 18.02.2010 – 1 D 599/08 – (juris Rdnr. 39)).

1144 *Knebel,* ZUR 2011, 351 (354) beurteilt eine intensive Vorbereitung als wesentlich für die Akzeptanz der abschließenden Entscheidung.

1145 § 12 I der 9. BImSchV. Ausführlich *Dietlein,* L/R, § 10 Rdnr. 120. *Jarass,* BImSchG, Rdnr. 79. Kritisch *Knäpple,* Immissionsschutz 2008, 28 (33). Nach § 73 VI 2 LVwVfG Ba-Wü ist hingegen der Termin eine Woche vorher ortsüblich bekannt zu geben.

1146 *Dietlein,* L/R, § 10 Rdnr. 116, 220; *Jarass,* BImSchG, § 10 Rdnr. 83; *Sellner/Reidt/Ohms,* Immissionsschutzrecht, S. 179; *Storost,* Ule/Laubinger, § 10 Rdnr. G11.

1147 § 18 I 1 der 9. BImSchV. Teilnahmeberechtigt sind Presse und Medienvertreter (ausführlich *Rasch,* NuR 2002, 400 ff.) sowie Personen, die keine Einwendungen erhoben haben. (*Dietlein,* L/R, § 10 Rdnr. 218; *Jarass,* BImSchG, § 10 Rdnr. 83). Aus besonderen Gründen kann die Öffentlichkeit ausgeschlossen werden (§ 18 I 1, 2 der

nur solche Personen, die rechtzeitig Einwendungen erhoben haben, sowie ihre beauftragten Bevollmächtigten oder Beistände.[1148] Anderen Personen steht ein passives Anwesenheitsrecht zu.[1149] Für Einwender besteht keine Teilnahme*pflicht*. Bleiben sie dem Termin fern, erwachsen ihnen hieraus keine rechtlichen Nachteile.[1150]

bb) Erörterungsgegenstand: erörterungsfähige Einwendungen

Zu erörtern sind nach § 10 VI BImSchG und § 14 der 9. BImSchV nur rechtzeitig erhobene Einwendungen, soweit diese für die Prüfung der Genehmigungsvoraussetzung von Bedeutung sein können.[1151] Nicht zu erörtern sind Einwendungen, die auf besonderem privatrechtlichen Titel beruhen. Sie sind auf den Rechtsweg vor die ordentlichen Gerichte zu verweisen.[1152]

---

9. BImSchV), wobei sitzungspolizeiliche Maßnahmen (§ 18 IV 2 der 9. BImSchV) vorrangig sind (ausführlich *Dietlein*, L/R, § 18 der 9. BImSchV, Rdnr. 4 f.).

1148 Einwendern steht ein subjektives Recht auf Erörterung eigener Einwendungen zu. Es umfasst – in den Grenzen des § 18 III der 9. BImSchV – das Recht zu Wort zu kommen, um Auffassungen zu erläutern und Fragen zu stellen (*Guckelberger*, DÖV 2006, 97 (99); *Kurz*, Juristische Aspekte, S. 25; *Storost*, Ule/Laubinger, § 10 Anm. G8; *Ule/Laubinger*, Gutachten B, S. 83). Ausführlich zur Teilnahme Bevollmächtigter und Beistände: *Büllesbach/Diercks*, DVBl. 1991, 469 (472); *Storost*, Ule/Laubinger, § 10 Rdnr. G8.

1149 *Enders/Krings*, DVBl. 2001, 1389 (1399); *Sellner/Reidt/Ohms*, Immissionsschutzrecht, S. 178 f.; *Storost*, Ule/Laubinger, § 10 Rdnr. G8. Es steht im Ermessen des Verhandlungsleiters, ihnen das Wort zu erteilen (*Dietlein*, L/R, § 10 Rdnr. 227; *Frenz*, Kotulla, § 10 Rdnr. 152 m.w.N.; *Jarass*, BImSchG, § 10 Rdnr. 86; *Sellner/Reidt/Ohms*, Immissionsschutzrecht, S. 179). *Frenz*, Kotulla, § 10 Rdnr. 152: Wegen der von § 14 I der 9. BImSchV vorgegebenen Zielrichtung eines zügigen Verlaufs sei hiervon sparsam Gebrauch zu machen. Der Wortlaut enthält jedoch keine solche Zielsetzung.

1150 Ihre Einwendungen gelten weder als zurückgenommen, noch hat ihr Fernbleiben Auswirkungen auf ihre Klagebefugnis (*Dietlein*, L/R, § 10 Rdnr. 219; *Guckelberger*, DÖV 2006, 97 (99); *Hawkes*, Faktor Mensch, S. 153; *Jarass*, BImSchG, § 10 Rdnr. 78; *Metz*, Präklusion, S. 141; *Sellner/Reidt/Ohms*, Immissionsschutzrecht, S. 175, 179; *Storost*, Ule/Laubinger, § 10 Rdnr. G8). Nach den Erfahrungen von *Stüer/Probstfeld*, DÖV 2000, 701 (705) nehmen nicht mehr als 30% der Einwender am Erörterungstermin teil. *Müller-Erwig*, Öffentlichkeitsbeteiligung, 223 ermittelte eine Beteiligung von ca. 54% der Einwender.

1151 § 14 S. 1 der 9. BImSchV (näher *Jarass*, BImSchG, § 10 Rdnr. 79a).

1152 § 15 der 9. BImSchV (dazu etwa *Dietlein*, L/R, 9. BImSchV, § 14 Rdnr. 9).

cc) Leitung

Für eine sachliche Aussprache und Einigung ist ein geordneter Ablauf erforderlich. Verantwortlich hierfür ist der Verhandlungsleiter – ein Vertreter der Genehmigungsbehörde[1153] –, den § 18 der 9. BImSchV mit einigen Kompetenzen zur Durchführung einer ordnungsgemäßen Erörterung ausstattet.[1154] Er leitet die Verhandlung und sorgt für Konzentration und Sachlichkeit. Dabei dient eine straffe Verhandlungsführung stets auch dem Ziel, den Beteiligten die Möglichkeit und erforderliche Zeit zur Darlegung ihrer Argumente zu verschaffen.[1155] Für eine sachgerechte Durchführung des Termins kommt demnach seinen Fähigkeiten und seinem Geschick zentrale Bedeutung zu.[1156] Übernimmt der hautpverantwortliche Sachbearbeiter die Leitung, wird dies überwiegend als eher ungünstig bewertet.[1157]

1153 *Dietlein*, L/R, § 10 Rdnr. 222; *Frenz*, Kotulla, § 10 Rdnr. 152; *Jarass*, BImSchG, § 10 Rdnr. 84; *Sellner/Reidt/Ohms*, Immissionsschutzrecht, S. 179; *Storost*, Ule/Laubinger, § 10 Rdnr. G8 eine von dieser bestimmten, nicht etwa aus der Mitte der Versammlung gewählten Person, die weder beteiligt (§ 20 VwVfG) noch befangen (§ 21 VwVfG) sein darf. Er muss nicht notwendig Behördenmitglied sein, sondern kann z.B. ein abgeordnetes Mitglied einer anderen Behörde sein, das über besondere Erfahrungen verfügt. *Graffe*, Bürgerbeteiligung, S. 99 gegen den Vorschlag, die Leitung einer unabhängigen sachkundigen Person anzuvertrauen.

1154 Er kann Einwendungen zusammenfassen, für Wortbeiträge Redezeit und Thema bestimmen, das Wort entziehen, einzelne Personen und die Öffentlichkeit ausschließen und den Termin für beendet erklären (*Dietlein*, L/R, § 10 Rdnr. 220, 222 ff.; § 18 der 9. BImSchV, Rdnr. 7; *Graffe*, Bürgerbeteiligung, S. 102; *Jarass*, BImSchG, § 10 Rdnr. 85, 89). Dies ist erforderlich, da Betroffene typischerweise je stärker sie sich durch ein Vorhaben betroffen fühlen, um so stärker in Gefahr geraten, parteilich zu argumentieren und aus ihrem Engagement den Maßstab für den angemessenen Zeitaufwand und die Sachbezogenheit ihrer Argumente verkennen (*Korbmacher*, UPR 1994, 325 (328 f.)).

1155 *Czajka, Feldhaus*, § 10 Rdnr. 76d. Detaillierter zur konstruktiven Durchführung *Büllesbach/Diercks*, DVBl. 1991, 469 (474 f.); *Keller*, KommunalpraxisMO 1998, 24 (25 f.); *Seifert*, Arbeitsschutz 1978, 110 f.

1156 So bereits die RegBegr. zum vergleichbaren § 12 der AtVfV BR-Drs. 524/76 S. 9; *Bora*, Differenzierung und Inklusion, S. 136; *Czajka, Feldhaus*, § 10 Rdnr. 76d; *Graffe*, Bürgerbeteiligung, S. 94; *Guckelberger*, DÖV 2006, 97 (99); *Kurz*, Juristische Aspekte, S. 28.

1157 Nach den Untersuchungen von *Hill/Weber*, Vollzugserfahrungen, 202 fand eine solche Leitung aber in den meisten der untersuchten Fällen statt.

dd) Verlauf des Erörterungstermins

Wie intensiv die Erörterung inhaltlich ausfällt, steht im Ermessen der Behörde.[1158] Über die Entgegennahme von Einwendungen hinaus sollte eine sachliche Auseinandersetzung erfolgen, in der die vom Vorhaben berührten Belange und Interessen substanziell behandelt werden.[1159] Da die Einwendungen nicht schriftlich zu begründen sind, lässt sich ihre Gewichtigkeit erst hier umfassend würdigen.[1160] Einwendern sollte nicht nur Gelegenheit gegeben werden, die ihren Einwendungen zugrunde liegenden Überlegungen zu erläutern, sondern auch, sich selbst ein Bild über die Berechtigung ihrer Überlegungen zu machen und darüber, mit welchen Maßnahmen der Antragsteller möglicherweise ihren geschilderten Bedenken Rechnung tragen will.[1161]

Hilfreich hierfür ist eine Zusammenfassung des gegenwärtigen Verfahrensstandes[1162] und eine möglichst strukturierte Erörterung, z.B. anhand einzelner Themenkomplexe.[1163] Dabei sollte sich die Behörde zu den erhobenen Einwendungen äußern und eigene Stellungnahmen abgeben[1164] sowie Antragsteller und

---

1158 *Sellner/Reidt/Ohms*, Immissionsschutzrecht, S. 176; *Storost*, Ule/Laubinger, § 10 Rdnr. G11; *Ule/Laubinger*, Gutachten B, S. 82. Dieses kann insofern auf Null reduziert sein, als der Inhalt von Stellungnahmen oder Gutachten Relevanz für die erörterten Einwendungen besitzt und daher Einwendern und Antragsteller zur Kenntnis gebracht werden muss (*Storost*, Ule/Laubinger, § 10 Rdnr. G11; *Dietlein*, L/R, §10 Rdnr. 226; *Sellner*, Immissionsschutzrecht und Industrieanlagen, Rdnr. 165 f.) Nach *Czajka*, *Feldhaus*, § 14 der 9. BImSchV Rdnr. 4 dient die Erörterung auch zur Unterrichtung über neue Tatsachen und Erkenntnisse, die die Behörde im Lauf des Verfahrens gewonnen hat.

1159 BVerwGE 75, 214 (226); VGH München, UPR 2009, 37 (37), zur Unwirksamkeit der Entscheidung bei fehlender substantieller Behandlung; *Büllesbach/Diercks*, DVBl. 1991, 469 (474); *Czajka*, Feldhaus, § 10 Rdnr. 76 d; *Dietlein*, L/R, § 10 Rdnr. 224; *Frenz*, Kotulla, § 10 Rdnr. 141; *Guckelberger*, DÖV 2006, 97 (99); *Sellner/Reidt/Ohms*, Immissionsschutzrecht, S. 176; *Storost*, Ule/Laubinger, § 10 Rdnr. G6.

1160 *Graffe*, Bürgerbeteiligung, S. 94.

1161 So bereits RegBegr. BR-Drs. 524/76 S. 8 zum vergleichbaren § 10 AtVfV; *v. Mutius*, DVBl. 1978, 665 (666), ähnlich *Jarass*, BImSchG, § 10 Rdnr. 86.

1162 *Frenz*, Kotulla, § 10 Rdnr. 152. Für eine Verpflichtung den aktuellsten Informationsstand bekannt zu geben: *Jarass*, BImSchG, § 10 Rdnr. 86 m.w.N.

1163 BVerwG, NVwZ 1988, 527 (530); *Guckelberger*, DÖV 2006, 97 (99); *Hett*, Öffentlichkeitsbeteiligung, S. 62; *Kurz*, Juristische Aspekte, S. 28 f., 35; *Stüer/Probstfeld*, DÖV 2000, 701 (707). Zur Möglichkeit Einwendungen zusammenzufassen *Dietlein*, L/R, § 18 der 9. BImSchV, Rdnr. 6); *Jarass*, BImSchG, § 10 Rdnr. 86.

1164 *Czajka, Feldhaus*, § 10 Rdnr. 76 (für eine Pflicht zum Bericht über Stellungnahmen und Gutachten sowie *Dietlein*, L/R, § 10 Rdnr. 226, § 14 der 9. BImSchV, Rdnr. 5;

Gutachtern die Möglichkeit zur Stellungnahme gewähren.[1165] Bleiben Antragsteller oder Einwender dem Termin fern, ist eine Verlegung der Erörterung möglich.[1166] Insgesamt sollte ausreichend Gelegenheit zum Austausch von Informationen und Meinungen gegeben werden[1167] und über allem das Neutralitätsgebot und ein Bemühen um ein offenes und faires Verfahren stehen.[1168]

c) *Abschlussphase*

Beendet wird der Termin, wenn aus Sicht des Verhandlungsleiters dessen Zweck erreicht oder eine ordnungsgemäße Durchführung nicht mehr gewährleistet ist.[1169]

Die im Erörterungstermin angefertigte Niederschrift ist dem Antragsteller und auf Anforderung den Einwendern zu überlassen.[1170] Gehen nach dem Erörterungstermin Stellungnahmen und Gutachten ein, die neue, zur Beurteilung der Genehmigungsfähigkeit bedeutsame Tatsachen enthalten, ist (etwa über eine analoge Anwendung des § 18 V 3 der 9. BImSchV mit der – befristeten –

Sellner/Reidt/Ohms, Immissionsschutzrecht, S. 176; *Storost*, Ule/Laubinger, § 10 Anm. G11; *Ule/Laubinger*, Gutachten B, S. 82.

1165 RegBegr. AtVfV BR-Drs. 524/76 S. 9; *Dietlein*, L/R, 9. BImSchV, § 14 Rdnr. 8; *Ule/Laubinger*, Gutachten B, S. 82. Die Abwesenheit von Antragsteller, Sachverständigen oder weiteren Behördenvertreten kann einen schwer wiegenden Verfahrensfehler darstellen (*Dietlein*, L/R, § 10 Rdnr. 225).

1166 Mit weiteren Ausführungen *Dietlein*, L/R, § 10 Rdnr. 119, 215.

1167 Gerade in der eingehenden Diskussion und der Information über den aktuellen Kenntnisstand sehen die Umweltverbände zwei Faktoren, die ein ausgeprägtes Interesse an dem Erörterungstermin begründen. So die Erhebung von *Jung*, Demokratisierung, S. 110, ähnlich *Vallendar*, Feldhaus, Stand Oktober 2010, § 14 der 9. BImSchV, Anm. II 2. Nach *Jarass*, BImSchG, § 10 Rdnr. 79a seien jedoch Äußerungen nur insoweit zuzulassen, als sie die Informationsgrundlage der Genehmigungsbehörde verbesserten.

1168 *Guckelberger*, DÖV 2006, 97 (99); *Stüer/Probstfeld*, DÖV 2000, 701 (704, 711).

1169 § 18 V 1, 2 der 9. BImSchV. Wobei die weitere mündliche Erörterung durch die Möglichkeit einer schriftlichen Erläuterung der noch nicht oder nicht abschließend erörterten Einwendungen ersetzt wird (§ 18 V 3 der 9. BImSchV). Nicht erforderlich ist, dass zu allen Einwendungen abschließend Stellung genommen wurde. Zu weiteren Details: *Dietlein*, L/R, § 10 Rdnr. 229 f., § 18 der 9. BImSchV, Rdnr. 8 ff.; *Jarass*, BImSchG, § 10 Rdnr. 85; *Sellner/Reidt/Ohms*, Immissionsschutzrecht, S. 177.

1170 § 19 II der 9. BImSchV (*Dietlein*, L/R, § 10 Rdnr. 221; *Graffe*, Bürgerbeteiligung, S. 103; *Jarass*, BImSchG, § 10 Rdnr. 88). Ausführlich zur Praxis und möglicher Probleme *Büllesbach/Diercks*, DVBl. 1991, 469 (476); *Dippel*, NVwZ 2010, 145 (149) und *Stüer/Probstfeld*, DÖV 2000, 701 (708). Zum teilweise exorbitanten Umfang solcher Niederschriften *Henle*, BayVBl. 1981, 1 (8).

Möglichkeit einer schriftlichen Erläuterung) die Möglichkeit zur Stellungnahme zu eröffnen.[1171]

3. Folgen eines Erörterungstermins

Der Erörterungstermin kann zu konsensualen Lösungen führen, so dass Einwendungen ganz oder bezogen auf einzelne Punkte zurückgenommen[1172] und in einem späteren Gerichtsverfahren dem Vorhaben nicht mehr entgegengesetzt werden.[1173]

Im Verlauf des Erörterungstermins können Einwendungen nicht nur erledigt, sondern auch präzisiert, konkretisiert und ausführlich begründet werden.[1174] Ein neuer Tatsachenvortrag sowie das „Nachschieben" von Gründen sind zulässig, sofern dadurch in der Sache nicht eine neue (nicht fristgerecht schriftlich vorgebrachte) Einwendung verfolgt wird.[1175]

III. Modifikationsmöglichkeiten

Am Erörterungstermin entzünden sich nicht selten Diskussionen um Verfahrensbeschleunigungen, dem Umfang der Öffentlichkeitsbeteiligung und entsprechenden Verfahrensveränderungen.

1. Entbehrlichkeit

Als hemmender Teil der Öffentlichkeitsbeteiligung könnte seine gesetzliche Abschaffung erwogen werden.[1176] Aus der Präklusionswirkung und dem Rechtsschutzbedürfnis Vorhabensbetroffener ergibt sich, dass diesen nicht selten die Gelegenheit zum mündlichen Gespräch zu geben ist. Ein öffentlicher Termin in der derzeitigen Ausgestaltung ist zwar nicht zwingend, ein mündlicher Diskurs

---

1171 *Dietlein*, L/R, § 10 Rdnr. 226.

1172 Denkbar ist eine Rücknahme aufgrund entsprechender Zusagen des Antragstellers, was in der Niederschrift fixierbar ist (*Dietlein*, L/R, 9. BImSchV, § 14 Rdnr. 8; *Sellner/Reidt/Ohms*, Immissionsschutzrecht, S. 177). *Westphal/Walther*, FS Meyer, S. 251 (258): Beim Flughafenausbau Kaltenkirchen wurden einige wenige Einwendungen tatsächlich zurückgezogen.

1173 Z.T. werden solche Einwendungen wie nicht fristgerecht erhobene behandelt (*Dietlein*, L/R, 9. BImSchV, § 14 Rdnr. 8; *Storost*, Ule/Laubinger, § 10 D56). Nach anderer Ansicht sind diese Einwendungen nicht präkludiert, sondern „erledigt" *Philipp*, Präklusionsvorschriften S. 41; *Röhl/Ladenburger*, Präklusion, S. 44.

1174 Nachweise bereits in Fn 324 S. 78.

1175 *Dietlein*, L/R, 9. BImSchV, § 14 Rdnr. 11.

1176 Dagegen *Wickel*, UPR 2007, 201 (204).

in bestimmten Fällen hingegen schon. Eine Abschaffung des Erörterungstermins ohne adäquaten Ersatz wäre daher nur bei gleichzeitiger Aufhebung der Präklusion denkbar.

Ein entsprechendes Behördenhandeln könnte jedoch zur Entbehrlichkeit des Erörterungstermins führen. So könnte die Behörde bereits im Vorfeld durch auf Konsens zielende Maßnahmen und entsprechende Vorabklärungen die Kriterien „schaffen", unter denen ein Verzicht auf den Erörterungstermin ermessensfehlerfrei ist.[1177]

2. *Veränderungspotential*

Sind Erörterungen in gewisser Form erforderlich, bietet die momentane Ausgestaltung des Erörterungstermins ein gewisses Verbesserungspotential.

a) *Einschränkungsmöglichkeiten*

aa) Entfallenlassen mangels Widerspruch

Durch gesetzliche Regelung könnte der Erörterungstermin von einem Widerspruch gegen sein Entfallenlassen abhängig gemacht werden.[1178] Dies könnte die Transparenz verbessern und die andernfalls erforderliche Ermessensentscheidung ersparen. Drittbetroffenen wird zwar erneut ein Tätigwerden abverlangt. Dies erscheint aber unbedenklich, wenn hierauf zuvor in eindeutiger Form hingewiesen wurde.

bb) Beschränkung erörterungsberechtigter Personen

(a) Betroffenen-Einwender

Eine Beschränkung der Erörterungsberechtigung auf Betroffenen-Einwender würde zu einem überschaubareren Personenkreis führen. Allerdings stellt sich die Bestimmung der Betroffeneigenschaft als ähnlich schwierig wie bei der Wahl

---

1177 *Füßer/Kindler*, UPR 2012, 168 verstehen das begleitende Dialogverfahren in dem Sinne, dass durch eine punktuelle Beteiligung die Voraussetzungen für einen Verzicht geschaffen werden können.

1178 *Diekmann*, AbfallR, 2007, 278 (282), *Teßmer*, ZUR 2006, 469 (472). Eine ähnliche Regelung war etwa für § 97 II Nr. 4 E-UGB I beabsichtigt: Ein Erörterungstermin entfällt, „wenn die Genehmigungsbehörde allen Personen, die Einwendungen erhoben haben, mitgeteilt hat, dass sie beabsichtige, von einer Erörterung abzusehen und niemand innerhalb einer Frist von zwei Wochen nach Zugang der Mitteilung widersprochen hat". Ähnliche Erwägungen für einen Verzicht in BT-Drs. 16/54 S. 26.

des Bekanntmachungskreises dar.[1179] Teilweise wird eine Erörterung nur mit einem beschränkten Teilnehmerkreis befürwortet.[1180]

Bei einer Begrenzung erörterungsberechtigter Personen kann es zu vermehrten Nachfragen und Protesten kommen. Einlasskontrollen werden erforderlich sein und Klagen wegen (vermeintlich) fehlerhafter Ausschlüsse sind zu befürchten. Es kann daher bezweifelt werden, ob diese Begrenzung zu größeren Einsparungen führen oder der Konfliktbegrenzung[1181] dienen kann. Eine Beschränkung des Teilnehmerkreises auf Einwender, die voraussichtlich durch die Anlage betroffen werden, wäre jedoch mit ihrem Rechtsschutz vereinbar.[1182]

(b) Erörterung allein mit Umweltverbänden

Diskutiert wird eine Erörterung allein mit Umweltverbänden.[1183] Sie verbesserten die Tatsachenermittlung, ließen keine unsachlichen oder nicht zielführende Beiträge erwarten[1184] und verbesserten die Akzeptanz, da der Bürger darauf vertraue, dass eine Vielzahl seiner Belangen durch sie fachgerecht erörtert würden.[1185] Eine Reduktion der Kosten, des Verwaltungsaufwandes sowie eine Beschleunigung des Verfahrens wäre die Folge.[1186]

Allerdings erscheinen die Kosten in Anbetracht der zumeist erheblichen Investitionssummen marginal, ebenso der zeitliche Aufwand, zumindest wenn die Umweltverbände die Belange der Einwender miterörtern sollen.[1187] Diese mögen

1179 Dazu bereits C. III. 1. Individuelle Benachrichtigung S. 184. Eine Vorauswahl erfolgt durch die eingegangen Einwendungen. Dennoch ist präzise vorzugehen, damit nicht klagebefugte Dritte versehentlich von der Erörterung ausgeschlossen werden.

1180 Ausführlich begründet von *Füßer/Kindler*, UPR 2012, 168 m.w.N.; *Otto*, NVwZ 2007, 379 (380).

1181 Dazu *Stender-Vorwachs*, NVwZ 2011, 1061 (1062).

1182 Nach *Dieckmann*, AbfallR 2009, 133 (136) bietet sich eine solche Beschränkung des Teilnehmerkreises in Anbetracht des damit verbundenen Aufwandes nicht an.

1183 *Riese/Dieckmann*, DVBl. 2010, 1343 (1343 ff., konkret 1348 f.).

1184 Häufig erstellten sie erforderliche Gutachten und treten mit weiteren Experten auf (*Riese/Dieckmann*, DVBl. 2010, 1343 (1345, 1347)).

1185 Davon sei auszugehen, wenn sich Behörden und Umweltverbände an einen Tisch setzten (*Riese/Dieckmann*, DVBl. 2010, 133 (1347)).

1186 Die Erörterung erfordert nur einen kleinen Raum, Kosten für Sicherheits- und Reinigungspersonal sowie für die Bekanntmachung entfallen (*Riese/Dieckmann*, DVBl. 2010, 133 (1347 f)).

1187 So von *Riese/Dieckmann*, DVBl. 2010, 133 (1347) gefordert. Dabei bleibt es der Behörde nach heutiger Gesetzeslage unbenommen, die eingehenden Einwendungen

Sachwalter der Natur[1188], nicht jedoch des einzelnen Betroffenen sein. Betroffene Bürger wären auf die sachgerechte Erörterung ihrer Rechte durch einen Umweltverband – etwa dem Verband Deutscher Sportfischer e.V.[1189], vom dem z.B. keine besondere Fachkompetenz bezüglich möglicher Luftverschmutzungen und ihren Auswirkungen auf den Menschen erwartet werden kann – angewiesen. Dies entspricht nicht einer effektiven Wahrung eigener Rechte. Zudem müssen die Interessen Drittbetroffener nicht mit denen der verschiedenen Umweltverbände gleichlaufen, können sogar konträr zueinander stehen. Ein Ausschluss Drittbetroffener von einer mündlichen Erörterung steht daher selbst dann nicht im Einklang mit ihrem effektiven Rechtsschutz, wenn Umweltverbände daran teilnehmen.

b) Veränderte Ausgestaltung des Genehmigungsverfahrens

Einer Akzeptanzsteigerung zuträglich wäre eine Trennung der entscheidenden Behörde von der Stelle, die das Genehmigungsverfahren durchführt. Jeglicher böser Schein könnte so vermieden und eine Konsensfindung durch eine überwiegend als neutral eingeschätzte Leitung erheblich verbessert werden.[1190] Denkbar wäre eine Delegation auf eine weitere staatliche Stelle, ein Gremium[1191] oder private Dritte etwa in der Form neutraler Konfliktmittler[1192] oder Projektmanager[1193].

Förderlich könnte eine frühzeitige Öffentlichkeitsbeteiligung möglichst vor Antragstellung sein.[1194] Dies wäre eine denkbare Modifizierung der Antragsbe-

---

statt mit jedem Einwender einzeln, themenbezogen zusammenzufassen und im Plenum zu erörtern.

1188 Dazu unten H. I. Bedeutung und Praxis S. 289.

1189 Zu den anerkannten Naturschutzvereinigungen H II. 1. Beteiligungsvoraussetzungen S. 295.

1190 Ähnliche Erwägungen bereits zur Antragsberatung siehe dazu A. III. 2 b) cc) S. 149 f. sowie Fn 1207 S. 285.

1191 Für einen solchen Ansatz in der Anhörung bereits *Lange*, DVBl. 1975, 130 (136); *Schuppert*, AöR 102 (1977), 369 (407 ff.).

1192 Dazu etwa *Pünder*, NuR 2005, 71 (77 f.) m.w.N. sowie oben in Fn 612 S. 151.

1193 *Bucher*, FS für Odersky, 183 (192 f.); *Schmitz*, NJW 1998, 2866 (2870); *Schröder*, NVwZ 1998, 1011 (1012) mit weiteren Ausführungen auch zu seiner möglichen Einbindung ins bestehende Verfahren.

1194 *Steinberg*, ZUR 2011, 340 (344); *Winter*, ZUR 2012, 329 (330); *Knemeyer*, DVBl. 2014, 625 (625 ff.) als kommunale Selbstverpflichtung. Vergleichbar der frühzeitigen Öffentlichkeitsbeteiligung nach § 3 I BauGB für das Baurecht (so *Wickel*, UPR 2007, 201 (204).). *Weinreich*, NVwZ 1997, 949 (956) plädiert insgesamt für eine frühzeitige Beteiligung zumindest der Verbände bei größeren Vorhaben. Gepaart mit der Verbandsklage sieht er hierin ein gesellschaftliches Sanktionsinstrument,

ratung[1195] und könnte ebenfalls zu einer Verbesserung des Erörterungstermins führen. Angedacht wird eine freiwillige und weitgehend informelle Erörterungsphase bereits vor Antragstellung unter gleichzeitigem Verzicht auf die Durchführung eines formellen Erörterungstermins.[1196] Eine hierdurch erreichte frühe Information wäre positiv für Betroffene, die sich bereits vor Beginn des eigentlichen Einwendungsverfahrens mit dem Vorhaben auseinandersetzen und in die Materie einfinden könnten. Nachteilig ist, dass sich die Planung noch in einem sehr frühen Stadium befindet, in dem die Auswirkungen noch äußerst vage sind und Informationsmaterial nur sehr eingeschränkt oder gar nicht zur Verfügung steht.[1197] Zu dieser Zeit geht der Informationsfluss nur vom Antragsteller aus, die Behörde kann ihre Sicht der Dinge noch nicht darstellen, Konflikte sind nur schemenhaft erkennbar und können einer Klärung daher zumeist nicht zugeführt werden, eine Befriedung ist nicht zu erwarten. Drittbetroffenen wäre es nur sehr eingeschränkt möglich, die bei hochkomplexen Sachverhalten bestehenden Unsicherheiten und Unklarheiten hinsichtlich der Planung und eigenen Betroffenheit in einem mündlichen Gespräch zu klären. Eine frühzeitige Öffentlichkeitsbeteiligung *statt* eines Erörterungstermins wäre daher kein adäquater Ersatz und für den Rechtsschutz potentiell Betroffener nachteilig.[1198]

Etwas anderes gilt für eine frühzeitig, umfassende und das gesamte Verfahren kontinuierlich begleitende Beteiligung der Öffentlichkeit[1199], die *neben* den Erörterungstermin tritt und nicht immer im Plenum sondern auch in einzelnen Arbeitsgruppen erfolgen kann.[1200] Enttäuschungen über Grad und Einfluss möglicher

---

um einer gerichtlichen Klärung vorzubeugen. Zu den Effekten einer frühzeitigen Bürgerbeteiligung bereits oben A. III. 3. a) Frühe Einbeziehung Dritter S. 151 ff. Kritisch zur tatsächlichen Auswirkung der frühen Bürgerbeteiligung auf die Akzeptanz der Verwaltungsentscheidung *Hien*, DVBl. 2014, 495 (495 ff.).

1195 A. III. 3. Ausgestaltung des Genehmigungsverfahrens S. 151 ff.

1196 *Wickel*, UPR 2007, 201 (204).

1197 Äußerst kritisch daher *Cancik*, DÖV 2007, 107 (109).

1198 Dem Vorhabensträger bleibt es unbenommen, aus eigener Initiative eine frühe Informationsveranstaltung zu organisieren.

1199 Diese wird nach „Stuttgart 21“ erkennbar zum ersten Mal gefordert. Etwa von *Steinberg*, ZUR 2011, 340 (344 f.), der die Beteiligung auch nach Abschluss des eigentlichen Verfahrens bis zum Baubeginn befürwortet. Kritisch dazu *Hien*, DVBl. 2014, 495 (496 f.). Denkbar ist eine Beteiligung durch Dialogforen (*Stender-Vorwachs*, NVwZ 2012, 1061 (1063).

1200 *Steinberg*, ZUR 2011, 340 (345).

Mitwirkung könnte hierdurch besser vorgebeugt werden, als durch eine einmalige Möglichkeit zum Dialog am Ende des Verfahrens.

Ein Einsatz weiterer direktdemokratischer Elemente erscheint nicht erforderlich.[1201]

c) *Verbesserte Verhandlungsführung im Erörterungstermin*

Findet ein Erörterungstermin statt, kann zudem sein konkreter Verlauf verbessert werden.

Vorauszuschicken ist der Hinweis, dass der Erörterungstermin sein negatives Image wohl vor allem einigen schlecht verlaufenden Terminen verdankt. Unspektakuläre Erörterungen, die ihr Ziel erreichen, finden nämlich keinen Eingang in die Geschichte. Das Bild vom Kampftermin ohne sachliche Auseinandersetzung und Eignung zur Konfliktbeseitigung erscheint daher verzerrt.[1202] Dennoch zeigen gerade umstrittene Termine, dass Verbesserungen möglich sind.

Ein großes Potential bietet die Durchführung des Erörterungstermins selbst. Schlichtungen wie zum Abschluss von Tarifverträgen üblich oder zuletzt bei „Stuttgart 21" durch *Heiner Geißler* zeigen, dass eine konfliktträchtige Situation durch entsprechenden Umgang mit allen Betroffenen zwar nicht vollständig gelöst, aber zumindest einer akzeptierten Lösung zugeführt werden kann.[1203]

Anhaltspunkte für eine konfliktlösende Erörterung können aus der Mediation gewonnen werden. Sie ist dem deutschen Verfahren nicht fremd. Neben ihrem typischen Einsatzgebiet in familien-, arbeits- und wirtschaftsrechtlichen Auseinandersetzungen finden sich Ansätze auch in umweltrelevanten Großvorhaben wie etwa bei der Erweiterung des Frankfurter Flughafens. Voraussetzung für einen erfolgreichen Dialog ist die Beteiligung aller betroffenen Gruppen, das

---

1201 *Steinberg*, ZRP 1982, 113 (117 f.) schlug etwa die Einführung direktdemokratischer Elemente, wie die eines fakultativen Referendums, vor. Mit „Stuttgart 21" wurde die Forderung nach einem Ausbau der Plebiszite widerbelebt (z.B. forderte der Schlichter von „Stuttgart 21" Heiner Geisler die Einführung von Volksentscheiden). Ähnlich *Franzius*, GewArch 2012, 225 (234 ff). Dagegen *Durner*, ZUR 2011, 354 (360 ff.); *Gärditz*, GewArch 2011, 273 (277 f.); *Steinberg*, ZUR 2011, 340 (348 ff.). *Stender-Vorwachs*, NVwZ 2012, 1061 (165 f.).

1202 Dies bestätigen Untersuchungen wie die von *Hill/Weber*, Vollzugserfahrungen, 205 wonach immerhin 76% der Befragten den Erörterungstermin als „überwiegend einer sachgerechten Entscheidung dienlich" bewerteten (24% „teils teils" 0% „überwiegend abträglich").

1203 Beeindruckt von der Leistung des Schlichters Geißler bei „Stuttgart 21" etwa *Steinberg*, ZUR 2011, 340 (346). Ähnlich positives Resümee bei *Knebel*, ZUR 2011, 351 (354) für die Erörterung zum Frankfurter Flughafenausbau.

Bestehen von Verhandlungsanreizen und Spielräumen für Kompromisse, eine Konfliktmittlung, die zunächst die Rechtspositionen vor den Interessen der Beteiligten klärt und Kommunikationsstörungen aufdeckt sowie eine professionelle Steuerung des Verfahrens durch eine Person, die Mediationstechniken fußend auf fortgeschrittenen sozialpsychologischen, insbesondere kommunikationswissenschaftlichen Erkenntnissen beherrscht.[1204] Ineffektiv wird ein solches Verfahren insbesondere dann, wenn sich nicht alle Betroffenen an ihm beteiligen, etwa weil sie von einer Vorabfestlegung des Ergebnisses ausgehen oder die Neutralität des Mediators bezweifeln. Durch den Einsatz von Mediationstechniken kann bereits dem Erörterungstermin selbst ein höheres Konfliktbeseitigungspotential zukommen.[1205]

Daneben kann der Einsatz eines staatlichen oder privaten Mediators als Verhandlungsleiter statt der entscheidenden Behörde zur Verbesserung des Klimas beitragen und den Druck von der Genehmigungsbehörde nehmen.[1206]

Positiv kann sich zudem eine frühe umfassende Information über den Terminverlauf und sein Potential auswirken. Transparentere Verfahrensgestaltungen können Konflikte frühzeitig erkennen und im Idealfall beseitigen lassen.[1207] Wird etwa der Entscheidungsspielraum der Behörde deutlich, verhindert dies konfliktträchtige Enttäuschungen über den Grad möglicher Mitwirkung.[1208]

1204 *Pünder*, DV 38 (2005), 1 (4 ff.); Forderungen in ähnlicher Richtung bei *Weinreich*, NVwZ 1997, 949 (956). Vereinzelt wird auf Erkenntnisse aus der Sozialpsychologie zurückgegriffen (ausführlich zu möglichen Ansätzen *Fisch/Beck*, in: FS für König, S. 201 ff.).

1205 Für den Einsatz einer privaten oder staatlichen Mediation *Hoffmann-Riem*, DVBl. 1994, 1381 (1388); *Weinreich*, NVwZ 1997, 949 (956); für den vermehrten Einsatz von Vermittlungselementen *Würtenberger*, NJW 1991, 257 (261 f.); *Steinberg*, Konfliktbewältigung I, S. 295 (311 ff.); *Weinreich*, NVwZ 1997, 949 (956) m.w.N.

1206 Ähnlich *Weinreich*, NVwZ 1997, 949 (956). Denkbar wäre ein Pool staatlicher Mediatoren oder die Hinzuziehung Privater. Zur Trennung verfahrensleitender und entscheidender Stelle bereits oben A. II. 2. b) cc) Entkoppelung von Beratung und Entscheidung S. 149 ff. und F. III. 2. b) Veränderte Ausgestaltung des Genehmigungsverfahrens S. 282.

1207 *Schütte*, ZUR 2011, 169 (170); *Würtenberger*, NJW 1991, 257 (261 f.).

1208 Insbesondere sollte nicht der Eindruck entstehen, das gesamte Vorhaben insbesondere seine Notwendigkeit stehe zur Diskussion (dazu *Schütte*, ZUR 2011, 169 (170)). Nach *Burgi*, NVwZ 2012, 277 (277) ist insbesondere problematisch, dass die eigentliche Planungsentscheidung „ob“ das Vorhaben realisiert wird, bereits getroffen ist, sie aber als „verhandelbar“ erscheint. Konsequent fordert er, die eigentliche Planungsentscheidung in die Bürgerbeteiligung einzubeziehen.

Solchen Emotionen wird ebenso vorgebeugt, wenn ein frühzeitiger, umfassender und das gesamte Verfahren kontinuierlich begleitender Dialog mit den Beteiligten erfolgt, statt der einmaligen Möglichkeit für Betroffene am Ende des Genehmigungsverfahrens mit Behörde und u.U. Antragsteller in Dialog zu treten.

Insgesamt bietet die konkrete Durchführung des Erörterungstermins einiges Potential für eine erfolgreiche und zügige Durchführung.[1209]

3. *Ergebnis*

Für den Rechtsschutz Präklusionsbetroffener ist ein mündliches Gespräch in den meisten Fällen erforderlich, so dass ein Erörterungstermin ohne adäquaten Ersatz nicht entbehrlich ist. Das Abhalten eines Erörterungstermins kann ebenso wie der Teilnehmerkreis an ihm beschränkt werden. Beides ist jedoch nicht zielführend.

Vielmehr lässt der Einsatz vermittelnder Elemente und umfassende Informationen eine Kooperation statt Konfrontation erwarten. Erkenntnisse aus der Kommunikationswissenschaft können der Konfliktbewältigung ebenso zuträglich sein wie die Trennung der erörternden von der entscheidenden Stelle. Bei besonders konfliktreichen Vorhaben ist zudem ein das gesamte Genehmigungsverfahren begleitender mediativer Dialog zu erwägen. Dies bietet sich vor allem an, wenn im Vorfeld erheblicher Widerstand gegen das Projekt erkennbar wird. Eine Erörterung allein am Ende des Genehmigungsverfahrens erscheint dann wegen der verhärteten Fronten als verspätet. Die Möglichkeit einer überwiegend akzeptierten Entscheidung wäre verspielt.

IV. Zusammenfassung und Ausblick

Der Erörterungstermin ist ein wesentlicher Teil der Öffentlichkeitsbeteiligung, der nicht selten Aufmerksamkeit erregt.

Europa- und deutsches Verfassungsrecht gebieten nach derzeitigem Verständnis keine mündliche Erörterung mit der Öffentlichkeit. Potentiell Betroffenen

---

1209 Zu weiteren Vorschlägen etwa *Büllesbach/Diercks*, DVBl. 1991, 469 (471 f., 474 ff.); *Keller*, KommunalpraxisMO, 1998, 24 (24 ff.); *Seifert*, Arbeitsschutz 1978, 109 (109 ff.); *Stüer/Probstfeld*, DÖV 2000, 710 (passim); *Würtenberger*, NJW 1991, 257 (261 f.). *Ronellenfitsch*, Beschleunigung, S. 105 betont, dass der Aufwand für einen Erörterungstermin von der Akzeptanz des Vorhabens abhängt und der Erfolg vom Geschick des Verfahrensbeauftragten und nicht so sehr von Verfahrensvorschriften. Für eine Verbesserung der „kommunikativen Kompetenz" unter Einbezug sozialwissenschaftlicher Erkenntnisse *Ortloff*, NVwZ 2002, 1310 ff.

wird hingegen wegen der Präklusionswirkung für einen effektiven Rechtsschutz zumeist eine mündliche Aussprache einzuräumen sein. Dabei ist ein Erörterungstermin weder die einzig denkbare Verfahrensausgestaltung noch zwingend im förmlichen Genehmigungsverfahren erforderlich. Sollte er abgeschafft werden, ist allerdings wegen der Präklusionswirkung den Betroffenen in ähnlicher Weise eine Mitwirkung am Entscheidungsprozess zu ermöglichen.

Für Drittbetroffene ist ein Erörterungstermin wegen seiner Mündlichkeit in Fällen hochtechnischer Anlagen mit hochkomplexen Sachverhalten für einen effektiven vorgezogenen Rechtsschutz unverzichtbar. Bei der Entscheidung über ein Entfallenlassen des Termins ist dies zu berücksichtigen. Liegen erörterungsfähige Einwendungen vor, kann daher von ihm nur Abstand genommen werden, wenn ihm keine Sachverhaltsaufklärung und Rechtsschutzfunktion zukommt. Eine Reduktion auf ein (informelles) mündliches Gespräch kommt in Betracht, wenn nur einige wenige Betroffenen-Einwendungen oder nur Einwände von Naturschutzvereinen ohne Drittrechtsbezug erhoben wurden.

In einem gewissen Rahmen und auch nur bei hinreichender Vorbereitung und Durchführung kann sich der Erörterungstermin für eine Informationsvermittlung eignen. Er bietet die Plattform, um bei entsprechender Verhandlungsführung die Akzeptanz zumindest des überwiegenden Teils der betroffenen Bevölkerung herbeizuführen. Der Einsatz von Elementen aus der Konfliktbewältung empfiehlt sich. Positive Effekte sind insbesondere Mediationstechniken oder besonders ausgebildete Verhandlungsleitern zuzuschreiben. Ein wichtiger Impuls in diese Richtung kann dabei vom neuen Mediationsgesetz[1210] ausgehen. Es berücksichtigt zwar (noch) nicht die Besonderheiten des öffentlichen Rechts[1211], betont aber die zunehmende Bedeutung der Mediation.

Eine umfassende frühe Information über Bedeutung und Auswirkung der Beteiligung sowie eine transparente Verfahrensdurchführung kann Enttäuschungen vorbeugen. Zudem bietet sich bei erkennbar konfliktträchtigen Projekten eine das gesamte Genehmigungsverfahren begleitende, früh einsetzende Einbindung der Betroffenen – u.U. auch in Arbeitsgruppen – an.

Die gesetzlichen Regelungen bieten daher bereits jetzt eine hinreichende Möglichkeit zur effektiven Erörterung. Eine Unterstützung der Exekutive bei der Ausfüllung des ihr eröffneten Spielraums wäre daher wünschenswert und vor weiteren legislativen Änderungen zu begrüßen.

1210 Gesetz zur Förderung der Mediation und anderer Verfahren der außergerichtlichen Konfliktbeilegung v. 21.07.2012, BGBl I, 1577.

1211 *Appel*, NVwZ 2012, 1361 (1364); ausführlich zur Mediation und dem neuen Gesetz *von Bargen*, ZUR 2012, 468 ff.

In einem Genehmigungsverfahren steht der Erörterungstermin häufig im Fokus der Beobachtung. An ihm entbrennt der Diskurs um Beschleunigung und effiziente Bürgerbeteiligung. Dies mag daran liegen, dass er der Ort ist, an dem sich häufig der Konflikt entlädt, dass die Nutznießer eines Projekts nicht oder nur teilweise die Belastungen selbst tragen, ihre Vorteile also mit besonderen Lasten für die Allgemeinheit oder anderer, häufig einer kleinen Gruppe erkauft werden.[1212] Projekte wie ‚Stuttgart 21' werden daher auch in Zukunft für angeregte Diskussionen um die Öffentlichkeitsbeteiligung und den Erörterungstermin sorgen.

1212 *Steinberg*, ZUR 2011, 340 (340).

G. Mitwirkung weiterer Behörden

Neben der Öffentlichkeit sind auch Behörden zu beteiligen. Stellungnahmen sind von den Behörden einzuholen, deren Aufgabenbereich durch das Vorhaben berührt wird. Zudem ist eine vollständige Koordinierung der Verfahren und Entscheidungen sicherzustellen, wenn für das Vorhaben selbst oder ein mit diesem im Zusammenhang stehendes weiteres Projekt eine Zulassung nach anderen Gesetzen erforderlich ist (§ 10 V BImSchG, § 11 der 9. BImSchV).

I. Bedeutung und Praxis

Die Einbeziehung weiterer Behörden soll die Genehmigungsbehörde bei ihrer Sachverhaltsermittlung unterstützen,[1213] das dort gebündelte Fachwissen als weitere Informationsquelle in den Entscheidungsprozess einbringen und so die Informationsbasis verbreitern[1214]. § 10 V BImSchG enthält die bereits zu § 16 GewO entwickelte Verwaltungspraxis und konkretisiert die Amtshilfepflicht.[1215] Eine umfassende Koordination dient einem integrierten medienübergreifenden Umweltschutz.[1216]

II. Beteiligungsumfang und zu beteiligende Behörde

Die Mitwirkung erfolgt in Form einer Stellungnahme (§ 10 V 1 BImSchG) bzw. vollständigen Koordination (§ 10 V 2 BImSchG).

1. Stellungnahme

Stellungnahmen sind von Behörden einzuholen, die in ihrem Aufgabenbereich durch das Vorhaben berührt werden.[1217] Dies sind Behörden, deren Entscheidung nach § 13 BImSchG konzentriert wird,[1218] die öffentlich-rechtliche Belange

---

1213 *Dietlein*, L/R, § 10 Rdnr. 96.

1214 *Dietlein*, L/R, § 10 Rdnr. 96; *Sellner/Reidt/Ohms*, Immissionschutzrecht, S. 172;

1215 *Dietlein*, L/R, § 10 Rdnr. 96 f.

1216 *Jarass*, BImSchG, § 10 Rdnr. 48.

1217 § 10 V 1 BImSchG. Relevant ist der sachliche und örtliche Aufgabenbereich (*Dietlein*, L/R, § 10 Rdnr. 99; *Frenz*, Kotulla, § 10 Rdnr. 123; *Storost*, Ule/Laubinger, § 10 Rdnr. E1).

1218 Häufig sind dies Bauaufsichtsbehörden (*Buchmann*, Behördenkoordination, S. 60; *Dietlein*, L/R, § 10 Rdnr. 100; *Jarass*, BImSchG, § 10 Rdnr. 45; *Storost*, Ule/Laubinger, § 10 Rdnr. E1).

wahren, die durch das Vorhaben berührt werden können[1219], sowie solche, die nach anderen Gesetzen eine eigene – nicht von § 13 BImSchG erfasste – Entscheidung zu treffen haben.[1220]

Die betroffenen Behörden werden von der Genehmigungsbehörde aufgefordert, innerhalb eines Monats eine Stellungnahme für ihren Zuständigkeitsbereich abzugeben (§ 11 S. 1 der 9. BImSchV).[1221] Hierfür werden ihnen sternförmig[1222] diejenigen Unterlagen – auch Einwendungen[1223] – zugesandt, die jeweils relevant sein können.[1224] Bezogen auf ihren Aufgaben- und Zuständigkeitsbereich haben sodann die Behörden zu prüfen, ob die Genehmigungsvoraussetzungen vorliegen.[1225] Geben sie innerhalb der Frist keine Stellungnahme ab,[1226] wird nach § 11 S. 3 der 9. BImSchV fingiert, dass sie sich nicht äußern wollten.[1227] Die Genehmigungsbehörde hat danach die Fragestellung grundsätzlich selbst zu klären.[1228] Abgegebene Stellungnahmen dienen als Amtshilfeleistungen der Unterstützung der Genehmigungsbehörde und binden sie daher grundsätzlich

---

1219 Z.B. Gesundheits-, Landschaftsschutz-, Forst- und Landesplanungsbehörden (*Buchmann*, Behördenkoordination, S. 60; *Dietlein*, L/R, § 10 Rdnr. 101; *Jarass*, BImSchG, § 10 Rdnr. 45; *Storost*, Ule/Laubinger, § 10 Rdnr. E1).

1220 Etwa Atom-, Wasserbehörden, Gemeinden (*Buchmann*, Behördenkoordination, S. 60; *Dietlein*, L/R, § 10 Rdnr. 102; *Czajka*, Feldhaus, § 10 Rdnr. 51; *Seibert*, L/R, § 13 Rdnr. 44; *Storost*, Ule/Laubinger, § 10 Rdnr. E1).

1221 Für eine Beschleunigung sollte die Behördenbeteiligung spätestens im Zeitpunkt der Öffentlichkeitsbeteiligung beginnen (§ 11 der 9. BImSchV) (*Dietlein*, L/R, § 10 Rdnr. 108; *Jarass*, BImSchG, § 10 Rdnr. 47).

1222 Nach dem sog. Sternverfahren (Legaldefintion in § 71d VwVfG a.F. *Berger*, VerwArch 100 (2009), 342 (345) m.w.N.; *Jarass*, BImSchG, § 10 Rdnr. 47) erfolgt die Versendung zeitgleich (§ 11 S. 2 der 9. BImSchV). *Frenz*, Kotulla, § 10 Rdnr. 128.

1223 § 12 II der 9. BImSchV (*Frenz*, Kotulla, § 10 Rdnr. 128).

1224 *Dietlein*, L/R, § 10 Rdnr. 107; *Storost*, Ule/Laubinger, § 10 Rdnr. E3.

1225 Ist eine abschließende Beurteilung nicht möglich, ist dies der Genehmigungsbehörde mitzuteilen, die ihrerseits Unterlagenergänzung anfordert (§ 10 I BImSchG, § 7 der 9. BImSchV) bzw. andere Behörden anhört oder Sachverständigengutachten einholt (*Dietlein*, L/R, § 10 Rdnr. 109 ff.).

1226 Dies soll nach *Sellner/Reidt/Ohms*, Immissionsschutzrecht, S. 172 häufig der Fall sein.

1227 *Busse*, VR 1998, 263 (266); *Czajka*, Feldhaus, § 10 Rdnr. 51; *Dietlein*, L/R, § 10 Rdnr. 108; *Frenz*, Kotulla, § 10 Rdnr. 127; *Jarass*, BImSchG, § 10 Rdnr. 47; weitere Einzelheiten *Sellner/Reidt/Ohms*, Immissionsschutzrecht, S. 172 f.; *Storost*, Ule/Laubinger, § 10 Rdnr. E2. Kritisch zur Eignung dieser Frist, das Verfahren zu beschleunigen *Jacoby*, Beschleunigung, S. 69 f.

1228 *Buchmann*, Behördenkoordination, S. 59; *Czajka*, Feldhaus, § 10 Rdnr. 52; *Dietlein*, L/R, § 10 Rdnr. 112; *Frenz*, Kotulla, § 10 Rdnr. 127; *Jarass*, BImSchG, § 10 Rdnr. 47;

nicht.[1229] Im Rahmen ihrer Prüfung hat sie die Stellungnahmen adäquat zu berücksichtigen.[1230] Ihre Entscheidung erfolgt jedoch in eigener Verantwortung und u.U. entgegen geäußerter Bedenken auch sog. verdrängter Behörden[1231], deren Entscheidungen nach § 13 BImSchG ersetzt werden.[1232]

2. *Vollständige Koordination*

Über eine Stellungnahme hinaus ist eine vollständige Koordination mit solchen Behörden sicherzustellen, die (ebenfalls) zuständig sind für die Zulassung des Vorhabens oder weiterer damit unmittelbar im räumlichen oder betrieblichen Zusammenhang stehender Vorhaben, die Auswirkungen auf die Umwelt haben können und die für die Genehmigung Bedeutung haben (§ 10 V 2 BImSchG). Zu koordinieren sind danach Entscheidungen zum Vorhaben, die nicht nach § 13 BImSchG konzentriert werden[1233] oder zu anderen Vorhaben, die sich auf die Umwelt auswirken und die mit dem immissionsschutzrechtlichen Vorhaben unmittelbar in einem räumlichen oder betrieblichen Zusammenhang stehen und für die Genehmigung von Bedeutung sind.[1234] Hierfür hat die Genehmigungsbehörde

---

Dietlein, L/R, § 10, Rdnr. 108; *Hansmann*, NVwZ 1997, 105 (107); *Rebentisch*, NVwZ 1992, 926 (931); *Storost*, Ule/Laubinger, § 10 Rdnr. E3.

1229 *Buchmann*, Behördenkoordination, S. 59; *Busse*, VR 1998, 263 (266); *Czajka*, Feldhaus, § 10 Rdnr. 52; *Dietlein*, L/R, § 10 Rdnr. 112; *Jarass*, BImSchG, § 10 Rdnr. 46; *Frenz*, Kotulla, § 10 Rdnr. 124; *Sellner/Reidt/Ohms*, Immissionschutzrecht, S. 172; *Song*, Kooperatives Verwaltungshandeln, S. 76; *Storost*, Ule/Laubinger, § 10 Rdnr. E3.

1230 *Frenz*, Kotulla, § 10 Rdnr. 124; *Storost*, Ule/Laubinger, § 10 Rdnr. E3.

1231 Diesen Begriff verwendet etwa *Jarass*, BImSchG, § 10 Rdnr. 46.

1232 Denn der Wortlaut differenziert nicht weiter. *Busse*, VR 1998, 263 (266); *Frenz*, Kotulla, § 10 Rdnr. 125; *Jarass*, BImSchG, § 10 Rdnr. 46; § 13 Rndr. 19; *Laubinger*, VerwArch, 77 (1986), 77 (88 f.) für das Planfeststellungsverfahren; *Rebentisch*, Feldhaus, § 13 Rdnr. 23; *Fluck*, Ule/Laubinger, § 13 Rdnr. D44; a.A. *Kopp*, VwVfG, 3. Aufl. 1983, § 74 Rdnr. 12: die genehmigende Behörde bedürfe die Zustimmung der Behörden, deren Entscheidungen sie mit treffe.

1233 *Frenz*, Kotulla, § 10 Rdnr. 131; *Jarass*, BImSchG, § 10 Rdnr. 49; *Scheidler*, WiVerw 2008, 3 (35).

1234 Etwa wenn auf einem Gelände parallel eine Chemie- (nach BImSchG) und Abwasseranlage (nach WHG) zu genehmigen sind (*Jarass*, BImSchG, § 10 Rdnr. 50). Dabei sind alle Auswirkungen auf Luft, Wasser, Boden sowie Natur und Landschaft erfasst (*Storost*, Ule/Laubinger, § 10 Rdnr. E4). Die Vorhaben liegen in einem nach der Verkehsanschauung überschaubaren Bereich (*Storost*, Ule/Laubinger, § 10 Rdnr. E4) bzw. in der näheren Nachbarschaft (*Czajka*, Feldhaus, § 10 Rdnr. 54e; *Jarass*, BImSchG, § 10 Rdnr. 50) oder es verbinden sie gemeinsame Einrichtungen bzw. der Betrieb ist in irgendeiner Weise aufeinander bezogen (*Czajka*, Feldhaus, § 10 Rdnr. 54 f; *Jarass*,

sich über das andere Verfahren zu informieren, auf eine Beteiligung hinzuwirken und frühzeitig mit der anderen Behörde den beabsichtigten Inhalt des Genehmigungsbescheids zu erörtern und abzustimmen. Ein Informationsaustausch ist daher während des gesamten Genehmigungsverfahrens erforderlich.[1235] Diese verfahrensrechtliche Integration soll eine „mediumscharfe" Prüfung verhindern und zu einem integrativen Umweltschutz führen.[1236]

III. Folgerungen

Die Beteiligung von Behörden am immissionsschutzrechtlichen Genehmigungsverfahren ist lediglich insoweit von den Genehmigungswirkungen indiziert, als es die Beteiligung der durch die Konzentrationswirkung verdrängten Behörden betrifft. Ohne die Konzentration stünde diesen eine eigenständige Entscheidung zu. Aufgrund der Konzentrationswirkung ist daher zumindest eine Anhörung geboten.[1237] Hierüber kann auch ihr besonderes Fachwissen in das Verfahren eingebracht werden. Aus der Sicht Drittbetroffener wäre sicherlich eine Bindung der Genehmigungsbehörde an diese Stellungnahmen wünschenswert. Dies widerspricht aber der Intention einer einheitlichen, allen Umweltmedien und Interessen Rechnung tragenden Entscheidung. Die Fachkompetenz gelangt über die Stellungnahmen in den Abwägungsprozess, in dem die verschiedenen Belange – nicht spezifizierte, auf ein Medium fixiert – miteinander in Einklang zu bringen sind. Die Genehmigungswirkungen gebieten daher nur eine Beteiligung derjenigen Behörden, deren Entscheidung durch die immissionsschutzrechtliche mitumfasst ist. Eine Koordination mit anderen Behörden beruht hingegen auf europarechtlichen Vorgaben.[1238]

BImSchG, § 10 Rdnr. 50; ähnlich *Storost*, Ule/Laubinger, § 10 Rdnr. E4). Bedeutung für die Genehmigung hat ein weiteres Vorhaben, wenn es der Grund für einen bestimmten Inhalt der Entscheidung sein kann (*Czajka*, Feldhaus, § 10 Rdnr. 44h; *Jarass*, BImSchG, § 10 Rdnr. 50; *Storost*, Ule/Laubinger, § 10 Rdnr. E4).

1235 *Frenz*, Kotulla, § 10 Rdnr. 133. Ohne Einigung koordiniert die nächsthöhere Behörde (*Czajka*, Feldhaus, § 10 Rdnr. 54p f.; *Frenz*, Kotulla, § 10 Rdnr. 136; *Jarass*, BImSchG, § 10 Rdnr. 51a).

1236 Ausführlich dazu *Scheidler*, WiVerw 2008, 3 (33 ff.).

1237 Dazu ausführlich bereits im 2. Kapitel D. III. 1. Mitwirkung verdrängter Behörde S. 100 f.

1238 Ausführlich hierzu etwa *Jarass*, NVwZ 2009, 65 ff.; *Wittreck*, VerwArch 100 (2009). Zu Art. 7 I IVU-RL: *Maaß*, DVBl. 2002, 364 (367); *Martini*, VerwArch 100 (2009), 40 (51 f.); zu der möglicherweise erforderlichen Koordination aufgrund des § 14 UVPG (*Frenz*, Kotulla, § 10 Rdnr. 137; *Jarass*, BImSchG, § 10 Rdnr. 52).

H. Verbändebeteiligung

An immissionsschutzrechtlichen Verfahren sind häufig Umweltverbände[1239] wie BUND oder NABU beteiligt. Aufgrund der Konzentrationswirkung stunde ihnen an sich nur die „Jedermann-Beteiligung" zu.[1240] Mit der Novellierung des BNatSchG 2009 wurde ihnen jedoch explizit in § 63 ein Mitwirkungs- und Beteiligungsrecht für bestimmte Befreiungen von naturschutzrechtlichen Verboten eingeräumt.

I. Bedeutung

Anerkannte Umweltschutzvereinigungen sollen als „Anwälte der Natur"[1241] im Sinne einer „Sachverstandspartizipation"[1242] Naturschutzbelange in Verfahren repräsentieren,[1243] als „Mittler zwischen Bürgern und Behörden"[1244] fungieren, die zuständigen Behörden als „Verwaltungshelfer"[1245] im Wege einer „Behördenunterstützung"[1246] entlasten und hierdurch einen Beitrag zum Abbau des Vollzugsdefizits im Umweltrecht leisten[1247] sowie eine Kontrolle und

1239 2002 wurde der Begriff der „Umweltverbände" durch „anerkannte Umweltvereinigungen" im BNatSchG ersetzt.

1240 Dazu ausführlich oben 2. Kapitel D. III. 2. Verbände S. 102 f.

1241 BVerwGE 92, 258 (262); BVerwGE 104, 367 (371); *Gellermann*, L/R, BNatSchG, § 63 Rdnr. 3.

1242 BVerwGE 105, 348 (350); VGH Mannheim, NVwZ-RR, 2001, 728 (729); sog. „Experten aus Engagement" (Umweltgutachten 1996 abgedruckt in BT-Drs. 13/4108, S. 220 Nr. 576, S. 248 Nr. 701; *Gassner*, NuR 1991, 211 (211 f.); *Seelig/Gündling*, NVwZ 2002, 1033 (1034); *Erbguth/Schlacke*, Umweltrecht, § 10 Rdnr. 62.

1243 VGH Mannheim, NVwZ-RR, 2001, 728 (729); *Gassner*, NuR 1991, 211 (211); *Hauber*, VR 1991, 313 (313); Umweltgutachten 1996 abgedruckt in BT-Drs. 13/4108, S. 248 Nr. 701; S. 220 Nr. 577.

1244 VGH Kassel, NVwZ 1988, 543 (545). Ihnen wird eine z.T. klärende, die Vielfalt der Meinungen bündelnde und ausgleichende Funktion zugesprochen (*Gassner*, NuR 1991, 211 (211)).

1245 BVerwGE 105, 348 (350); VGH Mannheim, NVwZ-RR, 2001, 728 (729); VGH Kassel, NVwZ-RR 1999, 304 (306) m.w.N.; *Seelig/Gündling*, NVwZ 2002, 1033 (1034).

1246 BVerwGE 105, 348 (350 und 351); VGH Mannheim, NVwZ-RR, 2001, 728 (729).

1247 VGH Mannheim, NVwZ-RR, 2001, 728 (729); *Gellermann*, L/R, BNatSchG, vor § 63 Rdnr. 1 ff.; *Hauber*, VR 1991, 313 (313); *Nebelsieck/Schrotz*, ZUR 2006, 122 (122); *Seelig/Gündling*, NVwZ 2002, 1033 (1034); *Stüer*, NuR 2002, 708 (710). Zum Vollzugsdefizit *Ekardt*, ThürVBl. 2001, 223 (223); Umweltgutachten 1978 BT-Drs. 8/1938, S. 472 ff.

Akzeptanz von Verwaltungsentscheidungen bewirken.[1248] Was sich wie eine Wunderwaffe für konfliktfreie Genehmigungsverfahren anhört, ist lediglich die Erwartung, die an eine Beteiligung anerkannter Naturschutzvereinigungen gestellt wird.

Ihre Beteiligung ist nicht im BImSchG normiert, sondern im BNatSchG sowie in den Naturschutzgesetzen der Länder.[1249] Sie ist auf die emanzipatorischen und partizipatorischen Bemühungen der 60er und 70er des 20. Jhds. zurückzuführen.[1250] Dabei stand neben dem Versuch, die vermutete Machtlosigkeit des Einzelnen durch eine schlagkräftige Macht des Kollektivs zu kompensieren, die massive Skepsis gegenüber der Umweltverwaltung einer Verbandsbeteiligung Pate.[1251] Zu unterscheiden ist die besondere Beteiligung im Verwaltungsverfahren (§ 3 UwRG, § 63 BNatSchG) – die Verbändebeteiligung i.e.S. – sowie die Verbändebeteiligung i.w.S., die Verbandsklage (§ 64 BNatSchG).[1252]

1248 Umweltgutachten 1996 abgedruckt in BT-Drs. 13/4108, S. 248 Nr. 701; *Seelig/Gündling*, NVwZ 2002, 1033 (1034); *Wilrich*, DVBl. 2002, 872 (873).

1249 § 67 IV NatSchG Ba-Wü, Art. 45 BayNatSchG, § 45 NatSchGBln; § 36 BbgNatSchG, § 30 BremNatG, §§ 21, 22 HmbBNatSchAG, § 23 HAGBNatSchG, § 30 NatSchAG M-V, § 38 NAGBNatSchG, §§ 12, 12a LG NRW, § 39 I NatSchG RP, § 40 I SNG, § 33 SächsNatSchG, § 29 II NatSchG LSA, § 40 II, III NatSchG Schl.-Hol.,§ 45 I ThürNatG (Stand 12/2014).

1250 *Hauber*, VR 1991, 313. Zur Geschichte der Umweltbewegung: Umweltgutachten 1996 abgedruckt in BT-Drs. 13/4108, S. 222 ff.; *Gassner*, NuR 1991, 211 (211). Ursprünglich konnten Verbände lediglich unterstützend tätig sein oder durch den Erwerb betroffener Grundstücke eine eigene Rechtsbetroffenheit und damit Klagebefugnis erreichen (sog. Sperrgrundstücke), *Erbguth/Schlacke*, Umweltrecht, § 10 Rdnr. 62; zur Zulässigkeit solcher „erwirkten" Rechtsbetroffenheit *Masing*, NVwZ 2002, 810 ff., BVerwG, NVwZ 2001, 427 ff., anders noch BVerwGE 72, 15 (16). Mit § 28 BNatSchG vom 24.12.1976 bestand zum ersten Mal eine bundesrechtliche Beteiligung in bestimmten Verfahren; später in §§ 58 ff. BNatSchG (BGBl. 2002 I, S. 1193) und nunmehr in § 3 UmwRG und § 63 BNatSchG (BGBl. I, 2009, S. 2542 ff.).

1251 *Hauber*, VR 1991, 313 (313).

1252 Die Verbandsklage wird in dieser Arbeit ausgeklammert, da sie nur partiell von Interesse für das Genehmigungs*verfahren* ist. Zu ihr etwa SRU, Stellungnahme Verbandsklage 2005 (insbes. zu den bisherigen Erfahrungen S. 3 ff.); *Callies*, NJW 2003, 97 (97 ff.); *Epiney*, NVwZ 1999, 485 ff. (insbes. zur europarechtlichen Verpflichtung); *Niederstadt/Weber*, NuR 2009, 297; *Pernice-Warnke*, Effektiver Zugang zu Gericht, 2009; *Radespiel*, Die naturschutzrechtliche Verbandsklage, 2006; *Schmidt*, NuR 2008, 544 mit empirischen Untersuchungen. Zur Unterscheidung der Begrifflichkeiten *Bender*, DVBl. 1977, 708 (708). *Calliess*, NJW 2003, 97 (97) unterscheidet zwischen verfahrensrechtlicher (hier: Verbändebeteiligung) und materiellrechtlicher

II. Naturschutzrechtliche Mitwirkung

Für die Verbändebeteiligung i.e.S. wird die Anerkennung der Vereinigung als *eine* Beteiligungsvoraussetzung im UmwRG geregelt, *weitere* sowie der Beteiligungsumfang hingegen im BNatSchG.

1. Beteiligungsvoraussetzungen

Um in den Genuss der besonderen Beteiligungsrechte zu gelangen, muss die Vereinigung durch Bund oder Land anerkannt sein (§ 3 UmwRG).[1253] Umweltschutzverbände sind keine homogene Gruppe, sondern in Zielsetzung und Organisation verschieden ausgeprägt.[1254] Neben typischen primären Umweltverbänden wie BUND oder NABU können sekundäre Verbände, die vorrangig eine vom Umweltschutz verschiedene Zielsetzung verfolgen[1255] wie der Deutsche Jagdschutzverein oder der Verband Deutscher Sportfischer e.V., anerkannt werden.[1256]

Einem solchermaßen anerkannten Verein steht ein Mitwirkungs- und Beteiligungsrecht nicht für *alle* naturschutzrechtlichen Verfahren offen, sondern nur für bestimmte in § 63 I und II BNatSchG enumerativ aufgezählte.[1257]

2. Beteiligungsumfang

Anerkannten Naturschutzvereinigungen ist in beteiligungsfähigen Verfahren Gelegenheit zur Einsicht und Stellungnahme zu geben. Ihre Mitwirkung steht nicht

---

Verbandsklage (hier: Verbandsklage). Zur Entwicklung des UmwRG *Marty*, ZUR 2009, 115 ff.

1253 Zur Anerkennung ausführlich *Gellermann*, L/R, BNatSchG, § 63 Rdnr. 5 ff.; *Hauber*, VR 1991, 313 (315); *Wilrich*, DVBl. 2002, 872 (873). Zur Konformität mit Gemeinschaftsrecht *Schmidt/Kremer*, ZUR 2007, 257(262).

1254 Ein guter Überblick über die Typologisierung der Umweltverbände findet sich im Umweltgutachten 1996 abgedruckt in BT-Drs. 13/4108, S. 221 ff.

1255 Zur Unterscheidung Umweltgutachten 1996 abgedruckt in BT-Drs. 13/4108, S. 221 Nr. 580.

1256 Zu aktuell bundesrechtlich anerkannten Vereinigungen http://www.umweltbundesamt.de/sites/default/files/medien/371/dokumente/anerkannte_umwelt-_und_naturschutzvereinigungen.pdf. Zu den 1991 von Bund und Ländern anerkannten Verbänden *Gassner*, NuR 1991, 211 (212 ff.).

1257 Wobei den Ländern nach § 63 II Nr. 8 BNatSchG zusteht, die Verfahren über das durch den Bund festgesetzte Maß hinaus zu erweitern. Zu Einzelheiten *Gassner*, NuR 1991, 211 (212); *Stüer*, NuR 2002, 708 (708 ff.); *Wilrich*, DVBl. 2002, 872 (873 ff.).

im Ermessen der Behörde. § 63 BNatSchG gewährt insoweit ein subjektiv-öffentliches Recht auf Beteiligung in bestimmten umweltrelevanten Verfahren.[1258]

a) *Information*

Grundvoraussetzung für eine Äußerungsmöglichkeit ist zunächst die Information über das Verfahren.[1259] Anerkannte Vereinigungen sind daher über Inhalt und Ort eines mitwirkungspflichtigen Vorhabens zu unterrichten.[1260] Anderweitige Vereinbarungen in organisatorischer Hinsicht sind möglich.[1261] Die Unterrichtung ist so auszugestalten, dass sie die Entscheidung über die Wahrnehmung der Mitwirkungsrechte ermöglicht.[1262] Sie hat so rechtzeitig zu erfolgen, dass der Zweck einer effektiven Verbandsbeteiligung erreicht wird.[1263]

Allein der allgemeine Hinweis, dass ein Vorhaben zur Planung ansteht, das Naturschutz und landschaftspflegerische Belange betreffen kann, ermöglicht keine substantiierten Einwendungen. Es bedarf daher weitergehender Informationen. Dies kann etwa dadurch erreicht werden, indem Gelegenheit zur Einsicht in die Sachverständigengutachten gewährt wird. Dabei sind unter „Sachverständigengutachten" nicht nur Äußerungen von „Sachverständigen" i.S.d. § 26 I Nr. 2 VwVfG zu verstehen, sondern mit diesen vergleichbaren sachverständigen Stellungnahmen Dritter oder beteiligter Behörden.[1264] Gewährt wird folglich kein „allumfassendes Akteneinsichtsrecht", „kein freies Zugriffsrecht auf den gesamten

1258 BVerwGE 87, 62 (69); VGH Mannheim, ZUR 2012, 312 (314); VGH Kassel, NVwZ 1988, 1040 (1040) unter Aufgabe seiner früheren Rechtsprechung m.w.N.; *Gellermann*, L/R, BNatSchG, § 63 Rdnr. 3; *Hauber*, VR 1991, 313 (314); *Herbert*, NuR 1994, 218 (218 ff.); *Kloepfer*, Umweltschutzrecht 2008, S. 317; *Hoppe/Beckmann/Kauch*, Umweltrecht, S. 405, § 15 Rdnr. 201; *Wilrich*, DVBl. 2002, 872 (873).

1259 *Stüer*, NuR 2002, 708 (710).

1260 VGH Mannheim, NVwZ-RR 2001, 728 (729); *Gellermann*, L/R, BNatSchG, § 63 Rdnr. 34; *Stüer*, NuR 2002, 708 (710); *Wilrich*, DVBl. 2002, 872 (878).

1261 VGH Mannheim, NVwZ-RR 2001, 728 (729); *Stüer*, NuR 2002, 708 (710). Z.T. sehen Fachgesetze eine öffentliche Bekanntmachung vor (dazu *Gellermann*, L/R, BNatSchG, § 63 Rdnr. 39 m.w.N.).

1262 VGH Kassel, NVwZ 1988, 1040 (1041); *Gellermann*, L/R, BNatSchG, § 63 Rdnr. 34; *Stüer*, NuR 2002, 708 (710).

1263 *Hauber*, VR 1991, 313 (314); Umweltgutachten 1996 abgedruckt in BT-Drs. 13/4108, S. 248 Nr. 702; *Wilrich*, DVBl. 2002, 872 (878).

1264 BVerwG, NVwZ 2002, 1103 (1104); VGH Mannheim, NVwZ-RR 2001, 728 (729); VGH Kassel, NVwZ 1982, 689 (689 ff.); ausführlich *Gellermann*, L/R, BNatSchG, § 63 Rdnr. 36 m.w.N.; *Hauber*, VR 1991, 313 (314); *Wilrich*, DVBl. 2002, 872 (878).

Inhalt der Akten", wohl aber auf alle für die Einschätzung naturschutzrechtlicher Belange bedeutsamen Materialien.[1265] Ebenso ist ein Anspruch auf Übersendung der Unterlagen nicht zwingend.[1266] Grenzen der Einsichtnahme können sich aus höherrangigen Interessen ergeben.[1267]

b) Anhörung

Neben der Gelegenheit zur Einsicht ist anerkannten Naturschutzvereinigungen Gelegenheit zur Stellungnahme zu geben. Dabei kann eine einmalige Anhörung genügen[1268] sowie eine Fristsetzung zur Stellungnahme[1269]. Naturschutzverbände sind keine allgemeinen „Begleiter" im Verfahren.[1270] Ihnen wird weder ein Recht auf einen „ständigen Abstimmungsprozess" oder ein „Erörterungsrecht i.S. eines ständigen Dialogs mit der Behörde" eingeräumt, noch wird eine behördliche Verpflichtung zur Herstellung eines Einvernehmens begründet.[1271] Andererseits darf die Anhörung nicht zur reinen Formalie verkommen. Erforderlich ist eine „substantielle" Anhörung.[1272]

III. Folgerungen

Eine Beteiligung anerkannter Naturschutzvereinigungen vermag zu einer Versachlichung des Genehmigungsverfahrens beizutragen und den Belangen des Naturschutzes zu dienen. Ihre Beteiligung ist jedoch - wie bereits im 2. Kapitel aufgezeigt - aufgrund der Konzentrationswirkung nicht erforderlich.[1273]

1265 VGH Kassel, NVwZ 1988, 1040 (1041); VGH Mannheim, NVwZ-RR 2001, 728 (729); *Stüer,* NuR 2002, 708 (710); *Wilrich,* DVBl. 2002, 872 (878).

1266 *Wilrich,* DVBl. 2002, 872 (878); a.A. *Waskow,* Mitwirkung von Naturschutzverbänden, S. 52 ff. § 30 NatSchAG M-V, § 38 NAGBNatSchG, § 12a LG NRW (Stand 12/2014) räumen ein solches Recht ein.

1267 § 63 III BNatSchG i.V.m. §§ 29 II, 30 VwVfG.

1268 VGH Mannheim, NVwZ-RR 2001, 728 (729); *Stüer,* NuR 2002, 708 (710).

1269 *Gellermann,* L/R, BNatSchG, § 63 Rdnr. 35; *Stüer,* NuR 2002, 708 (710); *Wilrich,* DVBl. 2002, 872 (878).

1270 VGH Mannheim, NVwZ-RR 2001, 728 (729); *Stüer,* NuR 2002, 708 (710).

1271 BVerwGE 105, 348 (349); VGH Mannheim, NVwZ-RR 2001, 728 (729); *Gellermann,* L/R, BNatSchG, § 63 Rdnr. 35 m.w.N.; *Stüer,* NuR 2002, 708 (710); *Wilrich,* DVBl. 2002, 872 (878).

1272 VGH Mannheim, NVwZ-RR 2001, 728 (729); *Wilrich,* DVBl. 2002, 872 (878).

1273 Siehe dazu bereits oben im 2. Kapitel D. II 2. Verbände S. 102 ff.

Ebensowenig gebietet die Präklusionswirkung ihre Beteiligung. Einer Verbändebeteiligung vermag ausgleichende Wirkung zuzukommen, so dass sie als Gegengewicht zu möglichen Nachteilen Drittbetroffener durch eine mögliche behördliche Vorabbindung oder der Präklusionswirkung fungieren kann.[1274] Geboten ist sie jedoch nicht.

Eine Verbändebeteiligung wäre daher allein unter dem Blickwinkel der Genehmigungswirkungen entbehrlich.

1274 *Hoffmann-Riem*, VVDStRL 40 (1982), 187 (232) erachtet eine Beteiligung dieser Personen bzw. Verbände als sinnvoll – wohl aber nicht für geboten.

I. Beendigung des Verfahrens

Ergibt die Durchführung des Erörterungstermins keine Änderungen, die eine erneute Öffentlichkeitsbeteiligung erforderlich machen, ist diese abgeschlossen. Aus der parallel zur Öffentlichkeitsbeteiligung verlaufenden Behördenbeteiligung liegen ebenfalls die Stellungnahmen vor. Die Genehmigungsbehörde kann und soll daher über die Genehmigung entscheiden – innerhalb der Frist von sieben Monaten nach Eingang des vollständigen Antrags.[1275] Häufig lässt sie dem Vorhabensträger vor dem endgültigen Erlass des Genehmigungsbescheides einen Entwurf zur Stellungnahme zukommen.[1276] Solange dies allein zur Behebung redaktioneller Fehler erfolgt, wird dies als zulässig anzusehen sein.[1277] Der Genehmigungsbescheid[1278] ist schriftlich zu erlassen, schriftlich zu begründen und dem Antragsteller und Einwendern zuzustellen bzw. öffentlich bekannt zu machen (§ 10 VII BImSchG).[1279] Damit endet das immissionsschutzrechtliche Genehmigungsverfahren.

1275 § 10 VIa BImSchG, der auf Art. 8 des Investitions- und Wohnbaulandgesetzes v. 22.04.2003 beruht.

1276 Nach *Bohne*, Der informale Rechtsstaat, S. 60 immerhin 65,1% der Behörden. Allgemein zur Vorabzuleitung von Entscheidungsentwürfen: *Bohne*, Der informale Rechtsstaat, S. 59 f.; *ders.*, VerwArch (75) 1984, 343 (347); *Eberle*, DV 17 (1984), 439 (440).

1277 Ausführlich *Bohne*, Der informale Rechtsstaat, S. 155 ff.; *Czajka*, Feldhaus, § 10 Rdnr. 85: Es sollte vermieden werden, dass sich die Behörde einer (einseitigen) Formulierungshilfe des Antragstellers bedient; *Dietlein*, L/R, § 10 Rdnr. 249; *Jarass*, BImSchG, § 10 Rdnr. 110.

1278 Dieser besteht zumeist aus mehreren Seiten. Im Fall des Flughafens Kaltenkirchen etwa 21 Seiten (*Westphal/Walther*, FS Meyer, S. 251 (257)). Der Planfeststellungsbeschluss zum Flughafen München umfasste 12 Aktenordner, der verfügende Teil 73 Seiten, die Entscheidungsgründe 538 Seiten (*Henle*, BayVBl. 1981, 1 (9)). Interessant war schließlich die Auslegung des Beschlusses in ausgefertigter Form. Ausfertigung bedeutet Beglaubigung der Unterschrift und so waren 50 Plansätze auszulegen, 10 an die Antragstellerin zu übergeben und damit fast 12000 Unterschriften erforderlich.

1279 Die öffentliche Bekanntmachung der Entscheidung ist unstreitig verfassungskonform (BVerfG, NVwZ 1983, 28 (28)) und wird auch in anderen Rechtsgebieten eingesetzt (etwa in § 85 IV SGG dazu *Tabbara*, SG 2008, 21 (212)). Aufgrund des zuvor durchgeführten Genehmigungsverfahrens ist die Wahrscheinlichkeit für ihre Kenntnisnahme deutlich erhöht.

4. Kapitel Fazit

Immissionsschutzrechtliches Genehmigungsverfahren und Genehmigungswirkungen sind derart miteinander verflochten, dass sie dem Verfahren einen gewissen Rahmen vorgeben, innerhalb dessen vielerlei Modifikationen denkbar sind.

Entscheidet sich der Staat für eine präventive Kontrolle, um seiner Schutzpflicht nachzukommen, erfordert dies jedenfalls ein verwaltungsbehördliches Handeln, an dessen Ende die Erteilung einer Genehmigung steht, der feststellende, gestattende und gestaltende Wirkung zukommt.

Kommt ihr zudem Konzentrationswirkung zu, umfasst die Genehmigung weitere Gestattungen. Das heißt, sie erspart dem Antragsteller das Durchlaufen verschiedener Verfahren bei verschiedenen weiteren Behörden. Diese Fachbehörden verlieren ihre Sachentscheidungsbefugnis und sind daher mit ihrem Fachwissen in die Entscheidungsfindung einzubeziehen. Existieren für verdrängte Verfahrensvorschriften funktionelle Pendants ist dies – wie bei der Beteiligung von Umweltverbänden – unproblematisch. Angrenzer könnte jedoch zusätzlich informiert werden.

Der Genehmigung kommt zudem Präklusions- und privatrechtsgestaltende Wirkung zu. Dies bedeutet: Nur wenn und soweit Einwendungen wirksam bereits im Genehmigungsverfahren erhoben wurden, kann hierauf eine spätere Klage gestützt werden. Außerdem werden zivilrechtliche Abwehrrechte modifiziert und beschränkt. Diese erweiterte Bestandskraft mindert das Investitionsrisiko des Antragstellers. Potentiell Betroffene müssen dafür aber bereits im Verwaltungsverfahren aktiv werden. Damit ihr Rechtsschutz hierdurch nicht unzumutbar erschwert wird, bedürfen sie die Information, dass ein Vorhaben geplant ist, welche Auswirkungen erwartet werden sowie die Möglichkeit, eigene Bedenken vorzutragen und sie in bestimmten Fällen auch mündlich zu artikulieren.

Aus den Genehmigungswirkungen ergeben sich somit Grundanforderungen an das Verfahren. Folglich sind einzelne Verfahrensschritte notwendig, damit die Genehmigung ihre entsprechende Wirkung entfalten kann. Die konkrete Ausgestaltung dieser Schritte ist jedoch in gewissen Grenzen variabel.

Dies zeigt die nähere Betrachtung des Genehmigungsverfahrens:

Noch vor Beginn des eigentlichen (förmlichen) Genehmigungsverfahrens ist eine Antragsberatung möglich. Dem Antragsteller liegt häufig sehr an einer vorherigen Abstimmung mit der Behörde. Diese kann allerdings zu einer faktischen Bindung führen. Die Behörde stünde dann den Einwendern nicht mehr unvoreingenommen gegenüber. Unter Umständen wären wesentliche Fragen informell vorentschieden, der vorgelagerte Rechtsschutz wäre weniger effektiv. Sozialpsychologische Ansätze bestätigen, dass eine faktische Bindung zumindest nicht ausgeschlossen werden kann. Um der Gefahr selektiver Interessenwahrnehmung hierdurch vorzubeugen, sollte daher die Antragsberatung auf rein verfahrensrechtliche Inhalte beschränkt werden. Hilfreich wären außerdem eine Trennung der beratenden von der entscheidenden Stelle sowie die Dokumentation der Beratung. Eine Beteiligung Dritter ist wegen der Gefahr von Vor-Vorberatungen nicht erforderlich.

Mit Antragstellung beginnt das eigentliche Genehmigungsverfahren.

Sind die Antragsunterlagen vollständig, ist das Vorhaben im amtlichen Veröffentlichungsblatt und außerdem entweder im Internet oder in örtlichen Tageszeitungen öffentlich bekannt zu machen. Wegen der Präklusionswirkung sind zumindest die möglicherweise Betroffenen so zu informieren, dass sie ihre Rechte effektiv wahren können. Meines Erachtens kommt daher eine alleinige Veröffentlichung im Internet nur in Betracht, wenn das Amtsblatt selbst eine örtliche Tageszeitung ist oder wenn ein echtes Alternativverhältnis zu Tageszeitungen besteht. Eine hierfür erforderliche vergleichbare Informationsfunktion kommt dem Internet (zumindest derzeit) noch nicht zu: Vor allem bedarf es – statt eines Überblicks auf einer Seite der Tageszeitung – der ganz gezielten Suche im world wide web. Dort sind auf unterschiedlichen Seiten sodann die Projekte herauszufiltern, die den eigenen Rechtskreis betreffen könnten. Eine enorme Verbesserung wären eine bundeseinheitliche Bekanntmachungsplattform oder die Information per Newsletter oder App.

Im Rahmen der Auslegung liegen schließlich die Unterlagen für einen Monat zur Einsicht aus. Die Auslegung ermöglicht Drittbetroffenen die Beurteilung ob und welche Auswirkungen zu erwarten sind und ob sie Gegenrechte geltend machen wollen. Für eine effektive Rechtswahrung sind neben dem Umfang der auszulegenden Unterlagen die Modalitäten der Einsichtnahme relevant, etwa, ob Duplikate angefertigt werden können. Meines Erachtens ist dies mit eigenen Geräten wie Kopierer, Scanner, Foto oder Handy zulässig, solange andere Einsichtsberechtigte oder der Verwaltungsbetrieb nicht gestört werden. Denkbar ist auch eine Auslegung im Internet.

Bis zwei Wochen nach Ablauf der Auslegungsfrist können Einwendungen erhoben werden.

In der Rechtsprechung erscheinen die Anforderungen an ihren Detaillierungsgrad uneinheitlich: Teilweise wird allein darauf abgestellt, ob Einwendungen geeignet sind, die Behörde über den relevanten Sachverhalt zu unterrichten.

Einwendungen sollen aber – gerade im Hinblick auf die Präklusion – auch Drittbetroffenen ihre Rechte für ein mögliches Gerichtsverfahren sichern. Die Anforderungen sollten daher nicht zu hoch angesetzt werden.

Hier wird das Zusammenspiel Verfahrensschritte – Genehmigung besonders deutlich: Abhängig von der konkreten Verfahrensausgestaltung könnte die Präklusion den Rechtsschutz unzumutbar beeinträchtigen. Etwa, wenn ein tiefgehender Vortrag erforderlich wäre, die Betroffenen aber zugleich nur über eine wenig effektive Onlinebekanntmachung und eine unzureichenden Auslegung informiert wären und eine Erörterung entfiele.

Es genügt daher – nach meinem Dafürhalten – in groben Zügen das Rechtsgut zu bezeichnen und die befürchtete Beeinträchtigung darzulegen, ohne Begründung und ohne rechtliche Würdigung, und nur so detailliert, wie es die ausgelegten Unterlagen zulassen und nur nach dem durchschnittliche Wissen eines nicht sachverständigen Bürgers.

Als „Höhepunkt“ oder „zeitraubender überflüssiger Kampftermin“ kann zum Abschluss der Öffentlichkeitsbeteiligung ein Erörterungstermin stattfinden. Er entfällt, wenn es an erörterungsfähigen Einwendungen fehlt oder sie nach Einschätzung der Behörde keiner Erörterung bedürfen. Maßgeblich hierfür ist wieder nicht allein, ob die Behörde bei ihrer Sachverhaltsermittlung unterstützt wird, sondern ob er dem Rechtsschutz Betroffener dient. Der Erörterungstermin ermöglicht Einwendern gerade bei komplizierten Sachverhalten ihre Einwendungen zu präzisieren, Unsicherheiten und Unklarheiten zu klären, den Sachverhalt umfassend aufzuarbeiten und die Entscheidung der Behörde erkennbar zu machen.

Entfallen kann er daher, wenn der Sachverhalt unstreitig und allein rechtliche Fragen offen sind oder keine Drittrechte geltend gemacht werden.

Abhängig von seiner Ausgestaltung kann er zur Konfliktbewältigung beitragen. Dabei kommt dem Verhandlungsleiter große Bedeutung zu. Hier wären unter anderem der Einsatz besonders geschulter Personen und eine Verhandlungsführung mit Elementen der Konfliktbewältigung förderlich.

Insgesamt steht der Behörde ein großer Spielraum in der konkreten Verfahrensausgestaltung offen. Dabei hat sie u.a. die Interessen des Antragsstellers an einer zügigen Projektrealisation und das Rechtsschutzbedürfnis möglicher Vorhabensbetroffener zu berücksichtigen. Nach der derzeitigen Ausgestaltung der Genehmigung – insbesondere mit einer materiellen Präklusion – ist ein Verfahren ohne Betroffenenbeteiligung nicht denkbar.

Eine solche Beteiligung verursacht Kosten in den Ressourcen Zeit, Personal und Finanzen. Manche Autoren beurteilen sie daher als ineffektiv,[1280] andere betonen ihre Eignung zur Einsparung von *information costs.*[1281] Tatsächlich kann durch sie ein Meinungsaustausch zwischen Öffentlichkeit und Verwaltung erfolgen, der den Entscheidungsprozess effektiver gestalten, untaugliche Vorhaben schneller als solche erkennen lassen und kostspielige Konflikte oftmals vermeiden oder früher lösen kann.[1282] Öffentlichkeitsbeteiligung und Verfahrensbeschleunigung müssen sich daher nicht konträr und unvereinbar gegenüberstehen. Dies bestätigen auch empirische Untersuchungen, die – anders als die allgemeine Diskussion u.U. erwarten lässt –, die Öffentlichkeitsbeteiligung nicht als wesentlichen Verzögerungsfaktor ermitteln konnten.[1283]

Zudem bewirkten in den vergangen Jahren bereits verschiedene Änderungen eine deutliche Verkürzung der Verfahrensdauer.[1284] Solche Verfahrenserleichterungen führten häufig zu erhöhten Mitwirkungslasten Betroffener, wurden also mit einer substantiellen Mehrbelastung auf Bürgerseite erkauft.[1285] Weitere Beschleunigungen durch Gesetzesänderungen scheinen daher kaum noch ohne einen weiteren Abbau der Öffentlichkeitsbeteiligung möglich.[1286]

1280 Wenig positiv zur Öffentlickheitsbeteiligung etwa *Pietzcker*, VVDStRL 41 (1983), 193 (194).

1281 *Pünder*, NuR 2005, 71 (78) sowie zur Bedeutung des Informationsaustauschs im 2. Kapitel B. III. 2. e) cc) Die Entlastung der Verwaltung S. 68 f. und Fn 466 S. 110.

1282 *V. Danwitz*, NVwZ 2004, 272 (272 f.).

1283 *Cancik*, DÖV 2007, 107 (113); *Durner*, ZUR 2011, 354 (362); *Guckelberger*, DÖV 2006, 97 (104); *Ziekow/Windoffer/Oertel*, DVBl. 2006, 1469 (1473). Untersuchungen etwa durch *Jacoby*, Beschleunigung, S. 11; *Hill/Weber*, Vollzugserfahrung, 150. Deutlich häufiger stellten unvollständige Antragsunterlagen einen Grund – wenn nicht sogar den Hauptgrund – für verlängerte Verfahren dar (*Harder*, Genehmigungsverfahren, S. 21, 22; *Hill/Weber*, Vollzugserfahrungen, 139 ff.; *Kaupe*, Beschleunigung, 70; *Sparwasser*, AnwBi 2000, 658 (659); *Ziekow/Windoffer/Oertel*, DVBl. 2006, 1469 (474)).

1284 Die Gesamtverfahrensdauer sank im Mittel von 226 Tagen (1990) auf 147 Tage (1999) (*Ziekow/Oertel/Windoffer/Weber*, Beschleunigung, S. 35). Zu den hierfür relevanten Änderungen *Püttner/Guckelberger*, JuS 2001, 218 (222); *Weinreich*, NVwZ 1997, 949 (950 ff.) und zum jeweiligen Beschleunigungspotential *Hill/Weber*, Vollzugserfahrungen, S. 151 f.; *Ziekow/Windoffer/Oertl/Weber*, Beschleunigung, S. 35 ff.

1285 *Sparwasser*, AnwBi 2000, 658 (661); ähnlich *Erbguth*, DÖV 2009, 921 (921 ff.).

1286 *Sparwasser*, AnwBi 2000, 658 (659 f.); *Steinberg*, DÖV 1982, 619 (626); *Wickel*, UPR 2007, 201 (206). *Koch/Braun*, NVwZ 2010, 1271 (1271) sahen bereits vor der Novellierung 2007 und 2010 keinen ernsthaften Regelungsbedarf zur Beschleunigung.

Beschleunigungspotential bietet dagegen die verwaltungspraktische Rechtsanwendung.[1287] Die Devise lautet: „Professionalisierung des Projektmanagements" statt „Deregulierung der Genehmigungsverfahren".[1288] Neben dem verstärkten Einsatz der Datenverarbeitung und neuer Medien[1289], sind verfahrenstechnische und behördenorganisatorische Maßnahmen denkbar. In einzelnen Bereichen vermochten solche Schritte bereits die durchschnittliche Bearbeitungsdauer erheblich zu senken.[1290] Ein weitergehender Einsatz insbesondere mediativer Elemente – idealerweise unter Hinzuziehung von Erkenntnissen aus der Konfliktbewältigung auch aus sozial- und kommunikationswissenschaftlicher Sicht – wäre begrüßenswert.

Der Information der betroffenen Öffentlichkeit kommt ebenfalls ein gewisses Gewicht für einen zügigen Verfahrensverlauf zu. Ihre Einstellung ist mitentscheidend. Hier gilt: Innovationen können nicht gegen, sondern nur mit den meisten Betroffenen erreicht werden.[1291]

Insgesamt lässt sich zu weiteren Beschleunigungsintentionen festhalten:

Es sind die schlecht verlaufenden Verfahren, die – wie etwa die industriellen Katastrophen von Tianjin (2015) oder Bophal (1984) – im Gedächtnis bleiben. Die Vielzahl unspektakulärer, reibungsloser Verfahren oder gar solcher mit Einigung treten in den Hintergrund.

Das BImSchG hat im Laufe der Jahre eine Vielzahl an Novellierungen erfahren, so dass das Beschleunigungspotential durch gesetzliche Regelungen als

---

1287 Ähnlich *Durner*, ZUR 2011, 354 (359 ff.); *Führ/Dopfer/Bizer*, ZUR 2009, 59 (62 ff.); *Gärditz*, GewArch 2011, 273 (276); *Keller*, KommunalpraxisMO, 1998, 24 (24) und *Ronellenfitsch,* Beschleunigung, S. 105 für den Erörterungstermin; *Wulfhorst*, LKV 1995, 316 (317).

1288 So das Dezernat 53 der Bezirksregierung Düsseldorf auf http://www.brd.nrw.de/umweltschutz/immissionsschutz/Moeglichkeiten_zur_Beschleunigung_von_G2491.html.

1289 *Durner*, ZUR 2011, 354 (360); *Idecke-Lux*, Multimediale Dokumente, inbes. S. 87 ff. zum möglichen Einsatz in den jeweiligen Verfahrensschritten; ausführlich zu ähnlichen Reformideen im Baurecht: *Berhäuser/Berghäuser*, NVwZ 2009, 766 (767 f.); *Otto*, NVwZ 2007, 379 (382).

1290 Die Bezirksregierung Düsseldorf erreichte hierdurch eine Senkung der durchschnittlichen Bearbeitungsdauer von über 6 Monaten 1995 auf 3,4 Monate im Jahr 2006 (www.brd.nrd.de/umweltschutz/immissionsschutz/Moeglichkeiten_zur_Beschleunigung_von_G2491.html).

1291 *Holznagel/Nagel*, DVBl. 2010, 669 (677); *Würtenberger*, NJW 1991, 257 (259 f.); *Ziekow/Windoffer/Oertel*, DVBl. 2006, 1469 (1477). So tragen transparente Verfahren zur Effektivierung des Verfahrens bei (*Werres*, DVBl. 2005, 611 (614)).

überwiegend erschöpft anzusehen ist.[1292] Reformbedarf besteht daher weniger für das geltende Recht als für seine problemsensible Anwendung.[1293] Eine personelle und finanzielle Unterstützung in diesem Bereich erscheint folglich effektiver, als ein erneutes Gesetzgebungsverfahren.[1294]

Sollten dennoch weitere Gesetzesänderungen erwogen werden, ist besonders auf die enge Verbindung zwischen Verfahren und Wirkung der erteilten Genehmigung und die sich darin offenbarende feine Austarierung widerstreitender Interessen zu achten. Ziel sollte sein: Nicht Beschleunigung *gegen* sondern *durch* Öffentlichkeitsbeteiligung.

1292 *Sparwasser*, AnwBi 2000, 658 (659 f.); *Wickel*, UPR 2007, 201 (206).

1293 *Gärditz*, GewArch 2011, 273 (278); ähnlich *Lippert*, ZUR 2009, 203 (211).

1294 Verfahrensänderungen erfordern zudem immer die Anpassung der bestehenden Verwaltungspraxis und bündeln daher ebenfalls personelle, zeitliche und finanzielle Ressourcen.

Literaturverzeichnis

Achterberg, Norbert: Allgemeines Verwaltungsrecht, 1988

Ahlers, Heidrun: Beteiligungsrechte im Verwaltungsverfahren unter Berücksichtigung der Grundrechte sowie der kommunalen Selbstverwaltungsgarantie, Diss jur., Osnabrück, 1984

Alleweldt, Ralf: Verbandsklage und gerichtliche Kontrolle von Verfahrensfehlern: Neue Entwicklungen im Umweltrecht, DÖV 2006, 621

Appel, Ivo: Staat und Bürger in Umweltverwaltungsverfahren, NVwZ 2012, 1361

Arnold, Peter: Die Arbeit mit öffentlich-rechtlichen Verträgen im Umweltschutz beim Regierungspräsidium Stuttgart, VerwArch 80 (1989), 125

Aronson, Eliot/ Turner, Judith A./ Carlsmith, J. Merrill: Communicator creditbility and communication discrepancy as determinations of opinion change, Journal of Abnormal and Social Psychology, (1963), 67, S. 3

Aronson, Eliot/ Wilson, Timothy D./ Akert, Robin M.: Sozialpsychologie, 6. Aufl. 2008

Asch, Solomon E.: Forming impressions of personality, Journal of Abnormal and Social Psychology, (1946), 41, S. 258

Axer, Peter: Die Konzentrationswirkung der Plangenehmigung, DÖV 1995, 495

Baer, Susanne: „Der Bürger" im Verwaltungsrecht, Habil jur., Berlin, 2006

Bargen von, Jan Malte: Mediation im Verwaltungsverfahren nach Inkrafttreten des Mediationsförderungsgesetzes, ZUR 2012, 468

Bargh, John A./ Chen, Mark/ Burrows, Lara: Automaticity of Social Behavior: Direct Effects of Trait Construct and Stereotype Activation on Action, Journal of Personality and Social Psychology, (1996), 71, S. 230

Bauer, Hartmut: Informelles Verwaltungshandeln im öffentlichen Wirtschaftsrecht, VerwArch (78) 1987, 241

Baumeister, Peter: Der Beseitigungsanspruch als Fehlerfolge des rechtswidrigen Verwaltungsakts, Habil jur., Mannheim, 2003

Beaucamp, Guy: Ermessen der Verwaltung: Frei? Pflichtgemäß? Reduziert? Intendiert? – Eine Bestandsaufnahme, JA 2006, 74

Bechmann, Gotthard: Strukturelle Probleme der Öffentlichkeitsbeteiligung, in: Forschungsinstitut für öffentliche Verwaltung/ Kernforschung Karlsruhe (Hrsg.), Die Öffentlichkeitsbeteiligung bei der Genehmigung von umweltrelevanten Großvorhaben, Band 2, 1988, S. 41

Becker, Franz: Das allgemeine Verwaltungsverfahren in Theorie und Gesetzgebung, 1960

Becker, Jürgen: Informales Verwaltungshandeln zur Steuerung wirtschaftlicher Prozesse im Zeichen der Deregulierung, DÖV 1985, 1003

Becker, Ulrich: Verfahrensbeschleunigung durch Genehmigungskonzentration, VerwArch 87 (1996), 581

Beckmann, Martin: Die integrative immissionsschutzrechtliche Genehmigung, NuR 2003, 715

Beckmann, Martin: Verwaltungsgerichtlicher Rechtschutz im raumbedeutsamen Umweltrecht, Diss jur., Münster, 1987

Begg, Ian Maynard/ Anas, Ann/ Farinacci, Suzanne: Dissociation of Process in Belief: Source Recollection, Statement Familiarity, and the Illusion of Truth, Journal of Experimental Psychology, (1992), 121, S. 446

Bender, Bernd: Funktion und Ausgestaltung der Öffentlichkeitsbeteiligung im atomrechtlichen Genehmigungsverfahren, 5. AtRS, S. 237

Bender, Bernd: Die Verbandsbeteiligung, DVBl. 1977, 708

Bender, Bernd: Zur normativen Tragweite des § 14 I WassHG, NVwZ 1984, 9

Benz, Arthur: Kooperative Verwaltung: Funktionen, Voraussetzungen und Folgen, 1994

Benz, Arthur: Normanpassung und Normverletzung im Verwaltungshandeln, in: Benz, Arthur/ Seibel, Wolfgang (Hrsg.), Zwischen Kooperation und Korruption, 1992

Benz, Arthur: Verhandlungen, Verträge und Absprachen in der öffentlichen Verwaltung, DV 23 (1990), 83

Berg, Wilfried: Zur Untersuchungsmaxime im Verwaltungsverfahren, DV 11 (1976), 160

Berger, Ariane: Rechtliche Ordnung paralleler Anlagenkontrollverfahren, VerwArch 100 (2009), 342

Berger, Ulrich: Grundfragen umweltrechtlicher Nachbarklagen: zum verwaltungsrechtlichen Drittschutz im Bauplanungsrecht, Immissionsschutzrecht und Kernenergierecht, 1982

Berghäuser, Klaus/ Berghäuser, Monika: E-Partizipation und frühzeitige Öffentlichkeitsbeteiligung in der Bauleitplanung, NVwZ 2009, 766

Bergner, Daniel: Grundrechtsschutz durch Verfahren, Diss jur. Regensburg, 1998

Beuermann, Jasmin: Intendiertes Ermessen, Diss jur., Göttingen, 2002

Beyerlin, Ulrich: Schutzpflicht der Verwaltung gegenüber dem Bürger außerhalb des formellen Verwaltungsverfahrens?, NJW 1987, 2713

Bierhoff, Hans-Werner/Frey, Dieter: Handbuch der Sozialpsychologie und Kommunikationspsychologie, 2006

Blümel, Willi: Frühzeitige Bürgerbeteiligung bei Planungen, 1982

Blümel, Willi: Masseneinwendungen im Verwaltungsverfahren, in: Schneider, Hans/ Götz, Volkmar (Hrsg.) Festschrift für Werner Weber, 1974

Blümel, Willi: Rechtsprobleme des Genehmigungsverfahrens für Atomanlagen – Standortwahl und -sicherung, 3. AtRS, S. 33

Boehme-Neßler, Volker: Electronic Government: Internet und Verwaltung – Visionen, Rechtsprobleme, Perspektiven, NVwZ 2001, 374

Bohl, Johannes: Das gemeindliche Einvernehmen nach § 36 I BauGB bei immissionsschutzrechtlichen Anlagen, NVwZ 1994, 647

Bohne, Eberhard: Der informale Rechtsstaat, Diss jur., Köln, 1981

Bohne, Eberhard: Informales Verwaltungs- und Regierungshandeln als Instrument des Umweltschutzes, VerwArch 75 (1984), 343

Bohne, Eberhard: Informales Verwaltungshandeln im Gesetzesvollzug, JBRSOZ 7 (1980), 20

Boldt, Gerhard: Gewerberecht, 3. Aufl., 1961

Bölscher, Viola: Die Flughafenerweiterung Frankfurt im Spannungsfeld zwischen politischer Mediation und Verwaltungsverfahren, Barcelona, 2005 (http: //diposit.ub.edu/dspace/bitstream/2445/9824/1/tesis_ViolaBoelscher.pdf9)

Bonk, Heinz Joachim: Fortentwicklung des öffentlich-rechtlichen Vertrags unter besonderer Berücksichtigung der Public Private Partnerships, DVBl. 2004, 414

Bonk, Heinz Joachim: Strukturelle Änderungen des Verwaltungsverfahrens durch das Genehmigungsverfahrensbeschleunigungsgesetz, NVwZ 1997, 320

Bora, Alfons: Differenzierung und Inklusion, 1999, Habil soz., Berlin, 1999

Bornstein, Robert F: Exposure and Affect: Overview and Meta-Analysis of Research, 1968–1987, Psychological Bulletin, (1989) 106, 265

Borowski, Martin: Intendiertes Ermessen, DVBl. 2000, 149

Brandt, Kerstin: Präklusion im Verwaltungsverfahren, NVwZ 1997, 233

Breiter, Andreas/ Beckert, Bernd/ Hagen, Martin/ Kubicek, Herbert: Staatliche Initiativen zur Förderung der Informationsgesellschaft, 2007

Breuer, Rüdiger: Die Entwicklung des Immissionschutzrechts 1974–1976, NJW 1977, 1025

Breuer, Rüdiger: Schutz von Betriebs- und Geschäftsgeheimnissen im Umweltrecht, NVwZ 1986, 171

Breuer, Rüdiger: Die Bindungswirkung von Bescheiden – insbesondere Zwischenbescheiden – und Präklusion, in: Lukes (Hrsg.), 6. Deutsches Atomrechts-Symposium, 1980, S. 243

Brohm, Winfried: Gesetzesvollzug als Handelsobjekt?, in: Heinz, Wolfgang (Hrsg.), Rechtstatsachenforschung heute, 1986, S. 103

Brohm, Winfried: Rechtsstaatliche Vorgaben für informelles Verwaltungshandeln, DVBl. 1994, 133

Brohm, Winfried: Sachverständige Beratung des Staates, in: Kirchhof (Hrsg.), Handbuch des Staatsrechts, Bd. II, 1987

Brohm, Winfried: Verwaltungshandeln mit Hilfe von Konfliktmittlern?, DVBl. 1990, 321

Buchmann, Claudia: Die Behördenkoordination des Art. 7 IVU-Richtlinie im immissionsschutzrechtlichen Genehmigungsverfahren, Diss jur., Trier, 2005

Buchmann, Claudia: Die Konzentrationswirkung der Baugenehmigung – auch in Baden-Württemberg?, VBlBW 2007, 201

Buchner, Walter: Deregulierung, Verwaltungsvereinfachung und Verfahrensbeschleunigung in: Böttcher, Reinhard, Festschrift für Walter Odersky, 1996

Büdenbender, Ulrich/Mutschler, Ulrich: Bindungs- und Präklusionswirkung von Teilentscheidungen nach BImSchG und AtG, 1979

Bull, Hans Peter/ Mehde, Veith: Allgemeines Verwaltungsrecht mit Verwaltungslehre, 8. Aufl., 2009

Bull, Hans Peter: Umweltverwaltung unter Reformdruck: Herausforderungen, Strategien, Perspektiven", DÖV 2007, 695

Büllesbach, Rudolf/ Diercks, Thorsten: Vorbreitung und Durchführung eines Erörterungstermins im Rahmen eines abfallrechtlichen Planfeststellungsverfahrens, DVBl. 1991, 469

Bulling, Manfred: Kooperatives Verwaltungshandeln (Vorverhandlungen, Arrangements, Agreements und Verträge) in der Verwaltungspraxis, DÖV 1989, 277

Bundesministerium für Wirtschaft: Investitionsförderung durch flexible Genehmigungsverfahren, 1994

Burgi, Martin: Das Bedarfserörterungsverfahren: Eine Reformoption für die Bürgerbeteiligung bei Großprojekten, NVwZ 2012, 277

Burgi, Martin: Verwaltungsverfahrensrecht zwischen europäischem Umsetzungsdruck und nationalem Gestaltungswillen, JZ 2010, 105

Burmeister, Joachim: Grundgesetzliche Verfahrensstrukturierungsgebote komplexer Verwaltungsentscheidungen, Jahrbuch des Umwelt- und Technikrechts (UTR) 1988, 121

Busse, Sebastian: Die immissionsschutzrechtlichen Genehmigungsverfahren, VR 1998, 263

Bussmann, Ernst-Wilhelm: Zeit der Auslegung von Bebauungsplan-Entwürfen gemäß § 2a VI BauGB bei gleitender Arbeitszeit, BauR 1978, 447

Butze, Gerhard: Rechtsprobleme des Genehmigungsverfahrens für Atomanlagen – Standortwahl und -sicherung, 3. AtRS, S. 53 ff.

Callies, Christian: Die umweltrechtliche Verbandsklage nach der Novellierung des Bundesnaturschutzgesetzes, NJW 2003, 97

Cancik, Pascale: Beschleunigung oder Re-Arkanisierung – Die Einschränkungen der Erörterung im Planfeststellungsverfahren, DÖV 2007, 107

Class, Thomas: Schutz des Bürgers im Genehmigungsverfahren zu Großanlagen, VR 1990, 1, 4

Couzinet, Daniel: Untergesetzliche Regelwerke im Rahmen der integrierten Vorhabengenehmigung nach dem UGB I, NUR 2008, 376

Creifelds, Carl: Rechtswörterbuch, 18. Aufl., 2004

Danwitz, Thomas von: Umweltrechtliche Präklusionsnormen zwischen Verwaltungseffizienz und Rechtsschutzgarantie, UPR 1996, 323

Danwitz, Thomas von: Aarhus-Konvention: Umweltinformation, Öffentlichkeitsbeteiligung, Zugang zu den Gerichten, NVwZ 2004, 272

Degenhart, Christoph: Präklusion im Verwaltungsprozess, in: System des verwaltungsgerichtlichen Rechtsschutzes: Festschrift für Christian-Friedrich Menger zum 70. Geburtstag, 1985

Degenhart, Christoph: Vollendete Tatsachen und faktische Rechtslagen im Verwaltungsrecht, AöR 103 (1978), 163

Denninger, Erhard.: in: Isensee/Kirchhof, Handbuch des Staatsrecht 1992 Bd. V, § 113 S. 307

Deppen, Michael: Beteiligungsrechte des Bürgers in Planfeststellungsverfahren auf der Grundlage des Verwaltungsverfahrensgesetzes, Diss jur., Münster, 1982

Diekmann, Carsten: „Operation misslungen – Patient lebt“, AbfallR 2007, 278

Diekmann, Carsten: Öffentlichkeit ist keine Kür – UVP-Pflicht und die Durchführung eines Erörterungstermins, AbfallR 2009, 133

Dippel, Martin: Praxisfragen der Öffentlichkeitsbeteiligung im Genehmigungsverfahren nach dem Bundes-Immissionsschutzgesetz, NVwZ 2010, 145

Dolde, Klaus-Peter (Hrsg.): Verfassung – Umwelt – Wirtschaft: Festschrift für Dieter Sellner zum 75. Geburtstag, 2010

Dörr, Dieter/ Schwartmann, Rolf: Medienrecht, 2. Aufl., 2008

Dose, Nicolai: Normanpassung durch Verhandlungen mit der Ordnungsverwaltung, in: Benz, Arthur/ Seibel, Wolfgang (Hrsg.), Zwischen Kooperation und Korruption, 1992

Downing, Paul/Brady, Gordon: Constrained self-interest and the formation of public policy, Public Choice, 1979, 15

Dreier, Horst (Hrsg.): Grundgesetz, 5. Aufl., 2010

Durner, Wolfgang: Möglichkeiten der Verbesserung förmlicher Verwaltungsverfahren am Beispiel der Planfeststellung, ZUR 2011, 354

Dürr, Hansjochen: Baurecht, 13. Aufl., 2011

Eagly, Alice H./ Chaiken, Shelly: An attribution analysis of the effect of communicator characteristics on opinion change: The case of communicator attractiveness, Journal of Personality and Social Psychology, (1975), 32, S. 136

Eberhard, Klaus/ Schettler, Wolfgang: Das inhaltliche und methodische Vorgehen bei der Bewältigung der naturschutzrechtlichen Eingriffsregelung, BWGZ 1997, 88

Eberle, Carl-Eugen: Arrangements im Verwaltungsverfahren, DV 17 (1984), 439

Ebling, Wilfried: Beschleunigungsmöglichkeiten bei der Zulassung von Abfallentsorgungsanlagen, Diss jur., Berlin, 1993

Eckert, Lucia: Beschleunigung von Planungs- und Genehmigungsverfahren, 1997

Ehlers, Dirk: Die Einwirkungen des Rechts der Europäischen Gemeinschaft auf das Verwaltungsrecht, DVBl. 1991, 605

Eiermann, Heinrich/ Göck, Ralf: Das Immissionsschutzrecht des Bundes, JuS 1995, 671

Eifert, Martin: Electronic government: das Recht der elektronischen Verwaltung, Habil. jur., Hamburg, 2006

Eilers, Stephan/ Schröer, Thomas: Der Schutz der betrieblichen Informationssphäre im Umweltinformationsgesetz, BB 1993, 1025

Ekardt, Felix/ Schenderlein, Kristin: Gerichtlicher Kontrollumfang zwischen EU-Bürgerfreundlichkeit und nationaler Beschleunigungsgesetzgebung, NVwZ 2008, 1059

Ekardt, Felix: Die Aktivierung des Bürgers für die Durchsetzung des Rechts: Europäisierung des Drittschutzes, ThürVBl. 2001, 223

Ell, Marcus: Konzentrationsnormen – Entscheidende Weichenstellungen in Klausur und Praxis, JuS 2005, 497

Ellinghoven, Gabriele/ Brandenfels, Annette: Rechtliche Anforderungen an die Eingriffsbilanzierung und deren naturschutzfachliche Umsetzung am Beispiel von Abgrabungsvorhaben, NuR 2004, 564

Enders, Rainald/ Krings, Michael: Das Artikelgesetz aus immissionsschutz- und abfallrechtlicher Sicht, DVBl. 2001, 1389

Engelhardt, Hanns/ Schlicht, Johannes: Bundes-Immissionsschutzgesetz, 4. Aufl. 1997

Epiney, Astrid: Gemeinschaftsrecht und Verbandsklage, NVwZ 1999, 485

Erbguth, Wilfried/ Schlacke, Sabine: Umweltrecht, 4. Aufl., 2010

Erbguth, Wilfried: Abbau des Verwaltungsrechtsschutzes, DÖV 2009, 921

Erbguth, Wilfried: Der Prüfungsumfang bei der Entscheidung über öffentlich-rechtliche Kontrollerlaubnisse als allgemeine verwaltungs- und verfassungsrechtliche Problematik, UTR 3 (1987), 49

Erbguth, Wilfried: Raumbedeutsames Umweltrecht: Systematisierung, Harmonisierung und sonstige Weiterentwicklung, 1986

Erbguth, Wilfried: Rechtssystematische Grundfragen des Umweltrechts, Habil. jur., Münster, 1987

Erichsen, Hans-Uwe/ Ehlers, Dirk: Allgemeines Verwaltungsrecht, 14. Aufl., 2010

Ernst, Werner/ Zienkahn, Willy/ Bielenberg, Walter: BauGB, Stand: September 2012

Eversberg, Stefanie: Der Zeitfaktor im bundesimmissionsschutzrechtlichen Genehmigungsverfahren, Diss jur., Berlin, 1999

Fabio, Di Udo: Information als hoheitliches Gestaltungsmittel, JuS 1997, 1

Feldhaus, Gerhard: Bundes-Immissionsschutzgesetz, Stand: Februar 2013

Fietkau, Hans-Joachim/ Weidner, Helmut: Mediationsverfahren in der Umweltpolitik, APuZ B 39–40/1992, 24

Fisahn, Andreas: Demokratie und Öffentlichkeitsbeteiligung, Habil. jur., Tübingen, 2002

Fisahn, Andreas: Effektive Beteiligung solange noch alle Optionen offen sind – Öffentlichkeitsbeteiligung nach der Aarhus-Konvention, ZUR 2004, 136

Fisch, Rudolf/ Beck, Dieter: Ein sozialpsychologischer Bezugsrahmen für die gute Gestaltung politisch-administrativer Entscheidungprozesse, S. 201 in: Benz, Arthur/ Siedentopf, Heinrich/ Sommermann, Karl-Peter (Hrsg.), Institutionenwandel in Regierung und Verwaltung, Festschrift für Klaus König zum 70. Geburtstag, 2004

Fischer, Kristian/ Fluck, Jürgen: Informationsfreiheit versus Betriebs- und Geschäftsgeheimnisse, NVwZ 2013, 337

Fluck, Jürgen: Die Bündelungswirkung der Verbindlicherklärung von Sanierungsplänen nach dem BBodSchG, DVBl. 1999, 1551

Fluck, Jürgen: Die Information Betroffener bei der Altlastensanierung nach § 12 BBodSchG – Privatisierung der Betroffenenbeteiligung?, NVwZ 2001, 9

Fluck, Jürgen: Die „Legalisierungswirkung" von Genehmigungen als ein Zentralproblem öffentlich-rechtlicher Haftung für Altlasten, VerwArch 79 (1988), 406

Fluck, Jürgen: Die Konzentrationswirkung der immissionsschutzrechtlichen Genehmigung und ihre Grenzen, NVwZ 1992, 114

Föhler, Ludwig: Die Genehmigung technischer Anlagen im Kielwasser industrieller Erneuerung, WiVerw 1991, 2

Franzius, Claudio: Stuttgart 21: Eine Epochenwende?, GewArch 2012, 225

Frenz, Walter: Die Anpassung des BImSchG-Genehmigungsverfahrens an Unionsrecht und Judikatur, UPR 2012, 22

Friauf, Karl Heinrich/ Höfling, Wolfram (Hrsg.): Berliner Kommentar zum Grundgesetz, Stand 2012

Fromm, Günter: Öffentlich-rechtliche Fragen beim Bau von Untergrundbahnen, DVBl. 1969, 289

Fuchs, Gerd/Hehn, Marcus/Wagner, Jörg: Mediation im öffentlichen Bereich – Möglichkeiten und Grenzen – ein Beitrag aus Anlass von Stuttgart 21, UPR 2011, 81

Führ, Martin/ Dopfer, Jaqui/ Bizer, Kilian: Evaluation des UVPG des Bundes – Ergebnisse einer retrospektiven Gesetzesfolgenforschung, ZUR 2009, 59

Führ, Martin: Sanierung von Industrieanlagen, 1989

Funke, Michael: Bundesregierung: Start von GovData, CR 2013, R 27

Füßer, Klaus/ Kindler, Lars: Die Möglichkeiten zur Effektivierung des Erörterungstermins, im Rahmen des geltenden Rechts, UPR 2012, 168

Gaentzsch, Günter: Konkurrenz paralleler Anlagengenehmigungen, NJW 1986, 2787

Gärditz, Klaus Ferdinand: Angemessene Öffentlichkeitsbeteiligung bei Infrastrukturplanungen als Herausforderung an das Verwaltungsrecht im demokratischen Rechtsstaat, GewArch 2011, 273

Gassner, Erich: Zur Mitwirkung von Naturschutzverbände in Verwaltungsverfahren, NuR 1991, 211

Geiger, Harald: Qualitätsdiskussion in der Verwaltungsgerichtsbarkeit: Erörterungstermin und richterliche Hinweise, BayVBl. 2008, 585

Gerhardt, Michael/ Jacob, Peter: Die ungeliebte Öffentlichkeit, DÖV 1986, 258

Gerlach, Johann W.: Die Grundstrukturen des privaten Umweltrechts im Spannungsverhältnis zum öffentlichen Recht, JZ 1988, 161

Geschka, Horst: Wettbewerbsfaktor Zeit: Beschleunigung von Innovationsprozessen, 1993

Giesberts, Ludger/ Reinhardt, Michael: Umweltrecht, 2007

Glanzer, Murray/ Cunitz, Anita R.: Two storage mechanisms in free recall, Journal of Verbal Learning and Verbal Behavior, (1966), 5, S. 351

Goerlich, Helmut: Grundrechte als Verfahrensgarantien, 1981

Graffe, Udo: Die Beteiligung des Bürgers an umweltschutzrechtlich relevanten Verfahren unter besonderer Berücksichtigung des VwVfG, Diss jur., Mainz, 1980

Griffin, Em/ Sparks, Glenn G.: Friends Forever: A Longitudinal Exploration of Intimacy in Same-Sex Friends and Platonic Pairs, Journal of Social and Personal Relationships (1990), 7, S. 29

Groß, Thomas: Stuttgart 21: Folgerungen für Demokratie und Verwaltungsverfahren, DÖV 2011, 510

Grüter, Manfred: Umweltrecht und Kooperationsprinzip in der Bundesrepublik Deutschland, Diss jur., Trier, 1989

Guckelberger, Annette: Bürokratieabbau durch Abschaffung des Erörterungstermins?, DÖV 2006, 97

Guckelberger, Annette: Die planerische Vorhabengenehmigung nach dem UGB-Referentenentwurf, NuR 2008, 369

Guckelberger, Annette: Die Rechtsfigur der Genehmigungsfiktion, DÖV 2010, 109

Guckelberger, Annette: Die diversen Facetten der Öffentlichkeitsbeteiligung bei wasserrechtlichen Planungen, NuR 2010, 835

Guckelberger, Annette: Formen von Öffentlichkeit und Öffentlichkeitsbeteiligung im Umweltverwaltungsrecht, VerwArch 103 (2012), 31

Häberle, Peter: Verfassungsprinzipien im Verwaltungsverfahrensgesetz, in: Schmitt Glaesser, Walter (Hrsg.) Festschrift zum 50 jährigen Bestehen des Richard-Boorberg-Verlags, 1977

Hafner, Mathias: Behördliche Diagnosefehler im Genehmigungsverfahren – eine ökonomische Analyse immissionsschutzrechtlicher Eröffnungskontrollen und ihrer Reform, Diss rer. pol., Saarbrücken, 2000

Hansmann, Klaus: Beschleunigung und Vereinfachung immissionsschutzrechtlicher Genehmigungsverfahren?, NVwZ 1997, 105

Hansmann, Klaus: 6. AtRS, 1979

Harder, Elisabeth: Das immissionsrechtliche Genehmigungsverfahren: ein bürokratisches Investitionshemmnis?, 1987

Harth, Michael: Multikriterielle Bewertungsverfahren als Beitrag zur Entscheidungsfindung in der Landnutzungsplanung, Diss agr., Halle, 2006

Hasher, Lynn/ Goldstein, David/ Toppino, Thomas: Frequency and the conference of referential validit, Journal of Verbal Learning and Verbal Behavior (1977), 16. S. 107

Hattstein, Ulrich: Verwaltungsrechtliche Betreuungspflichten, Diss jur., Mannheim, 1998

Hauber, Rudolf: Verfahrensbeteiligung und Verbandsklage von Umweltschutzverbänden im Naturschutzrecht, VR 1991, 313

Haugtvedt, Curtis P./ Wegener, Duane T.: Message Order Effects in Persuasion: An Attitude Strength Perspective, Journal of Consumer Reseach, (1994), 21, S. 205

Haupt, Ulrich: Ausschlussfristen in Einwendungsverfahren des öffentlichen Rechts, Diss jur., Bonn, 1998

Hausmann-Grassel, Barbara: Bürgerbeteiligung an gebundenen Verwaltungsentscheidungen, Diss jur., Frankfurt, 1985

Hawkes, David: Der Faktor Mensch im Gentechnikrecht, Diss. jur., Freiburg, 1994

Held, Jürgen: Der Grundrechtsbezug des Verwaltungsverfahrens, Diss jur., Bonn, 1984

Hellmann, Ulrich: Die Öffentlichkeitsbeteiligung in vertikal gestuften Zulassungsverfahren für umweltrelevante Großvorhaben nach deutschem und europäischem Recht, Diss jur., Osnabrück, 1991

Hendler, Reinhard/ Wu, Mei: Öffentlichkeitsbeteiligung im Umweltrecht der Europäischen Union, DVBl. 2014, 78

Henle, Victor: Die Masse im Massenverfahren, BayVBl. 1981, 1

Henneke, Hans-Günter: Informelles Verwaltungshandeln im Wirtschaftsverwaltungs- und Umweltrecht – Zwischenbilanz zur Erfassung eines seit zehn Jahren benannten Phänomens, NuR 1991, 267

Hennig, Jan/ Lühmann, Tobias: Raumordnungs- und Planfeststellungsverfahren für den Aus- und Umbau der Hochspannungsnetze, UPR 2012, 81

Herbert, Alexander: § 29 Abs. 1 BNatSchG: Verfahrensbeteiligung als „formelles" oder „materielles" subjektives Recht, NuR 1994, 218

Herzberg, Rolf: Kritik der teleologischen Gesetzesauslegung, NJW 1990, 2525

Hett, Frank-Thomas: Öffentlichkeitsbeteiligung bei atom- und immissionsschutzrechtlichen Genehmigungsverfahren, Diss jur., Göttingen, 1994

Hiddemann, Hartmut: Die Planfeststellung im Flurbereinigungsgesetz, 1970

Hien, Eckart: Bürgerbeteiligung im Spannungsfeld der Gewaltenteilung, DVBl. 2014, 495

Higgins, Tory E./ Rholes, William S./ Jones, Carl R.: Category accessibility and impression formation, Journal of Experimental Social Psychology, (1977), 13, 141

Hill, Hermann: Das fehlerhafte Verfahren und seine Folgen im Verwaltungsrecht, Diss jur., Heidelberg, 1986

Hill, Hermann: Integratives Verwaltungshandeln – Neue Formen von Kommunikation und Bürgermitwirkung, DVBl. 1993, 973

Hill, Hermann/ Weber, Annette: Vollzugserfahrungen mit umweltrechtlichen Zulassungsverfahren in den neuen Ländern, 1996

Hirsch, Günter/ Schmidt-Didczuhn, Andrea: Gentechnikgesetz, 1991

Hoffmann-Riem, Wolfgang: Selbstbindung der Verwaltung, VVDStRL 40 (1982), 187

Hoffmann-Riem, Wolfgang/ Rubbert, Susanne: Atomrechtlicher Erörterungstermin und Öffentlichkeit – Zum Verhältnis von Bürgerbeteiligung und Öffentlichkeit, 1984

Hoffmann-Riem, Wolfgang: Verhandlungslösungen und Mittlereinsatz im Bereich der Verwaltung: Eine vergleichende Einführung in: Hoffmann-Riem, Wolfgang/Schmidt-Aßmann, Eberhard (Hrsg.), Konfliktbewältigung durch Verhandlungen, Bd. I, 1990, S. 13

Hoffmann-Riem, Wolfgang: Reform des Allgemeinen Verwaltungsrechts: Vorüberlegungen, DVBl. 1994, 1381

Hoffmann-Riem, Wolfgang/ Schmidt-Aßmann, Eberhard: Effizienz als Herausforderung an das Verwaltungsrecht, 1998

Holzborn, Timo: Die Geschichte der Gesetzespublikation, Diss jur., Bonn, 2003

Holznagel, Bernd/ Dose, Nikolai/ Weber, Volker: Beschleunigung von Genehmigungsverfahren – Vorschläge zur Verbesserung des Industriestandorts Deutschland, 1994

Holznagel, Bernd/ Nagel, Janina: Verfahrensbeschleunigung nach dem Energieleitungsausbaugesetz, DVBl. 2010, 669

Holznagel, Bernd/ Ramsauer, Ulrich: Förderung der Mediation im Planungsverfahren – Vorschläge zur Überwindung praktischer Probleme, VerwArch 104 (2013), 131

Hoppe, Werner: Wirtschaftliche Vertretbarkeit im Rahmen des Bundes-Immissionsschutzgesetzes (BImSchG) – Rechtsgutachten erstattet für den Bundesminister des Innern, im Auftrag des Umweltbundesamtes, 1977

Hoppe, Werner: Die wirtschaftliche Vertretbarkeit im Umweltschutzrecht, 1984

Hoppe, Werner/ Beckmann, Martin/ Kauch, Petra: Umweltrecht, 2. Aufl., 2000

Hoppe, Werner: Gesetz über die Umweltverträglichkeitsprüfung (UVPG), 4. Aufl., 2011

Horn, Thomas J.: Die Behandlung ausgewählter formellrechtlicher Regelungen des BImSchG in der Rechtsprechung, UPR 1984, 85, 113

Hösch, Ulrich: Das Verhältnis von wasserrechtlicher Gestattung und Planfeststellungsbeschluss, NVwZ 2006, 665

Hovland, Carl I./ Weiss, Walter: The Influence of Source Credibility on Communication Effectiveness, Public Opinion Quarterly, (1951), 15, S. 635

Huber, Peter M.: Der Immissionsschutz im Brennpunkt modernen Verwaltungsrechts – 15 Jahre Bundes-Immissionsschutzgesetz, AöR 114 (1989), 252

Huber, Peter: in: v. Mangoldt, Hermann/ Klein, Friedrich/ Starck, Christian, GG Bd. I, 6. Aufl., 2010

Hucke, Jochen/ Ullmann, Arieh A.: Konfliktregelung zwischen Industriebetrieb und Vollzugsbehörde bei der Durchsetzung regulativer Politik in: Mayntz, Renate (Hrsg.), Implementation politischer Programme I, 1980, S. 105

Hufen, Friedhelm: Heilung und Unbeachtlichkeit grundrechtsrelevanter Verfahrensfehler? – Zur verfassungskonformen Auslegung der §§ 45 und 46 VwVfG, NJW 1982, 2160

Hullmann, Christian/ Zorn, Mirko: Probleme der Genehmigungsfiktion im Baugenehmigungsverfahren, NVwZ 2009, 756

Ibler, Martin: in: Friauf, Karl-Heinrich/ Höfling, Wolfram, Berliner Kommentar zum GG, Bd. 2, 2009

Idecke-Lux, Sabrina: Der Einsatz von multimedialen Dokumenten bei der Genehmigung von neuen Anlagen nach dem Bundesimmissionsschutz-Gesetz, Diss jur., Hamburg, 1999

Ipsen, Jörn: Einwendungsbefugnis und Einwendungsausschluss im atomrechtlichen Genehmigungsverfahren, DVBl. 1980, 146

Jachmann, Monika: Die Fiktion im öffentlichen Recht, Habil jur., Regensburg, 1996

Jacoby, Henrik: Die Beschleunigung von Verwaltungsverfahren und das Verfassungsrecht, 1996

Jäde, Henning: Befangenheitsschranken behördlicher Beratungspflicht, BayVBl. 1988, 264

Jäde, Henning: Die verwaltungsverfahrensrechtliche Genehmigungsfiktion, UPR 2009, 169

Jain, Shailendra Pratap/ Posavac, Steven S.: Prepurchase Attribute Verifiability, Source Credibility, and Persuasion, Journal of Consumer Psychology (2000), 11, S. 169

Jarass, Hans D.: Die Abgrenzung parallel erforderlicher Anlagegenehmigungen, DÖV 1978, 21

Jarass, Hans D.: Konkurrenz, Konzentration und Bindungswirkung von Genehmigungen, 1983

Jarass, Hans D.: Grundrechte als Wertentscheidungen bzw. objektivrechtliche Prinzipien in der Rechtsprechung des Bundesverfassungsgerichts, AöR 110 (1985), 363

Jarass, Hans D.: Das Gebot der Koordinierung konkurrierender Zulassungsverfahren, NVwZ 2009, 65

Jarass, Hans D.: Grundstrukturen des Immissionsschutzrechts, JuS 2009, 608

Jarass, Hans D.: Probleme um die Entscheidungsfrist der immissionsschutzrechtlichen Genehmigung, DVBl. 2009, 205

Jarass, Hans D.: Immissionsschutzrechtlicher Anlagenbegriff und Reichweite der Genehmigungsbedürftigkeit, UPR 2011, 201

Jarass, Hans D./ Pieroth, Bodo: Grundgesetz für die Bundesrepublik Deutschland, 12. Aufl., 2012

Jarass, Hans D.: Bundesimmissionsschutzgesetz, 9. Aufl., 2012

Jestaedt, Matthias: Demokratieprinzip und Kondominialverwaltung, Diss jur., Bonn, 1992

Jochum, Heike: Verwaltungsverfahrensrecht und Verwaltungsprozessrecht, Habil jur., Saarland, 2004

Jung, Nikola: Demokratisierung durch prozedurales Umweltrecht? Diss soz., Mannheim, 2006

Kaltenborn, Markus: Streitvermeidung und Streitbeilegung im Verwaltungsrecht: verfassungsrechtlicher Rahmen und verfahrensrechtliche Ausgestaltung der außergerichtlichen Konfliktschlichtung im Verhältnis zwischen Verwaltung und Privaten, Habil jur., Bochum, 2004

Karwath, Peter: Die Konzentrationswirkung der Planfeststellung nach dem Bundesfernstraßengesetz, 1968

Kaster, Georg: Die Stellung der Umweltschutzbehörden in parallelen Gestattungsverfahren, NuR 1996, 109

Kaupe, Guido: Beschleunigung von Genehmigungsprozessen bei Industrieanlangen – eine betriebswirtschaftliche Analyse unter besonderer Berücksichtigung der Umweltverträglichkeitsprüfung und der EG-Öko-Audit-Verordnung (EWG) Nr. 1836/93, Diss rer. pol., Mainz, 1998

Kautz, Steffen: Absprachen im Verwaltungsrecht, Diss jur., Bayreuth, 2002

Keese, Christoph: „Die Zeitung hat Zukunft“ Interview durch Helmut Merschmann v. 20.08.2007, ApuZ 34/2007

Keller, Joachim: Erörterungstermin im Planfeststellungsverfahren, KommunalPraxis 1998, 24

Keller, Ulrich: Die öffentliche Bekanntmachung im Insolvenzverfahren, ZIP 2003, 149

Kenyeressy, Alexander: Kritische Analyse des Vorschlags zur Änderung der UVP-Richtlinie, UPR 2013, 139

Kibele, Karlheinz: Die „Zaunlösung" – Glanz und Elend einer Reformidee, VBlBW 2005, 14

Kiefer, Stefan: Die Investitionssicherheit bei der Änderung genehmigungsbedürftiger Anlagen nach §§ 15, 16 BImSchG, Diss jur., Trier, 1998

Kimmminich, Otto: Funktion und Ausgestaltung der Öffentlichkeitsbeteiligung im atomrechtlichen Genehmigungsverfahren, 5. AtRS, S. 263

Kleinlein, Kornelius: Das System des Nachbarrechts – Eine Darstellung anhand des BauGB, des privaten Nachbarrechts und des BImSchG, Diss jur., Berlin, 1986

Klingler, Eberhard: Rat und Beratung, Diss jur., Würrzburg, 1965

Kloepfer, Michael: Umweltrecht, 3. Aufl., 2004

Kloepfer, Michael: Umweltrecht als Informationsrecht, UPR 2005, 41

Kloepfer, Michael: Sinn und Gestalt des kommenden Umweltgesetzbuchs, UPR 2007, 161

Kloepfer, Michael: Umweltschutzrecht, 2008

Kment, Martin: Nationale Unbeachtlichkeits-, Heilungs- und Präklusionsvorschriften und Europäisches Recht, 2005

Kment, Martin: Die Stellung nationaler Unbeachtlichkeits- Heilungs- und Präklusionsvorschriften im europäischen Recht, EUR 2006, 201

Kment, Martin: Der ewige Patient: die Umweltverbandsklage – Einblicke in eine lange Krankenakte und neue Therapieansätze, UPR 2013, 41

Knack, Hans-Joachim: Verwaltungsverfahrensgesetz, 9. Aufl., 2009

Knäpple, Hans-Jörg: Gesetz zur Reduzierung und Beschleunigung von immissionsschutzrechtlichen Genehmigungsverfahren, Immissionsschutz, 2008, 28

Knebel von, Christine: Die Ausbauplanung des Flughafens Frankfurt/Main – ein Praxisbericht, ZUR 2011, 351

Knemeyer, Franz-Ludwig: Rechtliches Gehör im Gerichtsverfahren, in: Isensee/ Kirchhof (Hrsg.) Handbuch des Staatsrechts, Bd. VI, 1989, § 155, 1989

Knemeyer, Franz-Ludwig: Frühzeitige Bürgerinformation und –anhörung bei kostenträchtigen Investitionsmaßnahmen – Ein Beispiel für eine wirkungsvolle kommunale Selbstverpflichtung, DVBl. 2014, 625

Knoepfel, Peter/ Rey, Michel: Konfliktminderung durch Verhandlung: Das Beispiel des Verfahrens zur Suche eines Standorts für eine Sondermülldeponie in der Suisse Romande, in: Hoffmann-Riem, Wolfgang/ Schmidt-Aßmann, Eberhard (Hrsg.), Konfliktbewältigung durch Verhandlungen, Bd. II, 1990, S. 257

Knuth, Andreas: Die Brandenburgische Bauordnung auf neuen Wegen, LKV 2004, 193

Köbler, Gerhard/ Pohl, Heidrun: Deutsch-deutsches Rechtswörterbuch, 1991

Koch, Hans-Joachim/ Braun, Annette: Aktuelle Entwicklungen des Immissionsschutzrechtes, NVwZ 2010, 1271

Köck, Wolfgang/ Salzborn, Nadja: Handlungsfelder zur Fortentwicklung des Umweltschutzes im raumbezogenen Fachplanungsrecht – eine Skizze, ZUR 2012, 203

Kodal, Kurt/ Krämer, Helmut: Straßenrecht: systematische Darstellung des Rechts der öffentlichen Straßen, Wege und Plätze in der Bundesrepublik Deutschland mit den Straßen- und Wegegesetzen des Bundes und der Länder, 1999

Kohler, Jürgen: Einleitung zum Umwelthaftungsrecht, in: J. von Staudingers Kommentar zum Bürgerlichen Gesetzbuch mit Einführungsgesetz und Nebengesetzen, 2010

Kollmann, Andreas: Zur Bindungswirkung von Verwaltungsakten, DÖV 1990, 189

König, Jens Martin: Alles neu? – Nach Umsetzung der neuen Industrieemissions-Richtlinie beginnt der Vollzug des neuen Immissionsschutzrechts, DVBl. 2013, 1356

Konzen, Horst: Aufopferung im Zivilrecht, Diss jur., Mainz, 1969

Kopp, Ferdinand/ Ramsauer, Ulrich: Verwaltungsverfahrensgesetz, 13. Aufl., 2012

Kopp, Ferdinand: Gesetzliche Regelungen zur Bewältigung von Massenverfahren, DVBl. 1980, 320

Köppl, Paul: Die Ausschlussfristen im öffentlichen Recht, Diss jur., München, 1970

Korbmacher, Günter: Das atomrechtliche Anhörungsverfahren, UPR 1994, 325

Kotulla, Michael (Hrsg.): Bundesimmissionsschutzgesetz, Stand Juni 2011

Krasney, Otto Ernst: Zur Anhörungspflicht im Verwaltungsverfahren, NVwZ 1986, 337

Krautzberger, Michael: Bauleitplanung im vereinfachten und im beschleunigten Verfahren nach dem BauGB 2007, UPR 2007, 170

Kremer, Peter: Zur Unionsrechtswidrigkeit der immissionsschutzrechtlichen Präklusionsvorschriften, ZUR 2013, 89

Krüger, Herbert: Die Auflage als Instrument der Wirtschaftsverwaltung, DVBl. 1950, 518

Krüger, Uwe: Möglichkeiten und Grenzen von Mediationsverfahren in Naturschutzkonflikten, NuL, 74 (1999), 102

Krüger, Uwe/ Sachs, Michael: in: Sachs, Michael, GG, 6. Aufl., 2011

Kügel, Wilfried: Der Planfeststellungsbeschluss und seine Anfechtbarkeit, Diss jur., Münster 1984

Kugelmann, Dieter: Die informatorische Rechtsstellung des Bürgers, Habil jur., Mainz, 2001

Kühling, Jürgen: Rechtsprechung des Bundesverwaltungsgerichts zum Fachplanungsrecht, DVBl. 1989, 221

Kunig, Philip: Alternativen zum einseitig-hoheitlichen Verwaltungshandeln in: Hoffmann-Riem, Wolfgang/ Schmidt-Aßmann, Eberhard (Hrsg.), Konfliktbewältigung durch Verhandlungen, Bd. I, 1990, S. 43

Kunig, Philip/ Rublack, Susanne: Aushandeln statt Entscheiden?, Jura 1990, 1

Kunig, Philip: Das Rechtsstaatsprinzip, Habil jur., Hamburg, 1986

Kunstein, Florian: Die elektronische Signatur als Baustein der elektronischen Verwaltung, Diss jur., Köln, 2005

Kurz, Alexander: Juristische Aspekte der Öffentlichkeitsbeteiligung bei der Planung und Genehmigung umweltrelevanter Großvorhaben, 3. Aufl., 1994

Kutscheidt, Ernst: Öffentliches Immissionsschutzrecht, in: Jürgen Salzwedel (Hrsg.), Grundzüge des Umweltrechts, 1982

Lämmle, Peter: Konkurrenz paralleler Genehmigungen, Diss jur., Konstanz, 1991

Landmann, Robert von/ Rohmer, Gustav: BImSchG, Stand November 2012

Landmann, Robert von/ Rohmer, Gustav: Umweltrecht Band I, Stand November 2012

Lange, Klaus: Zur Anhörung in verwaltungsrechtlichen Genehmigungsverfahren, DVBl. 1975, 130

Laubinger, Hans-Werner: Der Umfang der Konzentrationswirkung der Planfeststellung, VerwArch 77 (1986), 77

Laubinger, Hans-Werner: Die Verwaltung als Helfer des Bürgers – Gedanken zur behördlichen Betreuungspflicht, in Demokratie und Verwaltung, 25 Jahre Hochschule für Verwaltungswissenschaften in Speyer, S. 439

Laubinger, Hans-Werner: Elektronisches Verwaltungsverfahren und elektronischer Verwaltungsakt – zwei (fast) neue Institute des Verwaltungsrechts, S. 517 in: Benz, Arthur/ Siedentopf, Heinrich/ Sommermann, Karl-Peter (Hrsg.), Institutionenwandel in Regierung und Verwaltung, Festschrift für Klaus König zum 70. Geburtstag, 2004

Lauer, Gerhard: Rechtsprobleme des Genehmigungsverfahrens, 3. AtRS, S. 47

Lecheler, Helmut: Infrastrukturplanung zwischen Beschleunigung, Öffentlichkeitsbeteiligung und Rechtsschutzerfordernis, DVBl. 2005, 1533

Lee, Angela Y.: The Mere Exposure Effect: An Uncertainty Reduction Explanation Revisited, Personality and Social Psychology Bulletin, (2001), 27, 1255

Leibholz, Gerhard/ Rinck, Hans-Justus: in: Leibholz, Gerhard/ Rinck, Hans-Justus, GG, Bd. 2, 2012, Art. 19

Liebl, Karlhans: Das Ausmaß der Korruption in der öffentlichen Verwaltung, in: Benz, Arthur/ Seibel, Wolfgang (Hrsg.), Zwischen Kooperation und Korruption, 1992

Lippert, André: Die Bedeutung der Öffentlichkeitsbeteiligung bei großen Infrastrukturvorhaben, ZUR 2013, 203

Lorenz, Dieter: Der grundrechtliche Anspruch auf effektiven Rechtsschutz, AöR 105, 623

Lübbe-Wolff, Gertrude: Das Kooperationsprinzip im Umweltrecht – Rechtsgrundsatz oder Deckmantel des Vollzugsdefizits?, NuR 1989, 295

Maaß, Christian A.: Behördenkoordination im immissionsschutzrechtlichen Genehmigungsverfahren, DVBl. 2002, 364

Madigan, Denise/ Susskind, Lawrence/ Weinstein, Alan: Vorüberlegungen für eine verbesserte Konfliktbewältigung im Umweltbereich in: Hoffmann-Riem, Wolfgang/Schmidt-Aßmann, Eberhard (Hrsg.), Konfliktbewältigung durch Verhandlungen, Bd. I, 1990, S. 151

Malkmus, Hans: Industrie-Immissionen in öffentlich-rechtlicher Sicht, Diss jur., Mainz, 1957

Manner, Reinhard: Die rechtsstaatlichen Grundlagen des Planfeststellungsverfahrens, Diss jur., München, 1976

Manten, Georg: Volle Kraft voraus – Gesetz zur Reduzierung und Beschleunigung von immissionsschutzrechtlichen Genehmigungsverfahren, DVBl. 2009, 213

Martens, Claus-Peter: Die wesentliche Änderung im Sinne des § 15 BImSchG: unter besonderer Berücksichtigung des umfänglichen Anlagenbegriffs, Diss jur., Bochum, 1992

Martini, Mario: Die integrierte Vorhabengenehmigung als Herausforderung für Organisation und Struktur der Entscheidungsfindung, VerwArch 100 (2009), 40

Marty, Michael: Die Erweiterung des Rechtsschutzes in Umweltangelegenheiten – Anmerkungen zum Umwelt-Rechtsbehelfsgesetz, ZUR 2009, 115

Masing, Johannes: Relativierung des Rechts durch Rücknahme verwaltungsgerichtlicher Kontrolle – Eine Kritik anlässlich der Rechtsprechungsänderung zu den „Sperrgrundstücken", NVwZ 2002, 810

Maurer, Hartmut: Allgemeines Verwaltungsrecht, 18. Aufl., 2011

Mayer, Franz: Recht des Umweltschutzes, BayVBl. 1975, 664

Mayer-Tasch, Peter Cornelius: Umweltrecht im Wandel, 1978

Mayntz, Renate: Vollzugsprobleme der Umweltpolitik, Rat von Sachverständigen für Umweltfragen (Hrsg.), 1978

Mecking, Christoph: Zum Umfang des Rechts zur Einsichtnahme in ausgelegte Unterlagen, NVwZ 1992, 316

Mehde, Veith: Vertragliche Absprachen im Baurecht, BauR 2002, 876

Metz, Christopher: Zulässigkeit und Grenzen formeller und materieller Präklusion, Diss jur., Bonn, 1983

Mieck, Ilja: Luftverunreinigungen und Immissionsschutz in Preußen bis zur Gewerbeordnung 1869, Technikgeschichte Bd. 34 (1967), 36

Milger, Wolf-Dietmar: Die Präklusion von Rechten Dritter in Genehmigungs- und Planfeststellungsverfahren, Diss jur., Göttingen, 1991

Miller, Norman/ Campbell, Donald: Recency and primacy in persuasion as a function of the timing of speeches and measurements, Journal of Abnormal and Social Psychology, (1959), 59, 1

Moons, Wesley G./ Mackie, Diane M.: The Impact of Repetition-Induced Familiarity on Agreement With Weak and Strong Arguments, Uournal of Personality and Social Psychology 2009 (96), 32

Moreland, Richard L./ Beach, Scott R.: Exopsure Effects in the Classroom: The Development of Affinity among Students, Journal of Experimental Social Psychology, (1992), 28, 255

Moreland, Richard L./ Zajonc, Robert B.: Exposure Effects in Person Perception: Familiarity, Similarity, and Attraction, Journal of Experimental Social Psychology, (1982), 18, 395

Müggenborg, Hans-Jürgen/ Hentschel, Anja: Neues Wasser- und Naturschutzrecht, NJW 2010, 961

Müggenborg, Hans-Jürgen: Einführung in das Artikelgesetz zur Umsetzung der UVP-Änderungsrichtlinie, der IVU-Richtlinie und weiterer EG-Richtlinien zum Umweltschutz, SächsVBl. 2001, 205

Müller-Erwig, Katja-Angela: Die Öffentlichkeitsbeteiligung bei atomrechtlichen Großvorhaben – eine sozialwissenschaftliche Beschreibung am Beispiel des Planfeststellungsverfahrens zum Endlager für radioaktive Abfälle Schacht Konrad, Diss rer. nat., Braunschweig, 2000

Mutius, Albert von: Akteneinsicht im atom- und immissionsschutzrechtlichen Genehmigungsverfahren, DVBl. 1978, 665

Mutschler, Ulrich: Umweltschutz und Verfahrensrecht, ET 1978, 505

Mutschler, Ulrich: Zur Präklusion im atomrechtlichen und immissionsschutzrechtlichen Genehmigungsverfahren, ET 1980, 164

Nebelsieck, Rüdiger/ Schrotz, Jan-Oliver: Europäisch gestärkte Anwälte der Natur, ZUR 2006, 122

Niederstadt, Frank/ Weber, Ruth: Verbandklagen zur Geltendmachung von Naturschutzbelangen bei immissionsschutzrechtlichen Genehmigungen, NuR 2009, 397

Niedzwicki, Matthias: Präklusionsvorschriften des öffentlichen Rechts im Spannungsfeld zwischen Verfahrensbeschleunigung, Einzelfallgerechtigkeit und Rechtsstaatlichkeit, Diss jur., Rödingshausen/Westfalen, 2007

Niemeier, Hans-Gerhart: Das Recht der Raumordnung und Landesplanung in der Bundesrepublik Deutschland, 1976

Nierhaus, Michael: Beweismaß und Beweislast – Untersuchungsgrundsatz und Beteiligtenmitwirkung im Verwaltungsprozess, Habil jur., Köln, 1989

Noack, Ulrich: Elektronische Publizität im Aktien- und Kapitalmarktrecht in Deutschland und Europa, AG 2003, 537

Nolte, Frank: E-Government in der Verwaltungsreform: Der große Sprung nach vorn?, DÖV 2007, 941

Nolte, Rüdiger: Verfrüht erhobene Einwendungen im Planfeststellungsverfahren, jurisPR-BVerwG 17/2005 Anm. 1

Ochtendung, Bernd: Neuere Entwicklungen des Anlagengenehmigungsrechts nach BImSchG, ZUR 2006, 184

Odenthal, Kerstin: Die Konzentrationswirkung: Formenvielfalt, Kollisionsfragen und Alternativmodelle, VerwArch 94 (2003), 222

Odenthal, Kerstin: Kollision von Genehmigungsvorbehalten mit Konzentrationswirkung, NVwZ 2002, 687

Oebbecke, Janbernd: Beratung durch Behörden, DVBl. 1994, 147

Oexle, Anno: Das Rechtsinstitut der materiellen Präklusion in den Zulassungsverfahren des Umwelt- und Baurechts, Diss jur., Münster, 2000

Ohms, Martin J.: Immissionsschutz bei Windkraftanlagen, DVBl. 2003, 958

Ortloff, Karsten-Michael: Kommunikationsdefizit im Verwaltungsprozess?, NVwZ 2002, 1310

Ossenbühl, Fritz: Verwaltungsverfahren zwischen Verwaltungseffizienz und Rechtsschutzauftrag, NVwZ 1982, 465

Oster, Jan: Das informell-kooperative Verwaltungshandeln im Umweltrecht, NuR 2008, 845

Otto, Christian-W.: Das Infrastrukturplanungsbeschleunigungsgesetz, NVwZ 2007, 379

Ozawa, Connie/ Susskind, Lawrence: Konfliktmittlung in Verfahrensstreitigkeiten mit wissenschaftlichem Bezug, in: Hoffmann-Riem, Wolfgang/Schmidt-Aßmann, Eberhard (Hrsg.), Konfliktbewältigung durch Verhandlungen, Bd. I, 1990, S. 177

Papier, Hans-Jürgen: Einwendungen Dritter in Verwaltungsverfahren, NJW 1980, 313

Papier, Hans-Jürgen: Rechtsschutzgarantie gegen die öffentliche Gewalt, in: Isensee/Kirchhof (Hrsg.) Handbuch des Staatsrechts, Bd. VI, 1989, § 154

Papst, Heinz-Joachim: Intendiertes Ermessen und Normauslegung, VerwArch 2002, 540

Passavant, Oliver: Mittlerunterstüzte Kooperation in komplexen Verwaltungsprojekten, DÖV 1987, 516

Paulus, Roman: Immissionsschutzrechtliche Öffentlichkeitsbeteiligung im Lichte aktueller gemeinschaftsrechtlicher Vorgaben, AUR 2006, 167

Pein, Karl: Beschleunigung von Planungs- und Genehmigungsverfahren, BB 1996, 1399

Peine, Franz-Joseph: Privatrechtsgestaltung durch Anlagengenehmigung, NJW 1990, 2442

Pernice-Warnke, Silvia: Effektiver Zugang zu Gericht, Diss jur., Würzburg, 2009

Perrow, Charles: Normale Katastrophen, 2. Aufl., 1992

Peters, Anne: Die Ausfüllung von Spielräumen der Verwaltung durch Wirtschaftlichkeitserwägungen, DÖV 2001, 749

Philipp, Friederike: Präklusionsvorschriften im Verwaltungsverfahren – Rechtsvergleichende Betrachtung zwischen Österreich und Deutschland im Lichte des Europarechts, Diss jur., Wien, 2000

Pieroth, Bodo/ Schlink, Bernhard: Staatsrecht II, 28. Aufl., 2012

Pietzcker, Jost: Das Verwaltungsverfahren zwischen Verwaltungseffizienz und Rechtsschutzauftrag, VVDStRl 41 (1983), 193

Pietzcker, Jost: Selbstbindung der Verwaltung, NJW 1981, 2087

Pitschas, Rainer: Mediation als Methode und Instrument der Konfliktmittlung im öffentlichen Sektor, in: Pitschas, Rainer/ Walther, Harald, Mediation im Verwaltungsverfahren und Verwaltungsprozess, 2008, S. 89

Pudenz, Winfried: Zur Reichweite immissionsschutzrechtlicher Genehmigungen, UPR 1990, 331

Pünder, Hermann: „Open Government leads to Better Government" – Überlegungen zur angemessenen Gestaltung von Verwaltungsverfahren, NuR 2005, 71

Pünder, Hermann: Kooperation statt Konfrontation, DV 38 (2005), 1

Püttner, Günter/ Guckelberger, Annette: Beschleunigung von Verwaltungsverfahren, JuS 2001, 218

Quaritsch, Helmut: Über formelle und informelle Wege der Entscheidung, in: König, Klaus/ Laubinger, Hans-Werner/ Wagener, Frido, FS für Carl Hermann Ule zum 70. Geburtstag, 1977, S. 135

Radespiel, Liane: Die naturschutzrechtliche Verbandsklage, Diss jur., Rostock, 2006

Randak, Michael: Bindungswirkungen von Verwaltungsakten, JuS 1992, 33

Rasch, Edna: Medienöffentlichkeit im Erörterungstermin – Zur Auslegung des neuen § 18 I der 9. BImSchV, NuR 2002, 400

Raum, Rolf: Die Genehmigungs- und Konzentrationswirkung des Planfeststellungsbeschlusses, Diss jur., Nürnberg, 1988

Rebentisch, Manfred: Die immissionsschutzrechtliche Genehmigung „im Angebot"; Kritisches zur fakultativen Genehmigung, in: Czajka, Dieter [Hrsg.], Immissionsschutzrecht in der Bewährung: 25 Jahre Bundes-Immissionsschutzgesetz; Festschrift für Gerhard Feldhaus zum 70. Geburtstag, 1999

Rebentisch, Manfred: Die Neuerungen im Genehmigungsverfahren nach dem Bundes–Immissionsschutzgesetz, NVwZ 1992, 926

Redeker, Konrad: Grundgesetzliche Rechte auf Verfahrensteilhabe, NJW 1980, 1593

Reiners, Markus: Schlankere Staatsarchitektur in Baden-Württemberg, VBlBW 2008, 281

Rengeling, Hans-Werner: Das Kooperationsprinzip im Umweltrecht, 1988

Richter, Ingo/ Schuppert, Gunnar Folke/ Bumke, Christian: Casebook Verwaltungsrecht, 3. Auf., 2000

Riese, Christoph/ Dieckmann, Nina: Der Erörterungstermin – Bestandsaufnahme und Reformvorschlag, DVBl. 2010, 1343

Röckinghausen, Marc: Mehr Legitimation durch mehr Verfahren?, EuRUP 2008, 210

Röhl, Christian/ Ladenburger, Clemens: Die materielle Präklusion im raumbezogenen Verwaltungsrecht, 1997

Ronellenfitsch, Michael: Beschleunigung und Vereinfachung der Anlagenzulassungsverfahren, 1993

Ronellenfitsch, Michael: Das atomrechtliche Genehmigungsverfahren, Habil jur., Speyer, 1983

Ronellenfitsch, Michael: Gemeindliches Eigentum und materielle Präklusion, JuS 1983, 594

Röper, Horst: Zeitungsmarkt 2000: Konsolidierungsphase beendet?, Media Perspektiven 2000, 297

Ruffert, Matthias: Dogmatik und Praxis des subjektiv-öffentlichen Rechts unter dem Einfluß des Gemeinschaftsrechts, DVBl. 1998, 69

Rupp, Hans Heinrich: Die Verfassungsrechtliche Seite des Umweltschutzes, JZ 1971, 401

Sabatier, Paul: Social Movements and Regulatory Agencies: Toward a More Adequate – and Less Pessimistic – Theory of "Clientele Capture", Policy Sciences 6 (1975), 301

Sach, Karsten: Genehmigung als Schutzschild? – Die Rechtsstellung des Inhabers einer immissionsschutzrechtlichen Genehmigung, Diss jur., Freiburg, 1993

Schäfer, Kurt: Zur Beschleunigung des Genehmigungsverfahrens nach dem Bundes-Immissionsschutzgesetz, DÖV 1977, 85

Schäfer, Lars: Mediation im öffentlichen Bereich braucht gesetzliche Regeln, NVwZ 2006, 39

Scheidler, Alfred: Das Integrationsprinzip im deutschen und europäischen Umweltrecht - Die Ausgangslage zur Schaffung einer integrierten Vorhabengenehmigung nach der Föderalismusreform, WiVerw 2008, 22

Schenk, Karlheinz: Beschleunigung des Asylverfahrens bis zum Stillstand?, DÖV 1981, 212

Schenke, Wolf-Rüdiger: Das Verwaltungsverfahren zwischen Verwaltungseffizienz und Rechtsschutzauftrag, VBlBW 1982, 313

Schenke, Wolf-Rüdiger: Die Bedeutung der verfassungsrechtlichen Rechtsschutzgarantie des Art. 19 IV GG, JZ 1988, 317

Schenke, Wolf-Rüdiger: in: Dolzer, Rudolf/ Kahl, Wolfgang, Bonner Kommentar zum Grundgesetz, 1990, Art. 19

Schenke, Wolf-Rüdiger: Rechtsprechungsübersicht zum Verwaltungsprozessrecht, JZ 1996, 1055

Schiller, Gernot: Praxisprobleme bei der Planfeststellung von Energiefreileitungen, UPR 2009, 245

Schink, Alexander: Verstärkung der Öffentlichkeitsbeteiligung und neue UVP-Anforderungen für Unternehmen, DVBl. 2013, 1347

Schläffer, Heinz: Verwaltungsinnovation durch E-Government, S. 495, in: Benz, Arthur/ Siedentopf, Heinrich/ Sommermann, Karl-Peter (Hrsg.), Institutionenwandel in Regierung und Verwaltung, Festschrift für Klaus König zum 70. Geburtstag, 2004

Schlotterbeck, Karlheinz: Nachbarschutz im anlagenbezogenen Immissionsschutzrecht, NJW 1991, 2669

Schmatz, Hans/ Nöthlichs, Matthias/ Halmschlag, Achim/ Kalmbach, Siegfried: Immissionsschutz, Stand Mai 2011

Schmidt, Alexander/ Kremer, Peter: Das Umweltrechtsbehelfsgesetz und der „weite Zugang zu Gerichten", ZUR 2007, 257

Schmidt, Alexander: Verbandsklagen im Naturschutzrecht und Realisierung von Infrastrukturvorhaben, NuR 2008, 544

Schmidt, Alexander: Die Wahrnehmung von Beteiligungs- und Klagemöglichkeiten durch die Umweltverbände – Erfahrungen und Entwicklungsmöglichkeiten, ZUR 2011, 296

Schmidt, Alexander: Zur Diskussion über erweiterte Klagebefugnisse im Umweltschutzrecht – auch auf vorgelagerten Planungsebenen, ZUR 2011, 210

Schmidt, Walter: Organisierte Einwirkung auf die Verwaltung, VVDStRL 33 (1975), 183

Schmidt-Aßmann, Eberhard: Verwaltungsverantwortung und Verwaltungsgerichtsbarkeit, VVDStRL 34 (1976), 221

Schmidt-Aßmann, Eberhard: Verwaltungsverfahren und Verwaltungskultur, NVwZ 2007, 40

Schmidt-Aßmann, Eberhard: Besonderes Verwaltungsrecht, 14. Aufl., 2008

Schmidt-Aßmann, Eberhard: in: Maunz, Theodor/ Dürig, Günther (Hrsg.), Grundgesetz, Bd. III, Stand November 2012, Art. 19

Schmidt-Preuß, Matthias: Gegenwart und Zukunft des Verfahrensrechts, NVwZ 2005, 489

Schmitt-Glaeser, Walter: Partizipation an Verwaltungsentscheidungen, VVDStRL 31 (1973), 179

Schmitt-Glaeser, Walter: Planende Behörden, protestierende Bürger und überforderte Richter, Der Landkreis 1976, 442

Schmitt-Glaeser, Walter: Anspruch, Hoffnung und Erfüllung, in: Schmitt-Glaeser, Walter (Hrsg.) Festschrift für den Richard Boorberg Verlag, 1977, S. 1

Schmitt, Thomas/ Ehlers, Nadja: Zur allgemeinen Zulässigkeit einer materiellen Verwirkungspräklusion in Rechtssetzungsverfahren, LKV 2008, 497

Schmitz, Heribert: 20 Jahre VwVfG – Neue Tendenzen im Verfahrensrecht auf dem Weg zum schlanken Staat, NJW 1998, 2866

Schmitz, Heribert/ Prell, Lorenz: Verfahren über eine einheitliche Stelle – Das Vierte Gesetz zur Änderung verwaltungsverfahrensrechtlicher Vorschriften, NVwZ 2009, 1

Schmitz, Heribert/ Prell, Lorenz: Europäische Verwaltungszusammenarbeit – Neue Regelungen im Verwaltungsverfahrensgesetz, NVwZ 2009, 1121

Schneider, Jens-Peter: Kooperative Verwaltungsverfahren, VerwArch 87 (1996), 38

Schneider, Jens-Peter: Nachvollziehende Amtsermittlung bei der Umweltverträglichkeitsprüfung, Diss jur., Freiburg, 1990

Schoch, Friedrich: Heilung unterbliebener Anhörung im Verwaltungsverfahren durch Widerspruchsverfahren?, NVwZ 1983, 249

Schönenbroicher, Klaus/ Gregor, Sascha: Der Streit um das UGB I – Verfahrenskonzentrationen im Allgemeinen und Besonderen Verwaltungsrecht, NWVBl. 2009, 329

Schröder, Meinhard: Konsensuale Instrumente des Umweltschutzrechts, NVwZ 1998, 1011

Schulz, Axel: Neue Atomrechtliche Verfahrensverordnung, DVBl. 1977, 326

Schulze-Fielitz, Helmuth: Informales oder illegales Verwaltungshandeln?, in: Benz, Arthur/ Seibel, Wolfgang (Hrsg.), Zwischen Kooperation und Korruption, 1992, 233

Schulze-Fielitz: in: Dreier, Horst (Hrsg.), GG, Bd I, 5. Aufl., 2010, Art. 19

Schuppert, Gunnar Folke: Bürgerinitiativen als Bürgerbeteiligung an staatlichen Entscheidungen, AöR 102 (1977), 369

Schuppert, Gunnar Folke: Verwaltungswissenschaft, 2002

Schütte, Peter/ Winkler, Martin: Aktuelle Entwicklungen im Bundesumweltrecht, ZUR 2007, 443

Schütte, Peter: Mehr Demokratie versus Verfahrensbeschleunigung?, ZUR 2011, 169

Schütz, Peter: Das Gesetz zur Beschleunigung von Planungsverfahren für Infrastrukturvorhaben, VBlBW 2007, 441

Schütz, Walter: Deutsche Tagespresse 2006, Media Perspektiven 2007, 560

Schwab, Joachim: Die Konzentrationswirkung verwaltungsbehördlicher Entscheidungen im Umweltrecht, VR 1989, 190

Schwab, Joachim: Die Umweltverträglichkeitsprüfung in der behördlichen Praxis, NVwZ 1997, 248

Schwarze, Jürgen: Verfahren und Rechtsschutz im europäischen Wirtschaftsrecht, DVBl. 2010, 1325

Schwegler, Isabell: Der Substumtionsirrtum, Diss jur., München, 1995

Schwerdtfeger, Gunther: Das Bundes-Immissionsschutzgesetz, NJW 1974, 777

Seelig, Robert/ Gündling, Benjamin: Die Verbandsklage im Umweltrecht – Aktuelle Entwicklungen und Zukunftsperspektiven im Hinblick auf die Novelle des Bundesnaturschutzgesetzes und supranationale und internationale rechtliche Vorgaben, NVwZ 2002, 1033

Seibert, Max-Jürgen: Die Bindungswirkung von Verwaltungsakten, Diss jur., Bonn, 1987

Seibert-Fohr, Anja: Öffentlichkeitsbeteiligung im Planungsverfahren Chancen und Grenzen am Beispiel des Planvereinfachungsgesetz, VerwArch 104 (2013), 311

Seifert, Hans-Jürgen: Der Erörterungstermin, Arbeitsschutz, 1978, 109

Sellner, Dieter: Kontrolle immissionsschutzrechtlicher und atomrechtlicher Entscheidungen im Verwaltungsgerichtsprozess, BauR 1980, 391

Sellner, Dieter: Änderungen des BImSchG – Allgemeines und anlagenbezogene Neuerungen, NVwZ 1991, 305

Sellner, Dieter/ Reidt, Olaf/ Ohms, Martin: Immissionsschutzrecht und Industrieanlagen, 3. Aufl., 2006

Shirvani, Foroud: Das Kooperationsprinzip im deutschen und europäischen Umweltrecht, Diss jur, München, 2005

Solveen, Dirk: Zur materiellen Präklusion im Fernstraßenplanungsrecht, DVBl 1997, 803

Solveen, Dirk: Die materielle Präklusion im Fachplanungsrecht – Beipielhaft untersucht anhand § 17 IV FStrG, Diss jur., Freiburg, 1998

Song, Dongsoo: Kooperatives Verwaltungshandeln durch Absprachen und Verträge beim Vollzug des Immissionsschutzrechts, Diss jur., Bonn, 1998

Spannowsky, Willy: Grenzen des Verwaltungshandelns durch Verträge und Absprachen, Habil jur., Tübingen, 1994

Sparwasser, Reinhard: Das Genehmigungsverfahrensbeschleunigungsgesetz, AnwBl 2000, 658

Sparwasser, Reinhard/ Engel, Rüdiger/ Voßkuhle, Andreas: Umweltrecht – Grundzüge des öffentlichen Umweltschutzrechts, 5. Aufl., 2003

Spiecker, Indra genannt Döhmann: Informationsgewinnung im Umweltrecht durch materielles Recht, DVBl. 2006, 278

Steinbeiß-Winkelmann, Christine: Verfassungsrechtliche Vorgaben und Grenzen der Verfahrensbeschleunigung, DVBl. 1998, 809

Steinberg, Rudolf: Komplexe Verwaltungsverfahren zwischen Verwaltungseffizienz und Rechtsschutzauftrag, DÖV 1982, 619

Steinberg, Rudolf: Standortplanung umweltbelastender Großvorhaben durch Volksbegehren und Volksentscheid?, ZRP 1982, 113

Steinberg, Rudolf: Das Nachbarrecht der öffentlichen Anlagen, 1988

Steinberg, Rudolf: Kritik von Verhandlungslösungen, insbesondere von mittlerunterstützten Entscheidungen, in: Hoffmann-Riem, Wolfgang/ Schmidt-Aßmann, Eberhard (Hrsg.), Konfliktbewältigung durch Verhandlungen, Bd. I, 1990, S. 295

Steinberg, Rudolf: Die Bewältigung von Infrastrukturvorhaben durch Verwaltungsverfahren – eine Bilanz, ZUR 2011, 340

Stelkens, Ulrich: Der Eigenwert des Verfahrens im Verwaltungsrecht, DVBl. 2010, 1078

Stelkens, Paul/ Bonk, Heinz-Joachim/Sachs, Michael: Verwaltungsverfahrensgesetz, 7. Aufl. 2008

Stender-Vorwachs, Jutta: Neue Formen der Bürgerbeteiligung?, NVwZ 2012, 1061

Stern, Klaus: Die Schutzpflichtenfunktion der Grundrechte: Eine juristische Entdeckung, DÖV 2010, 241

Stich, Rudolf: Die Verwirkung im Verwaltungsrecht, DVBl. 1959, 234

Stich, Rudolf: Rechts- und Fachprobleme der Bewertung von Eingriffen in Natur und Landschaft und der Ermittlung der erforderlichen Ausgleichsmaßnahmen in der Bauleitplanung, UPR 2002, 10

Stober, Rolf: Zur Bedeutung des Einwendungsausschlusses im atom- und immissionsschutzrechtlichen Genehmigungsverfahren, AöR 106 (1981) 41

Streinz, Rudolf: Materielle Präklusion und Verfahrensbeteiligung im Verwaltungsrecht, VerwArch 79 (1988), 272

Striegnitz, Meinfried: Mediation: Lösung von Umweltkonflikten durch Vermittlung – Praxisbericht zur Anwendung in der Kontroverse um die Sonderabfalldeponie Münchenhagen, ZAU 3 (1999) 51

Stüer, Bernhard/ Probstfeld, Willi: Anhörungsverfahren bei straßenrechtlichen Großvorhaben, DÖV 2000, 701

Stüer, Bernhard: Die naturschutzrechtliche Vereinsbeteiligung und Vereinsklage, NuR 2002, 708

Sundermann, Andrea: Der Bestandsschutz genehmigungsbedürftiger Anlagen im Immissionsschutzrecht, Diss jur., Berlin, 1985

Swap, Walter C.: Interpersonal Attraction and Repeated Exposure to Rewarders and Punishers, Personality and Social Psychology Bulletin, (1977), 3, 248

Tabbara, Annette: Die öffentliche Bekanntmachung der Widerspruchsentscheidung bei Massenwidersprüchen, SGb 2008, 211

Teßmer, Dirk: Entwurf eines Verfahrensbeschleunigungsgesetzes: Beschleunigung durch Abbau von Verwaltungskontrolle und Verfahrensrechten?, ZUR 2006, 469

Thiel, Markus: Zur verfassungsrechtlichen Zulässigkeit der (materiellen) Präklusion im Fachplanungsrecht, DÖV 2001, 814

Thiele, Willi: Akteneinsicht, Auskunfts- und Beratungspflicht bei Behörden, DÖD 1978, 65

Thoma, Richard: Über die Grundrechte im Grundgesetz für die Bundesrepublik Deutschland, in: Wandersleb, Hermann/ Traumann, Erich (Hrsg.) Recht-Staat-Wirtschaft, Bd. 3, 1951

Treiber, Hubert: Probleme der Neutralität staatlichen Handelns; Sicherung von Akzeptanz, in: Hoffmann-Riem, Wolfgang/Schmidt-Aßmann, Eberhard (Hrsg.), Konfliktbewältigung durch Verhandlungen, Bd. II, 1990, S. 287

Treutner, Erhard: Ausprägungen und Grenzen informalen Verwaltungshandelns, in: Benz, Arthur/ Seibel, Wolfgang (Hrsg.), Zwischen Kooperation und Korruption, 1992

Uechtritz, Michael: Die allgemeine verwaltungsverfahrensrechtliche Genehmigungsfiktion des § 42a VwVfG, DVBl. 2010, 684

Ule, Carl Hermann/ Laubinger, Hans-Werner: Empfehlen sich unter dem Gesichtspunkt der Gewährleistung notwendigen Umweltschutzes ergänzende Regelungen im Verwaltungsverfahrens- und Verwaltungsprozessrecht? in: Gutachten B für den 52. Deutschen Juristentag, 1978

Ule, Carl Hermann: Zur rechtlichen Bedeutung von Ausschlussfristen im Verwaltungsverfahren für den Verwaltungsprozess, BB 1979, 1009

Ule, Carl Hermann/ Laubinger, Werner/ Repkewitz, Ulrich: Bundes-Immissionsschutzgesetz, Stand Oktober 2012

Ullmann, Arieh A.: Industrie und Umweltschutz, 1982

Vahlenkamp, Werner/ Knauß, Ina/ Ahlf, Ernst-Heinrich: Korruption – ein unscharfes Phänomen als Gegenstand zielgerichteter Prävention, 1995

Volkmann, Uwe: Das „intendierte" Verwaltungsermessen, DÖV 1996, 282

Voßkuhle, Andreas: Das Kooperationsprinzip im Immissionsschutzrecht, ZUR 2001, 23

Voßkuhle, Andreas: Zur Ökonomisierung des Verfahrensrechts, DV 34 (2001), 347

Wagner, Gerhard: Öffentlich-rechtliche Genehmigung und zivilrechtliche Rechtswidrigkeit, Diss jur., Göttingen, 1989

Wagner, Hellmut: Untätigkeit des Gesetzgebers im Zusammenhang mit der Errichtung von Kernkraftwerken, DVBl. 1978, 839

Wagner, Hellmut: Neue Formen administrativer Entscheidungen bei umweltrelevanten Großvorhaben?, ZRP 1982, 103

Wagner, Jörg/ Hehn, Marcus: Mediation im öffentlichen Bereich – Rechtsfragen, UPR 2013, 1

Wagner, Michael A.: Die Genehmigung umweltrelevanter Vorhaben in parallelen und konzentrierten Verfahren, Diss jur., Freiburg, 1987

Wahl, Rainer: Entwicklung des Fachplanungsrechts, NVwZ 1990, 426

Wahl, Rainer: Die Einschaltung privatrechtlich organisierter Verwaltungseinrichtungen in den Straßenbau, DVBl. 1993, 517

Walker, Reinhard: Die amtliche elektronische Verkündung von Gesetzen, JurPC web-Dok. 155/2005 Dezember 2005 (http: //www.jurpc.de)

Walz, Sarah: Zur Art und Weise des Informationszugangs, DÖV 2009, 623

Waskow, Siegfried: Mitwirkung von Naturschutzverbänden in Verwaltungsverfahren, 1990

Weber, Albrecht: Beteiligung und Rechtsschutz ausländischer Nachbarn im atomrechtlichen Genehmigungsverfahren, DVBl. 1980, 330

Weber, Albrecht: Die Umweltverträglichkeitsrichtlinie im deutschen Recht: eine Studie zur Umsetzung der Richtlinie des Rates vom 27. Juni 1985 über die Umweltverträglichkeitsprüfung bei bestimmten öffentlichen und privaten Projekten (85/337/EWG), 1989

Wedemeyer von, Gerd: Kooperationen beim Vollzug des Umweltrechts, Diss jur., Augsburg, 1991

Weinreich, Dirk: Integration versus Flexibilisierung der umweltrechtlichen Zulassungsverfahren: Menü oder á la carte, NVwZ 1997, 949

Werres, Bettina: Information und Partizipation der Öffentlichkeit in Umweltangelegenheiten nach den RL 2003/4/EG und 2003/35/EG, DVBl. 2005, 611

Westphal, Jürgen/ Walther, Friedrich-W.: Praktische Erfahrungen bei der Genehmigung und bei der Planfeststellung von Flughäfen, in: Bodenschatz, Manfred/ Böckstiegel, Karl-Heinz/ Weides, Peter, Beiträge zum Luft- und Weltraumrecht, FS für Alex Meyer, 1975

Wey, Klaus-Georg: Umweltpolitik in Deutschland, 1982

Wickel, Martin: Die Änderungen im Planfeststellungsverfahren durch das Gesetz zur Beschleunigung von Planungsverfahren für Infrastrukturvorhaben, UPR 2007, 201

Wilrich, Thomas: Vereinsbeteiligung und Vereinsklage im neuen Bundesnaturschutzgesetz, DVBl. 2002, 872

Wilting, Frank: Gestuftes atomrechtliches Genehmigungsverfahren und Bürgerbeteiligung, Diss jur., Münster, 1985

Winter, Gerd: Bevölkerungsrisiko und subjektives öffentliches Recht im Atomrecht, NJW 1979, 393

Winter, Gerd: Reform des Verwaltungsverfahrens nach „Stuttgart 21"?, ZUR 2012, 329

Winters, Karl-Peter: Entscheidungsbesprechung, DÖV 1980, 305

Witt de, Siegfried: Anm. zu Rspr., DVBl. 1980, 1006

Witt de, Siegfried: 6. AtRS, S. 297

Wittreck, Fabian: Konzentration als Verfahrenshemmnis?, VerwArch 100 (2009), 71

Wolf, Rainer: Die Genehmigung von Kohlekraftwerken im Zeichen der Europäisierung des Rechtsrahmens, NuR 2010, 244

Wolff, Hans J./ Bachhof, Otto/ Stober, Rolf: Verwaltungsrecht II, 7. Aufl., 2010

Wolfrum, Rüdiger: Der Ausschluss von Einwendungen im Anhörungsverfahren und sein Einfluss auf den Verwaltungsrechtsschutz, DÖV 1979, 497

Wulfhorst, Reinhard: Die Beschleunigung immissionsschutzrechtlicher Genehmigungsverfahren in den neuen Ländern, LKV 1995, 316

Wulfhorst, Reinhard: Konsequenzen aus „Stuttgart 21": Vorschläge zur Verbesserung der Bürgerbeteiligung, DÖV 2011, 581

Würfel, Wolfgang: Informelle Absprachen in der Abfallwirtschaft: Ausdruck rechtlicher Regelungsschwäche oder ein im Abfallrecht verankertes Instrument der Exekutive?, Diss jur., Freiburg, 1994

Würtenberger, Thomas: Akzeptanz durch Verwaltungsverfahren, NJW 1991, 257

Würtenberger, Thomas: Die Akzeptanz von Verwaltungsentscheidungen, 1995

Zajonc, Robert B.: Attitudinal Effects of Mere Exposure, Journal of Personality and Social Psychology Monograph Supplement, (1968), 9, S. 1

Zepf, Uwe: Informelles Verwaltungshandeln – Ein Einfallstor für Korruption?, DÖD 2004, 5

Ziekow, Jan: Beschleunigung von Planungs- und Genehmigungsverfahren, 1998

Ziekow, Jan: Perspektiven von Öffentlichkeitsbeteiligung und Verbandsbeteiligung in der Raumordnung, NuR 2002, 701

Ziekow, Jan: Möglichkeiten zur Verbesserung der Standortbedingungen für kleinere und mittlere Unternehmen durch Einführung von Genehmigungsfiktionen, 2003

Ziekow, Jan/ Oertel, Martin-Peter/ Windoffer, Alexander/ Weber, Mike: Beschleunigung von Genehmigungsverfahren, Band 25, Hrsg.: Innenministerium Baden-Württemberg, 2004

Ziekow, Jan/ Windoffer, Alexander/ Oertel, Martin-Peter: Evaluation von Regelungen zur Beschleunigung von Genehmigungsverfahren – Ein Ansatz zur Schließung einer Forschungslücke, DVBl. 2006, 1469

Ziekow, Jan: Neue Formen der Bürgerbeteiligung? Planung und Zulassung von Projekten in der parlamentarischen Demokratie, NJW-Beil. 2012, 91

Zilleßen, Horst: Energiepolitik – Dialog mit dem Bürger?, APuZ 1977, 12

Zuck, Rüdiger: Unwirksamkeit der gewerberechtlichen Ausschlussfirst für Einwendungen gegen „genehmigungspflichtige Anlagen", BB 1963, 671
Zuck, Rüdiger: Das Recht der Genehmigung des Baus und des Betriebs von technischen Anlagen im Sinne der §§ 16 ff. GewO, NJW 1972, 279
Zuck, Rüdiger: Anmerkung zu BVerwG, DVBl. 1973, 646

www.ingramcontent.com/pod-product-compliance
Ingram Content Group UK Ltd.
Pitfield, Milton Keynes, MK11 3LW, UK
UKHW021917290926
8980IPUK00015B/1309

9 783631 672358